吳鎮烽　編著

商周青銅器
銘文暨圖像集成　下

高明題

索引

上海古籍出版社

四、《銘續》人名

人名首字筆畫檢字表

人 名 索 引

二　畫

人　名	器　號	器　名	卷數頁碼	時　代	備　注
丁	0102	史生鼎	1.99	西周早期	史生的長輩
九	1254	榆次令鄴樣戈	4.223.	戰國晚期	魏國榆次縣冶鑄工匠

三　畫

人　名	器　號	器　名	卷數頁碼	時　代	備　注
工可	1247	相邦呂不韋戈	4.214	戰國晚期	名可,秦國寺工的工匠
工吳	1346	工吳劍	4.318	春秋晚期	即勾餘,吳國國王
工安	1009	十三年右工室鐘	3.391	戰國晚期	名安,秦國工匠
工是	1253	蜀守顀戈	4.222	戰國晚期	名是,秦蜀郡西工室工匠
工賈	1010	十三年右工室鐘	3.392	戰國晚期	名賈,秦國工匠
工喜	0914	卅年工師韓勺	3.254	戰國晚期	名喜,秦國的工匠
工室妾	1250	相邦瘠戈	4.218	戰國晚期	名妾,魏國工室首領
工師芦	1239	內史操戈	4.206	戰國中期	名芦,擔任秦冶鑄工師
工師帛	1252	上郡守壽戈	4.221	戰國晚期	名帛,秦國高奴縣工師
工師書	1234	廿八年公乘戈	4.201	戰國晚期	名書,某國的冶鑄工師
工師覘	1231	向令旻戈	4.198	戰國中期	名覘,魏國向縣工師
工師敓	1220	狂談公之丕子戈	4.186	戰國中期	名敓,魏國奇縣工師
工師章	1257	介令艇誩戈	4.226	戰國晚期	名章,韓國介縣工師
工師韓	0914	卅年工師韓勺	3.254	戰國晚期	名韓,秦國的工師
工師憙	1347	單父司寇鈹	4.319	戰國中期	名憙,單父的冶鑄工師
工師瘟	1235	夲令齊戈	4.202	戰國晚期	名瘟,魏國夲縣工師

人名	器號	器名	卷數頁碼	時代	備注
工吾王光	1388	吴王光帶鉤甲	4.384	春秋晚期	即吴王闔閭
工吾王光	1389	吴王光帶鉤乙	4.384	春秋晚期	同上
工吾王光	1390	吴王光帶鉤丙	4.385	春秋晚期	同上
工師王宜	1251	鉅鹿令張密戈	4.220	戰國晚期	名王宜,趙國鉅鹿工師
工師公行	1263	大陰令鄦譸戈	4.232	戰國晚期	名公行,魏國大陰縣工師
工師尹罘	1236	強丘令稅異戈	4.203	戰國晚期	名罘,魏國强丘工師長
工師夜痃	1286	宅陽令隅登矛	4.258	戰國晚期	名夜痃,魏國宅陽縣工師
工師篮酤	1349	相邦春平侯鈹	4.321	戰國晚期	名篮酤,韓國邦右庫工師
工師桼部	1288	新城令徒痦矛	4.261	戰國晚期	名桼部,韓國新城縣工師
工師欺明	1254	榆次令鄒槎戈	4.223	戰國晚期	名欺明,魏國榆次縣工師
工師韓郜	1240	茅阪大令趙瘢戈	4.207	戰國晚期	名韓郜,趙國茅阪工師
士	0780	士尊	3.49	西周早期前段	秝竹氏
丌北古	1332	越王丌北古劍	4.303	戰國早期	即越王盲姑(不壽)
丌北古	1333	越王丌北古劍	4.304	戰國早期	同上
丌北古	1334	越王丌北古劍	4.305	戰國早期	同上
大	0330	大簋	1.427	西周早期	
大史	0869	大史卣	3.163	西周早期	即太史
大保	0063	大保鼎鼎	1.61	西周早期	即太保召公奭
大差	0118	大差鼎	1.115	春秋晚期	即夫差
大保都	0132	大保都鼎	1.134	商代晚期	即太保都
上鄀公	0473	上鄀公盨	2.191	春秋早期	上鄀國某代國君
上鄀猬	0834	上鄀猬妻壺	3.117	春秋早期	名猬,上鄀公
上鄀猬妻	0176	上鄀猬妻鼎	1.188	春秋早期	上鄀公猬之妻
上鄀猬	0176	上鄀猬妻鼎	1.188	春秋早期	上鄀國君,即公叔禹
山	0920	山盤	3.263	西周中期	
山	0961	山盉	3.324	西周中期	
山仲	0339	山仲簋	1.436	西周早期	山氏公族
冃父	0061	戈冃父鼎	1.59	商代晚期	商代晚期戈族氏人
凡公	0133	癸鼎	1.136	西周早期	癸的父親
凡姬	0231	伯或父鼎	1.300	西周中期	
己公	0134	命鼎	1.137	西周中期	命的父親
小夫	0893	陶觥	3.201	西周早期	
小子罸	0398	小子罸簋	2.27	商代晚期	

人 名	器 號	器 名	卷數頁碼	時 代	備 注
小臣車	1396	小臣車董玉璋	4.387	商代晚期	名車,擔任商王朝小臣
小臣唐	0385	小臣唐簋	2.8	西周早期	名唐,周王朝小臣
小臣甫	0893	陶觚	3.201	西周早期	
子乙	0058	䍐子乙鼎	1.56	西周早期	西周早期䍐族氏人
子車	1238	秦公戈	4.205	春秋中期	秦穆公的三良臣之一
子吳	1350	曾侯吳劍	4.322	戰國早期	曾國國君
子赵	0399	芮公簋蓋	2.29	西周中期前段	芮公的兒子
子姜	0183	公子壓父鼎	1.198	春秋早期	公子壓父的女兒
子浮君	1351	伯有父劍	4.324	春秋晚期	伯有父的父親
子後生	0980	子後生盉	3.347	西周中期	

四　畫

人 名	器 號	器 名	卷數頁碼	時 代	備 注
王	0812	王壺	3.89	西周晚期	周王
王后	0136	鑄客爲王后鼎	1.139	戰國晚期	楚國的王后
王后	0137	鑄客爲王后鼎	1.140	戰國晚期	同上
王后	0489	鑄客簠	2.216	戰國晚期	同上
王姊	0979	芮伯盂	3.346	西周中期	即皇姊,芮公的姐姐
王武	1125	王武戈甲	4.78	春秋晚期	
王武	1126	王武戈乙	4.79	春秋晚期	
王宜	1251	鉅鹿令張密戈	4.220	戰國晚期	趙國鉅鹿工師
王義	0159	倉端王義鼎	1.166	戰國晚期	秦國倉正
王子名	0905	王子名缶	3.230	春秋晚期	名名,某國王子
王子臣	0124	王子臣鼎	1.122	春秋晚期	即吳國夫槩王晨
王子玖	1153	王子玖戈	4.113	春秋晚期	吳王州于
王子柳	0173	王子柳鼎	1.185	春秋晚期	名柳,某國王子
王子柳	0501	王子柳簠	2.238	春秋晚期	同上
王子寅	1154	王子寅戟	4.115	春秋晚期	名寅,某國王子
王夫人	0914	卅年工師韓勺	3.254	戰國晚期	秦昭襄王夫人
王孫家	1159	王孫家戈	4.120	春秋晚期	名家,楚國的王孫
王孫賢	0141	王孫賢鼎	1.145	戰國早期	名賢,楚國的王孫
王孫貨	0905	王子名缶	3.230	春秋晚期	名貨,某國王孫

人　名	器　號	器　名	卷數頁碼	時　代	備　注
王子桓匕	0208	王子桓匕鼎	1.246	春秋晚期	名桓匕，某國王子
天姬子姑	0539	行氏伯爲盆	2.323	春秋早期	伯爲的姑母
夫差	0118	大差鼎	1.115	春秋晚期	吳國國君
夫差	1000	吳王夫差鑑	3.378	春秋晚期	同上
夫差	1336	攻吳王夫差劍	4.307	春秋晚期	同上
夫差	1337	攻吳王夫差劍	4.308	春秋晚期	同上
夫差	1338	攻吳王夫差劍	4.309	春秋晚期	同上
夫差	1339	攻吳王夫差劍	4.310	春秋晚期	同上
夫差	1340	攻吳王夫差劍	4.311	春秋晚期	同上
夫差	1341	攻吳王夫差劍	4.312	春秋晚期	同上
元	0867	元卣	3.159	商代晚期	狽族人
元弓	0752	元弓尊	3.21	西周早期	
元高	1092	元高戈	4.45	春秋中期	
不光	1324	越王不光劍	4.295	戰國中期	即越王翳
不光	1325	越王不光劍	4.296	戰國中期	同上
不光	1326	越王不光劍	4.297	戰國中期	同上
不光	1327	越王不光劍	4.298	戰國中期	同上
不光	1328	越王諸稽不光劍	4.299	戰國中期	同上
不光	1329	越王嗣旨不光劍	4.300	戰國中期	同上
不光	1433	越王不光石矛甲	4.436	戰國中期	同上
不光	1434	越王不光石矛乙	4.438	戰國中期	同上
太史	0869	大史卣	3.163	西周早期	周王朝太史，名不詳
太保	0063	大保鼎鼎	1.61	西周早期	即太保召公奭
太保都	0132	大保都鼎	1.134	商代晚期	
太師氏姜	0451	家伯束邘簋甲	2.142	春秋早期	即叔姜
太師氏姜	0452	家伯束邘簋乙	2.144	春秋早期	同上
友	0822	滕大司馬友壺	3.102	戰國晚期	滕國大司馬
丂史	0430	丂史簋	2.88	西周晚期	即考史
丂史	0431	丂史簋	2.90	西周晚期	同上
日丁	0880	懋卣	3.180	西周中期	懋的父親
日己	0785	婦傳尊	3.56	西周早期	婦傳的夫君
日甲	0739	取飲壺	3.3	西周中期前段	取的父親
日辛	0409	氼簋	2.43	西周中期前段	氼的父親

人　名	器　號	器　名	卷數頁碼	時　代	備　注
日辛	0411	峇客簋	2.45	西周晚期	峇客的父親
日辛	0937	克盤	3.281	西周中期	克的父親
日庚	0783	畯尊	3.52	西周中期前段	畯的父親
日癸	0252	兌鬲	1.335	西周早期	兌的父親
日癸	0408	霙簋	2.42	西周中期前段	霙的父親
日癸	0438	趞簋甲	2.106	西周中期前段	趞的父親
日癸	0439	趞簋乙	2.109	西周中期前段	同上
日癸	0446	召簋	2.127	西周中期前段	召的父親
日癸	0875	婦闌卣	3.170	商代晚期	婦闌的婆母
日癸	0946	諸君盤	3.298	西周中期	諸君的父親
中	0376	中簋甲	1.478	西周早期	
中	0377	中簋乙	1.479	西周早期	
中臣	0093	中臣鼎	1.90	西周早期前段	
内史操	1239	内史操戈	4.206	戰國中期	名操,任秦國内史之職
夊龏臣	0279	夊龏臣甗	1.372	西周中期	
毛百父	0988	毛百父匜	3.357	春秋早期	
毛虢父	0424	毛虢父簋	2.73	西周晚期	
介令艇詿	1257	介令艇詿戈	4.226	戰國晚期	名艇詿,韓國介縣縣令
父乙	0088	夰冊竹父乙鼎	1.85	西周早期	西周早期夰竹族氏人
父乙	0105	作父乙鼎	1.102	西周中期前段	
父乙	0121	曾侯鼎	1.119	西周早期	曾侯父親,西周早期人
父乙	0122	義鼎	1.120	西周早期	義的父親,西周早期人
父乙	0143	武鼎	1.149	西周早期	武的父親
父乙	0144	雺邑豕鼎	1.150	西周早期	雺邑豕的父親
父乙	0272	狀甗	1.366	西周早期	狀的父親
父乙	0295	爵父乙簋	1.392	西周早期	爵族的父輩
父乙	0352	弜簋	1.450	西周中期	弜族人的父親
父乙	0376	中簋甲	1.478	西周早期	
父乙	0377	中簋乙	1.479	西周早期	
父乙	0407	秦簋	2.41	西周中期前段	秦的父親
父乙	0630	冉父乙爵	2.417	西周早期	冉族的父輩
父乙	0631	子父乙爵	2.418	西周早期	子族的父輩
父乙	0632	不父乙爵	2.418	西周早期	不族的父輩

人 名	器 號	器 名	卷數頁碼	時 代	備 注
父乙	0659	腐冊父乙爵	2.443	西周早期	腐冊的父輩
父乙	0660	亞牧父乙爵	2.444	西周早期	亞牧的父輩
父乙	0662	北爵甲	2.446	西周早期	北的父親
父乙	0663	北爵乙	2.447	西周早期	同上
父乙	0665	羕爵	2.449	西周早期	羕的父輩
父乙	0697	戈父乙觚	2.485	商代晚期	戈族的父輩
父乙	0714	父乙觶	2.503	商代晚期	
父乙	0721	戈父乙觶	2.510	西周早期	戈族的父輩
父乙	0736	宣觶	2.525	西周早期	宣的父親
父乙	0742	父乙斝	3.9	西周早期	
父乙	0748	冉父乙斝	3.15	商代晚期	冉族的父輩
父乙	0754	冀父乙尊	3.23	商代晚期	冀族的父輩
父乙	0765	亞艅父乙尊	3.34	西周早期	亞艅族的父輩
父乙	0790	卿尊	3.62	商代晚期	卿的父親
父乙	0792	遯尊	3.66	西周早期	疑的父親
父乙	0849	父乙卣	3.138	商代晚期	
父乙	0851	冉父乙卣	3.140	商代晚期	冉族的父輩
父乙	0852	重父乙卣	3.142	商代晚期	重族的父輩
父乙	0877	豫卣	3.174	商代晚期	豫的父親
父乙	0881	遯卣	3.182	西周早期	疑的父親
父乙	0892	史此觚	3.200	西周早期	史此的父親
父乙	0896	亞僥父乙罍	3.209	商代晚期	亞僥族的的父輩
父乙	0954	子父乙盉	3.316	商代晚期	子族的父輩
父乙	0955	閃父乙盉	3.317	商代晚期	閃族的父輩
父丁	0048	冀父丁鼎	1.48	商代晚期	商代晚期冀族氏人
父丁	0072	子廟父丁鼎	1.70	西周早期前段	西周早期子廟族氏人
父丁	0090	冉父戊父丁鼎	1.87	西周中期	西周中期冉族氏人
父丁	0145	宐邑司鼎	1.151	西周早期	宐邑司的父親
父丁	0296	此父丁簋	1.393	商代晚期	此族的父輩
父丁	0297	宕父丁簋	1.394	商代晚期	宕族的父輩
父丁	0298	旅父丁簋	1.395	西周早期	旅族的父輩
父丁	0351	彭簋	1.449	西周早期前段	彭的父親
父丁	0355	西簋	1.454	西周早期	西的父親

人　名	器　號	器　名	卷數頁碼	時　代	備　注
父丁	0374	毃簋	1.476	西周中期	毃的父親
父丁	0635	冉父丁爵	2.421	西周早期	冉族的父輩
父丁	0636	冉父丁爵	2.422	西周早期	同上
父丁	0637	鳥父丁爵	2.423	西周早期	鳥族的父輩
父丁	0638	弓父丁爵	2.424	西周早期	弓族的父輩
父丁	0639	共父丁爵	2.425	西周早期	共族的父輩
父丁	0640	枚父丁爵	2.426	西周早期	枚族的父輩
父丁	0661	犬交父丁爵	2.445	商代晚期	犬交的父輩
父丁	0667	歷爵	2.451	西周早期	歷的父親
父丁	0669	亞詟父丁角	2.455	商代晚期	亞趄族的父輩
父丁	0703	犬交父丁觚	2.490	商代晚期	犬交族的父輩
父丁	0708	西觚甲	2.494	西周早期	西的父親
父丁	0709	西觚乙	2.495	西周早期	同上
父丁	0722	魚父丁觶	2.511	西周早期	魚族的父輩
父丁	0731	需冊冊父丁觶	2.520	西周早期	需族的父輩
父丁	0738	亞束父丁杯	3.3	商代晚期	亞束族的父輩
父丁	0747	冉父丁斝	3.14	西周早期	冉族的父輩
父丁	0755	杲父丁尊	3.24	商代晚期	杲族的父輩
父丁	0764	亞敉父丁尊	3.33	商代晚期	亞敉族的父輩
父丁	0770	亞弁叔父丁尊	3.39	商代晚期	亞弁叔族的父親
父丁	0782	賈觿尊	3.51	西周早期	賈觿的父親
父丁	0800	巽父丁壺	3.77	商代晚期	巽族的父輩
父丁	0853	單父丁卣	3.143	商代晚期	單族的父輩
父丁	0854	史父丁卣	3.144	商代晚期	史族的父輩
父丁	0895	羍父丁罍	3.208	西周早期	羍族的父輩
父丁	0899	史父丁瓿	3.216	商代晚期	史族的父輩
父丁	0915	叒父丁盤	3.259	商代晚期	叒族的父輩
父丁	0957	貝父丁盉	3.319	商代晚期	貝族的父輩
父丁	0958	爻父丁盉	3.320	西周早期	爻族的父輩
父己	0050	㸚父己鼎	1.50	商代晚期	商代晚期㸚族氏人
父己	0071	亞口父己鼎	1.69	商代晚期	
父己	0300	冉父己簋	1.397	西周早期	冉族的父輩
父己	0313	亞若父己簋	1.410	商晚周早	亞若族的父輩

人　名	器　號	器　名	卷數頁碼	時　代	備　注
父己	0723	藝父己觶	2.512	西周早期	藝族的父輩
父己	0724	戁父己觶	2.513	西周早期	戁族的父輩
父己	0743	夊父己斝	3.10	商代晚期	夊族的父輩
父己	0759	桓父己尊	3.28	西周早期前段	桓族的父輩
父己	0760	戈父己尊	3.29	西周早期	戈族的父輩
父己	0766	南單父己尊	3.35	西周早期	南單族的父輩
父己	0773	史尊	3.42	西周早期	史族的父輩
父己	0786	裸丼琪尊	3.57	西周早期	裸丼琪的父親
父己	0802	戈父己壺蓋	3.80	西周早期	戈族的父輩
父己	0803	魚父己壺	3.81	西周早期	魚族的父輩
父丙	0633	弔父丙爵甲	2.419	西周早期	弔族的父輩
父丙	0634	弔父丙爵乙	2.420	西周早期	同上
父丙	0749	亞木父丙斝	3.16	商代晚期	亞木族的父輩
父丙	0758	臤父丙尊	3.27	西周早期	臤族的父輩
父戊	0049	山父戊鼎	1.49	西周早期	西周早期山族氏人
父戊	0090	亼父戊父丁鼎	1.87	西周中期	西周中期亼族氏人
父戊	0299	臤父戊簋	1.396	商代晚期	臤族的父輩
父戊	0321	亞離示父戊簋	1.418	西周早期	
父戊	0694	山父戊觚	2.482	商代晚期	山族的父輩
父戊	0701	天黽父戊觚	2.488	商代晚期	天黽族的父輩
父戊	0731	祖壬父戊觶	2.520	西周早期	
父戊	0733	卯祖壬父戊觶	2.522	西周早期	卯族的父輩
父戊	0744	夅父戊斝	3.11	商代晚期	夅族的父輩
父戊	0756	戈父戊尊	3.25	西周早期	戈族的父輩
父戊	0867	元卣	3.159	商代晚期	元的父親
父戊	0878	仉其卣	3.175	西周早期	仉其的父親，即戊公
父甲	0047	鳥父甲鼎	1.47	商代晚期	商代晚期鳥族氏人
父甲	0799	𠦪父甲壺	3.76	商代晚期	𠦪族的父輩
父甲	0873	蠶卣蓋	3.168	西周早期	蠶的父親
父辛	0053	獸父辛鼎	1.53	商代晚期	商代晚期獸族氏人
父辛	0054	家父辛鼎	1.54	商代晚期	商代晚期家族氏人
父辛	0055	戈父辛鼎	1.54	西周早期	西周早期戈族氏人
父辛	0129	釐鼎	1.131	商代晚期	釐的父親

人　名	器　號	器　名	卷數頁碼	時　代	備　注
父辛	0420	聽簋	2.63	商代晚期	聽的父親
父辛	0642	佣父辛爵	2.428	西周早期	佣族的父輩
父辛	0643	爨父辛爵	2.429	西周早期	爨族的父輩
父辛	0644	殂父辛爵	2.430	商代晚期	殂族的父輩
父辛	0645	○父辛爵	2.430	商代晚期	○族的父輩
父辛	0646	卬父辛爵	2.431	西周早期	卬族的父輩
父辛	0647	几父辛爵	2.432	西周早期	几族的父輩
父辛	0666	旨爵	2.450	西周早期	旨的父親
父辛	0695	爨父辛觚	2.483	商代晚期	爨族的父輩
父辛	0698	羑父辛觚	2.486	商代晚期	羑族的父輩
父辛	0718	保父辛觶	2.507	商代晚期	保族的父輩
父辛	0725	兆父辛觶	2.514	西周早期	兆族的父輩
父辛	0753	串父辛尊	3.22	商代晚期	串族的父
父辛	0787	戈尊	3.58	西周中期前段	戈族的父輩
父辛	0788	雨尊	3.60	西周早期後段	雨的父親
父辛	0801	爨父辛壺	3.78	西周早期	爨族的父輩
父辛	0809	旨壺	3.86	西周早期前段	旨的父親
父辛	0956	几父辛盂	3.318	商代晚期	几族的父輩
父庚	0051	萬父庚鼎	1.51	商代晚期	商代晚期萬族氏人
父庚	0052	冉父庚鼎	1.52	西周中期前段	西周中期冉族氏人
父庚	0641	子父庚爵	2.427	西周早期	子族的父輩
父庚	0715	父庚觶	2.504	西周早期	
父癸	0056	冉父癸鼎	1.55	商代晚期	
父癸	0074	師鼎	1.72	西周早期	師的父親
父癸	0113	矢伯隻鼎	1.110	西周早期	矢伯隻的父親
父癸	0269	戈甗	1.363	西周早期前段	戈族的祖輩
父癸	0301	保父癸簋	1.398	商代晚期	保族的父輩
父癸	0360	堯簋	1.460	西周早期	堯族的父輩
父癸	0648	保父癸爵	2.433	商代晚期	保族的父輩
父癸	0649	史父癸爵	2.434	西周早期	史族的父輩
父癸	0650	木父癸爵	2.435	西周早期	木族的父輩
父癸	0651	羍父癸爵	2.435	商晚周早	羍族的父輩
父癸	0652	堯父癸爵	2.436	商代晚期	堯族的父輩

人　名	器　號	器　名	卷數頁碼	時　代	備　注
父癸	0699	𠬝父癸觚	2.487	商代晚期	𠬝族的父輩
父癸	0716	父癸觶	2.505	西周早期	
父癸	0726	止父癸觶	2.515	西周早期	止族的父輩
父癸	0732	爽鼎父癸觶	2.521	西周早期	爽鼎族的父輩
父癸	0750	父癸尊	3.20	商代晚期	
父癸	0757	戈父癸尊	3.26	西周早期	戈族的父輩
父癸	0761	獸父癸尊	3.30	西周早期	獸族的父輩
父癸	0769	亞䣍父癸尊	3.38	商代晚期	亞䣍族的父輩
父癸	0779	巎尊	3.48	商代晚期	巎的父親
父癸	0780	士尊	3.49	西周早期前段	士的父親
父癸	0865	臣辰𠂤冊父癸卣	3.157	西周早期	臣辰𠂤族的父輩
父癸	0965	㠱盉	3.328	西周早期	㠱的父親
父癸	0970	豐盉	3.334	西周早期	豐的父親
父侯	0278	碞甗	1.371	西周早期後段	碞的父親
公行	1263	大陰令鄘靖戈	4.232	戰國晚期	魏國大陰縣工師
公姒	0792	遙尊	3.66	西周早期	
公姒	0881	遙卣	3.182	西周早期	
公子每	0206	公子每鼎	1.243	春秋早期	
公子侯	0514	公子侯簠	2.272	春秋晚期	雍王之子
公叔乙	0221	獣應姬鼎	1.274	西周中期前段	獣國國君
公孫亦	1151	公孫亦戈	4.111	春秋晚期	
公孫疕	1233	公孫疕戈	4.200	春秋晚期	
公族申	1266	公族申戈	4.235	戰國中期	名申,某國公族
公乘斯	1249	公乘斯戈	4.217	戰國中期	名斯,爵位爲公乘
公子屖父	0183	公子屖父鼎	1.198	春秋早期	名屖父,某姜姓國公子
公子屖父	0412	公子屖父簋甲	2.47	春秋早期	名屖父,某國公子
公子屖父	0413	公子屖父簋乙	2.50	春秋早期	同上
公子屖父	0414	公子屖父簋丙	2.53	春秋早期	同上
公子屖父	0415	公子屖父簋丁	2.55	春秋早期	同上
印	1234	廿八年公乘戈	4.201	戰國晚期	擔任某國嗇夫
六公卲傆	1210	邟公卲傆戈	4.174	春秋晚期	名卲傆,楚六邑封君
文太子	0451	家伯束邘簋甲	2.142	春秋早期	家伯束邘的祖父
文太子	0452	家伯束邘簋乙	2.144	春秋早期	同上

人 名	器 號	器 名	卷數頁碼	時 代	備 注
尹丞	0886	尹丞方彝	3.191	西周早期	
比	0533	比盂	2.313	西周中期	
夃其	0878	夃其卣	3.175	西周早期	戉公之子
弖	0456	弖簋	2.152	西周中期前段	西周穆恭時期人
毋邮	1201	滕司徒毋邮戈	4.165	春秋早期	
水姬	0247	水姬鬲	1.325	西周中期後段	
以鄧	0201	以鄧鼎	1.231	春秋中期	楚叔之孫
吧	0870	吧卣	3.164	西周早期	即選

五 畫

人 名	器 號	器 名	卷數頁碼	時 代	備 注
示乙	0059	亞示丁鼎	1.57	商代晚期	
示癸	0700	亞離示癸觚	2.488	商代晚期	亞離族的祖輩
井伯	0446	召簋	2.127	西周中期前段	即邢伯,西周執政大臣
井伯	0447	師大簋	2.129	西周中期前段	同上
甘婁	0223	伯克父鼎	1.279	春秋早期	伯克父的名,曾國人
甘婁	0445	曾伯克父簋	2.125	春秋早期	
甘婁	0467	遣盅父盨	2.181	春秋早期	曾伯克父的名
甘婁	0474	伯克父盨甲	2.192	春秋早期	同上
甘婁	0475	伯克父盨甲	2.195	春秋早期	同上
甘婁	0518	曾伯克父簠甲	2.281	春秋早期	伯克父之名
甘婁	0519	曾伯克父簠乙	2.284	春秋早期	同上
芳	0940	芳盤	3.286	西周晚期	
芳	0993	芳匜	3.362	西周晚期	
可	1247	相邦呂不韋戈	4.214	戰國晚期	秦國寺工的冶鑄工匠
左右	0449	左右簋	2.135	西周中期後段	
丕子	1220	狟談公之丕子戈	4.186	戰國中期	
戉公	0456	弖簋	2.152	西周中期前段	弖的祖父
戉公	0878	夃其卣	3.175	西周早期	夃其的父親,即父戊
戉王	1385	忬不余席鎮	4.381	春秋晚期	即越王
戉王州ㄐ	1462	越王州句石劍	4.471	戰國早期	即戉王州句、朱句
戉王州ㄐ	1463	越王州句石劍	4.471	戰國早期	即越王州句、朱句

人　名	器　號	器　名	卷數頁碼	時　代	備　注
戉王州丩	1464	越王州句石劍	4.472	戰國早期	即越王州句、朱句
戉王州丩	1465	越王州句石劍格一	4.472	戰國早期	同上
戉王州丩	1466	越王州句石劍格二	4.473	戰國早期	同上
戉王州丩	1467	越王州句石劍格三	4.473	戰國早期	同上
戉王州丩	1468	越王州句石劍格四	4.474	戰國早期	同上
北	0662	北爵甲	2.446	商代晚期	
北	0663	北爵乙	2.447	商代晚期	
田妻	0361	晉侯簋	1.462	西周中期前段	晉侯之妻
甲公	0457	獄簋甲	2.155	西周中期前段	獄的父親
甲公	0458	獄簋乙	2.157	西周中期前段	同上
甲公	0459	獄簋	2.159	西周中期前段	同上
甲公	0460	伯獄簋乙	2.162	西周中期前段	同上
甲公	0462	衛簋丙	2.170	西周中期前段	衛的父親
申	1266	公族申戈	4.235	戰國中期	某國公族
申公壽	0498	申公壽簠	2.233	春秋晚期	
史生	0102	史生鼎	1.99	西周早期	
史此	0892	史此觥	3.200	西周早期	
史柞	1026	史柞鐘	3.426	西周晚期	名柞，任周王朝史官
冄	1224	丞相冄戈	4.190	戰國中期	即魏冄，擔任秦國丞相
矢伯隻	0113	矢伯隻鼎	1.110	西周早期	
氏孟	0230	𩵋鼎	1.297	西周中期	紳的父親
外伯	0248	外伯鬲	1.327	西周晚期	外氏首領
令尹奉章	1305	令尹奉章劍	4.280	戰國早期	名新章，任楚國令尹
氼	0409	氼簋	2.43	西周中期前段	
司城裘	1206	滕司城裘戈	4.170	春秋早期	名裘，擔任滕國司裘
司馬䦙	1348	武陰令司馬䦙鈹	4.320	戰國晚期	趙國武陰縣令
司寇隆	1347	單父司寇鈹	4.319	戰國中期	名隆，單父的司寇
司寇緟沘	1288	新城令徒痏矛	4.261	戰國晚期	名緟沘，韓國新城縣司寇
司寇鄭害	1264	虒令解胡戈	4.233	戰國晚期	名鄭害，韓國虒縣司寇
疋夨吳	1343	攻吳王疋夨吳劍	4.314	春秋晚期	即勾餘，吳國國王
加嬭	0375	加嬭簋	1.477	春秋中期	又稱芈加，楚王之女
召	0446	召簋	2.127	西周中期前段	
召叔	0426	召叔簋	2.76	西周中期後段	

人 名	器 號	器 名	卷數頁碼	時 代	備 注
召姬	0466	遣盠父盨	2.180	西周晚期	遣盠父的夫人
召皇父	0472	召皇父盨	2.189	西周晚期	
母乙	0653	咸母乙爵	2.437	商代晚期	咸族的母輩
母己	0279	夨齍臣甗	1.372	西周中期	夨齍臣的母親
母辛	0728	冀母辛觶	2.517	西周早期	冀族的母輩
母辛	0776	亞其吳尊	3.45	西周早期前段	亞其吳族的母輩
母癸	0692	史母癸觚甲	2.480	商代晚期	史族的母輩
母癸	0693	史母癸觚乙	2.481	商代晚期	同上
母癸	0856	亞疑母癸卣	3.147	西周早期	亞疑族的母輩

六 畫

人 名	器 號	器 名	卷數頁碼	時 代	備 注
邦伯	0249	邦伯鬲	1.329	西周晚期	邦氏首領
邢伯	0446	召簋	2.127	西周中期前段	西周中期執政大臣
邢伯	0447	師大簋	2.129	西周中期前段	同上
寺工聲	1247	相邦呂不韋戈	4.214	戰國晚期	名聲,秦國寺工首領
玘	1245	芒令戈	4.212	戰國晚期	魏國芒縣冶鑄工匠
考史	0430	丂史簋	2.88	西周晚期	
考史	0431	丂史簋	2.90	西周晚期	
共	0962	共盂	3.325	西周中期	
西	0355	西簋	1.454	西周早期	
西	0708	西觚甲	2.494	西周早期	
西	0709	西觚乙	2.495	西周早期	
西工昌	1253	蜀守頹戈	4.222	戰國晚期	名昌,秦蜀郡西工室首領
西替踏	1203	西替踏戈	4.167	戰國早期	
西替繡	1190	西替繡戈	4.153	戰國早期	
吏涅	1235	夅令齊戈	4.202	戰國晚期	名涅,魏國夅縣縣吏
匜公	1106	匜公戈	4.58	春秋晚期	
郏君	0948	孃盤	3.301	春秋晚期	孃的父親
此余王	0220	此余王鼎	1.273	春秋晚期	即徐王
因	1237	子邦令戈	4.204	戰國晚期	魏國子邦縣冶鑄工匠
光	1047	攻吳王光鐸	3.495	春秋晚期	即闔閭,吳國國君

人　名	器　號	器　名	卷數頁碼	時　代	備　注
光	1388	吳王光帶鉤甲	4.384	春秋晚期	吳王闔閭
光	1389	吳王光帶鉤乙	4.384	春秋晚期	同上
光	1390	吳王光帶鉤丙	4.385	春秋晚期	同上
屵生	0402	屵生簋	2.33	西周晚期	
伐	1304	猷公子伐劍	4.279	春秋晚期	猷公子
仲子	0207	華孟子鼎	1.245	春秋中期	華孟子女,仲叚氏妻
仲氏	0792	遘尊	3.66	西周早期	
仲氏	0881	遘卣	3.182	西周早期	即仲義父
仲姜	0260	齊侯子仲姜鬲甲	1.349	春秋晚期	氣候的二女兒
仲康	0211	欨寶尹仲康鼎	1.254	春秋晚期	名仲康,任楚國欨寶尹
仲履	1108	弨氏仲履戈	4.60	春秋晚期	弨氏
仲闋	0358	仲闋簋	1.457	西周早期	
仲旬人	0981	仲旬人盉	3.348	西周中期	
仲㚄父	0103	仲㚄父鼎	1.100	西周早期	
仲盂父	0403	仲盂父簋	2.35	西周早期	
仲侃父	0462	衛簋丙	2.170	西周中期前段	衛的上司
仲義父	0792	遘尊	3.66	西周早期	
仲義父	0881	遘卣	3.182	西周早期	
仲繙父	0381	仲繙父簋	2.3	西周中期後段	
仲妊茲母	0503	薛仲蕾簋甲	2.242	春秋早期	薛仲蕾的二女
仲妊茲母	0504	薛仲蕾簋乙	2.244	春秋早期	同上
仲妊茲母	0505	薛仲蕾簋丙	2.246	春秋早期	同上
任叚	1211	任叚戈	4.175	戰國時期	
自脈父	0143	武鼎	1.149	西周早期	即師脈父
向瞀	0416	向瞀簋	2.56	西周晚期	
向令㪤	1231	向令㪤戈	4.198	戰國中期	名㪤,魏國向縣縣令
行氏伯爲	0539	行氏伯爲盆	2.323	春秋早期	名伯爲,行氏
旨	0666	旨爵	2.450	西周早期	
旨	0809	旨壺	3.86	西周早期前段	
旨翳	1330	越王旨翳劍	4.301	戰國早期	即越王翳
旨翳	1331	越王旨翳劍	4.302	戰國早期	同上
旨州屮	1461	越王旨州句石劍	4.470	戰國早期	即州句
郝公卲傸	1210	郝公卲傸戈	4.174	春秋晚期	即六公卲傸

人 名	器 號	器 名	卷數頁碼	時 代	備 注
州句	1315	越王州句劍	4.289	戰國早期	即越王朱句
州句	1316	越王州句劍	4.290	戰國早期	同上
州句	1317	越王州句劍	4.291	戰國早期	同上
州句	1318	越王州句劍	4.291	戰國早期	同上
州句	1319	越王州句劍	4.292	戰國早期	同上
州句	1320	越王州句劍	4.292	戰國早期	同上
州句	1321	越王州句劍	4.293	戰國早期	同上
州句	1322	越王州句劍	4.293	戰國早期	同上
州句	1323	越王州句劍	4.294	戰國早期	同上
州句	1398	越王州句石戈甲	4.399	戰國早期	同上
州句	1399	越王州句石戈乙	4.400	戰國早期	同上
州句	1435	越王州句石矛	4.439	戰國早期	同上
州句	1461	越王旨州句石劍	4.470	戰國早期	同上
州句	1462	越王州句石劍	4.471	戰國早期	同上
州句	1463	越王州句石劍	4.471	戰國早期	同上
州句	1464	越王州句石劍	4.472	戰國早期	同上
州句	1465	越王州句石劍格一	4.472	戰國早期	同上
州句	1466	越王州句石劍格二	4.473	戰國早期	同上
州句	1467	越王州句石劍格三	4.473	戰國早期	同上
州句	1468	越王州句石劍格四	4.474	戰國早期	同上
州車母	0389	邾慶父簋	2.15	春秋早期	邾慶父的夫人
州如車母	0388	邾慶父簋	2.13	春秋早期	同上
并伯	0089	并伯鼎	1.86	西周中期	
㠱	1239	内史操戈	4.206	戰國中期	擔任秦國冶鑄工師
安	1009	十三年右工室鐘	3.391	戰國晚期	秦國工匠
汗	0406	汗簋	2.39	西周中期前段	
丞義	1247	相邦呂不韋戈	4.214	戰國晚期	名義,秦國寺工丞
丞間	1253	蜀守顝戈	4.222	戰國晚期	名間,秦蜀郡西工室丞
丞嘉	1258	四年戈	4.227	戰國晚期	名嘉,秦國咸陽縣丞
丞相冉	1224	丞相冉戈	4.190	戰國中期	名魏冉,任秦國丞相
妃子季父	0944	妃子季父盤	3.294	西周晚期	

七　畫

人　名	器　號	器　名	卷數頁碼	時　代	備　注
孝	0441	孝簋	2.114	西周中期後段	
杞伯	0262	杞伯雙聯鬲	1.351	春秋早期	杞國某代國君
杞伯每刃	0177	杞伯每刃鼎	1.190	春秋早期	名每刃，杞國國君
杞伯每刃	0836	杞伯每刃壺	3.120	春秋早期	同上
均	1219	奇令均戈	4.185	戰國中期	魏國奇縣縣令
車	1396	小臣車堇玉璋	4.387	商代晚期	擔任商王朝小臣之職
車母	0262	杞伯雙聯鬲	1.351	春秋早期	杞伯的女兒
束仲登父	0404	束仲登父簋	2.36	西周晚期	
攻吳王光	1047	攻吳王光鐸	3.495	春秋晚期	名光，即闔閭，吳國國君
攻吳王光	1208	攻吳王光戈	4.172	春秋晚期	
克	0937	克盤	3.281	西周中期	弔龜族
芮公	0350	芮公簋	1.447	春秋早期	
芮公	0399	芮公簋蓋	2.29	西周中期前段	芮國國君
芮伯	0276	芮伯瓢	1.369	西周中期後段	芮國某代國君
芮伯	0372	芮伯簋	1.474	西周中期前段	芮國國君
芮伯	0868	芮伯卣	3.161	西周早期	同上
芮伯	0939	芮伯盤	3.285	西周中期	芮國某代國君
芮伯	0979	芮伯盉	3.346	西周中期	同上
芮姬	0442	倗伯簋	2.116	西周中期前段	倗伯的夫人，芮國之女
芈	0391	芈簋	2.18	西周晚期	
忥不余	1385	忥不余席鎮	4.381	春秋晚期	某越王之子
肖城黑	1117	趙城黑戈	4.70	春秋晚期	即趙城黑
旻	0195	旻鼎	1.220	西周早期後段	
呂不韋	1247	相邦呂不韋戈	4.214	戰國晚期	秦國相邦
呂季姜	0401	呂季姜簋	2.31	西周晚期	
吳姬	0320	吳姬簋	1.417	西周晚期	
吳叔襄	0171	吳叔襄鼎	1.183	春秋早期	名襄，吳國公族
吳季大	0283	吳季大瓢	1.377	春秋早期	吳國公族
吳季大	0490	吳季大簠	2.217	春秋早期	
吳季大	0534	吳季大盂	2.314	春秋早期	

人　名	器　號	器　名	卷數頁碼	時　代	備　注
吳氏季大	0165	吳氏季大鼎	1.174	春秋早期	與吳季大爲同一
作工暲	1250	相邦瘠戈	4.218	戰國晚期	名暲，魏國工室作工
作册殷	0893	陶觥	3.201	西周早期	
伯巨	0538	伯巨盆	2.322	西周中期後段	
伯氏	0461	宗人簋	2.166	西周中期後段	宗人的父輩
伯氏	0882	蕭卣	3.184	西周中期	蕭的宗主
伯尹	0357	伯尹簋	1.456	西周早期	
伯句	0410	伯句簋	2.44	西周中期前段	
伯皮	0166	曾子伯皮鼎	1.176	春秋早期	曾國公子
伯弘	0326	伯弘簋	1.423	西周早期	
伯括	1029	曾侯與鐘 A1	3.435	春秋晚期	
伯姜	0348	伯姜簋	1.445	西周中期	
伯斿	0436	伯斿簋	2.101	西周中期前段	
伯國	0277	曾孫伯國瓶	1.370	春秋晚期	春秋晚期曾侯的後裔
伯國	0488	曾大司馬伯國簠	2.216	春秋晚期	曾國大司馬
伯徥	0734	伯徥觶	2.523	西周早期	
伯猴	0152	鄭遺伯猴鼎	1.159	西周晚期	即鄭遺伯猴父
伯迷	0319	伯迷簋	1.416	西周中期前段	
伯迷	0735	伯迷觶	2.524	西周中期前段	
伯渚	0197	伯渚鼎	1.223	春秋早期	
伯爹	0213	伯爹鼎	1.261	西周早期	
伯喜	0149	伯喜鼎	1.155	西周中期	
伯徫	0329	伯徫簋	1.426	西周早期	
伯揚	0879	伯揚卣	3.177	西周中期	
伯唎	0380	伯唎簋	2.1	西周中期後段	
伯獄	0460	伯獄簋乙	2.162	西周中期前段	
伯爲	0539	行氏伯爲盆	2.323	春秋早期	行氏
伯僧	0395	伯僧簋	2.23	西周早期	
伯選	0140	曾子伯選鼎	1.144	春秋中期	曾國公子
伯選	0824	曾子伯選壺	3.104	春秋早期	同上
伯敊	0204	滕口伯敊鼎	1.239	春秋早期	春秋早期滕國人
伯獸	0343	伯獸簋	1.440	西周早期	
伯大父	0282	伯大父瓶	1.376	西周晚期	

人　名	器　號	器　名	卷數頁碼	時　代	備　注
伯考父	0396	伯考父簋	2.24	西周中期後段	
伯有父	1351	伯有父劍	4.324	春秋晚期	
伯先父	0274	伯先父甗	1.368	西周晚期	
伯克父	0223	伯克父鼎	1.279	春秋早期	甘婁的字，曾國人
伯克父	0474	伯克父盨甲	2.192	春秋早期	即曾伯克父
伯克父	0475	伯克父盨乙	2.195	春秋早期	同上
伯享父	0928	伯享父盤	3.270	西周中期	
伯享父	0969	伯享父盂	3.333	西周中期	
伯良父	0487	鄭邢子伯良父簋	2.214	西周晚期	鄭邢氏
伯或父	0231	伯或父鼎	1.300	西周中期	
伯武父	0174	伯武父鼎	1.186	西周中期後段	
伯骰父	0995	伯骰父匜	3.366	春秋早期	
伯訷父	0838	賈子伯訷父壺	3.123	春秋早期	賈國公族
伯訷父	0947	賈子伯訷父盤	3.300	春秋早期	賈國公子
伯甾父	0892	史此觥	3.200	西周早期	史此的上司
伯猴父	0151	鄭遣伯猴父鼎	1.158	西周晚期	即鄭遣伯猴父
伯國父	0194	伯國父鼎	1.219	春秋早期	
伯義父	0154	伯義父鼎	1.161	西周晚期	
伯義父	0471	伯義父盨	2.188	西周晚期	
伯賚父	0345	伯賚父簋甲	1.442	西周中期前段	
伯賚父	0346	伯賚父簋乙	1.443	西周中期前段	
伯囟此	1248	徐子伯囟此戈	4.215	春秋中期	
伯逆車	0382	伯逆車簋甲	2.4	西周晚期	
伯逆車	0383	伯逆車簋甲	2.6	西周晚期	
伯逆車	0401	呂季姜簋	2.31	西周晚期	
伯晉生	0106	伯晉生鼎	1.103	西周晚期	
伯晉生	0181	伯晉生鼎	1.196	西周晚期	
兑	0252	兑鬲	1.335	西周早期	
余王容巨	1230	徐王容巨戟	4.196	春秋中期	即徐王容巨
余欨平加	1148	余欨平加戈	4.108	春秋晚期	即徐欨平加
夰令鄰	1235	夰令齊戈	4.202	戰國晚期	名齊，魏國夰縣縣令
夆子旬	0485	夆子旬簋	2.210	春秋早期	即逢子旬
夆子旬	0817	夆子旬壺	3.95	春秋早期	同上

人 名	器 號	器 名	卷數頁碼	時 代	備 注
狄伯	0491	狄伯叔右師簠	2.219	春秋早期	
疕	1240	茅阪大令趙瘝戈	4.207	戰國晚期	即疾,趙國茅阪縣工匠
辛乙	0696	戈辛乙觚	2.484	商代晚期	戈族的父輩
辛仲	0950	周晉盤	3.305	西周中期	周晉的父親
辛姒	0382	伯逆車簋甲	2.4	西周晚期	伯逆車的女兒
辛姒	0383	伯逆車簋甲	2.6	西周晚期	同上
辛姒	0401	呂季姜簋	2.31	西周晚期	同上
宋伯	0792	遐尊	3.66	西周早期	宋國國君
宋伯	0881	遐卣	3.182	西周早期	
宋兒	0162	宋兒鼎	1.171	春秋晚期	陳侯之孫
宋叔	0218	宋叔鼎	1.270	西周中期前段	
宋公差	1216	宋公差戈	4.181	春秋晚期	名差(佐),宋國國君
宋公圍	0209	宋公圍鼎	1.248	春秋晚期	即宋公固,宋國國君
宋公圍	0531	宋公圍鋪甲	2.305	春秋晚期	名圍(固),宋國國君
宋公圍	0532	宋公圍鋪乙	2.308	春秋晚期	同上
冶圯	1245	芒令戈	4.212	戰國晚期	名圯,魏芒縣冶鑄工匠
冶因	1237	子邦令戈	4.204	戰國晚期	魏國子邦縣冶鑄工匠
冶沽	1236	強丘令稅異戈	4.203	戰國晚期	名沽,魏國強丘縣工匠
冶疕	1240	茅阪大令趙瘝戈	4.207	戰國晚期	名疕,趙國茅阪縣工匠
冶雩	1251	鉅鹿令張密戈	4.220	戰國晚期	名雩,趙國鉅鹿縣工匠
冶坌	1231	向令攷戈	4.198	戰國中期	名坌,魏國向縣工匠
冶疾	1249	公乘斯戈	4.217	戰國中期	名疾,冶鑄工匠
冶章	1256	武城相邦畋戈	4.225	戰國中期	武城君的冶鑄工匠
冶痲	1348	武陰令司馬闌鈹	4.320	戰國晚期	名痲,趙國武陰縣工匠
冶陽	1347	單父司寇鈹	4.319	戰國中期	名陽,單父的冶鑄工匠
冶寅	1288	新城令徒疽矛	4.261	戰國晚期	名寅,韓國新城縣工匠
冶醇	1349	相邦春平侯鈹	4.321	戰國晚期	名醇,韓國邦右庫的工匠
冶舊	1220	狅談公之丕子戈	4.186	戰國中期	名舊,魏國奇縣工匠
冶觸	1250	相邦瘔戈	4.218	戰國晚期	名觸,魏國工室的工匠
冶人九	1254	榆次令鄔樣戈	4.223	戰國晚期	名九,魏國榆次縣工匠
冶人屠	1263	大陰令鄔靖戈	4.232	戰國晚期	名屠,魏國大陰縣工匠
冶尹戁	1289	冢子韓政戟刺	4.262	戰國晚期	名戁,韓國太官上庫冶尹
冶尃秦	0541	冶尃秦匕	2.328	戰國晚期	楚國的鑄造工匠

人 名	器 號	器 名	卷數頁碼	時 代	備 注
冶尃秦	0542	冶尃秦匕	2.329	戰國晚期	楚國的鑄造工匠
冶眽矢	1235	夲令齊戈	4.202	戰國晚期	名眽矢,韓國夲縣工匠
卯	0271	卯甗	1.365	商代晚期	
君臣	1132	君臣戈	4.86	春秋晚期	
君窑父	0441	孝簋	2.114	西周中期後段	孝的長輩或上司
即	0224	昭王之即鼎甲	1.281	春秋晚期	楚昭王的後裔
即	0225	昭王之即鼎乙	1.286	春秋晚期	同上
即	0226	昭王之即鼎	1.289	春秋晚期	同上
即	0515	昭王之即簠甲	2.274	春秋晚期	同上
即	0516	昭王之即簠乙	2.276	春秋晚期	同上
即	0525	昭之王孫即盞	2.295	春秋晚期	楚昭王之孫
即	0909	昭王之即缶	3.242	春秋晚期	名即,楚昭王之孫
郘君鮮	0198	郘君鮮鼎	1.225	春秋早期	原誤爲郘君孝
甬巨	0480	甬巨簋	2.206	春秋晚期	
妊	0112	妊鼎	1.109	西周早期	孟恆父的夫人,妊姓
妊庚	0789	鼶速尊	3.61	西周中期前段	鼶速的夫人
妖	1199	坪夜夫人妖戈	4.162	春秋晚期	平輿君夫人
姒	0881	遘卣	3.182	西周早期	即公姒

八 畫

人 名	器 號	器 名	卷數頁碼	時 代	備 注
呑叔	1255	者兒戈	4.224	春秋晚期	者兒的父親
武	0143	武鼎	1.149	西周早期	
武公	0451	家伯束邘簋甲	2.142	春秋早期	家伯束邘的父親
武公	0452	家伯束邘簋乙	2.144	春秋早期	同上
武姜	0451	家伯束邘簋甲	2.142	春秋早期	家伯束邘的母親
武姜	0452	家伯束邘簋乙	2.144	春秋早期	同上
武王攻堊	1209	武王攻堊戈	4.173	春秋晚期	
者兒	1255	者兒戈	4.224	春秋晚期	
者梁	1111	者梁戈	4.63	春秋晚期	
者仲叡	0778	者仲叡尊	3.47	西周早期後段	
者迟戲	1342	攻吳王者迟戲劍	4.313	春秋晚期	吳國國王

人 名	器 號	器 名	卷數頁碼	時 代	備 注
者䚹每	1139	者䚹每戈	4.97	春秋中期	
苛脇	0541	冶專秦匕	2.328	戰國晚期	楚國的鑄造工匠
苛脇	0542	冶專秦匕	2.329	戰國晚期	同上
茈孟姬	0935	茈孟姬盤	3.278	西周晚期	
范斀	1135	䡇斀戟	4.92	戰國早期	
其母	0331	其母簋	1.428	西周早期	
長信侯	0828	長信侯鍾	3.108	戰國晚期	名嫪毐,戰國秦侯爵
亞妘	0082	亞妘鼎	1.79	西周早期前段	
亞妘	0327	亞妘簋	1.424	西周早期	
亞媥	0082	亞妘鼎	1.79	西周早期前段	即亞妘
取	0739	取飲壺	3.3	西周中期前段	
東王	1351	伯有父劍	4.324	春秋晚期	周敬王,伯有父的祖父
東宮	0222	衛鼎	1.276	西周中期	
東陽王	1118	東陽王戈	4.71	戰國早期	
來甗	0938	來甗盤	3.283	西周中期	鄭伯的小臣
雨	0788	雨尊	3.60	西周早期後段	
奇	0079	埼鼎	1.77	春秋晚期	
奇	0806	埼壺	3.83	春秋晚期	
奇令均	1219	奇令均戈	4.185	戰國中期	名均,魏國奇縣縣令
杲	1252	上郡守壽戈	4.221	戰國晚期	即渠
臤	0228	臤鼎	1.294	西周中期	即賢
叔友	0434	叔窖簋甲	2.96	西周中期後段	
叔友	0435	叔窖簋乙	2.99	西周中期後段	
叔安	0160	鄭虢叔安鼎	1.169	西周晚期	鄭虢氏
叔安	0386	鄭虢叔安簋甲	2.9	西周晚期	同上
叔安	0387	鄭虢叔安簋乙	2.11	西周晚期	同上
叔芈	0523	黃子婁盉	2.292	春秋晚期	黃子婁之妻
叔倂	0168	叔倂鼎	1.179	西周中期後段	
叔壴	0368	叔壴簋蓋	1.470	西周早期	
叔姜	0451	家伯束邟簋甲	2.142	春秋早期	文太子的夫人
叔姜	0452	家伯束邟簋乙	2.144	春秋早期	同上
叔姜	0510	許公簠甲	2.258	春秋中期	許公的女兒
叔姜	0511	許公簠乙	2.263	春秋中期	同上

人　名	器　號	器　名	卷數頁碼	時　代	備　注
叔姜	0830	鄭伯顡父壺	3.112	春秋早期	鄭伯顡父的夫人
叔旅	0417	叔旅簋	2.57	西周早期	魯侯之子
叔浚	0507	曾公子叔浚簠甲	2.251	春秋中期	曾國公子
叔浚	0508	曾公子叔浚簠乙	2.254	春秋中期	同上
叔姬	0164	王子般榭叩鼎	1.173	春秋早期	般榭叩的夫人
叔楚	0517	封子楚簠	2.278	春秋晚期	鄭武公之孫
叔槐	0175	鄭邢叔槐鼎	1.187	西周中期後段	鄭邢氏
叔疑	0114	矢伯隻鼎	1.111	西周早期	
叔疑	0777	叔疑尊	3.46	西周早期	
叔齍	0139	叔齍鼎	1.142	春秋晚期	大曾文之孫
叔齍	0285	叔齍瓶	1.379	春秋晚期	同上
叔齍	0987	曾子叔齍匜	3.356	春秋晚期	曾國公子
叔右師	0491	狄伯叔右師簋	2.219	春秋早期	，
叔安父	0440	叔安父簋	2.112	西周中期	
叔再父	0468	叔再父盨甲	2.182	西周晚期	鄭邢氏
叔再父	0469	叔再父盨乙	2.184	西周晚期	同上
叔再父	0470	叔再父盨丙	2.186	西周晚期	同上
叔桑父	0359	叔桑父簋	1.458	西周早期	
叔戲父	0215	叔戲父鼎	1.264	春秋早期	
叔紳父	0344	叔紳父簋	1.441	西周早期	
叔帶父	0394	叔帶父簋	2.21	西周晚期	
叔善父	0832	尹氏士叔善父壺	3.115	西周中期	
叔誥父	0253	兌鬲	1.336	西周早期	
叔嫣繺	0194	伯國父鼎	1.219	春秋早期	伯國父的夫人
叔嬴酖	0943	鄁仲盤	3.292	春秋早期	養仲的孫女
叔嬴酖	0994	鄁仲匜	3.364	春秋早期	同上
叔嫻母賓	0506	黃子婁簋	2.248	春秋晚期	黃子婁的夫人
叔嫻母賓	0906	黃子婁缶甲	3.235	春秋晚期	同上
叔嫻母賓	0973	黃子婁盉	3.337	春秋晚期	同上
尚儽	0833	楷大司工尚儽壺	3.116	西周晚期	黎國的大司工
具	0229	具鼎	1.295	西周中期前段	
昌	1253	蜀守顥戈	4.222	戰國晚期	秦蜀郡西工室首領
果	1174	蔡公子果戈	4.134	春秋晚期	蔡國公子

人 名	器 號	器 名	卷數頁碼	時 代	備 注
易	0811	易壺	3.88	西周早期	
峕峉	0411	峕峉簋	2.45	西周晚期	
邾曹	0177	杞伯每匕鼎	1.190	春秋早期	杞伯每匕的夫人
邾友父	0258	邾友父鬲	1.345	春秋早期	字友父,小邾國國君
邾慶父	0388	邾慶父簋	2.13	春秋早期	字慶父,小邾國國君
邾慶父	0389	邾慶父簋	2.15	春秋早期	同上
邾慶父	0837	邾慶父壺	3.122	春秋早期	名慶父,小邾國國君
季大	0936	季大盤	3.279	春秋早期	即吳季大,吳國公族
季大	0989	季大匜	3.358	春秋早期	同上
季姜	0169	敔伯鼎	1.180	西周晚期	敔伯的夫人
季姜	0812	王壺	3.89	西周晚期	某周王的后妃
季姬	0364	鑄仲簋	1.466	春秋早期	祝仲的夫人
季敔	0349	季敔簋	1.446	西周中期	
季𤩺	0535	黛君季𤩺鑑	2.315	春秋中期	
季事父	0179	季事父鼎	1.193	春秋早期	
佀多	0810	佀多壺	3.87	春秋晚期	
佀多	0926	佀多盤	3.268	春秋晚期	
兒慶	0985	郳慶匜	3.354	春秋早期	即倪慶
金婦	0930	進盤	3.272	西周早期	進的夫人
命	0134	命鼎	1.137	西周中期	
周晉	0950	周晉盤	3.305	西周中期	族徽爲𦥑
周師	0457	獄簋甲	2.155	西周中期前段	獄的上司
周師	0458	獄簋甲	2.157	西周中期前段	同上
周師	0459	獄簋	2.159	西周中期前段	同上
匊汝	0381	仲襠父簋	2.3	西周中期後段	仲襠父的親屬
狉	0371	狉簋	1.473	西周早期	曾國國君
京叔	0428	京叔簋甲	2.82	西周晚期	京氏公族
京叔	0429	京叔簋乙	2.85	西周晚期	同上
京叔	0900	京叔鑢	3.219	西周晚期	同上
京姬	0259	善夫吉父鬲	1.346	西周晚期	善夫吉父的夫人
卒止	1246	陽人令卒止戈	4.213	戰國晚期	韓國陽人縣令
夜疾	1286	宅陽令隔登矛	4.258	戰國晚期	魏國宅陽縣冶鑄工師
疾	1240	茅阪大令趙瘢戈	4.207	戰國晚期	趙國茅阪縣冶鑄工匠

人　名	器　號	器　名	卷數頁碼	時　代	備　注
娄	1250	相邦瘠戈	4.218	戰國晚期	魏國工室首領
沽	1236	強丘令稅異戈	4.203	戰國晚期	魏國強丘縣冶鑄工匠
宗人	0231	伯或父鼎	1.300	西周中期	
宗人	0440	叔安父簋	2.112	西周中期	叔安父之弟
宗人	0461	宗人簋	2.166	西周中期後段	
定	0125	楚叔之孫定鼎	1.124	春秋晚期	楚叔之孫
宜脂	0191	渗公宜脂鼎	1.215	春秋晚期	濫國國君
宜姬	0949	霸伯盤	3.303	西周中期	霸伯的夫人
宜信孺子	0120	宜信孺子鼎	1.117	戰國晚期	
帚	1252	上郡守壽戈	4.221	戰國晚期	秦國高奴縣冶鑄工師
狀	0272	狀甗	1.366	西周早期	
姑䲲亓䖮	1352	攻吳王姑䲲亓䖮劍	4.325	春秋晚期	即吳王餘眛，壽夢三子
盉	0400	盉簋	2.30	西周中期	
孟姜	0412	公子壓父簋甲	2.47	春秋早期	壓父的長女
孟姜	0413	公子壓父簋乙	2.50	春秋早期	同上
孟姜	0414	公子壓父簋丙	2.53	春秋早期	同上
孟姜	0415	公子壓父簋丁	2.55	春秋早期	同上
孟姜	0992	公子壓父匜	3.361	春秋早期	公子壓父的女兒
孟姬	0838	賈子伯訧父壺	3.123	春秋早期	賈子伯訧父的姊妹
孟姬	0947	賈子伯訧父盤	3.300	春秋早期	伯訧父的姊妹
孟姬	0952	晉公盤	3.308	春秋中期	晉公室的女兒
孟姬	0997	蔡大司馬燮匜	3.371	春秋晚期	燮的長女
孟吹父	1379	孟吹父卮	4.376	西周中期	
孟恆父	0112	妊鼎	1.109	西周早期	
孟芈玄	0481	孟芈玄簠	2.206	春秋晚期	
孟姬屈母	0135	姚季鼎	1.138	春秋早期	姚季的大女兒
孟姬屈母	0823	姚季壺	3.103	春秋早期	姚季的長女
录	0392	录簋蓋甲	2.19	周晚春早	
录	0393	录簋蓋乙	2.20	周晚春早	

九　畫

人　名	器　號	器　名	卷數頁碼	時　代	備　注
春平侯	1349	相邦春平侯鈹	4.321	戰國晚期	趙國春平侯
封子楚	0517	封子楚簠	2.278	春秋晚期	鄭武公之孫
胡應姬	0221	獣應姬鼎	1.274	西周中期前段	胡君的夫人，應國女子
荀侯	0238	荀侯鬲	1.311	西周中期後段	荀國某代國君
相姬	0241	相姬鬲甲	1.315	西周中期後段	
相姬	0242	相姬鬲乙	1.317	西周中期後段	
相邦痹	1250	相邦痹戈	4.218	戰國晚期	名痹，魏國相邦
相邦義	1225	相邦義戈	4.191	戰國中期	即張儀，擔任秦國相邦
柏	0476	柏簠	2.201	春秋中期	鍾離國國君
柏	0494	鍾離君柏簠甲	2.224	春秋中期	同上
柏	0495	鍾離君柏簠乙	2.227	春秋中期	同上
柏	1016	鍾離君柏鐘甲	3.402	春秋中期	同上
柏	1017	鍾離君柏鐘乙	3.404	春秋中期	同上
柏	1018	鍾離君柏鐘丙	3.406	春秋中期	同上
柏	1019	鍾離君柏鐘丁	3.408	春秋中期	同上
柏	1020	鍾離君柏鐘戊	3.410	春秋中期	同上
柏	1021	鍾離君柏鐘己	3.412	春秋中期	同上
柏	1022	鍾離君柏鐘庚	3.414	春秋中期	同上
柏	1023	鍾離君柏鐘辛	3.416	春秋中期	同上
柏	1024	鍾離君柏鐘壬	3.418	春秋中期	同上
柏	1144	鍾離公柏戟甲	4.102	春秋中期	同上
柏	1145	鍾離公柏戟乙	4.104	春秋中期	同上
柏	1248	徐子伯匀此戈	4.215	春秋中期	同上
軏敄	1135	軏敄戟	4.92	戰國早期	即范敄
郚王蘦	1302	郚王蘦劍	4.277	春秋晚期	名蘦，偪陽國君
南父	0284	南父甗	1.378	西周晚期	鄭伯的小臣
南公	0371	狢簋	1.473	西周早期	曾侯狢的祖輩
南公	1029	曾侯與鐘 A1	3.435	春秋晚期	曾國的始祖
匩姬	0152	鄭遣伯㺇鼎	1.159	西周晚期	鄭遣伯㺇的女兒
匽	0077	匽鼎	1.75	西周中期	

人　名	器　號	器　名	卷數頁碼	時　代	備　注
匽氏	1222	上郡守匽氏戈	4.188	戰國中期	秦國上郡郡守
匽伯	0087	燕伯鼎	1.84	西周中期	即燕伯
匽侯	0322	燕侯簋	1.419	西周早期	即燕侯
匽侯旨	0874	燕侯旨卣	3.169	西周早期	即燕侯旨
盅子歅	0502	盅子歅簠	2.240	春秋晚期	
是	1253	蜀守顝戈	4.222	戰國晚期	秦蜀郡西工室工匠
昊欿	0192	皇斀鼎	1.216	春秋晚期	皇斀的父親
昭王	0224	昭王之即鼎甲	1.281	春秋晚期	楚昭王
昭王	0225	昭王之即鼎乙	1.286	春秋晚期	同上
昭王	0226	昭王之即鼎	1.289	春秋晚期	同上
昭王之即	0515	昭王之即簠甲	2.274	春秋晚期	名即，楚昭王的後裔
昭王之即	0516	昭王之即簠乙	2.276	春秋晚期	同上
敀	1256	武城相邦敀戈	4.225	戰國中期	趙國武城君的相邦
晲	0783	晲尊	3.52	西周中期前段	即晲
𩙕父	0882	蕭卣	3.184	西周中期	
矩姬	0154	伯義父鼎	1.161	西周晚期	伯義父的夫人
信陰君	1381	信陰君漆卮底	4.378	戰國晚期	魏國封君
侯氏	0929	侯氏盤	3.271	西周晚期	
侯氏	0983	侯氏匜	3.352	西周晚期	
皇姊	0939	芮伯盤	3.285	西周中期	芮伯的姐姐，嫁於倗伯
皇姊	0979	芮伯盉	3.346	西周中期	芮公的姐姐，倗伯的夫人
皇斀	0192	皇斀鼎	1.216	春秋晚期	昊欿之公子
迨	0275	迨甗	1.369	西周早期	即會
衍	0455	衍簋	2.150	西周中期後段	鄭邢氏
再	0227	再鼎	1.291	西周中期	
再	0443	再簋丙	2.117	西周中期前段	
再	0444	再簋丁	2.121	西周中期前段	
再父	0882	蕭卣	3.184	西周中期	
𨛜氏	1128	𨛜氏戟	4.81	春秋晚期	
胙曹	0258	邾友父鬲	1.345	春秋早期	邾友父的女兒，嫁於胙國
奐	0836	曾季卿事奐壺	3.118	周晚春早	曾國卿士
狢賈	1289	冢子韓政戟刺	4.262	戰國晚期	韓國太官上庫嗇夫
哀伯	0395	伯僧簋	2.23	西周早期	伯僧的長輩

人　名	器　號	器　名	卷數頁碼	時　代	備　注
斿	0436	伯斿簋	2.101	西周中期前段	即伯斿
前彝	1140	雍子前彝戈	4.98	春秋早期	
津	1104	津戈	4.56	春秋時期	
宣	0155	曾卿事宣鼎甲	1.162	周晚或春早	名宣，曾國的卿士
宣	0156	曾卿事宣鼎乙	1.163	周晚或春早	同上
宣	0157	曾卿事宣鼎丙	1.164	周晚或春早	同上
宣	0736	宣觶	2.525	西周早期	亞束族人
攺	1231	向令攺戈	4.198	戰國中期	魏國向縣縣令
祖乙	0855	束祖乙卣	3.145	西周早期	束族的祖輩
祖乙	0870	卪卣	3.164	西周早期	選的祖父
祖丁	0060	𢀛祖丁鼎	1.58	商代晚期	商代晚期𢀛族氏人
祖丁	0094	戈鼎	1.91	西周早期	西周早期戈族氏人
祖丁	0369	龄史簋	1.471	西周中期前段	龄史的祖父
祖丁	0378	穎簋	1.480	西周早期	穎的祖父
祖丁	0623	戈祖丁爵	2.410	商代晚期	戈族的祖輩
祖丁	0624	受祖丁爵	2.411	西周早期	受族的祖輩
祖丁	0625	𠂤祖丁爵	2.412	西周早期	𠂤族的祖輩
祖己	0627	戈祖己爵	2.414	西周早期	戈族的祖輩
祖己	0719	戈祖己觶	2.508	商代晚期	同上
祖己	0720	戈祖己觶	2.509	西周早期	同上
祖壬	0629	冉祖壬爵	2.416	西周早期	冉族的祖輩
祖壬	0731	祖壬父戊觶	2.520	西周早期	
祖壬	0733	卯祖壬父戊觶	2.522	西周早期	卯族的祖輩
祖丙	0713	祖丙觶	2.502	西周早期	
祖丙	0811	易壺	3.88	西周早期	易的祖父
祖兄	0850	山祖兄卣	3.139	商代晚期	
祖戊	0626	史祖戊爵	2.413	西周早期	史族的祖輩
祖戊	0737	傳觶	2.526	西周早期	宣的祖父
祖辛	0069	𢎥戈祖辛鼎	1.67	西周早期	西周早期𢎥戈族氏人
祖辛	0628	戈祖辛爵	2.415	西周早期	戈族的祖輩
祖辛	1046	象祖辛鐃	3.491	商代晚期	象族的祖輩
祖庚	0268	仲甗	1.362	西周早期	
祖癸	0271	卬甗	1.365	商代晚期	卬的祖父

人　名	器　號	器　名	卷數頁碼	時　代	備　注
祖癸	0302	冈祖癸簋	1.399	西周早期	冈族的祖輩
祖癸	0893	陶觥	3.201	西周早期	陶的祖父
祝仲	0364	鑄仲簋	1.466	春秋早期	祝國公族
昶觚伯	0831	昶觚伯壺	3.114	春秋早期	即養觚伯,養國公族
昶伯戛父	0978	昶伯戛父盉	3.344	春秋早期	即養伯戛父
昶匋仲比	0255	昶匋仲比鬲	1.340	春秋早期	即養匋仲比,養國公族
昶匋仲比	0256	昶匋仲比鬲	1.342	春秋早期	同上
昶匋仲叟	0172	昶匋仲叟鼎	1.184	春秋早期	同上
姚季	0135	姚季鼎	1.138	春秋早期	
姚季	0823	姚季壺	3.103	春秋早期	
癸	0133	癸鼎	1.136	西周早期	

十　畫

人　名	器　號	器　名	卷數頁碼	時　代	備　注
馬皇父	0193	魯司徒馬皇父鼎	1.217	春秋晚期	魯國的司徒
馬皇父	0418	魯司徒馬皇父簋甲	2.59	西周晚期	魯國司徒
馬皇父	0419	魯司徒馬皇父簋乙	2.61	西周晚期	同上
秦	0407	秦簋	2.41	西周中期前段	
秦子	1242	秦子戈甲	4.209	春秋早期	秦文公之子,謚靜公
秦子	1243	秦子戈乙	4.210	春秋早期	同上
秦子	1285	秦子矛	4.257	春秋早期	同上
秦公	0107	伯晉生鼎	1.104	春秋早期	
秦公	0334	秦公簋C	1.431	春秋早期	秦國某代國君
秦公	0335	秦公簋D	1.432	春秋早期	同上
秦公	1238	秦公戈	4.205	春秋中期	即秦穆公
秦妊	0985	郳慶匜	3.354	春秋早期	郳慶的夫人
秦顟	0336	秦顟簋	1.433	春秋早期	春秋早期秦國人
桓匕	0208	王子桓匕鼎	1.246	春秋晚期	某國王子
桓伯	0449	左右簋	2.135	西周中期後段	
華孟子	0207	華孟子鼎	1.245	春秋中期	
恭叔姬	0215	叔戡父鼎	1.264	春秋早期	叔戡父夫人
莆嬴	0428	京叔簋甲	2.82	西周晚期	京叔的女兒

人 名	器 號	器 名	卷數頁碼	時 代	備 注
莆嬴	0429	京叔簋乙	2.85	西周晚期	京叔的女兒
尃秦	0541	冶尃秦匕	2.328	戰國晚期	楚國的鑄造工匠
尃秦	0542	冶尃秦匕	2.329	戰國晚期	同上
尃姬	0132	大保都鼎	1.134	商代晚期	太保都的姊妹
逋各	1207	逋各戈	4.171	春秋早期	
酓	0351	酓簋	1.449	西周早期前段	
盱生父	0405	盱生父簋	2.38	周晚春早	
晉公	0952	晉公盤	3.308	春秋中期	晉國國君
晉公	1228	晉公戈	4.194	春秋早期	晉國某代國君
晉侯	0257	晉侯鬲	1.343	西周中期後段	同上
晉侯	0333	晉侯簋蓋	1.430	西周中期後段	同上
晉侯	0361	晉侯簋	1.462	西周中期前段	同上
晉侯	1100	晉侯戈甲	4.53	春秋早期	同上
晉侯	1101	晉侯戈乙	4.54	春秋早期	同上
晉侯	1102	晉侯戈丙	4.54	春秋早期	同上
晉姬	0203	賈叔鼎	1.237	春秋早期	
晉姬	0432	賈叔簋	2.92	春秋早期	晉國國君的女兒
晉姬	0464	晉姬盨	2.176	西周晚期	
晉侯斦	0423	晉侯斦簋	2.70	西周中期	名斦,晉國某代國君
逞	1344	吳季子之子逞劍	4.315	春秋晚期	吳季子之子
畢公	0275	迨甗	1.369	西周早期	會的先輩
畢姬	0246	番伯鬲	1.324	西周中期後段	番伯的夫人
眔	1236	強丘令稅異戈	4.203	戰國晚期	魏國強丘縣工師長
郙子霥	0816	郙子霥壺	3.93	戰國晚期	即蓮子霥
倗伯	0442	倗伯簋	2.116	西周中期前段	
倗伯	0939	芮伯盤	3.285	西周中期	倗國某代國君
倗伯	0979	芮伯盂	3.346	西周中期	芮公的姐夫,倗國國君
倗姬	0276	芮伯甗	1.369	西周中期後段	芮伯的姊妹,嫁於倗國
倗姬	0372	芮伯簋	1.474	西周中期前段	芮伯的女兒
倗姬	0924	倗姬盤	3.266	西周中期	
倗番生	0370	倗番生簋	1.472	西周晚期	
師	0074	師鼎	1.72	西周早期	
師大	0447	師大簋	2.129	西周中期前段	

人 名	器 號	器 名	卷數頁碼	時 代	備 注
師酉	0951	師酉盤	3.307	西周晚期	
師朢父	0143	武鼎	1.149	西周早期	武的上司
郫趮	1112	郫趮戈	4.65	春秋晚期	
郳慶	0985	郳慶匜	3.354	春秋早期	小邾國國君
郳公敊	0891	郳公敊觥	3.199	春秋晚期	名敊,小邾國國君
舍王	1027	遱邥鐘	3.429	春秋早期	即徐王
倉端王義	0159	倉端王義鼎	1.166	戰國晚期	名王義,任秦國倉正
殺	0123	殺鼎	1.121	西周中期前段	
般榭叩	0164	王子般榭叩鼎	1.173	春秋早期	某國王子
卿旎	0398	小子斲簋	2.27	商代晚期	小子斲的上司,任卿士
卿事奐	0835	曾季卿事奐壺	3.118	周晚春早	名奐,曾國卿士
射	0075	射鼎	1.73	西周早期	
徒痁	1288	新城令徒痁矛	4.261	戰國晚期	韓國新城縣令
徐王	1027	遱邥鐘	3.429	春秋早期	遱邥的祖父,徐國國君
徐子汭	0189	徐子汭鼎	1.212	春秋早期	
徐王容巨	1230	徐王容巨戟	4.196	春秋中期	名容巨,徐國國王
徐欳平加	1148	余欳平加戈	4.108	春秋晚期	
逢子旬	0485	夆子旬簠	2.210	春秋早期	名旬,逢國國君
逢子旬	0817	夆子旬壺	3.95	春秋早期	同上
旁鄇	0281	鄧子旁鄇甗	1.375	春秋中期	鄧國公子
高路虎	1244	□俎戟	4.211	春秋早期	
旀仲日	0115	伯鼎	1.112	西周早期	
旀姜幾母	0434	叔葊簋甲	2.96	西周中期後段	叔友的女兒
旀姜幾母	0435	叔葊簋乙	2.99	西周中期後段	同上
旅伯	0148	旅伯鼎	1.154	西周中期	
庫吏呞	1289	冢子韓政戟刺	4.262	戰國晚期	名呞,韓國太官上庫庫吏
唐	0385	小臣唐簋	2.8	西周早期	周王朝小臣
唐公	0952	晉公盤	3.308	春秋中期	晉國始祖唐叔虞
唐妣	0430	丂史簋	2.88	西周晚期	考史的女兒
唐妣	0431	丂史簋	2.90	西周晚期	同上
唐公疢	0984	下郜唐公疢匜	3.353	戰國早期	名疢,下郜國君
疾	1223	上郡守疾戈	4.189	戰國中期	即樗里疾,秦上郡郡守
羋兒	0500	鄭膚簋	2.235	春秋中期	即騅兒,鄭膚的女兒

人　名	器　號	器　名	卷數頁碼	時　代	備　注
朔	1301	蔡侯朔劍	4.276	春秋晚期	蔡國國君
涅	1235	夲令齊戈	4.202	戰國晚期	魏國夲縣縣吏
家伯束郍	0451	家伯束郍簋甲	2.142	春秋早期	文太子之孫
家伯束郍	0452	家伯束郍簋乙	2.144	春秋早期	同上
宴	1171	蔡叔子宴戈	4.131	春秋晚期	蔡國公族,即蔡公子宴
宴	1172	蔡公子宴戈	4.132	春秋晚期	蔡國公子
宮公	0358	仲闕簋	1.457	西周早期	仲闕的長輩
宮公	0735	伯逑觶	2.524	西周中期前段	伯逑的長輩
宮伯	0213	伯㠱鼎	1.261	西周早期	伯㠱的長輩
宮叔	0406	汗簋	2.39	西周中期前段	汗的長輩
容巨	1230	徐王容巨戟	4.196	春秋中期	徐國國王
書	1234	廿八年公乘戈	4.201	戰國晚期	某國冶鑄工師
訆楚獣	1027	遱夿鐘	3.429	春秋早期	即尋楚獣
發氏仲履	1108	發氏仲履戈	4.60	春秋晚期	名仲履,發氏
陳往	1212	陳往戈	4.176	戰國時期	齊國人
陳侯	0162	宋兒鼎	1.171	春秋晚期	宋兒的父親
陳侯	0254	陳侯鬲	1.338	西周晚期	陳國某代國君
陳侯	0337	陳侯簋	1.434	春秋早期	陳國國君
陳侯	0975	陳侯盉	3.339	西周晚期	陳國某代國君
陳侯	1198	陳侯戈	4.160	春秋晚期	同上
陳子㠱	0526	陳子㠱盞	2.297	春秋晚期	名㠱,陳國公子
陳阮人	1090	陳阮人戈	4.43	春秋早期	齊國人
陳賸子	1094	陳賸子戈	4.47	戰國中期	同上
陶	0893	陶觥	3.201	西周早期	
姬	0244	姬鬲	1.321	西周中期後段	
姬娿	0391	芊簋	2.18	西周晚期	芊的親屬
姬此母	0193	魯司徒馬皇父鼎	1.217	西周晚期	馬皇父的女兒
姬此母	0418	魯司徒馬皇父簋甲	2.59	西周晚期	同上
姬此母	0419	魯司徒馬皇父簋乙	2.61	西周晚期	同上
姬㲋母	0153	姬㲋母鼎	1.160	西周早期	
孫皮	0512	楚伯氏孫皮簠甲	2.268	春秋晚期	楚伯氏
孫皮	0513	楚伯氏孫皮簠乙	2.270	春秋晚期	同上
孫叔黼	0496	孫叔黼簋	2.230	春秋晚期	大曾文之孫

人　名	器　號	器　名	卷數頁碼	時　代	備　注
菲	0536	異好盂	2.316	西周早期	異好的上司
曹氏	0836	杞伯每已壺	3.120	春秋早期	杞伯每已的夫人
逨	1028	逨鐘一	3.431	西周晚期	
棥章	1305	令尹棥章劍	4.280	戰國早期	即新章,任楚國令尹
戚	0450	戚簋	2.139	西周中期後段	
帶	1087	帶戟	4.40	西周早期	太保家族
雩	1251	鉅鹿令張密戈	4.220	戰國晚期	趙國鉅鹿冶鑄工匠
雩婁公佗	1150	雩婁公佗戈	4.110	春秋晚期	名佗,楚國雩婁公
郾王喜	1194	燕王喜戈	4.156	戰國晚期	即燕王喜,燕國國王
郾王喜	1282	燕王喜矛	4.253	戰國晚期	同上
郾王喜	1303	燕王喜鈹	4.278	戰國晚期	同上
郾侯載	1204	燕侯載戈	4.168	戰國早期	即燕侯載,燕國國君
嬰	0965	嬰盂	3.328	西周早期	族徽爲嬰.
國	0128	曾大司馬國鼎	1.130	春秋晚期	曾國的大司馬
婁伯	0509	婁伯簋	2.256	春秋早期	
鄂侯	0084	鄂侯鼎	1.81	西周早期前段	鄂國某代國君
鄂侯	0792	遘尊	3.66	西周早期	同上
鄂侯	0881	遘卣	3.182	西周早期	同上
鄂姜	0479	鄂姜簋	2.205	西周晚期	
異好	0536	異好盂	2.316	西周早期	
眽矢	1235	弇令齊戈	4.202	戰國晚期	韓國弇縣的冶鑄工匠
郭伯	0941	郭伯盤	3.288	春秋早期	
歔	0882	蕭卣	3.184	西周中期	即蕭
睨	1231	向令敓戈	4.198	戰國中期	魏國向縣冶鑄工師
進	0196	進鼎	1.222	西周中期	魯國公族
進	0930	進盤	3.272	西周早期	
衒	0222	衒鼎	1.276	西周中期	即率
胐嫌	0258	郱友父鬲	1.345	春秋早期	郱友父的女兒,嫁於胙國
魚	0707	魚觚	2.493	西周早期	
魚	0711	魚觶	2.500	商代晚期	

人　名	器　號	器　名	卷數頁碼	時　代	備　注
魚致	0340	魚致簋	1.437	西周早期	
逪	0317	逪簋	1.414	西周中期前段	即召
許公	0510	許公簠甲	2.258	春秋中期	許國國君
許公	0511	許公簠乙	2.263	春秋中期	同上
許崙	1093	許崙戈	4.46	戰國早期	許國公族
許成孝	0190	許成孝鼎	1.213	春秋早期	
痲	1348	武陰令司馬闐鈹	4.320	戰國晚期	趙國武陰縣冶鑄工匠
彶	1220	狟談公之丕子戈	4.186	戰國中期	魏國奇縣冶鑄工師
章	1256	武城相邦畋戈	4.225	戰國中期	武城君的冶鑄工匠
章	1257	介令艇誟戈	4.226	戰國晚期	韓國介縣冶鑄工師
晿	1289	冢子韓政戟刺	4.262	戰國晚期	韓國太官上庫庫吏
產	1300	蔡侯產劍	4.275	戰國早期	蔡國國君
率	0222	銜鼎	1.276	西周中期	
渠	1252	上郡守壽戈	4.221	戰國晚期	身份爲鬼薪,秦國冶鑄工
衿	0448	衿簋	2.130	西周中期前段	
淺夫人	1040	淺夫人鎛	3.477	春秋晚期	即濫夫人
淺公粲	1149	淺公粲戈	4.109	春秋晚期	即濫公粲
淺叔子	0209	宋公圞鼎	1.248	春秋晚期	即濫叔子,濫國公族
淺叔子	0531	宋公圞鋪甲	2.305	春秋晚期	即濫叔子
淺叔子	0532	宋公圞鋪乙	2.308	春秋晚期	同上
淺公宜脂	0191	淺公宜脂鼎	1.215	春秋晚期	即濫公宜脂
淳于仲豕	1122	淳于仲豕戈	4.75	春秋早期	名仲豕,淳于氏
宷伯	0980	子後生盉	3.347	西周中期	子後生的父親
盉	1231	向令詨戈	4.198	戰國中期	魏國向縣冶鑄工匠
淫	0427	曾卿事淫簋	2.79	春秋早期	曾國卿士
密伯	0218	宋叔鼎	1.270	西周中期前段	宋叔的上司
笭醼	1349	相邦春平侯鈹	4.321	戰國晚期	韓國邦右庫的冶鑄工師
鄆公	1127	鄆公戈	4.80	春秋晚期	
覓	1010	十三年右工室鐘	3.392	戰國晚期	秦國工匠
張密	1251	鉅鹿令張密戈	4.220	戰國晚期	趙國鉅鹿縣令
隋夫人	0829	陽侯朹隋夫人壺	3.110	戰國晚期	陽侯的夫人
陽	1347	單父司寇鈹	4.319	戰國中期	單父的冶鑄工匠
陽庶	1299	陽庶劍	4.275	戰國早期	

人　名	器　號	器　名	卷數頁碼	時　代	備　注
陽侯𣪘	0829	陽侯𣪘隋夫人壺	3.110	戰國晚期	名𣪘，陽國國君
祭伯	0461	宗人𣪘	2.166	西周中期後段	宗人的父輩
祭叔	0448	羚𣪘	2.130	西周中期前段	祭國公族
娞	0214	娞鼎	1.263	西周早期	内宮女官
婦妍	0593	婦妍爵	2.381	商代晚期	
婦傳	0785	婦傳尊	3.56	西周早期	
婦闌	0875	婦闌卣	3.170	商代晚期	翼族婦女
紳	0230	翩鼎	1.297	西周中期	

十 二 畫

人　名	器　號	器　名	卷數頁碼	時　代	備　注
馭麤塵	0273	馭麤塵甗	1.367	西周早期	
喜	1282	燕王喜矛	4.253	戰國晚期	燕國國王
喜	1303	燕王喜鈹	4.278	戰國晚期	同上
彭生	0933	彭生盤	3.276	西周早期	
彭子疾	0205	彭子疾鼎	1.241	春秋晚期	
彭子壽	0497	彭子壽𣪘	2.232	春秋晚期	即申公壽
越王	1385	忾不余席鎮	4.381	春秋晚期	某代越王
越王州丩	1435	越王州句石矛	4.439	戰國早期	即越王州句、朱句
越王不光	1433	越王不光石矛甲	4.436	戰國中期	即越王翳
越王不光	1434	越王不光石矛乙	4.438	戰國中期	同上
越王州句	1398	越王州句石戈甲	4.399	戰國早期	即越王朱句
越王州句	1399	越王州句石戈乙	4.400	戰國早期	同上
越王州句	1435	越王州句石矛	4.439	戰國早期	同上
越王州句	1462	越王州句石劍	4.471	戰國早期	同上
越王州句	1463	越王州句石劍	4.471	戰國早期	同上
越王州句	1464	越王州句石劍	4.472	戰國早期	同上
越王州句	1465	越王州句石劍格一	4.472	戰國早期	同上
越王州句	1466	越王州句石劍格二	4.473	戰國早期	同上
越王州句	1467	越王州句石劍格三	4.473	戰國早期	同上
越王州句	1468	越王州句石劍格四	4.474	戰國早期	同上
黃子戌	0108	黃子戌鼎	1.105	春秋晚期	

人　名	器　號	器　名	卷數頁碼	時　代	備　注
黃子戍	0908	黃子戍缶	3.240	春秋晚期	名戍,黃國國君
黃子戍	0912	黃子戍斗	3.251	春秋晚期	同上
黃子戍	0977	黃子戍盂	3.341	春秋晚期	同上
黃子桀	1143	黃子桀戈	4.101	春秋早期	桀,黃國國君
黃子婁	0216	黃子婁鼎	1.266	春秋晚期	名婁,黃國國君
黃子婁	0506	黃子婁簠	2.248	春秋晚期	同上
黃子婁	0523	黃子婁盞	2.292	春秋晚期	同上
黃子婁	0906	黃子婁缶甲	3.235	春秋晚期	同上
黃子婁	0907	黃子婁缶乙	3.237	春秋晚期	同上
黃子婁	0973	黃子婁盂	3.337	春秋晚期	同上
斯	1249	公乘斯戈	4.217	戰國中期	爵位爲公乘
欺明	1254	榆次令鄭樵戈	4.223	戰國晚期	魏國榆次縣工師
樑郆	1288	新城令徒疙矛	4.261	戰國晚期	韓國新城縣冶鑄工師
棘狀	0217	棘狀鼎	1.268	西周早期	
㲋父	0183	公子㲋父鼎	1.198	春秋早期	某姜姓國公子
㲋父	0412	公子㲋父簋甲	2.47	春秋早期	某國的公子
㲋父	0413	公子㲋父簋乙	2.50	春秋早期	同上
㲋父	0414	公子㲋父簋丙	2.53	春秋早期	同上
㲋父	0415	公子㲋父簋丁	2.55	春秋早期	同上
㲋父	0992	公子㲋父匜	3.361	春秋早期	同上
敔太師齊	0356	敔太師齊簋	1.455	西周早期	名齊,敔國的太師
逥	0790	逥尊	3.62	商代晚期	万人之長
埼	0079	埼鼎	1.77	春秋晚期	即奇
埼	0806	埼壺	3.83	春秋晚期	同上
喿	0384	喿簋	2.7	西周晚期	
單伯	0450	戚簋	2.139	西周中期後段	戚的上司
景之䜌	0178	景之䜌鼎	1.191	戰國早期	楚平王的後裔
畯	0783	畯尊	3.52	西周中期前段	
圍公	0324	○公簋	1.421	西周早期	
圍公	0325	○公簋	1.422	西周早期	
劉姬	0981	仲旬人盂	3.348	西周中期	仲旬人的夫人
無咎	1109	莊之無咎戈	4.61	春秋晚期	楚莊王的後裔
盉伯	0184	盉伯鼎	1.200	春秋早期	

人 名	器 號	器 名	卷數頁碼	時 代	備 注
稅異	1236	强丘令稅異戈	4.203	戰國晚期	魏國强丘縣令
齊公	1089	齊公戈	4.42	春秋早期	
叕	0729	叕觶	2.518	西周早期	
焦犻	1218	焦犻戈	4.183	春秋中期	趙氏之孫
隽友子	0827	螯壺	3.107	商代晚期	螯的上司
舒侯定	0522	獻侯定盞	2.291	春秋晚期	舒國國君
鈴史	0369	鈴史簋	1.471	西周中期前段	
番伯	0246	番伯鬲	1.324	西周中期後段	即潘伯,潘國某代國君
番仲⊕	0991	番仲⊕匜	3.360	春秋早期	即潘仲,潘氏公族
獨	0176	上都獨妻鼎	1.188	春秋早期	上都國君,即公叔禺
疾	1249	公乘斯戈	4.217	戰國中期	冶鑄工匠
童胡	1137	武王之童胡戈	4.94	戰國晚期	
棄疾	0126	曾公子棄疾鼎甲	1.125	春秋晚期	曾國公子
棄疾	0127	曾公子棄疾鼎乙	1.127	春秋晚期	同上
棄疾	0280	曾公子棄疾甗	1.373	春秋晚期	同上
棄疾	0486	曾公子棄疾簠	2.211	春秋晚期	同上
棄疾	0818	曾公子棄疾壺甲	3.96	春秋晚期	同上
棄疾	0819	曾公子棄疾壺乙	3.98	春秋晚期	同上
棄疾	0903	曾公子棄疾缶	3.225	春秋晚期	同上
棄疾	0913	曾公子棄疾斗	3.252	春秋晚期	名棄疾,曾國公子
善夫吉父	0259	善夫吉父鬲	1.346	西周晚期	名吉父,任周王朝膳夫
㦰	0665	㦰爵	2.449	西周早期	
奠丼季	0455	衍簋	2.150	西周中期後段	即鄭邢季
奠丼槐	0453	槐簋甲	2.146	西周中期後段	即鄭邢槐
奠丼槐	0454	槐簋乙	2.148	西周中期後段	同上
曾侯	0083	曾侯鼎	1.80	西周早期前段	曾國某代國君
曾侯	0121	曾侯鼎	1.119	西周早期	同上
曾侯	0239	曾侯鬲	1.312	西周早期	同上
曾侯	0270	曾侯甗	1.364	西周早期	同上
曾侯	0808	曾侯壺	3.85	西周早期	曾國國君
曾侯	0857	曾侯卣	3.148	西周早期	曾國某代國君
曾侯	0918	曾侯盤	3.261	西周早期	同上
曾侯	1025	曾侯鐘	3.420	春秋晚期	同上

人　名	器　號	器　名	卷數頁碼	時　代	備　注
曾侯	1029	曾侯與鐘 A1	3.435	春秋晚期	曾國某代國君
曾侯	1079	曾侯戟	4.33	春秋晚期	同上
曾子㝩	1158	曾子㝩戈	4.119	春秋晚期	名㝩,曾國公子
曾子虡	1157	曾子虡戈	4.118	春秋晚期	名虡,曾國公子
曾子歓	0146	曾子歓鼎	1.152	春秋早期	名歓,曾國的公子
曾子壽	0147	曾子壽鼎	1.153	春秋早期	名壽,曾國的公子
曾叔㝩	0109	曾叔㝩鼎	1.106	春秋晚期	名㝩,曾國國君
曾侯乙	0119	曾侯乙鼎	1.116	戰國早期	名乙,曾國國君
曾侯乙	0245	曾侯乙鬲	1.322	戰國早期	同上
曾侯乙	0540	曾侯乙匕	2.327	戰國早期	同上
曾侯乙	0901	曾侯乙缶	3.223	戰國早期	同上
曾侯乙	0998	曾侯乙冰鑑	3.375	戰國早期	同上
曾侯乙	1383	曾侯乙鼎鉤	4.380	戰國早期	同上
曾侯乙	1384	曾侯乙鼎鉤	4.380	戰國早期	同上
曾侯子	1001	曾侯子鐘甲	3.383	春秋早期	名子,曾國國君
曾侯子	1002	曾侯子鐘乙	3.384	春秋早期	同上
曾侯子	1003	曾侯子鐘丙	3.385	春秋早期	同上
曾侯子	1004	曾侯子鐘丁	3.386	春秋早期	同上
曾侯子	1005	曾侯子鐘戊	3.387	春秋早期	同上
曾侯子	1006	曾侯子鐘己	3.388	春秋早期	同上
曾侯子	1007	曾侯子鐘庚	3.389	春秋早期	同上
曾侯子	1008	曾侯子鐘辛	3.390	春秋早期	同上
曾侯子	1041	曾侯子鎛甲	3.478	春秋早期	同上
曾侯子	1042	曾侯子鎛乙	3.480	春秋早期	同上
曾侯子	1043	曾侯子鎛丙	3.482	春秋早期	同上
曾侯子	1044	曾侯子鎛丁	3.484	春秋早期	同上
曾侯丙	0904	曾侯丙缶	3.228	戰國中期	名丙,曾國國君
曾侯邨	0477	曾侯戉簋	2.203	戰國早期	名邨,曾國國君
曾侯邨	1217	曾侯邨戟	4.182	戰國早期	同上
曾侯昃	1177	曾侯吳戈	4.137	戰國早期	名昃,曾國國君
曾侯宩	0185	曾侯宩鼎	1.202	春秋早期	名宩,曾國國君
曾侯宩	0186	曾侯宩鼎	1.205	春秋早期	同上
曾侯宩	0187	曾侯宩鼎	1.208	春秋早期	同上

人　名	器　號	器　名	卷數頁碼	時　代	備　注
曾侯窑	0942	曾侯窑盤	3.290	春秋早期	名窑，曾國國君
曾侯狨	0362	曾侯狨簋	1.464	西周早期	名狨，曾國國君
曾侯狨	0363	曾侯狨簋	1.465	西周早期	同上
曾侯與	0240	曾侯與鬲	1.313	春秋晚期	名與，曾國國君
曾侯與	1029	曾侯與鐘 A1	3.435	春秋晚期	同上
曾侯與	1030	曾侯與鐘 A2	3.448	春秋晚期	同上
曾侯與	1031	曾侯與鐘 A3	3.452	春秋晚期	同上
曾侯與	1032	曾侯與鐘 B1	3.455	春秋晚期	同上
曾侯諫	0096	曾侯諫鼎	1.93	西周早期	名諫，曾國國君
曾侯諫	0097	曾侯諫鼎	1.94	西周早期	同上
曾侯諫	0098	曾侯諫鼎	1.95	西周早期	同上
曾侯諫	0099	曾侯諫鼎	1.96	西周早期	同上
曾侯諫	0100	曾侯諫鼎	1.97	西周早期	同上
曾侯諫	0101	曾侯諫鼎	1.98	西周早期	同上
曾侯諫	0338	曾侯諫簋	1.435	西周早期	同上
曾侯諫	0365	曾侯諫簋	1.467	西周早期	同上
曾侯諫	0366	曾侯諫簋	1.468	西周早期	同上
曾侯諫	0367	曾侯諫簋	1.469	西周早期	同上
曾侯諫	0781	曾侯諫尊	3.50	西周早期	同上
曾侯諫	0815	曾侯諫壺	3.92	西周早期	同上
曾侯諫	0871	曾侯諫卣甲	3.165	西周早期	同上
曾侯諫	0872	曾侯諫卣乙	3.166	西周早期	同上
曾侯諫	0927	曾侯諫盤	3.269	西周早期	同上
曾侯諫	0966	曾侯諫盉	3.330	西周早期	同上
曾孫邵	0482	曾孫邵簋	2.207	春秋晚期	名邵，某代曾侯之孫
曾孫邵	0820	曾孫邵壺	3.99	春秋晚期	同上
曾叔旂	0813	曾叔旂壺	3.90	春秋晚期	名旂，曾國公族
曾孫喬	0814	曾孫喬壺	3.91	春秋晚期	名喬，某代曾侯之孫
曾孫襄	0483	曾孫襄簠	2.208	春秋晚期	名襄，某代曾侯之孫
曾工差臣	0484	曾工差臣簠	2.209	春秋晚期	
曾子伯皮	0166	曾子伯皮鼎	1.176	春秋早期	名伯皮，曾國公子
曾子伯選	0140	曾子伯選鼎	1.144	春秋中期	名伯選，曾國公子
曾子伯選	0824	曾子伯選壺	3.104	春秋早期	同上

人　名	器　號	器　名	卷數頁碼	時　代	備　注
曾子叔齍	0934	曾子叔齍盤	3.277	春秋晚期	名叔齍，曾國公子
曾大保嬶	0425	曾大保嬶簋	2.75	春秋早期	名嬶，曾國太保
曾旨尹喬	0902	曾旨尹喬缶	3.224	春秋早期	名喬，擔任曾國旨尹
曾伯克父	0445	曾伯克父簋	2.125	春秋早期	即甘婁
曾伯克父	0467	曾伯克父盨	2.181	春秋早期	同上
曾伯克父	0518	曾伯克父簠甲	2.281	春秋早期	字克父，楚國伯氏
曾伯克父	0519	曾伯克父簠乙	2.284	春秋早期	同上
曾侯子吳	1350	曾侯吳劍	4.322	戰國早期	即子吳
曾姬無卹	0150	曾姬無卹鼎	1.156	戰國中期	
曾卿事宣	0155	曾卿事宣鼎甲	1.162	周晚或春早	名宣，曾國的卿士
曾卿事宣	0156	曾卿事宣鼎乙	1.163	周晚或春早	同上
曾卿事宣	0157	曾卿事宣鼎丙	1.164	周晚或春早	同上
曾卿事寏	0250	曾卿事寏鬲甲	1.331	春秋早期	名寏，曾國的卿士
曾卿事寏	0251	曾卿事寏鬲乙	1.333	春秋早期	同上
曾卿事浧	0427	曾卿事浧簋	2.79	春秋早期	名浧，任曾國卿士
曾嚻公臣	0117	曾嚻公臣鼎	1.114	春秋晚期	
寓	1288	新城令徒疴矛	4.261	戰國晚期	韓國新城縣冶鑄工匠
矞	0353	魯侯簋甲	1.451	西周中期	魯侯的親屬
矞	0354	魯侯簋乙	1.453	西周中期	同上
矞伯	0430	丂史簋	2.88	西周晚期	即唐姒
矞伯	0431	丂史簋	2.90	西周晚期	同上
矞邑司	0145	矞邑司鼎	1.151	西周早期	
矞邑豕	0144	矞邑豕鼎	1.150	西周早期	
裸丼琪	0786	裸丼琪尊	3.57	西周早期	
庿	1263	大陰令鄖靖戈	4.232	戰國晚期	魏國大陰縣冶鑄工匠
尋楚猷	1027	蓮邡鐘	3.429	春秋早期	蓮邡的父親
間	1253	蜀守穎戈	4.222	戰國晚期	秦蜀郡西工室丞
鴈公	1107	鴈公戈	4.59	春秋晚期	
鴈登	1286	宅陽令鴈登矛	4.258	戰國晚期	魏國宅陽縣令
隆	1347	單父司寇鈹	4.319	戰國中期	單父的司寇
媿	0365	曾侯諫簋	1.467	西周早期	名諫，曾國國君
媿	0366	曾侯諫簋	1.468	西周早期	同上
媿	0367	曾侯諫簋	1.469	西周早期	同上

人 名	器 號	器 名	卷數頁碼	時 代	備 注
媿	0781	曾侯諫尊	3.50	西周早期	曾侯諫的夫人
媿	0871	曾侯諫卣甲	3.165	西周早期	曾侯諫的媿姓夫人
媿	0872	曾侯諫卣乙	3.166	西周早期	同上
媿氏	0463	媿氏盨	2.175	西周中期後段	
登	1048	登鐸	3.497	春秋早期	

十 三 畫

人 名	器 號	器 名	卷數頁碼	時 代	備 注
毅	1105	毅戈	4.57	春秋晚期	
毅兒	0524	毅兒盞	2.293	春秋晚期	
毅伯	0169	毅伯鼎	1.180	西周晚期	
戠之王	1110	戠之王戈	4.62	春秋晚期	即戴之王
夢旅	1099	遷遊戈	4.52	周晚春早	
楚王	0188	楚王鼎	1.210	春秋中期	楚國某代國王
楚王	0210	楚王鼎	1.251	春秋晚期	春秋晚期某代楚王
楚王	1025	曾侯鐘	3.420	春秋晚期	楚國某代國王
楚王	1029	曾侯與鐘 A1	3.435	春秋晚期	同上
楚王	1124	楚王戟	4.77	春秋晚期	同上
楚季	1015	楚季鐘	3.400	西周中期	楚國公族
楚子壽	1156	楚子壽戈	4.117	春秋晚期	名壽,楚國公子
楚王卲	1147	楚王卲戟	4.107	春秋晚期	
楚叔妊	0509	叟伯簋	2.256	春秋早期	
楚子黑髒	1155	楚子黑髒戈	4.116	春秋晚期	名黑髒,楚國公子
楊伯	0347	楊伯簋	1.444	西周中期	楊國某代國君
槐	0453	槐簋甲	2.146	西周中期後段	即鄭邢槐
槐	0454	槐簋乙	2.148	西周中期後段	同上
楷侯	0085	楷侯鼎	1.82	西周中期前段	即黎侯,黎國某代國君
楷侯	0968	楷侯盂	3.332	西周中期	同上
楷侯貞	0465	楷侯貞盨	2.177	西周晚期	即黎侯貞,黎國國君
嗇夫印	1234	廿八年公乘戈	4.201	戰國晚期	名印,某國嗇夫
嗇夫韓狐	1289	冢子韓政戟刺	4.262	戰國晚期	名韓狐,韓國的邦庫嗇夫
嗇夫狢賈	1289	冢子韓政戟刺	4.262	戰國晚期	名狢賈,韓國上庫嗇夫

人　名	器　號	器　名	卷數頁碼	時　代	備　注
毁仲姜	0537	毁仲姜盆	2.321	西周晚期	
裘	1206	滕司城裘戈	4.170	春秋早期	擔任滕國司裘之職
賈叔	0203	賈叔鼎	1.237	春秋早期	賈國公族
賈叔	0432	賈叔簋	2.92	春秋早期	同上
賈龖	0782	賈龖尊	3.51	西周早期	同上
𢾴戗邻	1352	攻吳王姑𤥨亓𨾨劍	4.325	春秋晚期	即吳王餘祭，壽夢次子
𢾴㠪工吳	1345	𢾴㠪工吳劍	4.317	春秋晚期	即勾餘，吳國國王
嗣旨不光	1329	越王嗣旨不光劍	4.300	戰國中期	即越王翳
睘	0199	睘鼎	1.227	西周中期後段	豕氏
翟子龍	0111	羅子龍鼎	1.108	春秋晚期	即羅子龍
蜀守頵	1253	蜀守頵戈	4.222	戰國晚期	名頵，秦國蜀郡郡守
遣止	0775	趩止尊	3.44	西周早期	
遣伯	0227	再鼎	1.291	西周中期	再的上司
遣伯	0443	再簋丙	2.117	西周中期前段	再的宗主
遣伯	0444	再簋丁	2.121	西周中期前段	同上
遣姑	0455	衍簋	2.150	西周中期後段	衍的夫人
遣姬	0227	再鼎	1.291	西周中期	遣伯的夫人
遣姬	0443	再簋丙	2.117	西周中期前段	同上
遣姬	0444	再簋丁	2.121	西周中期前段	同上
遣盅父	0466	遣盅父盨	2.180	西周晚期	
遣盅父	0528	遣盅父鋪	2.302	西周晚期	
碞	0278	碞甗	1.371	西周早期後段	
遷叔	0163	襄叔鼎	1.172	西周晚期	即襄叔
傳	0737	傳觶	2.526	西周早期	
頒	1175	蔡公子頒戈	4.135	春秋晚期	蔡國公子
會	0275	迨甗	1.369	西周早期	
解胡	1264	兪令解胡戈	4.233	戰國晚期	韓國兪縣縣令
新章	1305	令尹李章劍	4.280	戰國早期	楚國的令尹
裔貧敦年	1131	裔貧敦年戟	4.85	春秋晚期	
雍子前彝	1140	雍子前彝戈	4.98	春秋早期	
義	0122	義鼎	1.120	西周早期	
義	0619	義爵	2.406	西周中期前段	
義	1225	相邦義戈	4.191	戰國中期	即張儀，擔任秦國相邦

人　名	器　號	器　名	卷數頁碼	時　代	備　注
義	1247	相邦呂不韋戈	4.214	戰國晚期	秦國寺工丞
鄬仲	0943	鄬仲盤	3.292	春秋早期	即養仲,養國公族
鄬仲	0994	鄬仲匜	3.364	春秋早期	同上
肅	0882	肅卣	3.184	西周中期	
墜睅	1212	陳往戈	4.176	戰國時期	即陳往,齊國人
墜賕人	1090	陳賕人戈	4.43	春秋早期	即陳賕人,齊國人
墜㻋子	1094	陳㻋子戈	4.47	戰國中期	即陳㻋子,齊國人
鄝子疲	1123	鄝子疲戈	4.76	春秋中期	即蓼子疲,蓼國國君
鄝叔義行	1146	鄝叔義行戈	4.106	春秋中期	即蓼叔義行

十 四 畫

人　名	器　號	器　名	卷數頁碼	時　代	備　注
壽	0921	壽盤	3.264	春秋晚期	
壽	0982	壽匜	3.351	春秋晚期	
壽	1097	壽戈	4.50	戰國晚期	
壽	1252	上郡守壽戈	4.221	戰國晚期	秦國上郡郡守
壽夢	1352	攻吳王姑䲷亓雒劍	4.325	春秋晚期	吳國國王
嘉	1258	四年戈	4.227	戰國晚期	秦國咸陽縣丞
趙瘝	1240	茅阪大令趙瘝戈	4.207	戰國晚期	趙國茅阪縣令
趙氏余	1259	趙氏余戈一	4.228	春秋中期	
趙氏余	1260	趙氏余戈二	4.229	春秋中期	
趙氏余	1261	趙氏余戈三	4.230	春秋中期	
趙氏余	1262	趙氏余戈四	4.231	春秋中期	
趙城黑	1117	趙城黑戈	4.70	春秋晚期	
蔡妘	0964	蔡妘盂	3.327	西周中期	妘姓女子嫁於蔡國者
蔡公子	1173	蔡公子戈	4.133	春秋晚期	蔡國公子,名不詳
蔡侯班	1163	蔡侯班戈	4.124	春秋晚期	名班,蔡國國君
蔡侯朔	1161	蔡侯朔戟	4.122	春秋晚期	名朔,蔡國國君
蔡侯朔	1162	蔡侯朔戈	4.123	春秋晚期	同上
蔡侯朔	1301	蔡侯朔劍	4.276	春秋晚期	同上
蔡侯產	1166	蔡侯產戈甲	4.126	戰國早期	名產,蔡國國君
蔡侯產	1167	蔡侯產戈乙	4.127	戰國早期	同上

人　名	器　號	器　名	卷數頁碼	時　代	備　注
齊侯	0260	齊侯子仲姜鬲甲	1.349	春秋晚期	
養仲	0943	鄴仲盤	3.292	春秋早期	養國公族
養仲	0994	鄴仲匜	3.364	春秋早期	同上
養報伯	0831	昶報伯壺	3.114	春秋早期	同上
養伯夐父	0978	昶伯夐父盉	3.344	春秋早期	養國國君
養訇仲比	0255	昶訇仲比鬲	1.340	春秋早期	養國族人
養訇仲比	0256	昶訇仲比鬲	1.342	春秋早期	同上
養訇仲叟	0172	昶訇仲叟鼎	1.184	春秋早期	
鄭伯	0284	南父甗	1.378	西周晚期	
鄭伯	0938	來甗盤	3.283	西周中期	
鄭邢季	0455	衍簋	2.150	西周中期後段	衍的父親
鄭邢姜	0986	鄭邢姜匜	3.355	西周晚期	
鄭邢槐	0453	槐簋甲	2.146	西周中期後段	
鄭邢槐	0454	槐簋乙	2.148	西周中期後段	
鄭邢叔槐	0175	鄭邢叔槐鼎	1.187	西周中期後段	名叔槐,鄭邢氏
鄭伯頵父	0830	鄭伯頵父壺	3.112	春秋早期	
鄭遣伯㫃	0152	鄭遣伯㫃鼎	1.159	西周晚期	
鄭虢叔安	0160	鄭虢叔安鼎	1.169	西周晚期	鄭虢氏,名叔安
鄭虢叔安	0386	鄭虢叔安簋甲	2.9	西周晚期	
鄭虢叔安	0387	鄭虢叔安簋乙	2.11	西周晚期	
鄭遣伯㫃父	0151	鄭遣伯㫃父鼎	1.158	西周晚期	
窐伯	0990	窐伯匜	3.359	春秋晚期	
猷侯定	0522	猷侯定盨	2.291	春秋晚期	即舒侯定
猷應姬	0221	猷應姬鼎	1.274	西周中期前段	胡君的夫人,應國女子
鄂公遂	1214	鄂公遂戈	4.179	春秋早期	
隨芈	0188	楚王鼎	1.210	春秋中期	嫁到隨國的楚王的女兒
隨仲芈加	0210	楚王鼎	1.251	春秋晚期	楚王的二女兒
疑	0792	遘尊	3.66	西周早期	
疑	0881	遘卣	3.182	西周早期	即疑
鄧子僕	1152	鄧子僕戈	4.112	春秋晚期	名僕,鄧國公子
鄧冢璞	1192	鄧冢璞戟	4.155	戰國時期	
鄧子孫白	0092	鄧子孫白鼎	1.89	春秋早期	
鄧子旁鄸	0281	鄧子旁鄸甗	1.375	春秋中期	名旁鄸,鄧國公子

人 名	器 號	器 名	卷數頁碼	時 代	備 注
鄧子辭慎	1045	鄧子辭慎鎛	3.484	春秋早期	名辭慎,楚國太師

十 五 畫

人 名	器 號	器 名	卷數頁碼	時 代	備 注
葊子𣪘	1380	葊子𣪘匜	4.377	春秋早期	
樊伯千	0200	樊伯千鼎	1.229	春秋早期	名千,樊國國君
醇	1349	相邦春平侯鈹	4.321	戰國晚期	韓國邦右庫的冶鑄工匠
賢	0228	𣪘鼎	1.294	西周中期	
㜜母	0907	黃子婁缶乙	3.237	春秋晚期	黃子婁的夫人
暲	1250	相邦瘤戈	4.218	戰國晚期	魏國工室作工
歔	1335	歔鈹	4.306	春秋晚期	
遺仲白膚	0202	遺仲白膚鼎	1.233	春秋早期	名白膚,遺族氏小宗
𥅆	0437	𥅆𣪘	2.103	西周中期後段	管理應國走馬之官
黎侯	0085	楷侯鼎	1.82	西周中期前段	黎國某代國君
黎侯	0968	楷侯盂	3.332	西周中期	同上
黎侯貞	0465	楷侯貞𣪘	2.177	西周晚期	名貞,黎國國君
衛	0462	衛𣪘丙	2.170	西周中期前段	
禽	0422	禽𣪘	2.67	西周中期前段	
虢仲	0527	虢仲鋪	2.301	春秋早期	
虢仲	0925	虢仲盤	3.267	春秋早期	
魯伯	0182	魯伯鼎	1.197	春秋早期	
魯侯	0353	魯侯𣪘甲	1.451	西周中期	魯國某代國君
魯侯	0354	魯侯𣪘乙	1.453	西周中期	魯國國君
魯侯	0417	叔旅𣪘	2.57	西周早期	叔旅之父,魯國國君
魯公侯	0196	進鼎	1.222	西周中期	
魯陽公	1134	魯陽公戟	4.89	戰國早期	
滕伯同	0503	薛仲蕾簠甲	2.242	春秋早期	仲妊茲母的丈夫
滕伯同	0504	薛仲蕾簠乙	2.244	春秋早期	同上
滕伯同	0505	薛仲蕾簠丙	2.246	春秋早期	同上
滕侯昃	1188	滕侯吳戟	4.151	春秋晚期	名昃,滕國國君
滕師公	1255	者兒戈	4.224	春秋晚期	者兒的祖父
諸君	0946	諸君盤	3.298	西周中期	

人　名	器　號	器　名	卷數頁碼	時　代	備　注
諸稽	1281	越王諸稽矛	4.252	戰國早期	即越王鼫與
諸稽不光	1328	越王諸稽不光劍	4.299	戰國中期	即越王翳
諸稽於賜	1280	越王諸稽於賜矛	4.251	戰國早期	即越王鼫與
諸稽於賜	1306	越王諸稽於賜劍	4.281	戰國早期	同上
諸稽於賜	1307	越王諸稽於賜劍	4.282	戰國早期	同上
諸稽於賜	1308	越王諸稽於賜劍	4.283	戰國早期	同上
諸稽於賜	1309	越王諸稽於賜劍	4.284	戰國早期	同上
諸稽於賜	1310	越王諸稽於賜劍	4.285	戰國早期	同上
諸稽於賜	1311	越王諸稽於賜劍	4.286	戰國早期	同上
諸稽於賜	1312	越王諸稽於賜劍	4.287	戰國早期	同上
諸稽於賜	1313	越王諸稽於賜劍	4.288	戰國早期	同上
諸稽於賜	1314	越王諸稽於賜劍	4.288	戰國早期	同上
諸稽於賜	1315	越王諸稽於賜劍	4.289	戰國早期	同上
諸稽於賜	1460	越王諸稽於賜石劍	4.470	戰國早期	同上
諸稽於賜	1468	越王諸稽於賜石鐸	4.474	戰國早期	同上
諆余	0219	諆余鼎	1.271	春秋早期	
瘟	1235	夰令齊戈	4.202	戰國晚期	魏國夰縣的冶鑄工師
瘠夫	1202	昭之瘠夫戈	4.166	春秋晚期	楚昭王的後裔
彔伯	0461	宗人簋	2.166	西周中期後段	即祭伯,祭國族首領
潘仲㿱	0991	番仲㿱匜	3.360	春秋早期	潘氏公族
潘伯	0246	番伯鬲	1.324	西周中期後段	潘國某代國君
寴	0250	曾卿事寴鬲甲	1.331	春秋早期	曾國的卿士
寴	0251	曾卿事寴鬲乙	1.333	春秋早期	同上
艇誈	1257	介令艇誈戈	4.226	戰國晚期	韓國介縣縣令
嫌氏	0836	杞伯每亡壺	3.120	春秋早期	即曹氏
嫣	0214	媛鼎	1.263	西周早期	媛的嬀姓上司
羕子孫白	0092	鄧子孫白鼎	1.89	春秋早期	即鄧子孫白
選	0870	㠱卣	3.164	西周早期	西周早期人,族徽爲㒸
豫	0877	豫卣	3.174	商代晚期	族徽爲"鳥"

十 六 畫

人 名	器 號	器 名	卷數頁碼	時 代	備 注
圍伯	0864	圍伯卣	3.156	西周早期	
憙	1347	單父司寇鈹	4.319	戰國中期	單父的冶鑄工師
薛仲蕾	0503	薛仲蕾簠甲	2.242	春秋早期	薛國公族
薛仲蕾	0504	薛仲蕾簠乙	2.244	春秋早期	同上
薛仲蕾	0505	薛仲蕾簠丙	2.246	春秋早期	同上
燕伯	0087	燕伯鼎	1.84	西周中期	燕國某代國君
燕侯	0322	燕侯簋	1.419	西周早期	同上
燕王喜	1194	燕王喜戈	4.156	戰國晚期	名喜,燕國國王
燕王喜	1282	燕王喜矛	4.253	戰國晚期	同上
燕王喜	1303	燕王喜鈹	4.278	戰國晚期	同上
燕侯載	1204	燕侯載戈	4.168	戰國早期	名載,燕國國君
燕侯旨	0874	燕侯旨卣	3.169	西周早期	名旨,燕國國君
蓮子霶	0816	郪子霶壺	3.93	戰國晚期	
遵遊	1099	遵遊戈	4.52	周晚春早	即夢旅
遷邟	1027	遷邟鐘	3.429	春秋早期	徐王之孫,尋楚歓之子
橚侯	0085	橚侯鼎	1.82	西周中期前段	即楷侯、黎侯
噩侯	0084	鄂侯鼎	1.81	西周早期前段	即鄂侯
噩侯	0792	遷尊	3.66	西周早期	同上
噩侯	0881	遷卣	3.182	西周早期	同上
噩姜	0479	鄂姜簋	2.205	西周晚期	即鄂姜
歷	0667	歷爵	2.451	西周早期	
厤京父	0379	厤京父簋	1.481	西周早期	
霙	0408	霙簋	2.42	西周中期前段	
操	1239	內史操戈	4.206	戰國中期	擔任秦國內史之職
膚攷	1170	蔡叔膚攷戟	4.130	春秋晚期	蔡國公族
嘗	0931	虖勹丘君嘗盤	3.273	戰國晚期	狐駘丘君
穆王	0456	戹簋	2.152	西周中期前段	周穆王
穆王	0791	懋尊	3.64	西周中期前段	同上
雟友子	0827	盩壺	3.107	商代晚期	即雟友子,盩的上司
覕	0779	覕尊	3.48	商代晚期	

人名	器號	器名	卷數頁碼	時代	備注
諻旛	0910	諻旛缶甲	3.244	春秋晚期	郁君雍之子
諻旛	0911	諻旛缶乙	3.247	春秋晚期	同上
褱	0492	褱簠甲	2.221	春秋晚期	
褱	0493	褱簠乙	2.223	春秋晚期	
龍子囚	0110	龍子囚鼎	1.107	春秋晚期	
麋姬	0929	侯氏盤	3.271	西周晚期	
瘳有	1113	瘳有戟	4.66	戰國時期	
瘠	1250	相邦瘠戈	4.218	戰國晚期	魏國相邦
鄐	1235	斉令齊戈	4.202	戰國晚期	即齊
憲伯	0450	戚簋	2.139	西周中期後段	戚的父親
縝	1175	蔡公子縝戈	4.135	戰國中期	蔡國公子

十 七 畫

人名	器號	器名	卷數頁碼	時代	備注
騂兒	0500	鄝膚簠	2.235	春秋中期	即騂兒，鄝膚的女兒
盩	0827	盩壺	3.107	商代晚期	
趞止	0775	趞止尊	3.44	西周早期	即遣止
趞伯	0227	爯鼎	1.291	西周中期	即遣伯，爯的上司
趞伯	0443	爯簋丙	2.117	西周中期前段	即遣伯，爯的宗主
趞伯	0444	爯簋丁	2.121	西周中期前段	同上
趞姬	0227	爯鼎	1.291	西周中期	即遣姬，遣伯的夫人
趞姬	0443	爯簋丙	2.117	西周中期前段	同上
趞姬	0444	爯簋丁	2.121	西周中期前段	同上
趞盄父	0466	遣盄父盨	2.180	西周晚期	即遣盄父
趞盄父	0528	遣盄父鋪	2.302	西周晚期	同上
戴之王	1110	戠之王戈	4.62	春秋晚期	
鄝膚	0500	鄝膚簠	2.235	春秋中期	春秋中期鄝國人
韓狐	1289	冢子韓政戟刺	4.262	戰國晚期	韓國的邦庫嗇夫
韓耑	1349	相邦春平侯鈹	4.321	戰國晚期	韓國的大工尹
韓政	1289	冢子韓政戟刺	4.262	戰國晚期	韓國冢子
韓邿	1240	茅阪大令趙瘢戈	4.207	戰國晚期	趙國茅阪縣冶鑄工師
舊	1220	狖談公之丕子戈	4.186	戰國中期	魏國奈縣冶鑄工匠

人　名	器　號	器　名	卷數頁碼	時　代	備　注
懋	0791	懋尊	3.64	西周中期前段	
懋	0880	懋卣	3.180	西周中期	
戲有	1215	隨大司馬戲有戈	4.180	春秋中期	擔任隨國的大司馬之職
鄩樵	1254	榆次令鄩樵戈	4.223	戰國晚期	魏國榆次縣令
盨成孝	0190	許成孝鼎	1.213	春秋早期	即許成孝
魏叔子	1229	魏叔子戟	4.195	春秋早期	魏國公族
燮	0997	蔡大司馬燮匜	3.371	春秋晚期	蔡國大司馬
鍾離君柏	0494	鍾離君柏簠甲	2.224	春秋中期	名柏,鍾離國君
鍾離君柏	0495	鍾離君柏簠乙	2.227	春秋中期	同上
鍾離君柏	1016	鍾離君柏鐘甲	3.402	春秋中期	同上
鍾離君柏	1017	鍾離君柏鐘乙	3.404	春秋中期	同上
鍾離君柏	1018	鍾離君柏鐘丙	3.406	春秋中期	同上
鍾離君柏	1019	鍾離君柏鐘丁	3.408	春秋中期	同上
鍾離君柏	1020	鍾離君柏鐘戊	3.410	春秋中期	同上
鍾離君柏	1021	鍾離君柏鐘己	3.412	春秋中期	同上
鍾離君柏	1022	鍾離君柏鐘庚	3.414	春秋中期	同上
鍾離君柏	1023	鍾離君柏鐘辛	3.416	春秋中期	同上
鍾離君柏	1024	鍾離君柏鐘壬	3.418	春秋中期	同上
鍾離公柏	1144	鍾離公柏戟甲	4.102	春秋中期	同上
鍾離公柏	1145	鍾離公柏戟乙	4.104	春秋中期	同上
鍾離公柏	1248	徐子伯刁此戈	4.215	春秋中期	同上
龖	0230	龖鼎	1.297	西周中期	即紳
襄	1142	襄戈	4.100	春秋時期	
襄叔	0163	襄叔鼎	1.172	西周晚期	
應公	0328	應公簋	1.425	西周早期	應國某代國君
應侯	0437	𪰚簋	2.103	西周中期後段	應國國君
應侯	0772	應侯尊	3.41	西周早期	應國某代國君
應侯	0967	應侯盉	3.331	西周中期	同上
應姚	0253	應姚鬲	1.336	西周晚期	叔誥父的夫人
應侯啟	1160	應侯啟戟	4.121	春秋晚期	名啟,應國國君
濫夫人	1040	溓夫人鎛	3.477	春秋晚期	濫國國君夫人
濫公㯥	1149	溓公㯥戈	4.109	春秋晚期	名㯥,藍國國君
濫叔子	0209	宋公圞鼎	1.248	春秋晚期	濫國公族

人　名	器　號	器　名	卷數頁碼	時　代	備　注
濫叔子	0531	宋公䛅鋪甲	2.305	春秋晚期	濫國公族，宋公䛅親屬
濫叔子	0532	宋公䛅鋪乙	2.308	春秋晚期	同上
濫公宜脂	0191	淺公宜脂鼎	1.215	春秋晚期	名宜脂，濫國國君
陮侯	0162	宋兒鼎	1.171	春秋晚期	即陳侯，宋兒的父親
嬬	0425	曾大保嬬簋	2.75	春秋早期	任曾國太保之職
嫳	0478	嫳簋	2.204	春秋晚期	
嫳	0948	嫳盤	3.301	春秋晚期	
緈巡	1288	新城令徒痦矛	4.261	戰國晚期	即續順，韓國新城縣司寇

十 八 畫

人　名	器　號	器　名	卷數頁碼	時　代	備　注
豐	0970	豐盉	3.334	西周早期	族徽爲腐
豐仲	0448	羚簋	2.130	西周中期前段	羚的父親
豐姬	0095	豐姬鼎	1.92	西周早期	
豐姬	0976	豐姬盉	3.340	西周中期	
釐	0129	釐鼎	1.131	商代晚期	
釐伯	0434	叔客簋甲	2.96	西周中期後段	叔友的父親
釐伯	0435	叔客簋乙	2.99	西周中期後段	同上
釐伯	0441	孝簋	2.114	西周中期後段	孝的父親
釐姬	0434	叔客簋甲	2.96	西周中期後段	叔友的母親
釐姬	0435	叔客簋乙	2.99	西周中期後段	同上
釐姬	0441	孝簋	2.114	西周中期後段	孝的母親
釐姬	0461	宗人簋	2.166	西周中期後段	宗人的母親
檾公	0107	伯晉生鼎	1.104	春秋早期	即秦公
歸父	0932	歸父盤	3.274	春秋中期	齊國的太宰
彛叔	0882	肅卣	3.184	西周中期	
虞姬	0929	侯氏盤	3.271	西周晚期	侯氏的夫人
毅	0374	毅簋	1.476	西周中期	

十 九 畫

人 名	器 號	器 名	卷數頁碼	時 代	備 注
麗于	0390	麗于簠	2.17	西周晚期	
㜏膚	0500	鄭膚簠	2.235	春秋中期	即鄭膚，春秋中期人
䚃有	1215	隨大司馬䚃有戈	4.180	春秋中期	即䚃有
羅子龍	0111	羅子龍鼎	1.108	春秋晚期	
黿嬭	0177	杞伯每巳鼎	1.190	春秋早期	杞伯每巳的夫人
黿友父	0258	邾友父鬲	1.345	春秋早期	即邾友父
黿慶父	0388	邾慶父簠	2.13	春秋早期	即邾慶父
黿慶父	0389	邾慶父簠	2.15	春秋早期	同上
黿慶父	0837	邾慶父壺	3.122	春秋早期	同上
龏叔姬	0215	叔戚父鼎	1.264	春秋早期	即恭叔姬，叔戚父的夫人
龐孺子	0825	龐孺子鍾甲	3.105	戰國晚期	
龐孺子	0826	龐孺子鍾乙	3.106	戰國晚期	

二 十 畫

人 名	器 號	器 名	卷數頁碼	時 代	備 注
鼜襄友	0397	鼜襄友簋	2.25	西周中期後段	原誤爲鬲襄友
觸	1250	相邦瘠戈	4.218	戰國晚期	魏國工室的工匠
競之㝬	0178	景之㝬鼎	1.191	戰國早期	楚平王的後裔
寶吉進	0196	進鼎	1.222	西周中期	即進
鹺	0873	鹺卣蓋	3.168	西周早期	

二 十 一 畫

人 名	器 號	器 名	卷數頁碼	時 代	備 注
趯	0438	趯簋甲	2.106	西周中期前段	
趯	0439	趯簋乙	2.109	西周中期前段	
霸仲	0323	霸仲簋	1.420	西周早期	霸國公族
霸仲	0963	霸仲盉	3.326	西周中期	同上
霸伯	0529	霸伯豆	2.303	西周中期	霸國國君

人　名	器　號	器　名	卷數頁碼	時　代	備　注
霸伯	0949	霸伯盤	3.303	西周中期	霸國某代國君
𩵦	1289	冢子韓政戟刺	4.262	戰國晚期	韓國太官上庫冶尹
鼄君季鱵	0535	鼄君季鱵鑑	2.315	春秋中期	
灋叔	0448	羚簋	2.130	西周中期前段	即祭叔，祭國公族
顥	1253	蜀守顥戈	4.222	戰國晚期	秦國蜀郡郡守
續順	1288	新城令徒疕矛	4.261	戰國晚期	韓國新城縣司寇

二十二畫

人　名	器　號	器　名	卷數頁碼	時　代	備　注
龘	0996	龘匜	3.369	春秋晚期	
聽	0420	聽簋	2.63	商代晚期	
鑄仲	0364	鑄仲簋	1.466	春秋早期	即祝仲，祝國公族
鑄客	0489	鑄客簠	2.216	戰國晚期	

二十三畫

人　名	器　號	器　名	卷數頁碼	時　代	備　注
趲姑	0455	衍簋	2.150	西周中期後段	即遣姑
巤子煩	0530	巤子煩豆	2.304	春秋晚期	
矍	1247	相邦呂不韋戈	4.214	戰國晚期	秦國寺工首領
鱏	1200	蔡公孫鱏戈	4.163	春秋晚期	蔡國公孫

二十四畫

人　名	器　號	器　名	卷數頁碼	時　代	備　注
燮王	0804	燮王壺	3.82	西周中期	即幽王

二十五畫以上

人　名	器　號	器　名	卷數頁碼	時　代	備　注
趫	0438	趫簋甲	2.106	西周中期前段	即趫
趫	0439	趫簋乙	2.109	西周中期前段	同上

人　名	器　號	器　名	卷數頁碼	時　代	備　　注
韓迷	0789	韓迷尊	3.61	西周中期前段	
矗仲	0217	棘狀鼎	1.268	西周早期	棘狀的長輩
䁁叔	0426	召叔簋	2.76	西周中期後段	即召叔
鼥公	0952	晉公盤	3.308	春秋中期	即唐公,晉始祖唐叔虞

首字不能隸定者

人　名	器　號	器　名	卷數頁碼	時　代	備　注
○公	0324	○公簋	1.421	西周早期	即圍公
○公	0325	○公簋	1.422	西周早期	同上
㝅	0138	㝅鼎	1.141	西周晚期	

五、《銘圖》地名

地名首字筆畫檢字表

五、《銘圖》地名

881

地 名 索 引

二 畫

古地名	器 號	器 名	卷數頁碼	時代	現今所在地
人方	05128	小子网簋	11.71	西周	即夷方，今山東東部及江蘇東北部
人方	11785	小臣艅尊	21.255	西周	同上
人方	13326	小子蕭卣	24.278	西周	同上
人方	14766	首毛盉	26.174	商代	同上
力	13098	力伯卣	24.11	西周	
厂湶	14542	散氏盤	25.602	西周	在今陝西寶雞市陳倉區境內

三 畫

古地名	器 號	器 名	卷數頁碼	時代	現今所在地
工吳	17948	攻吳王虘斿工吳劍	33.306	春秋	即吳國，今江蘇蘇州市
工鶿	14747	工鶿王孫鎣	26.155	春秋	同上
工鶿	17138	工鶿大叔戈	32.198	春秋	同上
工鶿	17139	工鶿王姑發者坂戈	32.199	春秋	同上
工鶿	17857	工鶿大矢鈹	33.201	春秋	同上
工鶿	18075	工鶿王姑發臂反之弟劍	33.462	春秋	同上
工㦰	14901	工㦰季生匜	26.278	春秋	同上
工㦰	15542	者減鐘一	28.500	春秋	同上
工㦰	15543	者減鐘二	28.502	春秋	同上
工㦰	15544	者減鐘三	28.504	春秋	同上
工㦰	15545	者減鐘四	28.506	春秋	同上
工㦰	15546	者減鐘五	28.508	春秋	同上

古地名	器　號	器　　名	卷數頁碼	時代	現今所在地
工獻	15547	者減鐘六	28.513	春秋	即吳國,今江蘇蘇州市
工獻	15548	者減鐘七	28.518	春秋	同上
工獻	15549	者減鐘八	28.519	春秋	同上
工獻	15550	者減鐘九	28.520	春秋	同上
工獻	15551	者減鐘十	28.523	春秋	同上
工獻	18076	攻吳太子姑發瞖反劍	33.464	春秋	同上
土匂	14032	土匂瓶	25.186	西周	即土軍,今山西石樓縣
下丘	17152	下丘嗇夫戈	32.213	戰國	今安徽宿州市埇橋區北
下邑	18002	下邑令瘍鈹	33.370	戰國	今安徽碭山縣東
下郜	02397	郜公誠鼎	5.191	春秋	郜商密,今河南淅川縣西南
下減	14796	長由盉	26.222	西周	即下械,今陝西鳳翔縣南
下鄰	19178	鄂君啟車節	34.552	戰國	即下蔡,今安徽鳳臺縣
下鄰	19179	鄂君啟車節	34.555	戰國	同上
下鄰	19180	鄂君啟車節	34.557	戰國	同上
大廷	06274	晉公盆	13.493	西周	即大庭,今山東曲阜市
大沽	14542	散氏盤	25.602	西周	即大湖,在今陝西寶雞陳倉區千河谷
大梁	17151	大梁左庫戈	32.212	戰國	今河南開封市
大梁	17195	大梁司寇綏戈	32.261	戰國	同上
大陰	17318	大陰令賈弩戈	32.405	戰國	戰國趙邑,今山西霍州市
大驩	18929	大驩權	34.408	秦代	今河南密縣東南
大邑商	11819	何尊	21.311	西周	今河南安陽市殷都區
上	17284	上郡守錯戈	32.362	戰國	上郡的簡稱
上范	01685	上范廚鼎	3.350	戰國	在今山東梁山縣或聊城縣境內
上范	14180	上范廚勺	25.298	戰國	同上
上侯	02344	師艅鼎	5.111	西周	今河南偃師市東南緱氏鎮
上侯	02361	不棺鼎	5.139	西周	同上
上侯	02362	不棺鼎	5.140	西周	同上
上侯	11794	師艅尊	21.268	西周	同上
上侯	13321	啟卣	24.266	西周	同上
上洛	05380	敔簋	12.162	西周	今陝西商洛市商州區
上洛	16485	上洛戈甲	30.439	戰國	同上
上洛	16486	上洛戈乙	30.440	戰國	同上
上洛	17175	上洛左庫戈	32.237	春秋	同上

古地名	器　號	器　　名	卷數頁碼	時代	現今所在地
上鄀	05201	上鄀公敄人簋蓋	11.224	春秋	今湖北鍾祥縣西北
上鄀	05970	上鄀公簠	13.287	春秋	同上
上郡	17270	上郡守戈	32.345	戰國	治膚施,今陝西靖邊縣東楊橋畔
上郡	17271	上郡疾戈	32.346	戰國	同上
上郡	17272	上郡守疾戈	32.347	戰國	同上
上郡	17273	上郡守疾戈	32.348	戰國	同上
上郡	17274	上郡守疾戈	32.349	戰國	同上
上郡	17275	上郡守疾戈	32.350	戰國	同上
上郡	17276	上郡守閒戈	32.351	戰國	同上
上郡	17277	上郡守閒戈	32.352	戰國	同上
上郡	17278	上郡守高戈	32.354	戰國	同上
上郡	17279	上郡守壽戈	32.355	戰國	同上
上郡	17280	上郡守壽戈	32.356	戰國	同上
上郡	17281	上郡守壽戈	32.358	戰國	同上
上郡	17282	上郡守壽戈	32.359	戰國	同上
上郡	17283	上郡守壽戈	32.360	戰國	同上
上郡	17285	上郡守錯戈	32.363	戰國	同上
上郡	17286	上郡守錯戈	32.364	戰國	同上
上郡	17287	上郡守錯戈	32.365	戰國	同上
上郡	17288	上郡守起戈	32.366	戰國	同上
上郡	17289	上郡守起戈	32.367	戰國	同上
上郡	17290	上郡守匽氏戈	32.368	戰國	同上
上郡	17291	上郡假守暨戈	32.370	戰國	同上
上郡	17292	上郡守暨戈	32.372	戰國	同上
上郡	17293	上郡守猗戈	32.373	戰國	同上
上郡	17294	上郡守冰戈	32.374	戰國	同上
上郡	17295	上郡守冰戈	32.375	戰國	同上
上郡	17296	上郡守慶戈	32.376	戰國	同上
上郡	17297	上郡守慶戈	32.377	戰國	同上
上郡	17298	上郡守慶戈	32.378	戰國	同上
上郡	17299	上郡假守黽戈	32.380	戰國	同上
上郡	17300	上郡武庫戈	32.382	戰國	同上
上郡	17610	上郡武庫矛	33.40	戰國	同上

古地名	器　號	器　　名	卷數頁碼	時代	現今所在地
上郡	17684	相邦呂不韋矛	33.120	戰國	治膚施,今陝西靖邊縣東楊橋畔
上郡	18577	上郡武庫弩機	34.152	戰國	同上
上容	17093	晉上容大夫戈	32.148	春秋	讀爲上谷,今河北懷來縣東南
上曾	02362	上曾太子般殷鼎	5.168	春秋	今河南光山縣南
上魯	05128	小子网簋	11.71	西周	
上黨	16704	上黨武庫戈	31.153	戰國	戰國趙邑,今山西長子縣西南
上黨	17611	上黨武庫矛	33.41	戰國	同上
上佫茗	17304	上皋落戈	32.388	戰國	即上皋落,今山西昔陽縣東南
上皋落	17304	上皋落戈	32.388	戰國	今山西昔陽縣東南
山	04186	山仲簋	8.439	西周	西周封邑
山陽	17224	趄令樂痀戈	32.290	戰國	戰國魏邑,今河南焦作市東南
久陵	17665	平都矛	33.95	戰國	戰國晚期秦城邑
亡鹽	16568	無鹽右戈	31.5	戰國	即無鹽,今山東東平縣東的無鹽村
亡鹽	16569	無鹽右戈	31.6	戰國	同上
亡鹽	16570	無鹽右戈	31.7	戰國	同上
己	01967	己華父鼎	4.123	西周	即紀,今山東壽光縣紀侯臺
己	02892	己侯鬲	6.290	西周	同上
己	04673	己侯簋	9.418	西周	同上
己	04918	己侯貉子簋蓋	10.243	西周	同上
己	12293	己侯壺	22.169	春秋	同上
己	15124	紀侯虎鐘	27.29	西周	同上
尸	02354	寲鼎	5.124	西周	即東夷,今山東半島東部
尸	05158	夷伯夷簋	11.125	西周	即夷,今山東即墨市西
尸	05159	夷伯夷簋	11.128	西周	同上
尸	11788	作册睘尊	21.259	西周	同上
尸	13320	作册睘卣	24.264	西周	同上
弓谷	02501	卌二年逨鼎甲	5.395	西周	
弓谷	02502	卌二年逨鼎乙	5.398	西周	
夨	01550	夨王鼎蓋	3.225	西周	今陝西寶雞陳倉區北部到隴縣一帶
夨	03251	夨伯甗	7.132	西周	同上
夨	04231	夨叔簋	9.7	西周	同上
夨	04823	夨王簋蓋	10.116	西周	同上
夨	05514	夨膳盨	12.232	西周	同上

古地名	器　號	器　　名	卷數頁碼	時代	現今所在地
夨	11684	夨王尊	21.160	西周	今陝西寶雞陳倉區北部到隴縣一帶
夨	13307	同卣	24.242	西周	同上
夨	14542	散氏盤	25.602	西周	同上
夨	16233	夨戈	30.207	西周	同上
夨	16234	夨戈	30.208	西周	同上
夨	16391	夨仲戈	30.357	西周	同上
夨	18474	夨人泡	34.60	西周	同上
夨	19066	夨當盧	34.501	西周	同上
夨	19067	夨當盧	34.502	西周	同上
夨	19068	夨當盧	34.503	西周	同上
夨	19069	夨當盧	34.504	西周	同上
夨	19070	夨當盧	34.505	西周	同上
夨	19071	夨當盧	34.506	西周	同上
夨	19072	夨當盧	34.507	西周	同上
夨	19073	夨當盧	34.508	西周	同上
夨	19074	夨當盧	34.509	西周	同上
夨	19075	夨當盧	34.510	西周	同上
卂	04183	卂伯簋	8.436	西周	
小南	05664	文盨	12.430	西周	

四　　畫

古地名	器　號	器　　名	卷數頁碼	時代	現今所在地
王	04418	衛簋	9.172	西周	今河南洛陽市王城公園一帶
王	11821	夨令尊	21.315	西周	同上
王	13548	夨令方彝	24.438	西周	同上
王垣	17234	王垣令豕戟	32.299	戰國	戰國魏縣名,今山西垣曲縣東南
井	02070	事盟鼎	4.248	西周	即邢,邢國,在今陝西鳳翔縣南
井	02323	麥鼎	5.82	西周	即邢,邢國,在今河北邢臺市
井	02433	七年趞曹鼎	5.259	西周	即邢,邢國,在今陝西鳳翔縣南
井	03253	邢伯甗	7.134	西周	同上
井	04852	邢姜太宰巳簋	10.149	西周	即邢,邢國,在今河北邢臺市
井	05230	召簋	11.273	西周	即邢,邢國,在今陝西鳳翔縣南

古地名	器號	器名	卷數頁碼	時代	現今所在地
井	05274	榮簋	11.384	西周	即邢，邢國，在今河北邢臺市
井	05288	臣諫簋	11.419	西周	同上
井	05326	豆閉簋	12.33	西周	即邢，邢國，在今陝西鳳翔縣南
井	11820	麥尊	21.313	西周	即邢，邢國，在今河北邢臺市
井	13541	麥方彝	24.420	西周	同上
井	14785	麥盉	26.201	西周	同上
井方	02312	遑鼎	5.62	商代	即邢，商代部落，今河北邢臺市
不	14089	邳伯夏子缶	25.252	春秋	即邳，江蘇睢寧縣西北古邳鎮東
不	14090	邳伯夏子缶	25.254	春秋	同上
不隆	17098	不降戈	32.153	戰國	即丕降
不隆	17558	不降矛	32.518	戰國	同上
不隆	17664	不降矛	33.94	戰國	同上
不隆	18362	不降鏃	34.9	戰國	同上
木關	19181	鄂君啟舟節	34.559	戰國	今湖北荊州市沙市區
木關	19182	鄂君啟舟節	34.561	戰國	同上
屯留	16452	屯留戈	30.410	戰國	今山西屯留縣南古城
屯留	17358	屯留令邢丘筓戟	32.451	戰國	同上
戈	00046	戈鼎	1.43	商代	國族名
戈	00047	戈鼎	1.44	商代	同上
戈	00048	戈鼎	1.45	商代	同上
戈	00049	戈鼎	1.46	商代	同上
戈	00050	戈鼎	1.47	商代	同上
戈	00051	戈鼎	1.48	商代	同上
戈	00052	戈鼎	1.49	商代	同上
戈	00053	戈鼎	1.50	商代	同上
戈	00054	戈鼎	1.50	商代	同上
戈	00055	戈鼎	1.51	商代	同上
戈	00056	戈鼎	1.51	商代	同上
戈	00057	戈鼎	1.52	商代	同上
戈	00058	戈鼎	1.52	商代	同上
戈	00059	戈鼎	1.53	商代	同上
戈	00060	戈鼎	1.53	商代	同上
戈	00061	戈鼎	1.54	西周	同上

古地名	器 號	器 名	卷數頁碼	時代	現今所在地
戈	00062	戈鼎	1.55	西周	國族名
戈	00063	戈鼎	1.56	西周	同上
戈	00429	戈乙鼎	1.332	西周	同上
戈	00430	戈乙鼎	1.332	商代	同上
戈	00431	戈己鼎	1.333	商代	同上
戈	00432	戈己鼎	1.334	商代	同上
戈	00745	戈祖己鼎	2.63	商代	同上
戈	00746	戈祖辛鼎	2.64	商代	同上
戈	00749	戈祖癸鼎	2.67	商代	同上
戈	00750	戈祖癸鼎	2.67	商代	同上
戈	00751	戈妣辛鼎	2.68	商代	同上
戈	00824	戈父丁鼎	2.126	商代	同上
戈	00866	戈父己鼎	2.158	西周	同上
戈	00867	戈父己鼎	2.159	西周	同上
戈	00907	戈父辛鼎	2.188	西周	同上
戈	00908	戈父辛鼎	2.189	西周	同上
戈	00950	戈父癸鼎	2.223	商代	同上
戈	00951	戈父癸鼎	2.224	西周	同上
戈陽	17814	戈昜犬劍	33.156	戰國	戰國楚邑,今河南潢川縣
卄尚城	19334	卄尚城睘小器	35.113	戰國	
少曲	17201	少曲令慎录戈	32.268	戰國	今河南濟源市東北
少曲	17202	少曲令㫃文戈	32.269	戰國	同上
少曲	17313	趙令邯鄲𠙸戈	32.399	戰國	原誤爲趙令,今河南濟源市東北
少梁	12308	橐佗壺	22.189	戰國	今陝西韓城市芝川鎮少梁村
中	04665	中友父簋	9.410	西周	封邑名
中	04666	中友父簋	9.411	西周	同上
中	04775	中伯簋	10.55	西周	同上
中	04903	中伯簋	10.225	西周	同上
中	05516	中伯盨	12.234	西周	同上
中	05517	中伯盨	12.235	西周	同上
中	12361	中伯壺	22.262	西周	同上
中	12362	中伯壺蓋	22.263	西周	同上
中	14443	中友父盤	25.463	西周	同上

古地名	器 號	器 名	卷數頁碼	時代	現今所在地
中	14476	中子化盤	25.497	春秋	
中山	12455	中山王嚳壺	22.449	戰國	都靈壽,即今河北平山縣靈壽城
中山	18249	中山侯盉鉞	33.522	戰國	同上
中山	18659	中山鏈	34.186	戰國	今河北平山縣靈壽城
中都	16419	中都戈	30.382	春秋	春秋魯邑,今山東梁山縣東南
中國	11819	何尊	21.311	西周	國之中之意,指洛陽
中陽	01984	中陽王鼎	4.142	春秋	
中陽	16515	中陽戈	30.468	戰國	今山西中陽縣
中陽	16618	廣衍戈	31.61	戰國	同上
中陽	17135	詔吏戈	32.194	戰國	同上
中陽	17283	上郡守壽戈	32.359	戰國	同上
中陽	17604	中陽矛	33.34	戰國	同上
中陽	18539	中陽鏃	34.118	戰國	同上
中陽	19065	中陽馬銜	34.499	戰國	同上
內國	11803	录戍尊	21.279	西周	指中原地區
內國	13331	录戍卣	24.288	西周	同上
內黃	16699	內黃右庫戈	31.147	戰國	今河南內黃縣西北
毛	02210	善夫旅伯鼎	4.418	西周	西周封置,今陝西岐山縣東南
毛	02336	毛公旅鼎	5.103	西周	同上
毛	02431	師湯父鼎	5.256	西周	同上
毛	02484	此鼎甲	5.357	西周	同上
毛	02485	此鼎乙	5.359	西周	同上
毛	02486	此鼎丙	5.361	西周	同上
毛	02518	毛公鼎	5.471	西周	同上
毛	04970	毛伯嘡父簋	10.311	西周	同上
毛	05174	孟簋甲	11.160	西周	同上
毛	05175	孟簋乙	11.162	西周	同上
毛	05176	孟簋丙	11.164	西周	同上
毛	05295	斯簋	11.434	西周	同上
毛	05342	鄦簋	12.68	西周	同上
毛	05343	鄦簋蓋	12.74	西周	同上
毛	05354	此簋甲	12.100	西周	同上
毛	05355	此簋乙	12.103	西周	同上

古地名	器　號	器　名	卷數頁碼	時代	現今所在地
毛	05356	此簋丙	12.106	西周	西周封置,今陝西岐山縣東南
毛	05357	此簋丁	12.108	西周	同上
毛	05358	此簋戊	12.110	西周	同上
毛	05359	此簋己	12.112	西周	同上
毛	05360	此簋庚	12.114	西周	同上
毛	05361	此簋辛	12.116	西周	同上
毛	05401	班簋	12.209	西周	同上
毛	14489	毛叔盤	25.512	春秋	東遷後的毛邑,今河南宜陽縣東北
毛	16497	毛伯戈	30.452	西周	西周封置,今陝西岐山縣東南
斤	02267	征人鼎	5.4	西周	今湖北蘄春縣境內
斤	04949	征簋	10.282	西周	同上
斤	11784	京師畯尊	21.253	西周	同上
今永里	01346	今永里倉鼎	3.49	戰國	
兮	04740	兮仲簋	10.12	西周	封邑名
兮	04741	兮仲簋	10.14	西周	同上
兮	04742	兮仲簋	10.15	西周	同上
兮	04743	兮仲簋	10.16	西周	同上
兮	04744	兮仲簋	10.17	西周	同上
兮	04745	兮仲簋	10.18	西周	同上
兮	04746	兮仲簋蓋	10.19	西周	同上
兮	04968	兮吉父簋	10.309	西周	同上
兮	05615	兮伯吉父盨	12.347	西周	同上
兮	12363	兮熬壺	22.264	西周	同上
兮	13306	盂卣	24.241	西周	同上
兮	14539	兮甲盤	25.595	西周	同上
兮	15232	兮仲鐘甲	27.216	西周	同上
兮	15233	兮仲鐘乙	27.217	西周	同上
兮	15234	兮仲鐘丙	27.219	西周	同上
兮	15235	兮仲鐘丁	27.220	西周	同上
兮	15236	兮仲鐘戊	27.222	西周	同上
兮	15237	兮仲鐘己	27.224	西周	同上
兮	15238	兮仲鐘庚	27.225	西周	同上
方	03364	中甗	7.253	西周	即方城,今河南方城縣東北

古地名	器　號	器　　名	卷數頁碼	時代	現今所在地
方	05224	辛廟相簋	11.262	西周	
方城	19178	鄂君啟車節	34.552	戰國	今河南方城縣東北的保安鎮
方城	19179	鄂君啟車節	34.555	戰國	同上
方城	19180	鄂君啟車節	34.557	戰國	同上
方城	19323	方城睘小器	35.108	戰國	同上
方城	19324	方城睘小器	35.108	戰國	同上
方雷	02462	師旂鼎	5.314	西周	西周時期部族,在今河南禹州一帶
比	02441	鼄鼎	5.272	西周	在宗周附近,今西安市長安區西部
比城	16729	比城戟	31.181	春秋	
㠱䚡	05276	伯戉父簋	11.388	西周	即㠱子,南淮夷的一支
㠱䚡	05277	伯戉父簋	11.390	西周	同上
㠱䚡	15633	獻鐘	29.142	西周	同上

五　　畫

古地名	器　號	器　　名	卷數頁碼	時代	現今所在地
邗	17076	邗王是埜戈	32.120	春秋	即吳,今江蘇蘇州市
邗	17077	邗王是埜戈	32.121	春秋	同上
邗	17196	邗令輅庶戈	32.261	戰國	一作盂,今河南沁陽市西北
芳	02462	師旂鼎	5.314	西周	唐蘭以爲通徵,今陝西澄城縣西南
邛	05936	曾侯簠	13.225	春秋	即江,今河南正陽縣西南
邛	06272	邛仲之孫伯戔盆	13.490	春秋	同上
邛	12325	江君婦和壺	22.212	春秋	同上
邛	12414	叔師父壺	22.340	春秋	同上
邛	14517	伯戔盤	25.552	春秋	同上
邛	15247	楚王鐘	27.241	春秋	同上
邛	17104	邛季之孫戈	32.159	春秋	同上
邛	17269	蜀守戈	32.344	戰國	在今四川滎經縣境內
井	01536	彊鼎	3.216	西周	即邢,邢邑,在今陝西鳳翔縣南
井	01602	邢季夐鼎	3.274	西周	同上
井	02452	利鼎	5.293	西周	同上
井	02497	五祀衛鼎	5.385	西周	同上
井	02498	禹鼎	5.387	西周	同上

古地名	器　號	器　名	卷數頁碼	時代	現今所在地
丼	02499	禹鼎	5.389	西周	即邢，邢邑，在今陝西鳳翔縣南
丼	02513	大克鼎	5.440	西周	同上
丼	03005	仲生父鬲	6.441	西周	同上
丼	03293	強伯甗	7.170	西周	同上
丼	04874	邢公簋	10.187	西周	同上
丼	04875	邢公簋	10.190	西周	同上
丼	04881	伯田父簋	10.198	西周	同上
丼	04924	季魯簋	10.249	西周	同上
丼	05103	邢南伯簋	11.29	西周	同上
丼	05212	師毛父簋	11.240	西周	同上
丼	05220	霸伯簋	11.252	西周	同上
丼	05291	弭叔師察簋	11.425	西周	同上
丼	05292	弭叔師察簋	11.427	西周	同上
丼	11685	強伯尊	21.161	西周	同上
丼	12375	邢叔烜壺	22.281	西周	同上
丼	13102	邢季貟卣	24.15	西周	同上
丼	13330	免卣	24.287	西周	同上
丼	13521	邢叔方彝	24.396	西周	同上
丼	14796	長由盉	26.222	西周	同上
丼	15290	邢叔采鐘	27.328	西周	同上
丼	15291	邢叔采鐘	27.330	西周	同上
丼	15320	妄鐘	27.382	西周	同上
丼	15322	妄鐘	27.387	西周	同上
丼邑	14542	散氏盤	25.603	西周	即邢邑，在今陝西鳳翔縣南
世	02500	多友鼎	5.392	西周	
甘丹	16573	邯鄲上戈	31.10	戰國	即邯鄲，今河北邯鄲市西南
甘丹	16703	邯鄲上庫戈	31.151	戰國	同上
左樂	18931	左樂兩詔鈞權	34.412	秦代	秦縣
左關	18809	左關之鉰	34.260	戰國	在今山東省境內
左關	18817	陳純釜	34.270	戰國	同上
左關	18818	子禾子釜	34.272	戰國	同上
丕降	17098	不降戈	32.153	戰國	
丕降	17558	不降矛	32.518	戰國	

古地名	器號	器名	卷數頁碼	時代	現今所在地
丕降	17664	不降矛	33.94	戰國	
丕降	18362	不降鏃	34.9	戰國	
石邑	17236	丞相斯戈	32.302	戰國	今河北獲鹿縣東南
右濯	16527	右濯戈	30.480	戰國	
右濯	16528	右濯戈	30.481	戰國	
平阿	16458	平阿戈	30.416	戰國	戰國齊邑,今安徽懷遠縣
平阿	16567	平阿左戈	31.4	戰國	同上
平阿	16680	平阿左戈	31.130	戰國	同上
平阿	16681	平阿左戈	31.131	戰國	同上
平阿	16682	平阿右戈	31.132	戰國	同上
平阿	16778	平阿戈	31.249	戰國	同上
平阿	16779	平阿左戟	31.250	戰國	同上
平阿	16780	平阿右戈	31.251	戰國	同上
平阿	16781	平阿右戟	31.252	戰國	同上
平阿	16858	平阿左戟	31.354	戰國	同上
平周	17277	上郡守閒戈	32.352	戰國	原魏邑,後歸秦,今陝西米脂縣南
平周	17287	上郡守錯戈	32.365	戰國	同上
平周	17288	上郡守錯戈	32.366	戰國	同上
平周	17566	平周矛	32.525	戰國	同上
平周	17567	平周矛	32.526	戰國	同上
平周	17568	平周矛	32.527	戰國	同上
平輿	01762	坪夜君成鼎	3.427	戰國	楚國封邑,今河南平輿縣
平輿	16891	平夜君成戈	31.416	戰國	同上
平輿	16892	平夜君成戈	31.419	戰國	同上
平輿	16893	平夜君成戈	31.422	戰國	同上
平輿	16894	平夜君成戟	31.425	戰國	同上
平輿	16895	平夜君成戟	31.428	戰國	同上
平輿	16896	平夜君成戟	31.433	戰國	同上
平輿	16897	平夜君成戟	31.436	戰國	同上
平崟	17204	平陶令范戾戈	32.271	戰國	即平陶,今山西文水縣平陶村
平都	17665	平都矛	33.95	戰國	先趙、魏,後歸秦,今陝西子長縣西南
平陸	16446	平陸戈	30.407	戰國	戰國齊邑,今山東汶上縣西北
平陸	16447	平陸戈	30.407	戰國	同上

古地名	器 號	器 名	卷數頁碼	時代	現今所在地
平陸	16679	平陸左戈	31. 129	戰國	戰國齊邑,今山東汶上縣西北
平陸	17129	屚氏戟	32. 187	戰國	戰國時期秦上郡屬縣,今地不詳
平陸	17291	上郡假守曁戈	32. 370	戰國	同上
平陰	02162	十七年平陰鼎蓋	4. 355	戰國	戰國趙地,今山西陽高縣東南
平陰	15425	鷹羌鐘甲	28. 18	戰國	同上
平陰	15426	鷹羌鐘乙	28. 20	戰國	同上
平陰	15427	鷹羌鐘丙	28. 22	戰國	同上
平陰	15428	鷹羌鐘丁	28. 24	戰國	同上
平陰	15429	鷹羌鐘戊	28. 25	戰國	同上
平陰	19326	平陰睘小器	35. 109	戰國	同上
平陽	16698	平陽左庫戈	31. 146	春秋	春秋晉邑,今山西臨汾市西南
平陽	16931	平陽高馬里戈	31. 484	春秋	春秋齊邑,今山東鄒縣
平陽	17565	平陽矛	32. 524	戰國	戰國齊邑,今山東鄒縣
平陽	18928	平陽權	34. 407	秦代	秦縣名,今山西臨汾市西南
戉	15417	越王者旨於賜鐘一	28. 7	戰國	即越,都會稽,今浙江紹興市
戉	15418	越王者旨於賜鐘二	28. 8	戰國	同上
戉	15419	越王者旨於賜鐘三	28. 9	戰國	同上
戉	15420	越王者旨於賜鐘四	28. 10	戰國	同上
戉	15781	者汈鎛	29. 238	戰國	同上
戉	16414	越王戈	30. 378	春秋	同上
戉	16932	越王諸稽於賜戈	31. 485	戰國	同上
戉	16933	越王諸稽於賜戈	31. 486	戰國	同上
戉	16934	越王諸稽於賜戈	31. 491	戰國	同上
戉	17362	越王差徐戈	32. 456	戰國	同上
戉	17363	越王差徐戟	32. 459	戰國	同上
戉	17619	越王諸稽於賜矛	33. 49	戰國	同上
戉	17620	越王諸稽於賜矛	33. 51	戰國	同上
戉	17621	越王諸稽於賜矛	33. 53	戰國	同上
戉	17622	越王諸稽於賜矛	33. 54	戰國	同上
戉	17623	越王諸稽矛	33. 55	戰國	同上
戉	17667	越王州句矛	33. 98	戰國	同上
戉	17678	越王太子不壽矛	33. 111	戰國	同上
戉	17867	越王鈹	33. 211	戰國	同上

古地名	器　號	器　名	卷數頁碼	時代	現今所在地
戉	17868	越王劍	33.212	春秋	即越，都會稽，今浙江紹興市
戉	17869	越王劍	33.213	春秋	同上
戉	17870	越王劍	33.214	戰國	同上
戉	17872	越王伯侯劍	33.216	戰國	同上
戉	17873	越王旨医劍	33.217	戰國	同上
戉	17875	越王之子勾踐劍	33.220	戰國	同上
戉	17876	越王之子勾踐劍	33.221	戰國	同上
戉	17877	越王諸稽於賜劍	33.222	戰國	同上
戉	17878	越王諸稽於賜劍	33.224	戰國	同上
戉	17879	越王諸稽於賜劍	33.225	戰國	同上
戉	17880	越王諸稽於賜劍	33.226	戰國	同上
戉	17881	越王諸稽於賜劍	33.227	戰國	同上
戉	17882	越王諸稽於賜劍	33.228	戰國	同上
戉	17883	越王諸稽於賜劍	33.229	戰國	同上
戉	17884	越王諸稽於賜劍	33.230	戰國	同上
戉	17885	越王諸稽於賜劍	33.231	戰國	同上
戉	17886	越王諸稽於賜劍	33.232	戰國	同上
戉	17887	越王諸稽於賜劍	33.233	戰國	同上
戉	17888	越王諸稽於賜劍	33.234	戰國	同上
戉	17889	越王諸稽於賜劍	33.235	戰國	同上
戉	17890	越州句劍格	33.236	戰國	同上
戉	17891	越州句劍格	33.237	戰國	同上
戉	17892	越王州句劍	33.238	戰國	同上
戉	17893	越王州句劍	33.240	戰國	同上
戉	17894	越王州句劍	33.241	戰國	同上
戉	17895	越王州句劍	33.242	戰國	同上
戉	17896	越王州句劍	33.243	戰國	同上
戉	17897	越王州句劍	33.244	戰國	同上
戉	17898	越王州句劍	33.245	戰國	同上
戉	17899	越王州句劍	33.246	戰國	同上
戉	17900	越王州句劍	33.247	戰國	同上
戉	17901	越王州句劍	33.248	戰國	同上
戉	17902	越王州句劍	33.249	戰國	同上

古地名	器　號	器　名	卷數頁碼	時代	現今所在地
戉	17903	越王州句劍	33.250	戰國	即越，都會稽，今浙江紹興市
戉	17904	越王州句劍	33.251	戰國	同上
戉	17905	越王州句劍	33.252	戰國	同上
戉	17906	越王州句劍	33.253	戰國	同上
戉	17907	越王州句劍	33.254	戰國	同上
戉	17908	越王州句劍	33.255	戰國	同上
戉	17909	越王州句劍	33.256	戰國	同上
戉	17910	越王州句劍	33.257	戰國	同上
戉	17911	越王州句劍	33.258	戰國	同上
戉	17912	越王州句劍	33.259	戰國	同上
戉	17913	越王州句劍	33.261	戰國	同上
戉	17914	越王州句劍	33.262	戰國	同上
戉	17951	越王嗣旨不光劍	33.311	戰國	同上
戉	17952	越王嗣旨不光劍	33.312	戰國	同上
戉	17953	越王嗣旨不光劍	33.313	戰國	同上
戉	17954	越王諸稽不光劍	33.313	戰國	同上
戉	17955	越王不光劍	33.314	戰國	同上
戉	17956	越王不光劍	33.314	戰國	同上
戉	17957	越王不光劍	33.315	戰國	同上
戉	17958	越王不光劍	33.316	戰國	同上
戉	17959	越王不光劍	33.317	戰國	同上
戉	17960	越王不光劍	33.318	戰國	同上
戉	17961	越王不光劍	33.319	戰國	同上
戉	17962	越王不光劍	33.320	戰國	同上
戉	17963	越王不光劍	33.321	戰國	同上
戉	17964	越王不光劍	33.322	戰國	同上
戉	17965	越王不光劍	33.323	戰國	同上
戉	18025	越王丌北古劍	33.400	戰國	同上
戉	18026	越王丌北古劍	33.402	戰國	同上
戉	18027	越王丌北古劍	33.404	戰國	同上
戉	19766	越王石矛	35.376	戰國	同上
戉	19767	越嗣王石矛	35.377	戰國	同上
戉	19768	越嗣王石矛	35.378	戰國	同上

古地名	器　號	器　　名	卷數頁碼	時代	現今所在地
戉	19769	越王不光石矛	35.379	戰國	即越,都會稽,今浙江紹興市
戉	19770	越王石劍格	35.380	戰國	同上
戉	19771	越王石劍格	35.380	戰國	同上
戉	19835	岣嶁碑	35.470	戰國	同上
北	01052	北子鼎	2.305	西周	今河南湯陰縣東南北城鎮
北	01230	北伯鼎	2.444	西周	同上
北	01792	北子鼎	3.455	西周	同上
北	03237	北子甗	7.121	西周	同上
北	04507	北伯邑辛簋	9.263	西周	同上
北	04951	羿簋	10.284	西周	同上
北	04952	羿簋	10.285	西周	同上
北	10619	北子䇅觶	19.439	西周	同上
北	10654	北子觶	19.469	西周	同上
北	11495	北子尊	20.500	西周	同上
北	11628	北伯殴尊	21.112	西周	同上
北	13048	北子卣	23.472	西周	同上
北	13160	北伯殴卣	24.70	西周	同上
北	14412	北子宋盤	25.427	西周	同上
北麥	11786	師衛尊	21.257	西周	
北麥	12402	師衛壺甲	22.322	西周	
北麥	12403	師衛壺乙	22.324	西周	
由	03359	遹甗	7.243	西周	原釋爲古,西周戍地,今地不詳
由	11803	录戓尊	21.279	西周	同上
由	11807	臤尊	21.285	西周	同上
由	11808	臤尊	21.287	西周	同上
由	13322	穑卣	24.268	西周	同上
由	13331	录戓卣	24.288	西周	同上
由	13332	录戓卣	24.290	西周	同上
甲	05679	尉比盨	12.464	西周	邑名,今地不詳
申	02264	彭子射兒鼎	4.496	春秋	即南申,今河南南陽臥龍區
申	05339	伊簋	12.62	西周	今河南南鞏縣東、滎陽縣西汜水境
申	05897	叔姜簋	13.168	春秋	今河南南陽臥龍區
申	05943	申文王之孫州桒簠	13.237	春秋	同上

古地名	器 號	器 名	卷數頁碼	時代	現今所在地
申	05958	申公彭宇簠	13.264	春秋	即南申,今河南南陽臥龍區
申	05959	申公彭宇簠	13.266	春秋	同上
申	12189	䲩伯䜈多壺	22.60	春秋	今河南南鞏縣東、滎陽縣西汜水境
申陰	17233	邯陰令萬爲戈	32.298	戰國	戰國韓邑,今河南南陽市北部
冉	00230	冉鼎	1.188	商代	國族名
冉	00231	冉鼎	1.189	商代	同上
冉	00232	冉鼎	1.190	商代	同上
冉	00233	冉鼎	1.191	商代	同上
冉	00234	冉鼎	1.192	商代	同上
冉	00235	冉鼎	1.193	商代	同上
冉	00236	冉鼎	1.194	商代	同上
冉	00237	冉鼎	1.195	商代	同上
冉	00238	冉鼎	1.196	商代	同上
冉	00239	冉鼎	1.196	商代	同上
冉	00240	冉鼎	1.197	商代	同上
冉	00241	冉鼎	1.198	商代	同上
冉	00242	冉鼎	1.199	商代	同上
冉	00243	冉鼎	1.200	商代	同上
冉	00244	冉鼎	1.200	商代	同上
冉	00787	冉父乙鼎	2.99	西周	同上
冉	00788	冉父乙鼎	2.100	西周	同上
冉	00805	冉父丙鼎	2.109	西周	同上
冉	00812	冉父丁鼎	2.115	西周	同上
冉	00813	冉父丁鼎	2.116	商代	同上
冉	00896	冉父辛鼎	2.180	商代	同上
冉	00897	冉父辛鼎	2.181	商代	同上
冉	00898	冉父辛鼎	2.182	西周	同上
冉	00899	冉父辛鼎	2.182	西周	同上
冉	00936	冉父癸鼎	2.211	西周	同上
冉	00937	冉父癸鼎	2.212	西周	同上
禾	11627	禾伯尊	21.111	西周	封邑名
矢	13158	矢伯隻卣	24.67	西周	同上
仕斤	16615	仕斤戈	31.57	戰國	

古地名	器　號	器　　名	卷數頁碼	時代	現今所在地
仕斤	16616	仕斤戈	31.58	戰國	
丘關	18818	子禾子釜	34.272	戰國	在今山東省境内
代	17266	代相邙皮戈	32.341	戰國	今河北蔚縣東北代王城
代	17992	代相樂寍鈹	33.360	戰國	同上
代	17993	代相吏微劍	33.361	戰國	同上
白水	16517	白水戈	30.470	戰國	今四川青川縣東北白水鎮
斥	11788	作册睘尊	21.259	西周	今陝西寶鷄市陳倉區汧渭交匯處
斥	11789	遣尊	21.260	西周	同上
斥	11799	小子生尊	21.273	西周	同上
斥	11800	作册折尊	21.274	西周	同上
斥	11812	盠尊	21.296	西周	同上
斥	13311	遣卣	24.247	西周	同上
斥	13320	作册睘卣	24.264	西周	同上
斥	13542	作册折方彝	24.422	西周	同上
斥	13665	作册折觥	24.506	西周	同上
令狐	12434	令狐君嗣子壺	22.379	戰國	今山西臨猗縣西南
令狐	12435	令狐君嗣子壺	22.381	戰國	同上
氐	14791	匍盉	26.211	西周	
句	01617	句監鼎	3.286	西周	今山東東平縣西南
句	05679	鬲比盨	12.464	西周	邑名，今地不詳
句陵	12441	三年瘭壺甲	22.395	西周	
句陵	12442	三年瘭壺乙	22.397	西周	
句須	03712	句須簋	8.36	西周	都句，今山東東平縣西南
外	01597	外叔鼎	3.270	西周	封邑名，今陝西岐山縣境内
外	05320	靜簋	12.19	西周	同上
外	05338	師瘨簋蓋	12.60	西周	同上
玄水	05322	同簋	12.24	西周	當指今陝北的無定河
玄舍	16560	玄舍左戈	30.510	戰國	
邙	17141	邙令羨戈	32.201	戰國	即芒，今河南永城縣東北
永	05679	鬲比盨	12.464	西周	
皮氏	16817	皮氏戟	31.301	戰國	戰國魏邑，今山西河津縣西
皮氏	18855	皮氏錢權	34.319	戰國	同上
召	01900	伯龢鼎	4.61	西周	召公奭封邑，今陝西岐山縣劉家村

古地名	器　號	器　　名	卷數頁碼	時代	現今所在地
召	02793	召伯毛鬲	6.175	西周	召公奭封邑,今陝西岐山縣劉家村
召	02911	召仲鬲	6.320	西周	同上
召	02912	召仲鬲	6.321	西周	同上
召	05076	生史簋	10.477	西周	同上
召	05077	生史簋	10.478	西周	同上
召	05142	師衛簋	11.93	西周	同上
召	05143	師衛簋	11.94	西周	同上
召	05340	五年琱生簋	12.64	西周	同上
召	05341	六年琱生簋	12.66	西周	同上
召	05518	召伯虎盨	12.236	西周	同上
召	12429	卲其壺	22.373	商代	今河南濟源市西邵原鎮
召	13201	召仲卣	24.112	西周	召公奭封邑,今陝西岐山縣劉家村
召	13540	康方彝	24.418	商代	今河南濟源市西邵原鎮
召	14752	伯憲盉	26.159	西周	召公奭封邑,今陝西岐山縣劉家村
召	19255	召圜器	35.38	西周	同上

六　　畫

古地名	器　號	器　　名	卷數頁碼	時代	現今所在地
耒	19181	鄂君啟舟節	34.559	戰國	耒水,今湖北公安縣西北
耒	19182	鄂君啟舟節	34.561	戰國	同上
汜	19181	鄂君啟舟節	34.559	戰國	即滄水,連接夏水江水的一條河流
汜	19182	鄂君啟舟節	34.561	戰國	同上
邢	01078	邢叔鼎	2.327	西周	封邑名,在今陝西鳳翔縣南
邢	01536	彊鼎	3.216	西周	同上
邢	01602	邢季𡡙鼎	3.274	西周	同上
邢	02070	事盥鼎	4.248	西周	同上
邢	02433	七年趞曹鼎	5.259	西周	同上
邢	02452	利鼎	5.293	西周	同上
邢	02497	五祀衛鼎	5.385	西周	同上
邢	02498	禹鼎	5.387	西周	同上
邢	02499	禹鼎	5.389	西周	同上
邢	03005	仲生父鬲	6.441	西周	同上

古地名	器　號	器　　名	卷數頁碼	時代	現今所在地
邢	03252	邢伯甗	7.133	西周	封邑名，在今陝西鳳翔縣南
邢	03293	𩵦伯甗	7.170	西周	同上
邢	04852	邢姜太宰巳簋	10.149	西周	邢國，在今河北邢臺市
邢	04874	邢公簋	10.187	西周	封邑名，在今陝西鳳翔縣南
邢	04875	邢公簋	10.190	西周	同上
邢	05103	邢南伯簋	11.29	西周	同上
邢	05212	師毛父簋	11.240	西周	同上
邢	05220	霸伯簋	11.252	西周	同上
邢	05230	召簋	11.273	西周	同上
邢	05274	榮簋	11.384	西周	邢國，在今河北邢臺市
邢	05288	臣諫簋	11.419	西周	同上
邢	05291	弭叔師察簋	11.425	西周	封邑名，在今陝西鳳翔縣南
邢	05292	弭叔師察簋	11.427	西周	同上
邢	05326	豆閉簋	12.33	西周	同上
邢	11685	𩵦伯尊	21.161	西周	同上
邢	11820	麥尊	21.313	西周	邢國，在今河北邢臺市
邢	12375	邢叔炟壺	22.281	西周	封邑名，在今陝西鳳翔縣南
邢	13102	邢季奐卣	24.15	西周	同上
邢	13330	免卣	24.287	西周	同上
邢	13521	邢叔方彝	24.396	西周	同上
邢	13541	麥方彝	24.420	西周	邢國，在今河北邢臺市
邢	14785	麥盉	26.201	西周	同上
邢	14796	長由盉	26.222	西周	封邑名，在今陝西鳳翔縣南
邢	15290	邢叔采鐘	27.328	西周	同上
邢	15291	邢叔采鐘	27.330	西周	同上
邢	15320	妄鐘	27.382	西周	同上
邢	15322	妄鐘	27.387	西周	同上
邢	17314	邢令殷思戈	32.401	戰國	戰國趙邑，今河北邢臺或河南溫縣
邢	17315	邢令孟柬慶戈	32.402	戰國	同上
邢	17316	邢令吴奀戈	32.403	戰國	同上
邢邑	14542	散氏盤	25.603	西周	在今陝西鳳翔縣南
邢疫	18004	邢疫令邦乙劍	33.372	戰國	戰國趙邑
邢趙	17974	邢趙下庫劍	33.334	戰國	同上

古地名	器　號	器　　名	卷數頁碼	時代	現今所在地
寺	04759	寺季故公簋	10.34	西周	即邿,今濟南市長青區五峰山鎮
寺	04760	寺季故公簋	10.35	西周	同上
寺	14526	公裦盤	25.568	春秋	同上
考泟	02037	考泟君季鼎	4.203	春秋	
𢦏	02305	戴叔朕鼎	5.54	西周	即戴,今河南民權縣東
𢦏	02306	戴叔朕鼎	5.55	西周	同上
𢦏	02307	戴叔朕鼎	5.56	西周	同上
𢦏	02824	戴叔慶父鬲	6.208	春秋	即戴,今河南民權縣東
𢦏	05679	尉比盨	12.464	西周	邑名,今地不詳
𢦏	14951	戴伯匜	26.329	春秋	即戴,今河南民權縣東
𢦏丘	17170	甾丘令癰戈	32.231	戰國	即甾丘,魏邑,今河南民權縣東北
共	17231	龔令思戈	32.297	戰國	戰國魏邑,今河南輝縣市
共	17232	龔令思戈	32.297	戰國	同上
芉	02859	芉伯碩父鬲	6.246	西周	封邑名
芒	17228	芒令司馬伐戈	32.294	戰國	今河南永城縣東北
芒	17229	芒令州燰戈	32.295	戰國	同上
芒	17230	芒令口轄戈	32.296	戰國	同上
芒	18541	芒左庫殳鐓	34.120	戰國	同上
芒陽	17126	芒陽守令虔戈	32.185	戰國	同上
朾	02023	作册䰧鼎	4.187	西周	即柯,今河南內黃縣東北
束	03280	束叔甗	7.158	西周	封邑名
西	05387	不嬰簋	12.178	西周	今甘肅禮縣東北
西	05388	不嬰簋蓋	12.180	西周	同上
西	13825	信宮壘	25.114	戰國	同上
西成	17673	少府矛	33.105	戰國	即西城,今陝西安康市漢濱區漢江北
西俞	05387	不嬰簋	12.178	西周	即西隅,泛指周王朝西部邊境
西俞	05388	不嬰簋蓋	12.180	西周	同上
西都	17198	鄂令夜肙戈	32.264	戰國	今山西孝義縣
西都	17283	上郡守壽戈	32.359	戰國	同上
西陽	15267	齗章鐘	27.283	戰國	曾建都於此,今河南光山縣西南
西陽	15268	齗章鐘	27.284	戰國	同上
成	02933	成伯孫父鬲	6.344	西周	叔武的采邑,在今陝西周原境內
成	10656	小臣單觶	19.471	西周	今山東鄄城縣

古地名	器　號	器　　名	卷數頁碼	時代	現今所在地
成	12259	成伯邦父壺	22.134	西周	叔武的采邑,在今陝西周原境內
成	13336	競卣	24.297	西周	今山東鄄城縣
成	17269	蜀守戈	32.344	戰國	成都的簡稱,今四川成都市
成固	16470	成固戈	30.426	戰國	即城固,今陝西城固縣湑水河西岸
成固	16471	成固戈	30.427	戰國	同上
成固	16472	成固戈	30.428	戰國	同上
成固	16473	成固戈	30.429	戰國	同上
成周	02225	司鼎	4.443	西周	今河南洛陽市東北白馬寺之東
成周	02266	德鼎	5.3	西周	同上
成周	02272	昜鼎	5.9	西周	同上
成周	02323	麥鼎	5.82	西周	同上
成周	02411	小臣夌鼎	5.223	西周	同上
成周	02419、	叔矢鼎	5.234	西周	同上
成周	02423	史獸鼎	5.241	西周	同上
成周	02426	轪伯豐鼎	5.247	西周	同上
成周	02443	史頌鼎	5.276	西周	同上
成周	02444	史頌鼎	5.278	西周	同上
成周	02454	小克鼎	5.298	西周	同上
成周	02455	小克鼎	5.300	西周	同上
成周	02456	小克鼎	5.302	西周	同上
成周	02457	小克鼎	5.304	西周	同上
成周	02458	小克鼎	5.306	西周	同上
成周	02459	小克鼎	5.308	西周	同上
成周	02460	小克鼎	5.310	西周	同上
成周	02461	小克鼎	5.312	西周	同上
成周	02492	頌鼎	5.373	西周	同上
成周	02493	頌鼎	5.376	西周	同上
成周	02494	頌鼎	5.378	西周	同上
成周	03331	圉甗	7.209	西周	同上
成周	04692	圉簋	9.439	西周	同上
成周	04693	圉簋	9.440	西周	同上
成周	05226	小臣傳簋	11.266	西周	同上
成周	05242	髟簋	11.304	西周	同上

古地名	器　號	器　　名	卷數頁碼	時代	現今所在地
成周	05259	史頌簋	11.347	西周	今河南洛陽市東北白馬寺之東
成周	05260	史頌簋	11.350	西周	同上
成周	05261	史頌簋蓋	11.352	西周	同上
成周	05262	史頌簋蓋	11.354	西周	同上
成周	05263	史頌簋	11.356	西周	同上
成周	05264	史頌簋	11.359	西周	同上
成周	05265	史頌簋	11.361	西周	同上
成周	05266	史頌簋	11.364	西周	同上
成周	05267	史頌簋	11.367	西周	同上
成周	05276	伯㦰父簋	11.388	西周	同上
成周	05277	伯㦰父簋	11.390	西周	同上
成周	05307	倗生簋	11.461	西周	同上
成周	05308	倗生簋	11.464	西周	同上
成周	05309	倗生簋	11.467	西周	同上
成周	05310	倗生簋	11.469	西周	同上
成周	05378	訇簋	12.157	西周	同上
成周	05380	敔簋	12.162	西周	同上
成周	05390	頌簋	12.184	西周	同上
成周	05391	頌簋	12.187	西周	同上
成周	05392	頌簋	12.190	西周	同上
成周	05393	頌簋	12.192	西周	同上
成周	05394	頌簋蓋	12.194	西周	同上
成周	05395	頌簋	12.196	西周	同上
成周	05396	頌簋蓋	12.198	西周	同上
成周	05397	頌簋	12.200	西周	同上
成周	05623	虢仲盨蓋	12.357	西周	同上
成周	05636	伯寬父盨	12.381	西周	同上
成周	05637	伯寬父盨	12.382	西周	同上
成周	05657	叔剌父盨甲	12.416	西周	同上
成周	05658	叔剌父盨乙	12.419	西周	同上
成周	05659	叔剌父盨丙	12.422	西周	同上
成周	05660	叔剌父盨丁	12.424	西周	同上
成周	05664	文盨	12.430	西周	同上

古地名	器　號	器　　名	卷數頁碼	時代	現今所在地
成周	08585	盂爵	17.135	西周	今河南洛陽市東北白馬寺之東
成周	11787	作册䰧尊	21.258	西周	同上
成周	11796	豐尊	21.270	西周	同上
成周	11798	士上尊	21.272	西周	同上
成周	11803	录戜尊	21.279	西周	同上
成周	11819	何尊	21.311	西周	同上
成周	11821	矢令尊	21.315	西周	同上
成周	12299	圉壺	22.175	西周	同上
成周	12373	呂壺蓋	22.279	西周	同上
成周	12436	十三年瘨壺甲	22.383	西周	同上
成周	12437	十三年瘨壺乙	22.386	西周	同上
成周	12446	召壺蓋	22.410	西周	同上
成周	13308	作册䰧卣	24.243	西周	同上
成周	13316	豐卣	24.256	西周	同上
成周	13333	士上卣	24.291	西周	同上
成周	13334	士上卣	24.293	西周	同上
成周	13548	矢令方彝	24.438	西周	同上
成周	14540	頌盤	25.597	西周	同上
成周	14792	士上盉	26.213	西周	同上
成周	15298	晉侯蘇鐘A甲	27.347	西周	同上
成周	15306	晉侯蘇鐘B甲	27.359	西周	同上
成周	15314	應侯見工鐘	27.370	西周	同上
成周	15315	應侯見工鐘	27.372	西周	同上
成周	15316	應侯見工鐘	27.374	西周	同上
成周	15415	鮮鐘	28.3	西周	同上
成周	15955	成周鈴	29.488	西周	同上
成周	15956	成周鈴	29.489	西周	同上
成周	16382	成周戈	30.348	西周	同上
成周	16383	成周戈	30.349	西周	同上
成周	16384	成周戈	30.350	西周	同上
成周	16385	成周戈	30.351	西周	同上
成周	16386	成周戈	30.352	西周	同上
成都	17260	相邦呂不韋戟	32.333	戰國	今四川成都市

古地名	器　號	器　名	卷數頁碼	時代	現今所在地
成都	17590	成都矛	33.20	戰國	今四川成都市
成陽	16929	成陽辛城里戈	31.481	春秋	今山東荷澤市東北
成陽	16930	成陽辛城里戈	31.483	春秋	同上
成陰	17216	成陰嗇夫戟	32.282	戰國	戰國魏邑
成陰	17227	成陰嗇夫戟	32.293	戰國	同上
夷	02354	鼄鼎	5.124	西周	此指東夷,在今山東半島及蘇北
夷	05158	夷伯夷簋	11.125	西周	同上
夷	05159	夷伯夷簋	11.128	西周	同上
夷	11788	作册睘尊	21.259	西周	同上
夷	13320	作册睘卣	24.264	西周	同上
夷方	11785	小臣艅尊	21.255	西周	又稱人方,今山東東部及江蘇北部
夷方	13326	小子𧻚卣	24.278	西周	同上
夷方	14766	首毛盉	26.174	商代	同上
匡	01889	匡上官鼎	4.49	戰國	今河南睢縣西南
邨丘	17158	頓丘令燮戈	32.219	戰國	即頓丘,戰國魏邑,今河南濬縣北
邨丘	17308	頓丘令麛酉戈	32.393	戰國	同上
郊	17266	代相邛皮戈	32.341	戰國	即代,今河北蔚縣東北代王城
郊	17992	代相樂宎鈹	33.360	戰國	同上
郊	17993	代相吏微劍	33.361	戰國	同上
早	05380	敔簋	12.162	西周	
同	02718	同姜鬲	6.100	西周	即凡,河南輝縣市西南
同	04553	同自簋	9.303	西周	同上
同	05225	小臣宅簋	11.264	西周	同上
同	05324	元年師兌簋	12.27	西周	同上
同	05325	元年師兌簋	12.30	西周	同上
同	05384	沈子也簋蓋	12.172	西周	同上
同	12438	幾父壺甲	22.389	西周	同上
同	12439	幾父壺乙	22.391	西周	同上
同是	16702	銅鞮右庫戈	31.150	戰國	即銅鞮,今山沁縣南古城
同道	14542	散氏盤	25.602	西周	道路名,在今陝西寶鷄市境内
舌	00156	舌鼎	1.124	商代	國族名
舌	00157	舌鼎	1.125	商代	同上
舌	00158	舌鼎	1.126	商代	同上

古地名	器號	器名	卷數頁碼	時代	現今所在地
舌	00159	舌鼎	1.127	商代	國族名
舌	00160	舌鼎	1.128	商代	同上
舌	00161	舌鼎	1.129	商代	同上
舌	00162	舌鼎	1.130	商代	同上
舌	00871	舌父己鼎	2.162	西周	同上
舌	10641	舌仲觶	19.457	西周	同上
伊	05380	敔簋	12.162	西周	在今河南伊川、嵩縣一帶
邥	15772	鄎子受鎛甲	29.201	春秋	即鄎,今河南淅川縣倉房鎮
邥	15773	鄎子受鎛乙	29.206	春秋	同上
邥	15774	鄎子受鎛丙	29.211	春秋	同上
邥	15775	鄎子受鎛丁	29.216	春秋	同上
邥	15776	鄎子受鎛戊	29.221	春秋	同上
邥	15779	鄎子受鎛辛	29.232	春秋	同上
邥	16885	鄎子受戟	31.409	春秋	同上
邥	16886	鄎子受戟	31.411	春秋	同上
延行	17247	相邦冉戈	32.317	戰國	秦地名,今地不詳
延阿	17247	相邦冉戈	32.317	戰國	同上
彶	05679	㔽比盨	12.464	西周	邑名
合陽	17612	合陽矛	33.41	戰國	今陝西合陽縣東
舟夷	05327	史密簋	12.35	西周	約在今山東微山湖一帶
夙夷	15299	晉侯穌鐘A乙	27.349	西周	即宿夷,約在今山東半島及蘇北
旬邑	18930	旬邑權	34.410	秦代	今陝西旬邑縣東北
旬陽	12210	旬陽壺	22.81	戰國	今陝西旬陽縣洵河北岸
衣	02428	剌鼎	5.251	西周	即殷,今河南安陽市殷都區
邡城	19178	鄂君啟車節	34.552	戰國	即方城,今河南方城縣東北保安鎮
邡城	19179	鄂君啟車節	34.555	戰國	同上
邡城	19180	鄂君啟車節	34.557	戰國	同上
庁	11788	作册睘尊	21.259	西周	即斥,今陝西寶雞陳倉區汧渭交匯處
庁	11789	遣尊	21.260	西周	同上
庁	11799	小子生尊	21.273	西周	同上
庁	11800	作册折尊	21.274	西周	同上
庁	13311	遣卣	24.247	西周	同上
庁	13320	作册睘卣	24.264	西周	同上

古地名	器號	器名	卷數頁碼	時代	現今所在地
斥	13542	作册折方彝	24.422	西周	即斥,今陝西寶鷄陳倉區汧渭交匯處
斥	13665	作册折觥	24.506	西周	同上
𦰡	17228	芒令司馬伐戈	32.294	戰國	即芒,今河南永城縣東北
𦰡	17229	芒令州燰戈	32.295	戰國	同上
𦰡	17230	芒令口轄戈	32.296	戰國	同上
夰	04297	夰伯簋	9.67	西周	封邑名
夰	04298	夰伯簋	9.68	西周	同上
并陽	17203	并陽令其戈	32.270	戰國	戰國韓邑
州	05274	𤔲簋	11.384	西周	西周封國,今山東安丘市東北杞城
州	05679	鄏比盨	12.464	西周	邑名,今地不詳
州	17086	州工師明戈	32.139	戰國	戰國魏邑,今河南沁陽市東南
江	02930	江叔𥂕鬲	6.341	春秋	封國名,今河南正陽縣西南
江	05936	曾侯簠	13.225	春秋	同上
江	06272	邛仲之孫伯戔盆	13.490	春秋	同上
江	12325	江君婦和壺	22.212	春秋	同上
江	12414	叔師父壺	22.340	春秋	同上
江	14517	伯戔盤	25.552	春秋	同上
江	15247	楚王鐘	27.241	春秋	同上
江	17104	邛季之孫戈	32.159	春秋	同上
江	19181	鄂君啟舟節	34.559	戰國	指長江
江	19182	鄂君啟舟節	34.561	戰國	同上
江魚	16445	江魚戈	30.406	戰國	
守陽	16479	守陽戈	30.434	戰國	
宅陽	17325	宅陽令隔登戟	32.414	戰國	戰國魏邑,今河南鄭州市北
宅陽	17675	宅陽令隔鐙矛	33.107	戰國	同上
宅陽	17699	宅陽令口愍戟刺	33.137	戰國	同上
宅陽	18854	宅陽錢權	34.319	戰國	同上
安平	18001	安平守變疾鈹	33.369	戰國	戰國趙邑,今今河北安平縣
安术	17594	安术右矛	33.24	戰國	戰國齊邑,在今山東省境內
安术	17595	安术右矛	33.25	戰國	同上
安术	17596	安术右矛	33.26	戰國	同上
安邑	12419	安邑下官鍾	22.348	戰國	戰國魏邑,今山西夏縣西北禹王城
安邑	17226	安邑司寇狄戈	32.292	戰國	同上

古地名	器　號	器　　名	卷數頁碼	時代	現今所在地
安陵	18817	陳純釜	34.270	戰國	戰國魏邑，今山西夏縣西北禹王城
安陽	17361	安陽令敬章戈	32.455	戰國	戰國韓邑，今河南陝縣東南硤西鎮
安陽	17700	安陽令韓壬戟刺	33.138	戰國	同上
旨屖	18024	朱繊劍	33.398	春秋	即旨地，春秋楚地

七　　畫

古地名	器　號	器　　名	卷數頁碼	時代	現今所在地
坓	17316	邢令吳肵戈	32.403	戰國	即邢，戰國趙邑，今河北邢臺市
坓肖	17974	邢趙下庫劍	33.334	戰國	即邢趙，戰國趙邑
戒	11601	戒叔尊	21.91	西周	封邑名
坏	11820	麥尊	21.313	西周	即坏，大伾山，在今河南滎陽市境内
攻吾	17915	攻吳王光劍	33.263	春秋	、即吳國，今江蘇蘇州市
攻吾	17921	攻吳王光韓劍	33.271	春秋	同上
攻吳	14747	工虞王之孫鎣	26.153	春秋	同上
攻吳	14901	工獻季生匜	26.278	春秋	同上
攻吳	16977	攻吳王戟	32.23	春秋	同上
攻吳	17138	工虞大叔戈石如燮戈	32.198	春秋	同上
攻吳	17139	工虞王姑發者坂戈	32.199	春秋	同上
攻吳	17857	工虞大矢鈹	33.201	春秋	同上
攻吳	17858	攻虞王虡攼此鄁劍	33.202	春秋	同上
攻吳	17948	攻吳王虡夠工吳劍	33.306	春秋	同上
攻吳	18075	攻吳王姑發詈反之弟劍	33.462	春秋	同上
攻吳	18076	攻吳太子姑發詈反劍	33.464	春秋	同上
攻敔	15278	臧孫鐘甲	27.303	春秋	同上
攻敔	15279	臧孫鐘乙	27.306	春秋	同上
攻敔	15280	臧孫鐘丙	27.309	春秋	同上
攻敔	15281	臧孫鐘丁	27.312	春秋	同上
攻敔	15282	臧孫鐘戊	27.315	春秋	同上
攻敔	15283	臧孫鐘己	27.317	春秋	同上
攻敔	15284	臧孫鐘庚	27.319	春秋	同上
攻敔	15285	臧孫鐘辛	27.321	春秋	同上
攻敔	15286	臧孫鐘壬	27.323	春秋	同上

古地名	器　號	器　　名	卷數頁碼	時代	現今所在地
攻敔	16863	攻敔王光戈	31. 359	春秋	即吳國,今江蘇蘇州市
攻敔	16864	攻敔王光戈	31. 362	春秋	同上
攻敔	17083	攻吳工差戟	32. 132	春秋	同上
攻敔	17124	攻吳王夫差戈	32. 180	春秋	同上
攻敔	17916	攻吳王光劍	33. 264	春秋	同上
攻敔	17917	攻吳王光劍	33. 266	春秋	同上
攻敔	17918	攻吳王光劍	33. 268	春秋	同上
攻敔	17919	攻吳王光劍	33. 269	春秋	同上
攻敔	17920	攻吳王光劍	33. 270	春秋	同上
攻敔	17930	攻吳王夫差劍	33. 280	春秋	同上
攻敔	17931	攻吳王夫差劍	33. 282	春秋	同上
攻敔	17932	攻吳王夫差劍	33. 283	春秋	同上
攻敔	17933	攻吳王夫差劍	33. 286	春秋	同上
攻敔	17934	攻吳王夫差劍	33. 288	春秋	同上
攻敔	17935	攻吳王夫差劍	33. 289	春秋	同上
攻敔	17936	攻吳王夫差劍	33. 290	春秋	同上
攻敔	17937	攻吳王夫差劍	33. 292	春秋	同上
攻敔	17938	攻吳王夫差劍	33. 294	春秋	同上
攻敔	17939	攻吳王夫差劍	33. 296	春秋	同上
攻敔	17940	攻吳王夫差劍	33. 297	春秋	同上
攻敔	17941	攻吳王夫差劍	33. 298	春秋	同上
攻敔	17942	攻吳王夫差劍	33. 299	春秋	同上
攻敔	17943	攻吳王夫差劍	33. 300	春秋	同上
攻敔	17944	攻吳王夫差劍	33. 301	春秋	同上
攻敔	17945	攻吳王夫差劍	33. 302	春秋	同上
攻敔	17946	者彶戯脮劍	33. 303	春秋	同上
攻敔	17947	盧戉此邾劍	33. 305	春秋	同上
攻敔	18077	壽夢之子劍	33. 466	春秋	同上
攻盧	17858	攻吳王戯戉此邾劍	33. 202	春秋	同上
攻敵	15542	者減鐘一	28. 500	春秋	同上
攻敵	15543	者減鐘二	28. 502	春秋	同上
攻敵	15544	者減鐘三	28. 504	春秋	同上
攻敵	15545	者減鐘四	28. 506	春秋	同上

古地名	器 號	器 名	卷數頁碼	時代	現今所在地
攻敔	15546	者減鐘五	28.508	春秋	即吳國,今江蘇蘇州市
攻敔	15547	者減鐘六	28.513	春秋	同上
攻敔	15548	者減鐘七	28.518	春秋	同上
攻敔	15549	者減鐘八	28.519	春秋	同上
攻敔	15550	者減鐘九	28.520	春秋	同上
攻敔	15551	者減鐘十	28.523	春秋	同上
攻敔	17998	攻吳王劍	33.366	春秋	同上
攻敔	17999	姑發者反之子通劍	33.367	春秋	同上
攻敔	18000	姑發郎之子曹䥍尋員劍	33.368	春秋	同上
芸昜	19181	鄂君啟舟節	34.559	戰國	即鄳陽,今湖北鄖縣境内
芸昜	19182	鄂君啟舟節	34.561	戰國	同上
芇	04346	芇侯簋	9.106	西周	今陝西商洛市境内
芮	01879	芮公鼎	4.36	春秋	今陝西韓城市昝村鎮梁帶村
芮	01880	芮公鼎	4.37	春秋	同上
芮	01881	芮公鼎	4.38	春秋	同上
芮	01910	芮子仲鼎	4.70	西周	今陝西大荔縣東南
芮	01945	芮太子鼎	4.102	春秋	今陝西韓城市昝村鎮梁帶村
芮	01946	芮太子鼎	4.103	春秋	同上
芮	01973	芮公鼎	4.129	春秋	同上
芮	02007	芮太子白鼎	4.169	春秋	同上
芮	02124	芮子仲痰鼎	4.309	春秋	同上
芮	02125	芮子仲痰鼎	4.310	春秋	同上
芮	02412	榮仲鼎	5.225	西周	今陝西大荔縣東南
芮	02413	榮仲鼎	5.226	西周	同上
芮	02884	芮公鬲	6.280	春秋	今陝西韓城市昝村鎮梁帶村
芮	02895	芮太子鬲	6.296	春秋	同上
芮	02896	芮太子鬲	6.298	春秋	同上
芮	02897	芮太子鬲	6.299	春秋	同上
芮	02898	芮太子白鬲	6.300	春秋	同上
芮	02899	芮太子白鬲	6.302	春秋	同上
芮	02980	芮太子白鬲	6.409	春秋	同上
芮	02981	芮太子白鬲	6.411	春秋	同上
芮	02982	芮太子白鬲	6.413	春秋	同上

古地名	器　號	器　名	卷數頁碼	時代	現今所在地
芮	02988	芮公鼎	6.420	西周	今陝西大荔縣東南
芮	02989	芮公鼎	6.422	西周	同上
芮	03012	芮公鼎	6.448	西周	同上
芮	04330	芮姞簋	9.94	西周	同上
芮	04386	芮公簋	9.140	春秋	今陝西韓城市昝村鎮梁帶村
芮	04432	芮公簋	9.183	春秋	同上
芮	04433	芮公簋	9.184	春秋	同上
芮	04434	芮公簋蓋	9.185	春秋	同上
芮	04575	芮公簋	9.322	春秋	同上
芮	04576	芮公簋	9.323	春秋	同上
芮	04577	芮公簋	9.324	春秋	同上
芮	04609	霸簋	9.356	西周	今陝西大荔縣東南
芮	04610	霸簋	9.357	西周	同上
芮	04825	芮公簋甲	10.118	西周	同上
芮	04826	芮公簋乙	10.119	西周	同上
芮	04971	芮叔隓父簋	10.312	西周	同上
芮	04972	芮叔隓父簋	10.313	西周	同上
芮	04973	芮叔隓父簋	10.314	西周	同上
芮	05096	芮伯多父簋	11.16	西周	同上
芮	05831	芮公簠	13.87	春秋	今陝西韓城市昝村鎮梁帶村
芮	05847	芮太子白簠	13.103	春秋	同上
芮	05848	芮太子白簠	13.104	春秋	同上
芮	12244	芮公壺	22.118	春秋	同上
芮	12245	芮公壺	22.119	春秋	同上
芮	12246	芮公壺	22.120	春秋	同上
芮	12292	呂王壺	22.168	西周	今陝西大荔縣東南
芮	12306	芮太子白壺	22.184	春秋	今陝西韓城市昝村鎮梁帶村
芮	12307	芮太子白壺	22.186	春秋	同上
芮	14514	芮公叔盤	25.547	西周	今陝西大荔縣東南
芮	15140	芮公鐘	27.55	春秋	今陝西韓城市昝村鎮梁帶村
芮	16521	芮公戈	30.474	春秋	同上
芮	19365	芮公鐘鉤	35.143	春秋	同上
芮	19366	芮公鐘鉤	35.144	春秋	同上

古地名	器　號	器　　名	卷數頁碼	時代	現今所在地
郖	05130	賈伯簋甲	11.73	西周	在今山西省南部
郖	05131	賈伯簋乙	11.76	西周	同上
郖	05132	賈伯簋丙	11.78	西周	同上
邯	18007	邦司寇趙春鈹	33.374	戰國	邯鄲的簡稱,今河北邯鄲市西南
邯鄲	16573	邯鄲上戈	31.10	戰國	今河北邯鄲市西南
邯鄲	16703	邯鄲上庫戈	31.151	戰國	同上
杏陵	16660	少府戈	31.106	戰國	戰國晚期秦邑
杏陵	16662	少府戈	31.108	戰國	同上
杜	02955	杜伯鬲	6.376	西周	封邑名,今西安市雁塔區山門口村
杜	05642	杜伯盨	12.392	西周	同上
杜	05643	杜伯盨	12.394	西周	同上
杜	05644	杜伯盨	12.396	西周	同上
杜	05645	杜伯盨蓋	12.397	西周	同上
杜	05646	杜伯盨蓋	12.398	西周	同上
杜	05371	師虎簋	12.141	西周	同上
杜	19177	杜虎符	34.551	戰國	秦邑,今西安市雁塔區山門口村
杜	19920	宗邑瓦書	35.508	戰國	同上
杜木	05307	倗生簋	11.461	西周	格伯田地的小地名
杜木	05308	倗生簋	11.464	西周	同上
杜木	05309	倗生簋	11.467	西周	同上
杜木	05310	倗生簋	11.469	西周	同上
杞	01920	杞子每刃鼎	4.78	春秋	春秋初遷都今山東諸城市境內,後遷泗水縣境,後又遷緣陵(今樂昌縣東南),後又遷淳于(今安丘縣東北)
杞	02061	杞子每刃鼎	4.234	春秋	今山東諸城、泗水、樂昌、安丘等地
杞	02062	杞子每刃鼎	4.237	春秋	同上
杞	02213	杞子每刃鼎	4.423	春秋	同上
杞	04854	杞伯每刃簋	10.152	春秋	同上
杞	04855	杞伯每刃簋	10.155	春秋	同上
杞	04856	杞伯每刃簋	10.158	春秋	同上
杞	04857	杞伯每刃簋	10.160	春秋	同上
杞	04858	杞伯每刃簋蓋	10.162	春秋	同上
杞	04859	杞伯每刃簋蓋	10.164	春秋	同上

古地名	器　號	器　名	卷數頁碼	時代	現今所在地
杞	04860	杞伯每刃簋	10.165	春秋	今山東諸城、泗水、樂昌、安丘等地
杞	06265	杞伯每刃盆	13.480	春秋	同上
杞	12379	杞伯每刃壺	22.286	春秋	同上
杞	12380	杞伯每刃壺	22.288	春秋	同上
杞	12944	杞婦卣	23.374	商代	今河南杞縣
杞	14943	杞伯每刃匜	26.321	春秋	今山東諸城、泗水、樂昌、安丘等地
杞土	02226	亳鼎	4.444	西周	同上
杞夷	05327	史密簋	12.35	西周	今河南杞縣
豆录	13303	宰甫卣	24.236	西周	即豆麓
車	02183	玌鼎	4.380	西周	封邑名
車	02184	玌鼎	4.382	西周	同上
束	04805	束仲豆父簋蓋	10.92	西周	同上
邴	04463	佣季簋甲	9.211	西周	今山東費縣東
邴	04464	佣季簋乙	9.212	西周	同上
邳	14089	邳伯夏子缶	25.252	春秋	今江蘇睢寧縣西北古邳鎮東
邳	14090	邳伯夏子缶	25.254	春秋	同上
吾	17248	相邦樛斿戈	32.319	戰國	即衙,今陝西白水縣東北彭衙村
厌	02926	齊不趄鬲	6.335	西周	
旭	13198	旭伯罰卣	24.109	西周	
邨	15785	越邾盟辭鎛甲	29.250	春秋	即越,都會稽,今浙江紹興市
邨	15786	越邾盟辭鎛乙	29.255	春秋	同上
邨	17874	越王勾踐劍	33.218	戰國	同上
邨陰	17233	邨陰令萬爲戈	32.298	戰國	即申陰,戰國韓邑,今河南南陽市北
肖	17192	藺相如戈	32.256	戰國	即趙,今河北邯鄲市西南
呂	04902	呂伯簋	10.224	西周	封國名,今河南南陽市西
呂	05320	靜簋	12.19	西周	同上
呂	05401	班簋	12.209	西周	同上
呂	11730	呂仲僕尊	21.201	西周	同上
呂	12283	呂季姜壺	22.157	西周	同上
呂	12284	呂季姜壺	22.158	西周	同上
呂	12292	呂王壺	22.168	西周	同上
呂	15353	甇鐘丙	27.480	春秋	春秋楚邑,今河南南陽市西
呂	15357	甇鐘庚	27.492	春秋	同上

古地名	器號	器名	卷數頁碼	時代	現今所在地
呂	15358	鄴鐘辛	27.494	春秋	春秋楚邑,今河南南陽市西
呂	15570	邵鸞鐘一	28.558	春秋	春秋晉邑,今山西霍州市西南
呂	15571	邵鸞鐘二	28.561	春秋	同上
呂	15572	邵鸞鐘三	28.564	春秋	同上
呂	15573	邵鸞鐘四	28.567	春秋	同上
呂	15574	邵鸞鐘五	28.569	春秋	同上
呂	15575	邵鸞鐘六	28.571	春秋	同上
呂	15576	邵鸞鐘七	28.573	春秋	同上
呂	15577	邵鸞鐘八	28.575	春秋	同上
呂	15578	邵鸞鐘九	28.577	春秋	同上
呂	15579	邵鸞鐘十	28.579	春秋	同上
呂	15580	邵鸞鐘十一	28.581	春秋	同上
呂	15581	邵鸞鐘十二	28.583	春秋	同上
呂	15582	邵鸞鐘十三	28.585	春秋	同上
呂	15797	鄴鎛甲	29.289	春秋	同上
呂	15798	鄴鎛乙	29.292	春秋	同上
呂	15799	鄴鎛丙	29.295	春秋	同上
呂	15801	鄴鎛戊	29.301	春秋	同上
呂	15803	鄴鎛庚	29.307	春秋	同上
呂	16496	呂師戈	30.451	西周	今河南南陽市西
呂歔	13319	貉子卣	24.262	西周	
吳	01674	吳嗣子鼎	3.337	戰國	今江蘇蘇州市
吳	01847	吳王孫無土鼎	4.4	春秋	同上
吳	02187	吳王姬鼎	4.385	西周	在今陝西寶雞隴縣一帶
吳	05320	靜簋	12.19	西周	同上
吳	05346	師酉簋	12.81	西周	同上
吳	05347	師酉簋	12.84	西周	同上
吳	05348	師酉簋	12.87	西周	同上
吳	05349	師酉簋	12.90	西周	同上
吳	05401	班簋	12.209	西周	同上
吳	14082	吳王夫差缶	25.241	春秋	今江蘇蘇州市
吳	14758	吳王夫差盉	26.164	春秋	同上
吳	15066	吳王光鑑甲	26.420	春秋	同上

古地名	器 號	器 名	卷數頁碼	時代	現今所在地
吳	15067	吳王光鑑乙	26.423	春秋	今江蘇蘇州市
吳	15984	配兒句鑃甲	29.502	春秋	同上
吳	15985	配兒句鑃乙	29.506	春秋	同上
吳	16632	吳叔戈	31.76	春秋	同上
吳	17666	吳王夫差矛	33.97	春秋	同上
吳	17950	吳季子之子逞劍	33.310	春秋	同上
告	02944	繁伯武君鬲	6.362	春秋	即郜,今山東成武縣東南郜鼎集
利	16288	利戈	30.260	春秋	
倗	04463	倗季簋甲	9.211	西周	即邴,今山東費縣東
倗	04464	倗季簋乙	9.212	西周	同上
何刉	01982	何刉君嵤鼎	4.140	春秋	
佊	18003	佊令趙世鈹	33.371	戰國	戰國趙邑
夆	00274	夆鼎	1.211	西周	即逄,今山東濟陽縣姜寨鄉
夆	01234	夆鼎	2.447	西周	同上
夆	02945	夆伯鬲	6.374	西周	同上
夆	03276	夆伯命甗	7.154	西周	同上
夆	03725	夆彝簋	8.47	西周	同上
夆	03726	夆彝簋	8.48	西周	同上
夆	12275	夆季壺蓋	22.150	西周	同上
夆	13086	夆莫父卣	23.510	西周	同上
夆	14522	夆叔盤	25.560	春秋	同上
夆	15001	夆叔匜	26.388	春秋	同上
角	02464	鄂侯馭方鼎	5.318	西周	即角津,南淮夷地名,今湖北京山縣
角津	05667	翏生盨	12.435	西周	南淮夷地名,今湖北京山縣
角津	05668	翏生盨	12.438	西周	同上
角津	05669	翏生盨	12.440	西周	同上
言	05679	訇比盨	12.464	西周	邑名,今地不詳
辛	02173	辛中姬皇母鼎	4.370	西周	即莘,今陝西合陽縣東南
辛	02174	辛中姬皇母鼎	4.371	西周	同上
辛	04727	辛叔皇父簋	9.480	西周	同上
辛	04775	中伯簋	10.55	西周	同上
辛	04903	中伯簋	10.225	西周	同上
辛栺	19317	辛栺睘小器	35.105	戰國	

古地名	器　號	器　名	卷數頁碼	時代	現今所在地
辛栢	19318	辛栢睘小器	35.105	戰國	
辛栢	19319	辛栢睘小器	35.106	戰國	
辛栢	19320	辛栢睘小器	35.106	戰國	
宋	01564	宋公欒鼎蓋	3.238	春秋	都商丘,今河南商丘市城南
宋	01846	宋君夫人鼎蓋	4.3	春秋	同上
宋	02179	趞亥鼎	4.376	春秋	同上
宋	02222	宋君夫人鼎	4.439	春秋	同上
宋	02811	宋顜父鬲	6.195	春秋	同上
宋	05904	宋公欒簠	13.181	春秋	同上
宋	06074	宋右師延敦	13.335	春秋	同上
宋	06157	宋公司鋪	13.414	春秋	同上
宋	15751	宋公戌鎛甲	29.165	春秋	同上
宋	15752	宋公戌鎛乙	29.167	春秋	同上
宋	15753	宋公戌鎛丙	29.169	春秋	同上
宋	15754	宋公戌鎛丁	29.171	春秋	同上
宋	15755	宋公戌鎛戊	29.173	春秋	同上
宋	15756	宋公戌鎛己	29.175	春秋	同上
宋	16825	宋公差戈	31.309	春秋	同上
宋	16826	宋公差戈	31.311	春秋	同上
宋	16827	宋公差戈	31.312	春秋	同上
宋	16828	宋公得戈	31.313	春秋	同上
宋	16829	宋公欒戈	31.316	春秋	同上
冶	12422	冶仲丂父壺	22.356	春秋	封邑名
沅	19181	鄂君啟舟節	34.559	戰國	沅水,在今湖南境內
沅	19182	鄂君啟舟節	34.561	戰國	同上
汪	13099	汪伯卣	24.12	西周	今陝西澄城縣西
沐單	19327	沐單睘小器	35.110	戰國	
沐單	19336	□□睘小器	35.114	戰國	
沙羨	17237	丞相矦殳戈	32.303	戰國	今湖北武漢市武昌區西南金口
汶陽	16700	汶陽右庫戈	31.148	戰國	今山東寧陽縣東北
沈	05384	沈子也簋蓋	12.172	西周	今河南汝南縣東南
良	01464	良季鼎	3.146	西周	封邑名
即墨	16859	即墨華戈	31.355	戰國	戰國齊邑,今山東平度縣東南

古地名	器　號	器　　名	卷數頁碼	時代	現今所在地
屍	05366	師寰簋	12.125	西周	今山東省境內
屍	05367	師寰簋	12.128	西周	同上
弢	02932	弢伯鬲	6.343	西周	封邑名
陆	13319	貉子卣	24.262	西周	
阿	16662	少府戈	31.108	戰國	
阿武	16444	阿武戈	30.406	戰國	今河北獻縣

八　　畫

古地名	器　號	器　　名	卷數頁碼	時代	現今所在地
武安	16453	武安戈	30.411	戰國	戰國趙邑,今河北武安市西南
武垣	18068	邦司寇馬愁劍	33.454	戰國	今河北肅寧縣西南
武城	16420	武城戈	30.383	春秋	春秋齊邑,今山東費縣西南
武城	16518	武城戈	30.471	春秋	同上
武城	16519	武城戈	30.473	春秋	同上
武城	16520	武城戟	30.474	戰國	同上
武城	16612	武城戈	31.53	春秋	同上
武城	16613	武城戈	31.55	春秋	同上
武城	17317	武城令戈	32.404	戰國	戰國趙邑,今河北清河縣東北
武城	18834	武城橢量	34.291	秦代	秦縣,今陝西華縣東
武信	18018	武信令馬師闍鈹	33.387	戰國	戰國趙邑
武陵	16789	武陵之王戈	31.263	春秋	湖北竹山縣西北
武都	17572	武都矛	33.4	戰國	戰國秦邑,今甘肅西和縣南
武都	17606	武都矛	33.36	戰國	同上
武紊	16442	武紊戈	30.404	戰國	
武陽	16441	武陽戈	30.403	戰國	戰國韓邑,今河南舞陽縣
武陽	16559	武陽左戈	30.509	戰國	同上
武陽	16701	武陽右庫戈	31.149	戰國	同上
武陰	18072	武陰令司馬闍鈹	33.458	戰國	戰國趙邑
武𤔲	19328	武𤔲畏小器	35.110	戰國	
取	18248	取子夋鼓鉦	33.520	西周	即郰,今山東曲阜縣西南
郱	16410	郱戈	30.374	春秋	今河南輝縣市
邦	01976	邦造譴鼎	4.132	春秋	今濟南市長青區五峰山鎮

古地名	器　號	器　　名	卷數頁碼	時代	現今所在地
郜	02194	郜伯鼎	4.394	春秋	今濟南市長青區五峰山鎮
郜	02195	郜伯祀鼎	4.396	春秋	同上
郜	02935	郜季鬲	6.347	西周	同上
郜	04759	寺季故公簋	10.34	西周	同上
郜	04760	寺季故公簋	10.35	西周	同上
郜	05021	郜讎簋甲	10.386	春秋	同上
郜	05022	郜讎簋乙	10.389	春秋	同上
郜	05893	郜仲簠	13.160	西周	同上
郜	05894	郜仲簠	13.163	西周	同上
郜	05925	郜召簠	13.209	春秋	同上
郜	14526	公袞盤	25.568	春秋	同上
坪夜	01762	坪夜君成鼎	3.427	戰國	即平輿,楚國封邑,今河南平輿縣
坪夜	16891	平夜君成戈	31.416	戰國	同上
坪夜	16892	平夜君成戈	31.419	戰國	同上
坪夜	16893	平夜君成戈	31.422	戰國	同上
坪夜	16894	平夜君成戟	31.425	戰國	同上
坪夜	16895	平夜君成戟	31.428	戰國	同上
坪夜	16896	平夜君成戟	31.433	戰國	同上
坪夜	16897	平夜君成戟	31.436	戰國	同上
坯	02464	鄂侯馭方鼎	5.318	西周	今江蘇睢寧縣西古邳鎮東
坯	11820	麥尊	21.313	西周	即大伾山,在今河南滎陽市境內
坯	13336	競卣	24.297	西周	今江蘇睢寧縣西古邳鎮東
析	17053	斨君墨啟戟	32.95	戰國	楚國封君,今河南西峽縣
松昜	19181	鄂君啟舟節	34.559	戰國	即樅陽,今安徽樅陽縣
松昜	19182	鄂君啟舟節	34.561	戰國	同上
述土	06228	逋盂	13.455	西周	即遂土
范	15299	晉侯蘇鐘A乙	27.349	西周	今山東范縣東南
芓	02462	師旂鼎	5.314	西周	唐蘭以爲通徵,今陝西澄城縣西南
東尚	19337	東尚睘小器	35.115	戰國	
東夷	02364	疐鼎	5.143	西周	西周部族,在今山東省及蘇北
東夷	02365	峉鼎	5.145	西周	同上
東夷	02366	峉鼎	5.146	西周	同上
東夷	02498	禹鼎	5.387	西周	同上

古地名	器　號	器　名	卷數頁碼	時代	現今所在地
東夷	02499	禹鼎	5.389	西周	西周部族,在今山東省及蘇北
東夷	05202	保員簋	11.225	西周	同上
東夷	05269	小臣謎簋	11.370	西周	同上
東夷	15633	默鐘	29.142	西周	同上
東周	12298	東周左官壺	22.174	戰國	都鞏,今河南鞏義市西北康店鎮
東周	17608	東周左庫矛	33.38	戰國	同上
東周	17609	東周左庫矛	33.39	戰國	同上
東陝	05269	小臣謎簋	11.370	西周	陝讀如滕,今山東滕州市
東陵	01684	東陵孺鼎蓋	3.349	戰國	在今安徽壽縣境內
東陽	17289	上郡守起戈	32.367	戰國	今江蘇盱眙縣東南東陽集
東國	02498	禹鼎	5.387	西周	泛指周王朝疆土東部,今山東一帶
東國	02499	禹鼎	5.389	西周	同上
東國	04955	魯侯簋	10.289	西周	同上
東國	05327	史密簋	12.35	西周	同上
東國	05366	師袁簋	12.125	西周	同上
東國	05367	師袁簋	12.128	西周	同上
東國	05373	宜侯矢簋	12.145	西周	同上
東國	05401	班簋	12.209	西周	同上
東國	11801	保尊	21.276	西周	商封國,今河南商丘市城南
東國	13324	保卣	24.272	西周	同上
東國	15298	晉侯蘇鐘 A 甲	27.347	西周	泛指周王朝疆土東部,今山東一帶
郁郅	16483	郁郅戈	30.437	戰國	戰國秦邑,今甘肅慶城縣
直鄙	05218	恒簋蓋	11.248	西周	
直鄙	05219	恒簋蓋	11.250	西周	
奄	04984	禽簋	10.332	西周	今山東曲阜市東
奄	11763	犅刦尊	21.231	西周	同上
奄	13289	岡刦卣	24.216	西周	同上
奄矢	17191	韓少夫戟	32.255	戰國	
帛	17110	帛令戈	32.165	戰國	通茅,戰國韓邑,今山西平陸縣南
長子	14788	長陵盉	26.205	戰國	戰國三晉城邑,今山西長子縣西南
長必	05327	史密簋	12.35	西周	約在今山東泰安市一帶
長城	15425	驫羌鐘甲	28.18	戰國	指楚長城,在今河南方城縣境內
長城	15426	驫羌鐘乙	28.20	戰國	同上

古地名	器　號	器　名	卷數頁碼	時代	現今所在地
長城	15427	驫羌鐘丙	28.22	戰國	指楚長城,在今河南方城縣境內
長城	15428	驫羌鐘丁	28.24	戰國	同上
長城	15429	驫羌鐘戊	28.25	戰國	同上
長陵	14788	長陵盉	26.205	戰國	
長鄩	16455	長鄩戈	30.413	戰國	
長鄩	16456	長鄩戈	30.414	戰國	
虎	04833	虎叔簋	10.128	西周	
虎方	02383	中鼎	5.172	西周	今鄱陽湖以西、洞庭湖以東地區
虎方	02384	中鼎	5.174	西周	同上
虎方	03363	馭甗	7.250	西周	同上
虎旬丘	17089	虎旬丘君豫戈	32.142	戰國	魏國封君,今地不詳
郵	16628	郵君戈	31.71	戰國	
明	16517	白水戈	30.470	戰國	葭明的簡稱,今四川廣元市西南
明	17242	相邦疾戈	32.310	戰國	同上
昌城	16571	昌城右戈	31.8	戰國	戰國齊邑,今山東淄博市東南
昌國	02016	四年昌國鼎	4.179	戰國	同上
昆	14768	媿霝鎣	26.176	春秋	
邵	15570	邵黛鐘一	28.558	春秋	即呂,春秋晉邑,今山西霍州市西南
邵	15571	邵黛鐘二	28.561	春秋	同上
邵	15572	邵黛鐘三	28.564	春秋	同上
邵	15573	邵黛鐘四	28.567	春秋	同上
邵	15574	邵黛鐘五	28.569	春秋	同上
邵	15575	邵黛鐘六	28.571	春秋	同上
邵	15576	邵黛鐘七	28.573	春秋	同上
邵	15577	邵黛鐘八	28.575	春秋	同上
邵	15578	邵黛鐘九	28.577	春秋	同上
邵	15579	邵黛鐘十	28.579	春秋	同上
邵	15580	邵黛鐘十一	28.581	春秋	同上
邵	15581	邵黛鐘十二	28.583	春秋	同上
邵	15582	邵黛鐘十三	28.585	春秋	同上
制	16297	掫戈	30.270	戰國	戰國韓邑,今河南滎陽縣西北
邾	01977	邾討鼎	4.133	春秋	邾國,今山東曲阜市東南
邾	02061	杞伯每刃鼎	4.234	春秋	同上

古地名	器　號	器　　名	卷數頁碼	時代	現今所在地
邾	02062	杞伯每刃鼎	4.237	春秋	邾國,今山東曲阜市東南
邾	02086	邾伯御戎鼎	4.265	春秋	同上
邾	02213	杞伯每刃鼎	4.423	春秋	同上
邾	02237	邾龘白鼎	4.456	春秋	同上
邾	02238	邾龘白鼎	4.457	春秋	同上
邾	02762	邾秦妊鬲	6.142	春秋	小邾國,又稱郳,今山東棗莊市
邾	02763	邾秦妊鬲	6.144	春秋	同上
邾	02782	邾慶鬲	6.163	春秋	同上
邾	02885	邾來隹鬲	6.282	春秋	邾國,今山東曲阜市東南
邾	02901	魯伯愈父鬲	6.305	春秋	同上
邾	02902	魯伯愈父鬲	6.307	春秋	同上
邾	02903	魯伯愈父鬲	6.309	春秋	同上
邾	02904	魯伯愈父鬲	6.310	春秋	同上
邾	02905	魯伯愈父鬲	6.311	春秋	同上
邾	02906	魯伯愈父鬲	6.312	春秋	同上
邾	02909	邾伯鬲	6.316	春秋	同上
邾	02938	邾友父鬲	6.352	春秋	小邾國,又稱郳,今山東棗莊市
邾	02939	邾友父鬲	6.354	春秋	同上
邾	02940	邾友父鬲	6.356	春秋	同上
邾	02941	邾友父鬲	6.357	春秋	同上
邾	02942	邾友父鬲	6.359	春秋	同上
邾	02943	邾友父鬲	6.361	春秋	同上
邾	04854	杞伯每刃簋	10.152	西周	邾國,今山東曲阜市東南
邾	04855	杞伯每刃簋	10.155	西周	同上
邾	04856	杞伯每刃簋	10.158	西周	同上
邾	04857	杞伯每刃簋	10.160	西周	同上
邾	04858	杞伯每刃簋蓋	10.162	西周	同上
邾	04859	杞伯每刃簋蓋	10.164	西周	同上
邾	04860	杞伯每刃簋	10.165	西周	同上
邾	05878	邾慶簠	13.138	春秋	小邾國,又稱郳,今山東棗莊市
邾	05879	邾慶簠	13.139	春秋	同上
邾	05907	邾公子害簠	13.186	春秋	同上
邾	05908	邾公子害簠	13.188	春秋	同上

古地名	器 號	器 名	卷數頁碼	時代	現今所在地
邾	05971	邾太宰欉子䇓簠蓋	13.290	春秋	邾國,今山東曲阜市東南
邾	05972	邾太宰欉子䇓簠蓋	13.292	春秋	同上
邾	06265	杞伯每刃盆	13.480	春秋	同上
邾	12333	邾君慶壺	22.222	春秋	小邾國,又稱郳,今山東棗莊市
邾	12334	邾君慶壺	22.225	春秋	同上
邾	12335	邾君慶壺	22.227	春秋	同上
邾	12336	邾君慶壺	22.228	春秋	同上
邾	12337	邾君慶壺	22.229	春秋	同上
邾	12352	邾慶壺	22.249	春秋	同上
邾	12379	杞伯每刃壺	22.286	春秋	邾國,今山東曲阜市東南
邾	12380	杞伯每刃壺蓋	22.288	春秋	同上
邾	14905	邾慶匜	26.281	春秋	小邾國,又稱郳,今山東棗莊市
邾	14955	邾慶匜	26.333	春秋	同上
邾	15275	邾公釛鐘	27.296	春秋	邾國,今山東曲阜市東南
邾	15319	邾叔之伯鐘	27.380	春秋	同上
邾	15421	邾公牼鐘甲	28.11	春秋	同上
邾	15422	邾公牼鐘乙	28.13	春秋	同上
邾	15423	邾公牼鐘丙	28.15	春秋	同上
邾	15424	邾公牼鐘丁	28.17	春秋	同上
邾	15591	邾公華鐘	29.23	春秋	同上
邾	15784	邾公孫班鎛	29.248	春秋	同上
邾	15785	越邾盟辭鎛甲	29.250	春秋	同上
邾	15786	越邾盟辭鎛乙	29.255	春秋	同上
邾	17056	邾大司馬戈	32.99	春秋	同上
牧	05269	小臣謎簋	11.370	西周	即牧野,今河南濬、淇二縣交界之南
井	03250	井伯甗	7.131	西周	封邑名
佫	02324	佫侯慶鼎	5.83	春秋	
佫菭	17303	皋落戈	32.387	戰國	即皋落,今山西昔陽縣东南皋落鎮
侘	18324	侘仲翀子削	33.551	春秋	
卑梁	01746	卑梁君光鼎	3.404	春秋	
兒	01947	兒慶鼎	4.104	春秋	即郳,小邾,今山東棗莊市山亭區
兒	01948	兒慶鼎	4.105	春秋	同上
兒	02866	兒慶鬲	6.256	春秋	同上

古地名	器　號	器　　名	卷數頁碼	時代	現今所在地
兒	02867	兒慶鬲	6.258	春秋	即郳,小邾,今山東棗莊市山亭區
兒	02868	兒慶鬲	6.260	春秋	同上
兒	05679	鬲比盨	12.464	西周	邑名,今地不詳
兒	14414	兒慶盤	25.428	春秋	即郳,小邾,今山東棗莊市山亭區
斿	14478	斿仲鬺履盤	25.499	西周	封邑名
侖氏	17181	侖氏令韓化戈	32.245	戰國	戰國韓邑,今河南登封縣西南七十里
侖氏	19612	侖氏銀皿	35.275	戰國	同上
郃陽	17239	丞相啟狀戈	32.306	戰國	今陝西合陽縣東
郪昜	19181	鄂君啟舟節	34.559	戰國	即洮陽,今廣西全州縣北湘江北
郪昜	19182	鄂君啟舟節	34.561	戰國	同上
郄	02500	多友鼎	5.392	西周	
周	01715	周公鼎	3.378	西周	周公封邑,今陝西岐山縣周公廟村
周	02367	雝鼎	5.147	西周	即岐邑,今陝西扶風縣法門鎮北
周	02380	函皇父鼎	5.166	西周	同上
周	02433	七年趞曹鼎	5.259	西周	同上
周	02434	十五年趞曹鼎	5.260	西周	同上
周	02446	吳虎鼎	5.282	西周	同上
周	02478	無叀鼎	5.346	西周	同上
周	02479	趩鼎	5.348	西周	同上
周	02481	師𨼫鼎	5.352	西周	同上
周	02482	袁鼎	5.354	西周	同上
周	02483	鬲比鼎	5.355	西周	同上
周	02484	此鼎甲	5.357	西周	同上
周	02485	此鼎乙	5.359	西周	同上
周	02486	此鼎丙	5.361	西周	同上
周	02490	善夫山鼎	5.369	西周	同上
周	02492	頌鼎	5.373	西周	同上
周	02493	頌鼎	5.376	西周	同上
周	02494	頌鼎	5.378	西周	同上
周	02496	九年衛鼎	5.383	西周	同上
周	02501	卅二年逨鼎甲	5.395	西周	同上
周	02502	卅二年逨鼎乙	5.398	西周	同上
周	02503	卅三年逨鼎甲	5.401	西周	同上

古地名	器 號	器　名	卷數頁碼	時代	現今所在地
周	02504	卅三年逨鼎乙	5.405	西周	即岐邑，今陝西扶風縣法門鎮北
周	02505	卅三年逨鼎丙	5.409	西周	同上
周	02506	卅三年逨鼎丁	5.414	西周	同上
周	02507	卅三年逨鼎戊	5.418	西周	同上
周	02508	卅三年逨鼎己	5.422	西周	同上
周	02509	卅三年逨鼎庚	5.426	西周	同上
周	02510	卅三年逨鼎辛	5.430	西周	同上
周	02511	卅三年逨鼎壬	5.434	西周	同上
周	02514	大盂鼎	5.443	西周	同上
周	02515	曶鼎	5.447	西周	同上
周	05171	敔簋	11.153	西周	同上
周	05202	保員簋	11.225	西周	同上
周	05206	穆公簋蓋	11.232	西周	同上
周	05230	召簋	11.273	西周	同上
周	05236	師遽簋蓋	11.288	西周	同上
周	05268	免簋	11.368	西周	同上
周	05274	榮簋	11.384	西周	周公封邑，今陝西岐山縣周公廟村
周	05280	大師盧簋甲	11.396	西周	即岐邑，今陝西扶風縣法門鎮北
周	05281	大師盧簋乙	11.399	西周	同上
周	05282	大師盧簋丙	11.402	西周	同上
周	05283	大師盧簋丁	11.405	西周	同上
周	05293	裘衛簋	11.429	西周	同上
周	05305	殷簋	11.455	西周	同上
周	05306	殷簋	11.458	西周	同上
周	05319	望簋	12.18	西周	同上
周	05324	元年師兌簋	12.27	西周	同上
周	05325	元年師兌簋	12.30	西周	同上
周	05329	走簋	12.39	西周	同上
周	05330	師艅簋蓋	12.41	西周	同上
周	05335	鬲比簋蓋	12.54	西周	同上
周	05337	輔師嫠簋	12.58	西周	同上
周	05338	師瘨簋蓋	12.60	西周	同上
周	05339	伊簋	12.62	西周	同上

古地名	器　號	器　　名	卷數頁碼	時代	現今所在地
周	05350	揚簋	12.92	西周	即岐邑，今陝西扶風縣法門鎮北
周	05351	揚簋	12.94	西周	同上
周	05354	此簋甲	12.100	西周	同上
周	05355	此簋乙	12.103	西周	同上
周	05356	此簋丙	12.106	西周	同上
周	05357	此簋丁	12.108	西周	同上
周	05358	此簋戊	12.110	西周	同上
周	05359	此簋己	12.112	西周	同上
周	05360	此簋庚	12.114	西周	同上
周	05361	此簋辛	12.116	西周	同上
周	05362	親簋	12.118	西周	同上
周	05364	師𩵦簋	12.122	西周	同上
周	05374	三年師兌簋	12.147	西周	同上
周	05375	三年師兌簋	12.150	西周	同上
周	05376	宰獸簋	12.152	西周	同上
周	05377	宰獸簋	12.154	西周	同上
周	05381	師㝨簋	12.164	西周	同上
周	05382	師㝨簋	12.167	西周	同上
周	05386	敄簋	12.176	西周	同上
周	05390	頌簋	12.184	西周	同上
周	05391	頌簋	12.187	西周	同上
周	05392	頌簋	12.190	西周	同上
周	05393	頌簋	12.192	西周	同上
周	05394	頌簋蓋	12.194	西周	同上
周	05395	頌簋	12.196	西周	同上
周	05396	頌簋蓋	12.198	西周	同上
周	05397	頌簋	12.200	西周	同上
周	05399	虎簋蓋甲	12.205	西周	同上
周	05400	虎簋蓋乙	12.207	西周	同上
周	05403	牧簋	12.215	西周	同上
周	05661	達盨蓋甲	12.426	西周	同上
周	05662	達盨蓋乙	12.428	西周	同上
周	05663	達盨蓋丙	12.429	西周	同上

古地名	器　號	器　　名	卷數頁碼	時代	現今所在地
周	05674	大師盧盨	12.449	西周	即岐邑,今陝西扶風縣法門鎮北
周	05974	免簠	13.296	西周	同上
周	10659	趩觶	19.475	西周	同上
周	11810	聞尊	21.291	西周	同上
周	11821	夨令尊	21.315	西周	周公封邑,今陝西岐山縣周公廟村
周	12451	頌壺甲	22.427	西周	即岐邑,今陝西扶風縣法門鎮北
周	12452	頌壺乙	22.430	西周	同上
周	13324	保卣	24.272	西周	同上
周	13345	高卣蓋	24.318	西周	同上
周	13544	師遽方彝	24.427	西周	同上
周	13545	作册吳方彝蓋	24.429	西周	同上
周	13548	夨令方彝	24.438	西周	周公封邑,今陝西岐山縣周公廟村
周	14432	卿盤	25.452	西周	同上
周	14515	免盤	25.549	西周	即岐邑,今陝西扶風縣法門鎮北
周	14523	函皇父盤	25.562	西周	同上
周	14534	走馬休盤	25.584	西周	同上
周	14536	士山盤	25.588	西周	同上
周	14537	寰盤	25.591	西周	同上
周	14540	頌盤	25.597	西周	同上
周	14541	史牆盤	25.599	西周	指周原,今陝西扶風岐山兩縣北部
周	15264	戍鐘	27.277	西周	即岐邑,今陝西扶風縣法門鎮北
周	15292	克鐘一	27.332	西周	同上
周	15294	克鐘三	27.337	西周	同上
周	15296	克鐘五	27.343	西周	同上
周	15814	克鎛	29.334	西周	同上
周	16553	周右庫戈	30.505	戰國	東周國,今河南洛陽市白馬寺東
周	16978	周王叚戈	32.24	戰國	同上
周陽	16614	周陽戈	31.56	戰國	戰國魏邑,今山西絳縣西
周道	14542	散氏盤	25.603	西周	路名,在今陝西周原到寶雞市境內
周輿	16448	周輿戈	30.408	戰國	
斫	17053	斫君墨敢戟	32.95	戰國	即析,楚國封君,今河南西峽縣
舒陰	17112	舒陰戈	32.167	戰國	
昏邑	02488	柞伯鼎	5.365	西周	約在今安徽西北部淮河流域

古地名	器　號	器　　名	卷數頁碼	時代	現今所在地
𣆪奴	17194	高奴曹令壯𤰫戈	32.260	戰國	即高奴,今陝西延安市寶塔區西北
京	02500	多友鼎	5.392	西周	今陝西旬邑縣西南
京	02858	京姜𤰫母鬲	6.244	西周	同上
京	02988	芮公鬲	6.420	西周	同上
京	02989	芮公鬲	6.422	西周	同上
京	03012	芮公鬲	6.448	西周	同上
京	04599	京良父簋	9.346	西周	同上
京	06274	晉公盆	13.493	西周	指唐叔虞封地,今山西翼城縣西
京	11784	京師畯尊	21.253	西周	今陝西旬邑縣西南
京	15292	克鐘一	27.332	西周	同上
京	15294	克鐘三	27.337	西周	同上
京	15296	克鐘五	27.343	西周	同上
京	15814	克鎛	29.334	西周	同上
京	17099	京令戈	32.153	戰國	戰國時期韓邑,今河南滎陽縣東南
府	01617	句監鼎	3.286	西周	即句
庚	10658	中觶	19.474	西周	即唐,今湖北隨縣西北唐縣鎮
庚	18546	庚都司馬鐵	34.125	戰國	即唐都,今湖北隨縣西北唐縣鎮
並	00441	並己鼎	1.340	商代	國族名
並	00442	並己鼎	1.341	商代	同上
並	00443	並己鼎	1.342	商代	同上
炎	05352	作册夨令簋	12.96	西周	即郯,今山東郯城縣西
炎	05353	作册夨令簋	12.98	西周	同上
炎	11802	召尊	21.277	西周	同上
炎	13325	召卣	24.275	西周	同上
炊	14382	炊伯睹盤	25.395	西周	封邑名
沬	01822	濬伯逯鼎	3.481	西周	今河南濬縣與淇縣交界處
沬	05020	濬司土逯簋	10.384	西周	同上
沬	11735	濬伯遾尊	21.205	西周	同上
沬	12262	濬伯疑壺	22.137	西周	同上
沬	12263	濬伯疑壺	22.138	西周	同上
河南	17561	河南矛	32.521	戰國	今洛陽市西郊澗水東岸
河陰	16481	河陰戈	30.436	戰國	今內蒙達拉特旗西北黃河南岸

古地名	器　號	器　　名	卷數頁碼	時代	現今所在地
汧	17280	上郡守壽戈	32.356	戰國	秦上郡地名,今地不詳
沘	19762	在沘玉戈	35.370	商代	今河南湯陰縣東南
油	19181	鄂君啟舟節	34.559	戰國	即淯水,今名白河,流經河南南陽市
油	19182	鄂君啟舟節	34.561	戰國	同上
泃城都	19339	泃城都小器	35.116	戰國	今河北三河縣東
泌陽	17097	泌陽戈	32.152	戰國	今河南泌陽縣
泜	02930	江叔螽鬲	6.341	春秋	即江,今河南正陽縣西南
宗	14386	宗仲盤	25.399	西周	封邑名
宗	14861	宗仲匜	26.243	西周	同上
宗周	02203	燕侯旨鼎	4.408	西周	即鎬京,今西安市長安區斗門鎮
宗周	02290	堇鼎	5.33	西周	同上
宗周	02441	䚕鼎	5.272	西周	同上
宗周	02443	史頌鼎	5.276	西周	同上
宗周	02444	史頌鼎	5.278	西周	同上
宗周	02447	微綜鼎	5.284	西周	同上
宗周	02454	小克鼎	5.298	西周	同上
宗周	02455	小克鼎	5.300	西周	同上
宗周	02456	小克鼎	5.302	西周	同上
宗周	02457	小克鼎	5.304	西周	同上
宗周	02458	小克鼎	5.306	西周	同上
宗周	02459	小克鼎	5.308	西周	同上
宗周	02460	小克鼎	5.310	西周	同上
宗周	02461	靜鼎	5.312	西周	同上
宗周	02487	善鼎	5.363	西周	同上
宗周	02513	大克鼎	5.440	西周	同上
宗周	03363	敔甗	7.250	西周	同上
宗周	04950	咢簋	10.283	西周	同上
宗周	05113	叔簋	11.44	西周	同上
宗周	05114	叔簋	11.47	西周	同上
宗周	05203	韋伯叝簋	11.226	西周	同上
宗周	05258	羚簋	11.344	西周	同上
宗周	05259	史頌簋	11.347	西周	同上
宗周	05260	史頌簋	11.350	西周	同上

古地名	器 號	器 名	卷數頁碼	時代	現今所在地
宗周	05261	史頌簋蓋	11.352	西周	即鎬京,今西安市長安區斗門鎮
宗周	05262	史頌簋蓋	11.354	西周	同上
宗周	05263	史頌簋	11.356	西周	同上
宗周	05264	史頌簋	11.359	西周	同上
宗周	05265	史頌簋	11.361	西周	同上
宗周	05266	史頌簋	11.364	西周	同上
宗周	05267	史頌簋	11.367	西周	同上
宗周	05295	㪤簋	11.434	西周	同上
宗周	05304	趞簋	11.453	西周	同上
宗周	05322	同簋	12.24	西周	同上
宗周	05323	同簋蓋	12.26	西周	同上
宗周	05401	班簋	12.209	西周	同上
宗周	10655	史鬻觶	19.470	西周	同上
宗周	11781	陸尊	21.249	西周	同上
宗周	11798	士上尊	21.272	西周	同上
宗周	11820	麥尊	21.313	西周	同上
宗周	13333	士上卣	24.291	西周	同上
宗周	13334	士上卣	24.293	西周	同上
宗周	13344	作册魖卣	24.316	西周	同上
宗周	14792	士上盉	26.213	西周	同上
宗周	15298	晉侯蘇鐘 A 甲	27.347	西周	同上
宗周	15633	㝬鐘	29.142	西周	同上
定陽	17270	上郡守戈	32.345	戰國	戰國秦縣,今陝西宜川縣北
定陽	17279	上郡守壽戈	32.355	戰國	同上
宜	02296	戍鬲鼎	5.41	商代	今江蘇鎮江市丹徒區
宜	05373	宜侯夨簋	12.145	西周	同上
宜	17168	宜令不啟戈	32.229	戰國	宜陽簡稱,今河南宜陽縣西福昌鎮
宜安	17187	王何戈	32.250	戰國	戰國趙邑,今河北藁城縣西南
宜陽	01352	宜陽右倉鼎	3.55	戰國	戰國韓邑,今河南宜陽縣西福昌鎮
宜陽	02422	宜陽鼎	5.239	戰國	同上
宜陽	04133	宜陽右倉簋	8.393	戰國	同上
宜陽	06053	宜陽右倉敦	13.313	戰國	同上
宜陽	17213	鄅詩戈	32.280	戰國	同上

古地名	器　號	器　　名	卷數頁碼	時代	現今所在地
宜陽	17214	鄘詩戈	32.281	戰國	戰國韓邑,今河南宜陽縣西福昌鎮
宜陽	17215	鄘詩戈	32.282	戰國	同上
空桑	11811	季姬尊	21.294	西周	
郯郢	15958	鄢郢率鐸	29.491	戰國	今湖北宜城市東南鄢城
房子	17307	房子令趙結戈	32.392	戰國	戰國趙邑,今河北高邑縣西南
建信	18028	相邦建信君鈹	33.405	戰國	戰國趙邑,今山東高青縣西北
建信	18029	相邦建信君鈹	33.406	戰國	同上
建信	18030	相邦建信君鈹	33.408	戰國	同上
建信	18031	相邦建信君鈹	33.409	戰國	同上
建信	18034	相邦建信君劍	33.412	戰國	同上
建信	18035	相邦建信君劍	33.413	戰國	同上
建信	18036	相邦建信君鈹	33.414	戰國	同上
建信	18037	相邦建信君劍	33.415	戰國	同上
建信	18038	相邦建信君鈹	33.417	戰國	同上
建信	18039	相邦建信君鈹	33.418	戰國	同上
建信	18040	相邦建信君劍	33.419	戰國	同上
建信	18041	相邦建信君鈹	33.420	戰國	同上
建信	18042	相邦建信君鈹	33.421	戰國	同上
建陽	16443	建陽戈	30.405	戰國	今安徽來安縣南
建陰	01763	建陰氏孝子鼎	3.428	戰國	
居鄛	19178	鄂君啟車節	34.552	戰國	即居巢,今安徽巢縣
居鄛	19179	鄂君啟車節	34.555	戰國	同上
居鄛	19180	鄂君啟車節	34.557	戰國	同上
沐	04621	沐侯簋	9.367	西周	
降	04723	降人繁簋	9.476	西周	即絳,今山西絳縣
降	17699	宅陽令口愳戟刺	33.137	戰國	同上
限	05224	辛㸚相簋	11.262	西周	
姑	05233	冉簋	11.281	西周	
录	05139	太保簋	11.88	西周	西周時期的少數部族
录旁	04883	仲駒父簋	10.200	西周	
录旁	04884	仲駒父簋	10.201	西周	
录旁	04885	仲駒父簋蓋	10.202	西周	
录旁	04886	仲駒父簋	10.203	西周	

古地名	器　號	器　　名	卷數頁碼	時代	現今所在地
承�	02166	九年承匡令鼎	4.363	戰國	今河南睢縣西南匡城集
孤竹	01218	亞𡨦孤竹鼎	2.435	商代	今河北盧龍縣西南
孤竹	01387	亞𡨦孤竹鼎	3.83	商代	同上
孤竹	13139	亞𡨦卣	24.49	商代	同上
函	02111	函皇父鼎	4.295	西周	封邑名，今西安市西北
函	02380	函皇父鼎	5.166	西周	同上
函	05144	函皇父簋	11.95	西周	同上
函	05145	函皇父簋	11.98	西周	同上
函	05146	函皇父簋	11.100	西周	同上
函	05788	函交仲簠	13.41	西周	同上
函	14523	函皇父盤	25.562	西周	同上
丝	05679	𪔂比盨	12.464	西周	即鄰，邑名，今地不詳
甾丘	17170	甾丘令癰戈	32.231	戰國	戰國魏邑，今河南民權縣東北
弦	04791	孟㢭父簋	10.75	西周	國名，今河南光山縣西北
弦	04792	孟㢭父簋	10.76	西周	同上
弦	12305	弦伯隹壺	22.183	春秋	同上

九　　畫

古地名	器　號	器　　名	卷數頁碼	時代	現今所在地
埅	17315	邢令孟柬慶戈	32.402	戰國	即邢，戰國趙邑，今河北邢臺市
垣	01682	垣上官鼎	3.345	戰國	戰國趙邑，今山西垣曲縣東南
垣	17071	垣左戟	32.116	戰國	同上
城固	16470	成固戈	30.426	戰國	今陝西城固縣湑水河西岸
城固	16471	成固戈	30.427	戰國	同上
城固	16472	成固戈	30.428	戰國	同上
城固	16473	成固戈	30.429	戰國	同上
城淮	16966	城淮戈	32.8	戰國	
城虢	04375	城虢仲簋	9.131	西周	
城虢	04761	城虢遣生簋	10.35	西周	
荊	02385	荆子鼎	5.176	西周	即楚
荊	18077	壽夢之子劍	33.464	春秋	同上
莒	02350	簷太史申鼎	5.119	春秋	今山東莒縣

古地名	器 號	器 名	卷數頁碼	時代	現今所在地
莒	05149	鄭侯少子簋	11.105	春秋	今山東莒縣
莒	12453	庚壺	22.433	春秋	同上
莒	14476	中子化盤	25.497	春秋	同上
莒	15180	公孫潮子鐘五	27.129	戰國	同上
莒	15181	公孫潮子鐘六	27.130	戰國	同上
莒	15182	公孫潮子鐘七	27.131	戰國	同上
莒	15183	公孫潮子鐘八	27.132	戰國	同上
莒	15505	仲子平鐘丁	28.409	春秋	同上
莒	15506	仲子平鐘戊	28.411	春秋	同上
莒	15507	仲子平鐘己	28.413	春秋	同上
莒	15508	仲子平鐘庚	28.415	春秋	同上
莒	15509	仲子平鐘辛	28.417	春秋	同上
莒	15510	仲子平鐘壬	28.419	春秋	同上
莒	15762	公孫潮子鎛庚	29.185	戰國	同上
莒	16415	鄭公戈	30.379	春秋	同上
莒丘	16782	簹丘子戈	31.254	戰國	同上
荀	02500	多友鼎	5.392	西周	即栒,今陝西旬邑縣東北
荀	14419	荀侯盤	25.436	西周	今山西臨猗縣西南
荀	14937	荀侯稽匜	26.314	春秋	初山西臨猗縣西南,後遷新絳縣西
荀	16749	荀侯戈	31.207	西周	今山西臨猗縣西南
茲氏	17182	茲氏令吳庶戈	32.245	戰國	今山西汾陽縣南十五里鞏村
胡	01745	敄侯之孫敶鼎	3.403	春秋	媿姓,今河南郾城縣西南
胡	02340	寪鼎	5.107	西周	同上
胡	02412	榮仲鼎	5.225	西周	同上
胡	02413	榮仲鼎	5.226	西周	同上
胡	05057	敄叔敄姬簋	10.443	西周	同上
胡	05058	敄叔敄姬簋	10.446	西周	同上
胡	05059	敄叔敄姬簋	10.449	西周	同上
胡	05060	敄叔敄姬簋蓋	10.452	西周	同上
胡	05061	敄叔敄姬簋蓋	10.454	西周	同上
胡	05062	敄叔敄姬簋蓋	10.456	西周	同上
胡	05858	敄叔簋	13.118	西周	同上
柯	02023	作册憲鼎	4.187	西周	今河南內黃縣東北

古地名	器　號	器　　名	卷數頁碼	時代	現今所在地
相	02461	靜鼎	5.312	西周	今安徽濉溪縣西北
相	13542	作冊折方彝	24.422	西周	同上
相	13665	作冊折觥	24.506	西周	同上
相	17127	相公子矰戈	32.185	戰國	楚國封君,今安徽濉溪縣西北
柞	05301	柞伯簋	11.447	西周	即胙,今河南延津縣東北
柏	17225	柏令孫苟戈	32.291	春秋	今河南西平縣西
柏人	02387	鄔得鼎	5.179	戰國	今河北隆堯縣西北堯城西北
柏人	16474	柏人戈	30.429	戰國	同上
柳棼	19178	鄂君啟車節	34.552	戰國	戰國楚邑
柳棼	19179	鄂君啟車節	34.555	戰國	同上
柳棼	19180	鄂君啟車節	34.557	戰國	同上
柬	02268	新邑鼎	5.5	西周	即闌
南	02230	南公有司礬鼎	4.448	西周	在陝西鳳翔縣南或眉縣境內
南	02432	南季鼎	5.258	西周	同上
南	02478	無叀鼎	5.346	西周	同上
南	02514	大盂鼎	5.443	西周	同上
南	05293	裘衛簋	11.429	西周	同上
南	05675	駒父盨蓋	12.451	西周	同上
南	15495	南宮乎鐘	28.383	西周	同上
南	17051	南君鎛鄦戈	32.91	春秋	楚國封君,今地不詳
南	17052	南君鎛鄦戈	32.94	春秋	同上
南山	13321	啟卣	24.266	西周	今河南洛陽南伊闕一帶的山
南夷	05244	無叀簋	11.310	西周	即南淮夷,淮河流域部族的總稱
南夷	05245	無叀簋	11.313	西周	同上
南夷	05246	無叀簋蓋	11.316	西周	同上
南夷	05247	無叀簋蓋	11.318	西周	同上
南夷	05327	史密簋	12.35	西周	同上
南夷	13336	競卣	24.297	西周	同上
南夷	15633	獣鐘	29.142	西周	同上
南國	02383	中鼎	5.172	西周	泛指周王朝疆域的南部
南國	02384	中鼎	5.174	西周	同上
南國	02461	靜鼎	5.312	西周	同上
南國	02488	柞伯鼎	5.365	西周	同上

古地名	器號	器名	卷數頁碼	時代	現今所在地
南國	02498	禹鼎	5.387	西周	泛指周王朝疆域的南部
南國	02499	禹鼎	5.389	西周	同上
南國	03364	中甗	7.253	西周	同上
南國	05311	應侯簋	11.471	西周	同上
南國	15298	晉侯蘇鐘A甲	27.347	西周	同上
南國	19764	太保玉戈	35.373	西周	同上
南行唐	18014	南行唐令瞿卯劍	33.383	戰國	戰國趙邑,今河北行唐縣東北
南行唐	18015	南行唐令瞿卯鈹	33.384	戰國	同上
南行唐	18016	南行唐令瞿卯鈹	33.385	戰國	同上
南行唐	18017	南行唐令瞿卯劍	33.386	戰國	同上
南淮夷	02370	仲偁父鼎	5.151	西周	西周時期淮河流域部族的總稱
南淮夷	02498	禹鼎	5.387	西周	同上
南淮夷	02499	禹鼎	5.389	西周	在今安徽、江蘇淮河流域
南淮夷	05380	敔簋	12.162	西周	同上
南淮夷	05623	虢仲盨蓋	12.357	西周	同上
南淮夷	05667	翏生盨	12.435	西周	同上
南淮夷	05668	翏生盨	12.438	西周	同上
南淮夷	05669	翏生盨	12.440	西周	同上
南淮夷	05675	駒父盨蓋	12.451	西周	同上
南淮夷	14539	兮甲盤	25.595	西周	同上
垔	16294	垔戈	30.267	戰國	戰國齊邑,今山東鄄城縣北舊城集
郖	17856	郖王譴劍	33.200	春秋	
郚	17155	郚令垠戈	32.216	戰國	即梧,戰國魏邑,今河南滎陽縣西
咸	02422	宜陽鼎	5.239	戰國	咸陽的簡稱
咸陽	01677	咸陽鼎	3.340	戰國	今陝西咸陽市渭城區窰店鎮
咸陽	12389	咸陽鈁	22.288	戰國	同上
咸陽	17240	丞相觸戈	32.308	戰國	同上
咸陽	17331	邦府大夫趙閈戈	32.422	戰國	同上
咸陽	17671	寺工矛	33.103	戰國	同上
咸陽	18859	咸陽亭半兩權	34.323	秦代	同上
匽	01716	燕侯旨鼎	3.379	西周	即燕國,今北京房山區琉璃河村
匽	02019	圉鼎	4.184	西周	同上
匽	02386	憲鼎	5.178	西周	同上

古地名	器　號	器　　名	卷數頁碼	時代	現今所在地
匽	02908	伯矩鬲	6.314	西周	即燕國，今北京房山區琉璃河村
匽	04440	燕侯簋	9.191	西周	同上
匽	06207	燕侯盂	13.433	西周	同上
匽	06208	燕侯盂	13.434	西周	同上
匽	06209	燕侯盂	13.435	西周	同上
匽	13831	克罍	25.122	西周	同上
匽	14763	亞盉	26.170	西周	同上
匽	14789	克盉	26.207	西周	同上
匽	14885	燕伯聖匜	26.264	西周	同上
匽	14918	燕公匜	26.294	春秋	同上
匽	16389	燕侯戈	30.354	西周	同上
匽	18482	燕侯泡	34.71	西周	同上
匽	18483	燕侯舞泡	34.72	西周	同上
匽	18484	燕侯舞錫泡	34.73	西周	同上
匽	18485	燕侯舞錫泡	34.75	西周	同上
匽	18486	燕侯舞錫泡	34.77	西周	同上
匽	18487	燕侯舞錫泡	34.78	西周	同上
匽	18488	燕侯舞錫泡	34.80	西周	同上
匽	19015	燕車書	34.454	春秋	同上
匽亳邦	12410	陳璋壺	22.332	戰國	即燕亳邦、燕國
匽亳邦	12411	陳璋壺	22.334	戰國	同上
抳	16297	抳戈	30.270	戰國	即制，戰國韓邑，今河南滎陽縣西北
邔	19181	鄂君啟舟節	34.559	戰國	即襄，今湖北鐘祥至沔陽間漢水沿岸
邔	19182	鄂君啟舟節	34.561	戰國	同上
昜	04954	覎公簋	10.288	西周	即唐，今山西翼城縣西唐城
昜曲	19049	笈馬重童蓋弓帽	34.483	戰國	即陽曲，今山西定襄縣東南侍陽
昜壴	19178	鄂君啟車節	34.552	戰國	即陽丘，今河南方城縣東六里
昜壴	19179	鄂君啟車節	34.555	戰國	同上
昜壴	19180	鄂君啟車節	34.557	戰國	同上
昂	05380	敔簋	12.162	西周	在陝豫交界的洛南、盧氏、伊川一帶
郢	18813	郢大府量	34.264	戰國	楚都，指郢，今湖北鐘祥縣西北
郢	19178	鄂君啟車節	34.552	戰國	同上
郢	19179	鄂君啟車節	34.555	戰國	同上

古地名	器 號	器 名	卷數頁碼	時代	現今所在地
郢	19180	鄂君啟車節	34.557	戰國	楚都,指都,今湖北鍾祥縣西北
郢	19181	鄂君啟舟節	34.559	戰國	同上
郢	19182	鄂君啟舟節	34.561	戰國	同上
眠斀	02293	員鼎	5.37	西周	
𣂤邑	12447	復封壺甲	22.412	春秋	齊國城邑,在今山東境内
𣂤邑	12448	復封壺乙	22.419	春秋	同上
重	05274	榮簋	11.384	西周	在今山東魚臺縣西
重刃	18586	二十九年弩機	34.164	戰國	戰國楚邑
重丘	18586	二十九年弩機	34.164	戰國	戰國楚邑,今河南泌陽縣西北
重泉	18819	商鞅方升	34.274	戰國	戰國秦邑,今陝西蒲城縣東南
郜	02233	郜史碩父鼎	4.451	西周	今山東成武縣東南郜鼎集
郜	02944	繁伯武君鬲	6.362	春秋	同上
郲陵	06160	郲陵君豆	13.418	戰國	楚封邑,今安江蘇泗洪縣東南
郲陵	06161	郲陵君豆	13.421	戰國	同上
郲陵	15065	郲陵君鑑	26.418	戰國	同上
修武	03238	修武使君甗	7.122	戰國	戰國魏邑,今河南獲嘉縣
修武	10854	脩武府杯	19.481	戰國	同上
信陰	18858	信陰權	34.322	戰國	
皇宮	18760	皇宮右鶴嘴斧	34.249	戰國	
皇陽	17171	皇陽令强戔戈	32.233	戰國	今河南鞏義市西南
皇陽	17172	皇陽令强戔戈	32.234	戰國	同上
鬼方	02516	小盂鼎	5.451	西周	在今晉北、陝北及内蒙古相鄰地區
鬼方	17186	梁伯戈	32.249	春秋	同上
追	05564	追叔父盨	12.286	西周	西周時期封邑名
待劃	02321	㫚鼎	5.79	西周	王姜賜給㫚田地於此地
卻氏	16566	卻氏左戈	31.3	戰國	戰國趙邑,今山西沁水下游一帶
郤	02216	伯辰鼎	4.427	春秋	即徐,今江蘇泗洪縣東南大徐臺子
郤	02309	徐王糧鼎	5.59	春秋	同上
郤	02325	庚兒鼎	5.86	春秋	同上
郤	02326	庚兒鼎	5.88	春秋	同上
郤	02402	郤臧尹耤鼎	5.201	戰國	同上
郤	06227	宜桐盂	13.454	春秋	同上
郤	14423	徐王義楚盤	25.441	春秋	同上

古地名	器　號	器　　名	卷數頁碼	時代	現今所在地
郐	15289	徐王之孫鐘	27.327	春秋	即徐,今江蘇泗洪縣東南大徐臺子
郐	15360	徐王之孫鐘	27.497	戰國	同上
郐	15532	徐王子旃鐘	28.472	春秋	同上
郐	15819	沇兒鎛	29.358	春秋	同上
郐	15988	徐謟尹鉦鍼	29.513	春秋	同上
郐	15989	冉鉦鍼	29.516	戰國	同上
郐	17105	徐王之子叚戈	32.160	春秋	同上
郐	17310	徐莫敖昭嗇戈	32.395	戰國	同上
郐	17839	徐王義楚劍	33.183	春秋	同上
郐	17995	徐王義楚之元子柴劍	33.363	春秋	同上
郐	18077	壽夢之子劍	33.466	春秋	同上
郐	19267	徐王元子柴爐	35.53	春秋	同上
郐	19268	諸稽耕爐	35.54	春秋	同上
俞	03277	俞伯甗	7.155	西周	今山東壽光縣西南
俞	04299	俞伯簋	9.68	西周	同上
俞	11597	舲伯尊	21.87	西周	同上
俞	13093	舲伯卣	24.6	西周	同上
爰陵	19181	鄂君啟舟節	34.559	戰國	今安徽今宣城市宣州區
爰陵	19182	鄂君啟舟節	34.561	戰國	同上
鄗	17198	鄗令夜胥戈	32.264	戰國	即埒,戰國趙邑,今山西寧武縣境
負陽	17199	負陽令戈	32.266	戰國	戰國韓邑
負黍	17178	負黍令韓譙戈	32.242	戰國	戰國韓邑,今河南登封縣西南
負黍	17179	負黍令韓譙戈	32.243	戰國	同上
負黍	17180	負黍令韓譙戈	32.244	戰國	同上
胙	02938	郱友父鬲	6.352	春秋	今河南延津縣東北
胙	02939	郱友父鬲	6.354	春秋	同上
胙	02940	郱友父鬲	6.356	春秋	同上
胙	02941	郱友父鬲	6.357	春秋	同上
胙	02942	郱友父鬲	6.359	春秋	同上
胙	02943	郱友父鬲	6.361	春秋	同上
胙	05301	柞伯簋	11.447	西周	同上
屏	17157	屏令趙軜戈	32.218	戰國	戰國趙邑
亲城	17206	新城大令韓定戈	32.273	戰國	即新城,戰國韓邑,今河南伊川縣

古地名	器 號	器 名	卷數頁碼	時代	現今所在地
音宮	16565	音宮左戈	30.515	戰國	
美陽	18927	美陽權	34.405	秦代	秦縣,今陝西武功縣西北武功鎮西
羑	16549	羑左庫戈	30.502	戰國	今河南湯陰縣西北
首垣	01493	首垣鼎	3.176	戰國	戰國魏邑,今河南長垣縣東北
首垣	17159	首垣令不室戈	32.220	戰國	同上
洱陽	17353	洱陽令張疋戟	32.445	戰國	戰國韓邑
洹	19344	作册般黿	35.121	商代	洹水,今河南安陽市境内
洰	11778	啟尊	21.245	西周	即朝,今河南鄧州市東南
洰水	11778	啟尊	21.245	西周	即朝水,在河南鄧州市境内
洛	17280	上郡守壽戈	32.356	戰國	洛都的簡稱
洛都	17280	上郡守壽戈	32.356	戰國	在今陝北洛河流域甘泉、富縣一帶
洛都	17286	上郡守錯戈	32.364	戰國	同上
洛都	17290	上郡守匽氏戈	32.368	戰國	同上
洛都	17808	洛都劍	33.151	戰國	同上
洛之陽	14538	虢季子白盤	25.593	西周	今陝西洛川、白水等縣洛河北岸
洮陽	19181	鄂君啟舟節	34.559	戰國	戰國楚邑,今廣西全州縣北湘江北
洮陽	19182	鄂君啟舟節	34.561	戰國	同上
室	05207	室叔簋	11.233	西周	封邑名
祝	02063	鑄司寇厷鼎	4.239	春秋	今山東肥城縣東南
祝	02095	鑄叔鼎	4.277	春秋	同上
祝	02979	鑄子叔黑臣鬲	6.408	春秋	同上
祝	04853	鑄子叔黑臣簋	10.151	西周	同上
祝	05126	鑄叔皮父簋	11.69	春秋	同上
祝	05607	鑄子叔黑臣盨	12.337	春秋	同上
祝	05608	鑄子叔黑臣盨	12.338	春秋	同上
祝	05881	鑄子叔黑臣簠	13.141	春秋	同上
祝	05882	鑄子叔黑臣簠	13.144	春秋	同上
祝	05883	鑄叔簠	13.147	春秋	同上
祝	05905	鑄公簠蓋	13.183	春秋	同上
祝	12209	鑄大郘壺	22.80	戰國	同上
祝	14456	鑄叔盤	25.477	春秋	同上
祝	15178	鑄侯求鐘	27.126	春秋	同上
昶	02215	昶伯業鼎	4.426	春秋	通羙,今河南桐柏縣月河鎮古臺寺

古地名	器　號	器　　名	卷數頁碼	時代	現今所在地
昶	02928	昶仲無龍鬲	6.339	春秋	通羕,今河南桐柏縣月河鎮古臺寺
昶	02977	昶仲無龍鬲	6.406	春秋	同上
昶	04893	昶伯夔父簋甲	10.210	西周	同上
昶	04894	昶伯夔父簋乙	10.213	西周	同上
昶	06306	昶仲無龍匕	13.502	春秋	同上
昶	13826	昶伯夔父罍	25.116	戰國	同上
昶	13991	昶伯墉鑪	25.151	西周	同上
昶	14460	昶伯墉盤	25.481	春秋	同上
昶	14947	昶伯㪍匜	26.325	西周	同上
昶	14953	昶仲匜	26.331	春秋	同上
昶	14960	昶仲無龍匜	26.338	春秋	同上
叚陽	16969	叚陽庫戈	32.11	戰國	
弭	02772	弭叔鬲甲	6.153	西周	今陝西藍田縣藍關鎮寺坡村
弭	02773	弭叔鬲乙	6.154	西周	同上
弭	02774	弭叔鬲丙	6.155	西周	同上
弭	02775	弭叔鬲丁	6.156	西周	同上
弭	05291	弭叔師察簋	11.425	西周	同上
弭	05292	弭叔師察簋	11.427	西周	同上
弭	05294	弭伯師耤簋	11.432	西周	同上
弭	05549	弭叔盨	12.270	西周	同上
弭	05628	弭叔盨蓋	12.363	西周	同上
弭	05975	弭仲簠	13.297	西周	同上
弭	14913	弭伯匜	26.289	西周	同上
陘	17314	邢令殷思戟	32.401	戰國	即邢,戰國趙邑,今河北邢臺市
陝	17269	蜀守戈	32.344	戰國	戰國秦邑,今河南陝縣
攽氏	19321	攽氏睘小器	35.107	戰國	
攽氏	19322	攽氏睘小器	35.107	戰國	
眉	14542	散氏盤	25.602	西周	一作微,在今陝西眉縣東渭河北岸
眉道	14542	散氏盤	25.602	西周	道路名,在今陝西眉縣到寶雞境内
眉	05327	史密簋	12.35	西周	在今山東肥境内
勇	05134	勇叔買簋	11.80	西周	
紀	01967	己華父鼎	4.123	西周	今山東壽光縣南紀侯台
紀	02828	叔鼏鬲	6.212	西周	同上

古地名	器　號	器　　名	卷數頁碼	時代	現今所在地
紀	02892	己侯鬲	6.290	西周	今山東壽光縣南紀侯台
紀	04673	己侯簋	9.418	西周	同上
紀	04917	己侯貉子簋蓋	10.243	西周	同上
紀	12293	己侯壺	22.169	春秋	同上
紀	15124	紀侯虦鐘	27.29	西周	同上

<h2 style="text-align:center">十　　畫</h2>

古地名	器　號	器　　名	卷數頁碼	時代	現今所在地
馬雍	17142	馬雍令事吳戈	32.202	戰國	戰國韓邑
馬雍	17329	馬雍令事吳戈	32.420	戰國	同上
敖	05135	敖叔微簋蓋	11.81	西周	封邑名
秦	01555	秦公鼎甲	3.230	春秋	今甘肅禮縣永坪鄉趙坪村
秦	01556	秦公鼎乙	3.231	春秋	同上
秦	01557	秦公鼎丙	3.232	春秋	同上
秦	01558	秦公鼎丁	3.233	春秋	同上
秦	01559	秦公鼎戊	3.234	春秋	同上
秦	01560	秦公鼎 A	3.235	春秋	同上
秦	01561	秦公鼎 B	3.236	春秋	同上
秦	01562	秦公鼎	3.237	春秋	同上
秦	01563	秦公鼎	3.238	春秋	同上
秦	01947	兒慶鼎	4.104	春秋	衛邑,妊姓,今河南范縣東南
秦	01948	兒慶鼎	4.105	春秋	同上
秦	02364	塦鼎	5.143	西周	今河南范縣張莊鄉舊城村南三里
秦	02782	郳慶鬲	6.163	春秋	衛邑,妊姓,今河南范縣東南
秦	02866	兒慶鬲	6.256	春秋	同上
秦	02867	兒慶鬲	6.258	春秋	同上
秦	02868	兒慶鬲	6.260	春秋	同上
秦	04250	秦公簋 A	9.24	春秋	今甘肅禮縣永坪鄉趙坪村
秦	04251	秦公簋 B	9.25	春秋	同上
秦	04252	秦公簋	9.26	春秋	同上
秦	04387	秦公簋甲	9.141	春秋	同上
秦	04388	秦公簋乙	9.142	春秋	同上

古地名	器　號	器　　名	卷數頁碼	時代	現今所在地
秦	04389	秦公簋	9.143	春秋	今甘肅禮縣永坪鄉趙坪村
秦	04390	秦公簋	9.144	春秋	同上
秦	05172	秦子簋蓋	11.155	春秋	同上
秦	05370	秦公簋	12.137	春秋	同上
秦	05878	邾慶簠	13.138	春秋	衛邑，妊姓，今河南范縣東南
秦	05879	邾慶簠	13.139	春秋	同上
秦	12182	秦公壺	22.51	春秋	今甘肅禮縣永坪鄉趙坪村
秦	12183	秦公壺	22.52	春秋	同上
秦	12184	秦公壺	22.54	春秋	同上
秦	12185	秦公壺	22.55	春秋	同上
秦	12186	秦公壺	22.56	春秋	同上
秦	12352	邾慶壺	22.249	春秋	衛邑，妊姓，今河南范縣東南
秦	14414	兒慶盤	25.428	春秋	同上
秦	14905	兒慶匜	26.281	春秋	同上
秦	14955	邾慶匜	26.333	春秋	同上
秦	15231	秦子鐘	27.214	春秋	今甘肅禮縣永坪鄉趙坪村
秦	15425	鼄羌鐘甲	28.18	戰國	都雍，今陝西鳳翔縣南
秦	15426	鼄羌鐘乙	28.20	戰國	同上
秦	15427	鼄羌鐘丙	28.22	戰國	同上
秦	15428	鼄羌鐘丁	28.24	戰國	同上
秦	15429	鼄羌鐘戊	28.25	戰國	同上
秦	15565	秦公鐘甲	28.549	春秋	都平陽，今陝西寶雞市陳倉區東南
秦	15566	秦公鐘乙	28.551	春秋	同上
秦	15567	秦公鐘丙	28.553	春秋	同上
秦	15759	秦公鎛	29.180	春秋	今甘肅禮縣永坪鄉趙坪村
秦	15771	秦子鎛	29.199	春秋	同上
秦	15824	秦公鎛甲	29.377	春秋	都平陽，今陝西寶雞市陳倉區東南
秦	15825	秦公鎛乙	29.381	春秋	同上
秦	15826	秦公鎛丙	29.385	春秋	同上
秦	16626	秦子戈	31.69	春秋	今甘肅禮縣永坪鄉趙坪村
秦	17208	秦子戈	32.275	春秋	同上
秦	17209	秦子戈	32.276	春秋	同上
秦	17210	秦子戈	32.277	春秋	同上

古地名	器　號	器　　名	卷數頁碼	時代	現今所在地
秦	17211	秦子戈	32.278	春秋	今甘肅禮縣永坪鄉趙坪村
秦	17212	秦子戈	32.279	春秋	同上
秦	17356	秦政伯喪戈	32.449	春秋	同上
秦	17357	秦政伯喪戈	32.450	春秋	同上
秦	18586	二十九年弩機	34.164	戰國	都咸陽,今咸陽市秦都區窰店鎮
耴	18248	取子夌鼓鍼	33.520	西周	初邾都後魯邑,今山東曲阜縣西南
莝宮鄉	18811	莝宮鄉莝里量	34.262	戰國	齊國鄉名,今地不詳
莝宮鄉	18812	莝宮鄉莝里量	34.263	戰國	同上
耆	01450	楷仲鼎	3.135	西周	即楷、黎,今山西黎城縣
耆	01451	楷仲鼎	3.136	西周	同上
耆	01523	吹鼎	3.203	西周	同上
耆	02345	歔蠿鼎	5.112	西周	同上
耆	·04129	楷仲簋	8.390	西周	同上
耆	04683	仲車父簋	9.428	西周	同上
耆	05129	方簋蓋	11.72	西周	同上
耆	05179	薯簋	11.170	西周	同上
耆	05221	獻簋	11.255	西周	同上
耆	05568	楷侯貞盨	12.289	西周	同上
耆	05820	楷侯微逆簠	13.77	春秋	同上
耆	12148	楷侯壺	22.20	西周	同上
耆	12241	楷侯宰䜣壺	22.115	西周	同上
剺柝	14542	散氏盤	25.602	西周	在今陝西寶雞市陳倉區境內
埒	17198	郚令夜胥戈	32.264	戰國	戰國趙邑,今山西寧武縣境
華	02118	華季嗌鼎	4.302	西周	西周國名,今河南新鄭市北
華	05082	命簋	10.484	西周	同上
華	05596	華季嗌盨	12.324	西周	同上
華大山	19829	秦駰玉牘甲	35.455	戰國	即華山,今陝西華陰縣南
華大山	19830	秦駰玉牘乙	35.457	戰國	同上
莫	16309	莫戈	30.282	戰國	今河北任丘市北莫州
鄠	02280	宗婦鄠嬰鼎	5.20	春秋	今西安市鄠邑區
鄠	02281	宗婦鄠嬰鼎	5.21	春秋	同上
鄠	02282	宗婦鄠嬰鼎	5.22	春秋	同上
鄠	02283	宗婦鄠嬰鼎	5.23	春秋	同上

古地名	器　號	器　　名	卷數頁碼	時代	現今所在地
鄁	02284	宗婦鄁嬰鼎	5.24	春秋	今西安市鄠邑區
鄁	02285	宗婦鄁嬰鼎	5.25	春秋	同上
鄁	02286	宗婦鄁嬰鼎	5.26	春秋	同上
鄁	05037	宗婦鄁嬰簋	10.417	春秋	同上
鄁	05038	宗婦鄁嬰簋	10.419	春秋	同上
鄁	05039	宗婦鄁嬰簋	10.421	春秋	同上
鄁	05040	宗婦鄁嬰簋	10.423	春秋	同上
鄁	05041	宗婦鄁嬰簋	10.425	春秋	同上
鄁	05042	宗婦鄁嬰簋	10.426	春秋	同上
鄁	05043	宗婦鄁嬰簋	10.427	春秋	同上
鄁	05044	宗婦鄁嬰簋	10.427	春秋	同上
鄁	05045	宗婦鄁嬰簋蓋	10.428	春秋	同上
鄁	05046	宗婦鄁嬰簋蓋	10.429	春秋	同上
鄁	05047	宗婦鄁嬰簋蓋	10.430	春秋	同上
鄁	05048	宗婦鄁嬰簋蓋	10.431	春秋	同上
鄁	12398	宗婦鄁嬰壺	22.316	春秋	同上
鄁	12399	宗婦鄁嬰壺	22.317	春秋	同上
鄁	14497	宗婦鄁嬰盤	25.524	春秋	同上
鄀	02397	鄀公諴鼎	5.191	春秋	下鄀,都商密,今河南淅川縣西南
鄀	02417	鄀公平侯鼎	5.232	春秋	今湖北鍾祥縣西北
鄀	02418	鄀公平侯鼎	5.233	春秋	同上
鄀	05895	鄀公簠蓋	13.165	春秋	同上
鄀	05942	鄀公諴簠	13.236	春秋	下鄀,都商密,今河南淅川縣西南
鄀	14536	士山盤	25.588	西周	今陝西商洛市商州區東南
鄀	15189	鄀公敄人鐘	27.141	春秋	今湖北鍾祥縣西北
莓	04591	莓伯簋	9.338	西周	封邑名
梾	01963	梾伯觯鼎	4.119	西周	同上
柤	14476	中子化盤	25.497	春秋	即莒,今山東莒縣
桐丘	17143	桐丘令脩戈	32.203	戰國	今河南扶溝縣西西二十里桐丘亭
桐遹	05276	伯戉父簋	11.388	西周	即桐遹,在今安徽淮河流域
桐遹	05277	伯戉父簋	11.390	西周	同上
桐遹	05667	廖生盨	12.435	西周	南淮夷地名,在今安徽淮河流域
桐遹	05668	廖生盨	12.438	西周	同上

古地名	器　號	器　　名	卷數頁碼	時代	現今所在地
桐遹	05669	翏生盨	12.440	西周	南淮夷地名,在今安徽淮河流域
桍	11803	彔威尊	21.279	西周	即由,原釋爲甛,今地不詳
桍	11807	臤尊	21.285	西周	同上
桍	11808	臤尊	21.287	西周	同上
桍	13331	彔威卣	24.288	西周	同上
桍	13332	彔威卣	24.290	西周	同上
格	04923	格伯簋	10.248	西周	在今山西南部
格	05307	倗生簋	11.461	西周	同上
格	05308	倗生簋	11.464	西周	同上
格	05309	倗生簋	11.467	西周	同上
格	05310	倗生簋	11.469	西周	同上
格	19343	晉侯銅人	35.119	西周	同上
格氏	17183	格氏令韓貴戈	32.246	戰國	戰國韓邑
栒	17519	栒矛	32.484	戰國	戰國秦邑,今陝西旬邑縣東北
栒邑	02100	私府鼎	4.282	戰國	同上
栒邑	02243	栒邑鼎	4.460	戰國	同上
郴	19181	鄂君啟舟節	34.559	戰國	今湖南郴州市
郴	19182	鄂君啟舟節	34.561	戰國	同上
索魚	16824	索魚王戈	31.308	春秋	
䡄	19168	韓將庶虎節	34.542	戰國	即韓、韓國,都鄭,今河南新鄭市
専姑	02364	塦鼎	5.143	西周	即薄姑,今山東博興縣西南
鬲	02382	中鼎	5.170	西周	今湖北孝感市一帶
鬲	05589	鬲叔興父盨	12.316	西周	今山東平原縣東北
鄁	04391	鄧公牧簋	9.145	春秋	即鄧,今湖北襄陽市襄州區西北
鄁	04392	鄧公牧簋	9.146	春秋	同上
鄁	11598	鄧仲尊	21.88	西周	同上
鄁	11599	鄧仲尊蓋	21.90	西周	同上
鄁	12304	鄧孟壺	22.182	西周	同上
夏	19181	鄂君啟舟節	34.559	戰國	即夏水,漢江下游
夏	19182	鄂君啟舟節	34.561	戰國	同上
原	14542	散氏盤	25.602	西周	原公封邑,今陝西寶雞陳倉區境內
原谷	05307	倗生簋	11.461	西周	格伯田地的小地名
原谷	05308	倗生簋	11.464	西周	同上

古地名	器 號	器 名	卷數頁碼	時代	現今所在地
原谷	05309	倗生簋	11.467	西周	格伯田地的小地名
原谷	05310	倗生簋	11.469	西周	同上
原道	14542	散氏盤	25.602	西周	道路名,在今陝西寶雞市陳倉區境内
雩谷	05307	倗生簋	11.461	西周	格伯田地的小地名
雩谷	05308	倗生簋	11.464	西周	同上
雩谷	05309	倗生簋	11.467	西周	同上
雩谷	05310	倗生簋	11.469	西周	同上
晉	01429	晉侯鼎	3.119	西周	今山西曲沃縣曲村鎮
晉	01989	晉侯蘇鼎	4.149	西周	同上
晉	01990	晉侯蘇鼎	4.150	西周	同上
晉	01991	晉侯蘇鼎	4.151	西周	同上
晉	01992	晉侯蘇鼎	4.152	西周	同上
晉	01993	晉侯蘇鼎	4.153	西周	同上
晉	02075	晉侯邦父鼎	4.253	西周	同上
晉	02232	晉侯對鼎	4.450	西周	同上
晉	02332	晉侯對鼎	5.95	西周	同上
晉	02395	昌鼎	5.188	西周	同上
晉	02736	晉侯鬲	6.117	西周	同上
晉	02737	晉侯鬲	6.118	西周	同上
晉	03339	晉伯龄父甗	7.217	西周	同上
晉	04233	晉姜簋	9.9	西周	同上
晉	04489	晉侯簋	9.246	西周	同上
晉	04712	晉侯簋	9.463	春秋	同上
晉	04713	晉侯簋	9.464	春秋	同上
晉	04736	晉侯簋甲	10.8	西周	同上
晉	04737	晉侯簋乙	10.9	西周	同上
晉	04923	格伯簋	10.248	西周	同上
晉	04954	覞公簋	10.288	西周	同上
晉	05051	晉侯斷簋	10.434	西周	同上
晉	05052	晉侯斷簋	10.435	西周	同上
晉	05053	晉侯斷簋	10.437	西周	同上
晉	05647	晉侯對盨甲	12.399	西周	同上
晉	05648	晉侯對盨乙	12.400	西周	同上

古地名	器　號	器　　名	卷數頁碼	時代	現今所在地
晉	05649	晉侯對盨丙	12.401	西周	今山西曲沃縣曲村鎮
晉	05650	晉侯對盨丁	12.402	西周	同上
晉	06153	晉侯對鋪	13.403	西周	同上
晉	06274	晉公盆	13.493	春秋	同上
晉	11610	晉侯尊	21.98	西周	同上
晉	12276	晉侯僰馬壺	22.151	西周	同上
晉	12277	晉侯僰馬壺	22.152	西周	同上
晉	12356	晉叔家父壺甲	22.256	西周	同上
晉	12357	晉叔家父壺乙	22.258	西周	同上
晉	12396	晉侯斯壺	22.314	西周	同上
晉	12397	晉侯斯壺	22.315	西周	同上
晉	12430	晉侯僰馬壺甲	22.375	西周	同上
晉	12431	晉侯僰馬壺乙	22.376	西周	同上
晉	13279	晉伯卣	24.204	西周	同上
晉	14404	蘇公盤	25.418	春秋	同上
晉	14434	晉韋父盤	25.454	西周	同上
晉	14461	晉姞盤	25.482	春秋	同上
晉	14501	晉侯喜父盤	25.528	西周	同上
晉	14755	晉仲韋父盉	26.162	西周	同上
晉	14784	晉侯喜父盉	26.199	西周	同上
晉	14954	晉姞匜	26.332	春秋	同上
晉	14965	晉侯對匜	26.343	西周	同上
晉	15200	子犯鐘 A 甲	27.157	春秋	同上
晉	15201	子犯鐘 A 乙	27.159	春秋	同上
晉	15202	子犯鐘 A 丙	27.161	春秋	同上
晉	15208	子犯鐘 B 甲	27.169	春秋	同上
晉	15209	子犯鐘 B 乙	27.171	春秋	同上
晉	15210	子犯鐘 B 丙	27.173	春秋	同上
晉	15299	晉侯蘇鐘 A 乙	27.349	西周	同上
晉	15300	晉侯蘇鐘 A 丙	27.351	西周	同上
晉	15301	晉侯蘇鐘 A 丁	27.353	西周	同上
晉	15303	晉侯蘇鐘 A 己	27.356	西周	同上
晉	15306	晉侯蘇鐘 B 甲	27.359	西周	同上

古地名	器 號	器 名	卷數頁碼	時代	現今所在地
晉	15307	晉侯蘇鐘 B 乙	27.361	西周	今山西曲沃縣曲村鎮
晉	15308	晉侯蘇鐘 B 丙	27.363	西周	同上
晉	15425	驫羌鐘甲	28.18	戰國	同上
晉	15426	驫羌鐘乙	28.20	戰國	同上
晉	15427	驫羌鐘丙	28.22	戰國	同上
晉	15428	驫羌鐘丁	28.24	戰國	同上
晉	15429	驫羌鐘戊	28.26	戰國	同上
晉	16524	保晉戈	30.477	春秋	同上
晉	16525	保晉戈	30.478	春秋	同上
晉	16526	保晉戈	30.479	春秋	同上
晉	16623	晉侯戈	31.66	春秋	同上
晉	16624	晉侯戈	31.67	春秋	同上
晉	16625	晉侯戈	31.68	春秋	同上
晉	17093	晉上容大夫戈	32.148	春秋	同上
晉	17327	晉公戈	32.416	春秋	同上
晉	19013	晉公車轊甲	34.452	春秋	同上
晉	19014	晉公車轊乙	34.453	春秋	同上
晉	19178	鄂君啟車節	34.552	戰國	指魏國,都大梁,今河南開封市
晉	19179	鄂君啟車節	34.555	戰國	同上
晉	19180	鄂君啟車節	34.557	戰國	同上
晉	19181	鄂君啟舟節	34.559	戰國	同上
晉	19182	鄂君啟舟節	34.561	戰國	同上
晉	19343	晉侯銅人	35.119	西周	今山西曲沃縣曲村鎮
晉陽	16439	晉陽戈	30.402	戰國	今山西太原市西南古城營西古城
晉陽	16440	晉陽戈	30.403	戰國	同上
晉陽	17354	晉陽令趙去疾戈	32.446	戰國	同上
柴內	16572	柴內右戈	31.9	戰國	
圃	13536	邎方彝蓋	24.412	西周	
圁陽	16478	圁陽戈	30.433	戰國	今陝西綏德縣無定河北岸
圁陽	16818	圁陽戟	31.302	戰國	同上
畢	01821	倗伯鼎	3.480	西周	今西安市雁塔區南部畢原一帶
畢	01961	倗仲鼎	4.118	西周	同上
畢	02170	伯夏父鼎	4.367	西周	同上

古地名	器　號	器　名	卷數頁碼	時代	現今所在地
畢	02273	畢伯克鼎	5.10	西周	今西安市雁塔區南部畢原一帶
畢	02975	陳侯鼎	6.404	春秋	東遷後在今山西芮城縣北
畢	02976	陳侯鼎	6.405	春秋	同上
畢	02995	伯夏父鼎	6.431	西周	今西安市雁塔區南部畢原一帶
畢	02996	伯夏父鼎	6.432	西周	同上
畢	02997	伯夏父鼎	6.433	西周	同上
畢	02998	伯夏父鼎	6.434	西周	同上
畢	02999	伯夏父鼎	6.435	西周	同上
畢	03000	伯夏父鼎	6.436	西周	同上
畢	03001	伯夏父鼎	6.437	西周	同上
畢	03002	伯夏父鼎	6.438	西周	同上
畢	03003	伯夏父鼎	6.439	西周	同上
畢	03004	伯夏父鼎	6.440	西周	同上
畢	04499	倗伯簋	9.255	西周	同上
畢	04986	史喆簋	10.335	西周	同上
畢	04987	史喆簋	10.337	西周	同上
畢	05050	畢鮮簋	10.433	西周	同上
畢	05221	獻簋	11.255	西周	同上
畢	05234	段簋	11.284	西周	同上
畢	05302	七年師兌簋蓋	11.449	西周	同上
畢	05912	畢仲弁簠	13.193	春秋	東遷後在今山西芮城縣北
畢	14001	伯夏父罍	25.167	西周	今西安市雁塔區南部畢原一帶
畢	14002	伯夏父罍	25.169	西周	同上
畢	19255	召圜器	35.38	西周	同上
郫	15989	冉鉦鋮	29.516	戰國	
剛	11763	牐刧尊	21.231	西周	今山東寧陽縣東北
剛	13280	牐伯誃卣	24.206	西周	同上
剛桸	14542	散氏盤	25.603	西周	在今陝西寶雞市陳倉區境內
崋大山	19829	秦駰玉牘甲	35.455	戰國	即華大山、華山,今陝西華陰縣南
崋大山	19830	秦駰玉牘乙	35.457	戰國	同上
晉	00721	晉公鼎	2.43	戰國	即魏,今山西芮城縣北
晉	12023	魏下官壺	21.447	戰國	同上
晉	12308	槀佗壺	22.189	戰國	即魏,今山西芮城縣北

古地名	器　號	器　　名	卷數頁碼	時代	現今所在地
侲	18324	侂仲翸子削	33.551	春秋	即侂
倗	01821	倗伯鼎	3.480	西周	今山西絳縣橫水鎮
倗	01960	倗伯鼎	4.117	西周	同上
倗	01961	倗仲鼎	4.118	西周	同上
倗	02261	倗伯鼎	4.491	西周	同上
倗	04499	倗伯簋	9.255	西周	同上
倗	04715	倗伯虘簋蓋	9.466	西周	同上
倗	04716	耳侯戜簋	9.467	西周	同上
倗	04833	虎叔簋	10.128	西周	同上
倗	05208	倗伯爯簋	11.234	西周	同上
倗	11687	倗季尊	21.163	西周	同上
倗	12401	倗叔壺	22.320	西周	同上
郯郭	17050	郯郭公子戈	32.90	春秋	
脩武	10854	脩武府杯	19.481	戰國	即修武，戰國魏邑，今河南獲嘉縣
徐	02216	伯辰鼎	4.427	春秋	今江蘇泗洪縣東南大徐臺子
徐	02309	徐王糧鼎	5.59	春秋	同上
徐	02325	庚兒鼎	5.86	春秋	同上
徐	02326	庚兒鼎	5.88	春秋	同上
徐	02402	郐瞰尹鱀鼎	5.201	戰國	同上
徐	06227	宜桐盂	13.454	春秋	同上
徐	14423	徐王義楚盤	25.441	春秋	同上
徐	15289	徐王之孫鐘	27.327	春秋	同上
徐	15360	徐王之孫鐘	27.497	戰國	同上
徐	15520	遳邟鐘三	28.442	春秋	同上
徐	15521	遳邟鐘六	28.444	春秋	同上
徐	15532	徐王子旃鐘	28.472	春秋	同上
徐	15794	遳邟鎛甲	29.281	春秋	同上
徐	15795	遳邟鎛丙	29.285	春秋	同上
徐	15796	遳邟鎛丁	29.287	春秋	同上
徐	15819	沇兒鎛	29.358	春秋	同上
徐	15988	徐謟尹鉦鋮	29.513	春秋	同上
徐	15989	冉鉦鋮	29.516	戰國	同上
徐	17105	徐王之子㝬戈	32.160	春秋	同上

古地名	器　號	器　　名	卷數頁碼	時代	現今所在地
徐	17310	徐莫敖昭嗇戈	32.395	戰國	今江蘇泗洪縣東南大徐臺子
徐	17839	徐王義楚劍	33.183	春秋	同上
徐	17995	徐王義楚之元子柴劍	33.363	春秋	同上
徐	18077	壽夢之子劍	33.466	春秋	同上
徐	19267	徐王元子柴爐	35.53	春秋	同上
徐	19268	諸稽耕爐	35.54	春秋	同上
息	00092	息鼎	1.80	商代	國族名,今河南羅山縣蟒張鄉
息	00093	息鼎	1.81	商代	同上
息	00094	息鼎	1.82	商代	同上
息	00780	息父乙鼎	2.92	商代	同上
息	00818	息父丁鼎	2.121	商代	同上
息	00884	息父辛鼎	2.172	商代	同上
息	04731	微簋	10.3	西周	同上
息	06262	郋子行盆	13.476	春秋	同上
畎方	02516	小盂鼎	5.451	西周	即鬼方,晉北、陝北及内蒙相鄰地區
郳	01947	兒慶鼎	4.104	春秋	小邾,今山東棗莊市山亭區
郳	01948	兒慶鼎	4.105	春秋	同上
郳	02813	郳姶�母鬲	6.197	春秋	同上
郳	02866	兒慶鬲	6.256	春秋	同上
郳	02867	兒慶鬲	6.258	春秋	同上
郳	02868	兒慶鬲	6.260	春秋	同上
郳	14414	兒慶盤	25.428	春秋	同上
郳	16543	郳左庐戈	30.496	春秋	今山東龍口市南歸城
虒	02066	卅年虒令癱鼎	4.243	春秋	今山西曲沃縣西南
虒	02163	卅五年虒令周收鼎	4.356	戰國	同上
殷	02428	剌鼎	5.251	西周	今河南安陽市殷都區
郯	12326	郯季寬車壺	22.213	春秋	
郯	14925	郯季寬車匜	26.301	春秋	
奚	08793	葡亞罿角	17.230	商代	今山東滕州市東南
舍	15520	遳邟鐘三	28.442	春秋	即徐,今江蘇泗洪縣東南大徐臺子
舍	15521	遳邟鐘六	28.444	春秋	同上
舍	15794	遳邟鎛甲	29.281	春秋	同上
舍	15795	遳邟鎛丙	29.285	春秋	同上

古地名	器　號	器　名	卷數頁碼	時代	現今所在地
舍	15796	邐斿鎛丁	29.287	春秋	即徐，今江蘇泗洪縣東南大徐臺子
逄	00274	夆鼎	1.211	西周	今山東濟陽縣姜寨鄉
逄	01234	夆鼎	2.447	西周	同上
逄	02945	夆伯鬲	6.374	西周	同上
逄	03276	夆伯命簠	7.154	西周	同上
逄	03725	夆彝簋	8.47	西周	同上
逄	03726	夆彝簋	8.48	西周	同上
逄	12275	夆季壺蓋	22.150	西周	同上
逄	13086	夆莫父卣	23.510	西周	同上
逄	14522	夆叔盤	25.560	春秋	同上
逄	15001	夆叔匜	26.388	春秋	同上
邲	01659	邲孫宋鼎	3.322	春秋	
芻	14542	散氏盤	25.602	西周	在今寶雞市陳倉區境内
芻迷	14542	散氏盤	25.602	西周	同上
芻道	14542	散氏盤	25.602	西周	道路名，在今寶雞市陳倉區境内
高	17285	上郡守錯戈	32.363	戰國	高奴的簡稱
高	17288	上郡守錯戈	32.366	戰國	同上
高	17289	上郡守錯戈	32.367	戰國	同上
高平	16610	高平戈	31.51	春秋	戰國魏邑，今河南孟縣西北
高奴	06061	高奴敦	13.322	戰國	今陝西延安市寶塔區北
高奴	16476	高奴戈	30.431	戰國	同上
高奴	17194	高奴蕫令壯墨戈	32.260	戰國	同上
高奴	17271	上郡疾戈	32.346	戰國	同上
高奴	17275	上郡守疾戈	32.350	戰國	同上
高奴	17276	上郡守閒戈	32.351	戰國	同上
高奴	17277	上郡守閒戈	32.352	戰國	同上
高奴	17281	上郡守壽戈	32.358	戰國	同上
高奴	17286	上郡守錯戈	32.364	戰國	同上
高奴	17287	上郡守錯戈	32.365	戰國	同上
高奴	17571	高奴矛	33.3	戰國	同上
高奴	18862	高奴禾石權	34.325	戰國	同上
高武	16620	高武戈	31.63	戰國	戰國晚期秦縣
高都	17173	高都令陳鸄戈	32.235	戰國	戰國魏邑，今山西晉城市

古地名	器　號	器　　名	卷數頁碼	時代	現今所在地
高都	17174	高都令陳鶵戈	32.236	戰國	戰國魏邑，今山西晉城市
高都	17967	高都令陳鶵劍	33.325	戰國	同上
高都	17968	高都令陳鶵劍	33.326	戰國	同上
高壘	19178	鄂君啟車節	34.552	戰國	即高丘，今安徽宿州埇橋區符離集
高壘	19179	鄂君啟車節	34.555	戰國	同上
高壘	19180	鄂君啟車節	34.557	戰國	同上
高陵	02180	高陵君鼎	4.377	戰國	今陝西高陵縣西南
高陶	05387	不𣪘𣪘	12.178	西周	今渭北或隴東某地
高陶	05388	不𣪘𣪘蓋	12.180	西周	同上
高望	16475	高望戈	30.430	戰國	今內蒙古烏審旗北
高望	17170	甾丘令癰戈	32.231	戰國	同上
高望	17298	上郡守慶戈	32.378	戰國	同上
高望	17588	高望矛	33.18	戰國	同上
高望	17589	高望矛	33.19	戰國	同上
高密	16516	高密戈	30.469	春秋	今山東高密縣西南
高密	16611	高密戈	31.52	春秋	同上
高陽	17818	高陽劍	33.160	戰國	戰國燕邑，今河北高陽縣東
高陽	17826	高陽劍	33.169	戰國	同上
亳	16726	亳疋戈	31.177	春秋	今山東曹縣東南
亳邑	19758	亳邑玉戈	35.364	商代	河南商丘市西南
郴	19181	鄂君啟舟節	34.559	戰國	即郴，湖南郴州市
郴	19182	鄂君啟舟節	34.561	戰國	同上
郭	05274	榮𣪘	11.384	西周	在今山東聊城縣東北
唐	01452	觴仲鼎	3.137	西周	今山西翼城縣西唐城
唐	04954	覡公𣪘	10.288	西周	同上
唐	06274	晉公盆	13.493	西周	同上
唐	10658	中觶	19.474	西周	今湖北隨縣西北唐縣鎮
唐	12179	觴仲多壺	22.48	西周	今山西翼城縣西唐城
唐	13050	陽仲卣	23.474	西周	同上
唐	18546	庚都司馬鐓	34.125	戰國	同上
庴	11812	盠尊	21.296	西周	即斥，今陝西寶雞陳倉區汧渭交匯處
庲	13319	貉子卣	24.262	西周	即陕
旂	05147	旂伯𣪘	11.101	西周	封邑名

古地名	器 號	器 名	卷數頁碼	時代	現今所在地
旂	05148	旂伯簋	11.103	西周	封邑名
旅	04832	旅仲簋	10.127	西周	同上
旀菜	05307	倗生簋	11.461	西周	格伯田地的小地名
旀菜	05308	倗生簋	11.464	西周	同上
旀菜	05309	倗生簋	11.467	西周	同上
旀菜	05310	倗生簋	11.469	西周	同上
斾	05679	尉比盨	12.464	西周	邑名,今地不詳
旁	02767	戒鬲	6.150	西周	即旁京,在今西安市豐鎬遺址附近
旁	05291	弭叔師察簋	11.425	西周	同上
旁	05292	弭叔師察簋	11.427	西周	同上
旁	05341	六年琱生簋	12.66	西周	同上
旁	05389	卯簋蓋	12.182	西周	同上
旁	13345	高卣蓋	24.318	西周	同上
旁	14528	窦盤	25.572	西周	同上
旁京	02328	井鼎	5.91	西周	在今西安市長安區的豐鎬遺址附近
旁京	02337	歸夙進鼎	5.104	西周	同上
旁京	02338	歸夙進鼎	5.105	西周	同上
旁京	02339	歸夙進鼎	5.106	西周	同上
旁京	02394	寓鼎	5.187	西周	同上
旁京	02445	伯姜鼎	5.280	西周	同上
旁京	02449	伯唐父鼎	5.289	西周	同上
旁京	02500	多友鼎	5.392	西周	同上
旁京	05049	奢簋	10.432	西周	同上
旁京	05178	老簋	11.168	西周	同上
旁京	05187	鮮簋	11.190	西周	同上
旁京	05188	鮮簋	11.190	西周	同上
旁京	05226	小臣傳簋	11.266	西周	同上
旁京	05237	逋簋	11.290	西周	同上
旁京	05284	楚簋甲	11.408	西周	同上
旁京	05285	楚簋乙	11.411	西周	同上
旁京	05286	楚簋丙	11.414	西周	同上
旁京	05287	楚簋丁	11.417	西周	同上
旁京	05320	靜簋	12.19	西周	同上

古地名	器 號	器 名	卷數頁碼	時代	現今所在地
旁京	06215	王盂	13.442	西周	在今西安市長安區的豐鎬遺址附近
旁京	11798	士上尊	21.272	西周	同上
旁京	11820	麥尊	21.313	西周	同上
旁京	12426	史懋壺蓋	22.365	西周	同上
旁京	13313	小臣靜卣	24.255	西周	同上
旁京	13318	靜卣	24.260	西周	同上
旁京	13333	士上卣	24.291	西周	同上
旁京	13334	士上卣	24.293	西周	同上
旁京	14792	士上盂	26.213	西周	同上
旁京	15004	儥匜	26.392	西周	同上
湅鄂	16967	湅鄂戈	32.9	戰國	
湅鄂	17311	湅鄂嗇夫担戈	32.396	戰國	
涇	11596	涇伯尊	21.86	西周	今甘肅靈臺縣境内
涇	13096	涇伯卣	24.9	西周	同上
涇	13097	涇伯卣	24.10	西周	同上
涇東	15292	克鐘一	27.332	西周	陝西涇河以東的淳化、涇陽一帶
涇東	15294	克鐘三	27.337	西周	同上
涇東	15296	克鐘五	27.343	西周	同上
涇東	15814	克鎛	29.334	西周	同上
涉	16306	涉戈	30.279	戰國	今河北涉縣西北
海堳	05269	小臣謎簋	11.370	西周	山東莒南、江蘇贛榆二縣的海邊
淯陽	16478	圓陽戈	30.433	戰國	即圓陽,今陝西綏德縣北
淯陽	16818	圓陽戈	31.302	戰國	同上
涊陽	17564	涊陽矛	32.523	戰國	
惄谷	05380	敔簋	12.162	西周	在陝豫交界的洛南、盧氏、伊川一帶
害	04747	害叔簋	10.20	西周	
害	04748	害叔簋	10.22	西周	
郪	02376	亡智鼎	5.160	戰國	即梁,今河南開封市西北
郪斱	18543	梁斱庫鐼	34.122	戰國	即梁斱
陬	02349	陬子書缶	5.117	春秋	初邾都後魯邑,今山東曲阜縣西南
陵	01599	陵叔鼎	3.272	西周	
陵	16621	陵右戟	31.64	戰國	
陵陽	12023	陵陽壺	21.382	戰國	楚邑,今安徽青陽縣東南陵陽鎮

古地名	器　號	器　名	卷數頁碼	時代	現今所在地
陳	01432	陳弟鼎	3.122	春秋	都宛丘,今河南淮陽縣
陳	01970	陳生崔鼎	4.126	西周	同上
陳	02212	陳侯鼎	4.421	春秋	同上
陳	02975	陳侯鬲	6.404	春秋	同上
陳	02976	陳侯鬲	6.405	春秋	同上
陳	03361	叔原父甗	7.247	春秋	同上
陳	04827	陳侯簋	10.120	西周	同上
陳	05935	陳公子仲慶簠	13.224	春秋	同上
陳	05937	陳侯簠	13.226	春秋	同上
陳	05938	陳侯簠	13.228	春秋	同上
陳	05939	陳侯簠	13.230	春秋	同上
陳	05940	陳侯簠	13.232	春秋	同上
陳	12294	陳侯壺甲	22.170	春秋	同上
陳	12295	陳侯壺乙	22.171	春秋	同上
陳	14507	陳侯盤	25.537	春秋	同上
陳	14967	陳伯元匜	26.345	春秋	同上
陳	14991	陳侯匜	26.375	春秋	同上
陳	14994	陳子匜	26.379	春秋	同上
陳郢	18814	陳郢量	34.265	戰國	楚都,今河南淮陽縣
陭氏	16619	猗氏戈	31.62	戰國	即猗氏,今山西臨猗縣南二十里
陰平	17854	陰平劍	33.198	戰國	戰國齊邑,今山東棗莊市嶧城西南
陰晉	16913	陰晉左庫戈	31.459	戰國	今陝西華陰市岳廟鎮
陰陽洛	06230	永盂	13.459	西周	今陝西洛南縣南洛河兩岸
陶陰	19329	陶陰睘小器	35.111	戰國	
桑匽	19920	宗邑瓦書	35.508	戰國	在今西安市長安區境內

十　一　畫

古地名	器　號	器　名	卷數頁碼	時代	現今所在地
啻	18077	壽夢之子劍	33.466	春秋	即荊,也就是楚
菫	01594	菫伯鼎	3.267	西周	今山西萬榮縣西南
菫	01595	菫伯鼎	3.268	西周	同上
菫	13326	小子𣪘卣	24.278	西周	同上

古地名	器 號	器 名	卷數頁碼	時代	現今所在地
莫中	17218	漢中守運戈	32.284	戰國	即漢中,今陝西漢中市漢台區
曹	01938	伯氏鼎	4.97	春秋	都陶丘,今山東定陶縣西北
曹	01939	伯氏鼎	4.98	春秋	同上
曹	01940	伯氏鼎	4.99	春秋	同上
曹	01941	伯氏鼎	4.99	春秋	同上
曹	01942	伯氏鼎	4.100	春秋	同上
曹	04977	曹伯狄簋蓋	10.321	春秋	同上
曹	05929	曹公簠	13.213	春秋	同上
曹	14394	曹伯盤	25.407	春秋	同上
曹	14876	曹伯匜	26.256	春秋	同上
曹	16772	曹右庭戈	31.244	春秋	今山東定陶縣西北
曹	17049	曹公子沱戈	32.88	春秋	同上
萊	05327	史密簋	12.35	西周	一作釐,今山東平度市西
萊	05366	師袁簋	12.125	西周	同上
萊	05367	師袁簋	12.128	西周	同上
萊	12453	庚壺	22.433	春秋	同上
萊都	15553	叔夷鐘二	28.529	春秋	同上
萊都	15561	叔夷鐘十	28.545	春秋	同上
萊都	15829	叔夷鎛	29.395	春秋	同上
崔東	17665	平都矛	33.95	戰國	
茷郢	18816	鄅客問量	34.268	戰國	楚都,今湖北荊州市江陵縣紀南城
茷郢	19178	鄂君啟車節	34.552	戰國	同上
茷郢	19179	鄂君啟車節	34.555	戰國	同上
茷郢	19180	鄂君啟車節	34.557	戰國	同上
茷郢	19181	鄂君啟舟節	34.559	戰國	同上
茷郢	19182	鄂君啟舟節	34.561	戰國	同上
堆	04867	諆簋	10.173	西周	即鴻
堆	14542	散氏盤	25.602	西周	即鴻,在今陝西寶雞市陳倉區境內
桼	17284	上郡守錯戈	32.362	戰國	即漆,漆垣的簡稱
桼	17291	上郡假守暨戈	32.370	戰國	同上
桼	17292	上郡守暨戈	32.372	戰國	同上
桼	17295	上郡守冰戈	32.375	戰國	同上
桼	17296	上郡守慶戈	32.376	戰國	同上

古地名	器　號	器　　名	卷數頁碼	時代	現今所在地
桼	17297	上郡守慶戈	32.377	戰國	即漆,漆垣的簡稱
桼	17298	上郡守慶戈	32.378	戰國	同上
桼垣	17277	上郡守閒戈	32.352	戰國	即漆垣,今陝西銅川市西北
桼垣	17279	上郡守壽戈	32.355	戰國	同上
桼垣	17282	上郡守壽戈	32.359	戰國	同上
栖焚	19178	鄂君啟車節	34.552	戰國	即柳棼
栖焚	19179	鄂君啟車節	34.555	戰國	同上
栖焚	19180	鄂君啟車節	34.557	戰國	同上
梧	17155	鄁令垠戈	32.216	戰國	戰國魏邑,今河南滎陽縣西
棕	12429	刌其壺	22.373	商代	
棍木道	14542	散氏盤	25.602	西周	道路名,在今陝西寶雞市陳倉境內
埜	02513	大克鼎	5.440	西周	即野
埜	14790	束盉	26.209	西周	同上
迷魚	05203	韋伯叚簋	11.226	西周	西周時期少數部族,地不詳
軞	05288	臣諫簋	11.419	西周	在今河北元氏縣境內
軞	13341	叔趯父卣	24.308	西周	同上
軞	13342	叔趯父卣	24.311	西周	同上
敨	04306	敨仲簋	9.75	西周	
歫	17224	歫令樂疛戈	32.290	戰國	
霄	14542	散氏盤	25.602	西周	在今陝西寶雞市陳倉區境內
郾	05127	燕侯載簋	11.70	戰國	即燕,今河北易縣東南高陌村
郾	12406	燕王職壺	22.327	戰國	同上
郾	12454	妟盎壺	22.437	戰國	即燕,都薊,今北京市廣安門
郾	12455	中山王嚳壺	22.449	戰國	同上
郾	16427	郾戈	30.390	戰國	即燕,今河北易縣東南高陌村
郾	16705	燕侯右宮戈	31.154	戰國	同上
郾	16786	燕王右庫戈	31.258	戰國	同上
郾	16979	燕侯朘戈	32.26	戰國	即燕,都薊,今北京市廣安門
郾	16980	燕侯朘戈	32.27	戰國	同上
郾	16981	燕侯載戈	32.27	戰國	同上
郾	16982	燕侯載戈	32.28	戰國	同上
郾	16983	燕侯載戈	32.28	戰國	同上
郾	16984	燕侯載戈	32.29	戰國	同上

古地名	器　號	器　　名	卷數頁碼	時代	現今所在地
郾	16985	燕侯載戈	32.30	戰國	即燕，都薊，今北京市廣安門
郾	16986	燕侯載戈	32.31	戰國	同上
郾	16987	燕侯職戈	32.31	戰國	即燕，今河北易縣東南高陌村
郾	16988	燕侯職戈	32.32	戰國	同上
郾	16989	燕侯職戈	32.33	戰國	同上
郾	16990	燕侯職戈	32.34	戰國	同上
郾	16991	燕王職戈	32.34	戰國	同上
郾	16992	燕王職戈	32.35	戰國	同上
郾	16993	燕王職戈	32.36	戰國	同上
郾	16994	燕王職戈	32.37	戰國	同上
郾	16995	燕王職戈	32.38	戰國	同上
郾	16996	燕王職戈	32.39	戰國	同上
郾	16997	燕王職戈	32.40	戰國	同上
郾	16998	燕王職戈	32.41	戰國	同上
郾	16999	燕王職戈	32.41	戰國	同上
郾	17000	燕王職戈	32.42	戰國	同上
郾	17001	燕王職戈	32.43	戰國	同上
郾	17002	燕王職戈	32.44	戰國	同上
郾	17003	燕王職戈	32.45	戰國	同上
郾	17004	燕王職戈	32.45	戰國	同上
郾	17005	燕王職戈	32.46	戰國	同上
郾	17006	燕王職戈	32.47	戰國	同上
郾	17007	燕王職戈	32.48	戰國	同上
郾	17008	燕王職戈	32.49	戰國	同上
郾	17009	燕王職戈	32.50	戰國	同上
郾	17010	燕王職戈	32.51	戰國	同上
郾	17011	燕王職戈	32.52	戰國	同上
郾	17012	燕王職戈	32.52	戰國	同上
郾	17013	燕王職戈	32.53	戰國	同上
郾	17014	燕王職戈	32.54	戰國	同上
郾	17015	燕王詈戈	32.55	戰國	同上
郾	17016	燕王詈戈	32.56	戰國	同上
郾	17017	燕王詈戈	32.57	戰國	同上

古地名	器　號	器　　名	卷數頁碼	時代	現今所在地
郾	17018	燕王詈戈	32.58	戰國	即燕，今河北易縣東南高陌村
郾	17019	燕王詈戈	32.59	戰國	同上
郾	17020	燕王詈戈	32.60	戰國	同上
郾	17021	燕王詈戈	32.61	戰國	同上
郾	17022	燕王詈戈	32.62	戰國	同上
郾	17023	燕王詈戈	32.63	戰國	同上
郾	17024	燕王詈戈	32.64	戰國	同上
郾	17025	燕王詈戈	32.65	戰國	同上
郾	17026	燕王詈戈	32.65	戰國	同上
郾	17039	燕王戎人戈	32.79	戰國	同上
郾	17040	燕王戎人戈	32.80	戰國	同上
郾	17041	燕王戎人戈	32.81	戰國	同上
郾	17042	燕王戎人戈	32.82	戰國	同上
郾	17043	燕王戎人戈	32.83	戰國	同上
郾	17044	燕王戎人戈	32.84	戰國	同上
郾	17045	燕王戎人戈	32.85	戰國	同上
郾	17046	燕王戎人戈	32.86	戰國	同上
郾	17047	燕王戎人戈	32.87	戰國	同上
郾	17323	螶生戈	32.412	戰國	同上
郾	17624	燕王右矛	33.56	戰國	同上
郾	17625	燕侯載矛	33.57	戰國	即燕，都薊，今北京市廣安門
郾	17626	燕侯職矛	33.58	戰國	即燕，今河北易縣東南高陌村
郾	17627	燕王職矛	33.58	戰國	同上
郾	17628	燕王職矛	33.59	戰國	同上
郾	17629	燕王職矛	33.60	戰國	同上
郾	17630	燕王職矛	33.61	戰國	同上
郾	17631	燕王職矛	33.62	戰國	同上
郾	17632	燕王職矛	33.62	戰國	同上
郾	17633	燕王職矛	33.63	戰國	同上
郾	17634	燕王職矛	33.64	戰國	同上
郾	17635	燕王職矛	33.65	戰國	同上
郾	17636	燕王職矛	33.66	戰國	同上
郾	17637	燕王職矛	33.67	戰國	同上

古地名	器　號	器　名	卷數頁碼	時代	現今所在地
郾	17638	燕王職矛	33.68	戰國	即燕,今河北易縣東南高陌村
郾	17639	燕王職矛	33.69	戰國	同上
郾	17640	燕王喜矛	33.70	戰國	同上
郾	17641	燕王喜矛	33.71	戰國	同上
郾	17642	燕王喜矛	33.72	戰國	同上
郾	17643	燕王喜矛	33.73	戰國	同上
郾	17644	燕王喜矛	33.74	戰國	同上
郾	17645	燕王喜矛	33.75	戰國	同上
郾	17646	燕王喜矛	33.76	戰國	同上
郾	17647	燕王罾矛	33.77	戰國	同上
郾	17648	燕王罾矛	33.78	戰國	同上
郾	17649	燕王罾矛	33.79	戰國	同上
郾	17650	燕王罾矛	33.80	戰國	同上
郾	17651	燕王戎人矛	33.81	戰國	同上
郾	17652	燕王戎人矛	33.82	戰國	同上
郾	17653	燕王戎人矛	33.82	戰國	同上
郾	17654	燕王戎人矛	33.83	戰國	同上
郾	17655	燕王戎人矛	33.84	戰國	同上
郾	17656	燕王戎人矛	33.85	戰國	同上
郾	17657	燕王戎人矛	33.86	戰國	同上
郾	17658	燕王戎人矛	33.87	戰國	同上
郾	17840	燕王喜鈹	33.184	戰國	同上
郾	17841	燕王喜劍	33.185	戰國	同上
郾	17842	燕王喜劍	33.186	戰國	同上
郾	17843	燕王喜劍	33.187	戰國	同上
郾	17844	燕王喜劍	33.188	戰國	同上
郾	17845	燕王喜劍	33.189	戰國	同上
郾	17846	燕王喜劍	33.190	戰國	同上
郾	17847	燕王喜劍	33.191	戰國	同上
郾	17848	燕王喜劍	33.192	戰國	同上
郾	17849	燕王喜劍	33.193	戰國	同上
郾	17850	燕王喜劍	33.194	戰國	同上
郾	17851	燕王喜劍	33.195	戰國	同上

古地名	器　號	器　名	卷數頁碼	時代	現今所在地
郾	17922	燕王職劍	33.272	戰國	即燕,今河北易縣東南高陌村
郾	17923	燕王職劍	33.273	戰國	同上
郾	17924	燕王職劍	33.274	戰國	同上
郾	18017	南行唐令瞿卯劍	33.386	戰國	同上
堂	02448	戜鼎	5.286	西周	今河南郾城縣汝水西
堂	05379	戜簋	12.159	西周	同上
敝城	14542	散氏盤	25.602	西周	在今陝西寶鷄市陳倉區境內
圌	02009	圌君鼎	4.171	春秋	即昆
圌	14768	媿霝盉	26.176	春秋	同上
鄇	16409	鄇戈	30.373	春秋	即陽
婁	06226	婁君盉	13.453	春秋	今江蘇昆山市東北
野	14790	束盉	26.209	西周	
郇	02333	郇公湯鼎	5.96	春秋	今隨州市曾都區三里崗鎮
郇	04980	郇公伯韭簋	10.326	春秋	同上
郇	04981	郇公伯韭簋	10.328	春秋	同上
鄂	01565	鄂侯鼎	3.239	西周	今湖北隨州市隨縣安居鎮
鄂	01566	鄂侯鼎	3.240	西周	同上
鄂	01596	鄂仲鼎	3.269	西周	同上
鄂	02461	靜鼎	5.312	西周	同上
鄂	02464	鄂侯馭方鼎	5.318	西周	今河南南陽市宛城區新店鄉
鄂	02498	禹鼎	5.387	西周	同上
鄂	02499	禹鼎	5.389	西周	同上
鄂	03364	中甗	7.253	西周	同上
鄂	04441	鄂監簋	9.192	西周	今湖北隨州市隨縣安居鎮
鄂	04509	鄂侯弟曆季簋	9.264	西周	同上
鄂	04510	鄂季奞父簋	9.265	西周	同上
鄂	04828	鄂侯簋	10.121	西周	今河南南陽市宛城區新店鄉
鄂	04829	鄂侯簋	10.123	西周	同上
鄂	04830	鄂侯簋	10.125	西周	同上
鄂	04831	鄂侯簋	10.126	西周	同上
鄂	04880	鄂史苣簋	10.196	西周	同上
鄂	11600	鄂叔宋尊	21.91	西周	今湖北隨州市隨縣安居鎮
鄂	11688	曆季尊	21.164	西周	同上

古地名	器　號	器　名	卷數頁碼	時代	現今所在地
鄂	13046	鄂侯卣	23.470	西周	今湖北隨州市隨縣安居鎮
鄂	13156	鄂侯卣	24.65	西周	同上
鄂	13157	鄂叔父卣	24.66	西周	同上
鄂	13202	曆季卣	24.113	西周	同上
鄂	13803	鄂侯罍	25.91	西周	同上
鄂	13804	鄂侯罍	25.92	西周	同上
鄂	14364	鄂侯盤	25.378	西周	同上
鄂	19178	鄂君啟車節	34.552	戰國	鄂君封邑,今湖北鄂城市
鄂	19179	鄂君啟車節	34.555	戰國	同上
鄂	19180	鄂君啟車節	34.557	戰國	同上
鄂	19181	鄂君啟舟節	34.559	戰國	同上
鄂	19182	鄂君啟舟節	34.561	戰國	同上
過	04771	過伯簋	10.49	西周	今山東掖縣北
郳	04889	郳公鎛簋	10.206	西周	
郘	17813	郘左庫劍	33.155	戰國	
筥余	17178	負黍令韓譙戈	32.242	戰國	即負黍,今河南登封縣西南
筥余	17179	負黍令韓譙戈	32.243	戰國	同上
筥余	17180	負黍令韓譙戈	32.244	戰國	同上
敉方	17186	梁伯戈	32.249	春秋	即鬼方
舥溷	18547	舥溷都鐵	34.126	戰國	
敔	05380	敔簋	12.162	西周	
敓	16907	敓令張足戈	31.449	戰國	
魚	11622	魚伯彭尊	21.108	西周	
魚	13159	魚伯彭卣	24.69	西周	
象禾	19178	鄂君啟車節	34.552	戰國	今河南泌陽縣東北象河關
象禾	19179	鄂君啟車節	34.555	戰國	同上
象禾	19180	鄂君啟車節	34.557	戰國	同上
象邑	16677	齊象邑戈	31.127	戰國	戰國齊邑,在今山東省境內
猗氏	16619	猗氏戈	31.62	戰國	今山西臨猗縣南二十里
許	01433	許季鼎	3.123	西周	今河南葉縣西南、西峽或魯山東南
許	02372	蔡大師䐚鼎	5.154	春秋	同上
許	02778	許姬鬲	6.159	西周	今河南許昌市東四十里的張潘古城
許	04724	許季姜簋	9.477	西周	同上

古地名	器　號	器　　名	卷數頁碼	時代	現今所在地
許	05962	許子痤簠蓋	13.271	春秋	今河南葉縣西南、西峽或魯山東南
許	05965	許公買簠	13.277	春秋	同上
許	05966	許公買簠	13.279	春秋	同上
許	06058	許子敦	13.318	春秋	同上
許	11740	許仲秌尊	21.209	西周	今河南許昌市東四十里的張潘古城
許	13267	許仲秌卣	24.191	西周	同上
許	15792	許子鹽自鎛甲	29.277	春秋	今河南葉縣西南、西峽或魯山東南
許	15793	許子鹽自鎛乙	29.279	春秋	同上
許	15987	喬君鉦鍼	29.511	春秋	同上
許	16649	許公戈	31.93	春秋	同上
許	16650	許公戈	31.94	春秋	同上
許	16651	許公戈	31.95	春秋	同上
許	16652	許公戈	31.96	春秋	同上
許	16653	許公窑戈	31.97	春秋	同上
許	16654	許子戈	31.98	戰國	今河南魯山東南
許	16655	許子戈	31.101	戰國	同上
庸	01445	庸伯鼎蓋	3.132	西周	今河南新鄉市西南
庸	05203	韋伯叡簋	11.226	西周	同上
康	01575	康侯丰鼎	3.250	西周	康叔封地,今河南禹州市西北
康	01718	王鼎	3.381	西周	同上
康	02023	作冊瞏鼎	4.187	西周	同上
康	02623	康侯鬲	6.20	西周	同上
康	04589	康伯簋蓋	9.336	西周	同上
康	04590	康伯簋	9.337	西周	同上
康	05020	渣司土逘簋	10.384	西周	同上
康	05215	卻智簋	11.244	西周	同上
康	06214	微盂	13.440	西周	同上
康	07673	康侯爵	15.445	西周	同上
康	10268	康侯觶	19.169	西周	同上
康	12145	康伯壺蓋	22.18	西周	同上
康	17555	康侯矛	32.515	西周	同上
康	18322	康侯刀	33.549	西周	同上
康	19043	康侯鑾鈴	34.480	西周	同上

古地名	器 號	器 名	卷數頁碼	時代	現今所在地
望土	11800	作册折尊	21.274	西周	在今安徽濉溪縣境内
望土	13542	作册折方彝	24.422	西周	同上
章	05007	章叔將簋	10.368	西周	
商	05206	穆公簋蓋	11.232	西周	今河南濬縣與淇縣交界處
商	05679	䣄比盨	12.464	西周	邑名,今地不詳
商丘	05872	商丘叔簠	13.132	春秋	宋都,今商丘市城南
商丘	05873	商丘叔簠	13.133	春秋	同上
商丘	05874	商丘叔簠	13.134	春秋	同上
商丘	05875	商丘叔簠	13.135	春秋	同上
商丘	18361	商丘鏃	34.9	戰國	今商丘市城南
商邑	05020	㳄司土送簋	10.384	西周	朝歌,今河南濬縣與淇縣交界處
羕	11552	羕史尊	21.49	西周	
羕陵	17217	羕陵公戈	32.283	戰國	楚縣,今河南桐柏县月河镇古臺寺
減	05331	元年師旋簋甲	12.43	西周	一作棫,今陝西鳳翔縣南
減	05332	元年師旋簋乙	12.46	西周	同上
減	05333	元年師旋簋丙	12.49	西周	同上
減	05334	元年師旋簋丁	12.52	西周	同上
減	05398	蔡簋	12.202	西周	同上
淖黑	05203	韋伯叔簋	11.226	西周	即朝黑,西周部族,今地不詳
淲	05322	同簋	12.24	西周	即滮,今名滮池水,在西安市西北
淲	05323	同簋蓋	12.26	西周	同上
淮	02316	淮伯鼎	5.70	西周	
淮	05675	駒父盨蓋	12.451	西周	今淮河流域
淮	14542	散氏盤	25.602	西周	
淮戎	02489	彧鼎	5.367	西周	即南淮夷,在今安徽、江蘇淮河流域
淮夷	05366	師袁簋	12.125	西周	同上
淮夷	05367	師袁簋	12.128	西周	同上
淮夷	11803	录彧尊	21.279	西周	同上
淮夷	13331	录彧卣	24.288	西周	同上
淮夷	14539	兮甲盤	25.595	西周	同上
淮夷	19343	晉侯銅人	35.119	西周	同上
淮南夷	05311	應侯簋	11.471	西周	同上
淠	02513	大克鼎	5.440	西周	

古地名	器　號	器　　名	卷數頁碼	時代	現今所在地
淳于	16683	淳于左戈	31.133	春秋	今山東安丘縣東北杞城
淳于	16684	淳于右戈	31.134	春秋	同上
淳于	16850	淳于公戈	31.344	春秋	同上
淳于	16851	淳于公戈	31.345	春秋	同上
淳于	16852	淳于公戈	31.346	春秋	同上
淯	19181	鄂君啟舟節	34.559	戰國	淯水,今名白河,流經河南南陽市
淯	19182	鄂君啟舟節	34.561	戰國	同上
淄湹	15552	叔夷鐘一	28.526	春秋	今山東省淄水流域
淄湹	15829	叔夷鎛	29.395	春秋	同上
梁	02376	亡智鼎	5.160	戰國	戰國魏都,今河南開封市西北
梁	04628	梁伯敢簋	9.374	西周	西周梁國,今陝西關中境内
梁	16291	梁戈	30.263	春秋	今河南汝州市西南
梁	16292	梁戈	30.264	春秋	同上
梁	17186	梁伯戈	32.249	春秋	春秋梁國,今陝西韓城市芝川鎮
梁	17703	梁令張鈇戟刺	33.141	戰國	魏國大梁,今河南開封市西北
梁龢	18543	梁龢庫鐷	34.122	戰國	
宿夷	15299	晉侯蘇鐘 A 乙	27.349	西周	約在今山東半島及蘇北
密	02441	龘鼎	5.272	西周	今甘肅靈臺縣西南百里鎮
密	15553	叔夷鐘二	28.529	春秋	今山東昌邑縣東南密城
密	15561	叔夷鐘十	28.545	春秋	同上
密	15829	叔夷鎛	29.395	春秋	同上
鄄	16307	鄄戈	30.280	戰國	今山東鄄城縣東
鄄	16467	鄄左戈	30.423	戰國	同上
鄄城	15300	晉侯蘇鐘 A 丙	27.351	西周	同上
鄄城	15301	晉侯蘇鐘 A 丁	27.353	西周	同上
啟封	17197	啟封令癰戈	32.262	戰國	戰國魏地,今河南開封縣朱仙鎮東
祰	05064	召生簋甲	10.459	西周	即郜,今山東成武縣西南郜鼎集
祰	05065	召生簋乙	10.462	西周	同上
視廩	02293	員鼎	5.37	西周	
異	00741	亞異矣鼎	2.61	西周	西周諸侯國,今山東莒縣北
異	01620	異母鼎	3.289	西周	同上
異	01688	甕鼎	3.352	商代	同上
異	02231	弟叟鼎	4.449	西周	同上

古地名	器　號	器　　名	卷數頁碼	時代	現今所在地
晜	02257	娶鼎	4.485	商代	西周諸侯國，今山東莒縣北
晜	02311	哀鼎	5.62	春秋	同上
晜	02341	公貿鼎	5.108	西周	同上
晜	04379	亞晜矣簋	9.135	西周	同上
晜	04380	亞晜侯矣簋	9.136	西周	同上
晜	04381	亞晜侯矣簋	9.137	商代	同上
晜	04382	亞晜侯矣簋	9.137	商代	同上
晜	04573	亞晜矣旟簋	9.320	西周	同上
晜	04939	晜侯簋蓋	10.270	西周	同上
晜	05150	繁簋	11.107	西周	同上
晜	05366	師寰簋	12.125	西周	同上
晜	05367	師寰簋	12.128	西周	同上
晜	05631	晜伯子宦父盨甲	12.368	春秋	同上
晜	05632	晜伯子宦父盨乙	12.371	春秋	同上
晜	05633	晜伯子宦父盨丙	12.374	春秋	同上
晜	05634	晜伯子宦父盨丁	12.377	春秋	同上
晜	08358	亞晜侯矣爵	16.449	商代	同上
晜	08394	亞晜父己爵	16.478	西周	同上
晜	08536	鼉爵	17.88	商代	同上
晜	09786	亞晜父己觚	18.448	西周	同上
晜	09826	鼉觚	18.478	商代	同上
晜	09827	鼉觚	18.478	商代	同上
晜	10545	亞晜父己觚	19.379	西周	同上
晜	10583	亞晜矣觶	19.408	商代	同上
晜	10600	亞矣姄辛觶	19.422	商代	同上
晜	10863	晜仲歙壺	19.490	西周	同上
晜	11060	鼉罘	20.190	商代	同上
晜	11484	亞晜侯尊	20.190	西周	同上
晜	11623	鼉尊	21.109	商代	同上
晜	11717	亞晜侯尊	21.191	西周	同上
晜	11718	亞晜侯尊	21.191	西周	同上
晜	12407	晜公壺	22.329	春秋	同上
晜	12957	亞晜父己卣	23.386	西周	同上

古地名	器　號	器　　名	卷數頁碼	時代	現今所在地
異	13147	橐卣	24.57	商代	西周諸侯國,今山東莒縣北
異	13227	矣十對卣	24.140	西周	同上
異	13283	孝卣	24.209	商代	同上
異	14407	異伯窊父盤	25.421	春秋	同上
異	14763	亞盉	26.170	西周	同上
異	14896	異伯窊父匜	26.273	春秋	同上
異	14929	異孟姜匜	26.305	春秋	同上
異	14973	異甫人匜	26.351	春秋	同上
異	19452	亞異侯殘圓器	35.228	西周	同上
隩	14410	隩仲僕盤	25.425	西周	
隋	02318	楚王鼎	5.73	春秋	今湖北隨州市
陽	13050	陽仲卣	23.474	西周	即唐,今隨縣西北唐縣鎮
陽	16468	陽右戈	30.424	戰國	今山東沂水縣
陽丘	19178	鄂君啟車節	34.552	戰國	今河南方城縣東六里
陽丘	19179	鄂君啟車節	34.555	戰國	同上
陽丘	19180	鄂君啟車節	34.557	戰國	同上
陽曲	19049	箋馬童蓋弓帽	34.483	戰國	戰國趙邑,今山西定襄縣東南侍陽
陽邑	17188	趙敓戈	32.252	戰國	今山西太谷縣東北陽邑村
陽周	17569	陽周矛	32.528	戰國	今陝西子長縣西北
陽周	17570	陽周矛	32.528	戰國	同上
陽狐	16435	陽狐戈	30.398	戰國	戰國齊邑,今河北大名縣北
陽春	17184	陽春嗇夫維戈	32.247	戰國	
陽城	17144	陽城令韓季戈	32.204	戰國	戰國韓邑,今河南登封縣東南告城鎮
陽城	17276	上郡守閒戈	32.351	戰國	同上
陽城	17346	陽城令事壯戈	32.438	戰國	同上
陽陵	19174	陽陵虎符	34.548	秦代	今陝西咸陽市渭城區東北
陽都	16451	陽都戈	30.410	戰國	戰國秦地,在今陝西洋縣東北
陽翟	17704	陽翟令惢戟刺	33.142	戰國	戰國韓邑,今河南禹州市
陵	01592	陵伯鼎	3.266	西周	今甘肅靈臺縣境內
陵	01593	陵伯鼎	3.267	西周	同上
陵	04300	陵伯簋	9.69	西周	同上
陵	04301	陵伯簋	9.70	西周	同上
陵	11595	陵伯尊	21.85	西周	同上

古地名	器　號	器　　名	卷數頁碼	時代	現今所在地
陾	11684	陾王尊	21.160	西周	今甘肅靈臺縣境內
陾	13094	陾伯卣	24.7	西周	同上
陾	13095	陾伯卣	24.8	西周	同上
陾	14725	陾伯盂	26.135	西周	同上
陕陵	14542	散氏盤	25.602	西周	在今陝西寶雞市陳倉區境內
隊	05389	卯簋蓋	12.182	西周	卯的田地所在地名
粃	01951	粃侯鼎	4.108	西周	
巢	04988	鼓霤簋	10.338	西周	今安徽巢湖市東北
巢	05401	班簋	12.209	西周	同上
參泉	05380	敔簋	12.162	西周	在陝豫交界的洛南、盧氏、伊川一帶

十 二 畫

古地名	器　號	器　　名	卷數頁碼	時代	現今所在地
琱	02380	函皇父鼎	5.166	西周	即周
琱	03013	琱生鬲	6.449	西周	同上
琱	14523	函皇父盤	25.562	西周	同上
喜	17305	喜令韓鮐戈	32.389	戰國	戰國韓邑
彭	01666	彭子射鼎	3.330	春秋	楚國封邑，今河南南陽市臥龍區
彭	01667	彭子射鼎	3.331	春秋	同上
彭	02158	彭公之孫無所鼎	4.351	春秋	同上
彭	02183	玟鼎	4.380	西周	今甘肅慶城縣境內
彭	02184	玟鼎	4.382	西周	同上
彭	05884	彭子射兒簋	13.149	春秋	楚國封邑，今河南南陽市臥龍區
彭	05906	無所簠	13.185	春秋	同上
彭	06271	彭子仲盆蓋	13.489	春秋	同上
彭	12321	彭伯壺	22.204	春秋	同上
彭	12322	彭伯壺	22.206	春秋	同上
彭	14388	彭子射盤	25.401	春秋	同上
彭	14878	彭子射匜	26.258	春秋	今河南南陽市臥龍區
彭射	19181	鄂君啟舟節	34.559	戰國	即彭澤，夏水口到樅陽間江邊城邑
彭射	19182	鄂君啟舟節	34.561	戰國	同上
尌	03337	尌仲甗	7.215	春秋	今河南孟津縣

古地名	器 號	器 名	卷數頁碼	時代	現今所在地
尌	05119	尌仲簋蓋	11.57	春秋	今河南孟津縣
趡	11789	遣尊	21.260	西周	遣的采邑，今地不詳
趡	13311	遣卣	24.247	西周	同上
越	15417	越王者旨於賜鐘一	28.7	戰國	都會稽，今浙江紹興市
越	15418	越王者旨於賜鐘二	28.8	戰國	同上
越	15419	越王者旨於賜鐘二	28.9	戰國	同上
越	15420	越王者旨於賜鐘三	28.10	戰國	同上
越	15781	者汈鎛	29.238	戰國	同上
越	15785	越邾盟辭鎛甲	29.250	春秋	同上
越	15786	越邾盟辭鎛乙	29.255	春秋	同上
越	16414	越王戈	30.378	春秋	同上
越	16932	越王諸稽於賜戈	31.485	戰國	同上
越	16933	越王諸稽於賜戈	31.486	戰國	同上
越	16934	越王諸稽於賜戈	31.491	戰國	同上
越	17362	越王差徐戈	32.456	戰國	同上
越	17363	越王差徐戟	32.459	戰國	同上
越	17619	越王諸稽於賜矛	33.49	戰國	同上
越	17620	越王諸稽於賜矛	33.51	戰國	同上
越	17621	越王諸稽於賜矛	33.53	戰國	同上
越	17622	越王諸稽於賜矛	33.54	戰國	同上
越	17623	越王諸稽矛	33.55	戰國	同上
越	17667	越王州句矛	33.98	戰國	同上
越	17678	越王太子不壽矛	33.111	戰國	同上
越	17867	越王鈹	33.211	戰國	同上
越	17868	越王劍	33.212	春秋	同上
越	17869	越王劍	33.213	春秋	同上
越	17870	越王劍	33.214	戰國	同上
越	17872	越王伯侯劍	33.216	戰國	同上
越	17873	越王旨医劍	33.217	戰國	同上
越	17874	越王勾踐劍	33.218	戰國	同上
越	17875	越王之子勾踐劍	33.220	戰國	同上
越	17876	越王之子勾踐劍	33.221	戰國	同上
越	17877	越王諸稽於賜劍	33.222	戰國	同上

古地名	器　號	器　　名	卷數頁碼	時代	現今所在地
越	17878	越王諸稽於睗劍	33.224	戰國	都會稽，今浙江紹興市
越	17879	越王諸稽於睗劍	33.225	戰國	同上
越	17880	越王諸稽於睗劍	33.226	戰國	同上
越	17881	越王諸稽於睗劍	33.227	戰國	同上
越	17882	越王諸稽於睗劍	33.228	戰國	同上
越	17883	越王諸稽於睗劍	33.229	戰國	同上
越	17884	越王諸稽於睗劍	33.230	戰國	同上
越	17885	越王諸稽於睗劍	33.231	戰國	同上
越	17886	越王諸稽於睗劍	33.232	戰國	同上
越	17887	越王諸稽於睗劍	33.233	戰國	同上
越	17888	越王諸稽於睗劍	33.234	戰國	同上
越	17889	越王諸稽於睗劍	33.235	戰國	同上
越	17890	越州句劍.	33.236	戰國	同上
越	17891	越州句劍格	33.237	戰國	同上
越	17892	越王州句劍	33.238	戰國	同上
越	17893	越王州句劍	33.240	戰國	同上
越	17894	越王州句劍	33.241	戰國	同上
越	17895	越王州句劍	33.242	戰國	同上
越	17896	越王州句劍	33.243	戰國	同上
越	17897	越王州句劍	33.244	戰國	同上
越	17898	越王州句劍	33.245	戰國	同上
越	17899	越王州句劍	33.246	戰國	同上
越	17900	越王州句劍	33.247	戰國	同上
越	17901	越王州句劍	33.248	戰國	同上
越	17902	越王州句劍	33.249	戰國	同上
越	17903	越王州句劍	33.250	戰國	同上
越	17904	越王州句劍	33.251	戰國	同上
越	17905	越王州句劍	33.252	戰國	同上
越	17906	越王州句劍	33.253	戰國	同上
越	17907	越王州句劍	33.254	戰國	同上
越	17908	越王州句劍	33.255	戰國	同上
越	17909	越王州句劍	33.256	戰國	同上
越	17910	越王州句劍	33.257	戰國	同上

古地名	器 號	器 名	卷數頁碼	時代	現今所在地
越	17911	越王州句劍	33.258	戰國	都會稽,今浙江紹興市
越	17912	越王州句劍	33.259	戰國	同上
越	17913	越王州句劍	33.261	戰國	同上
越	17914	越王州句劍	33.262	戰國	同上
越	17951	越王嗣旨不光劍	33.311	戰國	同上
越	17952	越王嗣旨不光劍	33.312	戰國	同上
越	17953	越王嗣旨不光劍	33.313	戰國	同上
越	17954	越王諸稽不光劍	33.313	戰國	同上
越	17955	越王不光劍	33.314	戰國	同上
越	17956	越王不光劍	33.314	戰國	同上
越	17957	越王不光劍	33.315	戰國	同上
越	17958	越王不光劍	33.316	戰國	同上
越	17959	越王不光劍	33.317	戰國	同上
越	17960	越王不光劍	33.318	戰國	同上
越	17961	越王不光劍	33.319	戰國	同上
越	17962	越王不光劍	33.320	戰國	同上
越	17963	越王不光劍	33.321	戰國	同上
越	17964	越王不光劍	33.322	戰國	同上
越	17965	越王不光劍	33.323	戰國	同上
越	18025	越王丌北古劍	33.400	戰國	同上
越	18026	越王丌北古劍	33.402	戰國	同上
越	18027	越王丌北古劍	33.404	戰國	同上
越	19766	越王石矛	35.376	戰國	同上
越	19767	越嗣王石矛	35.377	戰國	同上
越	19768	越嗣王石矛	35.378	戰國	同上
越	19769	越王不光石矛	35.379	戰國	同上
越	19770	越王石劍格	35.380	戰國	同上
越	19771	越王石劍格	35.380	戰國	同上
越	19835	岣嶁碑	35.470	戰國	同上
博望	17276	上郡守閒戈	32.351	戰國	今河南方城縣西南博望集
博望	17290	上郡守匽氏戈	32.368	戰國	同上
散	01440	散姬鼎	3.129	西周	今陝西寶鷄陳倉區、鳳翔汧渭之會
散	02297	散伯車父鼎甲	5.42	西周	同上

古地名	器　號	器　　名	卷數頁碼	時代	現今所在地
散	02298	散伯車父鼎乙	5.44	西周	今陝西寶鷄陳倉區、鳳翔汧渭之會
散	02299	散伯車父鼎丙	5.46	西周	同上
散	02300	散伯車父鼎丁	5.48	西周	同上
散	04838	散車父簋甲	10.133	西周	同上
散	04839	散車父簋乙	10.134	西周	同上
散	04840	散車父簋丙	10.135	西周	同上
散	04841	散車父簋丁	10.137	西周	同上
散	04842	散車父簋蓋	10.138	西周	同上
散	12359	散氏車父壺	22.260	西周	同上
散	12404	散車父壺	22.325	西周	同上
散	13161	散伯卣	24.71	西周	同上
散	13162	散伯卣	24.72	西周	同上
散	13163	散伯卣蓋	24.73	西周	同上
散	14542	散氏盤	25.602	西周	同上
黃	01974	黃季鼎	4.130	春秋	今河南光山縣
黃	02003	黃君孟鼎	4.164	春秋	同上
黃	02004	黃君孟鼎	4.166	春秋	同上
黃	02038	黃子鼎	4.204	春秋	同上
黃	02087	黃子鼎	4.266	春秋	同上
黃	02088	黃季鼎	4.267	春秋	同上
黃	02818	黃朱柢鬲	6.201	西周	同上
黃	02819	黃朱柢鬲	6.202	西周	同上
黃	02844	黃子鬲	6.229	春秋	同上
黃	02945	黃子鬲	6.364	春秋	同上
黃	05936	曾侯簠	13.225	春秋	同上
黃	06146	黃君孟豆	13.396	春秋	同上
黃	06148	黃子豆	13.398	春秋	同上
黃	06269	黃太子伯克盆	13.486	春秋	同上
黃	11757	黃子魯天尊	21.225	西周	同上
黃	12324	黃君孟壺	22.211	春秋	同上
黃	12338	黃子壺	22.230	春秋	同上
黃	12339	黃子壺	22.231	春秋	同上
黃	13996	黃君孟𦉜	25.159	春秋	同上

古地名	器 號	器 名	卷數頁碼	時代	現今所在地
黃	13997	黃子罍	25.160	春秋	今河南光山縣
黃	13998	黃子罍	25.162	春秋	同上
黃	14440	黃君孟盤	25.460	春秋	同上
黃	14455	黃子盤	25.476	春秋	同上
黃	14520	黃太子伯克盤	25.557	春秋	同上
黃	14903	黃仲匜	26.280	西周	同上
黃	14917	黃君孟匜	26.293	春秋	同上
黃	14942	黃子匜	26.320	春秋	同上
黃	16898	黃季佗父戈	31.441	春秋	同上
黃	16973	黃君孟戈	32.15	春秋	同上
黃	19302	黃子器座	35.87	春秋	同上
黃	19232	黃子罐	35.13	春秋	同上
黃	19239	伯遊父卮	35.22	春秋	同上
黃城	16421	黃城戈	30.384	春秋	今山東冠縣南
葭明	16517	白水戈	30.470	戰國	簡稱明,今四川廣元市西南
葭明	17189	穆容戈	32.253	戰國	今四川廣元市西南
郯	14087	郯仲鹽缶	25.249	春秋	今陝西關中境內
朝歌	12211	朝歌下官鍾	22.82	戰國	戰國魏魏邑,今河南淇縣北
朝歌	16402	朝歌戈	30.368	春秋	春秋晉邑,今河南淇縣北
朝歌	17059	朝歌右庫戈	32.103	戰國	戰國魏魏邑,今河南淇縣北
楮木	14542	散氏盤	25.602	西周	在今寶雞市陳倉區境內
棫	14542	散氏盤	25.602	西周	今陝西鳳翔縣南
棫林	05379	𢆶簋	12.159	西周	今河南葉縣東北
棹	14542	散氏盤	25.602	西周	今寶雞市陳倉區境內
屑	19181	鄂君啟舟節	34.559	戰國	即穀、穀城,今湖北穀城縣西
屑	19182	鄂君啟舟節	34.561	戰國	同上
雺	16275	雺戈	30.249	春秋	
蚚	15153	蚚仲鐘	27.79	西周	
剫	14525	作冊吳盤	25.566	西周	
剫	14797	作冊吳盉	26.224	西周	
量	02513	大克鼎	5.440	西周	
量	04837	量侯𢽳簋	10.132	西周	
買	09810	買王眾觚	18.466	西周	

古地名	器　號	器　　名	卷數頁碼	時代	現今所在地
買	09811	買王眔觚	18.467	西周	
買	13090	買王眔卣	23.514	西周	
單	01717	叔鼎	3.380	西周	今陝西眉縣馬家鎮楊家村
單	02957	單叔鬲甲	6.379	西周	同上
單	02958	單叔鬲乙	6.480	西周	同上
單	02959	單叔鬲丙	6.481	西周	同上
單	02960	單叔鬲丁	6.482	西周	同上
單	02961	單叔鬲戊	6.483	西周	同上
單	02962	單叔鬲己	6.484	西周	同上
單	02963	單叔鬲庚	6.485	西周	同上
單	02964	單叔鬲辛	6.486	西周	同上
單	03007	單伯原父鬲	6.443	西周	同上
單	05350	揚簋	12.92	西周	同上
單	05351	揚簋	12.94	西周	同上
單	05612	單子白盨	12.342	西周	同上
單	06129	單昊生豆	13.378	西周	同上
單	14543	逨盤	25.605	西周	同上
單	14777	逨盂	26.188	西周	同上
單	14800	裘衛盉	26.231	西周	同上
單	15265	單伯昊生鐘	27.279	西周	同上
郢陽	19181	鄂君啟舟節	34.559	戰國	今湖北安陸市
郢陽	19182	鄂君啟舟節	34.561	戰國	同上
綮	02154	綮子丙車鼎	4.345	春秋	
綮	02155	綮子丙車鼎	4.346	春秋	
聖	11763	犅刧尊	21.231	西周	即剛,今山東寧陽縣東北
無	15987	喬君鉦鋮	29.511	春秋	即許,今河南葉縣、西峽或魯山東南
無終	00618	冬刃鼎	1.483	商代	裘錫圭釋爲無終,今天津市薊縣
無終	00619	冬刃鼎	1.484	商代	同上
無終	00620	冬刃鼎	1.485	商代	同上
無終	07019	冬刃爵	14.465	商代	同上
無終	07020	冬刃爵	14.465	商代	同上
無終	09470	冬刃觚	18.200	商代	同上
無終	09471	冬刃觚	18.201	商代	同上

古地名	器號	器名	卷數頁碼	時代	現今所在地
無終	16314	冬刃戈	30.286	商代	裘錫圭釋爲無終，今天津市薊縣
無鹽	16568	無鹽右戈	31.5	戰國	今山東東平縣東無鹽村
無鹽	16569	無鹽右戈	31.6	戰國	同上
無鹽	16570	無鹽右戈	31.7	戰國	同上
智	15052	智君子鑑	26.399	春秋	今山西永濟縣北
智	15053	智君子鑑	26.400	春秋	同上
郲	16544	郲右庞戈	30.497	戰國	一作乘，今山東巨野縣西南
郲	16545	郲右庞戈	30.498	戰國	同上
筥	05035	筥小子簋	10.414	西周	即莒，今山東莒縣
筥	05036	筥小子簋	10.416	西周	同上
筍	05606	筍伯大父盨	12.336	西周	即荀，今山西臨猗縣西南
敄	01448	敄伯鼎	3.134	西周	
犅	13280	犅伯䛗卣	24.206	西周	即剛，今山東寧陽縣東北
皐落	17303	皐落戈	32.387	戰國	今山西昔陽縣東南七十里皋落鎮
郋	06262	郋子行盆	13.476	春秋	即息
雒	05505	雒伯盨	12.225	西周	
雒	06124	雒叔鋪	13.373	西周	
雒	16976	雒公蘇戈	32.22	春秋	
復	04932	復公子伯舍簋	10.259	西周	今河南桐柏縣西北固廟村一帶
復	04933	復公子伯舍簋	10.261	西周	同上
復	04934	復公子伯舍簋	10.262	西周	同上
御	16963	御侯戈	32.5	春秋	
鈖陶	17306	鈖陶令富反戈	32.390	戰國	
番	02990	番君配伯鬲	6.424	春秋	一作潘，今河南固始縣
番	02991	番君配伯鬲	6.426	春秋	同上
番	02992	番君配伯鬲	6.428	春秋	同上
番	05914	番君召簠	13.195	春秋	同上
番	05915	番君召簠	13.196	春秋	同上
番	05916	番君召簠	13.197	春秋	同上
番	05917	番君召簠	13.198	春秋	同上
番	05918	番君召簠蓋	13.199	春秋	同上
番	05919	番君召簠	13.200	春秋	同上
番	10005	番伯官曾鐳	25.173	春秋	同上

古地名	器 號	器 名	卷數頁碼	時代	現今所在地
番	12288	番叔壺	22.165	春秋	一作潘，今河南固始縣
番	14467	伯離盤	25.487	春秋	同上
番	14473	番君伯龖盤	25.494	春秋	同上
番	14952	番伯酓匜	26.330	春秋	同上
番	14963	番仲𣏌匜	26.341	春秋	同上
番	14970	番君匜	26.348	春秋	同上
番	15255	鄱子成周鐘甲	27.257	春秋	同上
番	15256	鄱子成周鐘乙	27.259	春秋	同上
番	15257	鄱子成周鐘丙	27.261	春秋	同上
番	15258	鄱子成周鐘丁	27.263	春秋	同上
番昶	02175	番昶伯者君鼎	4.372	春秋	今河南信陽市浉河區
番昶	02177	番昶伯者君鼎	4.373	春秋	同上
番昶	14439	番昶伯盤	25.459	春秋	同上
番昶	14480	番昶伯者君盤	25.502	春秋	同上
番昶	14481	番昶伯者君盤	25.503	春秋	同上
番昶	14971	番昶伯者君匜	26.349	春秋	同上
番昶	14972	番昶伯者君匜	26.350	春秋	同上
童麗	05898	童麗君柏簠	13.170	春秋	即鍾離，今安徽鳳陽縣臨淮關鎮東
童麗	15186	鍾離君柏鐘一	27.137	春秋	同上
童麗	15187	鍾離君柏鐘八	27.139	春秋	同上
童麗	15787	季子康鎛甲	29.262	春秋	同上
童麗	15788	季子康鎛乙	29.265	春秋	同上
童麗	15789	季子康鎛丙	29.268	春秋	同上
童麗	15790	季子康鎛丁	29.271	春秋	同上
童麗	15791	季子康鎛戊	29.274	春秋	同上
童麗	17055	童麗公柏戈	32.98	春秋	同上
嗇臨	02378	師衛鼎	5.163	西周	
嗇臨	05142	師衛簋	11.93	西周	
嗇臨	05143	師衛簋	11.94	西周	
遂	05327	史密簋	12.35	西周	今山東肥城縣南
遂土	06228	遘盂	13.455	西周	
曾	01567	曾侯諫鼎	3.241	西周	今湖北隨州市曾都區
曾	01568	曾侯諫鼎	3.242	西周	同上

古地名	器　號	器　　名	卷數頁碼	時代	現今所在地
曾	01569	曾侯諫鼎	3.243	西周	今湖北隨州市曾都區
曾	01570	曾侯諫鼎	3.244	西周	同上
曾	01571	曾侯鼎	3.245	西周	同上
曾	01572	曾侯鼎	3.246	西周	同上
曾	01577	曾侯邲鼎	3.252	春秋	同上
曾	01657	曾孫定鼎	3.321	春秋	同上
曾	01750	曾大師奠鼎	3.410	春秋	同上
曾	01752	曾侯乙鼎	3.412	戰國	同上
曾	01753	曾侯乙鼎	3.414	戰國	同上
曾	01754	曾侯乙鼎	3.415	戰國	同上
曾	01755	曾侯乙鼎	3.416	戰國	同上
曾	01756	曾侯乙鼎	3.417	戰國	同上
曾	01757	曾侯乙鼎	3.418	戰國	同上
曾	01758	曾侯乙鼎	3.420	戰國	同上
曾	01759	曾侯乙鼎	3.422	戰國	同上
曾	01760	曾侯乙鼎	3.424	戰國	同上
曾	01840	曾大師賓樂與鼎	3.496	春秋	同上
曾	01918	曾侯仲子遊父鼎	4.76	春秋	同上
曾	01919	曾侯仲子遊父鼎	4.77	春秋	同上
曾	01944	曾子伯誩鼎	4.101	春秋	同上
曾	02005	曾亙嫚鼎	4.167	春秋	同上
曾	02006	曾亙嫚鼎	4.168	春秋	同上
曾	02060	曾伯從寵鼎	4.233	春秋	同上
曾	02090	曾仲子敀鼎	4.271	春秋	同上
曾	02119	曾侯宩鼎	4.432	春秋	同上
曾	02120	曾侯宩鼎	4.434	春秋	同上
曾	02123	曾者子饟鼎	4.307	春秋	同上
曾	02157	曾孫無㱋鼎	4.350	春秋	同上
曾	02214	曾子仲淒鼎	4.425	春秋	同上
曾	02254	曾仲鎜鼎	4.481	春秋	同上
曾	02272	易鼎	5.9	西周	同上
曾	02371	曾子仲宣鼎	5.153	春秋	同上
曾	02388	曾子軏鼎	5.180	春秋	同上

古地名	器　號	器　　名	卷數頁碼	時代	現今所在地
曾	02461	靜鼎	5.312	西周	今湖北隨州市曾都區
曾	02784	曾侯乙鬲	6.166	戰國	同上
曾	02785	曾侯乙鬲	6.168	戰國	同上
曾	02845	曾子單鬲	6.230	春秋	同上
曾	02861	曾伯鬲	6.248	春秋	同上
曾	02862	曾仲塦鬲	6.250	春秋	同上
曾	02910	曾伯宮父穆鬲	6.318	西周	同上
曾	03292	曾侯諫甗	7.169	西周	同上
曾	03313	黃仲酉甗	7.189	春秋	同上
曾	03352	曾子仲潩甗	7.233	春秋	同上
曾	03364	中甗	7.253	西周	即鄫,在今河南方城縣附近
曾	04351	曾侯諫簋	9.111	西周	今湖北隨州市曾都區
曾	04352	曾侯諫簋	9.112	西周	同上
曾	04473	曾侯乙簋	9.221	戰國	同上
曾	04474	曾侯乙簋	9.224	戰國	同上
曾	04475	曾侯乙簋	9.226	戰國	同上
曾	04476	曾侯乙簋	9.228	戰國	同上
曾	04477	曾侯乙簋	9.230	戰國	同上
曾	04478	曾侯乙簋	9.232	戰國	同上
曾	04479	曾侯乙簋	9.234	戰國	同上
曾	04480	曾侯乙簋	9.236	戰國	同上
曾	04963	曾大保簋	10.302	西周	同上
曾	04975	曾侯宷簋	10.317	春秋	同上
曾	04976	曾侯宷簋	10.319	春秋	同上
曾	05025	曾伯文簋	10.393	西周	同上
曾	05026	曾伯文簋	10.395	西周	同上
曾	05027	曾伯文簋	10.397	西周	同上
曾	05028	曾伯文簋	10.398	西周	同上
曾	05029	曾仲塦簋甲	10.399	春秋	同上
曾	05030	曾仲塦簋乙	10.402	春秋	同上
曾	05031	曾仲塦簋丙	10.405	春秋	同上
曾	05228	曾仲大父蛜簋	11.268	西周	同上
曾	05229	曾仲大父蛜簋	11.271	西周	同上

古地名	器　號	器　　名	卷數頁碼	時代	現今所在地
曾	05760	曾侯邨簠	13.9	春秋	今湖北隨州市曾都區
曾	05783	曾都尹定簠	13.35	春秋	同上
曾	05797	曾子季关臣簠甲	13.52	戰國	同上
曾	05798	曾子季关臣簠乙	13.53	戰國	同上
曾	05802	黃仲酉簠	13.58	春秋	同上
曾	05803	曾娍孃朱姬簠	13.59	春秋	同上
曾	05826	曾子屎簠	13.82	春秋	同上
曾	05827	曾子屎簠	13.83	春秋	同上
曾	05834	曾孟嬴剈簠	13.90	春秋	同上
曾	05840	叔𢀜父簠蓋	13.96	春秋	同上
曾	05854	曾子義行簠	13.111	春秋	同上
曾	05892	曾子原彝簠	13.159	春秋	同上
曾	05921	曾孫史夷簠	13.203	春秋	同上
曾	05930	曾仲塞簠甲	13.214	春秋	同上
曾	05931	曾仲塞簠乙	13.217	春秋	同上
曾	05936	曾侯簠	13.225	春秋	同上
曾	05979	曾伯霖簠蓋	13.304	春秋	同上
曾	05980	曾伯霖簠	13.306	春秋	同上
曾	06125	曾侯乙豆	13.374	戰國	同上
曾	06126	曾侯乙豆	13.375	戰國	同上
曾	06127	曾侯乙豆	13.376	戰國	同上
曾	06130	曾仲斿父鋪	13.379	春秋	同上
曾	06131	曾仲斿父鋪	13.380	春秋	同上
曾	06256	曾太保慶盆	13.468	春秋	同上
曾	06264	曾孟嬭諫盆	13.478	春秋	同上
曾	06268	曾太保屬叔亟盆	13.485	春秋	同上
曾	06311	曾侯乙匕	13.509	戰國	同上
曾	06312	曾侯乙匕	13.510	戰國	同上
曾	06313	曾侯乙匕	13.511	戰國	同上
曾	12132	曾侯壺	22.6	西周	同上
曾	12190	曾仲姬壺	22.61	春秋	同上
曾	12206	曾侯乙壺	22.77	戰國	同上
曾	12207	曾侯乙壺	22.78	戰國	同上

古地名	器　號	器　　名	卷數頁碼	時代	現今所在地
曾	12208	曾侯乙壺	22.79	戰國	今湖北隨州市曾都區
曾	12225	曾大扈尹壺甲	22.99	春秋	同上
曾	12226	曾大扈尹壺乙	22.100	春秋	同上
曾	12249	黃仲酉壺	22.123	春秋	同上
曾	12285	曾仲斿父壺甲	22.159	春秋	同上
曾	12286	曾仲斿父壺乙	22.161	春秋	同上
曾	12390	曾侯窑壺	22.303	春秋	同上
曾	12424	曾姬無卹壺甲	22.361	戰國	同上
曾	12425	曾姬無卹壺乙	22.363	戰國	同上
曾	12427	曾伯陭壺	22.366	春秋	同上
曾	13993	曾伯文鑪	25.153	西周	同上
曾	14067	曾子遜缶	25.218	春秋	同上
曾	14071	曾侯乙缶	25.223	戰國	同上
曾	14072	曾侯乙缶	25.224	戰國	同上
曾	14073	曾侯乙缶	25.226	戰國	同上
曾	14184	曾侯乙斗	25.302	戰國	同上
曾	14185	曾侯乙斗	25.303	戰國	同上
曾	14186	曾侯乙勺	25.304	戰國	同上
曾	14395	曾姬盤	25.408	春秋	同上
曾	14396	曾侯乙盤	25.409	戰國	同上
曾	14397	曾侯乙盤	25.410	戰國	同上
曾	14409	黃仲酉盤	25.424	春秋	同上
曾	14430	曾仲盤	25.450	西周	同上
曾	14475	曾師季鞾盤	25.496	春秋	同上
曾	14496	曾季氲臣盤	25.523	戰國	同上
曾	14505	曾子伯窑盤	25.534	春秋	同上
曾	14871	曾氲臣匜	26.252	戰國	同上
曾	14882	曾侯乙匜	26.261	戰國	同上
曾	14883	曾侯乙匜	26.262	戰國	同上
曾	14897	曾子白窑匜	26.275	春秋	同上
曾	14902	黃仲酉匜	26.279	春秋	同上
曾	14964	曾夫人匜	26.342	春秋	同上
曾	15056	曾侯乙鑑	26.405	戰國	同上

古地名	器　號	器　　名	卷數頁碼	時代	現今所在地
曾	15141	曾侯子鐘甲	27.56	春秋	今湖北隨州市曾都區
曾	15142	曾侯子鐘乙	27.58	春秋	同上
曾	15143	曾侯子鐘丙	27.60	春秋	同上
曾	15144	曾侯子鐘丁	27.62	春秋	同上
曾	15145	曾侯子鐘戊	27.64	春秋	同上
曾	15146	曾侯子鐘己	27.66	春秋	同上
曾	15147	曾侯子鐘庚	27.68	春秋	同上
曾	15148	曾侯子鐘辛	27.70	春秋	同上
曾	15267	畬章鐘	27.283	戰國	同上
曾	15268	畬章鐘	27.284	戰國	同上
曾	15431	曾侯乙鐘一	28.29	戰國	同上
曾	15432	曾侯乙鐘二	28.39	戰國	同上
曾	15433	曾侯乙鐘三	28.49	戰國	同上
曾	15434	曾侯乙鐘四	28.59	戰國	同上
曾	15435	曾侯乙鐘五	28.68	戰國	同上
曾	15436	曾侯乙鐘六	28.78	戰國	同上
曾	15437	曾侯乙鐘七	28.88	戰國	同上
曾	15438	曾侯乙鐘八	28.98	戰國	同上
曾	15439	曾侯乙鐘九	28.108	戰國	同上
曾	15440	曾侯乙鐘十	28.118	戰國	同上
曾	15441	曾侯乙鐘十一	28.128	戰國	同上
曾	15442	曾侯乙鐘十二	28.138	戰國	同上
曾	15443	曾侯乙鐘十三	28.148	戰國	同上
曾	15444	曾侯乙鐘十四	28.152	戰國	同上
曾	15445	曾侯乙鐘十五	28.156	戰國	同上
曾	15446	曾侯乙鐘十六	28.163	戰國	同上
曾	15447	曾侯乙鐘十七	28.169	戰國	同上
曾	15448	曾侯乙鐘十八	28.175	戰國	同上
曾	15449	曾侯乙鐘十九	28.181	戰國	同上
曾	15450	曾侯乙鐘二十	28.187	戰國	同上
曾	15451	曾侯乙鐘二十一	28.194	戰國	同上
曾	15452	曾侯乙鐘二十二	28.200	戰國	同上
曾	15453	曾侯乙鐘二十三	28.206	戰國	同上

古地名	器 號	器 名	卷數頁碼	時代	現今所在地
曾	15454	曾侯乙鐘二十四	28.213	戰國	今湖北隨州市曾都區
曾	15455	曾侯乙鐘二十五	28.216	戰國	同上
曾	15456	曾侯乙鐘二十六	28.222	戰國	同上
曾	15457	曾侯乙鐘二十七	28.228	戰國	同上
曾	15458	曾侯乙鐘二十八	28.234	戰國	同上
曾	15459	曾侯乙鐘二十九	28.240	戰國	同上
曾	15460	曾侯乙鐘三十	28.246	戰國	同上
曾	15461	曾侯乙鐘三十一	28.252	戰國	同上
曾	15462	曾侯乙鐘三十二	28.259	戰國	同上
曾	15463	曾侯乙鐘三十三	28.266	戰國	同上
曾	15464	曾侯乙鐘三十四	28.272	戰國	同上
曾	15465	曾侯乙鐘三十五	28.280	戰國	同上
曾	15466	曾侯乙鐘三十六	28.288	戰國	同上
曾	15467	曾侯乙鐘三十七	28.294	戰國	同上
曾	15468	曾侯乙鐘三十八	28.301	戰國	同上
曾	15469	曾侯乙鐘三十九	28.307	戰國	同上
曾	15470	曾侯乙鐘四十	28.314	戰國	同上
曾	15471	曾侯乙鐘四十一	28.321	戰國	同上
曾	15472	曾侯乙鐘四十二	28.327	戰國	同上
曾	15473	曾侯乙鐘四十三	28.334	戰國	同上
曾	15474	曾侯乙鐘四十四	28.341	戰國	同上
曾	15475	曾侯乙鐘四十五	28.350	戰國	同上
曾	15763	曾侯子鎛甲	29.186	春秋	同上
曾	15764	曾侯子鎛乙	29.188	春秋	同上
曾	15765	曾侯子鎛丙	29.190	春秋	同上
曾	15766	曾侯子鎛丁	29.192	春秋	同上
曾	15780	畲章鎛	29.235	戰國	同上
曾	16755	曾侯吳戈	31.215	戰國	同上
曾	16865	曾侯馬伯戈	31.363	春秋	同上
曾	16866	曾侯乙戈	31.365	戰國	同上
曾	16867	曾侯乙戈	31.366	戰國	同上
曾	16868	曾侯乙戈	31.368	戰國	同上
曾	16869	曾侯乙戈	31.369	戰國	同上

古地名	器　號	器　　名	卷數頁碼	時代	現今所在地
曾	16870	曾侯乙戈	31.370	戰國	今湖北隨州市曾都區
曾	16871	曾侯乙戈	31.371	戰國	同上
曾	16872	曾侯乙戈	31.372	戰國	同上
曾	16873	曾侯乙戈	31.374	戰國	同上
曾	16874	曾侯乙戟	31.376	戰國	同上
曾	16875	曾侯乙戟	31.380	戰國	同上
曾	16876	曾侯郙戈	31.384	戰國	同上
曾	16877	曾侯郙戟	31.385	戰國	同上
曾	16878	曾侯郙戟	31.388	戰國	同上
曾	16879	曾侯郙戟	31.391	戰國	同上
曾	16880	曾侯遼戟	31.394	戰國	同上
曾	16881	曾侯遼戟	31.397	戰國	同上
曾	16882	曾侯遼戟	31.400	戰國	同上
曾	16883	曾侯遼戟	31.404	戰國	同上
曾	17078	曾仲之孫戈	32.122	春秋	同上
曾	17301	曾大工尹季怡戈	32.386	春秋	同上
曾	17697	曾侯郙殳	33.134	戰國	同上
曾	18250	曾伯陭鉞	33.523	春秋	同上
曾	19279	曾侯乙箕	35.65	戰國	同上
曾	19303	曾侯乙磬座	35.88	戰國	同上
曾	19304	曾侯乙鼓座	35.89	戰國	同上
曾	19347	曾侯乙銅鶴	35.126	戰國	同上
曾	19362	曾侯乙鼎鉤	35.140	戰國	同上
曾	19363	曾侯乙鼎鉤	35.141	戰國	同上
曾	19364	曾侯乙鼎鉤	35.142	戰國	同上
曾	19367	曾侯乙鉤形器	35.146	戰國	同上
湘	19181	鄂君啟舟節	34.559	戰國	湘江
湘	19182	鄂君啟舟節	34.561	戰國	同上
渚	01822	渚伯逤鼎	3.481	西周	即沬,今河南淇縣
渚	05020	渚司土逤簋	10.384	西周	即沬,今河南渚縣與淇縣交界處
渚	11735	渚伯遷尊	21.205	西周	同上
渚	12262	渚伯疑壺	22.137	西周	同上
渚	12263	渚伯疑壺	22.138	西周	同上

古地名	器　號	器　名	卷數頁碼	時代	現今所在地
湢	05380	敔簋	12.162	西周	在陝豫交界的洛南、盧氏、伊川一帶
漳	04739	漳伯簋	10.11	西周	今陝西扶風縣城南的漳河沿岸
寒	02382	中鼎	5.170	西周	今湖北鄂城市西樊山下
寒山	02513	大克鼎	5.440	西周	
寪邑	01621	寪邑司鼎	3.290	西周	即陽邑
寪虢	11818	叔尊	21.308	西周	即陽虢
寪虢	13347	叔卣	24.324	西周	同上
裕敏	05380	敔簋	12.162	西周	在陝豫交界的洛南、盧氏、伊川一帶
尋	14910	尋伯匜	26.286	西周	即鄩,今河南鞏義市西南
尋	14978	尋仲匜	26.357	春秋	同上
間	16554	間右庫戈	30.506	戰國	
閵	17221	藺令張善戈	32.287	戰國	即藺,今山西呂梁市離石區西
閵	17222	藺令陲隋戈	32.288	戰國	同上
閵	17223	藺令□買戈	32.288	戰國	同上
閵	17693	藺令趙狷矛	33.129	戰國	同上
孱陵	17562	孱陵矛	32.522	戰國	今湖北公安縣西北
孱陵	17563	孱陵矛	32.523	戰國	同上
費	02126	弗奴父鼎	4.311	春秋	今山東費縣西北
陻原	02513	大克鼎	5.440	西周	
陼	02501	卅二年遂鼎甲	5.395	西周	
陼	02502	卅二年遂鼎乙	5.398	西周	
彘	12453	庚壺	22.433	春秋	春秋晉邑,今山西霍州市
彘	17330	彘令鋌臘戈	32.421	戰國	戰國先後屬魏、韓,今山西霍州市
彘	19259	彘鋬	35.44	戰國	同上
絳	04723	降人繁簋	9.476	西周	今山西翼城縣東南
絳	17699	宅陽令□愍戟刺	33.137	戰國	同上

十 三 畫

古地名	器　號	器　名	卷數頁碼	時代	現今所在地
鼓	05389	卯簋蓋	12.182	西周	卯的田地所在地名
鄢鄩	15958	鄢鄩率鐸	29.491	戰國	今湖北宜城市東南鄢城
蓋	04984	禽簋	10.332	西周	即奄,今山東曲阜市東

古地名	器　號	器　名	卷數頁碼	時代	現今所在地
蓋	11763	犅劫尊	21.231	西周	即奄,今山東曲阜市東
蓋	13289	岡劫卣	24.216	西周	同上
蒦圜	06123	蒦圜窰里人	13.372	戰國	齊國地名,今地不詳
蒲子	17130	蒲子戈	32.189	戰國	今山西隰縣東北蒲子村
蒲阪	01985	蒲阪鼎	4.144	戰國	今山西永濟縣蒲州鎮
蒲阪	17169	蒲阪令籥戈	32.230	戰國	同上
蒡	02767	戒鬲	6.150	西周	即蒡京、旁京,在今西安市豐鎬附近
蒡	05291	彔叔師察簋	11.425	西周	同上
蒡	05292	彔叔師察簋	11.427	西周	同上
蒡	05341	六年琱生簋	12.66	西周	同上
蒡	05389	卯簋蓋	12.182	西周	同上
蒡	14528	痶盤	25.572	西周	同上
蒡京	02328	井鼎	5.91	西周	即旁京,在今西安市豐鎬遺址附近
蒡京	02337	歸妑進鼎	5.104	西周	同上
蒡京	02338	歸妑進鼎	5.105	西周	同上
蒡京	02339	歸妑進鼎	5.104	西周	同上
蒡京	02394	寓鼎	5.187	西周	同上
蒡京	02445	伯姜鼎	5.280	西周	同上
蒡京	02449	伯唐父鼎	5.289	西周	同上
蒡京	02500	多友鼎	5.392	西周	同上
蒡京	05049	奢簋	10.432	西周	同上
蒡京	05178	老簋	11.168	西周	同上
蒡京	05187	鮮簋	11.190	西周	同上
蒡京	05188	鮮簋	11.190	西周	同上
蒡京	05226	小臣傳簋	11.266	西周	同上
蒡京	05237	逨簋	11.290	西周	同上
蒡京	05284	楚簋甲	11.408	西周	同上
蒡京	05285	楚簋乙	11.411	西周	同上
蒡京	05286	楚簋丙	11.414	西周	同上
蒡京	05287	楚簋丁	11.417	西周	同上
蒡京	05320	靜簋	12.19	西周	同上
蒡京	06215	王盂	13.442	西周	同上
蒡京	11798	士上尊	21.272	西周	同上

古地名	器 號	器 名	卷數頁碼	時代	現今所在地
葊京	11820	麥尊	21.313	西周	即旁京，在今西安市豐鎬遺址附近
葊京	12426	史懋壺蓋	22.365	西周	同上
葊京	13313	小臣靜卣	24.255	西周	同上
葊京	13318	靜卣	24.260	西周	同上
葊京	13333	士上卣	24.291	西周	同上
葊京	13334	士上卣	24.293	西周	同上
葊京	14792	士上盉	26.213	西周	同上
葊京	15004	儬匜	26.392	西周	同上
蕫	15299	晉侯穌鐘A乙	27.349	西周	即范，今山東范縣東南
楊	12239	楊姞壺甲	22.113	西周	今山西洪洞縣東南范村
楊	12240	楊姞壺乙	22.114	西周	同上
楊冡	02500	吹鼎	3.203	西周	
楷	01450	楷仲鼎	3.135	西周	即耆、黎，今山西黎城縣
楷	01451	楷仲鼎	3.136	西周	同上
楷	01523	吹鼎	3.203	西周	同上
楷	02345	歔瞂鼎	5.112	西周	同上
楷	04129	楷仲簋	8.390	西周	同上
楷	04683	仲車父簋	9.428	西周	同上
楷	05129	方簋蓋	11.72	西周	同上
楷	05179	薯簋	11.170	西周	同上
楷	05221	獻簋	11.255	西周	同上
楷	05568	楷侯貞盨	12.289	西周	同上
楷	05820	楷侯微逆簠	13.77	春秋	同上
楷	12148	楷侯壺	22.20	西周	同上
楷	12241	楷侯宰燮壺	22.115	西周	同上
奄	04984	禽簋	10.332	西周	即蓋、奄，今山東曲阜市東
奄	11763	犅刧尊	21.231	西周	同上
奄	13289	岡刧卣	24.216	西周	同上
楚	01470	楚旂鼎	3.152	春秋	都郢，今湖北鍾祥縣西北
楚	01668	楚子超鼎	3.332	春秋	同上
楚	01669	楚子哀鼎	3.333	戰國	同上
楚	01761	楚犀息鼎	3.425	戰國	同上
楚	01843	楚叔之孫佣鼎	3.499	春秋	都郢，今湖北江陵縣北紀南城

古地名	器　號	器　　名	卷數頁碼	時代	現今所在地
楚	01844	楚叔之孫佣鼎	3.500	春秋	都郢,今湖北江陵縣北紀南城
楚	01845	楚叔之孫佣鼎	3.502	春秋	同上
楚	01980	楚王酓肯鈍鼎	4.136	戰國	都陳,今河南淮陽縣
楚	02165	楚王酓肯鼎	4.360	戰國	同上
楚	02221	楚叔之孫佣鼎	4.436	春秋	都郢,今湖北江陵縣北紀南城
楚	02242	楚子戤咎鼎	4.464	戰國	都陳,今河南淮陽縣
楚	02288	以鄧鼎	5.28	春秋	都郢,今湖北江陵縣北紀南城
楚	02318	楚王鼎	5.73	春秋	同上
楚	02359	楚王酓忑鼎	5.133	戰國	都壽春,今安徽壽縣城東南
楚	02360	楚王酓忑鼎	5.135	戰國	同上
楚	05352	作册夨令簋	12.96	西周	都丹陽,今河北秭歸縣東南
楚	05353	作册夨令簋	12.98	西周	同上
楚	05835	楚子棄疾簠	13.91	春秋	都郢,今湖北江陵縣北紀南城
楚	05899	楚子暖簋	13.172	春秋	都都,今湖北鍾祥縣西北
楚	05900	楚子暖簋	13.173	春秋	同上
楚	05901	楚子暖簋	13.174	春秋	同上
楚	05960	楚屈子赤目簠蓋	13.268	春秋	都郢,今湖北江陵縣北紀南城
楚	06056	楚王酓審盞	13.316	春秋	都都,今湖北鍾祥縣西北
楚	06062	楚子忿鄰敦	13.323	春秋	同上
楚	06132	克黃豆	13.381	春秋	同上
楚	11784	京師畯尊	21.253	西周	都丹陽,今河北秭歸縣東南
楚	11790	楚君酓鼏尊	21.261	戰國	都陳,今河南淮陽縣
楚	14079	鄬子佣缶	25.235	春秋	都郢,今湖北江陵縣北紀南城
楚	14080	鄬子佣缶	25.237	春秋	同上
楚	14402	楚王酓忈盤	25.416	春秋	都都,今湖北鍾祥縣西北
楚	14425	楚王酓肯盤	25.444	戰國	都陳,今河南淮陽縣
楚	14465	楚季㘝盤	25.485	春秋	都郢,今湖北江陵縣北紀南城
楚	14476	中子化盤	25.497	春秋	同上
楚	14493	楚嬴盤	25.517	春秋	同上
楚	14508	楚王酓忑盤	25.538	戰國	都壽春,今安徽壽縣城東南
楚	14746	途盂	26.153	春秋	都都,今湖北鍾祥縣西北
楚	14869	楚王酓忈匜	26.250	春秋	同上
楚	14979	楚嬴匜	26.359	春秋	都郢,今湖北江陵縣北紀南城

古地名	器號	器名	卷數頁碼	時代	現今所在地
楚	14990	以鄧匜	26.374	春秋	都郢,今湖北江陵縣北紀南城
楚	15170	楚公象鐘一	27.111	西周	都丹陽,今河北秭歸縣東南
楚	15171	楚公象鐘二	27.113	西周	同上
楚	15172	楚公象鐘三	27.115	西周	同上
楚	15173	楚公象鐘四	27.117	西周	同上
楚	15174	楚公象鐘五	27.118	西周	同上
楚	15184	楚王領鐘	27.133	春秋	都都,今湖北鍾祥縣西北
楚	15247	楚王鐘	27.241	春秋	都郢,今湖北江陵縣北紀南城
楚	15354	斂鐘丁	27.483	春秋	都都,今湖北鍾祥縣西北
楚	15357	斂鐘庚	27.492	春秋	同上
楚	15500	楚公逆鐘	28.399	西周	都丹陽,今河北秭歸縣東南
楚	15501	楚公逆鐘	28.402	西周	同上
楚	15511	楚大師登鐘甲	28.421	春秋	都郢,今湖北江陵縣北紀南城
楚	15512	楚大師登鐘乙	28.424	春秋	同上
楚	15513	楚大師登鐘丙	28.427	春秋	同上
楚	15514	楚大師登鐘丁	28.430	春秋	同上
楚	15516	楚大師登鐘己	28.434	春秋	同上
楚	15517	楚大師登鐘庚	28.437	春秋	同上
楚	15518	楚大師登鐘辛	28.438	春秋	同上
楚	15519	楚大師登鐘壬	28.440	春秋	同上
楚	15780	酓章鎛	29.235	戰國	都都,今湖北鍾祥縣西北
楚	15782	楚公逆鎛	29.245	西周	都丹陽,今河北秭歸縣東南
楚	15797	斂鎛甲	29.289	春秋	都都,今湖北鍾祥縣西北
楚	15798	斂鎛乙	29.292	春秋	同上
楚	15799	斂鎛丙	29.295	春秋	同上
楚	15801	斂鎛戊	29.301	春秋	同上
楚	15803	斂鎛庚	29.307	春秋	同上
楚	15820	蔡侯𬕂鎛甲	29.363	春秋	同上
楚	15821	蔡侯𬕂鎛乙	29.366	春秋	同上
楚	15822	蔡侯𬕂鎛丙	29.369	春秋	同上
楚	15823	蔡侯𬕂鎛丁	29.372	春秋	同上
楚	16715	楚公象戈	31.164	西周	都丹陽,今河北秭歸縣東南
楚	16765	楚屈喜戈	31.235	春秋	都都,今湖北鍾祥縣西北

古地名	器　號	器　　名	卷數頁碼	時代	現今所在地
楚	16908	楚王孫漁戟	31.450	春秋	都郢,今湖北江陵縣北紀南城
楚	16909	楚王孫漁戟	31.452	春秋	同上
楚	17048	楚屈叔佗戈	32.87	春秋	都鄀,今湖北鍾祥縣西北
楚	17145	偲戈	32.205	戰國	都陳,今河南淮陽縣
楚	17322	楚王熊璋戈	32.409	戰國	都鄀,今湖北鍾祥縣西北
楚	17328	楚屈叔沱戈	32.417	春秋	都郢,今湖北江陵縣北紀南城
楚	17972	楚王熊璋劍	33.332	戰國	都鄀,今湖北鍾祥縣西北
楚	17973	楚王熊璋劍	33.333	戰國	同上
楚	19282	楚王燈	35.70	戰國	同上
楚京	15425	㝸羌鐘甲	28.18	戰國	指楚都鄀,今湖北鍾祥縣西北
楚京	15426	㝸羌鐘乙	28.20	戰國	同上
楚京	15427	㝸羌鐘丙	28.22	戰國	同上
楚京	15428	㝸羌鐘丁	28.24	戰國	同上
楚京	15429	㝸羌鐘戊	28.25	戰國	同上
楚荊	04895	欰馭簋	10.216	西周	今湖北及河南南部一帶方國部族
楚荊	15200	子犯鐘A甲	27.157	春秋	指楚國
楚荊	15201	子犯鐘A乙	27.159	春秋	同上
楚荊	15202	子犯鐘A丙	27.161	春秋	同上
楚荊	15208	子犯鐘B甲	27.169	春秋	同上
楚荊	15209	子犯鐘B乙	27.171	春秋	同上
楚荊	15210	子犯鐘B丙	27.173	春秋	同上
楚麓	02411	小臣夌鼎	5.223	西周	在今山東成武縣
賈	02807	賈子伯晨父鬲甲	6.190	西周	今山西襄汾縣西南
賈	02808	賈子伯晨父鬲甲	6.192	西周	同上
賈	05130	賈伯簋甲	11.73	西周	同上
賈	05131	賈伯簋乙	11.76	西周	同上
賈	05132	賈伯簋丙	11.78	西周	同上
賈	12417	賈伯壺甲	22.344	西周	同上
賈	12418	賈伯壺乙	22.346	西周	同上
賈	14958	賈子己父匜	26.336	西周	同上
厰狁	05387	不嬰簋	12.178	西周	即玁狁、獫狁,西周時期部族
厰狁	05388	不嬰簋蓋	12.180	西周	同上
厰狁	14538	虢季子白盤	25.593	西周	同上

古地名	器號	器名	卷數頁碼	時代	現今所在地
厰䅈	14539	兮甲盤	25.595	西周	即玁狁、獫狁，西周時期部族
頓丘	17158	頓丘令燮戈	32.219	戰國	今河南浚縣北
頓丘	17308	頓丘令𪎙酉戈	32.393	戰國	同上
虜	05202	保員簋	11.225	西周	
虞	12391	虞侯政壺	22.305	西周	今河南虞城縣北
虞	12394	虞司寇伯吹壺	22.310	西周	同上
虞	12395	虞司寇伯吹壺	22.312	西周	同上
業	16860	鄴下庫戈	31.356	戰國	即鄴，今河北臨漳縣西南鄴鎮
業	17166	鄴令𢀲戈	32.227	戰國	同上
業邘	17085	業邘令陽戈	32.138	戰國	
鄴	16298	鄴戈	30.271	戰國	
黽	02430	師同鼎	5.254	西周	今河南信陽市平橋區平靖關
蜀	05401	班簋	12.209	西周	今河南禹州市東北
蜀	16575	蜀西工戈	31.12	戰國	秦郡，治成都，今四川成都市
蜀	16576	蜀西工戈	31.14	戰國	同上
蜀	16577	蜀西工戈	31.15	戰國	同上
蜀	17260	相邦呂不韋戈	32.333	戰國	秦郡，治成都，今成都市
蜀	17267	蜀守武戈	32.342	戰國	同上
蜀	17268	蜀守戈	32.343	戰國	同上
蜀	17269	蜀守戈	32.344	戰國	同上
遣	01598	遣叔鼎	3.271	西周	
遣	02398	㝐鼎	5.193	西周	
遣	04668	叔駒父簋	9.413	西周	
遣	05174	孟簋甲	11.160	西周	
遣	05175	孟簋乙	11.162	西周	
遣	05176	孟簋丙	11.164	西周	
遣	05213	再簋	11.241	西周	
遣	05214	再簋	11.243	西周	
遣	05602	遣叔吉父盨	12.332	西周	
遣	05603	遣叔吉父盨	12.333	西周	
遣	05604	遣叔吉父盨	12.334	西周	
遣	05666	𧽊伯盨	12.433	西周	
遣	06230	永盂	13.459	西周	

古地名	器　號	器　　名	卷數頁碼	時代	現今所在地
鄍	01707	自鼎	3.370	西周	今河南汝陽縣東南
鄍	01708	自鼎	3.371	西周	同上
鄍	01709	自鼎	3.372	西周	同上
鄍	01710	自鼎	3.373	西周	同上
鄍	01740	尹叔鼎	3.396	西周	同上
鄍	04877	隰仲孚簋	10.193	西周	同上
鄭	05103	邢南伯簋	11.29	西周	
畱澅	15552	叔夷鐘一	28.526	春秋	即淄澅,今山東省淄水流域
畱澅	15829	叔夷鎛	29.395	春秋	同上
歔	05679	鬴比盨	12.464	西周	邑名,今地不詳
鼎	05609	鼎叔盨	12.339	西周	
鼎	14856	鼎叔匜	26.238	西周	
衙	17248	相邦樛斿戈	32.319	戰國	今陝西白水縣東北彭衙村
馮復	19325	馮復圜小器	35.109	戰國	
微	01988	㪔鼎	4.148	西周	今陝西眉縣東渭河北岸
微	02447	微繺鼎	5.282	西周	微伯封邑,今陝西眉縣渭河北
微	02702	微伯鬲甲	6.85	西周	同上
微	02703	微伯鬲乙	6.86	西周	同上
微	02704	微伯鬲丙	6.87	西周	同上
微	02705	微伯鬲丁	6.88	西周	同上
微	02706	微伯鬲戊	6.89	西周	同上
微	14541	史牆盤	25.599	西周	史牆之祖居地,今山東梁山縣西北
衛邑	14951	戴伯匜	26.329	春秋	
艅	11597	艅伯尊	21.87	西周	即俞,今山東壽光縣西南
艅	13093	艅伯卣	24.6	西周	同上
會	13292	員卣	24.221	西周	即鄶、檜,今河南新鄭市西北
庠	05106	鬵簋	11.34	西周	
貂	02365	窨鼎	5.145	西周	
貂	02366	窨鼎	5.146	西周	
鄘	01445	庸伯鼎蓋	3.132	西周	今河南新鄉市西南
鄘	05203	韋伯叚簋	11.226	西周	同上
新邑	02268	新邑鼎	5.5	西周	即成周,今河南洛陽市白馬寺之東
新邑	04871	臣卿簋	10.182	西周	同上

古地名	器　號	器　　名	卷數頁碼	時代	現今所在地
新邑	16387	新邑戈	30.352	西周	即成周,今河南洛陽市白馬寺之東
新城	16928	敬縺新城戈	31.480	戰國	戰國楚地,今河南襄城縣
新城	17206	新城大令韓定戈	32.273	戰國	戰國韓地,今河南伊川縣西南
新城	17676	新城令馬□矛	33.108	戰國	同上
新郪	19176	新郪虎符	34.550	戰國	今安徽太和縣西北
新喬	11782	臣衞尊	21.251	西周	
胾戎	05401	班簋	12.209	西周	東夷的一支,在今魯南蘇北一帶
雍	02045	雍伯鼎	4.216	西周	今河南焦作市西南
雍	02145	雍伯原鼎	4.336	西周	同上
雍	12254	雍工敀壺	22.129	戰國	秦故都,今陝西鳳翔縣南
雍	16685	雍之田戈	31.135	春秋	今河南焦作市西南
雍	16741	雍王戈	31.196	戰國	同上
雍	17224	邼令樂宥戈	32.290	戰國	秦故都,今陝西鳳翔縣南
雍	17245	相邦冉戈	32.314	戰國	同上
雍	17246	相邦冉戈	32.315	戰國	同上
雍	17247	相邦冉戈	32.317	戰國	同上
雍	17343	鄭令楯涵戈	32.434	戰國	同上
雍氏	16484	雍氏戈	30.438	戰國	戰國韓邑,今河南禹州市東北
慎魚	16617	慎魚戈	31.59	戰國	
義	01472	義仲鼎	3.450	西周	
義陽	17300	晉國下庫戟	32.383	戰國	
鄝	02310	鄝子曰鼎	5.61	春秋	即養,今河南桐柏縣月河鎮古臺寺
鄝	05941	鄝伯受簠	13.233	春秋	同上
鄝	16603	鄝戈	31.45	春秋	同上
鄝	16605	郂戈	31.47	戰國	同上
渦	05661	達盨蓋甲	12.426	西周	
渦	05662	達盨蓋乙	12.428	西周	
渦	05663	達盨蓋丙	12.429	西周	
湞	19181	鄂君啟舟節	34.559	戰國	湞水,連接夏水江水的一條河流
湞	19182	鄂君啟舟節	34.561	戰國	同上
濟	19181	鄂君啟舟節	34.559	戰國	即資水
濟	19182	鄂君啟舟節	34.561	戰國	同上
資	19181	鄂君啟舟節	34.559	戰國	資水,在今湖南省境內

古地名	器　號	器　　名	卷數頁碼	時代	現今所在地
資	19182	鄂君啟舟節	34.561	戰國	資水，在今湖南省境内
盜	16723	盜叔戈	31.173	春秋	
塞	16686	塞之王戟	31.136	春秋	
塞	16696	塞公屈頴戈	31.145	春秋	
敦	05379	敦簋	12.159	西周	在今河南葉縣、郾城縣一帶
隂	01707	自鼎	3.370	西周	即鄝，今河南汝陽縣東南
隂	01708	自鼎	3.371	西周	同上
隂	01709	自鼎	3.372	西周	同上
隂	01710	自鼎	3.373	西周	同上
隂	01740	尹叔鼎	3.396	西周	同上
隂	04877	隂仲孨簋	10.193	西周	同上

十　四　畫

古地名	器　號	器　　名	卷數頁碼	時代	現今所在地
趙	17192	藺相如戈	32.256	戰國	今河北邯鄲市西南
截雍	17702	截雍令韓匡戟刺	33.140	戰國	
蔡	01473	蔡子林鼎	3.155	戰國	都州來，今安徽鳳台縣
蔡	01578	蔡侯𬤊鼎	3.253	春秋	同上
蔡	01579	蔡侯𬤊鼎	3.254	春秋	同上
蔡	01580	蔡侯𬤊鼎	3.255	春秋	同上
蔡	01581	蔡侯𬤊殘鼎	3.257	春秋	同上
蔡	01582	蔡侯𬤊殘鼎	3.258	春秋	同上
蔡	01583	蔡侯𬤊殘鼎	3.259	春秋	同上
蔡	01584	蔡侯𬤊殘鼎	3.260	春秋	同上
蔡	01585	蔡侯𬤊殘鼎蓋	3.261	春秋	同上
蔡	01586	蔡侯𬤊殘鼎蓋	3.261	春秋	同上
蔡	01587	蔡侯𬤊殘鼎蓋	3.262	春秋	同上
蔡	01588	蔡侯𬤊殘鼎蓋	3.262	春秋	同上
蔡	01589	蔡侯𬤊殘鼎	3.263	春秋	同上
蔡	01590	蔡侯𬤊殘鼎	3.264	春秋	同上
蔡	01943	蔡侯鼎	4.100	西周	今河南上蔡縣西南
蔡	02144	蔡侯鼎	4.335	春秋	同上

古地名	器　號	器　　名	卷數頁碼	時代	現今所在地
蔡	02372	蔡大師腆鼎	5.154	春秋	今河南上蔡縣西南
蔡	02488	柞伯鼎	5.365	西周	同上
蔡	04393	蔡侯𧊒簋	9.147	春秋	都州來，今安徽鳳台縣
蔡	04394	蔡侯𧊒簋	9.149	春秋	同上
蔡	04395	蔡侯𧊒簋	9.150	春秋	同上
蔡	04396	蔡侯𧊒簋	9.151	春秋	同上
蔡	04397	蔡侯𧊒簋	9.152	春秋	同上
蔡	04398	蔡侯𧊒簋	9.153	春秋	同上
蔡	04399	蔡侯𧊒簋	9.154	春秋	同上
蔡	04400	蔡侯𧊒簋	9.155	春秋	同上
蔡	05216	蔡姞簋	11.246	西周	今河南上蔡縣西南
蔡	05675	駒父盨蓋	12.451	西周	同上
蔡	05771	蔡侯𧊒簠	13.20	春秋	都州來，今安徽鳳台縣
蔡	05772	蔡侯𧊒簠	13.22	春秋	同上
蔡	05773	蔡侯𧊒簠	13.23	春秋	同上
蔡	05774	蔡侯𧊒簠	13.24	春秋	同上
蔡	05775	蔡侯𧊒簠	13.25	春秋	同上
蔡	05776	蔡侯𧊒簠	13.26	春秋	同上
蔡	05793	蔡公子義工簠	13.46	春秋	同上
蔡	05794	王孫纛簠	13.47	春秋	同上
蔡	05933	蔡侯簠甲	13.221	春秋	今河南上蔡縣西南
蔡	05934	蔡侯簠乙	13.223	春秋	同上
蔡	05956	蔡大善夫趣簠	13.259	春秋	同上
蔡	10031	蔡侯𧊒瓶	25.185	西周	同上
蔡	11721	蔡侯𧊒尊	21.194	春秋	同上
蔡	11755	伯尊	21.223	西周	同上
蔡	12187	蔡侯𧊒壺	22.57	春秋	都州來，今安徽鳳台縣
蔡	12188	蔡侯𧊒壺	22.59	春秋	同上
蔡	12377	蔡侯壺	22.283	西周	今河南上蔡縣西南
蔡	12408	蔡公子壺	22.330	春秋	同上
蔡	12409	蔡公子壺	22.331	春秋	同上
蔡	12415	叔湯壺	22.341	春秋	同上
蔡	14062	蔡侯朱缶	25.209	春秋	同上

古地名	器號	器名	卷數頁碼	時代	現今所在地
蔡	14063	蔡侯龖缶	25.211	春秋	郜州來,今安徽鳳台縣
蔡	14064	蔡侯龖缶	25.214	春秋	同上
蔡	14065	蔡侯龖缶	25.216	春秋	同上
蔡	14075	蔡公子缶	25.229	戰國	同上
蔡	14078	蔡侯龖缶	25.233	春秋	同上
蔡	14387	蔡侯龖盤	25.400	春秋	同上
蔡	14511	蔡大司馬燮盤	25.542	春秋	同上
蔡	14519	蔡侯盤	25.556	春秋	今河南上蔡縣西南
蔡	14535	蔡侯龖盤	25.586	春秋	郜州來,今安徽鳳台縣
蔡	14867	蔡侯龖匜	26.248	春秋	同上
蔡	14874	蔡侯匜	26.254	西周	今河南上蔡縣西南
蔡	14881	蔡子佗匜	26.260	春秋	郜州來,今安徽鳳台縣
蔡	15003	賮匜	26.391	春秋	今河南上蔡縣西南
蔡	15054	蔡侯龖鑑	26.401	春秋	郜州來,今安徽鳳台縣
蔡	15533	蔡侯龖歌鐘甲	28.475	春秋	同上
蔡	15534	蔡侯龖歌鐘乙	28.480	春秋	同上
蔡	15535	蔡侯龖歌鐘丙	28.483	春秋	同上
蔡	15536	蔡侯龖歌鐘丁	28.486	春秋	同上
蔡	15538	蔡侯龖行鐘甲	28.492	春秋	同上
蔡	15539	蔡侯龖行鐘乙	28.494	春秋	同上
蔡	15540	蔡侯龖行鐘丙	28.496	春秋	同上
蔡	15820	蔡侯龖鎛甲	29.363	春秋	同上
蔡	15821	蔡侯龖鎛乙	29.366	春秋	同上
蔡	15822	蔡侯龖鎛丙	29.369	春秋	同上
蔡	15823	蔡侯龖鎛丁	29.372	春秋	同上
蔡	16392	蔡叔戈	30.358	西周	今河南上蔡縣西南
蔡	16830	蔡侯龖戈	31.319	春秋	郜州來,今安徽鳳台縣
蔡	16831	蔡侯龖戈	31.320	春秋	同上
蔡	16832	蔡侯龖戈	31.322	春秋	同上
蔡	16833	蔡侯龖戈	31.324	春秋	同上
蔡	16834	蔡侯朔戈	31.325	春秋	同上
蔡	16835	蔡侯產戈	31.326	戰國	同上
蔡	16836	蔡侯產戈	31.327	戰國	同上

古地名	器　號	器　名	卷數頁碼	時代	現今所在地
蔡	16837	蔡侯產戈	31.328	戰國	都州來,今安徽鳳台縣
蔡	16838	蔡侯產戈	31.329	戰國	同上
蔡	16839	蔡侯產戈	31.330	戰國	同上
蔡	16840	蔡侯產戈	31.332	戰國	同上
蔡	16899	蔡公子果戈	31.442	春秋	同上
蔡	16900	蔡公子果戈	31.443	春秋	同上
蔡	16901	蔡公子果戈	31.444	春秋	同上
蔡	16902	蔡公子加戈	31.445	春秋	同上
蔡	16903	蔡公子加戈	31.446	春秋	同上
蔡	16904	蔡公子頌戈	31.447	春秋	同上
蔡	16905	蔡公子從戈	31.448	春秋	同上
蔡	16906	蔡公子從戈	31.449	春秋	同上
蔡	17831	蔡侯□叔劍	33.174	戰國	同上
蔡	17832	蔡侯產劍	33.175	戰國	同上
蔡	17833	蔡侯產劍	33.177	戰國	同上
蔡	17834	蔡侯產劍	33.178	戰國	同上
蔡	17835	蔡侯產劍	33.179	戰國	同上
蔡	17836	蔡侯產劍	33.180	戰國	同上
蔡	17837	蔡公子從劍	33.181	戰國	同上
蔡	17838	蔡公子從劍	33.182	戰國	同上
蔵郢	18816	郾客問量	34.268	戰國	
栒	17519	栒矛	32.484	戰國	即栒,戰國秦邑,今陝西旬邑縣東北
栒邑	02100	私府鼎	4.282	戰國	即栒邑,秦邑,今陝西旬邑縣東北
栒邑	02243	栒邑鼎	4.460	戰國	同上
棓	12218	棓侯壺	22.90	西周	都州來,今安徽鳳台縣
棓	12219	棓侯壺	22.91	西周	同上
柚	05679	尉比盨	12.464	西周	邑名,今地不詳
棥	05327	史密簋	12.35	西周	在今山東肥境內
棥	05366	師袁簋	12.125	西周	同上
棥	05367	師袁簋	12.128	西周	同上
輔	02082	輔伯㤪父鼎	4.261	西周	西周封邑,今陝西大荔縣東
憲	08566	子鸞爵	17.115	商代	
壽春	01890	壽春鼎	4.51	戰國	今安徽壽縣城東南

古地名	器 號	器 名	卷數頁碼	時代	現今所在地
厲	10658	中觶	19.474	西周	今湖北隨州市北
酸棗	16449	酸棗戈	30.408	戰國	今河南延津縣西南
監	02191	叔碩父鼎	4.390	西周	今陝西周至縣境內
監	05199	仲再父簋	11.218	西周	同上
監	05200	仲再父簋	11.221	西周	同上
監	12304	鄧孟壺	22.182	西周	同上
霯	18853	露錢權	34.318	戰國	即露,今山西黎城縣
嘗	11809	效尊	21.289	西周	今山東滕州市東南
嘗	13346	效卣	24.319	西周	同上
鼠成	17665	平都矛	33.95	戰國	即隰城,今山西柳林縣西五公里穆村
鄆	02098	鄆孝子鼎	4.279	春秋	今河南濟源市東南
崶	05387	不嬰簋	12.178	西周	在今陝西關中北部或甘肅隴東南部
崶	05388	不嬰簋蓋	12.180	西周	同上
蛞	05942	郜公誠簠	13.234	春秋	下郜,都商密,今河南淅川縣西南
睞	19181	鄂君啟舟節	34.559	戰國	今湖南長沙市望城區銅官鎮市港
睞	19182	鄂君啟舟節	34.561	戰國	同上
歐	11462	歐侯母壬尊	20.469	商代	
鄦	05962	許子痰簋蓋	13.271	春秋	即許,今河南葉縣、西峽或魯山東南
鄦	06058	許子敦	13.318	春秋	同上
鄦	15792	許子鐘自鑄甲	29.277	春秋	同上
鄦	15793	許子鐘自鑄乙	29.279	春秋	同上
緐	03363	敔甗	7.250	西周	即繁,河南新蔡縣北
緐	05401	班簋	12.209	西周	同上
緐昜	19178	鄂君啟車節	34.552	戰國	即繁陽,河南新蔡縣北
緐昜	19179	鄂君啟車節	34.555	戰國	同上
緐昜	19180	鄂君啟車節	34.557	戰國	同上
緐湯	15242	戎生鐘丁	27.234	春秋	同上
管	01868	管監引鼎	4.25	西周	今河南鄭州市
管	02320	戍嗣子鼎	5.77	商代	同上
管	02377	坂鼎	5.162	商代	同上
管	04729	古亞簋	9.482	商代	同上
管	05111	利簋	11.41	西周	同上
管	08794	宰槐角	17.231	商代	同上

古地名	器　號	器　　名	卷數頁碼	時代	現今所在地
僑	02464	鄂侯馭方鼎	5.318	西周	即遹、桐遹，淮夷地名，在淮河流域
艅	04181	艅伯簋	8.434	西周	
銅鞮	16702	銅鞮右庫戈	31.150	戰國	今山沁縣南古城
鄱	15255	鄱子成周鐘甲	27.257	春秋	即番，今河南固始縣
鄱	15256	鄱子成周鐘乙	27.259	春秋	同上
鄱	15257	鄱子成周鐘丙	27.261	春秋	同上
鄱	15258	鄱子成周鐘丁	27.263	春秋	同上
鄬	01662	鄬子受鼎	3.326	春秋	今河南淅川縣倉房鎮
鄬	01663	鄬子受鼎	3.327	春秋	同上
鄬	01664	鄬子吳鼎	3.328	春秋	同上
鄬	01665	鄬子吳鼎	3.329	春秋	同上
鄬	05781	鄬子大簠	13.32	春秋	同上
鄬	05795	鄬子孟青嬭簠	13.49	春秋	同上
鄬	14068	鄬子倗缶	25.219	春秋	同上
鄬	14069	鄬子倗缶	25.221	春秋	同上
鄬	14079	鄬子倗缶	25.235	春秋	同上
鄬	14080	鄬子倗缶	25.237	春秋	同上
鄬	15161	鄬子受鐘甲	27.91	春秋	同上
鄬	15162	鄬子受鐘乙	27.94	春秋	同上
鄬	15163	鄬子受鐘丙	27.96	春秋	同上
鄬	15164	鄬子受鐘丁	27.98	春秋	同上
鄬	15165	鄬子受鐘戊	27.100	春秋	同上
鄬	15166	鄬子受鐘己	27.101	春秋	同上
鄬	15167	鄬子受鐘庚	27.103	春秋	同上
鄬	15168	鄬子受鐘辛	27.105	春秋	同上
鄬	15169	鄬子受鐘壬	27.108	春秋	同上
鄬	15772	鄬子受鎛甲	29.201	春秋	同上
鄬	15773	鄬子受鎛乙	29.206	春秋	同上
鄬	15774	鄬子受鎛丙	29.211	春秋	同上
鄬	15775	鄬子受鎛丁	29.216	春秋	同上
鄬	15776	鄬子受鎛戊	29.221	春秋	同上
鄬	15779	鄬子受鎛辛	29.232	春秋	同上
鄬	16885	鄬子受戟	31.409	春秋	同上

古地名	器號	器名	卷數頁碼	時代	現今所在地
鄝	16886	鄝子受戟	31.411	春秋	今河南淅川縣倉房鎮
鄝	17176	鄝子辛戈	32.238	春秋	同上
㚤	02356	㚤伯鼎	5.127	春秋	今河南魯山縣境内
㚤	02357	㚤伯鼎	5.129	春秋	同上
膷	16469	膷右戈	30.425	戰國	
誩吴	16977	攻吴王戟	32.23	春秋	即攻吴
諄险	18858	信陰權	34.322	戰國	即信陰
廣平	02043	王太后鼎	4.213	戰國	今河北鷄澤縣西南
廣衍	16618	廣衍戈	31.61	戰國	今内蒙古准格爾旗瓦爾吐溝
廣衍	17617	廣衍矛	33.46	戰國	同上
廣衍	17280	上郡守壽戈	32.356	戰國	同上
廙	13305	嫠卣	24.239	西周	
齊	02172	齊弆史喜鼎	4.369	西周	今山東淄博市臨淄區北
齊	02363	齊侯鼎	5.141	西周	同上
齊	02926	齊不超鬲	6.335	春秋	同上
齊	02936	齊趫父鬲	6.348	春秋	同上
齊	02937	齊趫父鬲	6.350	春秋	同上
齊	03328	齊侯甗	7.205	西周	同上
齊	04185	齊仲簋	8.438	西周	同上
齊	04600	齊史逗簋	9.347	西周	同上
齊	04726	齊嫼姬簋	9.479	西周	同上
齊	04801	齊巫姜簋	10.87	西周	同上
齊	05141	陳侯午簋	11.91	戰國	同上
齊	05248	五年師旋簋甲	11.320	西周	同上
齊	05249	五年師旋簋乙	11.323	西周	同上
齊	05250	五年師旋簋丙	11.326	西周	同上
齊	05299	引簋甲	11.444	西周	同上
齊	05300	引簋乙	11.446	西周	同上
齊	05327	史密簋	12.35	西周	同上
齊	05923	陳曼簠	13.207	春秋	同上
齊	05924	陳曼簠	13.208	春秋	同上
齊	05977	陳逆簠	13.301	戰國	同上
齊	05978	陳逆簠	13.303	戰國	同上

古地名	器 號	器 名	卷數頁碼	時代	現今所在地
齊	06064	齊侯敦	13.325	春秋	今山東淄博市臨淄區北
齊	06065	齊侯敦	13.326	春秋	同上
齊	06075	齊侯敦	13.342	春秋	同上
齊	06077	十四年陳侯午敦	13.344	戰國	同上
齊	06078	十四年陳侯午敦	13.345	戰國	同上
齊	06079	十年陳侯午敦	13.346	戰國	同上
齊	06080	陳侯因𦲷敦	13.347	戰國	同上
齊	06225	齊侯盂	13.451	春秋	同上
齊	12270	國子山壺	22.145	西周	同上
齊	12447	復封壺甲	22.412	春秋	同上
齊	12448	復封壺乙	22.419	春秋	同上
齊	12449	洹子孟姜壺甲	22.423	春秋	同上
齊	12450	洹子孟姜壺乙	22.425	春秋	同上
齊	12453	庚壺	22.433	春秋	同上
齊	14455	歸父盤	25.521	春秋	同上
齊	14457	齊侯盤	25.478	春秋	同上
齊	14463	齊侯盤	25.483	春秋	同上
齊	14485	齊叔姬盤	25.508	西周	同上
齊	14519	齊侯盤	25.554	春秋	同上
齊	14939	齊侯子行匜	26.316	春秋	同上
齊	14944	齊侯匜	26.322	春秋	同上
齊	14966	齊伯里父匜	26.344	春秋	同上
齊	14982	齊侯匜	26.363	西周	同上
齊	14997	齊侯匜	26.383	春秋	同上
齊	15416	鮑氏鐘	28.5	春秋	同上
齊	15425	鷹羌鐘甲	28.18	戰國	同上
齊	15426	鷹羌鐘乙	28.20	戰國	同上
齊	15427	鷹羌鐘丙	28.22	戰國	同上
齊	15428	鷹羌鐘丁	28.24	戰國	同上
齊	15429	鷹羌鐘戊	28.26	戰國	同上
齊	15556	叔夷鐘五	28.536	春秋	同上
齊	15560	叔夷鐘九	28.544	春秋	同上
齊	15828	鎛鎛	29.392	春秋	同上

古地名	器　號	器　　名	卷數頁碼	時代	現今所在地
齊	15829	叔夷鎛	29.395	春秋	今山東淄博市臨淄區北
齊	18586	二十九年弩機	34.164	戰國	同上
齊	18819	商鞅方升	34.274	戰國	同上
齊	19031	齊司馬邰車器	34.471	戰國	同上
齊	19156	齊節大夫馬節	34.529	戰國	同上
齊	19256	國差罎	35.40	春秋	同上
齊城	16970	齊城左戈	32.12	戰國	同上
齊城	16971	齊城左戟	32.13	戰國	同上
齊城	16972	齊城右戟	32.14	戰國	同上
齊城	17073	齊城右戟	32.117	戰國	同上
鄰	05679	鄗比盨	12.464	西周	邑名,今地不詳
榮	01604	榮子鼎	3.276	西周	在今河南洛陽市境內
榮	01823	榮子旅鼎	3.481	西周	同上
榮	02024	榮子旅鼎	4.188	西周	同上
榮	02412	榮仲鼎	5.225	西周	封邑名,今西安市鄠邑區
榮	02413	榮仲鼎	5.226	西周	同上
榮	02440	康鼎	5.270	西周	同上
榮	02453	古鼎	5.295	西周	同上
榮	02788	榮子旅鬲	6.171	西周	在今河南洛陽市境內
榮	02789	榮子旅鬲	6.171	西周	同上
榮	02848	榮伯鬲	6.233	西周	封邑名,今陝西户縣西
榮	03324	榮子旅甗	7.201	西周	在今河南洛陽市境內
榮	04370	榮子旅簋	9.127	西周	同上
榮	05238	衛簋甲	11.292	西周	封邑名,今陝西户縣西
榮	05239	衛簋乙	11.295	西周	同上
榮	05240	衛簋丙	11.298	西周	同上
榮	05241	衛簋丁	11.301	西周	同上
榮	05294	弭伯師耤簋	11.432	西周	同上
榮	05322	同簋	12.24	西周	同上
榮	05323	同簋蓋	12.26	西周	同上
榮	05337	輔師嫠簋	12.58	西周	同上
榮	05376	宰獸簋	12.152	西周	同上
榮	05377	宰獸簋	12.154	西周	同上

古地名	器　號	器　　名	卷數頁碼	時代	現今所在地
榮	05380	敔簋	12.162	西周	封邑名,今陝西户縣西
榮	05389	卯簋蓋	12.182	西周	同上
榮	05673	古𣪘蓋	12.448	西周	同上
榮	06230	永盂	13.459	西周	同上
榮	07695	榮仲爵	15.462	西周	同上
榮	11611	榮子尊	21.99	西周	在今河南洛陽市境内
榮	13091	榮子旅卣	24.3	西周	同上
榮	13526	榮子方彝	24.401	西周	同上
榮	13527	榮子方彝	24.402	西周	同上
榮	14376	榮子盤	25.389	西周	同上
榮	14706	榮子盉	26.117	西周	同上
榮	14707	榮子盉	26.118	西周	同上
榮	14798	古盉	26.227	西周	封邑名,今陝西户縣西
榮	14800	裘衛盉	26.231	西周	同上
榮	15314	應侯見工鐘	27.370	西周	同上
榮	15315	應侯見工鐘	27.372	西周	同上
榮	15316	應侯見工鐘	27.374	西周	同上
榮	16390	榮子戈	30.356	西周	在今河南洛陽市境内
滎陽	14085	滎陽上官皿	25.246	戰國	戰國韓邑,今河南滎陽縣東北
養	02310	義子曰鼎	5.61	春秋	今河南桐柏縣月河鎮古臺寺
養	05941	鄬伯受簠	13.233	春秋	同上
養	16603	鄬戈	31.45	春秋	同上
養	16605	𩵋戈	31.47	戰國	同上
鄭	01975	鄭子石鼎	4.131	春秋	今河南新鄭市
鄭	02008	鄭饔原父鼎	4.170	春秋	同上
鄭	02024	鄭同媿鼎	4.74	西周	今陝西鳳翔縣南
鄭	02032	鄭姜伯鼎	4.196	西周	同上
鄭	02085	鄭牧句父鼎	4.264	春秋	今河南新鄭市
鄭	02108	鄭登伯鼎	4.292	西周	今陝西鳳翔縣南
鄭	02122	寶登鼎	4.306	西周	同上
鄭	02253	子耳鼎	4.480	春秋	今河南新鄭市
鄭	02287	鄭伯氏士叔皇父鼎	5.27	春秋	同上
鄭	02404	鄭莊公之孫盧鼎	5.218	戰國	同上

古地名	器　號	器　　名	卷數頁碼	時代	現今所在地
鄭	02978	鄭師遽父鬲	6.407	春秋	今河南新鄭市
鄭	03006	鄭伯筍父鬲	6.442	西周	今陝西鳳翔縣南
鄭	03319	鄭伯筍父甗	7.196	西周	同上
鄭	03334	侯父甗	7.212	西周	同上
鄭	04823	矢王簋蓋	10.116	西周	同上
鄭	04848	鄭牧馬受簋蓋	10.145	西周	同上
鄭	04849	鄭牧馬受簋蓋	10.146	西周	同上
鄭	04850	鄭牧馬受簋蓋	10.147	西周	同上
鄭	05170	大簋	11.151	西周	同上
鄭	05258	羚簋	11.344	西周	同上
鄭	05896	夾膚簠	13.166	西周	同上
鄭	05944	召叔山父簠	13.238	春秋	今河南新鄭市
鄭	05945	召叔山父簠	13.239	春秋	同上
鄭	05974	免簠	13.296	西周	今陝西鳳翔縣南
鄭	11805	免尊	21.282	西周	同上
鄭	12441	三年瘐壺甲	22.395	西周	同上
鄭	12442	三年瘐壺乙	22.397	西周	同上
鄭	12445	與兵壺	22.406	春秋	今河南新鄭市
鄭	13330	免卣	24.287	西周	今陝西鳳翔縣南
鄭	14095	鄭莊公之孫缶	25.265	春秋	今河南新鄭市
鄭	14096	鄭莊公之孫缶	25.267	春秋	同上
鄭	14431	鄭伯盤	25.451	春秋	同上
鄭	14521	良夫盤	25.559	春秋	同上
鄭	14891	鄭義伯匜	26.268	西周	今陝西鳳翔縣南
鄭	15138	鄭邢叔鐘	27.52	西周	同上
鄭	15139	鄭邢叔鐘	27.53	西周	同上
鄭	14946	鄭伯匜	26.324	西周	同上
鄭	14995	叔上匜	26.381	春秋	鄭國國都鄭縣，今河南新鄭市
鄭	15000	良夫匜	26.387	春秋	同上
鄭	16550	鄭右庫戈	30.502	戰國	同上
鄭	16551	鄭左庫戈	30.503	戰國	同上
鄭	16552	鄭右庫戈	30.504	戰國	同上
鄭	16555	鄭武庫戈	30.507	戰國	同上

古地名	器 號	器 名	卷數頁碼	時代	現今所在地
鄭	16556	鄭武庫戈	30.507	戰國	鄭國國都鄭縣,今河南新鄭市
鄭	16557	鄭往庫戈	30.508	戰國	同上
鄭	16558	鄭往庫戈	30.508	戰國	同上
鄭	17177	鄭令韓□戈	32.241	戰國	同上
鄭	17219	鄭令韓熙戈	32.285	戰國	同上
鄭	17220	鄭令韓熙戈	32.286	戰國	同上
鄭	17333	鄭令韓半戈	32.424	戰國	同上
鄭	17334	鄭令韓㚟戈	32.425	戰國	同上
鄭	17335	鄭令公先嚳戈	32.426	戰國	同上
鄭	17336	鄭令公先嚳戈	32.427	戰國	同上
鄭	17337	鄭令趙距戈	32.428	戰國	同上
鄭	17338	鄭令趙距戈	32.429	戰國	同上
鄭	17339	鄭令趙距戈	32.430	戰國	同上
鄭	17340	鄭令韓恙戈	32.431	戰國	同上
鄭	17341	鄭令艇□戈	32.432	戰國	同上
鄭	17342	鄭令棺潘戈	32.433	戰國	同上
鄭	17343	鄭令棺潘戈	32.434	戰國	同上
鄭	17344	鄭令棺潘戈	32.436	戰國	同上
鄭	17345	鄭令幽恒戈	32.437	戰國	同上
鄭	17597	鄭右庫矛	33.27	戰國	同上
鄭	17688	鄭令棺潘矛	33.124	戰國	同上
鄭	17689	鄭令棺潘矛	33.125	戰國	同上
鄭	17690	鄭令棺潘矛	33.126	戰國	同上
鄭	17687	鄭令棺潘矛	33.123	戰國	同上
鄭	17691	鄭令韓半矛	33.127	戰國	同上
鄭	17692	鄭令公先嚳矛	33.128	戰國	同上
鄭	17698	鄭往庫戟刺	33.136	戰國	同上
鄭	17824	鄭武庫劍	33.167	戰國	同上
鄭	18071	鄭令棺潘鈹	33.457	戰國	同上
鄭	18542	鄭武庫殳鐓	34.121	戰國	同上
鄭	19503	鄭東倉器	35.255	戰國	同上
鄭邢	02809	鄭邢叔歡父鬲	6.193	春秋	在今陝西鳳翔縣境內
鄭邢	02810	鄭邢叔歡父鬲	6.194	春秋	同上

古地名	器　號	器　名	卷數頁碼	時代	現今所在地
鄭邢	03320	鄭邢叔甗	7.197	西周	在今陝西鳳翔縣境內
鄭邢	03333	鄭邢伯夆父甗	7.211	西周	同上
鄭邢	05592	鄭井叔康盨	12.319	西周	同上
鄭邢	05593	鄭井叔康盨	12.320	西周	同上
鄭羌	02871	鄭羌伯鬲	6.264	西周	同上
鄭羌	02872	鄭羌伯鬲	6.266	西周	同上
鄭登	02794	鄭登伯鬲	6.176	西周	同上
鄭登	02795	鄭登伯鬲	6.177	西周	同上
鄭登	02796	鄭登伯鬲	6.178	西周	同上
鄭登	05569	鄭登伯盨	12.290	西周	同上
鄭登	05580	鄭登叔盨	12.303	西周	同上
鄭登	05581	鄭登叔盨	12.304	西周	同上
鄭義	05576	鄭義伯盨	12.299	西周	同上
鄭義	05581	鄭登叔盨	12.304	西周	同上
鄭義	05582	鄭義羌父盨	12.306	西周	同上
鄭義	05583	鄭義羌父盨蓋	12.307	西周	同上
鄭義	10008	鄭義伯䤾	25.177	西周	同上
鄭虢	02171	鄭虢仲悆賊鼎	4.368	西周	同上
鄭虢	04995	鄭虢仲簋	10.348	西周	同上
鄭虢	04996	鄭虢仲簋	10.351	西周	同上
鄭虢	04997	鄭虢仲簋	10.354	西周	同上
鄭鑄	02925	鄭鑄友父鬲	6.334	西周	
鄧	03364	中甗	7.253	西周	在今河南方城縣附近
漢	03364	中甗	7.253	西周	即漢水
漢	11784	京師畯尊	21.253	西周	同上
漢	19181	鄂君啟舟節	34.559	戰國	同上
漢	19182	鄂君啟舟節	34.561	戰國	同上
漢	19764	太保玉戈	35.373	西周	同上
漢中	17218	漢中守運戈	32.284	戰國	郡治南鄭,今漢中市漢臺區
漆	17284	上郡守錯戈	32.362	戰國	漆垣縣的簡稱
漆	17291	上郡假守暨戈	32.370	戰國	同上
漆	17292	上郡守暨戈	32.372	戰國	同上
漆	17295	上郡守冰戈	32.375	戰國	同上

古地名	器　號	器　名	卷數頁碼	時代	現今所在地
漆	17296	上郡守慶戈	32.376	戰國	漆垣縣的簡稱
漆	17297	上郡守慶戈	32.377	戰國	同上
漆	17298	上郡守慶戈	32.378	戰國	同上
漆	17299	上郡假守鼀戈	32.380	戰國	同上
漆垣	16401	漆垣戈	30.367	春秋	今陝西銅川市印臺區西北
漆垣	16450	漆垣戈	30.409	戰國	同上
漆垣	17270	上郡守戈	32.345	戰國	同上
漆垣	17277	上郡守閒戈	32.352	戰國	同上
漆垣	17279	上郡守壽戈	32.355	戰國	同上
漆垣	17280	上郡守壽戈	32.356	戰國	同上
漆垣	17282	上郡守壽戈	32.359	戰國	同上
漆垣	17283	上郡守壽戈	32.360	戰國	同上
漆垣	18556	漆垣弩機	34.136	戰國	同上
澎	05322	同簋	12.24	西周	今名澎池水,在西安市西北
澎	05323	同簋蓋	12.26	西周	同上
澬川	13321	啟卣	24.266	西周	今河南偃師市緱氏鎮附近的河流
漾陲	12424	曾姬無卹壺甲	22.361	戰國	或釋漾陵,今河南桐柏月河古臺寺
漾陲	12425	曾姬無卹壺甲	22.363	戰國	同上
寧	02018	二年寧冢子得鼎	4.183	戰國	戰國魏邑,今河南獲嘉縣
寧	17927	寧右庫劍	33.277	戰國	同上
寧壽	17324	寧壽令余慶戟	32.413	戰國	
康	02513	大克鼎	5.440	西周	
獣	01745	獣侯之孫敝鼎	3.403	春秋	即胡,媿姓,今河南郾城縣西南
獣	02340	霯鼎	5.107	西周	同上
獣	02412	榮仲鼎	5.225	西周	同上
獣	02413	榮仲鼎	5.226	西周	同上
獣	05057	獣叔獣姬簋	10.443	西周	同上
獣	05058	獣叔獣姬簋	10.446	西周	同上
獣	05059	獣叔獣姬簋	10.449	西周	同上
獣	05060	獣叔獣姬簋蓋	10.452	西周	同上
獣	05061	獣叔獣姬簋蓋	10.454	西周	同上
獣	05062	獣叔獣姬簋蓋	10.456	西周	同上
獣	05115	录簋	11.49	西周	同上

古地名	器　號	器　　名	卷數頁碼	時代	現今所在地
鈇	05858	鈇叔簠	13.118	西周	即胡，媿姓，今河南郾城縣西南
鄩	02316	淮伯鼎	5.70	西周	今河南鞏義市西南
鄩	14479	鄩仲盤	25.500	春秋	同上
鄩	14910	尋伯匜	26.286	春秋	同上
鄩	14978	尋仲匜	26.357	春秋	同上
鄩	15828	鄩鎛	29.392	春秋	同上
弢	01734	弢伯鼎	3.391	西周	在今陝西寶雞市渭濱區、金臺區
弢	01735	弢伯鼎	3.392	西周	同上
弢	01736	弢伯鼎	3.393	西周	同上
弢	02269	弢伯鼎甲	5.6	西周	同上
弢	02270	弢伯鼎乙	5.7	西周	同上
弢	03278	弢伯甗	7.156	西周	同上
弢	03293	弢伯甗	7.170	西周	同上
弢	04293	弢伯簋	9.63	西周	同上
弢	04294	弢伯簋	9.64	西周	同上
弢	04449	弢伯簋	9.200	西周	同上
弢	04450	弢伯簋	9.201	西周	同上
弢	04451	弢伯簋	9.202	西周	同上
弢	11602	弢季尊	21.92	西周	同上
弢	11685	弢伯尊	21.161	西周	同上
弢	13101	弢季卣	24.14	西周	同上
弢	14726	弢伯盨	26.136	西周	同上
閭丘	16788	閭丘虞鵑戈	31.261	春秋	今山東鄒縣東北
鄧	01471	鄧鯪鼎	3.153	春秋	今湖北襄陽市襄州區西北
鄧	01554	鄧公鼎	3.229	西周	同上
鄧	01659	鄧子午鼎	3.323	春秋	同上
鄧	01661	鄧尹疾鼎	3.325	春秋	同上
鄧	02192	伯氏始氏鼎	4.391	西周	同上
鄧	02246	鄧小仲鼎	4.470	西周	同上
鄧	02247	鄧小仲鼎	4.471	西周	同上
鄧	02358	鄧孫叔姬鼎	5.131	春秋	同上
鄧	03364	中甗	7.253	西周	今河南鄧州市
鄧	04391	鄧公牧簋	9.144	春秋	今湖北襄陽市襄州區西北

古地名	器 號	器 名	卷數頁碼	時代	現今所在地
鄧	04392	鄧公牧簋	9.145	春秋	今湖北襄陽市襄州區西北
鄧	04648	鄧公簋A	9.394	西周	同上
鄧	04649	鄧公簋B	9.395	西周	同上
鄧	04650	鄧公簋C	9.396	西周	同上
鄧	04651	鄧公簋D	9.397	西周	同上
鄧	04710	鄧公簋	9.460	西周	同上
鄧	04932	復公子伯舍簋	10.259	西周	同上
鄧	04933	復公子伯舍簋	10.261	西周	同上
鄧	04990	鄧公簋蓋	10.342	西周	同上
鄧	05506	鄧伯盨	12.226	西周	同上
鄧	08585	盂爵	17.135	西周	同上
鄧	11598	鄧仲尊	21.88	西周	同上
鄧	11599	鄧仲尊蓋	21.90	西周	同上
鄧	12304	鄧孟壺	22.182	西周	同上
鄧	14462	鄧伯吉射盤	25.482	春秋	同上
鄧	14494	鄧子與盤	25.518	春秋	同上
鄧	14919	鄧公匜	26.295	春秋	同上
鄧	17090	鄧子仲無忌戈	32.143	春秋	同上
鄧	17091	鄧子仲無忌戈	32.144	春秋	同上
鄧	17092	鄧子仲無忌戈	32.145	春秋	同上
陳	01970	陳生崔鼎	4.126	西周	即陳,都宛丘,今河南淮陽縣
陳	02212	陳侯鼎	4.421	春秋	同上
陳	03361	叔原父甗	7.247	春秋	同上
陳	04827	陳侯簋	10.120	西周	同上
陳	05935	陳公子仲慶簠	13.224	春秋	同上
陳	05937	陳侯簠	13.226	春秋	同上
陳	05938	陳侯簠	13.228	春秋	同上
陳	05939	陳侯簠	13.230	春秋	同上
陳	05940	陳侯簠	13.232	春秋	同上
陳	12294	陳侯壺甲	22.170	春秋	同上
陳	12295	陳侯壺乙	22.171	春秋	同上
陳	14967	陳伯元匜	26.345	春秋	同上
陳	14991	陳侯匜	26.375	春秋	同上

古地名	器　號	器　　名	卷數頁碼	時代	現今所在地
陳	14994	陳子匜	26.379	春秋	即陳,都宛丘,今河南淮陽縣
緐	14472	緐君單盤	25.493	春秋	
緐	14940	緐君單匜	26.318	春秋	

十　五　畫

古地名	器　號	器　　名	卷數頁碼	時代	現今所在地
魄	04818	魄伯簋	10.110	西周	
蓲	05320	靜簋	12.19	西周	唐蘭以爲通徵,今陝西澄城縣西南
穀	19181	鄂君啟舟節	34.559	戰國	穀城,今湖北穀城縣西
穀	19182	鄂君啟舟節	34.561	戰國	同上
䵼	04847	䵼仲奠父簋	10.144	西周	
樅陽	19181	鄂君啟舟節	34.559	戰國	今安徽樅陽縣
樅陽	19182	鄂君啟舟節	34.561	戰國	同上
樊	01743	樊夫人龍嬴鼎	3.400	春秋	今山東濟源市西南
樊	02240	樊季氏孫仲鬴鼎	4.460	戰國	同上
樊	02839	樊君鬲	6.223	春秋	同上
樊	02889	樊夫人龍嬴鬲	6.286	春秋	同上
樊	02890	樊夫人龍嬴鬲	6.288	春秋	同上
樊	05777	樊君臯簠	13.27	春秋	同上
樊	06261	樊君夔盆	13.475	春秋	同上
樊	12296	樊夫人龍嬴壺	22.172	春秋	同上
樊	14408	樊夫人龍嬴盤	25.423	春秋	同上
樊	14900	龍嬴匜	26.277	春秋	同上
樊	14962	樊君夔匜	26.340	春秋	同上
禝帥	13303	宰甫卣	24.236	西周	
歐	17280	上郡守壽戈	32.356	戰國	秦上郡地名,今地不詳
鄴	16860	鄴下庫戈	31.356	戰國	戰國魏邑,今河北臨漳縣西南鄴鎮
鄴	17166	鄴令裵戈	32.227	戰國	同上
畯	02513	大克鼎	5.440	西周	
嚴	05679	尉比盨	12.464	西周	邑名,今地不詳
胃道	14542	散氏盤	25.602	西周	路名,在今陝西寶雞市陳倉區境內
黎	01450	楷仲鼎	2.135	西周	亦作楷、耆,今山西黎城縣

古地名	器號	器名	卷數頁碼	時代	現今所在地
黎	01451	楷仲鼎	2.136	西周	亦作楷、耆,今山西黎城縣
黎	01523	吹鼎	3.203	西周	同上
黎	02345	歔䥽鼎	5.112	西周	同上
黎	04129	楷仲簋	8.390	西周	同上
黎	04683	仲車父簋	9.428	西周	同上
黎	05129	方簋蓋	11.72	西周	同上
黎	05179	菩簋	11.170	西周	同上
黎	05221	獻簋	11.255	西周	同上
黎	05568	楷侯貞盨	12.289	西周	同上
黎	05820	楷侯微逆簠	13.77	春秋	同上
黎	12148	楷侯壺	22.20	西周	同上
黎	12241	楷侯宰䜌壺	22.115	西周	同上
衛	02002	衛伯須鼎	4.162	春秋	都曹,今河南滑縣東
衛	02802	衛姒鬲	6.184	西周	都沬,今河南濬縣與淇縣交界處
衛	02863	衛夫人鬲	6.252	春秋	都曹,今河南滑縣東
衛	02864	衛夫人鬲	6.254	春秋	同上
衛	02865	衛夫人鬲	6.255	春秋	同上
衛	05020	濬司土逆簋	10.384	西周	都沬,今河南濬縣與淇縣交界處
衛	05067	賢簋	10.466	西周	同上
衛	05068	賢簋	10.468	西周	同上
衛	05069	賢簋	10.469	西周	同上
衛	05070	賢簋	10.470	西周	同上
衛	05071	賢簋蓋	10.472	西周	同上
衛	05792	衛子叔旡父簠	13.45	春秋	都曹,今河南滑縣東
衛	06121	衛姒豆	13.370	西周	都沬,今河南濬縣與淇縣交界處
衛	06122	衛姒豆	13.371	西周	同上
衛	17054	衛公孫呂戈	32.96	春秋	同上
衛	18810	衛量	34.261	春秋	同上
衛	18480	衛師錫泡	34.67	西周	在今河南濬縣與淇縣交界處
衛	18481	衛師錫泡	34.69	西周	同上
衛	18490	衛師錫盾飾	34.82	西周	在河南淇縣濬縣與淇縣交界處
衛	18491	衛師錫盾飾	34.83	西周	同上
潴逨道	14542	散氏盤	25.603	西周	道路名,今陝西寶雞市陳倉區境內

古地名	器　號	器　　名	卷數頁碼	時代	現今所在地
龡	13092	龡伯卣	24.4	西周	
鄖	13292	員卣	24.221	西周	今河南新鄭市西北
虢	01972	虢姜鼎	4.128	西周	今陝西寶雞市陳倉區虢鎮北
虢	01996	虢叔大父鼎	4.156	西周	同上
虢	02146	虢季鼎甲	4.337	春秋	今河南三門峽市區西端陝州風景區
虢	02147	虢季鼎乙	4.338	春秋	同上
虢	02148	虢季鼎丙	4.339	春秋	同上
虢	02149	虢季鼎丁	4.340	春秋	同上
虢	02150	虢季鼎戊	4.341	春秋	同上
虢	02151	虢季鼎己	4.342	春秋	同上
虢	02152	虢季鼎庚	4.343	春秋	同上
虢	02153	虢季鼎辛	4.344	春秋	同上
虢	02207	虢文公子㲎鼎	4.412	西周	今陝西寶雞市陳倉區虢鎮北
虢	02208	虢文公子㲎鼎	4.414	西周	同上
虢	02209	虢文公子㲎鼎	4.416	西周	同上
虢	02308	虢宣公子白鼎	5.57	西周	同上
虢	02369	瘐鼎	5.150	西周	同上
虢	02739	虢仲鬲	6.120	西周	同上
虢	02740	虢仲鬲	6.121	西周	同上
虢	02800	虢叔鬲	6.182	西周	同上
虢	02822	虢宮父鬲	6.206	春秋	今河南三門峽市區西端陝州風景區
虢	02823	虢宮父鬲	6.207	春秋	同上
虢	02886	虢季氏子組鬲	6.283	西周	今陝西寶雞市陳倉區虢鎮北
虢	02887	虢季氏子組鬲	6.284	西周	同上
虢	02888	虢季氏子組鬲	6.285	西周	同上
虢	02934	虢季氏子㲎鬲	6.346	西周	同上
虢	02946	虢季鬲甲	6.366	春秋	今河南三門峽市區西端陝州風景區
虢	02947	虢季鬲乙	6.367	春秋	同上
虢	02948	虢季鬲丙	6.368	春秋	同上
虢	02949	虢季鬲丁	6.369	春秋	同上
虢	02950	虢季鬲戊	6.370	春秋	同上
虢	02951	虢季鬲己	6.371	春秋	同上
虢	02952	虢季鬲庚	6.372	春秋	同上

古地名	器　號	器　名	卷數頁碼	時代	現今所在地
虢	02953	虢季鬲辛	6.363	春秋	今河南三門峽市區西端陝州風景區
虢	02956	虢仲鬲	6.378	西周	今陝西寶雞市陳倉區虢鎮北
虢	02983	虢伯鬲	6.415	西周	同上
虢	02987	虢文公子㲋鬲	6.419	西周	同上
虢	03023	國子碩父鬲	6.465	西周	同上
虢	03024	國子碩父鬲	6.466	西周	同上
虢	03279	虢伯甗	7.157	西周	同上
虢	03301	虢姜甗	7.178	春秋	今河南三門峽市區西端陝州風景區
虢	03959	虢叔簋	8.249	西周	今陝西寶雞市陳倉區虢鎮北
虢	04465	虢季簋甲	9.213	春秋	今河南三門峽市區西端陝州風景區
虢	04466	虢季簋乙	9.214	春秋	同上
虢	04467	虢季簋丙	9.215	春秋	同上
虢	04468	虢季簋丁	9.216	春秋	同上
虢	04469	虢季簋戊	9.217	春秋	同上
虢	04470	虢季簋己	9.218	春秋	同上
虢	04498	虢姜簋	9.254	西周	今陝西寶雞市陳倉區虢鎮北
虢	04677	虢姜簋	9.422	西周	同上
虢	04929	虢季氏子組簋	10.255	西周	同上
虢	04930	虢季氏子組簋	10.257	西周	同上
虢	04931	虢季氏子組簋蓋	10.258	西周	同上
虢	05198	虢姜簋蓋	11.217	西周	同上
虢	05520	虢季盨甲	12.238	春秋	今河南三門峽市區西端陝州風景區
虢	05521	虢季盨乙	12.239	春秋	同上
虢	05522	虢季盨丙	12.240	春秋	同上
虢	05523	虢季盨丁	12.241	春秋	同上
虢	05567	虢叔盨	12.288	西周	今陝西寶雞市陳倉區虢鎮北
虢	05577	虢叔盨	12.300	西周	同上
虢	05578	虢叔盨	12.301	西周	同上
虢	05623	虢仲盨蓋	12.357	西周	同上
虢	05789	虢叔簠蓋	13.42	西周	同上
虢	05790	虢季簠	13.43	春秋	今河南三門峽市區西端陝州風景區
虢	05813	虢叔簠	13.70	西周	今陝西寶雞市陳倉區虢鎮北
虢	05814	虢叔簠	13.71	西周	同上

古地名	器 號	器 名	卷數頁碼	時代	現今所在地
虢	05815	虢叔簠	13.72	西周	今陝西寶雞市陳倉區虢鎮北
虢	05867	虢仲簠	13.128	西周	同上
虢	05880	虢碩父簠	13.140	春秋	今河南三門峽市區西端陝州風景區
虢	06128	虢姜鋪	13.377	西周	今陝西寶雞市陳倉區虢鎮北
虢	06144	虢季鋪	13.394	春秋	今河南三門峽市區西端陝州風景區
虢	06145	虢季鋪	13.395	春秋	同上
虢	06210	虢叔盂	13.436	西周	今陝西寶雞市陳倉區虢鎮北
虢	06211	虢叔盂	13.437	西周	同上
虢	11686	虢叔尊	21.162	西周	同上
虢	12221	虢季壺	22.94	春秋	今河南三門峽市區西端陝州風景區
虢	12222	虢季壺	22.95	春秋	同上
虢	12223	虢姜壺	22.96	春秋	同上
虢	12351	虢季氏子組壺	22.247	西周	今陝西寶雞市陳倉區虢鎮北
虢	13300	虢季子組卣	24.231	西周	同上
虢	14400	虢季盤	25.414	春秋	今河南三門峽市區西端陝州風景區
虢	14406	虢宮父盤	25.420	春秋	同上
虢	14422	虢孋改盤	25.439	春秋	同上
虢	14454	蘇冶妊盤	25.475	春秋	同上
虢	14538	虢季子白盤	25.593	西周	今陝西寶雞市陳倉區虢鎮北
虢	14873	虢季匜	26.253	西周	同上
虢	14895	虢宮父匜	26.272	春秋	今河南三門峽市區西端陝州風景區
虢	15361	虢季鐘甲	27.500	春秋	同上
虢	15362	虢季鐘乙	27.502	春秋	同上
虢	15363	虢季鐘丙	27.505	春秋	同上
虢	15364	虢季鐘丁	27.509	春秋	同上
虢	15365	虢季鐘戊	27.511	春秋	同上
虢	15366	虢季鐘己	27.512	春秋	同上
虢	15367	虢季鐘庚	27.513	春秋	同上
虢	15368	虢季鐘辛	27.514	春秋	同上
虢	15584	虢叔旅鐘甲	29.6	西周	今陝西寶雞市陳倉區虢鎮北
虢	15585	虢叔旅鐘乙	29.9	西周	同上
虢	15586	虢叔旅鐘丙	29.12	西周	同上
虢	15587	虢叔旅鐘丁	29.15	西周	同上

古地名	器　號	器　　名	卷數頁碼	時代	現今所在地
虢	15588	虢叔旅鐘戊	29.18	西周	今陝西寶鷄市陳倉區虢鎮北
虢	16861	虢太子元戈	31.357	春秋	今河南三門峽市區西端陝州風景區
虢	16862	虢太子元戈	31.358	春秋	同上
鵬	16289	鵬戈	30.261	春秋	
滕	01576	滕侯鼎	3.251	西周	今山東滕州市西南
滕	02766	吾鬲	6.149	西周	同上
滕	04487	滕侯簋	9.244	西周	同上
滕	04488	滕侯簋	9.245	西周	同上
滕	04702	滕虎簋	9.449	西周	同上
滕	04703	滕虎簋	9.451	西周	同上
滕	04704	滕虎簋	9.453	西周	同上
滕	04705	滕虎簋	9.454	西周	同上
滕	05620	滕侯蘇盨	12.353	西周	同上
滕	05621	滕侯蘇盨	12.354	西周	同上
滕	06057	滕侯戾敦	13.317	春秋	同上
滕	14879	滕太宰得匜	26.259	春秋	同上
滕	15757	滕侯賕鎛	29.177	春秋	同上
滕	15769	司馬楙鎛丙	29.197	戰國	同上
滕	16422	滕子戈	30.385	春秋	同上
滕	16750	滕侯耆戈	31.208	春秋	同上
滕	16751	滕侯耆戈	31.209	春秋	同上
滕	16752	滕侯昃戈	31.211	春秋	同上
滕	16753	滕侯昃戈	31.213	春秋	同上
滕	16754	滕侯昃戈	31.215	春秋	同上
滕	16854	滕司徒戈	31.348	春秋	同上
滕	17852	滕之不㤅劍	33.196	春秋	同上
腺	02365	嗇鼎	5.145	西周	同上
腺	02366	嗇鼎	5.146	西周	同上
諆	02451	令鼎	5.292	西周	同上
廢丘	18585	大將李牧弩機	34.161	戰國	今陝西興平市東南南佐村
韓于	16683	淳于左戈	31.133	春秋	即淳于,今山東安丘縣東北杞城
韓于	16684	淳于右戈	31.134	春秋	同上
韓于	16850	淳于公戈	31.344	春秋	同上

古地名	器　號	器　　名	卷數頁碼	時代	現今所在地
韋于	16851	淳于公戈	31.345	春秋	即淳于,今山東安丘縣東北杞城
韋于	16852	淳于公戈	31.346	春秋	同上
鄉	17072	鄉左庫戈	32.117	春秋	即雍,春秋晉邑,今河南焦作市西南
潦	03252	潦伯甗	7.133	西周	同寮
潦	06228	遘盂	13.455	西周	同上
潏水	19920	宗邑瓦書	35.508	戰國	在今西安市長安區境內
鄄	16686	塞之王戟	31.136	春秋	即塞
寮	03275	寮伯㝬甗	7.153	西周	
禌	02382	中鼎	5.170	西周	即鬲,今今湖北孝感市一帶
魯	01427	魯侯鼎	3.117	西周	今山東曲阜市
魯	01573	魯侯鼎甲	3.247	西周	同上
魯	01574	魯侯鼎乙	3.248	西周	同上
魯	02059	魯侯鼎	4.232	春秋	同上
魯	02129	魯大左司徒元鼎	4.314	春秋	同上
魯	02156	魯大左司徒元鼎	4.349	春秋	同上
魯	02177	竹魯宰兩鼎	4.374	春秋	同上
魯	02236	魯仲齊鼎	4.454	春秋	同上
魯	02735	魯侯鬲	6.116	西周	同上
魯	02801	魯姬鬲	6.183	西周	同上
魯	02876	魯侯熙鬲	6.270	西周	同上
魯	02901	魯伯愈父鬲	6.305	春秋	同上
魯	02902	魯伯愈父鬲	6.307	春秋	同上
魯	02903	魯伯愈父鬲	6.309	春秋	同上
魯	02904	魯伯愈父鬲	6.310	春秋	同上
魯	02905	魯伯愈父鬲	6.311	春秋	同上
魯	02906	魯伯愈父鬲	6.312	春秋	同上
魯	02927	魯宰駟父鬲	6.337	春秋	同上
魯	03345	魯仲齊甗	7.225	春秋	同上
魯	04861	魯伯大父簋	10.167	西周	同上
魯	04862	魯伯大父簋	10.169	西周	同上
魯	04863	魯伯大父簋	10.171	西周	同上
魯	04918	魯太宰原父簋	10.244	西周	同上
魯	04955	魯侯簋	10.289	西周	同上

古地名	器　號	器　　名	卷數頁碼	時代	現今所在地
魯	05097	魯士商戲簠	11.17	西周	今山東曲阜市
魯	05098	魯士商戲簠	11.19	西周	同上
魯	05594	魯司徒伯吳盨	12.321	西周	同上
魯	05640	魯司徒仲齊盨甲	12.387	春秋	同上
魯	05641	魯司徒仲齊盨乙	12.390	春秋	同上
魯	05656	魯伯悆盨	12.413	春秋	同上
魯	05816	魯士浮父簠	13.73	春秋	同上
魯	05817	魯士浮父簠	13.74	春秋	同上
魯	05818	魯士浮父簠	13.75	春秋	同上
魯	05819	魯士浮父簠	13.76	春秋	同上
魯	05852	魯侯簠	13.109	春秋	同上
魯	05860	魯伯俞父簠	13.121	春秋	同上
魯	05861	魯伯俞父簠	13.122	春秋	同上
魯	05862	魯伯俞父簠	13.123	春秋	同上
魯	05902	魯酉子安母簠	13.175	春秋	同上
魯	05903	魯酉子安母簠	13.178	春秋	同上
魯	06066	歸父敦	13.327	春秋	同上
魯	06154	厚氏元鋪	13.406	春秋	同上
魯	06155	厚氏元鋪	13.409	春秋	同上
魯	06156	厚氏元鋪	13.412	春秋	同上
魯	06221	魯大司徒元盂	13.446	春秋	同上
魯	11766	蔡尊	21.234	西周	同上
魯	12121	魯侯壺	21.471	春秋	同上
魯	12122	魯侯壺	21.472	春秋	同上
魯	12205	魯侯壺	22.76	西周	同上
魯	12447	復封壺甲	22.412	春秋	同上
魯	12448	復封壺乙	22.419	春秋	同上
魯	13347	叔卣	24.324	西周	同上
魯	14413	魯伯厚父盤	25.427	春秋	同上
魯	14416	魯伯者父盤	25.431	春秋	同上
魯	14417	魯伯厚父盤	25.433	春秋	同上
魯	14448	魯伯愈父盤	25.469	西周	同上
魯	14449	魯伯愈父盤	25.470	西周	同上

古地名	器　號	器　　名	卷數頁碼	時代	現今所在地
魯	14450	魯伯愈父盤	25.471	西周	今山東曲阜市
魯	14451	魯司徒仲齊盤	25.472	春秋	同上
魯	14466	魯正叔之弈盤	25.486	春秋	同上
魯	14794	義盉蓋	26.218	西周	同上
魯	14866	魯士商䓪匜	26.247	周晚	同上
魯	14911	魯伯敢匜	26.287	春秋	同上
魯	14922	魯侯匜	26.299	西周	同上
魯	14932	魯伯愈父匜	26.308	春秋	同上
魯	14988	魯司徒仲齊匜	26.372	春秋	同上
魯	14993	仲白匜	26.378	春秋	同上
魯陽	16480	魯陽戈	30.435	戰國	戰國楚地,今河南魯山縣
象禾	19178	鄂君啟車節	34.552	戰國	即象禾,今河南泌陽縣東北象河關
象禾	19179	鄂君啟車節	34.555	戰國	同上
象禾	19180	鄂君啟車節	34.557	戰國	同上
斡	02279	烄戒鼎	5.19	西周	
豫	16784	豫少鈞庫戈	31.256	春秋	
豫州	16785	豫州左庫戈	31.257	春秋	
遹	02464	鄂侯馭方鼎	5.318	西周	即桐遹,南淮夷地名,在淮河流域
夆	04990	鄧公簋蓋	10.342	西周	即鄧
雝	02045	雍伯鼎	4.216	西周	即雝、雍,今河南焦作市西南
雝	02145	雍伯原鼎	4.336	西周	同上
樂	17243	相邦冉戈	32.312	戰國	即櫟,櫟陽的簡稱
樂陽	19175	櫟陽虎符	34.549	秦代	即櫟,今西安市閻良區武屯鎮

十　六　畫

古地名	器　號	器　　名	卷數頁碼	時代	現今所在地
靜	02058	靜叔鼎	4.231	西周	
薳	01662	鄬子受鼎	3.326	春秋	今河南淅川縣倉房鎮
薳	01663	鄬子受鼎	3.327	春秋	同上
薳	01664	鄬子昊鼎	3.328	春秋	同上
薳	01665	鄬子昊鼎	3.329	春秋	同上
薛	01865	薛侯戚鼎	4.23	西周	今山東滕州市西南

古地名	器號	器名	卷數頁碼	時代	現今所在地
薛	05855	薛子仲安簠	13.114	春秋	今山東滕州市西南
薛	05856	薛子仲安簠	13.116	春秋	同上
薛	05857	薛子仲安簠	13.117	春秋	同上
薛	12120	薛侯壺	21.470	春秋	同上
薛	14477	薛侯盤	25.498	西周	同上
薛	14974	薛侯匜	26.352	春秋	同上
薛	16274	薛戈	30.248	春秋	同上
薄姑	02364	壆鼎	5.143	西周	今山東博興縣西南
燕	01716	燕侯旨鼎	3.379	西周	今北京市房山區琉璃河鎮
燕	02019	圉鼎	4.184	西周	同上
燕	02102	小臣䖒鼎	4.286	西周	同上
燕	02203	燕侯旨鼎	4.408	西周	同上
燕	02386	憲鼎	5.178	西周	同上
燕	02908	伯矩鬲	6.314	西周	同上
燕	04440	燕侯簋	9.191	西周	同上
燕	05127	燕侯載簋	11.70	戰國	燕下都，今河北易縣東南高陌村
燕	06207	燕侯盂	13.433	西周	今北京房山區琉璃河鎮
燕	06208	燕侯盂	13.434	西周	同上
燕	06209	燕侯盂	13.435	西周	同上
燕	12406	燕王職壺	22.327	戰國	燕下都，今河北易縣東南高陌村
燕	12410	陳璋壺	22.332	戰國	同上
燕	12411	陳璋壺	22.334	戰國	同上
燕	12454	好盜壺	22.437	戰國	都薊，今北京市廣安門
燕	12455	中山王譽壺	22.449	戰國	同上
燕	13831	克罍	25.122	西周	今北京市房山區琉璃河鎮
燕	14763	亞盉	26.170	西周	同上
燕	14789	克盉	26.207	西周	同上
燕	14885	燕伯聖匜	26.264	西周	同上
燕	14918	燕公匜	26.294	春秋	都薊，今北京市廣安門
燕	16389	燕侯戈	30.354	西周	今北京市房山區琉璃河鎮
燕	16705	燕侯右宮戈	31.154	戰國	都薊，今北京市廣安門
燕	16786	燕王右庫戈	31.258	戰國	燕下都，今河北易縣東南高陌村
燕	16979	燕侯脮戈	32.26	戰國	都薊，今北京市廣安門

古地名	器　號	器　　名	卷數頁碼	時代	現今所在地
燕	16980	燕侯脮戈	32.27	戰國	都薊，今北京市廣安門
燕	16981	燕侯載戈	32.27	戰國	同上
燕	16982	燕侯載戈	32.28	戰國	同上
燕	16983	燕侯載戈	32.28	戰國	同上
燕	16984	燕侯載戈	32.29	戰國	同上
燕	16985	燕侯載戈	32.30	戰國	同上
燕	16986	燕侯載戈	32.31	戰國	同上
燕	16987	燕侯職戈	32.31	戰國	同上
燕	16988	燕侯職戈	32.32	戰國	同上
燕	16989	燕侯職戈	32.33	戰國	同上
燕	16990	燕侯職戈	32.34	戰國	燕下都，今河北易縣東南高陌村
燕	16991	燕王職戈	32.34	戰國	同上
燕	16992	燕王職戈	32.35	戰國	同上
燕	16993	燕王職戈	32.36	戰國	同上
燕	16994	燕王職戈	32.37	戰國	同上
燕	16995	燕王職戈	32.38	戰國	同上
燕	16996	燕王職戈	32.39	戰國	同上
燕	16997	燕王職戈	32.40	戰國	同上
燕	16998	燕王職戈	32.41	戰國	同上
燕	16999	燕王職戈	32.41	戰國	同上
燕	17000	燕王職戈	32.42	戰國	同上
燕	17001	燕王職戈	32.43	戰國	同上
燕	17002	燕王職戈	32.44	戰國	同上
燕	17003	燕王職戈	32.45	戰國	同上
燕	17004	燕王職戈	32.45	戰國	同上
燕	17005	燕王職戈	32.46	戰國	同上
燕	17006	燕王職戈	32.47	戰國	同上
燕	17007	燕王職戈	32.48	戰國	同上
燕	17008	燕王職戈	32.49	戰國	同上
燕	17009	燕王職戈	32.50	戰國	同上
燕	17010	燕王職戈	32.51	戰國	同上
燕	17011	燕王職戈	32.52	戰國	同上
燕	17012	燕王職戈	32.52	戰國	同上

古地名	器　號	器　　名	卷數頁碼	時代	現今所在地
燕	17013	燕王職戈	32.53	戰國	燕下都，今河北易縣東南高陌村
燕	17014	燕王職戈	32.54	戰國	同上
燕	17015	燕王䜌戈	32.55	戰國	同上
燕	17016	燕王䜌戈	32.56	戰國	同上
燕	17017	燕王䜌戈	32.57	戰國	同上
燕	17018	燕王䜌戈	32.58	戰國	同上
燕	17019	燕王䜌戈	32.59	戰國	同上
燕	17020	燕王䜌戈	32.60	戰國	同上
燕	17021	燕王䜌戈	32.61	戰國	同上
燕	17022	燕王䜌戈	32.62	戰國	同上
燕	17023	燕王䜌戈	32.63	戰國	同上
燕	17024	燕王䜌戈	32.64	戰國	同上
燕	17025	燕王䜌戈	32.65	戰國	同上
燕	17026	燕王䜌戈	32.65	戰國	同上
燕	17039	燕王戎人戈	32.79	戰國	同上
燕	17040	燕王戎人戈	32.80	戰國	同上
燕	17041	燕王戎人戈	32.81	戰國	同上
燕	17042	燕王戎人戈	32.82	戰國	同上
燕	17043	燕王戎人戈	32.83	戰國	同上
燕	17044	燕王戎人戈	32.84	戰國	同上
燕	17045	燕王戎人戈	32.85	戰國	同上
燕	17046	燕王戎人戈	32.86	戰國	同上
燕	17047	燕王戎人戈	32.87	戰國	同上
燕	17323	蚩生戈	32.412	戰國	都薊，今北京市廣安門
燕	17598	燕右軍矛	33.28	戰國	燕下都，今河北易縣東南高陌村
燕	17624	燕王右矛	33.56	戰國	同上
燕	17625	燕侯載矛	33.57	戰國	都薊，今北京市廣安門
燕	17626	燕侯職矛	33.58	戰國	燕下都，今河北易縣東南高陌村
燕	17627	燕王職矛	33.58	戰國	同上
燕	17628	燕王職矛	33.59	戰國	同上
燕	17629	燕王職矛	33.60	戰國	同上
燕	17630	燕王職矛	33.61	戰國	同上
燕	17631	燕王職矛	33.62	戰國	同上

古地名	器 號	器 名	卷數頁碼	時代	現今所在地
燕	17632	燕王職矛	33.62	戰國	燕下都,今河北易縣東南高陌村
燕	17633	燕王職矛	33.63	戰國	同上
燕	17634	燕王職矛	33.64	戰國	同上
燕	17635	燕王職矛	33.65	戰國	同上
燕	17636	燕王職矛	33.66	戰國	同上
燕	17637	燕王職矛	33.67	戰國	同上
燕	17638	燕王職矛	33.68	戰國	同上
燕	17639	燕王職矛	33.69	戰國	同上
燕	17640	燕王喜矛	33.70	戰國	同上
燕	17641	燕王喜矛	33.71	戰國	同上
燕	17642	燕王喜矛	33.72	戰國	同上
燕	17643	燕王喜矛	33.73	戰國	同上
燕	17644	燕王喜矛	33.74	戰國	同上
燕	17645	燕王喜矛	33.75	戰國	同上
燕	17646	燕王喜矛	33.76	戰國	同上
燕	17647	燕王詈矛	33.77	戰國	同上
燕	17648	燕王詈矛	33.78	戰國	同上
燕	17649	燕王詈矛	33.79	戰國	同上
燕	17650	燕王詈矛	33.80	戰國	同上
燕	17651	燕王戎人矛	33.81	戰國	同上
燕	17652	燕王戎人矛	33.82	戰國	同上
燕	17653	燕王戎人矛	33.82	戰國	同上
燕	17654	燕王戎人矛	33.83	戰國	同上
燕	17655	燕王戎人矛	33.84	戰國	同上
燕	17656	燕王戎人矛	33.85	戰國	同上
燕	17657	燕王戎人矛	33.86	戰國	同上
燕	17658	燕王戎人矛	33.87	戰國	同上
燕	17840	燕王喜鈹	33.184	戰國	同上
燕	17841	燕王喜劍	33.185	戰國	同上
燕	17842	燕王喜劍	33.186	戰國	同上
燕	17843	燕王喜劍	33.187	戰國	同上
燕	17844	燕王喜劍	33.188	戰國	同上
燕	17845	燕王喜劍	33.189	戰國	同上

古地名	器 號	器 名	卷數頁碼	時代	現今所在地
燕	17846	燕王喜劍	33.190	戰國	燕下都,今河北易縣東南高陌村
燕	17847	燕王喜劍	33.191	戰國	同上
燕	17848	燕王喜劍	33.192	戰國	同上
燕	17849	燕王喜劍	33.193	戰國	同上
燕	17850	燕王喜劍	33.194	戰國	同上
燕	17851	燕王喜劍	33.195	戰國	同上
燕	17922	燕王職劍	33.272	戰國	同上
燕	17923	燕王職劍	33.273	戰國	同上
燕	17924	燕王職劍	33.274	戰國	同上
燕	18017	南行唐令瞿卯劍	33.386	戰國	同上
燕	18482	燕侯泡	34.71	西周	今北京市房山區琉璃河鎮
燕	18483	燕侯舞泡	34.72	西周	同上
燕	18484	燕侯舞錫泡	34.73	西周	同上
燕	18485	燕侯舞錫泡	34.75	西周	同上
燕	18486	燕侯舞錫泡	34.77	西周	同上
燕	18487	燕侯舞錫泡	34.78	西周	同上
燕	19015	燕車書	34.454	春秋	都薊,今北京市廣安門
燕亳邦	12410	陳璋壺	22.332	戰國	即燕國,今河北易縣東南高陌村
燕亳邦	12411	陳璋壺	22.334	戰國	同上
鄭	02501	卅二年逨鼎甲	5.395	西周	
鄭	02502	卅二年逨鼎乙	5.398	西周	
噩	01565	鄂侯鼎	3.239	西周	即鄂,今湖北隨州市隨縣安居鎮
噩	01566	鄂侯鼎	3.240	西周	同上
噩	01596	鄂仲鼎	3.269	西周	同上
噩	02461	靜鼎	5.312	西周	今湖北隨州市隨縣安居鎮
噩	02464	鄂侯馭方鼎	5.318	西周	即鄂,今湖北隨州市隨縣安居鎮
噩	02498	禹鼎	5.387	西周	同上
噩	02499	禹鼎	5.389	西周	同上
噩	03364	中甗	7.253	西周	即鄂,今河南南陽市宛城區新店鄉
噩	04441	鄂監簋	9.192	西周	即鄂,今湖北隨州市隨縣安居鎮
噩	04509	鄂侯弟曆季簋	9.264	西周	同上
噩	04510	鄂季奞父簋	9.265	西周	同上
噩	04828	鄂侯簋	10.121	西周	同上

古地名	器　號	器　　名	卷數頁碼	時代	現今所在地
噩	04829	鄂侯簋	10.123	西周	即鄂，今湖北隨州市隨縣安居鎮
噩	04830	鄂侯簋	10.125	西周	同上
噩	04831	鄂侯簋	10.126	西周	同上
噩	04879	鄂史茝簋	10.196	西周	同上
噩	11600	鄂叔宁尊	21.91	西周	同上
噩	11688	曆季尊	21.164	西周	同上
噩	13046	鄂侯卣	23.470	西周	同上
噩	13156	鄂侯卣	24.65	西周	同上
噩	13201	曆季卣	24.113	西周	同上
噩	13803	鄂侯罍	25.91	西周	同上
噩	13804	鄂侯罍	25.92	西周	同上
噩	14364	鄂侯盤	25.378	西周	同上
歷內	02498	禹鼎	5.387	西周	今河南禹州市
歷內	02499	禹鼎	5.389	西周	同上
厲	04184	厲伯簋	8.437	西周	
霍	14983	叔男父匜	26.365	西周	今山西霍州市西南
劇	15553	叔夷鐘二	28.529	春秋	
劇	15829	叔夷鎛	29.395	春秋	
斁	01606	斁史鼎	3.278	西周	
冀	17136	詔吏宕戈	32.196	戰國	戰國秦縣，今甘肅甘谷縣東
盧氏	16482	盧氏戈	30.437	戰國	戰國韓邑，今河南盧氏縣
盧氏	17205	盧氏令韓闕戈	32.272	戰國	同上
盧方	19761	盧方玉戈	35.369	商代	今甘肅平涼市西苛藍山下
遽	04714	遽伯睘簋	9.465	西周	
遽	10640	遽仲觶	19.456	西周	
頯	19181	鄂君啟舟節	34.559	戰國	即夏水，漢江下游
頯	19182	鄂君啟舟節	34.561	戰國	同上
縣	05314	縣改簋	12.6	西周	
䁤	19181	鄂君啟舟節	34.559	戰國	即睽，今湖南臨湘與長沙湘江一帶
䁤	19182	鄂君啟舟節	34.561	戰國	同上
噐虍	14539	兮甲盤	25.595	西周	
器浧	16764	器浧侯戈	31.234	春秋	
黑狐	16457	黑狐戈	30.415	戰國	

古地名	器 號	器 名	卷數頁碼	時代	現今所在地
靳	16358	靳侯戈	30.327	商代	
舊	16649	許公戈	31.93	春秋	即許,今河南葉縣、西峽或魯山東南
舊	16650	許公戈	31.94	春秋	同上
舊	16651	許公戈	31.95	春秋	同上
舊	16652	許公戈	31.96	春秋	同上
舊	16653	許公盜戈	31.97	春秋	同上
雕陰	16477	雕陰戈	30.432	戰國	戰國魏邑,今陝西甘泉縣南
雕陰	18577	上郡武庫弩機	34.152	戰國	同上
曾	15553	叔夷鐘二	28.529	春秋	即密,今山東昌邑縣東南密城
曾	15561	叔夷鐘十	28.545	春秋	同上
曾	15829	叔夷鎛	29.395	春秋	同上
鬫鬲	15300	晉侯蘇鐘A丙	27.351	西周	即鄆城,今山東鄆城縣東
鬫鬲	15301	晉侯蘇鐘A丁	27.353	西周	同上
獫狁	05387	不毀簋	12.178	西周	在今甘肅隴東及陝北志丹吳起一帶
獫狁	05388	不毀簋蓋	12.180	西周	同上
獫狁	14538	虢季子白盤	25.593	西周	同上
獫狁	14539	兮甲盤	25.595	西周	同上
魯	01428	魯侯鼎	3.118	西周	
魯	04728	遣小子斿簋	9.481	西周	
韋	01445	庸伯鼎蓋	3.132	西周	即庸、鄘,今河南新鄉市西南
韋	05203	韋伯叔簋	11.226	西周	同上
韋	05274	榮簋	11.384	西周	即郭,在今山東聊城縣東北
襄	17132	襄庫戈	32.191	戰國	
廩丘	12453	庚壺	22.433	春秋	今山東鄆城縣西北
廩丘	16968	廩丘戈	32.10	戰國	同上
麋	15760	麋侯鎛	29.182	戰國	今陝西白河縣
麋土	02226	毫鼎	4.444	西周	
憲	04303	憲仲簋	9.72	西周	
縈	04230	縈伯簋	9.6	西周	
潘	19181	鄂君啟舟節	34.559	戰國	耒水,今湖北公安縣西北
潘	19182	鄂君啟舟節	34.561	戰國	同上
澧	19181	鄂君啟舟節	34.559	戰國	澧水
澧	19182	鄂君啟舟節	34.561	戰國	同上

古地名	器　號	器　　名	卷數頁碼	時代	現今所在地
濓	08426	濓姬爵	16.504	西周	
闗輿	16454	闗輿戈	30.412	戰國	今山西和順縣
隰城	17665	平都矛	33.95	戰國	今山西柳林縣西五公里穆村

十 七 畫

古地名	器　號	器　　名	卷數頁碼	時代	現今所在地
遺	01598	遺叔鼎	3.271	西周	即遺
遺	02354	憲鼎	5.124	西周	同上
遺	02398	守鼎	5.193	西周	同上
遺	02488	柞伯鼎	5.365	西周	同上
遺	03349	昔須甗	7.229	西周	同上
遺	05174	孟簋甲	11.160	西周	同上
遺	05175	孟簋乙	11.162	西周	同上
遺	05176	孟簋丙	11.164	西周	同上
遺	05213	冉簋	11.241	西周	同上
遺	05214	冉簋	11.243	西周	同上
遺	05602	遺叔吉父盨	12.332	西周	同上
遺	05603	遺叔吉父盨	12.333	西周	同上
遺	05604	遺叔吉父盨	12.334	西周	同上
遺	05666	遺伯盨	12.433	西周	同上
戴	02305	戴叔朕鼎	5.54	西周	今河南民權縣東
戴	02306	戴叔朕鼎	5.55	西周	同上
戴	02307	戴叔朕鼎	5.56	西周	同上
戴	02824	戴叔慶父鬲	6.208	春秋	同上
戴	14951	戴伯匜	26.329	春秋	同上
螯	02353	旅鼎	5.123	西周	今陝西周至縣終南鎮
檜	13292	員卣	24.221	西周	今河南新鄭市西北
檀	04295	檀伯簋	9.65	西周	
韓	15425	驫羌鐘甲	28.18	戰國	都陽翟，今河南禹州市
韓	15426	驫羌鐘乙	28.20	戰國	同上
韓	15427	驫羌鐘丙	28.22	戰國	同上
韓	15428	驫羌鐘丁	28.24	戰國	同上

古地名	器　號	器　　名	卷數頁碼	時代	現今所在地
韓	15429	鳳羌鐘戊	28.26	戰國	都陽翟,今河南禹州市
韓	19168	韓將庶虎節	34.542	戰國	今河南新鄭市
釐	12453	庚壺	22.433	春秋	即萊,今山東平度市西
豳	02776	燮王甗	6.157	西周	今陝西旬邑縣西南
豳	02777	燮王甗	6.158	西周	同上
豳	02487	善鼎	5.363	西周	同上
豳	05320	靜簋	12.19	西周	同上
豳	05304	趞簋	11.453	西周	同上
靁父	14036	僉父瓶	25.190	西周	即靈父,約在今山東棗莊市境内
臨	18819	商鞅方升	34.274	戰國	秦國臨晉縣的簡稱
臨	18820	始皇詔方升	34.276	秦代	同上
臨汾	17153	臨汾守曋戈	32.214	戰國	今山西新絳縣東北晉城村
臨晉	02422	宜陽鼎	5.239	戰國	今陝西大荔縣東朝邑鎮西南
虡	11592	虡伯冢尊	21.83	西周	
戲	01449	戲伯鼎	3.135	西周	今西安市臨潼區東北戲水西岸
戲	02893	戲伯甗	6.292	西周	今西安市臨潼區北戲水西岸東
戲	02894	戲伯甗	6.294	西周	同上
戲	18802	戲參分量	34.253	戰國	同上
鼎	05380	敼簋	12.162	西周	即昴
邀	04955	魯侯簋	10.289	西周	東國的一個地名,今地不詳
盨	01433	許季鼎	3.123	西周	即許,今河南葉縣、西峽或魯山東南
盨	02778	許姬甗	6.159	西周	即許,今河南許昌市東張潘古城
盨	04724	許季姜簋	9.477	西周	同上
盨	05965	許公買簠	13.277	春秋	同上
盨	05966	許公買簠	13.279	春秋	同上
盨	11740	許仲桀尊	21.209	西周	同上
盨	13267	許仲桀卣	24.191	西周	同上
魏	00721	鄀公鼎	2.43	戰國	今陝西芮城縣北
魏	02198	巍鼎	4.401	戰國	同上
魏	12093	魏下官壺	21.447	戰國	同上
魏	12308	稾佗壺	22.189	戰國	同上
繁	02944	繁伯武君甗	6.362	春秋	同上
繁	03363	敂甗	7.250	西周	同上

古地名	器號	器名	卷數頁碼	時代	現今所在地
繁	05401	班簋	12.209	西周	今陝西芮城縣北
繁陽	15242	戎生鐘丁	27.234	春秋	春秋戰國楚地，今河南新蔡縣北
繁陽	17819	繁陽之金劍	33.161	戰國	同上
繁陽	19178	鄂君啟車節	34.552	戰國	同上
繁陽	19179	鄂君啟車節	34.555	戰國	同上
繁陽	19180	鄂君啟車節	34.557	戰國	同上
錫	17263	相邦張義戟	32.337	戰國	戰國秦邑，今陝西白河縣東
鍾	16284	鍾戈	30.256	春秋	今山東禹城縣東南
鍾	16285	鍾戈	30.257	春秋	同上
鍾離	05898	童麗君柏簠	13.170	春秋	今安徽鳳陽縣臨淮關鎮東 1.5 公里
鍾離	15186	鍾離君柏鐘一	27.137	春秋	同上
鍾離	15187	鍾離君柏鐘八	27.139	春秋	同上
鍾離	15787	季子康鎛甲	29.262	春秋	同上
鍾離	15788	季子康鎛乙	29.265	春秋	同上
鍾離	15789	季子康鎛丙	29.268	春秋	同上
鍾離	15790	季子康鎛丁	29.271	春秋	同上
鍾離	15791	季子康鎛戊	29.274	春秋	同上
鍾離	17055	童麗公柏戈	32.98	春秋	同上
鄡	02009	鄡子簧塦鼎	4.173	春秋	即邊
襄	19181	鄂君啟舟節	34.559	戰國	在今湖北鍾祥至沔陽間的漢水沿岸
襄	19182	鄂君啟舟節	34.561	戰國	同上
襄平	02042	貙廚鼎	4.211	戰國	戰國魏邑，約在今河南東部
襄平	17853	襄平令奻馘劍	33.197	戰國	戰國燕邑，今遼寧遼陽市老城區
襄成	01492	襄成鼎	3.175	戰國	即襄城，今河南襄城縣
襄城	17140	襄城公景脽戟	32.200	戰國	今河南襄城縣
襄城	17360	襄城令韓沽戈	32.454	戰國	同上
襄城	17694	襄城令柔名矛	33.130	戰國	同上
襄陵	19178	鄂君啟車節	34.552	戰國	戰國楚邑，今河南睢縣
襄陵	19179	鄂君啟車節	34.555	戰國	同上
襄陵	19180	鄂君啟車節	34.557	戰國	同上
襄陰	01491	襄陰鼎	3.175	戰國	戰國趙邑，今內蒙古呼和浩特市
襄𤣥	17300	晉國下庫戟	32.382	戰國	今河南濮陽縣境
應	01240	應監鼎	2.452	西周	今河南平頂山市新華區滍陽鎮

古地名	器 號	器 名	卷數頁碼	時代	現今所在地
應	01241	應侯鼎	2.453	西周	今河南平頂山市新華區滍陽鎮
應	01430	應侯鼎	3.120	西周	同上
應	01431	應侯鼎	3.121	西周	同上
應	01552	應公鼎	3.227	西周	同上
應	01553	應公鼎	3.228	西周	同上
應	01600	應叔豕鼎	3.273	西周	同上
應	01601	應叔鼎	3.274	西周	同上
應	01909	應侯鼎	4.69	西周	同上
應	02071	應公鼎	4.249	西周	同上
應	02072	應公鼎	4.250	西周	同上
應	02105	應公鼎	4.289	西周	同上
應	02342	應侯鼎	5.109	西周	同上
應	02351	丁兒鼎蓋	5.121	春秋	同上
應	03254	應侯甗	7.135	西周	同上
應	03268	應監甗	7.146	西周	同上
應	03329	應監甗	7.207	西周	同上
應	04210	應公簋	8.458	西周	同上
應	04211	應公簋	8.459	西周	同上
應	04235	應事簋	9.9	西周	同上
應	04648	鄧公簋A	9.394	西周	同上
應	04649	鄧公簋B	9.395	西周	同上
應	04650	鄧公簋C	9.396	西周	同上
應	04651	鄧公簋D	9.397	西周	同上
應	04711	應侯簋	9.461	西周	同上
應	05024	應侯簋	10.391	西周	同上
應	05102	應姚簋	11.27	西周	同上
應	05231	應侯見工簋甲	11.275	西周	同上
應	05232	應侯見工簋乙	11.278	西周	同上
應	05503	應侯盨	12.223	西周	同上
應	05504	應侯盨蓋	12.224	西周	同上
應	05538	應伯盨	12.259	西周	同上
應	05539	應侯盨	12.260	西周	同上
應	05540	應侯盨	12.261	西周	同上

古地名	器　號	器　　名	卷數頁碼	時代	現今所在地
應	05311	應侯簋	11.471	西周	今河南平頂山市新華區滍陽鎮
應	05639	應侯再盨	12.385	西周	同上
應	10269	應公觶	19.170	西周	同上
應	10609	應事觶	19.430	西周	同上
應	11593	應公觶	21.83	西周	同上
應	12146	應伯壺	22.19	西周	同上
應	12171	應公壺	22.40	西周	同上
應	12265	應侯壺甲	22.140	西周	同上
應	12266	應侯壺乙	22.141	西周	同上
應	14385	應侯盤	25.398	西周	同上
應	14411	應伯盤	25.426	西周	同上
應	14471	應姚盤	25.492	西周	同上
應	14909	應侯匜	26.285	西周	同上
應	15314	應侯見工鐘	27.370	西周	同上
應	15315	應侯見工鐘	27.372	西周	同上
應	15316	應侯見工鐘	27.374	西周	同上
應	16246	應戈	30.219	西周	同上
毆	01917	毆仲鼎	4.75	西周	
鄤	02993	司工單鬲	6.429	春秋	
鴻	04866	諓簋	10.175	西周	
鴻	04867	諓簋	10.177	西周	
鴻	14542	散氏盤	25.603	西周	在今寶雞市陳倉區境內
濮	19764	太保玉戈	35.373	西周	
溓	08426	溓姬爵	16.504	西周	即濂
闇	01660	闇尹臧鼎	3.324	春秋	

十 八 畫

古地名	器　號	器　　名	卷數頁碼	時代	現今所在地
豐	01422	豐公臤鼎	3.226	西周	西周封邑,今陝西户縣東
豐	01714	咸鼎	3.377	西周	同上
豐	02082	輔伯匯父鼎	4.261	西周	同上
豐	02185	師衛鼎	4.383	西周	同上

古地名	器號	器名	卷數頁碼	時代	現今所在地
豐	02364	塑鼎	5.143	西周	東夷國,今山東青州市西北
豐	02369	癲鼎	5.150	西周	豐京,今陝西西安市長安區馬王鎮
豐	02378	師衛鼎	5.163	西周	西周封邑,今陝西戶縣東
豐	02396	大祝追鼎	5.190	西周	同上
豐	02446	吳虎鼎	5.282	西周	同上
豐	02840	豐侯母鬲	6.225	西周	同上
豐	03316	仲邑甗	7.193	西周	同上
豐	04422	咸簋	9.176	西周	同上
豐	04641	答簋	9.387	西周	同上
豐	04878	豐邢叔簋	10.195	西周	同上
豐	04937	師衛簋	10.265	西周	同上
豐	04964	豐兮夷簋	10.303	西周	同上
豐	04965	豐兮夷簋	10.305	西周	同上
豐	04966	豐兮夷簋	10.306	西周	同上
豐	05081	豐伯車父簋	10.483	西周	在今河南洛陽市境内
豐	05104	有司簡簋蓋	11.31	西周	西周封邑,今陝西戶縣東
豐	05142	師衛簋	11.93	西周	同上
豐	05143	師衛簋	11.94	西周	同上
豐	05207	室叔簋	11.233	西周	同上
豐	05225	小臣宅簋	11.264	西周	豐京,今陝西西安市長安區馬王鎮
豐	05258	矜簋	11.344	西周	西周封邑,今陝西戶縣東
豐	05845	豐伯盠父簋	13.101	西周	在今河南洛陽市境内
豐	11731	憧季遽父尊	21.202	西周	西周封邑,今陝西戶縣東
豐	13248	憧季遽父卣	24.164	西周	同上
豐	13249	憧季遽父卣	24.166	西周	同上
豐	13344	作册魃卣	24.316	西周	豐京,今陝西西安市長安區馬王鎮
豐	14762	王盂	26.169	西周	西周封邑,今陝西戶縣東
豐	14800	裘衛盉	26.231	西周	豐京,今陝西西安市長安區馬王鎮
豐	16498	豐人戈	30.453	西周	同上
豐	16593	豐伯戈	31.36	西周	在今河南洛陽市境内
豐	16594	豐伯戈	31.37	西周	同上
豐	17806	豐伯劍	33.150	西周	同上
豐	17807	豐伯劍	33.151	西周	同上

古地名	器　號	器　名	卷數頁碼	時代	現今所在地
豐	18471	豐王泡	34.57	西周	豐京,今陝西西安市長安區馬王鎮
豐	18472	豐王泡	34.58	西周	同上
豐	18473	豐王泡	34.59	西周	同上
豐	19088	豐師當盧	34.518	西周	同上
豐	19089	豐師當盧	34.519	西周	同上
豐	19764	太保玉戈	35.373	西周	同上
豐邢	03322	犀甗	7.199	西周	今陝西戶縣東
豐邢	04878	豐邢叔簋	10.195	西周	同上
釐	05327	史密簋	12.35	西周	即萊,今山東平度市西
釐	16291	釐戈	30.269	戰國	同上
贅	05366	師衰簋	12.125	西周	同上
贅	05367	師衰簋	12.128	西周	同上
鄂	19178	鄂君啟車節	34.552	戰國	即鄂,鄂君封邑,今湖北鄂城市
鄂	19179	鄂君啟車節	34.555	戰國	同上
鄂	19180	鄂君啟車節	34.557	戰國	同上
鄂	19181	鄂君啟舟節	34.559	戰國	同上
鄂	19182	鄂君啟舟節	34.561	戰國	同上
鄦	02372	蔡大師腆鼎	5.154	春秋	即許,今河南葉縣、西峽或魯山東南
競	05679	斛比盨	12.464	西周	邑名,今地不詳
鼬	01452	紘侯鼎	4.108	西周	
邊	02009	鄝子簠塦鼎	4.173	春秋	
邊柳	14542	散氏盤	25.602	西周	在今陝西寶雞市陳倉區境內
鎬	18735	司土斧	34.225	西周	非鎬京,此鎬在今陝西關中西北部
鯀丘	12453	庚壺	22.433	春秋	今山東蓬萊縣南
觴	01951	楷仲鼎	3.137	西周	即唐,今山西翼城縣西唐城
觴	12179	觴仲多壺	22.48	西周	同上
裊	08793	葡亞罍角	17.230	商代	
歸	04687	歸叔山父簋	9.433	西周	
歸	04688	歸叔山父簋	9.435	西周	
歸	04689	歸叔山父簋	9.436	西周	
歸	04690	歸叔山父簋蓋	9.437	西周	
歸	04691	歸叔山父簋蓋	9.438	西周	
瀟江	19181	鄂君啟舟節	34.559	戰國	即瀘江,今安徽廬江境內的白兔河

古地名	器　號	器　　名	卷數頁碼	時代	現今所在地
潚江	19182	鄂君啟舟節	34.561	戰國	即瀘江,今安徽廬江境內的白兔河
隩	19764	太保玉戈	35.373	西周	即濮
雝	17224	亟令樂疛戈	32.290	戰國	即雍,秦故都,今陝西鳳翔縣南
雝	17245	相邦冉戈	32.314	戰國	同上
雝	17246	相邦冉戈	32.315	戰國	同上
雝	17247	相邦冉戈	32.317	戰國	同上
雝	17343	鄭令楿涵戈	32.434	戰國	同上

十 九 畫

古地名	器　號	器　　名	卷數頁碼	時代	現今所在地
壞德	17245	相邦冉戈	32.314	戰國	即懷德,今陝西大荔縣東南
蘇	01876	蘇衛改鼎	4.26	西周	初在河南濟源西北,後遷溫縣西南
蘇	01877	蘇衛改鼎	4.28	西周	同上
蘇	01878	蘇衛改鼎	4.30	西周	同上
蘇	01879	蘇衛改鼎	4.31	西周	同上
蘇	02089	蘇冶妊鼎	4.269	春秋	同上
蘇	02335	寬兒鼎	5.101	春秋	同上
蘇	02443	史頌鼎	5.276	西周	同上
蘇	02444	史頌鼎	5.278	西周	同上
蘇	04982	蘇公子癸父甲簋	10.330	春秋	同上
蘇	05259	史頌簋	11.347	西周	同上
蘇	05260	史頌簋	11.350	西周	同上
蘇	05261	史頌簋蓋	11.352	西周	同上
蘇	05262	史頌簋蓋	11.354	西周	同上
蘇	05263	史頌簋	11.356	西周	同上
蘇	05264	史頌簋	11.359	西周	同上
蘇	05265	史頌簋	11.361	西周	同上
蘇	05266	史頌簋	11.364	西周	同上
蘇	05267	史頌簋	11.367	西周	同上
蘇	14404	蘇公盤	25.418	春秋	同上
蘇	14405	蘇甫人盤	25.419	春秋	同上
蘇	14454	蘇冶妊盤	25.475	春秋	同上

古地名	器　號	器　　名	卷數頁碼	時代	現今所在地
蘇	14892	蘇公匜	26.269	西周	今河南濟源西北
蘇	14893	蘇夫人匜	26.270	西周	同上
蘇	14980	蘇公匜	26.361	春秋	今河南溫縣西南
藺	17221	藺令張善戈	32.287	戰國	戰國趙邑,今山西呂梁市離石區西
藺	17222	藺令陲隋戈	32.288	戰國	同上
藺	17223	藺令口買戈	32.288	戰國	同上
藺	17693	藺令趙狽矛	33.129	戰國	同上
櫃	04304	櫃仲簋	9.73	西周	即櫃
櫟	17243	相邦冉戈	32.312	戰國	櫟陽的簡稱
櫟陽	16620	高武戈	31.63	戰國	今西安市閻良區武屯鎮南
櫟陽	17236	丞相斯戈	32.302	戰國	同上
櫟陽	17248	相邦樛斿戈	32.319	戰國	同上
櫟陽	17605	櫟陽矛	33.35	戰國	同上
櫟陽	19175	櫟陽虎符	34.549	秦代	同上
饔貪	11785	小臣餘尊	21.255	西周	即饔京
甹	08794	宰桃角	17.231	商代	即管,今河南鄭州市
蒙	05269	小臣謎簋	11.370	西周	疑即相,今河南内黃縣東南
懷德	17245	相邦冉戈	32.314	戰國	今陝西大荔縣東南
酅	16411	酅戈	30.375	春秋	
酅	16412	酅戈	30.376	春秋	
酅	16413	酅戈	30.377	春秋	
酅	16678	酅左庫戈	31.128	春秋	
穦	05603	遣叔吉父盨	12.333	西周	即遣
鼄	01977	邾討鼎	4.133	春秋	即邾,邾國,今山東曲阜市東南
鼄	02061	杞伯每刃鼎	4.234	春秋	同上
鼄	02062	杞伯每刃鼎	4.237	春秋	同上
鼄	02086	邾伯御戎鼎	4.265	春秋	同上
鼄	02213	杞伯每刃鼎	4.423	春秋	同上
鼄	02237	邾齊白鼎	4.456	春秋	同上
鼄	02238	邾齊白鼎	4.457	春秋	同上
鼄	02762	邾秦妊鬲	6.142	春秋	小邾國,又稱郳,今山東棗莊市
鼄	02763	邾秦妊鬲	6.144	春秋	同上
鼄	02782	邾慶鬲	6.163	春秋	同上

古地名	器　號	器　　名	卷數頁碼	時代	現今所在地
邾	02885	邾來隹鬲	6.282	春秋	即邾,邾國,今山東曲阜市東南
邾	02901	魯伯愈父鬲	6.306	春秋	同上
邾	02902	魯伯愈父鬲	6.307	春秋	同上
邾	02903	魯伯愈父鬲	6.309	春秋	同上
邾	02904	魯伯愈父鬲	6.310	春秋	同上
邾	02905	魯伯愈父鬲	6.311	春秋	同上
邾	02906	魯伯愈父鬲	6.312	春秋	同上
邾	02909	邾伯鬲	6.316	春秋	同上
邾	02938	邾友父鬲	6.352	春秋	小邾國,又稱郳,今山東棗莊市
邾	02939	邾友父鬲	6.354	春秋	同上
邾	02940	邾友父鬲	6.356	春秋	同上
邾	02941	邾友父鬲	6.357	春秋	同上
邾	02942	邾友父鬲	6.359	春秋	同上
邾	02943	邾友父鬲	6.361	春秋	同上
邾	04854	杞伯每刃簋	10.152	西周	即邾,邾國,今山東曲阜市東南
邾	04855	杞伯每刃簋	10.155	西周	同上
邾	04856	杞伯每刃簋	10.158	西周	同上
邾	04857	杞伯每刃簋	10.160	西周	同上
邾	04858	杞伯每刃簋蓋	10.162	西周	同上
邾	04859	杞伯每刃簋蓋	10.164	西周	同上
邾	04860	杞伯每刃簋	10.165	西周	同上
邾	05878	邾慶簠	13.138	春秋	小邾國,又稱郳,今山東棗莊市
邾	05879	邾慶簠	13.139	春秋	同上
邾	05907	邾公子害簠	13.186	春秋	同上
邾	05908	邾公子害簠	13.188	春秋	同上
邾	05971	邾太宰欉子智簠蓋	13.290	春秋	即邾,邾國,今山東曲阜市東南
邾	05972	邾太宰欉子智簠	13.292	春秋	同上
邾	06265	杞伯每刃盆	13.480	春秋	同上
邾	12333	邾君慶壺	22.222	春秋	小邾國,又稱郳,今山東棗莊市
邾	12334	邾君慶壺	22.225	春秋	同上
邾	12335	邾君慶壺	22.227	春秋	同上
邾	12336	邾君慶壺	22.228	春秋	同上
邾	12337	邾君慶壺	22.229	春秋	同上
邾	12352	邾慶壺	22.249	春秋	同上

古地名	器　號	器　　名	卷數頁碼	時代	現今所在地
黿	12379	杞伯每刃壺	22.286	春秋	即邾，邾國，今山東曲阜市東南
黿	12380	杞伯每刃壺蓋	22.288	春秋	同上
黿	14905	郳慶匜	26.281	春秋	小邾國，又稱郳，今山東棗莊市
黿	14955	郳慶匜	26.333	春秋	同上
黿	15275	邾公釸鐘	27.296	春秋	即邾，邾國，今山東曲阜市東南
黿	15319	邾叔之伯鐘	27.380	春秋	同上
黿	15421	邾公牼鐘甲	28.11	春秋	同上
黿	15422	邾公牼鐘乙	28.13	春秋	同上
黿	15423	邾公牼鐘丙	28.15	春秋	同上
黿	15424	邾公牼鐘丁	28.17	春秋	同上
黿	15591	邾公華鐘	29.23	春秋	同上
黿	15784	邾公孫班鎛	29.248	春秋	同上
龔	02500	多友鼎	5.392	西周	即龔，今地不詳
龔	17231	龔令思戈	32.297	戰國	即共，戰國魏邑，今河南輝縣市
龔	17232	龔令思戈	32.297	戰國	同上
瀘	05679	鄦比盨	12.464	西周	邑名，今地不詳
瀘江	19181	鄂君啟舟節	34.559	戰國	今安徽廬江到樅陽境內的白兔河
瀘江	19182	鄂君啟舟節	34.561	戰國	同上
瀗	14542	散氏盤	25.602	西周	河流名，即今陝西寶雞境內的千河
隳应	13329	農卣	24.285	西周	
闢	01446	闢伯鼎	3.133	西周	今陝西扶風縣上宋鄉
闢	01447	闢伯鼎	3.134	西周	同上
闢	04182	闢伯簋	8.435	西周	同上
關	17668	元年閨矛	33.100	戰國	今河北欒城縣北
關邑	17669	元年閨矛	33.101	戰國	同上
欒	14527	欒伯盤	25.570	西周	即欒，今河北趙縣西
欒	16547	欒左庫戈	30.500	春秋	即欒，春秋晉邑，今河北趙縣西
欒	16548	欒左庫戈	30.501	春秋	同上
隨	10658	中觶	19.474	西周	即厲，今湖北隨州市北

二　十　畫

古地名	器　號	器　　名	卷數頁碼	時代	現今所在地
酆邱	19920	宗邑瓦書	35.508	戰國	在今西安市長安區境內

古地名	器　號	器　　名	卷數頁碼	時代	現今所在地
蠚	02397	郜公諴鼎	5.191	春秋	即郜,今湖北鍾祥縣西北
蠚	14536	士山盤	25.588	西周	即郜,今陝西商洛市商州區東南
鐘	02263	鐘伯侵鼎	4.494	春秋	
䡎	13336	競卣	24.297	西周	即坏,今江蘇睢寧縣西古邳鎮東
竇	05876	竇侯簠	13.136	春秋	
竇	05877	竇侯簠	13.137	春秋	
彊	01736	弸伯鼎	3.393	西周	即彊,在今陝西寶雞市渭濱金臺區
彊	02689	弸伯鬲	6.73	西周	同上
燹	02776	燹王鬲	6.157	西周	即豳,今陝西旬邑縣西南
燹	02777	燹王鬲	6.158	西周	同上

二 十 一 畫

古地名	器　號	器　　名	卷數頁碼	時代	現今所在地
釐都	15553	叔夷鐘二	28.529	春秋	即萊都,今山東平度市西
釐都	15561	叔夷鐘十	28.545	春秋	同上
釐都	15829	叔夷鎛	29.395	春秋	同上
鬲	02377	坂鼎	5.162	商代	即管,今河南鄭州市
霸	01603	霸姞鼎	3.275	西周	今山西翼城縣隆化鎮
霸	04296	霸伯簋	9.66	西周	同上
霸	04329	霸姞簋	9.93	西周	同上
霸	05220	霸伯簋	11.252	西周	同上
霸	13806	霸伯罍	25.94	西周	同上
露	18853	露錢權	34.318	戰國	今山西黎城縣
囂	14492	囂伯盤	25.515	西周	今河南滎陽縣西北
囂	14976	囂伯歙夷匜	26.354	西周	同上
囂	17348	伯剌戈	32.440	春秋	同上
盞淖	16764	器淖侯戈	31.234	春秋	即器淖
簡	02350	簡太史申鼎	5.119	春秋	即莒,今山東莒縣
簡	15505	仲子平鐘丁	28.409	春秋	同上
簡	15506	仲子平鐘戊	28.411	春秋	同上
簡	15507	仲子平鐘己	28.413	春秋	同上
簡	15508	仲子平鐘庚	28.415	春秋	同上

古地名	器 號	器 名	卷數頁碼	時代	現今所在地
簹	15509	仲子平鐘辛	28.417	春秋	即莒,今山東莒縣
簹	15510	仲子平鐘壬	28.419	春秋	同上
簹丘	16782	簹丘子戈	31.254	戰國	即莒丘,今山東莒縣境内
闗	01868	管監引鼎	4.25	西周	即管,今河南鄭州市
夒	02383	中鼎	5.172	西周	今湖北秭歸縣
夒	02384	中鼎	5.174	西周	同上
夒亯	11785	小臣艅尊	21.255	西周	今山東省近海一帶
灄	19181	鄂君啟舟節	34.559	戰國	即油水,今湖北公安縣西北
灄	19182	鄂君啟舟節	34.561	戰國	同上
瀍丘	18585	大將李牧弩機	34.161	戰國	即廢丘,今陝西興平市東南南佐村
窾	13304	舊爺卣	24.238	西周	
隧	17994	欒令䣜唐劍	33.362	戰國	即欒,戰國趙邑,今河北趙縣西

二 十 二 畫

古地名	器 號	器 名	卷數頁碼	時代	現今所在地
竷陜	14542	散氏盤	25.602	西周	在今陝西寶雞市陳倉區境内
覺盅鹼	05142	師衛簋	11.94	西周	即鬱盅城
覺盅鹼	05143	師衛簋	11.94	西周	同上
㘰	13200	召仲卣	24.112	西周	即召,召公邑,今陝西岐山縣劉家村
鑄	02063	鑄司寇厷鼎	4.239	春秋	即祝,今山東肥城縣東南
鑄	02095	鑄叔鼎	4.277	春秋	同上
鑄	02979	鑄子叔黑臣鬲	6.408	春秋	同上
鑄	04853	鑄子叔黑臣簋	10.151	西周	同上
鑄	05126	鑄叔皮父簋	11.69	春秋	同上
鑄	05607	鑄子叔黑臣盨	12.337	春秋	同上
鑄	05608	鑄子叔黑臣盨	12.338	春秋	同上
鑄	05881	鑄子叔黑臣簠	13.141	春秋	同上
鑄	05882	鑄子叔黑臣簠	13.144	春秋	同上
鑄	05883	鑄叔簠	13.147	春秋	同上
鑄	05905	鑄公簠蓋	13.183	春秋	同上
鑄	12209	鑄大卲壺	22.80	戰國	同上
鑄	14456	鑄叔盤	25.477	春秋	同上

古地名	器　號	器　　名	卷數頁碼	時代	現今所在地
鑄	15178	鑄侯求鐘	27.126	春秋	即祝,今山東肥城縣東南
玁狁	05387	不𣪕𣪘	12.178	西周	在今甘肅隴東及陝北志丹吳起一帶
玁狁	05388	不𣪕𣪘蓋	12.180	西周	同上
玁狁	14538	虢季子白盤	25.593	西周	同上
玁狁	14539	兮甲盤	25.595	西周	同上
譏	05597	譏季獻盨	12.325	西周	
龏	02500	多友鼎	5.392	西周	今地不詳
灘	19181	鄂君啟舟節	34.559	戰國	即漢水
灘	19182	鄂君啟舟節	34.561	戰國	同上
寓	04729	古亞𣪘	9.482	商代	

二 十 三 畫

古地名	器　號	器　　名	卷數頁碼	時代	現今所在地
趲	04728	遣小子𣪕𣪘	9.481	西周	即遣
趲	05174	孟𣪘甲	11.160	西周	同上
趲	05175	孟𣪘乙	11.162	西周	同上
趲	05176	孟𣪘丙	11.164	西周	同上
酈	15553	叔夷鐘二	28.529	春秋	即萊,一作釐,今山東平度市西
酈	15829	叔夷鎛	29.395	春秋	同上
㘒	05231	應侯見工𣪘甲	11.275	西周	
㘒	05232	應侯見工𣪘乙	11.278	西周	
酇	16654	許子戈	31.98	戰國	即許,今河南魯山東南
酇	16655	許子戈	31.101	戰國	同上
鄶	05149	鄶侯少子𣪘	11.105	春秋	即莒,今山東莒縣
鄶	12453	庚壺	22.433	春秋	同上
鄶	15180	公孫潮子鐘五	27.129	戰國	同上
鄶	15181	公孫潮子鐘六	27.130	戰國	同上
鄶	15182	公孫潮子鐘七	27.131	戰國	同上
鄶	15183	公孫潮子鐘八	27.132	戰國	同上
鄶	15761	公孫潮子鎛丁	29.184	戰國	同上
鄶	16415	鄶公戈	30.379	春秋	同上
鑪	05679	尉比盨	12.464	西周	邑名,今地不詳

古地名	器　號	器　　名	卷數頁碼	時代	現今所在地
灅	19181	鄂君啟舟節	34.559	戰國	即潕(沬)水，今湖北公安縣西北
灅	19182	鄂君啟舟節	34.561	戰國	同上
闍丘	16788	闍丘虞鵑戈	31.261	春秋	即間丘，今山東鄒縣東北
欒	14527	欒伯盤	25.570	西周	今河北趙縣西
欒	16547	欒左庫戈	30.500	春秋	春秋晉邑，今河北趙縣西
欒	16548	欒左庫戈	30.501	春秋	同上
欒	17994	欒令椰唐劍	33.362	戰國	同上

二 十 四 畫

古地名	器　號	器　　名	卷數頁碼	時代	現今所在地
觀	05327	史密簋	12.35	西周	今山東肥莘縣南
靈父	14036	僉父瓶	25.190	西周	約在今山東棗莊市境內
夒	15299	晉侯蘇鐘Ａ乙	27.349	西周	
罼	05142	師衛簋	11.94	西周	即召，召公邑，今陝西岐山縣劉家村
罼	05143	師衛簋	11.94	西周	同上
鄗	05111	利簋	11.41	西周	即管，今河南鄭州市
巎	02487	善鼎	5.363	西周	即豳，今陝西旬邑縣西南
巎	05304	趠簋	11.453	西周	同上
巎	05320	靜簋	12.19	西周	同上

二 十 五 畫 以 上

古地名	器　號	器　　名	卷數頁碼	時代	現今所在地
矙	02264	彭子射兒鼎	4.49	春秋	即南申，今河南南陽臥龍區
矙	05339	伊簋	12.62	西周	即申，今河南鞏縣東滎陽西汜水境
矙	05897	叔姜簠	13.168	春秋	即南申，今河南南陽臥龍區
矙	05943	申文王之孫州桼簠	13.237	春秋	同上
矙	05958	申公彭宇簠	13.264	春秋	同上
矙	05959	申公彭宇簠	13.266	春秋	同上
矙	12189	矙伯詹多壺	22.60	春秋	即申，今河南鞏縣東滎陽西汜水境
彌	01536	彌鼎	3.216	西周	即強，在今陝西寶雞市渭濱金臺區
彌	01734	彌伯鼎	3.391	西周	同上

古地名	器號	器名	卷數頁碼	時代	現今所在地
𢐗	02269	𢐗伯鼎甲	5.6	西周	即𢐗,在今陜西寶鷄市渭濱金臺區
𢐗	02270	𢐗伯鼎乙	5.7	西周	同上
𢐗	03293	𢐗伯甗	7.170	西周	同上
𥃝	05518	召伯虎盨	12.236	西周	即召,召公邑,今陜西岐山縣劉家村
𥃝	12429	𠨍其壺	22.373	商代	即召,今河南濟源市西邵原鎮
𥃝	13540	康方彝	24.418	商代	同上
𥃝	14752	伯憲盉	26.159	西周	即召,召公邑,今陜西岐山縣劉家村
𥃝	19255	召圜器	35.38	西周	同上
𢕪	04668	叔駒父簋	9.413	西周	即遣
𢕪	06230	永盂	13.459	西周	同上
𢾊	02185	師衛鼎	4.383	西周	
𢾊	04938	師衛簋	10.265	西周	
𥳑	02320	戍嗣子鼎	5.77	商代	即管,今河南鄭州市
鄸	06274	晉公盆	13.493	西周	即唐,今山西翼城縣西唐城
鬱𦥴城	02378	師衛鼎	5.163	西周	
鬱𦥴城	05142	師衛簋	11.94	西周	
鬱𦥴城	05143	師衛簋	11.94	西周	
驫	15425	驫羌鐘甲	28.18	戰國	今山西臨猗縣南
驫	15426	驫羌鐘乙	28.20	戰國	同上
驫	15427	驫羌鐘丙	28.22	戰國	同上
驫	15428	驫羌鐘丁	28.24	戰國	同上
驫	15429	驫羌鐘戊	28.26	戰國	同上
𥃝	05076	生史簋	10.477	西周	即召,召公邑,今陜西岐山縣劉家村
𥃝	05077	生史簋	10.478	西周	同上
𥃝	05340	五年琱生簋	12.64	西周	同上
𥃝	05341	六年琱生簋	12.66	西周	同上

不能隸定者

古地名	器號	器名	卷數頁碼	時代	現今所在地
𣃔	01794	𣃔季鼎	3.457	西周	
𡆥	05389	卯簋蓋	12.182	西周	卯的田地所在地名

六、《銘續》地名

地名首字筆畫檢字表

地 名 索 引

三 畫

古地名	器號	器 名	卷數頁碼	時代	現今所在地
工吳	1345	虘吳工吳劍	4.317	春秋	即吳國,今江蘇蘇州市
工吳	1346	工吳劍	4.318	春秋	同上
工吾	1388	吳王光帶鉤甲	4.384	春秋	同上
工吾	1389	吳王光帶鉤乙	4.384	春秋	同上
工吾	1390	吳王光帶鉤丙	4.385	春秋	同上
工虘	1345	虘吳工吳劍	4.317	春秋	同上
工虘	1346	工吳劍	4.318	春秋	同上
下都	0984	下都唐公疢匜	3.353	戰國	都商密,今河南淅川縣西南
大陰	1263	大陰令鄩靖戈	4.232	戰國	先屬魏後歸趙,今山西霍州市
大陰	1361	大陰殳冒	4.347	戰國	同上
大陰	1362	大陰殳鐓	4.348	戰國	同上
上郡	1222	上郡守匽氏戈	4.188	戰國	秦郡,治膚施,今陝西靖邊縣楊橋畔
上郡	1223	上郡守疾戈	4.189	戰國	同上
上郡	1252	上郡守壽戈	4.221	戰國	同上
上鄀	0176	上鄀㺇妻鼎	1.188	春秋	春秋楚邑,今湖北鍾祥縣西北
上鄀	0473	上鄀公盨	2.191	春秋	同上
上鄀	0834	上鄀㺇妻壺	3.117	春秋	同上
上鄀	1103	上鄀戈	4.53	春秋	同上
子邦	1237	子邦令戈	4.204	戰國	魏國縣邑

四　畫

古地名	器號	器　名	卷數頁碼	時代	現今所在地
不墜	1292	邛陽劍	4.269	戰國	即邛陽,齊國縣邑
戈	0001	戈鼎	1.3	商代	商代國族
戈	0002	戈鼎	1.4	商代	同上
戈	0055	戈父辛鼎	1.54	西周	西周國族
戈	0061	戈冂父鼎	1.59	商代	商代國族
戈	0094	戈鼎	1.91	西周	西周國族
戈	0269	戈甗	1.363	西周	同上
戈	0544	戈爵	2.334	商代	商代國族
戈	0623	戈祖丁爵	2.410	商代	同上
戈	0628	戈祖辛爵	2.415、	西周	西周國族
戈	0654	戈作從祖辛爵甲	2.438	西周	同上
戈	0655	戈作從祖辛爵乙	2.439	西周	同上
戈	0696	戈辛乙觚	2.484	商代	商代國族
戈	0697	戈父乙觚	2.485	商代	同上
戈	0719	戈祖己觶	2.508	商代	同上
戈	0720	戈祖己觶	2.509	西周	西周國族
戈	0721	戈父乙觶	2.510	西周	同上
戈	0756	戈父戊尊	3.25	西周	同上
戈	0760	戈父己尊	3.29	西周	同上
戈	0787	戈尊	3.58	西周	同上
戈	0802	戈父己壺蓋	3.80	西周	同上
戈	0858	戈卣	3.149	西周	同上
介	1257	介令艇䛑戈	4.226	戰國	韓國縣邑,今山西介休縣
爻	0559	爻爵	2.349	商代	商周族氏,今山東滕州市一帶
爻	0677	爻觚	2.466	商代	同上
爻	0743	爻父己斝	3.10	商代	同上
爻	0958	爻父丁盉	3.320	商代	同上
六	1210	鄎公卻㦰戈	4.174	春秋	春秋楚封邑,今安徽六安縣東北
六陽	1081	六陽戈	4.35	春秋	今安徽六安縣東北

五　畫

古地名	器號	器　名	卷數頁碼	時代	現今所在地
石邑	1138	石邑戈	4.95	戰國	戰國趙邑,今河北獲鹿縣東南
平阿	1120	平阿右戟	4.73	戰國	戰國齊邑,今安徽懷遠縣
平阿	1191	平阿右僕戈	4.154	戰國	同上
平陰	1291	平陰劍	4.268	戰國	戰國齊邑,今山東平陰縣東北
平輿	1199	坪夜夫人妳戈	4.162	春秋	楚國封邑,今河南平輿縣
戉	1014	越邾莒盟辭鐘	3.398	春秋	即越,都會稽,今浙江紹興市
戉	1280	越王諸稽於賜矛	4.251	戰國	同上
戉	1281	越王諸稽矛	4.252	戰國	同上
戉	1306	越王諸稽於賜劍	4.281	戰國	同上
戉	1307	越王諸稽於賜劍	4.282	戰國	同上
戉	1308	越王諸稽於賜劍	4.283	戰國	同上
戉	1309	越王諸稽於賜劍	4.284	戰國	同上
戉	1310	越王諸稽於賜劍	4.285	戰國	同上
戉	1311	越王諸稽於賜劍	4.286	戰國	同上
戉	1312	越王諸稽於賜劍	4.287	戰國	同上
戉	1313	越王諸稽於賜劍	4.288	戰國	同上
戉	1314	越王諸稽於賜劍	4.288	戰國	同上
戉	1315	越王諸稽於賜劍	4.289	戰國	同上
戉	1316	越王州句劍	4.290	戰國	同上
戉	1317	越王州句劍	4.291	戰國	同上
戉	1318	越王州句劍	4.291	戰國	同上
戉	1319	越王州句劍	4.292	戰國	同上
戉	1320	越王州句劍	4.292	戰國	同上
戉	1321	越王州句劍	4.293	戰國	同上
戉	1322	越王州句劍	4.293	戰國	同上
戉	1323	越王州句劍	4.294	戰國	同上
戉	1324	越王不光劍	4.295	戰國	同上
戉	1325	越王不光劍	4.296	戰國	同上
戉	1326	越王不光劍	4.297	戰國	同上
戉	1327	越王不光劍	4.298	戰國	同上

古地名	器號	器 名	卷數頁碼	時代	現今所在地
戉	1328	越王諸稽不光劍	4.299	戰國	即越,都會稽,今浙江紹興市
戉	1329	越王嗣旨不光劍	4.300	戰國	同上
戉	1330	越王旨翳劍	4.301	戰國	同上
戉	1331	越王旨翳劍	4.302	戰國	同上
戉	1332	越王丌北古劍	4.303	戰國	同上
戉	1333	越王丌北古劍	4.304	戰國	同上
戉	1334	越王丌北古劍	4.305	戰國	同上
戉	1352	攻吳王姑䤫亓雜劍	4.325	春秋	同上
戉	1385	忾不余席鎮	4.381	春秋	同上
戉	1398	越王州句石戈甲	4.399	戰國	同上
戉	1399	越王州句石戈乙	4.400	戰國	同上
戉	1433	越王不光石矛甲	4.436	戰國	同上
戉	1434	越王不光石矛乙	4.438	戰國	同上
戉	1435	越王州句石矛	4.439	戰國	同上
戉	1460	越王諸稽於賜石劍	4.470	戰國	同上
戉	1461	越王旨州句石劍	4.470	戰國	同上
戉	1462	越王州句石劍	4.471	戰國	同上
戉	1463	越王州句石劍	4.471	戰國	同上
戉	1464	越王州句石劍	4.472	戰國	同上
戉	1465	越王州句石劍格一	4.472	戰國	同上
戉	1466	越王州句石劍格二	4.473	戰國	同上
戉	1467	王州句石劍格三	4.473	戰國	同上
戉	1468	越王州句石劍格四	4.474	戰國	同上
戉	1469	越句石劍	4.474	戰國	同上
申	0498	申公壽簠	2.233	春秋	即南申,今河南南陽臥龍區
申	1279	申右庫矛	4.250	戰國	韓國縣邑
冉	0023	冉鼎	1.23	商代	商代國族
冉	0024	冉鼎	1.24	商代	同上
冉	0026	冉癸鼎	1.26	商代	同上
冉	0052	冉父庚鼎	1.52	西周	西周國族
冉	0056	冉父癸鼎	1.55	商代	商代國族
冉	0286	冉簋	1.383	商代	同上
冉	0287	冉簋	1.384	商代	同上

古地名	器號	器名	卷數頁碼	時代	現今所在地
冉	0300	冉父己簋	1.397	西周	西周國族
冉	0601	冉己爵	2.389	商代	商代國族
冉	0629	冉祖壬爵	2.416	西周	西周國族
冉	0630	冉父乙爵	2.417	西周	同上
冉	0635	冉父丁爵	2.421	西周	同上
冉	0636	冉父丁爵	2.422	西周	同上
冉	0690	冉癸觚	2.478	商代	商代國族
冉	0712	冉觶	2.501	西周	西周國族
冉	0747	冉父丁斝	3.14	西周	同上
冉	0841	冉卣	3.130	商代	商代國族
冉	0851	冉父乙卣	3.140	商代	同上
冉	0897	冉罍	3.211	西周	西周國族
冉	0953	冉盉	3.315	商代	商代國族
外	0248	外伯鬲	1.327	西周	西周封邑,今陝西岐山縣境内
召	0472	召皇父簠	2.189	西周	西周封邑,今陝西岐山縣劉家村

六 畫

古地名	器號	器名	卷數頁碼	時代	現今所在地
邦	0249	邦伯鬲	1.329	西周	西周封邑
共	1078	邟戈	4.32	春秋	春秋晉邑,今河南輝縣市
芒	1245	芒令戈	4.212	戰國	戰國魏邑,今河南永城縣東北
西鹽	1243	秦子戈乙	4.210	戰國	見秦封泥,或爲秦縣,今地不詳。或爲西縣鹽官。西縣即今甘肅禮縣
邔蒙	1251	鉅鹿令張密戈	4.220	戰國	即鉅鹿,戰國趙邑,今河北平鄉縣平鄉
舌	0546	舌爵	2.336	商代	商代國族
舌	0547	舌爵	2.337	商代	同上
舌	0672	舌觚	2.361	商代	同上
舌	0673	舌觚	2.362	商代	同上
舌	0843	舌卣	3.132	商代	同上
向	1231	向令𫗦戈	4.198	戰國	戰國韓邑,今河南濟源市南
邔	1210	邔公卹僳戈	4.174	春秋	即六,春秋楚封邑,今安徽六安縣東北
成周	0217	棘狀鼎	1.268	西周	今河南洛陽市東北白馬寺之東

古地名	器號	器　名	卷數頁碼	時代	現今所在地
成周	0472	召皇父盨	2.189	西周	今河南洛陽市東北白馬寺之東
成周	0882	蕭卣	3.184	西周	同上
亡	1245	芒令戈	4.212	戰國	即芒,戰國魏邑,今河南永城縣東北
州	1232	州令慶□戈	4.199	戰國	戰國魏邑,今河南沁陽市東南
并	0089	并伯鼎	1.86	春秋	約在山西太原一帶
宅陽	1286	宅陽令隅登矛	4.258	戰國	戰國魏邑,今河南鄭州市北

七　畫

古地名	器號	器　名	卷數頁碼	時代	現今所在地
攻吳	1000	吳王夫差鑑	3.378	春秋	即吳國,今江蘇蘇州市
攻吳	1208	攻吳王光戈	4.172	春秋	同上
攻敔	1336	攻吳王夫差劍	4.307	春秋	同上
攻敔	1337	攻吳王夫差劍	4.308	春秋	同上
攻敔	1338	攻吳王夫差劍	4.309	春秋	同上
攻敔	1339	攻吳王夫差劍	4.310	春秋	同上
攻敔	1340	攻吳王夫差劍	4.311	春秋	同上
攻敔	1341	攻吳王夫差劍	4.312	春秋	同上
攻敔	1342	攻吳王者返觑劍	4.313	春秋	同上
攻敔	1343	攻吳王疋矣吳劍	4.314	春秋	同上
攻盧	1352	攻吳王姑鑪亓雒劍	4.325	春秋	同上
芮	0276	芮伯瓶	1.369	西周	今陝西大荔縣東南
芮	0350	芮公簋	1.447	春秋	今陝西韓城市咎村鎮梁帶村
芮	0372	芮伯簋	1.474	西周	今陝西大荔縣東南
芮	0399	芮公簋蓋	2.29	西周	同上
芮	0442	倗伯簋	2.116	西周	同上
芮	0868	芮伯卣	3.161	西周	同上
芮	0939	芮伯盤	3.285	西周	同上
芮	0979	芮伯盃	3.346	西周	同上
杞	0177	杞伯每亡鼎	1.190	春秋	今山東諸城、泗水、樂昌、安丘等地
杞	0262	杞伯雙聯鬲	1.351	春秋	同上
杞	0836	杞伯每亡壺	3.120	春秋	同上
邔陽	1292	邔陽劍	4.269	戰國	齊國縣邑

古地名	器號	器　名	卷數頁碼	時代	現今所在地
郕	1014	越邦莒盟辭鐘	3.398	春秋	即越，都會稽，今浙江紹興市
郕	1352	攻吳王姑䲷亓雝劍	4.325	春秋	同上
呂	1014	越邦莒盟辭鐘	3.398	春秋	即莒，今山東莒縣
吳	0165	吳氏季大鼎	1.174	春秋	初都蕃籬（無錫梅里）後遷吳（蘇州）
吳	0171	吳叔襄鼎	1.183	春秋	同上
吳	0283	吳季大甗	1.377	春秋	同上
吳	0320	吳姬簋	1.417	西周	李學勤認爲西周吳都在今江蘇無錫
吳	0490	吳季大簋	2.217	春秋	初都蕃籬（無錫梅里）後遷吳（蘇州）
吳	0534	吳季大盂	2.314	春秋	同上
吳	0951	師酉盤	3.307	西周	李學勤認爲西周吳都在今江蘇無錫
吳	1336	攻吳王夫差劍	4.307	春秋	初都蕃籬（無錫梅里）後遷吳（蘇州）
吳	1337	攻吳王夫差劍	4.308	春秋	同上
吳	1338	攻吳王夫差劍	4.309	春秋	同上
吳	1339	攻吳王夫差劍	4.310	春秋	同上
吳	1340	攻吳王夫差劍	4.311	春秋	同上
吳	1341	攻吳王夫差劍	4.312	春秋	同上
吳	1342	攻吳王者返戟劍	4.313	春秋	同上
吳	1343	攻吳王疋戻吳劍	4.314	春秋	同上
吳	1344	吳季子之子逞劍	4.315	春秋	同上
吳	1345	戟戻工吳劍	4.317	春秋	同上
吳	1346	工吳劍	4.318	春秋	同上
吳	1388	吳王光帶鈎甲	4.384	春秋	同上
吳	1389	吳王光帶鈎乙	4.384	春秋	同上
吳	1390	吳王光帶鈎丙	4.385	春秋	同上
郱	1279	申右庫矛	4.250	戰國	即申，韓國縣邑，今河南南陽臥龍區
余	1230	徐王容巨戟	4.196	春秋	即徐，今江蘇泗洪縣東南大徐臺子
夰	1235	夰令齊戈	4.202	戰國	戰國時魏邑，今地不詳
夆	0485	夆子旬簋	2.210	春秋	即逄，今山東濟陽縣姜寨鄉
夆	0817	夆子旬壺	3.95	春秋	同上
沙羨	1275	沙羨矛	4.246	戰國	今湖北武漢市武昌區西南金口
宋	0209	宋公圞鼎	1.248	春秋	都商丘，今河南商丘市城南
宋	0531	宋公圞鋪甲	2.305	春秋	同上
宋	0532	宋公圞鋪乙	2.308	春秋	同上

古地名	器號	器　名	卷數頁碼	時代	現今所在地
宋	0792	遴尊	3.66	西周	都商丘，今河南商丘市城南
宋	0881	遴卣	3.182	西周	同上
宋	1216	宋公差戈	4.181	春秋	同上
邷	0198	邷君鮮鼎	1.225	春秋	今地不詳

八　畫

古地名	器號	器　名	卷數頁碼	時代	現今所在地
武平	0821	武平車府鈁	3.100	戰國	戰國趙邑，今河北文安縣北
武始	1288	新城令徒痟矛	3.100	戰國	戰國韓邑，後歸秦，今河北邯鄲市西南
武城	1256	武城相邦畋戈	4.225	戰國	戰國趙邑
武陰	1348	武陰令司馬闓鈹	4.320	戰國	趙國縣邑
武陽	1121	武陽右庫戈	4.74	戰國	初爲燕下都，後歸趙，今河北易縣東南
茅阪	1240	茅阪大令趙瘢戈	4.207	戰國	戰國韓邑，今山西平陸縣南
坪夜	1199	坪夜夫人妖戈	4.162	春秋	即平輿，楚國封邑，今河南平輿縣
邶	1078	邶戈	4.32	春秋	即共，今河南輝縣市
奝	1219	奝令均戈	4.185	戰國	戰國魏邑，今地不詳
邾	0177	杞伯每匕鼎	1.190	春秋	邾國，今山東曲阜市東南
邾	0258	邾友父鬲	1.345	春秋	小邾國，又稱郳，今山東棗莊市
邾	0388	邾慶父簋	2.13	春秋	同上
邾	0389	邾慶父簋	2.15	春秋	同上
邾	0837	邾慶父壺	3.122	春秋	同上
邾	1014	越邾莒盟辭鐘	3.398	春秋	邾國，今山東曲阜市東南
侃	0792	遴尊	3.66	西周	
兒	0985	郳慶匜	3.354	春秋	即郳，小邾，今山東棗莊市山亭區
狐駘丘	0931	虖匃丘君賞盤	3.273	戰國	春秋邾邑，戰國屬楚，今山東滕州東南
狁談	1220	狁談公之丕子戈	4.186	戰國	今地不詳
京	0900	京叔鐳	3.219	西周	今陝西旬邑縣西南
宗周	0230	翻鼎	1.297	西周	即鎬京，今西安市長安區斗門鎮
宗周	0448	羚簋	2.130	西周	同上
宗周	0453	槐簋甲	2.146	西周	同上
宗周	0454	槐簋乙	2.148	西周	同上
宗周	0455	衍簋	2.150	西周	同上

古地名	器號	器　名	卷數頁碼	時代	現今所在地
宜信	0120	宜信孺子鼎	1.117	戰國	即鎬京,今西安市長安區斗門鎮

九　畫

古地名	器號	器　名	卷數頁碼	時代	現今所在地
莒	1014	越邾莒盟辭鐘	3.398	春秋	今山東莒縣
荀	0238	荀侯鬲	1.311	西周	西周封國,今山西臨猗縣西南
茲氏	1195	茲氏中官冢子戈	4.157	戰國	戰國趙邑,今山西汾陽縣南十五里鞏村
茲氏	1196	茲氏中官冢子戈	4.158	戰國	同上
胡	0221	歔應姬鼎	1.274	西周	媿姓,今河南郾城縣西南
郫	1302	郫王獻劍	4.277	春秋	即偪陽,今江蘇沛縣和山東嶧縣一帶
咸	1368	咸亭權	4.359	戰國	秦國國都咸陽的簡稱
咸陽	1239	内史操戈	4.206	戰國	秦國都,今陝西咸陽市渭城區窰店鎮
咸陽	1258	四年戈	4.227	戰國	同上
匽	0322	燕侯簋	1.419	西周	即燕國,今北京房山區琉璃河鎮
匽	0874	燕侯旨卣	3.169	西周	同上
易人	1246	陽人令卒止戈	4.213	戰國	即陽人,韓國縣邑,今河南汝州市西北
易人	1295	陽人劍	4.271	戰國	同上
信陰	1381	信陰君漆卮底	4.378	戰國	
郤	1248	徐子伯刄此戈	4.215	春秋	即徐,今江蘇泗洪縣東南大徐臺子
胙	0258	邿友父鬲	1.345	春秋	今河南延津縣東北
祝	0364	鑄仲簋	1.466	春秋	春秋諸侯國,今山東肥城縣東南
昶	0172	昶匋仲毁鼎	1.184	春秋	通兼、養,今河南桐柏縣月河鎮古臺寺
昶	0831	昶鞎伯壺	3.114	春秋	同上
昶	0978	昶伯夒父盉	3.344	春秋	同上

十　畫

古地名	器號	器　名	卷數頁碼	時代	現今所在地
秦	0334	秦公簋 C	1.431	春秋	今甘肅禮縣永坪鄉趙坪村
秦	0335	秦公簋 D	1.432	春秋	同上
秦	0336	秦黂簋	1.433	春秋	同上
秦	0985	郳慶匜	3.354	春秋	春秋邑,妊姓,今河南范縣東南

古地名	器號	器名	卷數頁碼	時代	現今所在地
秦	1238	秦公戈	4.205	春秋	今甘肅禮縣永坪鄉趙坪村
秦	1242	秦子戈甲	4.209	春秋	同上
秦	1243	秦子戈乙	4.210	春秋	同上
秦	1285	秦子矛	4.257	春秋	同上
耆	0085	楷侯鼎	1.82	西周	商周方國，今山西長治市西南
耆	0465	楷侯貞盨	2.177	西周	同上
耆	0833	楷大司工尚儌壺	3.116	西周	同上
耆	0968	楷侯盉	3.332	西周	同上
都	0910	諻旟缶甲	3.244	春秋	今湖北鍾祥縣西北
都	0911	諻旟缶乙	3.247	春秋	同上
都	1141	都大史□戈	4.99	春秋	同上
枸	1274	枸矛	4.246	戰國	秦枸邑的簡稱，今陝西旬邑縣東北
郲	1352	攻吳王姑䣭帀雄劍	4.325	春秋	即麻，今湖北省東部或河南東南部
專邑	1255	者兒戈	4.224	春秋	春秋滕國邑
栗城	1095	栗城戈	4.48	戰國	戰國魏邑，今河南夏邑縣
晉	0203	賈叔鼎	1.237	春秋	今山西曲沃縣曲村鎮
晉	0257	晉侯鬲	1.343	西周	同上
晉	0333	晉侯簋蓋	1.430	西周	同上
晉	0361	晉侯簋	1.462	西周	同上
晉	0423	晉侯斷簋	2.70	西周	同上
晉	0464	晉姬盨	2.176	西周	同上
晉	0952	晉公盤	3.308	春秋	同上
晉	1100	晉侯戈甲	4.53	春秋	同上
晉	1101	晉侯戈乙	4.54	春秋	同上
晉	1102	晉侯戈丙	4.54	春秋	同上
晉	1228	晉公戈	4.194	春秋	同上
圁陽	1086	圁陽戈	4.40	戰國	戰國魏邑，今陝西綏德縣無定河北岸
畢	0275	逤甗	1.369	西周	今西安市雁塔區南部畢原一帶
倗	0276	芮伯甗	1.369	西周	今山西絳縣橫水鎮
倗	0370	倗番生簋	1.472	西周	同上
倗	0372	芮伯簋	1.474	西周	同上
倗	0442	倗伯簋	2.116	西周	同上
倗	0939	芮伯盤	3.285	西周	同上

古地名	器號	器 名	卷數頁碼	時代	現今所在地
倗	0979	芮伯盉	3.346	西周	今山西絳縣橫水鎮
徐	1027	逅邚鐘	3.429	春秋	今江蘇泗洪縣東南大徐臺子
徐	1230	徐王容巨戟	4.196	春秋	同上
徐	1248	徐子伯刁此戈	4.215	春秋	同上
郳	0891	郳公䈬觥	3.199	春秋	即小邾國,今山東棗莊市山亭區
郳	0985	郳慶匜	3.354	春秋	同上
鄀	0816	鄀子露壺	3.93	戰國	即蔿、蓮,今河南淅川縣倉房鎮
舍	1027	逅邚鐘	3.429	春秋	即徐,今江蘇泗洪縣東南大徐臺子
逢	0485	夆子匊簠	2.210	春秋	今山東濟陽縣姜寨鄉
逢	0817	夆子匊壺	3.95	春秋	同上
高奴	1244	口俎戟	4.211	春秋	今陝西延安市寶塔區北
高奴	1252	上郡守壽戈	4.221	戰國	同上
高望	1283	漆垣矛	4.254	戰國	戰國秦邑,今內蒙古烏審旗北
唐	0430	叴史簋	2.88	西周	唐叔虞封國,今翼城縣東南故城村
唐	0431	叴史簋	2.90	西周	同上
唐	0952	晉公盤	3.308	西周	同上
竝	0022	竝鼎	1.22	商代	商代國族,今山東壽光縣一帶
旁京	0456	㐱簋	2.152	西周	在今西安市長安區的豐鎬遺址附近
洔陽	1086	圁陽戈	4.40	戰國	即圁陽,今陝西綏德縣無定河北岸
涅	0170	涅鼎	1.181	戰國	戰國魏邑,今山西武鄉縣西北故城
陵里	1374	陵里車飾	4.368	戰國	
陳	0254	陳侯鬲	1.338	西周	都宛丘,今河南淮陽縣
陳	0337	陳侯簋	1.434	春秋	同上
陳	0526	陳子毗盞	2.297	春秋	同上
陳	0975	陳侯盉	3.339	西周	同上
陳	1198	陳侯戈	4.160	春秋	同上
陰晉	1136	陰晉右庫戈	4.93	戰國	戰國魏邑,今陝西華陰市岳廟鎮

十 一 畫

古地名	器號	器 名	卷數頁碼	時代	現今所在地
桼垣	1283	漆垣矛	4.254	戰國	即漆垣,秦國縣邑,今陝西銅川市西北
郾	1204	燕侯載戈	4.168	戰國	即燕,今河北易縣東南高陌村

古地名	器號	器　名	卷數頁碼	時代	現今所在地
雩婁	1150	雩婁公佗戈	4.110	春秋	今河南固始縣東南
虖𠫽丘	0931	虖𠫽丘君賞盤	3.273	戰國	即狐駘丘,楚邑,今山東滕州市東南
鄂	0084	鄂侯鼎	1.81	西周	西周封國,今湖北隨州市隨縣安居鎮
鄂	0479	鄂姜簋	2.205	西周	同上
鄂	0792	遱尊	3.66	西周	同上
鄂	0881	遱卣	3.182	西周	同上
婁	0509	婁伯簋	2.256	春秋	今江蘇昆山市東北
祭	0448	矜簋	2.130	西周	西周封國,今河南鄭州市東北
許	0190	許成孝鼎	1.213	春秋	今河南葉縣西南、西峽或魯山東南
許	0510	許公簋甲	2.258	春秋	同上
許	0511	許公簋乙	2.263	春秋	同上
許	1093	許尚戈	4.46	戰國	今河南魯山東南
許	1119	許戈	4.72	戰國	同上
麻	1352	攻吳王姑䤔亓雝劍	4.325	春秋	今湖北省東部或河南東南部
密	0218	宋叔鼎	1.270	西周	今甘肅靈臺縣西南百里鎮
潒	0191	潒公宜脂鼎	1.215	春秋	即滕,春秋邾邑,今山東滕州市東南
潒	0209	宋公圖鼎	1.248	春秋	同上
潒	0531	宋公圖鋪甲	2.305	春秋	同上
潒	0532	宋公圖鋪乙	2.308	春秋	同上
潒	1040	潒夫人鎛	3.477	春秋	同上
潒	1149	潒公䊒戈	4.109	春秋	同上
陽	0829	陽侯朼隋夫人壺	3.110	戰國	故址在今山東沂南縣南
陽	1352	攻吳王姑䤔亓雝劍	4.325	春秋	戰國楚邑,今安徽界首市界首鎮
陽人	1246	陽人令卒止戈	4.213	戰國	戰國韓邑,今河南汝州市西北
陽人	1295	陽人劍	4.271	戰國	同上
陽城	1266	公族申戈	4.235	戰國	戰國韓邑,今河南登封縣東南告城鎮
強丘	1236	強丘令稅異戈	4.203	戰國	魏國縣邑,今地不詳

十 二 畫

古地名	器號	器　名	卷數頁碼	時代	現今所在地
彭	0497	彭子壽簋	2.232	春秋	即申,楚國封邑,今河南南陽市臥龍區
越	1014	越郏莒盟辭鐘	3.398	春秋	都會稽,今浙江紹興市

古地名	器號	器　名	卷數頁碼	時代	現今所在地
越	1280	越王諸稽於睗矛	4.251	戰國	都會稽,今浙江紹興市
越	1281	越王諸稽矛	4.252	戰國	同上
越	1306	越王諸稽於睗劍	4.281	戰國	同上
越	1307	越王諸稽於睗劍	4.282	戰國	同上
越	1308	越王諸稽於睗劍	4.283	戰國	同上
越	1309	越王諸稽於睗劍	4.284	戰國	同上
越	1310	越王諸稽於睗劍	4.285	戰國	同上
越	1311	越王諸稽於睗劍	4.286	戰國	同上
越	1312	越王諸稽於睗劍	4.287	戰國	同上
越	1313	越王諸稽於睗劍	4.288	戰國	同上
越	1314	越王諸稽於睗劍	4.288	戰國	同上
越	1315	越王諸稽於睗劍	4.289	戰國	同上
越	1316	越王州句劍	4.290	戰國	同上
越	1317	越王州句劍	4.291	戰國	同上
越	1318	越王州句劍	4.291	戰國	同上
越	1319	越王州句劍	4.292	戰國	同上
越	1320	越王州句劍	4.292	戰國	同上
越	1321	越王州句劍	4.293	戰國	同上
越	1322	越王州句劍	4.293	戰國	同上
越	1323	越王州句劍	4.294	戰國	同上
越	1324	越王不光劍	4.295	戰國	同上
越	1325	越王不光劍	4.296	戰國	同上
越	1326	越王不光劍	4.297	戰國	同上
越	1327	越王不光劍	4.298	戰國	同上
越	1328	越王諸稽不光劍	4.299	戰國	同上
越	1329	越王嗣旨不光劍	4.300	戰國	同上
越	1330	越王旨翳劍	4.301	戰國	同上
越	1331	越王旨翳劍	4.302	戰國	同上
越	1332	越王丌北古劍	4.303	戰國	同上
越	1333	越王丌北古劍	4.304	戰國	同上
越	1334	越王丌北古劍	4.305	戰國	同上
越	1352	攻吴王姑䤾亣雝劍	4.325	春秋	同上
越	1385	忾不余席鎮	4.381	春秋	同上

古地名	器號	器　名	卷數頁碼	時代	現今所在地
越	1398	越王州句石戈甲	4.399	戰國	都會稽,今浙江紹興市
越	1399	越王州句石戈乙	4.400	戰國	同上
越	1433	越王不光石矛甲	4.436	戰國	同上
越	1434	越王不光石矛乙	4.438	戰國	同上
越	1435	越王州句石矛	4.439	戰國	同上
越	1460	越王諸稽於睗石劍	4.470	戰國	同上
越	1461	越王旨州句石劍	4.470	戰國	同上
越	1462	越王州句石劍	4.471	戰國	同上
越	1463	越王州句石劍	4.471	戰國	同上
越	1464	越王州句石劍	4.472	戰國	同上
越	1465	越王州句石劍格一	4.472	戰國	同上
越	1466	越王州句石劍格二	4.473	戰國	同上
越	1467	越王州句石劍格三	4.473	戰國	同上
越	1468	越王州句石劍格四	4.474	戰國	同上
越	1469	越句石劍	4.474	戰國	同上
黃	0109	黃子戍鼎	1.106	春秋	今河南光山縣
黃	0216	黃子婁鼎	1.266	春秋	同上
黃	0506	黃子婁簠	2.248	春秋	同上
黃	0523	黃子婁盞	2.292	春秋	同上
黃	0906	黃子婁缶甲	3.235	春秋	同上
黃	0907	黃子婁缶乙	3.237	春秋	同上
黃	0908	黃子戍缶	3.240	春秋	同上
黃	0912	黃子戍斗	3.251	春秋	同上
黃	0973	黃子婁盂	3.337	春秋	同上
黃	0977	黃子戍盂	3.341	春秋	同上
黃	1143	黃子桀戈	4.101	春秋	同上
單父	1347	單父司寇鈹	4.319	戰國	今山東單縣
盉	0184	盉伯鼎	1.200	春秋	
舒	0522	獣侯定盞	2.291	春秋	安徽廬江縣西南
番	0246	番伯鬲	1.324	西周	一作潘,今河南固始縣
番	0991	番仲⊜匜	3.360	春秋	同上
鉅鹿	1251	鉅鹿令張密戈	4.220	戰國	戰國趙邑,今河北平鄉縣西南平鄉
童麗	1248	徐子伯勹此戈	4.215	春秋	即鍾離,今安徽鳳陽縣臨淮關鎮東

古地名	器號	器　名	卷數頁碼	時代	現今所在地
曾	0083	曾侯鼎	1.80	西周	今湖北隨州市曾都區
曾	0099	曾侯諫鼎	1.96	西周	同上
曾	0100	曾侯諫鼎	1.97	西周	同上
曾	0101	曾侯諫鼎	1.98	西周	同上
曾	0109	曾叔旂鼎	1.106	春秋	同上
曾	0117	曾嘼公臣鼎	1.114	春秋	同上
曾	0119	曾侯乙鼎	1.116	戰國	同上
曾	0121	曾侯鼎	1.119	西周	同上
曾	0126	曾公子棄疾鼎甲	1.125	春秋	同上
曾	0127	曾公子棄疾鼎乙	1.127	春秋	同上
曾	0128	曾大司馬鐘鼎	1.130	春秋	同上
曾	0140	曾子伯選鼎	1.144	春秋	同上
曾	0146	曾子歖鼎	1.152	春秋	同上
曾	0147	曾子壽鼎	1.153	春秋	同上
曾	0150	曾姬無卹鼎	1.156	戰國	同上
曾	0155	曾卿事宣鼎甲	1.162	春秋	同上
曾	0156	曾卿事宣鼎乙	1.163	春秋	同上
曾	0157	曾卿事宣鼎丙	1.164	春秋	同上
曾	0166	曾子伯皮鼎	1.176	春秋	同上
曾	0185	曾侯窑鼎	1.202	春秋	同上
曾	0186	曾侯窑鼎	1.205	春秋	同上
曾	0187	曾侯窑鼎	1.208	春秋	同上
曾	0239	曾侯鬲	1.312	西周	同上
曾	0240	曾侯與鬲	1.313	春秋	同上
曾	0245	曾侯乙鬲	1.322	戰國	同上
曾	0250	曾卿事㳂鬲甲	1.331	春秋	同上
曾	0251	曾卿事㳂鬲乙	1.333	春秋	同上
曾	0270	曾侯甗	1.364	西周	同上
曾	0277	曾孫伯國甗	1.370	春秋	同上
曾	0280	曾公子棄疾甗	1.373	春秋	同上
曾	0338	曾侯諫簋	1.435	西周	同上
曾	0362	曾侯狨簋	1.464	西周	同上
曾	0363	曾侯狨簋	1.465	西周	同上

古地名	器號	器　名	卷數頁碼	時代	現今所在地
曾	0365	曾侯諫簋	1.467	西周	今湖北隨州市曾都區
曾	0366	曾侯諫簋	1.468	西周	同上
曾	0367	曾侯諫簋	1.469	西周	同上
曾	0445	曾伯克父簋	2.125	春秋	同上
曾	0477	曾侯戉簠	2.203	戰國	同上
曾	0482	曾孫卲簠	2.207	春秋	同上
曾	0483	曾孫裦簠	2.208	春秋	同上
曾	0484	曾工差臣簠	2.209	春秋	同上
曾	0486	曾公子棄疾簠	2.211	春秋	同上
曾	0488	曾大司馬伯國簠	2.216	春秋	同上
曾	0507	曾公子叔㴉簠甲	2.251	春秋	同上
曾	0508	曾公子叔㴉簠乙	2.254	春秋	同上
曾	0518	曾伯克父簠甲	2.281	春秋	同上
曾	0519	曾伯克父簠乙	2.284	春秋	同上
曾	0540	曾侯乙匕	2.327	戰國	同上
曾	0781	曾侯諫尊	3.50	西周	同上
曾	0808	曾侯壺	3.85	西周	同上
曾	0813	曾叔斿壺	3.90	春秋	同上
曾	0814	曾孫喬壺	3.91	春秋	同上
曾	0815	曾侯諫壺	3.92	西周	同上
曾	0818	曾公子棄疾壺甲	3.96	春秋	同上
曾	0819	曾公子棄疾壺乙	3.98	春秋	同上
曾	0820	曾孫卲壺	3.99	春秋	同上
曾	0824	曾子伯選壺	3.104	春秋	同上
曾	0835	曾季卿事奐壺	3.118	春秋	同上
曾	0857	曾侯卣	3.148	西周	同上
曾	0871	曾侯諫卣甲	3.165	西周	同上
曾	0872	曾侯諫卣乙	3.166	西周	同上
曾	0901	曾侯乙缶	3.223	戰國	同上
曾	0903	曾公子棄疾缶	3.225	春秋	同上
曾	0904	曾侯丙缶	3.228	戰國	同上
曾	0918	曾侯盤	3.261	西周	同上
曾	0927	曾侯諫盤	3.269	西周	同上

古地名	器號	器　名	卷數頁碼	時代	現今所在地
曾	0934	曾子叔齎盤	3.277	春秋	今湖北隨州市曾都區
曾	0942	曾侯窑盤	3.290	春秋	同上
曾	0966	曾侯諫盉	3.330	西周	同上
曾	0987	曾子叔齎匜	3.356	春秋	同上
曾	0998	曾侯乙冰鑑	3.375	戰國	同上
曾	1001	曾侯子鐘甲	3.383	春秋	同上
曾	1002	曾侯子鐘乙	3.384	春秋	同上
曾	1003	曾侯子鐘丙	3.385	春秋	同上
曾	1004	曾侯子鐘丁	3.386	春秋	同上
曾	1005	曾侯子鐘戊	3.387	春秋	同上
曾	1006	曾侯子鐘己	3.388	春秋	同上
曾	1007	曾侯子鐘庚	3.389	春秋	同上
曾	1008	曾侯子鐘辛	3.390	春秋	同上
曾	1025	曾侯鐘	3.420	春秋	同上
曾	1029	曾侯與鐘A1	3.435	春秋	同上
曾	1030	曾侯與鐘A2	3.448	春秋	同上
曾	1031	曾侯與鐘A3	3.452	春秋	同上
曾	1032	曾侯與鐘B1	3.455	春秋	同上
曾	1041	曾侯子鎛甲	3.478	春秋	同上
曾	1042	曾侯子鎛乙	3.480	春秋	同上
曾	1043	曾侯子鎛丙	3.482	春秋	同上
曾	1044	曾侯子鎛丁	3.485	春秋	同上
曾	1079	曾侯戟	4.33	春秋	同上
曾	1157	曾子虞戈	4.118	春秋	同上
曾	1158	曾子旅戈	4.119	春秋	同上
曾	1177	曾侯吳戈	4.137	戰國	同上
曾	1217	曾侯郏戟	4.187	戰國	同上
曾	1350	曾侯吳劍	4.322	戰國	同上
曾	1383	曾侯乙鼎鈎	4.380	戰國	同上
曾	1384	曾侯乙鼎鈎	4.380	戰國	同上
彘	1264	彘令解胡戈	4.233	戰國	戰國先後屬魏、韓,今山西霍州市

十 三 畫

古地名	器號	器　名	卷數頁碼	時代	現今所在地
蒡京	0456	叚簋	2.152	西周	即旁京,在今西安市豐鎬遺址附近
鄭	1197	鄭之公庫戈	4.160	春秋	
楚	0125	楚叔之孫定鼎	1.124	春秋	都郢,今湖北江陵縣紀南城
楚	0188	楚王鼎	1.210	春秋	同上
楚	0201	以鄧鼎	1.231	春秋	同上
楚	0210	楚王鼎	1.251	春秋	同上
楚	0512	楚伯氏孫皮簠甲	2.268	春秋	同上
楚	0513	楚伯氏孫皮簠乙	2.270	春秋	同上
楚	0952	晉公盤	3.308	春秋	同上
楚	1015	楚季鐘	3.400	西周	先都丹陽,後遷郢,今湖北江陵紀南城
楚	1025	曾侯鐘	3.420	春秋	都郢,今湖北江陵縣紀南城
楚	1029	曾侯與鐘A1	3.435	春秋	同上
楚	1045	鄧子辥慎鎛	3.484	春秋	同上
楚	1124	楚王戟	4.77	春秋	同上
楚	1147	楚王邵戟	4.107	春秋	同上
楚	1155	楚子黑幐戈	4.116	春秋	同上
楚	1156	楚子壽戈	4.117	春秋	同上
楷	0085	楷侯鼎	1.82	西周	即耆、黎,今山西長治市西南
楷	0465	楷侯貞盨	2.177	西周	同上
楷	0833	楷大司工尚儠壺	3.116	西周	同上
楷	0968	楷侯盉	3.332	西周	同上
楊	0347	楊伯簋	1.444	西周	西周諸侯國,今山西洪洞縣東南范村
榆次	1254	榆次令鄗糕戈	4.223	戰國	先屬魏後歸趙,今山西榆次市
敫	0356	敫太師齊簋	1.455	西周	
賈	0203	賈叔鼎	1.237	春秋	西周封國,滅於晉,今山西襄汾西南
賈	0432	賈叔簋	2.92	春秋	今山西襄汾西南
賈	0838	賈子伯訧父壺	3.123	春秋	同上
賈	0947	賈子伯訧父盤	3.300	春秋	同上
蜀	1253	蜀守顧戈	4.222	戰國	秦郡,治成都,故址在今成都市内
遣	0227	冉鼎	1.291	西周	

古地名	器號	器　名	卷數頁碼	時代	現今所在地
遣	0443	冉簋丙	2.117	西周	
遣	0444	冉簋丁	2.121	西周	
遣	0466	遣盅父盨	2.180	西周	
遣	0528	遣盅父鋪	2.302	西周	
遣	0777	趞止尊	3.44	西周	
新城	1288	新城令徒疕矛	4.261	戰國	戰國韓邑,今河南伊川縣西南
新陽	1080	新陽戈	4.34	春秋	今安徽界首市北
鄩	0943	鄩仲盤	3.292	春秋	即養,今河南桐柏縣月河鎮古臺寺
鄩	0994	鄩仲匜	3.364	春秋	同上
鄝	1123	鄝子疲戈	4.76	春秋	即蓼,姬姓小國,滅於楚,即河南固始東蓼成崗一帶
鄝	1146	鄝叔義行戈	4.106	春秋	同上

十　四　畫

古地名	器號	器　名	卷數頁碼	時代	現今所在地
蔡	0449	左右簋	2.135	西周	今河南上蔡縣西南
蔡	0964	蔡妘盉	3.327	西周	同上
蔡	0997	蔡大司馬燮匜	3.371	春秋	平侯遷新蔡,昭侯遷都州來
蔡	1161	蔡侯朔戟	4.122	春秋	都州來,今安徽鳳台縣
蔡	1162	蔡侯朔戈	4.123	春秋	同上
蔡	1163	蔡侯班戈	4.124	春秋	今河南上蔡縣西南
蔡	1164	蔡侯䵼戈	4.124	春秋	蔡侯申遷都都州來,今安徽鳳台縣
蔡	1165	蔡侯䵼戈	4.125	春秋	都州來,今安徽鳳台縣
蔡	1166	蔡侯產戈甲	4.126	戰國	同上
蔡	1167	蔡侯產戈乙	4.127	戰國	同上
蔡	1168	蔡侯產戈丙	4.128	戰國	同上
蔡	1169	蔡侯產戟	4.129	戰國	同上
蔡	1170	蔡叔膚敔戟	4.130	春秋	平侯遷新蔡,昭侯遷都州來
蔡	1171	蔡叔子宴戈	4.131	春秋	同上
蔡	1172	蔡公子宴戈	4.132	春秋	同上
蔡	1173	蔡公子戈	4.133	春秋	同上
蔡	1174	蔡公子果戈	4.134	春秋	同上

古地名	器號	器　名	卷數頁碼	時代	現今所在地
蔡	1175	蔡公子頒戈	4.135	春秋	平侯遷新蔡，昭侯遷都州來
蔡	1176	蔡公子縝戈	4.136	戰國	同上
蔡	1200	蔡公孫鱏戈	4.163	春秋	同上
蓼	1123	鄝子痃戈	4.76	春秋	姬姓小國，滅於楚， 即河南固始東蓼成崗一帶
鄦	1093	許耑戈	4.46	戰國	即許，今河南魯山東南
齊	0260	齊侯子仲姜鬲甲	1.349	春秋	今山東淄博市臨淄區北
齊	0932	歸父盤	3.274	春秋	同上
齊城	1096	齊城戈	4.49	戰國	同上
歊	1304	歊公子伐劍	4.279	春秋	
養	0172	昶匔仲㲋鼎	1.184	春秋	今河南桐柏縣月河鎮古臺寺
養	0831	昶報伯壺	3.114	春秋	同上
養	0943	鄴仲盤	3.292	春秋	同上
養	0978	昶伯㲋父盉	3.344	春秋	同上
養	0994	鄴仲匜	3.364	春秋	同上
鄭	0284	南父甗	1.378	西周	今陝西鳳翔縣南
鄭	0791	懋尊	3.64	西周	同上
鄭	0830	鄭伯䫉父壺	3.112	春秋	春秋鄭國，今河南新鄭市
鄭	0938	來甗盤	3.283	西周	今陝西鳳翔縣南
鄭	1364	鄭右庫弩機	4.350	戰國	戰國韓國都城，今河南新鄭市
鄭邢	0175	鄭邢叔槐鼎	1.187	西周	今陝西鳳翔縣境内
鄭邢	0453	槐簋甲	2.146	西周	同上
鄭邢	0454	槐簋乙	2.148	西周	同上
鄭邢	0455	衍簋	2.150	西周	同上
鄭邢	0468	叔冓父盨甲	2.182	西周	同上
鄭邢	0469	叔冓父盨乙	2.184	西周	同上
鄭邢	0470	叔冓父盨丙	2.186	西周	同上
鄭邢	0487	鄭邢子伯良父簠	2.214	西周	同上
鄭邢	0986	鄭邢姜匜	3.355	西周	同上
鄭虢	0160	鄭虢叔安鼎	1.169	西周	同上
鄭虢	0386	鄭虢叔安簋甲	2.9	西周	同上
鄭虢	0387	鄭虢叔安簋乙	2.11	西周	同上
漆垣	1283	漆垣矛	4.254	戰國	秦國縣邑，今陝西銅川市印臺區西北

古地名	器號	器　名	卷數頁碼	時代	現今所在地
猷	0221	猷應姬鼎	1.274	西周	即胡，媿姓，今河南郾城縣西南
猷	0522	猷侯定盨	2.291	春秋	即舒，安徽廬江縣西南
鄩	1214	鄩公遂戈	4.179	春秋	今河南鞏義市西南
隨	0188	楚王鼎	1.210	春秋	今湖北隨州市
隨	0210	楚王鼎	1.251	春秋	同上
隨	1215	隨大司馬戲有戈	4.180	春秋	同上
鄧	0092	鄧子孫白鼎	1.89	春秋	今襄陽市襄州區西北
鄧	0281	鄧子旁鄩甗	1.375	春秋	同上
鄧	1045	鄧子辥慎鎛	3.484	春秋	同上
鄧	1152	鄧子僕戈	4.112	春秋	同上

十　五　畫

古地名	器號	器　名	卷數頁碼	時代	現今所在地
樊	0200	樊伯千鼎	1.229	春秋	春秋樊國，都陽邑，今河南濟源西南
黎	0085	楷侯鼎	1.82	西周	即耆、楷，今山西長治市西南
黎	0465	楷侯貞盨	2.177	西周	同上
黎	0833	楷大司工尚偁壺	3.116	西周	同上
黎	0968	楷侯盉	3.332	西周	同上
虢	0527	虢仲鋪	2.303	春秋	今河南三門峽市湖濱區陝州風景區
虢	0925	虢仲盤	3.267	春秋	同上
滕	0204	滕□伯毃鼎	1.239	春秋	春秋滕國，今山東滕州市西南
滕	0503	薛仲蕾簠甲	2.242	春秋	同上
滕	0504	薛仲蕾簠乙	2.244	春秋	同上
滕	0505	薛仲蕾簠丙	2.246	春秋	同上
滕	0822	滕大司馬友壺	3.102	戰國	同上
滕	1188	滕侯吳戟	4.151	春秋	同上
滕	1201	滕司徒毋卑戈	4.165	春秋	同上
滕	1206	滕司城裘戈	4.170	春秋	同上
魯	0182	魯伯鼎	1.197	春秋	都曲阜，今山東曲阜市東古城
魯	0193	魯司徒馬皇父鼎	1.217	西周	同上
魯	0196	進鼎	1.222	西周	同上
魯	0228	叹鼎	1.294	西周	同上

古地名	器號	器　名	卷數頁碼	時代	現今所在地
魯	0353	魯侯簋甲	1.451	西周	都曲阜,今山東曲阜市東古城
魯	0354	魯侯簋乙	1.453	西周	同上
魯	0417	叔旅簋	2.57	西周	同上
膚	1352	攻吳王姑鱧亣雒劍	4.325	春秋	即陽,戰國楚邑,今安徽界首市界首鎮

十 六 畫

古地名	器號	器　名	卷數頁碼	時代	現今所在地
薛	0503	薛仲蕾簠甲	2.242	春秋	今山東滕州市西南
薛	0504	薛仲蕾簠乙	2.244	春秋	同上
薛	0505	薛仲蕾簠丙	2.246	春秋	同上
蒬	0816	郳子霝壺	3.93	戰國	即蒬,今河南淅川縣倉房鎮
燕	.0087	燕伯鼎	1.84	西周	召公封國,今北京市房山區琉璃河鎮
燕	0322	燕侯簋	1.419	西周	同上
燕	0874	燕侯旨卣	3.169	西周	同上
燕	1204	燕侯載戈	4.168	戰國	都薊,今北京市廣安門
燕	1282	燕王喜矛	4.253	戰國	燕下都,今河北易縣東南高陌村
噩	0084	鄂侯鼎	1.81	西周	即鄂,今湖北隨州市隨縣安居鎮
噩	0479	鄂姜簋	2.205	西周	同上
噩	0792	遳尊	3.66	西周	同上
噩	0881	遳卣	3.182	西周	同上
頻	1138	石邑戈	4.95	戰國	頻陽的簡稱
頻陽	1138	石邑戈	4.95	戰國	秦縣,今陝西富平縣美原鎮古城村
冀	0438	趞簋甲	2.106	西周	西周方國,今山西稷山縣東北
冀	0439	趞簋乙	2.109	西周	同上
圜	0864	圜伯卣	3.156	西周	
潁陽	1289	冢子韓政戟刺	4.262	戰國	先屬韓,後歸秦,今河南登封縣潁陽鎮
龍	0110	龍子図鼎	1.107	春秋	

十 七 畫

古地名	器號	器　名	卷數頁碼	時代	現今所在地
趞	0227	冄鼎	1.291	西周	即遭

古地名	器號	器　名	卷數頁碼	時代	現今所在地
趞	0443	再簋丙	2.117	西周	即遣
趞	0444	再簋丁	2.121	西周	同上
趞	0466	遣盉父盨	2.180	西周	同上
趞	0528	遣盉父鋪	2.302	西周	同上
趞	0777	趞止尊	3.44	西周	同上
螯城	0792	遨尊	3.66	西周	今陝西周至縣終南鎮
螯城	0881	遨卣	3.182	西周	同上
鄾	0500	鄾膚簋	2.235	春秋	春秋小國,都城在今湖北襄樊市附近
虘	1352	攻吳王姑讎亍雖劍	4.325	春秋	即吳國,今江蘇蘇州市
鄦	0190	許成孝鼎	1.213	春秋	即許,今河南許昌市東張潘古城
魏	1229	魏叔子戟	4.195	春秋	今山西芮城縣北
鄙	1294	鄙左庫劍	4.270	戰國	國別及今地不詳
鍾離	0494	鍾離君柏簠甲	2.224	春秋	今安徽鳳陽縣臨淮關鎮東 1.5 公里
鍾離	0495	鍾離君柏簠乙	2.227	春秋	同上
鍾離	1016	鍾離君柏鐘甲	3.402	春秋	同上
鍾離	1017	鍾離君柏鐘乙	3.404	春秋	同上
鍾離	1018	鍾離君柏鐘丙	3.406	春秋	同上
鍾離	1019	鍾離君柏鐘丁	3.408	春秋	同上
鍾離	1020	鍾離君柏鐘戊	3.410	春秋	同上
鍾離	1021	鍾離君柏鐘己	3.412	春秋	同上
鍾離	1022	鍾離君柏鐘庚	3.414	春秋	同上
鍾離	1023	鍾離君柏鐘辛	3.416	春秋	同上
鍾離	1024	鍾離君柏鐘壬	3.418	春秋	同上
鍾離	1144	鍾離公柏戟甲	4.102	春秋	同上
鍾離	1145	鍾離公柏戟乙	4.104	春秋	同上
鍾離	1248	徐子伯𠬝此戈	4.215	春秋	同上
應	0221	猷應姬鼎	1.274	西周	今河南平頂山市新華區滍陽鎮
應	0253	應姚鬲	1.336	西周	同上
應	0328	應公簋	1.425	西周	同上
應	0437	罰簋	2.103	西周	同上
應	0772	應侯尊	3.41	西周	同上
應	0967	應侯盉	3.331	西周	同上
應	1160	應侯啟戟	4.121	春秋	同上
滕	0191	淺公宜脂鼎	1.215	春秋	春秋邾邑,今山東滕州市東南

古地名	器號	器　名	卷數頁碼	時代	現今所在地
濫	0209	宋公固鼎	1.248	春秋	春秋邾邑，今山東滕州市東南
濫	0531	宋公固鋪甲	2.305	春秋	同上
濫	0532	宋公固鋪乙	2.308	春秋	同上
濫	1040	淺夫人鎛	3.477	春秋	同上
濫	1149	淺公慗戈	4.109	春秋	同上

十　九　畫

古地名	器號	器　名	卷數頁碼	時代	現今所在地
麇	0500	鄘膚簠	2.235	春秋	即鄘國，都城在今湖北襄樊市附近
羅	0111	羅子龍鼎	1.108	春秋	春秋羅國，今湖北宜城縣西南
竃	0177	杞伯每已鼎	1.190	春秋	即邾，邾國，今山東曲阜市東南
竃	0258	邾友父鬲	1.345	春秋	小邾國，又稱郳，今山東棗莊市
竃	0388	邾慶父簠	2.13	春秋	同上
竃	0389	邾慶父簠	2.15	春秋	同上
竃	0837	邾慶父壺	3.122	春秋	同上

二十畫以上

古地名	器號	器　名	卷數頁碼	時代	現今所在地
霸	0323	霸仲簋	1.442	西周	今山西翼城縣隆化鎮
霸	0529	霸伯豆	2.303	西周	同上
霸	0949	霸伯盤	3.303	西周	同上
霸	0963	霸仲盉	3.326	西周	同上
囂	0535	囂君季聽鑑	2.315	春秋	春秋楚邑
譻	0472	召皇父盨	2.189	西周	即召，召公封邑，今陝西岐山縣劉家村
鑄	0364	鑄仲簋	1.466	春秋	即祝，今山東肥城縣東南
鄦	1119	許戈	4.72	戰國	即許，今河南魯山東南
欒	1226	公欒工右庫戈	4.192	戰國	戰國趙邑，今河北趙縣西
寗	0790	遃尊	3.62	商代	即管，今河南鶴壁市淇濱區大河澗鄉
臡	02264	彭子射兒鼎	4.49	春秋	即南申，今河南南陽臥龍區
臡	05339	伊簋	12.62	西周	即申，今河南鞏縣東滎陽西汜水境
鷈	0952	晉公盤	3.308	西周	唐叔虞封國，在今翼城縣东南故城村

七、《銘圖》器物出土地

器物出土地目録

器物出土地索引

河南省

安陽市

00008	00014	00016	00040	00046
00070	00073	00074	00075	00077
00078	00086	00089	00090	00095
00103	00105	00107	00111	00140
00143	00156	00159	00167	00168
00183	00186	00187	00192	00196
00201	00202	00204	00206	00208
00221	00230	00246	00304	00313
00314	00318	00319	00327	00333
00336	00343	00344	00380	00383
00384	00390	00397	00409	00410
00411	00425	00448	00460	00469
00471	00480	00481	00482	00483
00484	00485	00486	00487	00488
00489	00490	00491	00492	00493
00494	00495	00496	00497	00498
00499	00500	00501	00502	00503
00504	00505	00506	00507	00508
00517	00518	00519	00520	00521
00522	00530	00531	00532	00534
00535	00537	00538	00539	00540
00541	00555	00562	00565	00574
00581	00593	00612	00616	00619
00620	00624	00629	00631	00634
00650	00652	00653	00654	00658
00660	00668	00730	00731	00733
00774	00775	00827	00894	00918
00921	00929	00964	00965	00966
00967	00969	00978	00980	00981
00986	00989	00992	01015	01105
01126	01151	01167	01173	01187
01188	01192	01227	01378	01501
01688	02201	02320	02645	02675
03107	03113	03114	03115	03138
03139	03140	03150	03151	03160
03208	03421	03424	03432	03438
03447	03450	03451	03452	03456
03457	03462	03471	03490	03494
03513	03596	03603	03604	03605
03620	03625	03626	03629	03635
03642	03644	03657	03658	03659
03660	03661	03680	03684	03730
03731	03732	03736	03813	03815
03820	03855	03986	04006	04135
04141	04580	04635	06201	06203
06204	06205	06407	06414	06417

06418	06430	06431	06436	06439	07940	07992	07993	07994	07995
06450	06452	06453	06454	06455	07996	07997	07998	07999	08000
06457	06458	06459	06466	06474	08003	08004	08005	08006	08011
06479	06484	06497	06498	06499	08021	08036	08037	08038	08039
06506	06514	06515	06516	06529	08047	08048	08056	08057	08064
06530	06531	06545	06546	06560	08065	08068	08292	08293	08294
06567	06568	06570	06595	06614	08296	08307	08312	08313	08343
06629	06637	06638	06667	06668	08419	08425	08459	08508	08509
06724	06725	06727	06744	06745	08510	08536	08582	08701	08713
06748	06794	06805	06834	06835	08714	08715	08716	08717	08718
06837	06844	06845	06853	06871	08719	08720	08721	08722	08777
06972	06973	06974	06975	06976	08778	08793	08851	08852	08853
06977	06981	06984	06985	06986	08881	08882	08883	08926	08942
06987	06988	06996	06997	06998	08960	08963	08965	08966	08970
06999	07000	07001	07002	07003	08971	08972	08985	08991	08993
07004	07014	07021	07025	07026	08994	09007	09019	09020	09031
07027	07028	07029	07030	07037	09057	09059	09060	09062	09063
07038	07039	07040	07041	07042	09064	09066	09092	09099	09102
07043	07044	07045	07046	07079	09115	09116	09119	09123	09124
07080	07081	07093	07110	07111	09139	09140	09153	09154	09155
07112	07113	07114	07115	07116	09169	09180	09193	09218	09233
07117	07118	07119	07120	07121	09239	09243	09268	09269	09270
07143	07178	07202	07246	07270	09271	09272	09273	09274	09275
07277	07280	07299	07310	07327	09276	09277	09278	09279	09280
07340	07341	07342	07343	07344	09281	09282	09283	09284	09285
07345	07346	07347	07350	07351	09286	09287	09288	09289	09316
07352	07361	07367	07368	07377	09319	09334	09343	09344	09345
07378	07380	07383	07385	07386	09346	09347	09348	09349	09350
07405	07411	07415	07426	07429	09351	09352	09353	09354	09355
07433	07438	07460	07461	07471	09356	09357	09358	09359	09360
07481	07484	07494	07500	07501	09368	09369	09370	09388	09389
07502	07504	07522	07527	07540	09390	09391	09396	09415	09416
07549	07551	07696	07731	07748	09417	09418	09423	09443	09446
07858	07860	07892	07893	07896	09449	09450	09451	09454	09466

09472	09475	09487	09499	09508	12540	12542	12552	12559	12573
09518	09519	09523	09528	09529	12611	12624	12644	12647	12648
09530	09593	09613	09629	09631	12650	12653	12700	12702	12703
09633	09636	09637	09638	09643	12704	12709	12710	12716	12748
09644	09645	09646	09647	09648	12767	12827	12835	13321	13323
09649	09650	09651	09652	09654	13451	13457	13463	13475	13478
09655	09668	09678	09682	09686	13482	13483	13484	13490	13491
09727	09732	09740	09745	09749	13493	13494	13495	13496	13497
09756	09757	09758	09776	09797	13509	13511	13608	13609	13610
09817	09818	09819	09841	10052	13613	13623	13624	13651	13702
10055	10067	10077	10087	10114	13704	13706	13737	13738	13757
10160	10177	10181	10185	10189	13758	13760	13761	13764	13796
10204	10205	10219	10220	10302	13951	13952	13959	13960	13961
10330	10334	10344	10366	10369	13964	13966	13969	13970	14151
10377	10497	10499	10512	10523	14152	14157	14162	14163	14164
10524	10576	10599	10851	10884	14165	14166	14167	14168	14169
10890	10891	10892	10893	10898	14170	14172	14173	14178	14301
10903	10904	10915	10926	10927	14303	14305	14318	14319	14321
10932	10936	10946	10947	10949	14327	14329	14581	14582	14583
10950	10951	10955	10956	10957	14611	14612	14613	14617	14628
10958	10959	10960	10961	10962	15851	15852	15853	15856	15857
10963	10964	10966	10970	10971	15858	15859	15860	15861	15865
10982	10993	11015	11018	11019	15866	15867	15871	15875	15876
11020	11021	11023	11024	11026	15883	15884	15885	15886	15888
11065	11066	11103	11105	11109	15889	15890	15892	15894	15895
11110	11129	11164	11165	11201	15896	15897	15902	05905	15906
11202	11203	11205	11211	11212	15907	15909	15910	15911	15917
11213	11214	11215	11216	11228	15918	15919	15924	15951	15952
11232	11236	11247	11279	11290	15953	15954	16007	16008	16009
11291	11292	11293	11442	11445	16011	16012	16028	16029	06030
11463	11464	11466	11660	11661	16033	16041	16042	16054	16057
11738	11953	11970	11995	11997	16058	16060	16063	16065	16069
11998	11999	12000	12014	12029	16071	16087	16088	16090	16099
12031	12032	12429	12531	12539	16108	16110	16111	16112	16117

16121	16122	16126	16154	16155
16156	16157	16158	16159	16160
16161	16162	16165	16169	16170
16173	16191	16192	16193	16213
16310	16317	16318	16319	16320
16321	16322	16323	16324	16325
16331	16336	16338	16340	16341
16344	16346	16349	16350	16357
16358	16359	16361	16365	16366
16367	16374	16376	17504	17505
17510	17512	17530	17531	17532
17533	17534	17535	17536	17537
17550	17551	17552	18203	18204
18213	18214	18226	18227	18228
18230	18231	18232	18234	18236
18239	18241	18301	18319	18320
18469	18470	18493	18501	18502
18503	18504	18505	18506	18507
18508	18509	18510	18511	18512
18513	18514	18515	18516	18517
18518	18519	18520	18521	18522
18523	18524	18525	18526	18527
18661	18711	18722	18723	18724
18740	18741	18745	19183	19184
19185	19222	19225	19227	19229
19247	19249	19270	19271	19272
19274	19275	19297	19298	19455
19456	19741	19744	19749	19751
19761	19762	19765	19772	19773
19774	19775	19776	19777	19780
19922	19923	19924	19925	19926
19927	19928	19930	19931	19932

洛陽市

00136	00282	00436	00477	00669
00687	00782	00802	00847	00865
00917	01080	01092	01194	01236
01259	01293	01326	01343	01360
01361	01362	01363	01414	01435
01503	01504	01505	01534	01646
01741	01802	01804	01828	01829
01860	01962	02040	02043	02067
02068	02225	02262	02315	02334
02390	02391	02392	02393	02399
02435	02637	02643	02676	02683
02684	02695	03135	03163	03199
03217	03273	03315	03324	03497
03571	03572	03573	03681	03682
03696	03749	03780	03781	03782
03888	03933	04026	04047	04048
04074	04082	04089	04214	04215
04216	04239	04243	04324	04372
04373	04374	04377	04403	04423
04601	04616	04617	04729	04764
04766	04767	04960	05121	05352
05353	05384	05518	05569	05938
06051	06116	06225	06547	06935
06936	06940	06946	06947	06967
07428	07553	07570	07571	07573
07585	07637	07638	07639	07695
07811	08078	08079	08085	08108
08116	08123	08179	08221	08236
08370	08381	08395	08436	08437
08445	08452	08480	08491	08492
08499	08501	08502	08503	08504
08564	09203	09204	09531	09532

09535	09690	09711	09793	09820	01334	01335	01336	01337	01660
09836	09842	09844	10099	10122	01662	01663	01664	01665	01750
10123	10135	10155	10253	10321	01843	01844	01845	01848	02221
10357	10399	10453	10546	10592	02288	02468	02469	02470	02471
10607	10608	10610	10643	10644	02472	02473	02474	02764	02930
11047	11250	11276	11281	11371	02931	04578	05752	05753	05781
11402	11493	11496	11498	11507	05782	05795	05803	05863	05864
11509	11528	11568	11585	11611	05865	05866	05927	05928	05952
11671	11728	11736	11737	11742	05953	05954	05970	06054	14053
11779	11798	11801	11802	11809	14054	14055	14056	14068	14069
11811	11821	12087	12118	12128	14079	14080	14083	14084	14362
12134	12136	12137	12138	12145	14519	14855	14990	14996	15002
12189	12201	12696	13008	13012	15161	15162	15163	15164	15165
13037	13038	13044	13051	13073	15166	15167	15168	15169	15222
13124	13129	13252	13274	13305	15223	15224	15225	15226	15227
13308	13324	13325	13333	13334	15228	15229	15230	15351	15352
13344	13346	13526	13533	13548	15353	15354	15355	15356	15357
13657	13716	13742	13768	13802	15358	15359	15606	15607	15608
14333	14350	14355	14356	14376	15609	15610	15611	15612	15613
14529	14669	14691	14792	14889	15614	15615	15616	15617	15618
15111	15112	15113	15114	15115	15619	15620	15621	15622	15623
15116	15117	15118	15119	15121	15624	15625	15626	15627	15628
15122	15425	15426	15427	15428	15629	15630	15631	15771	15772
15429	16230	16231	16232	16236	15773	15774	15775	15776	15777
16263	16392	16393	16394	16395	15778	15797	15798	15799	15800
16397	16405	16494	16497	16501	15801	15802	15803	15804	16293
16502	16503	16590	16593	16594	16630	16631	16649	16748	16792
16609	16672	16714	17322	17620	16793	16794	16795	16796	16843
17806	17807	17819	17930	18478	16844	16846	16847	16885	16886
18479	18529	18548	18733	19020	17176	17355	17601	19306	
19077	19235	19442	19701	19759					

淅川縣

01328	01329	01331	01332	01333

三門峽市湖濱區

01262	01665	01839	02146	02147
02148	02149	02150	02151	02152

02822 02823 02934 02946 02947
02948 02949 02950 02951 02952
02953 03023 03024 03301 03346
04465 04466 04467 04468 04469
04470 04498 05520 05521 05522
05523 05577 05578 05655 05790
05845 05867 05880 06112 06144
06145 12221 12222 12223 14400
14406 14422 14442 14895 14907
14924 14927 14941 15361 15362
15363 15364 15365 15366 15367
15368 16272 16277 16510 16861
16862 17060 17061 17108 17517
18734 19231 19702 19709 19742
19743 19757

平頂山市

01241 01255 01431 01909 01933
02105 02301 02302 02342 02854
02855 02856 02857 02882 03254
04235 04648 04649 04650 04651
05072 05073 05102 05231 05232
05301 05503 05504 05538 05539
05540 05639 08526 10609 11744
12111 12146 12265 12266 13273
14383 14385 14411 14471 14721
14791 14909 15314 15315

鶴壁市淇濱區(原濬縣西北部)

00905 01540 01784 02802 02863
02864 02865 03117 03132 03192
03704 04037 05020 05269 05270
06485 07636 08262 08392 10443
11061 11363 11735 11781 12263

12836 13041 13128 14712 16250
16251 16252 16253 16257 16260
16261 16262 16382 16388 16495
17163 18480 18481 18727 18728
19037 19038 19078 19080

南陽市(原南陽縣)

01666 01667 01937 02052 02158
02264 02310 02351 04050 04105
05199 05200 05775 05776 05835
05884 05906 05958 05959 06058
06074 06412 06983 07228 07400
07815 08033 09132 09816 10210
10351 12321 12322 14057 14058
14388 14878 16504 16505 16713
16716 16765

羅山縣

00092 00093 00094 00405 00780
00884 01226 02154 02155 05797
05798 06267 06425 06426 06427
06433 06559 06650 07009 07279
07314 07315 07325 07326 07982
08042 09042 09043 09231 09232
09298 09393 09394 09559 09683
10085 11237 11289 12326 12521
12561 14445 14472 14496 14871
14925 14940 16051 16052 16053
16119 16426 17514 19269

孟津縣

01680 01849 01921 03337 05545
06225 11550 12252 12311 12312
12313 12314 12315 12316 12317

12318	12434	12435	14361	15331
15332	15333	15334	15335	15336
15337	15338	15339	15340	15341
15342	16863	19603	19604	19605
19614	19615	19616	19737	

新鄭市（原新鄭縣）

02790	02791	03927	07797	16297
16550	16556	16558	16790	17117
17219	17333	17334	17335	17336
17337	17338	17339	17340	17341
17342	17344	17345	17347	17597
17677	17686	17687	17688	17689
17690	17692	17698	17701	18071
19261	19639			

輝縣市（原輝縣）

00465	00468	00597	01217	01474
04002	08355	08356	08357	08769
08888	08889	09852	10901	11467
12365	12366	12664	12937	15052
15053	15059	15060	15061	16926
16927	17089	17936	19013	19014
20506				

信陽市瀏河區（原縣級信陽市）

01743	02175	02176	02889	02890
04460	04461	04636	04893	04894
06261	08789	08790	09853	10440
11545	12060	12066	12289	12296
13272	14408	14481	14900	14971
18324				

信陽市平橋區（原信陽縣）

06305	14952	15155

鹿邑縣

00065	00769	01053	01054	01055
01056	01057	01781	03188	05360
08071	09614	10234	10996	11274
11396	11397	11583	12838	12839
13153	13154	13638	13639	13779
14622				

光山縣

02003	02004	02038	02087	02844
02945	06146	06148	12324	12338
12339	13996	13997	13998	14440
14455	14769	14917	14942	16898
16973	19232	19302		

固始縣

05904	06115	15255	15256	15257
15258	15259	15260	15261	15262
15263	15806	15807	15808	15809
15810	15811	15812	15813	17856

登封市（原登封縣）

02122	02253	12121	12122	16553
17114	17276	17287		

上蔡縣

03036	03191	05166	07987	08460
09822	12381	12737		

新蔡縣

16891　16892　16893　16894　16895
16896　16897　19917

桐柏縣

13991　14401　14460　14505　14957
14960　15960

泌陽縣

12092　12302　12303　14953　19902
19904　19905

葉縣

15120　15152　16650　16651　16652
16653

魯山縣

04915　04916　04917　10113　12197

武陟縣

00205　07230　10979　10980　13762

潢川縣

05793　06266　14007　14395　14473

淮陽縣

05929　14486　17958　17959　17961

濟源市

19745　19746　19747　19748

商水縣

04880　05947　05948　05949

宜陽縣

16660　17214　17612　19260

汝州市（原臨汝縣）

07140　07412　14968

開封市

02226　16390

靈寶市（原靈寶縣）

02424　04505　04506

禹州市（原禹縣）

04528　05513

陝縣

05222　05223

郟縣

00856　01882　06251

溫縣

00109　06590

確山縣

02806　14976

汝南縣

09047　09050

伊川縣

01186　17303

襄城縣

01201　　08194

孟州市（原孟縣）

13635

林州市（原林縣）

13648

長葛市（原長葛縣）

18008

永城市（原永城縣）

14946

項城市（項城縣）

06226

洛寧縣

16592

寶豐縣

16345

中牟縣

16020

舞陽縣

07520

新野縣

03352

鄲城縣

16134

正陽縣

00649

市縣不明者

| 01628 | 05070 | 05071 | 08570 | 12269 |
| 15065 | 16229 | | | |

陝西省

西安市（含未央、蓮湖、灞橋、雁塔四區）

00363	01068	01171	01788	01846
01943	02028	02030	02187	02487
02515	03550	03589	03699	04732
04741	05203	05265	05326	05524
05525	05526	05527	05590	06108
07005	08077	09219	09825	10163
10616	11304	11755	12258	13173
13529	13625	15532	16220	16954
17559	18862	18865	18868	18955
19016	19023	19177	19244	19285
19289	19308	19617	19706	

西安市長安區（原長安縣）

00277	00289	00306	00595	00994
00995	01005	01024	01033	01078
01083	01084	01085	01086	01260
01288	01355	01452	01500	01615
01651	01701	01714	01812	01904
01951	02047	02076	02186	02206
02278	02304	02337	02338	02339

02445	02446	02449	02500	02831
02832	02833	02834	02835	02836
02837	02838	03158	03226	03272
03283	03307	03348	03360	03507
03508	03578	03579	03757	03770
03831	03844	03868	03869	03886
04096	04100	04303	04347	04348
04359	04422	04645	04753	04754
04755	04756	04773	04774	04776
04866	04867	04868	04956	04957
04958	04959	05104	05123	05124
05125	05174	05175	05176	05238
05239	05240	05241	05248	05249
05250	05331	05332	05333	05334
05337	05579	05657	05658	05659
05660	05661	05662	05663	06228
06867	06878	06908	06910	06911
06912	06942	06943	06968	07566
07584	07597	07607	07620	07647
07654	07672	07675	08086	08087
08126	08159	08172	08371	08426
08476	08517	08529	08556	08885
09422	09693	09701	09770	10119
10173	10196	10252	10398	10436
10859	10860	11251	11254	11258
11269	11379	11381	11412	11481
11482	11524	11598	11599	11682
11716	11748	11797	11979	11980
12018	12063	12109	12110	12256
12283	12284	12405	12735	12844
12850	12854	12856	12858	12875
12952	12954	13192	13209	13229
13277	13298	13309	13521	13734
13822	14353	14369	14399	14419

14715	14743	14761	14783	14794
14796	14862	15290	15291	16498
19088	19089	19450		

西安市臨潼區（原臨潼縣）

01091	02256	03231	04674	05111
12237	12238	14435	14762	15107
17134	17249	17250	17252	17256
17257	17258	17584	17585	17976
17977	17978	17979	17980	17981
17982	17983	17984	17985	17986
17987	17988	17989	17990	17991
18540	18919	18921	18922	19908
19909	19910	19911		

寶雞市（含金台、渭濱、陳倉三區）

00360	00695	01608	05615	06666
07087	08781	08903	09061	14629
18923				

寶雞市渭濱區

00063	00284	00285	00286	00474
00931	00993	01006	01036	01193
01536	01551	01626	01703	01734
01735	01736	02269	02270	02621
02634	02689	02707	02715	03228
03278	03293	03535	03580	03581
03582	03846	03860	03881	03917
03918	04174	04177	04449	04450
06109	06934	08128	08254	08414
10270	10447	10481	10588	10595
11521	11602	11606	11619	11685
12057	12072	12805	12888	12966
12967	13101	13103	13104	13179

13730　13769　14335　14352　14366
14367　14726　18461

寶雞市金臺區

00351　00352　00356　00359　01003
01071　01164　01458　02364　02365
02700　02701　02709　02714　02876
03189　03308　03525　03563　04212
04217　04293　04294　09779　10140
10363　10403　10420　10624　11028
11036　11101　11113　11282　11714
12069　12168　12525　12526　12733
13208　13605　14626　14650　19067

寶雞市陳倉區（原寶雞縣）

01402　02463　03229　03564　04615
04669　04823　04824　05512　05514
06141　08139　11819　14538　15264
15565　15566　15567　15568　15569
15584　15585　15586　15587　15588
15589　15590　15824　15825　15826
17241　18557　19075　19076　19084
19085　19087

扶風縣

00330　00665　00667　00691　00781
00866　01002　01044　01045　01106
01251　01298　01398　01412　01446
01464　01620　01632　01633　01634
01635　01636　01637　01936　02001
02025　02034　02054　02056　02078
02101　02111　02113　02114　02115
02116　02117　02250　02268　02274
02275　02276　02277　02297　02298

02299　02300　02361　02362　02380
02414　02415　02416　02430　02448
02454　02455　02456　02457　02458
02459　02460　02489　02495　02498
02513　02515　02615　02616　02617
02674　02702　02703　02704　02705
02706　02707　02732　02744　02914
02915　02916　02917　02918　02919
02920　02921　02922　02923　02966
02967　02968　02969　02970　02971
02972　02973　02974　03168　03179
03203　03295　03322　03325　03341
03556　03557　03558　03559　03750
03887　03892　03893　03930　04014
04104　04113　04121　04122　04124
04182　04226　04281　04282　04358
04538　04539　04646　04647　04665
04666　04687　04688　04689　04690
04691　04717　04718　04738　04838
04839　04840　04841　04842　04879
04904　04999　05032　05033　05034
05076　05077　05079　05144　05145
05146　05158　05159　05161　05162
05163　05164　05165　05189　05190
05191　05192　05193　05194　05195
05196　05218　05219　05280　05281
05282　05283　05289　05290　05336
05342　05343　05372　05376　05377
05379　05403　05508　05510　05541
05542　05543　05544　05551　05552
05553　05555　05556　05574　05601
05651　05652　05653　05667　05668
05671　05672　05678　05680　05681
05682　05788　05829　05837　05838

05976	06140	06159	06213	06216
06223	06252	06253	06307	06308
06957	06971	07145	07572	07598
07617	07619	07623	08098	08184
08276	08277	08278	08282	08438
08449	08450	08451	08532	08540
08547	08548	08559	08560	08561
09689	09781	09782	10256	10282
10287	10503	10857	10858	10942
11062	11260	11353	11527	11704
11706	11715	11731	11743	11777
11791	11796	11800	11816	11817
12139	12348	12359	12404	12420
12421	12436	12437	12438	12439
12441	12442	12750	12876	12887
12964	12965	12997	13014	13082
13213	13235	13248	13249	13313
13316	13537	13542	13661	13664
13665	13732	13788	13817	13994
13995	13999	14000	14191	14192
14316	14373	14391	14437	14443
14523	14541	14605	14627	14689
14714	14928	15101	15102	15105
15108	15127	15129	15130	15131
15132	15133	15134	15135	15136
15137	15173	15177	15266	15274
15292	15293	15294	15295	15296
15323	15343	15344	15345	15346
15347	15348	15349	15350	15415
15495	15522	15523	15524	15525
15526	15527	15583	15592	15593
15594	15595	15596	15597	15598
15599	15600	15601	15602	15603
15604	15605	15814	16228	16243

16247　18078　18463　18729

岐山縣

00083	00287	00288	00357	00675
00676	00818	01073	01127	01368
01413	01519	01597	01619	01641
01642	01718	01931	01965	01971
01994	02074	02077	02110	02112
02170	02210	02484	02485	02486
02496	02497	02518	02739	02821
02873	02933	03008	03010	03037
03038	03104	03274	03562	03687
03691	03811	04086	04087	04106
04111	04195	04231	04246	04418
04435	04527	04568	04622	04628
04638	04832	04887	04986	05183
05184	05185	05186	05236	05293
05303	05354	05355	05356	05357
05358	05359	05360	05361	05528
05529	05530	05531	05559	05560
05636	05637	06212	07583	07605
07676	08193	08259	08783	09555
09725	10371	11025	11171	11337
11448	11971	12329	12330	12440
12612	13543	13954	14800	15004
16019	16387	18462	18705	18742
19764	20510			

鳳翔縣

00129	00853	00870	00882	01299
01847	01856	02132	02265	02886
03167	03287	03656	04056	04144
04254	04655	04931	05054	05055
05056	06711	07671	08473	09632

商周青銅器銘文暨圖像集成索引

| 05044 | 05045 | 05046 | 05047 | 05048 |
| 05101 | 12398 | 12399 | 14497 | 19920 |

藍田縣

02407	02610	02772	02773	02774
02775	04778	05291	05292	05294
05378	05549	05767	05768	06230
12433	14386	14861	14913	15316
16240	16674			

咸陽市渭城區

00297	00996	01485	01681	02199
03270	10854	12254	12354	12419
14748	16483	18550	18932	18939
18942	19012	19036	19449	

周至縣（原盩厔縣）

01383	02875	03802	03845	03902
04289	04452	04675	04676	05182
05534	06869	08386	10272	11332
12304				

旬邑縣

00709	01348	03131	03523	06061
08124	08191	10241	11368	16267
16493				

麟游縣

| 00930 | 04101 | 08515 | 10349 | 11339 |
| 12040 | 12600 | 12812 | 14638 | |

延安市寶塔區

| 00713 | 01673 | 02741 | 16401 | 17204 |
| 19024 | 19443 | | | |

延長縣

| 02636 | 02708 | 04661 | 04662 | 12343 |
| 13630 | 14690 | | | |

銅川市耀州區（原耀縣）

| 04317 | 05305 | 05306 | 06446 | 09691 |
| 10629 | 11382 | | | |

銅川市印臺區

| 03522 |

銅川市王益區

| 01437 |

長武縣

| 01796 | 02803 | 03402 | 04009 | 04304 |
| 10337 | | | | |

渭南市臨渭區

| 01182 | 03511 | 03769 | 16577 | 17587 |

三原縣

| 07681 | 08427 | 17259 | 17929 | 20508 |

綏德縣

| 00005 | 06411 | 16027 | 16314 | 18201 |

禮泉縣

| 01911 | 02450 | 11535 | 18841 |

城固縣

| 13739 | 13774 | 18224 |

華陰市(原華陰縣)

02499　19829　19830

楊陵區

01545　03854　11354

淳化縣

02769　08023

千陽縣(原汧陽縣)

08195　12282

華縣

03903　18931

澄城縣

02241　05313

白水縣

03880　04175

丹鳳縣

02397　05399

蒲城縣

17125

商洛市商州區(原商州市)

02447　17165

安康市漢濱區(原縣級安康市)

05327

乾縣

00173

洛南縣

16791

旬陽縣

12210

紫陽縣

16944

洋縣

02743

勉縣

02140

清澗縣

03453

子長縣

02014

延川縣

12034

洛川縣

17922

黃龍縣

00706

市縣不明者

00396	01031	01610	01788	01861
01913	02263	02329	02476	02691
02848	02860	03296	03355	03796
03870	04041	04125	04779	04780
04849	05237	05259	05275	05315
05316	05317	05318	07589	08231
08358	08372	08447	08448	09803
10543	10866	11391	11648	12084
12278	13306	13818	14180	14531
14799	16098	16813	17254	17272
17675	17869	17896		

山西省

曲沃縣

00240	00375	00685	01018	01019
01020	01032	01235	01380	01403
01429	01509	01526	01532	01698
01699	01782	01815	01989	01990
01991	01992	01993	02075	02232
02295	02332	02419	02671	02682
03147	03227	03335	03339	03363
03871	03872	03884	03916	03931
03932	04073	04107	04233	04283
04296	04316	04444	04502	05012
05051	05052	05053	05630	05647
05648	05649	05650	06153	08261
10617	11415	11503	11572	11610
11643	11713	11759	12196	12239
12240	12276	12277	12301	12356
12357	12396	12397	12430	12431
12879	13001	13059	13189	13190

13282	13795	14345	14427	14501
14503	14755	14784	14965	14999
15110	15298	15299	15300	15301
15302	15303	15304	15305	15306
15307	15308	15309	15310	15311
15312	15313	15500	15501	19457
19710	19760			

靈石縣

00134	00300	00301	03436	03498
06675	06854	06855	06856	06857
06858	06859	06860	06861	06862
07071	07072	09175	09176	10082
10115	11131	12557	12613	12614
12615	13721	13722	17516	

聞喜縣

01903	03317	03354	04267	12257
14034	14418	14482	14937	14958
15200	15201	15202	15203	15204
15205	15206	15207	15208	15209
15210	15211	15212	15213	15214
15215	16404	19453		

萬榮縣(原萬泉縣與榮和縣)

15570	15571	15572	15573	15574
15575	15576	15577	15578	15579
15580	15581	15582	15828	16974
16975				

洪洞縣(原洪趙縣)

00700	00777	01801	02664	04201
04202	04238	04701	12769	16396

翼城縣

| 03133 | 03200 | 03311 | 04056 | 04610 |
| 05220 | 06229 | 12073 | 13806 | 14795 |

絳縣

| 01821 | 01960 | 02261 | 03727 | 04408 |
| 04499 | 05208 | 11765 | 13535 | 13662 |

長子縣

| 00476 | 01021 | 02229 | 02405 | 03101 |
| 03218 | 04234 | 16001 | | |

長治市(原長治縣)

| 02294 | 16460 | 16531 | 16738 | 16745 |
| 19287 | | | | |

石樓縣

| 08887 | 16101 | 16116 | 16166 | 16208 |
| 16347 | | | | |

渾源縣

| 06319 | 18019 | 18020 | 18021 | 18023 |

芮城縣

| 01463 | 02451 | 04800 | 17169 |

太原市

| 11534 | 16421 | 16724 | 16729 |

侯馬市

| 02325 | 02326 | 16632 | 17115 |

吉縣(原吉州)

| 03327 | 04302 | 05550 | 12172 |

朔州市朔城區(原朔縣)

| 17992 | 18046 |

原平市(原原平縣)

| 17917 | 18022 |

高平市(原高平縣)

| 17297 | 17324 |

新絳縣

| 14525 | 14797 |

屯留縣

| 00361 | 17277 |

臨縣

| 16454 | 17187 |

汾陽市(原汾陽縣)

| 16290 |

臨汾市

| 02166 |

忻州市

| 16711 |

潞城市(原潞城縣)

| 16275 |

晉中市榆次區(原榆次市)

18911

運城市鹽湖區(原解州)

19259

永和縣

08957

保德縣

12543

榆社縣

18075

黎城縣

12241

垣曲縣

17821

文水縣

12255

介休縣

18857

稷山縣

12156

左雲縣

18916

代縣(原代州)

15063

市縣不明者

01280	01897	01930	02135	02272
02378	02611	03316	04937	05130
05131	05132	05142	05143	05230
05405	05406	08599	09855	11557
11786	12114	12401	12402	12403
14482	14787	15189	16433	17671

山東省

濟南市(含歷城、天橋二區)

00229	03489	04863	05226	06800
12606	16197	16198	16302	16303
16307	16406	16425	16463	16569
16601	16634	16647	16691	16718
16778	16781	16782	16994	17626
18652	19294			

濟南市長清區(原長清縣)

00316	00881	01497	01498	03755
05893	05894	05925	06551	07743
08016	08017	08018	08019	08908
08958	10071	10105	10159	11004
11985	12757	12828	13076	13077
13770	13798	14526	18314	

滕州市(原滕縣)

00018	00019	00020	00021	00022
00023	00024	00025	00026	00027
00062	00280	00770	01405	01576

02213 02237 02238 02324 02373
02612 02613 02639 02766 02797
02798 02799 02846 02901 02902
02903 02904 02905 02906 03128
03129 03130 03540 03714 04192
04198 04199 04336 04487 04788
04789 04790 04791 05106 05387
05855 05856 05857 05871 06057
06420 06441 06669 06691 06692
06693 06694 06695 06696 06697
06698 06699 06700 06701 06702
07179 07406 07635 07758 07759
07827 07991 08361 08374 08375
08474 08475 08550 08702 08703
08739 08740 08767 08768 08854
08855 08856 08857 08858 08859
09121 09420 09574 09642 09778
09838 10058 10059 10060 10100
10195 10325 10326 10373 10389
10571 10583 10601 10940 10941
11116 11301 11362 11491 11662
11976 12056 12096 12120 12571
12572 12631 12632 12665 12790
12849 13199 13227 13288 13728
14302 14428 14448 14522 14586
14591 14766 14877 14932 15001
15766 15767 15768 15769 16049
16050 16752 16811 16845 17050
17063 18730

淄博市臨淄區(原淄博縣)

00701 00702 00703 00704 00705
01339 01923 06152 10861 10864
15552 15553 15554 15555 15556

15557 15558 15559 15560 15561
15562 15563 15564 15829 16644
16645 16509 16740 17923 18805
18806 18807 18808 18811 18812
19240 19284 19438 19439 19440
19601 19602 19606 19607 19608
19609 19610 19779

淄博市淄川區

16442 17868

青州市(原益都縣)

00135 00600 00601 01276 01277
03448 06434 06909 07063 07064
07207 07489 08774 08775 09038
09039 09378 09688 09788 09789
10051 10207 10558 11121 11697
12104 12563 13707 13793 14914
16339 17543 17544 17545 17546
17547 17548 17828 18229 18747

棗莊市(原嶧縣)

01947 01948 02762 02763 02782
02866 02867 02868 02938 02939
02940 05620 05853 05878 05879
05902 05903 05907 05908 05912
12333 12334 12335 12336 12337
12352 12353 13826 14036 14089
14090 14414 14456 14905 14955
17148 18489 19174

龍口市(原黃縣)

01448 01617 02340 02353 02892
03359 04501 04613 04614 05224

05631	05632	05633	05634	11546
11778	12155	12857	12983	12984
13206	13236	13321	14407	14896
15103	19454			

新泰市（原新泰縣）

00925	02061	02062	02658	02699
04854	04856	04857	04858	04859
06265	08230	12379	12380	14943
16572	16639	16683	16850	17999

曲阜市（原曲阜縣）

02129	02236	03345	05640	05641
05656	05832	06154	06155	06156
06221	12323	14416	14451	14988
16730	17109	18590		

鄒城市（原鄒縣）

02126	02927	05763	05764	05830
05846	06612	06924	08316	09037
09201	09318	10168	14444	14474
15125	17938	18248		

濰坊市（原濰縣）

01906	07990	08069	10575	13027
16273	16291	16518	16538	16612
16720	16736	16970		

泰安市（原泰安縣）

01902	02059	02825	05629	05852
05875	08176	13053	14060	14061
16684				

費縣

00644	00645	01883	03142	03634
06102	07667	07668	08726	08727
09335	09336	10222	10954	11235
11996	12694	12695	13754	14614

沂水縣

06104	06105	06106	06107	06269
12091	15216	15217	15218	15219
15220	15221	16115	16300	16415
16640	16681	17801	17998	

臨朐縣

02381	02936	02937	10984	11012
11013	12423	13158	14479	14939
14978	16519	16534		

濟陽縣

00274	01234	01267	01394	01721
01809	01810	03725	03726	10144
10152	14314	14600		

壽張縣

01065	01527	01528	01529	02386
03305	05139	08031	08032	11785
14483	14752			

桓臺縣

02128	02979	04853	05607	05881
05882	07131	09224	09840	10218
14908				

莒南縣

15502　15503　15504　15505　15506
15507　15508　15509　15510　16529
18009

莒縣

03328　12358　14916　14950　16305
16458　16535　17098　17353　17926

壽光市(原壽光縣)

00441　00442　00443　03119　15124
18305　18703　18704　18749

諸城市(原諸城縣)

01376　08566　14512　15180　15181
15182　15183　15760　15761

濟寧市(原任城縣、濟寧縣)

01598　04684　07642　08516　16131
16492　16827

肥城市(原肥城縣)

02985　02986　04157　05822　12294
12295　17009

蒼山縣

03120　03570　06550　09068　09069
10393　11167

高青縣

04541　04542　05299　05300　13253
13658

鄒平縣(包括原齊東縣)

05905　08470　08471　13142

膠南市

06070　18809　18817　18818

棲霞市(原棲霞縣)

02036　17071　18363　18364

萊陽市(原萊陽縣)

03202　03321　12293　16697

泗水縣

07269　07272　09635　11119

乳山市(原乳山縣)

16512　16533　16700

煙臺市

01967　02231　06956

兗州市(原兗州縣)

05816　07973　12099

日照市

02879　02880　02881

沂源縣

16026　16525　16687

章丘市(原章丘縣)

02193　13118

膠州市（原膠縣）

07150　　07952

文登市

16579　　18918

招遠市（招遠縣）

00998　　04185

海陽市（原海陽縣）

03343　　06215

臨沂市（原臨沂縣）

16298　　16543

平邑縣

05926　　16413

平陰縣

07338　　16657

惠民縣

13471　　15873

郯城縣

16428　　16566

臨沭縣

16544　　16545

安丘市

14463

榮成市

11520

即墨市

16779

平度市（原平度縣）

17941

蓬萊市（原蓬萊縣）

05216

威海市

16514

昌邑市

14684

濱州市（原濱縣）

12544

長島縣

19234

汶上縣

16857

東平縣

01976

昌樂縣

07548

成武縣

16524

蒙陰縣

16858

沂南縣

18739

市縣不明者

00435	01422	02413	02783	03358
04017	04801	04977	07634	10198
10493	10989	1¦273	11410	12275
16530	16643	16659	16747	16753
16929				

湖北省

隨州市曾都區

00864	01022	01111	01327	01365
01567	01568	01569	01570	01571
01572	01577	01711	01712	01752
01753	01754	01755	01756	01757
01758	01759	01760	01884	02217
02218	02333	02385	02784	02785
02812	02861	03292	03313	03838
03923	03949	03996	04337	04351
04352	04473	04474	04475	04476
04477	04478	04479	04480	04963
04980	04981	05757	05780	05784
05785	05786	05787	05802	05892
05935	05960	06059	06125	06126
06127	06262	06311	06312	06313

08260	09566	09619	10101	10311
10479	10574	11005	11411	11622
11659	12123	12132	12190	12202
12206	12207	12208	12249	12309
12328	12874	13159	14071	14072
14073	14184	14185	14186	14193
14363	14396	14397	14409	14484
14666	14705	14882	14883	14902
15056	15431	15432	15433	15434
15435	15436	15437	15438	15439
15440	15441	15442	15443	15444
15445	15446	15447	15448	15449
15450	15451	15452	15453	15454
15455	15456	15457	15458	15459
15460	15461	15462	15463	15464
15465	15466	15467	15468	15469
15470	15471	15472	15473	15474
15475	15476	15477	15478	15479
15480	15481	15482	15483	15484
15485	15486	15487	15488	15489
15490	15491	15492	15493	15494
15780	16219	16437	16606	16628
16675	16757	16758	16759	16760
16761	16762	16866	16867	16868
16869	16870	16871	16872	16873
16874	16875	16876	16877	16878
16879	06880	16881	16882	16883
17053	17078	17154	17302	17697
19011	19245	19262	19279	19280
19303	19304	19347	19362	19363
19364	19368	19369	19370	19371
19372	19373	19374	19375	19376
19377	19378	19379	19380	19381
19382	19383	19384	19385	19386

19387	19388	19389	19390	19391
19392	19393	19394	19395	19396
19397	19398	19399	19400	19401
19402	19403	19404	19405	19406
19407	19408	19409	19410	19411
19412	19807	19808	19809	19810
19811	19812	19813	19814	19815
19816	19912	19913	19914	19915
19916				

隨縣

01466	01467	01468	01469	01596
01657	01841	01842	01974	02088
05025	05026	05027	05028	05228
05229	05783	06113	06114	07900
08102	10120	10466	11688	12019
12287	12288	12867	13046	13803
13804	13993	14364	14500	16723
19300				

荆州市（含荆州、沙市二區）

01052	03237	04951	04952	05941
10627	11633	13166	15819	16522
16603	16614	16734	16860	16908
16909	16918	16935	17051	17158
17162	17175	17225	17666	17874
17883	17892	17952	18311	18313
18662	18845	18849	19002	

襄陽市樊城區

01661	02093	02408	02409	04657
05932	05957	06062	06075	07843
14051	14075	14095	14096	16283
16709	16710	17032	17995	18000

襄陽市襄州區（原襄陽縣及襄城區）

00298	01094	02403	06264	16667
17090	17091	17092		

襄陽市襄城區

16756

棗陽市（原棗陽縣）

02002	02005	02006	02214	02239
04947	04948	05015	05016	05834
05922	12305	14915	16600	16865
17064	18250			

京山縣

01471	01840	01918	01919	02818
02819	02845	05152	05153	06130
06131	12285	12286		

武漢市黃陂區（原黃陂縣）

01382	01824	01825	01826	01864
04561	07599	10421	17184	

武漢市漢陽區（原漢陽縣）

11395	17528

武漢市新洲區（原新洲縣）

00429

孝感市（原孝感縣）

01272	02119	02120	02382	02383
02384	03338	03364		

荊門市

| 16292 | 16668 | 17229 | 17618 | 17906 |
| 18312 | 19062 | 19919 | | |

蘄春縣

| 00275 | 00276 | 00350 | 01797 | 01798 |
| 06961 | 14161 | | | |

鄖縣

| 05897 | 14035 | 14504 | 14975 | 16766 |
| 16884 | 17067 | | | |

枝江市（原枝江縣）

| 02216 | 05950 | 05951 | 14059 | 14989 |
| 17805 | | | | |

當陽市（原當陽縣）

| 01668 | 05794 | 15154 | 16654 | 17070 |

麻城市

| 01470 | 02245 | 02259 | 19233 |

穀城縣

| 06068 | 14066 | 14088 | 17858 |

鄂州市鄂城區（原鄂城縣）

| 07712 | 07867 | 16928 |

安陸市（原安州、安陸縣）

| 10658 | 15267 | 15268 |

天門市（原天門縣）

| 01330 | 14478 |

宜城市（原宜城縣）

| 05956 | 15639 |

江陵縣

| 00953 | 17079 |

南漳縣

| 14062 | 16819 |

浠水縣

| 14447 | 14527 |

宜都市

| 15632 |

鍾祥市

| 14494 |

黃岡市

| 05966 |

大冶縣

| 16459 |

秭歸縣

| 17909 |

嘉魚縣

| 15782 |

河北省

平山縣

01475　01476　01477　01478　01479
01480　01481　02517　02696　02697
05761　05762　06117　06118　06260
06302　06309　06310　12158　12159
12340　12341　12368　12382　12384
12385　12386　12387　12388　12454
12455　14181　14182　14183　14189
14190　14424　14780　14781　14945
15925　18249　18323　18660　18753
18754　18757　19017　19018　19025
19026　19051　19052　19053　19054
19055　19056　19057　19058　19241
19242　19246　19250　19278　19286
19307　19309　19310　19311　19312
19313　19314　19348　19349　19350
19351　19352　19353　19354　19355
19356　19357　19358　19359　19413
19414　19415　19416　19417　19418
19419　19420　19421　19422　19423
19424　19425　19426　19427　19428
19429　19430　19431　19432　19433
19434　19435　19436　19437　19618
19636　19637　19638　19703　19704
19711　19712　19713　19714　19715
19716　19717　19718　19719　19720
19721　19722　19723　19724　19725
19726　19727　19728　19729　19730
19731　19732　19733　19734　19735
19736　19739　19752　19753　19754
19831　19903

易縣（原易州）

01624　02363　04309　04322　06076
11428　11612　14518　14728　14997
16664　16787　16800　16984　16988
16992　16993　16996　17000　17002
17006　17007　17008　17015　17016
17017　17018　17019　17023　17027
17031　17033　17035　17041　17044
17045　17046　17114　17130　17160
17161　17207　17300　17326　17351
17352　17611　17648　17656　17662
17850　18070　18359　18365　18366
18367　18368　18369　18370　18376
18592　18653　19626　19627　19628
19629　19630　19631　19632　19633

正定縣

06978　07365　07510　07511　08563
08974　09424　10232　10345　11249
12727　16475　16619　17359

磁縣

00651　03431　06486　06487　08955
08956　08962　12532　18003

興隆縣

18655　18663　18664　18732　18756
19299

容城縣

12020　12227　12228　16982　16983
16997

遷安市（原遷安縣）

00142　01043　03528　04291

元氏縣

01287　05288　13341　13342

淶水縣

01230　01792　11628　13160

臨城縣

07946　16474　17315　17641

滿城縣

06990　08607　16989

邢臺市

09783　16102　16925

武安市（袁武安縣）

00219　06613　09041

藁城市（原藁城縣）

00335　06810　12011

邯鄲市

16573　17157　17313

定州市

00779　16035

涿鹿縣

05221　16824

懷來縣

14502　15003

圍場縣

18909　18910

安新縣

19063　19064

靈壽縣

06731　12646

保定市

05129

承德市

18012

秦皇島市

17307

三河縣

18068

文安縣

16995

隆化縣

17224

新樂縣

01108

豐寧縣

02618

赤城縣

06052

束鹿縣

13170

任邱縣

16309

曲陽縣

16432

唐縣

06066

趙縣

08979

雄縣

17607

市縣不明者

04624　　11752

安徽省

壽縣

01089	01578	01579	01580	01581
01582	01583	01584	01585	01586
01587	01588	01589	01590	03591

04393	04394	04395	04396	04397
04398	04399	04400	05771	05772
05773	05774	07690	11721	11815
12187	12188	12794	14031	14063
14064	14065	14078	14387	14535
14867	15054	15066	15067	15369
15370	15371	15372	15373	15374
15375	15376	15377	15378	15379
15380	15381	15382	15383	15384
15385	15386	15387	15388	15389
15390	15391	15392	15393	15394
15395	15396	15397	15398	15399
15400	15401	15402	15403	15404
15405	15406	15407	15408	15409
15410	15411	15412	15413	15414
15533	15534	15535	15536	15537
15538	15539	15540	15541	15820
15821	15822	15823	15957	16436
16469	16488	16508	16695	16735
16751	16767	16771	16810	16828
16829	16830	16831	16836	16837
16899	16900	16901	16932	17206
17264	17622	17837	17870	17875
17878	17879	17880	17881	17887
17935	18308	19061	19178	19179
19180	19181	19182	19345	

淮南市謝集區

00714	01097	01098	01099	01100
01101	01482	01483	01767	01768
01769	01770	01771	01772	01886
01887	01888	01980	01981	02165
02359	02360	03257	03302	03303
03304	05759	05804	05805	05806

05807	05808	05809	05810	05811
05812	05842	05843	05844	06055
06133	06134	06135	06136	06137
06138	06314	06315	06316	06317
12424	12425	14076	14077	14187
14188	14425	14508	14739	14884
15051	15055	15057	15058	15064
17322	17972	17973	18842	18843
18850	19035	19263	19264	19265
19266	19502			

淮南市八公山區

16836	16933	16934	17124	17364
17833	17834	17835	18076	18309
18310				

潁上縣

06447	07306	07307	07596	08609
11538	13039			

舒城縣

12024	12025	12261	14858	16834
19305				

蚌埠市淮上區

05898	15186	15187	17055	17813
18083				

蚌埠市禹會區

01347	01773	15186	15187	17055

臨泉縣

16301	16464	17149	17195	17527

鳳陽縣

15787	15788	15789	15790	15791

屯溪市

03728	11474	12986	13256

六安市

02039	16838	17139

阜陽市(原阜陽縣)

16482	17126	18005

宿州市(原宿縣)

02944	15987

霍山縣

16832	17083

潛山縣

03136	17275

鳳臺縣

18813	18814

太和縣

17126	18005

合肥市

01742

安慶市

18026

桐城市（原桐城縣）

17285

馬鞍山市

17290

池州市貴池區（原貴池縣）

01761

嘉山縣

11014

霍邱縣

17110

南陵縣

17918

廬江縣

17920

北京市

房山區（原房山縣）

00400	01069	01141	01309	01323
01381	01400	01459	01606	01696
01705	02019	02046	02290	02657
02661	02908	03165	03331	04065
04257	04353	04354	04405	04406
04693	04813	06913	06920	06921
07582	07621	07646	08186	08416
10242	10628	10652	10653	11351
11398	11542	11770	12083	12299

13047	13136	13789	13831	14346
14390	14659	14686	14718	14789
16238	16380	16384	16385	16389
16591	16595	16596	16597	18476
18482	18483	18484	18485	18486
18487	18488			

昌平區（原昌平縣）

16265	16266	16271

平谷區（原平谷縣）

00001

豐臺區

11987

順義縣

01857	04286	08394	09254	09786
10545	11484	12956		

區縣不明者

02203

甘肅省

靈臺縣

00455	01067	01077	01404	01592
01593	03121	03250	04075	04300
04301	07674	08127	08772	10474
10487	11033	11595	11596	11678
12059	13094	13095	13096	13097
14717	14725	14731	16259	16507
19090				

禮縣

01370	01555	01556	01557	01558
01559	01560	01561	01562	01563
04250	04251	04252	04387	04388
04389	04390	12182	12183	12185
12186	13824	15231	15758	15770
17202				

天水市

03524	05370	06460	18581

慶陽市西峰區

04080	07736

寧縣

03005	05505

崇信縣

16237	16268

慶城縣（原慶陽縣）

19756

秦安縣

18920

涇川縣

02638

合水縣

02438

張家川縣

11988

平涼市

19833

市縣不明者

12082	16626

湖南省

長沙市（含芙蓉、天心、嶽麓、開福、雨花五區）

00296	00954	01095	14962	16418
16438	16456	16552	16575	16605
16915	16942	16945	17074	17101
17183	17251	17573	17576	17592
17903	17953	18583	18816	18844
19010	19162	19705	19907	19921

長沙市望城區（原望城縣）

00278

益陽市赫山區（原益陽縣）

16477	16633	16708	16719	16721
16804	16805	16938	17911	

常德市（原常德縣）

00707	16921	16960	18588	18589
19906				

湘潭縣

08076	08106	10134	10151	11361

17829

寧鄉縣

00370　00415　12567　12684　13772

桃源縣

01984　13813　16939　17810　17830

漵浦縣

01345　16557　17582

衡陽市

07764　12947　17151

洪江市（原黔陽縣）

16673　16937

張家界市（原大庸市）

17268　17695

岳陽市岳陽樓區

17244　17672

岳陽縣

06063

懷化市

16803

汨羅市

14488

湘鄉市（原湘鄉縣）

07810

石門縣

03779

沅陵縣

18848

臨澧縣

19001

株洲縣

04105

辰溪縣

17615

古丈縣

17143

市縣不明者

00954　16414

江蘇省

鎮江市丹徒區（原丹徒縣）

02410	04170	04171	05373	14093
15520	15521	15794	15795	15796
17661				

六合縣

05854	14415	14985	15128	15278
15279	15280	15281	15282	15283
15284	15285	15286		

南京市江寧區(原江寧縣)

15232　15233　15234　15235　15236
15237　15238　17348

邳州市(原邳縣)

05799　06257　14747　15289　15783

盱眙縣

12411　14901　17836　18908

無錫市

06160　06161　15065

連雲港市海州區

17140

揚州市邗江區

01290

淮安市淮安区(原淮安縣)

12212

淮安市淮陰區(原淮陰市)

03159

蘇州市虎丘區

14746

蘇州市吳江區(原吳江縣)

15104

東海縣

18835

漣水縣

19346

遼寧省

喀左縣

00896　01265　02257　03264　03269
03566　03567　03759　03803　03810
03848　03866　04007　04097　04098
04295　04520　04692　06209　11238
12843　12916　13126　13167　13729
13752　13781　13799　13810

建昌縣

16452　17230

北票市(原北票縣)

17014

遼陽市

17288

撫順市

17683

開原市

18307

普蘭店市(原新金縣)

17197

大連市旅順口區

04723

建平縣

18714

寬甸縣

17236

莊河縣

18047

市縣不明者

01786

内蒙古自治區

準格爾旗

17280	17294	17617	19619	19620
19621	19622	19623	19624	19625
19634	19635			

清水河縣

| 16618 | 16968 | 17572 | 17684 | 17685 |

寧城縣

| 04724 | 05328 | 11483 |

赤峰市

18917

豐鎮市

04938

和林格爾縣

17816

伊金霍洛旗

17283

翁牛特旗

03137

扎魯特旗

04852

旗縣不明者

| 16703 | 18390 |

江西省

樟樹市(原臨江縣、清江縣)

15542	15543	15544	15545	15546
15547	15548	15549	15550	15551
15785	18731			

高安縣

| 10598 | 10650 | 10657 | 15786 | 15988 |

遂川縣

| 12938 | 17153 |

靖安縣

| 14423 | 19268 |

南昌市

17602

廣豐縣

13120

餘干縣

03268

市縣不明者

02035

浙江省

紹興市越城區

| 02402 | 14081 | 15360 | 15984 | 15985 |
| 17362 | 17363 | 18077 | 19267 | 19766 |

杭州市

| 17867 | 17948 | 19770 | 19771 |

安吉縣

| 09672 | 09673 | 17915 |

紹興縣

| 19768 | 19769 |

德清縣

| 15981 | 15982 |

龍游縣

| 03473 | 12795 |

永嘉縣

02323

宁波市鄞州区(原鄞縣)

17867

市縣不明者

| 02162 | 17912 |

四川省

郫縣

| 16950 | 16961 | 17803 |

青川縣

| 00710 | 17260 | 19918 |

榮經縣

| 17205 | 17590 | 18258 |

成都市(含五成區四郊區)

| 16907 | 17171 |

成都市新都區(原新都縣)

| 01338 | 16946 |

廣漢市

11123

彭州市(原彭縣)

| 10478 | 10548 |

什邡市

16948

西昌市

16743

茂縣

02289

蘆山縣

18257

重慶市

九龍坡區

18223　18717

涪陵區（原涪陵縣）

15986　17267

万州區（原萬縣）

16959

銅梁縣

00470

廣西省

平樂縣

16445　17562

興安縣

12764

靈川縣

17529

武鳴縣

12604

恭城縣

00291

廣東省

廣州市

17147　17263　19158　19611

羅定市（原羅定縣）

17518

寧夏回族自治區

固原市原州區（原固原縣）

01677

彭陽縣

17093

天津市

津南區

18352

薊縣

00329　03403　17239

吉林省

長白縣

17192

集安縣

18065

福建省

光澤縣

18715

雲南省

石屏縣

20502

朝鮮平壤市

17286

八、《銘續》器物出土地

器物出土地目録

器物出土地索引

河北省

平山縣

0569

正定縣

00031

易縣

1357

滿城縣

0631

山西省

介休縣

0043

曲沃縣

0423

翼城縣

| 0067 | 0237 | 0279 | 0305 | 0321 |

0323	0529	0662	0663	0666
0763	0768	0874	0949	0963
0971				

浮山縣

| 0549 | 0675 |

襄汾縣

| 0791 | 0880 |

洪洞縣

0347

絳縣

0106	0181	0276	0370	0372
0442	0882	0924	0939	0979
0981				

山東省

青州市（原益都縣）

| 0861 | 0923 | 0959 | 1391 | 1392 |
| 1393 | 1394 | 1395 | | |

新泰市

1065	1066	1074	1075	1076
1077	1083	1125	1126	1131
1268	1269	1290		

棗莊市嶧城區

| 0191 | 0209 | 0220 | 0532 | 1040 |
| 1123 | | | | |

棗莊市山亭區

| 0258 | 0985 |

滕州市

0290	0299	0355	0551	0552
0575	0578	0579	0580	0581
0606	0610	0626	0632	0641
0651	0653	0708	0709	0721
0750	0773	0793	0798	0844
0845				

沂水縣

| 0207 | 0535 |

日照市

| 0200 |

市縣不明者

| 0183 | 0364 | 0412 | 0413 | 0414 |
| 0415 | 0836 | 0992 | 1220 | |

陝西省

西安市長安區

| 0295 |

寶雞市渭濱區

0003	0047	0093	0263	0664
0770	0779	0799	0839	0840
0842	0851	0852	0853	0884
0896	0922	0953	1062	

寶雞市金臺區

| 0056 | 0264 | 0341 | 0743 |

寶雞市陳倉區(原寶雞縣)

| 1063 |

扶風縣

| 0112 | 0259 |

鳳翔縣

| 1284 | 1287 |

眉縣

| 1028 |

咸陽市渭城區

| 1370 |

涇陽縣

| 0397 |

乾縣

0804

永壽縣

0396

旬邑縣

0070

韓城市

0350

榆林市

0520

子洲縣

0015

甘肅省

禮縣

0107   0334   0335

甘谷縣

1238

河南省

滎陽市

0546   0547   0591   0620   0672
0843

洛陽市

0607   0627   0645   0667   0716
0868

偃師市(原偃師縣)

0574   0599

汝陽縣

0605

三門峽市湖濱區

0527   0925

盧氏縣

1218

安陽市

0008   0014   0030   0033   0034
0233   0289   0301   0553   0560
0563   0565   0566   0592   0594
0648   0688   0718   0744   0764
0769   0797   0898   1059   1360
1375   1376   1489   1490   1491
1492   1493   1494   1495   1496
1497   1498   1499   1500   1501
1502   1503   1504   1505   1506

平頂山市

0052   0123   0195   0253   0329
0430   0431   1160   1365   1372
1373

葉縣

0162

郟縣

| 0392 | 0393 | 0404 |

南陽市

| 0479 | 0497 | 0498 | 0921 | 0982 |
| 1132 | 1335 |

上蔡縣

| 0178 | 0514 | 0302 |

湖北省

武漢市新洲區

1109

天門市

1385

隨州市曾都區

0064	0069	0074	0079	0082
0083	0096	0097	0098	0099
0100	0101	0109	0114	0117
0119	0121	0126	0127	0128
0130	0131	0187	0232	0236
0239	0240	0245	0270	0277
0280	0303	0311	0327	0338
0359	0362	0363	0365	0366
0367	0371	0375	0478	0480
0481	0482	0483	0484	0486
0488	0507	0508	0540	0613

0637	0647	0713	0728	0746
0747	0765	0777	0781	0806
0808	0810	0813	0814	0815
0818	0819	0820	0855	0857
0859	0871	0872	0895	0901
0902	0903	0904	0913	0918
0926	0927	0948	0966	0998
1025	1029	1030	1031	1032
1033	1034	1035	1036	1037
1038	1039	1079	1157	1158
1215	1383	1384

荊門市

1507

荊州市荊州區

1324

襄陽市樊城區

| 0219 | 1048 |

棗陽市

| 0146 | 0147 | 0198 | 0941 |

穀城縣

| 0092 | 0161 | 0190 | 0816 |

枝江市

1015

丹江口市

1301

湖南省

益陽市赫山區

1331

汨羅市

1146

湘潭縣

1296

市縣不明者

1184	1185	1186

江蘇省

鎮江市丹徒區(原丹徒縣)

1027

宿遷市

1289

安徽省

肥西縣

0544	0661	0670	0703

六安市

0601	1200

壽縣

1120	1164	1168	1169	1170
1174	1307	1308	1322	

舒城縣

0643

金寨縣

0742

淮南市謝集區

0136	0137	0150	0489	0541
0542	0931	0999	1382	

潁上縣

0609	1293

臨泉縣

0080

蚌埠市淮上區

0476	0494	0495	1016	1017
1018	1019	1020	1021	1022
1023	1024	1144	1145	1230
1248	1294			

亳州市

1387

馬鞍山市

1222

無爲縣

0380

繁昌縣

1270

安慶市

1271

桐城市

0019

望江縣

0036　　　0567

太湖縣

0589

縣市不明者

0124　　　1150　　　1169

浙江省

紹興市

1047	1161	1166	1167	1176
1198	1323	1388	1389	1390
1397	1398	1399	1400	1401
1402	1403	1404	1405	1406
1407	1408	1409	1410	1411
1412	1413	1414	1415	1416
1417	1418	1419	1420	1421
1422	1423	1424	1425	1426
1427	1428	1429	1430	1431
1432	1433	1434	1435	1436
1437	1438	1439	1440	1441
1442	1443	1444	1445	1446
1447	1448	1449	1450	1451
1452	1453	1454	1455	1456
1457	1458	1459	1460	1461
1462	1463	1464	1465	1466
1467	1468	1469	1470	1471
1472	1473	1474	1476	1477
1478	1479	1480	1481	1482
1483	1484	1485	1486	1487
1488	1508			

紹興縣

1315

寧波市

1211

德清縣

1509

九、《銘圖》器物現藏地

器物現藏地目録

江蘇省

安徽省

浙江省

九、《銘圖》器物現藏地

器物現藏地索引

北京市

中國國家博物館

00149	00192	00200	00248	00341
00391	00465	00619	00827	00845
00883	00908	00911	00964	01024
01127	01170	01187	01262	01310
01340	01363	01495	01504	01655
01675	01679	01686	01693	01786
01873	01929	02145	02177	02237
02238	02249	02296	02329	02353
02360	02418	02442	02463	02479
02488	02498	02514	02601	02646
02761	02797	02798	02799	02909
02934	02975	03008	03009	03037
03038	03110	03146	03246	03355
03410	03464	03584	03585	03639
03732	03818	04080	04103	04176
04178	04219	04347	04394	04437
04536	04585	04588	04592	04640
04641	04788	04789	04790	04791
04848	04849	04856	04935	04936
04943	04984	04990	05004	05056
05084	05111	05134	05164	05201
05225	05244	05247	05258	05275
05303	05309	05310	05315	05335
05337	05341	05345	05347	05362
05370	05373	05385	05388	05558
05594	05682	05772	05773	05801
05826	05827	05859	05860	05895
05979	06077	06112	06137	06209
06304	06404	06430	06511	06527
06530	06531	06536	06552	06577
06676	06805	06840	07091	07100
07109	07123	07291	07311	07334
07347	07363	07364	07452	07453
07527	07544	07551	07643	07650
07673	07787	07845	08034	08039
08144	08208	08268	08269	08293
08332	08468	08506	08523	08543
08584	08873	08923	08935	08954
09051	09072	09089	09144	09165
09191	09217	09250	09251	09275
09279	09303	09312	09342	09354
09404	09406	09411	09443	09480
09481	09492	09514	09625	09626
09678	09774	10090	10092	10106
10263	10286	10371	10403	10445
10449	10489	10852	10923	10957

10973	11003	11147	11203	11253
11306	11358	11617	11812	11815
11972	11997	12032	12084	12178
12219	12253	12286	12371	12435
12443	12444	12450	12524	12542
12642	12667	12820	12948	13019
13026	13053	13071	13084	13147
13247	13472	13482	13496	13546
13624	13830	13961	13973	14061
14078	14094	14158	14187	14188
14301	14422	14428	14442	14462
14531	14536	14538	14598	14618
14796	14799	14877	14886	14919
14924	15051	15059	15155	15369
15534	15591	15820	15828	15888
15889	15890	15909	15910	15911
16006	16015	16043	16044	16060
16070	16087	16097	16098	16108
16120	16193	16206	16241	16244
16254	16255	16272	16277	16310
16351	16371	16390	16515	16635
16646	16753	16768	16770	16800
16829	16861	16862	16908	16924
16926	16927	16981	16984	17007
17033	17060	17061	17100	17108
17130	17155	17167	17245	17251
17255	17289	17317	17513	17517
17526	17538	17539	17550	17551
17568	17577	17604	17611	17647
17656	17657	17673	17674	17702
17815	17881	17914	17935	17957
17974	17993	18004	18013	18021
18041	18057	18205	18226	18227
18228	18238	18355	18356	18392

18414	18419	18466	18467	18548
18551	18655	18663	18664	18728
18746	18755	18803	18805	18806
18818	18821	18825	18834	18837
18838	18842	18843	18847	18860
18861	18863	18864	18865	18866
18867	18900	18902	18915	18916
18923	18934	18955	19049	19067
19081	19152	19153	19161	19162
19168	19171	19174	19178	19181
19236	19255	19261	19291	19319
19320	19325	19327	19330	19344
19345	19365	19445	19451	19744
19761				

故宫博物院

00006	00010	00042	00043	00044
00051	00054	00055	00071	00084
00091	00098	00099	00101	00102
00103	00104	00127	00133	00155
00169	00172	00178	00179	00181
00182	00188	00190	00198	00227
00228	00245	00246	00250	00251
00252	00253	00255	00263	00270
00271	00282	00317	00319	00343
00349	00351	00363	00364	00387
00392	00407	00410	00440	00464
00553	00554	00567	00575	00579
00582	00589	00592	00604	00607
00615	00617	00618	00627	00636
00674	00686	00687	00697	00715
00716	00718	00719	00720	00723
00727	00734	00742	00754	00764
00772	00785	00789	00791	00793

00794	00797	00801	00839	00863	03289	03290	03309	03310	03334
00874	00880	00912	00916	00917	03347	03405	03412	03417	03428
00920	00947	00948	00985	00990	03430	03437	03457	03459	03476
01000	01028	01030	01034	01038	03490	03491	03504	03526	03532
01072	01087	01103	01104	01113	03538	03546	03550	03552	03574
01125	01135	01146	01180	01185	03612	03621	03622	03623	03624
01191	01194	01195	01203	01215	03640	03645	03646	03648	03654
01219	01225	01247	01250	01261	03657	03662	03664	03678	03687
01274	01278	01285	01291	01294	03688	03692	03721	03737	03739
01295	01302	01304	01307	01319	03740	03746	03747	03751	03763
01351	01378	01415	01420	01438	03765	03771	03774	03775	03783
01461	01473	01502	01516	01524	03788	03795	03807	03816	03821
01533	01534	01535	01542	01546	03824	03828	03834	03835	03836
01553	01598	01608	01618	01622	03885	03900	03911	03914	03921
01631	01634	01635	01647	01650	03935	03936	03937	03950	03954
01671	01678	01680	01688	01690	03955	03963	03964	03971	03973
01722	01723	01732	01733	01765	03977	03978	03983	04021	04036
01817	01831	01855	01871	01875	04041	04064	04110	04144	04163
01900	01905	01912	01914	01922	04187	04189	04211	04216	04218
01935	01998	02000	02015	02044	04227	04248	04274	04275	04309
02050	02061	02082	02098	02108	04319	04327	04329	04340	04345
02115	02136	02159	02163	02165	04403	04421	04428	04430	04439
02174	02195	02198	02207	02212	04458	04494	04507	04521	04526
02224	02225	02228	02275	02291	04550	04556	04557	04563	04583
02296	02303	02327	02432	02456	04594	04619	04624	04633	04639
02462	02465	02492	02648	02663	04644	04672	04678	04702	04722
02666	02668	02669	02672	02677	04729	04739	04741	04757	04758
02679	02680	02724	02753	02754	04759	04764	04765	04768	04769
02755	02756	02760	02794	02795	04770	04772	04786	04794	04795
02809	02810	02886	02900	02928	04796	04812	04850	04862	04869
02943	02955	02977	02990	02999	04877	04905	04920	04923	04944
03002	03006	03007	03011	03025	04945	04968	04987	04998	05007
03102	03116	03172	03184	03196	05008	05009	05011	05013	05035
03215	03222	03247	03256	03288	05083	05093	05098	05099	05105

05113	05114	05150	05156	05167	06955	06970	07011	07012	07020
05170	05177	05180	05181	05235	07023	07050	07054	07073	07076
05244	05251	05252	05280	05303	07081	07082	07084	07089	07096
05309	05322	05326	05336	05346	07102	07122	07154	07155	07173
05348	05349	05350	05351	05393	07191	07199	07204	07211	07223
05502	05571	05587	05588	05599	07226	07237	07238	07239	07267
05610	05615	05628	05642	05679	07288	07293	07294	07312	07316
05680	05766	05807	05816	05824	07320	07321	07354	07369	07374
05842	05843	05844	05847	05848	07375	07389	07393	07394	07396
05850	05881	05887	05911	05918	07403	07409	07420	07421	07422
05968	06051	06055	06069	06101	07430	07439	07454	07455	07465
06121	06122	06133	06149	06154	07466	07467	07469	07475	07479
06155	06156	06222	06226	06301	07486	07493	07498	07512	07514
06303	06438	06451	06463	06479	07537	07538	07541	07542	07555
06484	06492	06501	06502	06503	07560	07562	07574	07576	07577
06513	06517	06518	06519	06521	07579	07580	07601	07614	07615
06533	06535	06539	06540	06547	07631	07649	07651	07652	07660
06553	06554	06555	06556	06557	07679	07680	07684	07687	07692
06560	06574	06576	06578	06579	07697	07702	07707	07708	07718
06580	06585	06589	06591	06593	07719	07721	07728	07729	07733
06594	06596	06598	06601	06606	07744	07751	07763	07769	07780
06607	06608	06615	06616	06636	07784	07790	07796	07800	07804
06643	06647	06655	06658	06659	07806	07808	07820	07824	07830
06662	06663	06679	06680	06682	07834	07836	07844	07850	07860
06684	06710	06717	06718	06719	07865	07866	07872	07875	07876
06720	06732	06735	06738	06741	07884	07886	07889	07898	07902
06743	06744	06752	06756	06759	07903	07904	07908	07914	07915
06774	06777	06781	06784	06785	07917	07926	07931	07941	07961
06786	06795	06798	06813	06815	07981	07985	08008	08009	08010
06818	06819	06823	06829	06830	08020	08021	08026	08041	08047
06841	06850	06864	06880	06883	08050	08051	08072	08078	08084
06884	06885	06886	06887	06888	08092	08104	08109	08111	09119
06889	06899	06902	06918	06938	09136	09143	08147	08151	08163
06949	06950	06952	06953	06954	08164	08165	08166	08167	08168

08169	08170	08180	08181	08192	09511	09512	09513	09520	09521
08200	08201	08211	08216	08222	09526	09527	09538	09540	09541
08227	08233	08234	08235	08246	09542	09558	09564	09572	09573
08247	08255	08273	08279	08280	09587	09589	09595	09602	09608
08285	08286	08289	08290	08295	09613	09623	09628	09640	09663
08297	08318	08324	08331	08335	09669	09670	09676	09682	09695
08344	08345	08346	08347	08362	09699	09704	09705	09724	09731
08366	08376	08377	08384	08388	09750	09796	09800	09802	09806
08391	08400	08405	08433	08435	09807	09825	09848	10088	10089
08441	08457	08467	08469	08470	10098	10128	10130	10142	10143
08471	08472	08478	08479	08489	10150	10156	10161	10170	10182
08491	08493	08500	08511	08512	10185	10186	10193	10198	10214
08524	08525	08533	08534	08535	10233	10235	10246	10259	10262
08536	08552	08565	08569	08580	10274	10312	10316	10323	10324
08708	08776	08868	08878	08880	10328	10338	10379	10385	10386
08897	08905	08906	08915	08917	10390	10409	10422	10477	10495
08918	08921	08924	08925	08934	10497	10498	10500	10501	10506
08936	08938	08948	08949	08951	10514	10520	10523	10529	10539
08953	08964	08977	08982	08983	10546	10551	10615	10621	10643
08989	08990	09001	09003	09014	10654	10851	10899	10906	10907
09015	09016	09017	09026	09029	10916	10921	10948	10952	10975
09036	09052	09079	09083	09090	10976	10977	10981	10991	11007
09095	09098	09105	09108	09110	11010	11027	11030	11041	11050
09122	09127	09128	09134	09146	11057	11105	11137	11140	11144
09152	09159	09160	09170	09174	11157	11163	11172	11176	11183
09177	09178	09186	09187	09208	11185	11187	11188	11199	11241
09221	09234	09263	09264	09265	11244	11266	11286	11298	11304
09307	09313	09325	09327	09337	11346	11349	11369	11373	11400
09362	09364	09379	09395	09398	11403	11405	11410	11419	11420
09405	09407	09408	09409	09410	11448	11466	11470	11488	11489
09427	09433	09434	09439	09440	11513	11514	11540	11541	11549
09444	09445	09457	09459	09462	11582	11584	11601	11616	11639
09464	09471	09478	09483	09493	11640	11673	11694	11703	11720
09495	09496	09497	09509	09510	11725	11760	11780	11792	11795

11805	11806	11955	11966	11967	14625	14636	14637	14661	14667
11968	11977	12016	12021	12035	14673	14674	14679	14683	14695
12049	12052	12064	12101	12126	14719	14728	14737	14739	14741
12129	12136	12144	12147	12151	14750	14753	14775	14881	14885
12153	12164	12165	12177	12229	14911	14934	14943	14961	14983
12245	12246	12250	12269	12300	14994	14995	15188	15270	15292
12312	12344	12345	12394	12395	15319	15334	15421	15496	15497
12408	12548	12556	12569	12578	15498	15529	15532	15550	15584
12579	12585	12586	12587	12588	15786	15869	15875	15876	15885
12591	12619	12628	12644	12655	15886	15892	15956	15958	15959
12676	12681	12700	12701	12708	15981	16003	16009	16016	16017
12712	12730	12739	12745	12775	16018	16031	16032	16036	16037
12780	12786	12788	12804	12808	16040	16042	16046	16048	16059
12810	12814	12816	12819	12853	16062	16063	16065	16066	16068
12870	12871	12872	12873	12882	16073	16085	16086	16088	16089
12883	12909	12922	12924	12925	16091	16092	16094	16095	16096
12930	12933	12934	12991	12999	16099	16100	16105	16118	16125
13068	13089	13112	13138	13139	16126	16139	16142	16143	16146
13146	13161	13162	13169	13172	16147	16175	16176	16177	16178
13173	13205	13233	13234	13241	16179	16180	16181	16182	16183
13243	13251	13254	13265	13281	16184	16196	16204	16205	16210
13283	13294	13300	13305	13306	16213	16214	16217	16224	16225
13312	13314	13323	13344	13461	16226	16229	16235	16256	16279
13473	13489	13518	13611	13612	16281	16282	16306	16313	16324
13712	13715	13717	13718	13719	16325	16327	16328	16331	16333
13720	13725	13749	13775	13785	16335	16340	16346	16349	16353
13792	13815	13823	13827	13956	16355	16356	16362	16363	16364
13957	13968	13972	14008	14033	16367	16370	16372	16376	16403
14076	14160	14174	14307	14308	16408	16409	16412	16423	16431
14315	14320	14322	14326	14334	16434	16443	16447	16449	16465
14336	14342	14343	14349	14351	16466	16470	16473	16496	16523
14360	14417	14438	14458	14469	16526	16542	16554	16578	16663
14470	14489	14491	14498	14506	16677	16701	16703	16741	16750
14508	14537	14538	14615	14621	16751	16753	16773	16784	16835

16851	16852	16857	16859	16863
16930	16986	16993	16996	17076
17087	17102	17105	17146	17152
17179	17181	17186	17211	17231
17245	17279	17284	17289	17322
17331	17359	17501	17502	17503
17506	17507	17509	17520	17521
17523	17525	17540	17541	17542
17553	17560	17564	17566	17569
17570	17579	17581	17586	17588
17589	17603	17605	17606	17614
17633	17636	17654	17673	17691
17700	17808	17823	17878	17884
17896	17924	17935	17956	17963
17972	18019	18029	18038	18043
18044	18053	18058	18059	18068
18211	18225	18240	18242	18243
18302	18316	18393	18394	18395
18416	18491	18492	18493	18496
18497	18500	18528	18535	18546
18548	18592	18709	18719	18725
18727	18728	18750	18755	18759
18863	18876	19033	19035	19045
19082	19083	19153	15159	15161
19163	19169	19172	19188	19236
19255	19277	19282	19283	19317
19329	19333	19361	19459	19613
19738	19740	19819	19820	19821
19822	19823	19824	19825	19826
19827	19828	19829	19830	20506
20507	20518	20523		

中國社會科學院考古研究所

00018	00019	00020	00021	00022

00023	00024	00025	00026	00027
00062	00078	00086	00107	00140
00168	00187	00204	00277	00289
00304	00313	00314	00327	00344
00380	00471	00480	00481	00482
00483	00484	00485	00486	00487
00488	00489	00490	00491	00492
00493	00494	00495	00496	00497
00498	00499	00500	00501	00503
00504	00505	00506	00507	00508
00517	00518	00519	00520	00521
00522	00530	00531	00532	00534
00535	00537	00538	00539	00540
00541	00595	00612	00624	00634
00650	00730	00731	00733	00774
00775	00918	00965	00966	00969
01005	01015	01033	01078	01083
01105	01167	01173	01227	01335
01452	01501	01615	01651	01701
01714	01751	02168	02186	02201
02320	02449	02612	02613	02675
03107	03113	03114	03128	03129
03130	03138	03139	03140	03150
03151	03160	03226	03348	03360
03421	03438	03447	03452	03471
03540	03596	03603	03604	03642
03659	03660	03684	03730	03731
03736	03855	03886	04006	04096
04100	04127	04135	04141	04303
04359	04422	04635	04868	05645
05657	05658	05659	05660	05661
05662	05663	06201	06203	06204
06414	06417	06418	06420	06439
06450	06452	06453	06454	06455

06459	06474	06514	06567	06629	09124	09169	09218	09243	09268
06667	06691	06692	06693	06694	09269	09270	09271	09272	09273
06695	06696	06697	06698	06699	09274	09275	09276	09277	09278
06700	06701	06702	06724	06748	09279	09280	09281	09282	09283
06853	06908	06910	06911	06968	09284	09285	09286	09287	09288
06972	06973	06975	06976	06977	09289	09319	09343	09344	09345
06981	06984	06985	06986	06987	09346	09347	09348	09349	09350
06988	06996	06997	06998	06999	09351	09352	09353	09354	09355
07000	07001	07002	07003	07004	09356	09357	09358	09359	09370
07014	07025	07026	07027	07028	09388	09389	09390	09391	09415
07029	07030	07037	07038	07039	09416	09417	09418	09420	09423
07040	07041	07042	07043	07044	09449	09487	09518	09519	09529
07045	07046	07079	07110	07112	09530	09574	09636	09637	09638
07113	07114	07115	07116	07117	09642	09643	09644	09645	09646
07118	07119	07120	07143	07178	09647	09648	09649	09650	09651
07179	07270	07277	07299	07327	09652	09654	09655	09701	09727
07350	07361	07383	07406	07484	09732	09757	09778	09797	09817
07494	07501	07504	07540	07549	09818	09841	10058	10059	10060
07584	07597	07607	07620	07696	10067	10100	10119	10181	10195
07758	07759	07896	07991	07992	10205	10219	10220	10252	10325
07993	07994	07995	07996	07997	10369	10436	10499	10524	10571
07998	07999	08000	08003	08004	10576	10599	10601	10859	10893
08005	08006	08011	08036	08037	10904	10926	10940	10941	10950
08048	08056	08068	08172	08292	10956	10958	10960	10961	10962
08312	08313	08343	08361	08371	10963	10964	10966	10982	11018
08459	08509	08510	08517	08529	11019	11020	11021	11023	11024
08582	08701	08702	08703	08713	11046	11201	11202	11203	11205
07814	08715	08716	08717	08718	11211	11212	11213	11214	11215
08719	08720	08721	08722	08739	11216	11236	11254	11290	11291
08740	08767	08768	08851	08852	11292	11293	11301	11362	11381
08854	08855	08856	08857	08858	11463	11464	11481	11482	11491
08859	08881	08882	08883	08991	11556	11598	11599	11660	11661
08993	09019	09057	09059	09060	11738	11976	11998	11999	12000
09062	09063	09064	09099	09119	12031	12056	12096	12405	12571

12572	12573	12624	12631	12632
12647	12648	12653	12665	12702
12703	12704	12716	12720	12748
12849	12856	12954	13483	13484
13493	13494	13495	13497	13509
13511	13521	13608	13609	13610
13613	13623	13624	13651	13728
13737	13738	13757	13760	13761
13952	13960	13969	13970	14162
14163	14164	14165	14166	14167
14168	14169	14170	14173	14302
14318	14319	14327	14329	14586
14591	14611	14612	14613	14617
14628	14766	14794	15290	15291
15851	15871	15894	15895	15896
15897	15917	15918	15919	16049
16050	16054	16065	16192	16317
16318	16319	16320	16321	16322
16323	16366	16374	16498	16512
16530	16531	16532	16533	16534
16535	16536	16537	18031	18226
18227	18228	18230	18231	18232
18319	18320	18501	18740	18741
19222	19225	19227	19229	19247
19249	19271	19272	19274	19456
19751	19762	19772	19773	19774
19775	19776	19777	19780	19922
19923	19924	19925	19926	19927
19928	19930	19931	19932	

首都博物館

00175	00384	00400	00472	01141
01323	01381	01400	01459	01606
01696	01705	02019	02046	02223

02290	02661	02908	02973	03148
03165	03331	03461	03870	04059
04065	04133	04257	04353	04354
04405	04406	04506	04693	04694
04813	05085	05401	05825	06472
06751	06811	06913	06920	07582
07629	08186	08416	08879	08901
08911	09627	10242	10628	10652
10653	11351	11398	11498	11542
11770	11808	11987	12023	12083
12299	12590	13047	14346	14390
14659	14686	16380	16591	17066
18476	18484	18485	18657	19041

北京市文物研究所

00001	00644	00645	00883	01069
01309	01857	02223	02657	03142
03634	03870	06053	06102	06772
06921	07621	07646	07667	07668
08205	08394	08726	08727	08899
08900	09254	09335	09336	09786
10222	10545	10954	11235	11484
11996	12694	12695	12956	13136
13754	13789	13831	14614	14718
14789	16076	16238	16265	16266
16271	16286	16384	16385	16389
16532	16595	16596	16597	16799
16826	17316	17671	18482	18483
18486	18487	18488		

保利藝術博物館

00003	01232	01428	01488	01507
01518	01630	01658	01689	02331
02377	02412	02475	03216	04290

04407	04537	04551	04552	04660
04833	04896	04897	04898	04899
04915	04916	05231	05232	05233
05613	05614	05677	06072	06564
06822	06992	06993	06994	06995
07590	08060	09084	09088	09241
09308	09309	10881	10912	11118
11135	11462	11649	11687	11747
12265	12266	13042	13050	13280
13464	13753	14304	14381	14385
14606	14765	15239	15240	15241
15242	15243	15244	15245	15246
15314	15315	17857	17925	18069
18074				

清華大學圖書館

00367	00509	01133	01243	01254
01342	01908	02103	02386	02802
03734	03915	04053	06668	09467
10887	12297	12316	12783	14306
14317	15859	15860	15861	16188
16218	16227	16334	16352	16731
18048	19226			

北京大學賽克勒考古與藝術博物館

00088	00089	00685	01377	01451
01628	02793	03149	03822	03884
04107	04605	04736	04737	07392
09219	09361	10617	12149	15291
17994	18006	18899		

北京大學考古系

（其中絕大部分已移交山西曲沃晉國博物館）

00240	00375	01018	01019	01020

01032	01235	01380	01403	01509
01532	01698	01699	01792	01815
02671	02682	03147	03227	03363
03871	03872	03916	03931	03932
04073	04283	04296	04316	04444
04502	08261	11415	11503	11572
11643	11759	12301	12879	13001
13059	13189	13190	13282	14345
14427	14503	14755		

首都師範大學歷史博物館

00223	00461	02311	02452	02466
03987	04632	06477	09341	09641
11667	12915	12929	13776	14420
16136	16299	17600	20524	

中國人民革命軍事博物館

16592	17214

中國文物信息咨詢中心

04954	05277	12220	13466	14797

北京中貿聖佳國際拍賣有限公司

05620	12334	12335	12336	12337
13826	14414	14456		

北京虎泉齋

04302	06321	09556	12172	15274

天津市

天津博物館

00329	00724	01065	01118	01890
01975	01995	02007	02139	02359

02458　03403　03649　03980　04504
04591　04890　04891　04977　05197
05804　05805　06135　06136　06314
06315　10446　11043　11586　14884
15156　15190　15191　15192　15193
15295　15814　15903　16689　16785
16929　17239　17262　17264　17313
17642　18824　18851　18852　18930
19741　19749　19750　19778

天津市文物管理處

05278

天津市文化局考古發掘隊

15352

上海市

上海博物館

00014　00028　00047　00113　00120
00124　00141　00259　00264　00267
00311　00321　00338　00352　00354
00362　00378　00379　00399　00413
00423　00453　00514　00543　00559
00561　00587　00623　00628　00648
00654　00680　00681　00692　00729
00792　00798　00799　00814　00819
00831　00858　00890　00963　01041
01068　01075　01110　01136　01145
01158　01223　01300　01320　01353
01388　01411　01422　01430　01453
01484　01496　01521　01522　01525
01543　01548　01550　01555　01556
01560　01561　01595　01604　01609

01632　01633　01636　01644　01652
01682　01683　01687　01710　01716
01724　01725　01739　01823　01851
01852　01853　01868　01878　01887
01892　01895　01917　01927　01928
01944　01946　01952　01955　01968
01991　02017　02024　02026　02032
02041　02042　02054　02065　02091
02092　02097　02113　02114　02121
02124　02127　02131　02137　02156
02161　02168　02171　02179　02184
02190　02230　02234　02235　02240
02266　02271　02277　02279　02283
02284　02285　02293　02328　02332
02336　02352　02376　02388　02394
02395　02396　02398　02420　02427
02429　02433　02434　02436　02443
02444　02454　02464　02476　02493
02513　02604　02629　02641　02662
02692　02731　02747　02748　02759
02783　02788　02811　02815　02827
02850　02869　02877　02883　02893
02901　02902　02910　02935　02954
02956　02988　02995　02996　03003
03032　03033　03156　03189　03194
03207　03225　03236　03238　03241
03262　03294　03302　03303　03318
03327　03330　03339　03342　03446
03463　03468　03477　03499　03517
03536　03556　03563　03667　03701
03709　03720　03722　03741　03761
03762　03796　03798　03837　03839
03853　03873　03882　03957　04049
04129　04130　04149　04150　04153

04204	04205	04224	04229	04247	05973	06128	06206	06401	06464
04250	04251	04266	04267	04305	06475	06476	06478	06504	06508
04310	04318	04322	04343	04362	06520	06523	06534	06544	06545
04375	04383	04433	04436	04455	06546	06569	06573	06575	06583
04456	04471	04485	04510	04517	06584	06586	06587	06599	06621
04540	04543	04544	04554	04569	06622	06625	06626	06634	06645
04571	04576	04574	04595	04602	06646	06661	06673	06677	06686
04615	04631	04655	04673	04684	06688	06713	06737	06791	06797
04709	04715	04725	04735	04747	06814	06816	06820	06822	06828
04749	04787	04792	04801	04804	06836	06838	06839	06843	06849
04811	04815	04816	04827	04837	06896	06903	07006	07047	07053
04854	04858	04872	04888	04889	07060	07077	07078	07124	07135
04906	04907	04910	04931	04933	07221	07242	07248	07268	07292
04939	04940	04946	04955	04964	07304	07313	07317	07335	07340
04985	04992	04993	04996	05000	07344	07355	07362	07391	07401
05002	05004	05005	05036	05037	07410	07413	07416	07456	07470
05038	05039	05046	05053	05070	07487	07497	07508	07563	07628
05071	05074	05089	05094	05103	07653	07658	07659	07710	07720
05112	05124	05133	05161	05165	07730	07735	07739	07745	07746
05168	05169	05202	05205	05209	07747	07754	07755	07756	07757
05234	05236	05245	05246	05247	07775	07791	07799	07814	07817
05259	05261	05268	05273	05281	07828	07846	07852	07863	07870
05307	05325	05366	05371	05374	07897	07909	07910	07916	07918
05381	05382	05396	05397	05503	07922	07927	07928	07957	07964
05506	05546	05550	05554	05572	07988	08015	08025	08054	08055
05573	05575	05592	05602	05603	08062	08067	08075	08229	08231
05606	05607	05609	05616	05621	08242	08243	08244	08252	08253
05626	05630	05635	05643	05644	08284	08299	08304	08327	08348
05645	05647	05648	05649	05651	08351	08352	08364	08379	08389
05652	05667	05754	05769	05770	08390	08397	08402	08407	08408
05777	05789	05808	05813	05840	08409	08431	08444	08455	08487
05849	05858	05862	05873	05882	08498	08499	08503	08504	08520
05886	05905	05921	05924	05937	08545	08570	08571	08576	08709
05942	05962	05963	05967	05971	08737	08744	08745	08747	08762

08765	08785	08791	08792	08872	12078	12080	12141	12162	12163
08898	08902	08919	08943	08961	12166	12181	12198	12268	12281
08975	08978	09000	09010	09018	12369	12374	12379	12383	12406
09027	09053	09054	09055	09058	12412	12413	12426	12432	12449
09078	09111	09133	09145	09149	12551	12568	12594	12595	12596
09150	09171	09172	09173	09195	12621	12622	12658	12672	12691
09229	09230	09249	09253	08257	12693	12705	12710	12714	12717
09261	09306	09311	09322	09324	12718	12723	12726	12763	12785
09332	09371	09374	09377	09412	12806	12825	12829	12832	12855
09421	09435	09460	09465	09470	12859	12914	12921	12940	12944
09482	09486	09516	09539	09548	12953	12990	12995	13017	13023
09580	09606	09660	09661	09671	13031	13037	13062	13066	13070
09697	09706	09707	09711	09714	13079	13086	13105	13117	13124
09741	09748	09799	09812	09813	13149	13193	13196	13202	13220
09826	09827	09836	10061	10076	13244	13267	13284	13287	13293
10097	10109	10146	10257	10279	13301	13308	13319（器）		13324
10296	10297	10313	10314	10315	13325	13339	13340	13343	13346
10339	10358	10364	10397	10400	13458	13498	13512	13523	13524
10425	10451	10510	10515	10517	13525	13536	13544	13545	13621
10519	10543	10554	10582	10585	13627	13647	13713	13723	13777
10587	10596	10602	10604	10605	13782	13783	13791	13801	13808
10613	10625	10631	10632	10633	13953	13999	14000	14001	14006
10640	10646	10656	10659	10856	14009	14153	14176	14177	14325
10863	10969	10985	11001	11031	14370	14379	14392	14405	14426
11040	11055	11060	11152	11158	14429	14431	14433	14434	14446
11161	11186	11192	11233	11239	14448	14452	14480	14495	14497
11284	11297	11334	11338	11355	14499	14510	14513	14524	14584
11360	11365	11377	11383	11417	14592	14601	14616	14693	14702
11444	11450	11469	11472	11476	14758	14763	14786	14788	14864
11494	11496	11505	11537	11588	14874	14875	14880	14893	14910
11614	11618	11623	11629	11635	14914	14921	14929	14932	14963
11642	11674	11680	11707	11734	14965	14969	14972	14980	14982
11783	11802	11807	11851	11965	15001	15060	15061	15121	15126
11982	12008	12009	12010	12053	15153	15189	15235	15264	15265

15275 15277 15294 15296 15298
15299 15300 15301 15302 15303
15304 15305 15306 15307 15308
15309 15310 15311 15320 15326
15327 15329 15332 15423 15511
15512 15513 15514 15515 15516
15517 15518 15519 15523 15524
15526 15530 15531 15551 15570
15571 15572 15574 15575 15576
15577 15579 15580 15581 15758
15818 15819 15828 15854 15868
15880 15891 15901 15908 15988
16079 16080 16083 16084 16103
16145 16152 16185 16186 16195
16221 16233 16249 16252 16316
16329 16337 16343 16358 16360
16368 16386 16407 16419 16436
16439 16441 16451 16488 16500
16548 16571 16642 16698 16730
16754 16777 16807 16825 16829
16855 16887 16900 16902 16917
16985 16987 17005 17020 17028
17042 17080 17086 17125 17164
17172 17180 17200 17255 17295
17524 17548 17563 17583 17619
17632 17655 17663 17675 17678
17680 17681 17694 17696 17815
17817 17848 17866 17879 17880
17881 17898 17899 17900 17915
17927 17951 17960 17964 17965
18001 18015 18018 18025 18032
18039 18045 18050 18054 18055
18056 18060 18220 18318 18385
18386 18387 18388 18389 18399

18411 18468 18653 18735 18738
18751 18809 18815 18817 18819
18820 18836 18859 18869 18870
18927 19013 19014 19066 19164
19221 19239 19251 19263 19318
19321 19322 19326 19332 19334
19335 19336 19340 20532

重慶市

重慶市博物館

15986 16959 18850

西南大學歷史博物館

16560

銅梁縣博物館

00470

河北省

河北省博物館

01108 02517 03431 06052 06486
06990 07946 08955 08956 08962
13170 15003 16102 16309 16573
16664 16989 16997 17157 17207
17300 17607 17648 17662 17850
18003 18249 18732 18909

河北省文物研究所

00219 01287 01475 01476 01477
01478 01479 01480 01481 02618
02696 02697 05288 05761 05762
06117 06118 06260 06302 06306

06310	09783	11428	12011	12158
12159	12340	12341	12368	12382
12384	12385	12386	12387	12388
12454	12455	12532	13341	13342
14181	14182	14183	14189	14190
14424	14502	14780	14781	14945
15925	16787	16925	16988	16992
17000	17006	17008	17015	17016
17017	17018	17019	17023	17027
17031	17035	17041	17044	17045
17046	17114	17160	17161	17640
18012	18070	18323	18660	18753
18754	18757	19017	19018	19025
19026	19051	19052	19053	19054
19055	19056	19057	19058	19063
19064	19241	19242	19246	19250
19278	19286	19307	19309	19310
19311	19312	19313	19314	19348
19349	19350	19351	19352	19353
19354	19355	19356	19357	19358
19359	19413	19414	19415	19416
19417	19418	19419	19420	19421
19422	19423	19424	19425	19426
19427	19428	19429	19430	19431
19432	19433	19434	19435	19436
19437	19618	19626	19627	19628
19629	19630	19631	19632	19633
19636	19637	19638	19703	19704
19711	19712	19713	19714	19715
19716	19717	19718	19719	19720
19721	19722	19723	19724	19725
19726	19727	19728	19729	19730
19731	19732	19733	19734	19735
19736	19739	19752	19753	19754

19831　19903

石家莊市博物館

00335　06810

正定縣文物保管所

06731	06978	07365	07510	07511
08563	08974	09424	10232	10345
11249	12646	12727	16475	16619

趙縣文物保管所

08979

保定市博物館

00779　12228　16035　16982

保定市徐占勇達觀齋

18554	18555	18558	18559	18570
18571	18572	18575	18576	18578
18579	18580	18584		

容城縣文物保管所

12020　12227　16983

邯鄲市博物館

00651　06487　09041

滄州市博物館

06066

廊坊博物館

16995

唐山博物館

01043　04291

遷安博物館

00142　03528

興隆縣博物館

19299

圍場縣博物館

18910

隆化縣博物館

17224

臨城縣文物管理所

16474　17315　17641

涿鹿縣文物保管所

16824

山西省

山西博物院

00300	00777	01801	02295	02325
02326	04238	06139	10082	11131
12255	12391	12400	12615	12769
14032	14034	14958	16001	16067
16396	16454	16460	16531	16559
16641	16745	16763	16974	16975
17187	17254	17266	17361	17382
17917	18911			

山西省考古研究所

00134	00301	01429	01821	01960
01993	02075	02232	02261	02419
02664	03200	03311	03335	03354
03436	03498	03727	04233	04499
05012	05051	05052	05208	06229
06675	06854	06855	06856	06857
06858	06859	06860	06861	06862
07071	07072	09175	09176	10115
11325	11610	11613	11765	12196
12239	12240	12241	12276	12277
12356	12357	12396	12397	12430
12431	12543	12557	12613	12614
13535	13662	13721	13722	13795
13806	14501	14784	14937	14999
15110	15312	15313	15500	15501
16275	16404	16421	16632	16711
16724	16729	16738	17115	17277
17516	19287	19453	19457	19710
19760				

臨汾市博物館

00700　04701

長治市博物館

00361　02405　03101　03218　04234

高平市博物館

17297　17324

原平市博物館

18022

朔州市崇福寺文物管理所

17992　　18046

運城河東博物館

19259

曲沃縣博物館

01526　　01989　　01990

聞喜縣博物館

01903　　03317　　12257　　14418

洪洞縣博物館

04201　　04202

石樓縣文化館

08887　　08957　　16101　　16347

呂梁漢畫像石博物館

16116　　16166　　16208

翼城縣博物館

03133　　04056　　12073

長子縣博物館

00476

芮城縣博物館

01463　　04800　　17169

稷山縣博物館

12156

榆社化石博物館

18075

山西省大河口墓地聯合考古隊

14795

山西省某公安局

02941

內蒙古自治區

內蒙古自治區文物考古研究所

19619　　19620　　19621　　16922　　19623
19624　　19625　　19634　　19635

內蒙古社會科學院歷史研究所

17280　　17617

內蒙古草原遊牧文化博物館

00708　　00994　　08496

烏蘭察布博物館

16618　　16968　　17572　　17684　　17385

赤峰市博物館

03137　　04724　　11483

鄂爾多斯博物館

17283

準格爾旗博物館

17294

哲里木盟博物館

04852

寧城縣博物館

05328

和林格爾縣文物保護管理所

17816

昭烏達盟文物工作站

18917

遼寧省

遼寧省博物館

00459	00693	00806	00896	01265
01726	02257	02294	02730	03264
03269	03566	03577	03810	03848
04007	04097	04098	04295	04306
04514	04520	04692	05086	05841
06317	06319	06468	06548	06602
06620	06639	06652	06758	06783
06917	06928	06963	07142	07302
07506	07616	07648	07792	07906
08256	08325	09033	09188	09297
09314	09432	09491	09561	10251
10920	10925	11223	11238	11508
11605	12803	12843	12916	13126
13135	13167	13752	13781	13810
14736	14970	15123	16011	16150
16289	16450	16688	16772	16783
16815	17014	17056	17104	17236
17278	17326	17351	17352	17575

17593	17599	17629	17643	17665
17693	17846	17969		

旅順博物館

00208	00568	01199	01224	01248
01505	01549	01803	02011	02013
02160	02208	02400	02607	02698
02728	03182	03315（上部）		03665
03799	03800	04209	04221	04277
04974	05668	05820	05877	05939
06123	06134	06750	07104	07432
07727	07822	07832	08096	08338
08490	08531	08771	08876	08922
09004	09164	09190	09400	09503
09517	09709	09843	09854	10155
10187	10238	10570	10584	
10604（器）		10612	10636	10885
10983	11022	11037	11177	11342
12033	12106	12243	12304	12311
12652	12910	12920	13306（蓋）	
13347	13766	14522	14724	14866
14906	14935	15985	16002	16107
16113	16121	16122	16123	16209
16234	16315	16330	16359	16429
16461	16539	16582	16583	16584
16585	16627	16636	16671	16679
16733	16774	16788	16812	16964
16998	17029	17030	17032	17084
17197	17235	17306	17519	17556
17557	17578	17627	17646	17650
17651	17653	17682	17840	17841
18010	18011	18017	08034	18035
18037	18047	18066	18351	18353
18354	18359	18360	18361	18365

18366	18367	18368	18369	18370
18403	18406	18407	18415	18564
18565	18716	18744	18826	18827
18856	18871	18872	18901	18903
19019	19059	19224	19230	19243
19331	19337	19452		

朝陽市博物館

03803	13729	13799	16452	17230
18714				

喀左縣博物館

03567	03759	03866

鐵嶺市博物館

18307

遼陽市博物館

17288

撫順市博物館

17683

吉林省

吉林省博物館

03861	06496	09402

吉林大學歷史系陳列室

01474	01745	02322	03315（下部）
14465	15887	15912	17966（上段）
18472	18475	18543	18828	18904

長白朝鮮族自治縣文物管理所

17192

集安縣文物保管所

18065

黑龍江省

黑龍江省博物館

07154

陝西省

陝西歷史博物館

00004	00005	00061	00173	00676
00706	00995	01002	01006	01023
01031	01091	01182	01260	01288
01402	01413	01519	01597	01641
01642	01796	01904	01911	01931
01936	01971	02047	02101	02111
02170	02180	02268	02274	02276
02297	02298	02299	02300	02304
02321	02337	02339	02380	02414
02415	02445	02484	02485	02486
02490	02495	02497	02500	02615
02616	02744	02772	02773	02831
02832	02833	02834	02835	02836
02837	02838	02878	02966	02967
03013	03026	03027	03028	03104
03134	03158	03228	03272	03296
03307	03322	03325	03341	03453
03480	03507	03562	03578	03579
03718	03735	03757	03769	03831

03846	03854	03880	04175	04281
04304	04348	04418	04435	04645
04646	04647	04665	04666	04669
04675	04676	04687	04688	04689
04732	04753	04754	04755	04756
04776	04781	04782	04838	04839
04840	04841	04842	04867	04956
04957	04958	04959	04986	
05033（器）		05034（器）		05145
05157	05174	05175	05176	05218
05219	05248	05249	05250	05290
05305	05313	05331	05332	05333
05334	05338	05377	05524	05525
05526	05527	05534	05549	05559
05560	05788	05829	05885	06141
06219	06223	06228	06318	06411
06446	06912	07208	07229	07589
07598	07605	07647	07654	07675
07676	08086	08087	08093	08126
08193	08438	08476	08556	08783
09209	09555	09691	09693	09725
09770	10256	10282	10398	10960
11149	11251	11337	11382	11412
11638	11682	11715	11716	11731
11777	11813	11814	11971	12034
12109	12110	12210	12237	12256
12259	12404	12420	12438	12439
12612	12706	12875	13101	13143
13209	13229	13248	13249	13298
13537	13543	13547	13664	13755
13788	13822	13824	13954	14316
14353	14369	14373	14386	14399
14419	14443	14453	14523	14605
14639	14715	14743	14761	14852

14861	14928	15129	15130	15131
15132	15133	15134	15135	15136
15137	15343	15344	15345	15346
15347	15348	15349	15350	15415
15583	15635	16240	16314	16483
16577	16791	16820	17269	17271
17293	17296	17587	17922	17981
17987	17989	17990	18201	18585
18742	18802	18862	18868	18919
18932	18933	18939	19012	19016
19036	19177	19237	19244	19449
20513				

陝西省考古研究院

00129	00675	00828	01835	01836
01837	01838	02153	02273	02884
02895	02896	02897	02898	02899
02980	02981	02982	03300	03887
04386	04532	04533	04534	04535
04698	04712	04713	05032（器）	
05138	08276	12247	12248	12887
14461	14954	16944	17822	18932
18939	18942	19706	19708	19781

秦始皇陵博物院

06460	07600	15107	17134	17249
17250	17252	17256	17257	17258
17584	17585	17976	17977	17978
17979	17980	17982	17983	17984
17985	17986	17988	17991	18540
18921	18922	19782	19783	19784
19785	19786	19787	19788	19789
19790	19791	19792	19793	19794
19795	19796	19797	19798	19799

19800	19801	19802	19803	19804
19805	19806			

西安博物院

00305	00306	00726	00811	01084
01085	01086	01088	01145	01554
01812	02020	02076	02078	02106
02166	02187	02206	02278	02338
02437	02656	02776	02777	02826
03029	03105	03283	03326	03508
03511	03524	03770	03844	03868
03869	04027	04424	04773	04774
04783	04866	05123	05125	05238
05239	05240	05241	06108	06230
06867	06878	06942	06943	07566
07672	08099	08120	08159	08426
08555	08885	09422	10196	10378
10407	11258	11269	11379	11524
11535	11748	11797	11979	11980
12018	12063	12735	12844	12850
12854	12858	12952	13192	13277
13309	14530	14862	16201	16620
16940	16954	16956	18553	18656
19023	19088	19089	19285	19289
19308	19617	20520		

西安碑林博物館

18931

西安半坡博物館

07005

西安市長安博物館

01500	02446	10173	13734	19450

西安市臨潼博物館

02256	03231	04674	12238	14435
14762				

西安大唐西市博物館

04548	04682	04695	11385	13130
14966				

西安力邦藝術館

03897

西安已殊閣

01242

西北大學歷史博物館

06870	07578	07608

陝西師範大學博物館

01135	03995	09025	19920

西安市公安局

16626	19908	19909	19910	19911

藍田縣文物管理所

02407	02610	02774	02775	05291
05292	05294	05378	05767	05768
12433	15316	16674		

户縣文物管理所

03698

周至縣文物管理所

01383	03802	03902	05182	06869

周至縣公安局

11332

咸陽市博物館

00297	00996	01485	01681	02199
02769	03402	08554	10854	12254
12354	12419	14748	18913	

咸陽市文物考古研究所

| 03131 | 03523 | 08124 | 08191 | 10241 |
| 11368 | 16267 | 16493 | 18550 | |

咸陽市文物保護中心

| 03845 | 04009 | 04289 | 04452 | 05101 |
| 08386 | 10272 | | | |

咸阳市公安局渭城分局文物派出所

02439

武功縣文物管理委員會

01545	02421	03030	03031	03145
03496	03814	03988	04784	04971
04972	04973	05057	05058	05059
05060	05061	05062	05284	05285
05286	05287	05675	11354	16242
16248				

涇陽縣博物館

00374	01062	01372	01694	01695
03174	03185	03242	03819	07552
07606	09533	10429	10441	11267
12077	12639	12640	13787	13958
14701	18245			

三原縣博物館

| 07681 | 17292 | 20508 |

長武縣博物館

| 02803 | 10337 |

淳化縣博物館

08023

永壽縣文物管理所

| 02010 | 02104 |

寶鷄青銅器博物院

00063	00284	00285	00286	00310
00359	00360	00474	00695	00895
00931	00993	01003	01036	01193
01458	01520	01536	01551	01626
01703	01734	01735	01736	02269
02270	02501	02502	02503	02504
02505	02506	02507	02508	02509
02510	02511	02512	02621	02634
02689	02700	02701	02707	02714
02715	02739	02957	02958	02959
02960	02961	02962	02963	02964
02965	03229	03278	03293	03535
03564	03580	03581	03582	03860
03881	03917	03918	04174	04177
04196	04293	04294	04449	04450
04451	04823	04824	05079	05512
05514	06109	06218	06934	08139
08254	08414	08473	08577	08770
10140	10270	10420	10447	10452
10481	10572	10588	10595	11277

02077	02112	02210	02496	02893
02933	04111	04195	04231	04246
04527	04568	04832	04887	05183
05184	05185	05186	05293	05354
05355	05356	05357	05358	05359
05360	05361	07583	08259	11025
11171	12329	12330	14437	14800
15004	16019	16387	18462	18705
19764	20510			

岐山縣周原博物館

| 00818 | 02110 | 03274 | 03811 | 04086 |
| 04087 | 04106 | 04628 | | |

鳳翔縣博物館

01847	02265	03167	03656	06711
07671	09632	13829	14087	18477
18752				

隴縣博物館

00358	03170	03210	04015	08073
08090	08174	10124	12961	16398
18474				

麟游縣博物館

| 00930 | 04101 | 08515 | 10349 | 11339 |
| 12040 | 12600 | 12812 | 14638 | |

眉縣文物管理所

| 00393 | 15634 | 15636 | 15638 |

千陽縣文化館

08195

銅川市耀州窯博物館

| 00709 | 00712 | 01348 | 01437 | 03522 |
| 06061 | 08372 | 17522 | 17645 | |

銅川市耀州區博物館

| 04317 | 05306 | 10629 |

韓城市博物館

| 01537 | 03710 | 05519 | 05535 | 08080 |
| 11648 | 16308 | | | |

華縣文物管理所

03903

陝西華縣公安局

18841

延安市文物研究所

| 00713 | 01673 | 02636 | 02741 | 04661 |
| 12343 | 16401 | 17204 | 19024 | 19443 |

延長縣文物管理所

| 02708 | 04662 | 13630 | 14690 |

綏德縣博物館

16027

清澗縣文物管理所

02014

商洛博物館

| 05399 | 07624 | 08358 | 09537 | 16739 |
| 16941 | 16955 | 17165 | | |

安康歷史博物館

05327

漢中市博物館

02140

洋縣文物博物館

02743   13739

城固縣博物館

13774   18224

甘肅省

甘肅省博物館

00455	01067	01077	01592	01593
03121	04075	04300	04301	07674
08127	08772	10474	10485	10487
11033	11595	11596	11678	12059
12082	13094	13095	13096	13097
14725	14731	16259	18920	19090

甘肅省文物考古研究所

01562	01563	04390	11988	15770
16237	16268			

蘭州市博物館

14717

慶陽市博物館

07736   19756

慶城縣博物館

05206

寧縣博物館

02618   03005   05505

合水縣博物館

02438

平涼市博物館

02638

靈臺縣博物館

01404   03250   16507

禮縣博物館

01370   04389   17202

寧夏回族自治區

固原博物館

01677

彭陽縣博物館

17093

河南省

河南博物院

00093	00109	00502	00847	00865
01201	01362	01431	01844	01882
02301	02302	02389	02468	02469
02844	02854	02855	02856	02857

02931	02969	03115	03132	03191
03352	03465	03704	04037	04235
04650	05072	05073	05538	05793
05904	06115	06146	06251	06261
06305	06402	06590	07987	08194
08392	08460	09822	10113	10443
10900	10959	11634	11801	12197
12302	12303	13041	13180	14079
14411	14472	14940	16020	16550
16556	16558	16648	16790	16846
17177	17219	17333	17334	17335
17336	17337	17338	17339	17340
17341	17342	17344	17345	17350
17597	17686	17687	17688	17689
17690	17692	17698	17701	17704
17958	17961	18071	19306	

河南省文物考古研究所

00065	00616	00769	01053	01054
01055	01056	01057	01241	01328
01329	01332	01333	01334	01335
01336	01337	01660	01662	01663
01664	01665	01750	01781	01843
01845	01848	02105	02221	02288
02470	02471	02472	02473	02474
02764	02930	03036	03188	03254
03560	04528	04578	05166	05301
05557	05639	05752	05753	05782
05803	05863	05864	05865	05866
05867	05927	05928	05952	05953
05954	05970	06054	08064	08065
08071	09614	10234	10996	11274
11396	11397	11583	11744	12146
12339	12381	12737	12838	12839

13153	13154	13273	13638	13639
13779	14053	14054	14055	14056
14068	14069	14080	14083	14084
14362	14383	14395	14519	14622
14721	14791	14855	14907	14941
14990	14996	15002	15161	15162
15163	15164	15165	15166	15167
15168	15169	15222	15223	15224
15225	15226	15227	15228	15229
15230	15255	15256	15257	15258
15259	15260	15261	15262	15263
15351	15352	15353	15354	15355
15356	15357	15358	15359	15606
15607	15608	15609	15610	15611
15612	15613	15614	15615	15616
15617	15618	15619	15620	15621
15622	15623	15624	15625	15626
15627	15628	15629	15630	15631
15771	15772	15773	15774	15775
15776	15777	15778	15797	15798
15799	15800	15801	15802	15803
15804	15806	15807	15808	15809
15810	15811	15812	15813	16293
16553	16630	16631	16649	16748
16792	16793	16794	16795	16796
16843	16844	16847	16885	16886
17144	17176	17276	17287	17355
17601	17959	18734	19231	19639
19702	19709	19742	19743	19757

河南省文物商店

01646	04697	13114

鄭州博物館

00161	00836	06480	07423	08022
09125	13701	15878	16137	

鄭州市文物考古研究所

00903	01124	02122	02253	03859
11647	12122	12203	13187	13188

鄭州大學文博學院文物陳列室

00418	03425	09299	09829

登封歷史博物館

12121

開封市博物館

00585	02752	04160	06410	07281
09476				

洛陽博物館

01186	01326	01435	02435	02695
02742	03163	03217	03273	03749
04509	06116	06225	07622	08085
08179	09690	11047	11371	11402
11507	12118	12134	12189	13007
13008	13274	13533	16263	16609
16714	17930	19235		

洛陽市文物工作隊

01080	01092	01293	01741	01804
02262	02334	02637	02643	03888
03933	04074	04243	04423	04601
04960	05518	07553	07575	07637
07638	07695	08108	08123	08221

08395	08452	08480	08564	09793
09842	10123	10253	10399	10453
10592	10607	10608	11276	11528
11736	11737	12145	12201	13194
13768	13802	14669	14889	16230
16231	16232	16236	16392	16393
16394	16395	16397	16405	16494
16497	16501	16502	16503	16590
16593	16594	16672	17303	17620
17806	17807	17819	18478	18479
18529	18733	19020	19077	19442
19701	19759			

洛陽市第二文物工作隊

02040	16660

洛陽市文物交流中心

02067	08519	08570	09850	18804

洛陽市文物商店

12076

洛陽大學文物館

01343	02043	02068

洛陽理工學院文物館

02135	18581

宜陽縣博物館

05569	11811	17612	17860	19260

三門峽市博物館

02146	02147	02148	02149	02150
02151	02152	02822	02823	02946

02947 02948 02949 02950 02951
02952 02953 03023 03024 03346
04465 04466 04467 04468 04469
04470 05223 05520 05521 05522
05523 05790 05880 06144 06145
12221 12222 14400 14406 14895
15361 15362 15363 15364 15365
15366 15367 15368

三門峽市文物工作隊

05222

靈寶市文物保護管理所

04505

安陽博物館

00167 03462 03513 03668 03772
06436 06510 06516 06572 06600
06631 06796 06881 07019 07377
07405 07429 07500 07839 07892
07983 08046 08970 09360 09472
09740 10344 11956 12558 13040
15865 15866 15867 16173 16190
16199 16350

安陽市文物考古研究所

00046 00074 00075 00448 00652
00653 00668 00921 00929 00986
03432 03605 03629 03661 03986
04580 06637 06638 06794 06834
06835 06844 06845 06974 07378
07380 07411 07748 07758 07940
08038 08853 08936 08965 08966
08571 08572 09007 09180 09454

09475 09593 10087 10366 10377
10892 10971 11247 11953 12559
12709 13463 13706 13964 15856
15857 15858 16111 19275 19297

中國文字博物館

02970 02971 02972 05282 05653
13994 13995

殷墟博物館

00077

林州市博物館

13648

武陟縣博物館

00205 07230 10979 10980 13762
13786

鶴壁市博物館

11363

新鄉市博物館

00201 00383 00597 00659 00660
01217 03251 03549 03625 03644
04002 06416 06424 06456 06592
06761 06801 06982 07080 07180
07427 07521 07663 07853 08007
08012 08061 08307 08308 08309
08355 08356 08657 08769 08888
08889 08945 09009 09087 09156
09522 09525 09758 10512 10898
10901 10928 11467 12664 12937
14323 16153 16200 16245 16348

16375　16377　18702

輝縣市百泉文物保管所

17936

禹州市文物管理所

05513

長葛市博物館

18008

舞陽縣博物館

07520

南陽市博物館

01937	02052	02310	02351	05199
05200	05835	05906	05958	05959
06058	06074	06412	06983	07228
07400	07815	08033	09132	09816
10210	10351	12321	12322	13991
14957	16765			

南陽市文物考古研究所

01666	01667	02158	02264	05775
05776	05884	14057	14058	14388
14878	15960	16504	16505	16713
16716				

淅川縣博物館

01331　05795

桐柏縣文化館

14401　14460　14505　14960

平頂山博物館

01255	01909	01933	02342	02882
04648	04649	04651	05102	05539
05540	08526	10609	12111	14471
14909	16651	16652	16653	

葉縣博物館

04917　15120　15152　16650

寶豐縣文物保護管理所

16345

信陽博物館

00092	00094	00405	00780	00884
01226	01743	02003	02004	02038
02087	02175	02176	02889	02890
02945	04460	04461	04636	05797
05798	06148	06266	06267	06425
06426	06427	06559	07009	07314
07315	07325	07326	07982	08042
08789	08790	09042	09043	09231
09232	09298	09393	09394	09559
09683	09853	10085	10440	11237
11289	11545	12060	12066	12289
12296	12324	12326	12338	12521
12561	13272	13996	13997	13998
14007	14408	14440	14445	14455
14473	14481	14769	14900	14917
14925	14942	14952	14971	16051
16052	16053	16119	16426	16898
16973	17514	17856	18324	19232
19269	19302			

羅山縣文化館

06650　　07279

羅山縣文物局

14496　　14871

周口市博物館

04880　　05947

淮陽縣太昊陵文物保管所

05929　　14486

商水縣文物管理所

05948　　05949

鄲城縣博物館

16134

駐馬店市文物考古管理所

12092　　19902　　19904　　19905

新蔡縣文物保管所

16891　　16892　　16893　　16894　　16895
16896　　16897　　19917

確山縣文物管理所

02806　　14976

泌陽縣文物管理所

14953

正陽縣文物管理所

00649

河南省文物局南水北調文物保護
辦公室

02425

湖北省

湖北省博物館

01052	01327	01382	01752	01753
01754	01755	01756	01757	01758
01759	01760	01824	01825	01826
01864	01918	01919	01974	02088
02093	02784	02785	02818	02819
03237	04473	04474	04475	04476
04477	04478	04479	04480	05027
05152	05153	05229	05784	05785
05786	05787	05892	05932	05950
05951	05960	06062	06125	06126
06127	06130	06131	06262	06311
06312	06313	06961	10421	10627
11395	11633	11659	12206	12207
12208	12285	12286	13116	13993
14051	14062	14071	14072	14073
14075	14184	14185	14186	14396
14397	14882	14883	14989	15056
15431	15432	15433	15434	15435
15436	15437	15438	15439	15440
15441	15442	15443	15444	15445
15446	15447	15448	15449	15450
15451	15452	15453	15454	15455
15456	15457	15458	15459	15460
15461	15462	15463	15464	15465
15466	15467	15468	15469	15470
15471	15472	15473	15474	15475

15476	15477	15478	15479	15480
15481	15482	15483	15484	15485
15486	15487	15488	15489	15490
15491	15492	15493	15494	15780
16283	16606	16628	16675	16757
16758	16759	16760	16761	16762
16866	16867	16868	16869	16870
16872	16873	16874	16875	16876
16877	16878	16879	16880	16881
16882	16883	16908	16909	17053
17064	17158	17184	17666	17697
17874	17932	18311	19011	19245
19262	19279	19280	19303	19304
19347	19362	19363	19364	19368
19369	19370	19371	19372	19373
19374	19375	19376	19377	19378
19379	19380	19381	19382	19383
19384	19385	19386	19387	19388
19389	19390	19391	19392	19393
19394	19395	19396	19397	19398
19399	19400	19401	19402	19403
19404	19405	19406	19407	19408
19409	19410	19411	19412	19807
19808	19809	19810	19811	19812
19813	19814	19815	19816	19912
19913	19914	19915	19916	

湖北省文物考古研究所

01111	01365	01470	01569	01570
01571	01572	01711	01712	02002
02385	03292	03838	03923	04337
04352	05834	08260	09566	09619
10101	10311	10479	10574	11005
11622	12202	12305	13159	16600

16756	16766	16884	17051	17067
17137	17162	17175	17225	18000
18662	18845	19062	19233	

武漢市博物館

02060	16608	19238

武漢市新洲區文物管理所

00429	00430

武漢市黃陂區博物館

04561

武漢市漢陽區博物館

17528

武漢市文物商店

01659	01751	03945	04680	04855
05965	06962	11782	17217	

天門市博物館

01330	14478

襄陽市博物館

01661	02005	02006	02090	02214
02217	02218	02408	02409	02812
04391	04392	04656	04657	04947
04948	05015	05016	05025	05026
05028	05956	05957	06264	06674
06907	07843	11688	14095	14096
14915	16219	16667	16709	16710
16819	17078	17995	18250	

襄陽市襄州區文物管理處

00298　01094　02403　06075　17090

17091　17092

棗陽市博物館

05922　16865

荆州博物館

00953　01471　04951　04952　05941

15154　16522　16603　16614　16668

16734　16860　16918　16935　17079

17218　17883　17892　17952　18312

18313　18849　19002

荆州市沙市區博物館

16491

隨州市博物館

00864　01022　01466　01467　01468

01469　01567　01568　01577　01596

01657　01841　01842　01884　02333

03313　03949　03996　04051　04963

04980　04981　05028　05757　05780

05783　05802　05935　06059　06113

06114　07900　08102　10120　10466

11411　12019　12123　12132　12190

12249　12287　12288　12309　12328

12867　12874　13046　13803　13804

14363　14364　14409　14484　14500

14666　14705　14902　16437　16723

16871　17154　17302　19300

隨州市考古隊

02861

荆門市博物館

16292　17229　17618　17906　19919

鍾祥市博物館

14494

京山縣博物館

01840　02845

宜昌市博物館

01668　02216　16654　17070

枝江博物館

14159　17805

當陽市博物館

05794

秭歸縣屈原紀念館

17909

鄂州市博物館

07712　07867　16928

孝感市博物館

07599

黃岡市博物館

05966

蘄春縣博物館

00275　00276　00350　01797　01798
14161

浠水縣博物館

14447　14528

十堰市博物館

05897

榖城縣博物館

06068　14066　14088　17858

鄖陽博物館

14035　14504　14975

大冶縣博物館

16459

湖南省

湖南省博物館

00296	00370	00415	00707	00854
01095	01345	02751	03779	04719
04720	04721	04805	04966	06271
07764	07810	08076	08106	10134
10151	10862	11361	11392	12364
12567	12684	13813（蓋）		14962
15496	16047	16114	16167	16239
16414	16418	16438	16453	16455
16456	16552	16557	16575	16605
16676	16715	16719	16802	16806
16915	16942	16945	16960	17048

17101	17111	17145	17183	17244
17319	17573	17576	17582	17592
17610	17804	17829	17911	18583
18588	18589	18816	18844	19001
19010	19160	19705	20505	20512
20519	20530			

湖南省文物考古研究所

18848

長沙市博物館

00278　17074

益陽市博物館

13772	16477	16633	16708	16721
16804	16805	16938		

常德博物館

16921　17810　19906

衡陽市博物館

12947　17094　17151

張家界市博物館

17268　17695

懷化博物館

16673　16803　16937　17615

岳陽市博物館

06063　17672

汨羅市文物管理所

14488

桃源縣文物管理所

01984　　17830

株洲縣文物管理所

04105

古丈縣文物管理所

17143

廣東省

廣東省博物館

04522　　04589　　13819　　14439　　17518
20525　　20527

廣州市博物館

00125　　00782　　01137　　01259　　01409
01414　　01744　　01828　　02263　　02428
02860　　05215　　06268　　06316　　07367
07685　　08380　　08381　　08417　　08418
09803　　09844　　10077　　10330　　10610
10644　　11493　　13296　　15884　　15905
15906　　15907　　16033　　16034　　17208
17869

廣州市文物管理委員會

17147

廣州市南越王墓博物館

17263　　19158　　19611

廣州灝軒

20504

深圳博物館

03024　　17347

深圳寶光藝術館

09455

廣西僮族自治區

廣西僮族自治區博物館

00291　　12604　　12764　　16445　　17562

靈川縣文物管理所

17529

山東省

山東省博物館

00058　　00316　　00701　　00702　　00703
00704　　00705　　01276　　01284　　01305
01497　　01498　　01870　　02132　　02639
02985　　02986　　03419　　03597　　03685
03817　　04003　　04593　　04853　　04863
05392　　05627　　05631　　05632　　05633
05634　　05822　　05871　　05907　　05909
05979　　06210　　06221　　06465　　06551
06678　　06749　　07063　　07395　　07859
08016　　08017　　08018　　08019　　08063
08774　　08775　　08908　　08958　　09056
09085　　09086　　09106　　09107　　09121
09157　　09244　　09452　　09553　　09715
09790　　10071　　10105　　10159　　10207
10419　　10459　　10558　　11116　　11531
11778　　12104　　12294　　12295　　12423

12452	12544	12790	12828	12857
12983	13076	13077	13321	13793
13798	14060	14089	14090	14179
14343	14407	14688	14896	14899
14950	15502	15503	15504	15505
15506	15507	15508	15509	15510
15590	16288	16339	16529	16613
16727	16845	16854	17049	17941
17966（下段）		18229	18652	18721
18747	18748	19276	19454	

山東省文物考古研究所

00274	01234	01721	01923	04541
04542	05299	05300	06104	06105
06106	06107	06269	06800	10152
12091	13253	13658	14314	14600
15216	15217	15218	15219	15220
15221	16285	16415	16644	16645
16740	17999	18811	18812	

山東大學博物館

05925	11985	14526

山東師範大學歷史系文物陳列室

11593

濟南市博物館

00218	00229	00956	01942	02952
02968	03489	04137	04440	06563
06703	06793	06846	06866	07131
07793	08914	08916	08929	09635
09840	12606	13746	14485	16197
16198	16302	16303	16406	16425
16463	16569	16601	16634	16691

16718	16778	16781	16782	16994
17626	17668	18028		

濟南市長清區博物館

05893	05894

濟陽縣博物館

01267	01394	01809	01810	03726
10144				

章丘市博物館

02193	13118

平陰縣博物館

07338

淄博市博物館

01339	10861	10864	19240	19284
19438	19439	19440	19601	19602
19606	19607	19608	19609	19610

齊國故城遺址博物館

06152	16442	16509	17923	18807
18808	19779			

沂源縣博物館

16026	16525	16687

桓臺縣博物館

09224	10218

棗莊市博物館

01947	01948	02938	02939	02940
12333	12353	14036	17148	18009

18489

滕州市博物館

00280	00770	01042	01405	01576
02213	02373	02766	02846	03714
04192	04198	04199	04336	04487
05387	05855	05856	05857	06057
06441	06669	07635	08374	08375
08474	08475	08550	10373	10389
10583	11662	13199	13227	13288
15766	15767	15768	15769	16752
17063				

煙臺市博物館

00998	01967	02231	02892	03202
03321	03343	04185	06956	11546
12293	15103	16697	16779	

龍口市博物館

01617	04501	04613	04614	12155
12984	13206			

棲霞市博物館

02036	17071	18363	18364

海陽市博物館

06215

長島縣博物館

19234

膠南市博物館

06070

濰坊市博物館

07150	07548	07952	07990	08069
10575	13027	16273	16291	16518
16538	16612	16720	16736	16970

青州市博物館

00135	00600	00601	03448	06434
07064	07207	09038	09039	09378
09688	10051	11121	12563	12707
17828				

諸城市博物館

08566	14512	15180	15181	15182
15183	15760	15761		

壽光市博物館

00441	00442	00443	03119	18305
18703	18704	18749		

臨朐縣博物館

02381	02936	02937	14479	14939
14978	16519	16534		

昌邑市博物館

14684

濟寧市博物館

02324	16131	16492	16811	17050
18730				

曲阜市文物管理委員會

01731	02236	03345	04730	05640
05641	05656	05832	05836	09365

| 12323 | 12770 | 14416 | 14451 | 14998 |

鄒城市博物館

02126	02927	05763	05764	05830
05846	06612	06924	08316	09037
09201	09318	10168	14444	14546
17938	18248			

兗州市博物館

| 07973 | 12099 |

泗水縣文物管理所

| 07269 | 07272 | 09635 | 11119 |

泰安市博物館

| 02059 | 02825 | 05629 | 05852 | 05875 |
| 08176 | 16684 | | | |

新泰市博物館

| 00925 | 02658 | 02699 | 08230 | 16572 |
| 16639 | 16683 | 16850 | | |

肥城市博物館

17009

威海市博物館

16514

文登市博物館

| 16579 | 18918 |

榮成市博物館

11520

乳山市文物管理所

| 16512 | 16533 | 16700 |

日照市博物館

| 02879 | 02880 | 02881 |

莒縣博物館

| 03328 | 12358 | 14916 | 16305 | 16458 |
| 16535 | 17098 | 17353 | 17926 | |

德州市博物館

03725

臨沂市博物館

| 03120 | 03570 | 06550 | 09068 | 09069 |
| 10393 | 11167 | 14926 | 16298 | |

臨沂市文物店

16543

沂水縣博物館

| 16115 | 16300 | 16640 | 16681 | 17801 |
| 17998 | | | | |

沂南縣博物館

18739

臨沭縣文物管理所

| 16544 | 16545 |

郯城縣博物館

| 16428 | 16566 |

平邑縣博物館

05926　16413

費縣博物館

01883

蒙陰縣文物管理所

16604　16747　16858

惠民縣博物館

13471　15873

成武縣博物館

16524

江蘇省

南京博物院

01192	02315	02410	02796	02865
05799	05819	06160	06161	06257
11014	12347	12398	12399	12411
13307	14093	14534	15065	15104
15128	15278	15279	15280	15281
15282	15283	15284	15285	15286
15422	15520	15521	15783	15794
15795	15796	17140	17348	17661
18908	18929	19346		

南京市博物館

02863	02864	05854	11063	14415
14985	15527			

蘇州博物館

00012	00224	00226	01938	01939
02173	04806	04807	04892	05622
05778	06923	06941	07783	08101
08353	08973	09212	10240	11150
11926	12224	12768	14746	15781
16717	17141	17549	17624	

鎮江市博物館

01861	02478	04171	05312	05669
13221				

淮安市博物館

03159　14901

邳州博物館

14747　15289

無錫博物院

17946

盱眙縣博物館

17836

東海縣博物館

18835

安徽省

安徽博物院

00714	01097	01099	01100	01101
01347	01482	01483	01578	01579
01580	01581	01582	01583	01584

01585 01586 01587 01588 01589
01590 01742 01761 01767 01769
01770 01771 01772 01773 01886
01887 01888 01980 01981 02360
02554 02762 02763 02782 02944
03257 03303 03304 03728 04393
04394 04395 04396 04397 04398
04399 04400 05759 05771 05774
05806 05810 05811 05878 05879
11474 11721 12187 12188 12352
12986 13256 14031 14063 14064
14065 14387 14535 14867 14905
14955 15054 15055 15057 15058
15064 15066 15067 15370 15371
15372 15373 15374 15375 15376
15377 15378 15379 15380 15381
15382 15383 15384 15385 15386
15387 15388 15389 15390 15391
15392 15393 15394 15395 15396
15397 15398 15399 15400 15401
15042 15403 15404 15405 15406
15407 15408 15409 15410 15411
15412 15413 15414 15533 15535
15536 15537 15538 15539 15540
15541 15821 15822 15823 15987
16810 16831 16933 16934 17124
17364 17813 17833 17834 17835
17920 18026 18076 18309 18310
19179 19180 19182 19264 19265
19305

安徽省文物考古研究所

17110 17275 19502

阜陽市博物館

06447 07306 07307 16482 17126
17195 18813

蚌埠市博物館

05898 15186 15187 17055

淮南市博物館

18814

皖西博物館

02039 17139

安慶市博物館

17707

桐城市博物館

17285

臨泉縣博物館

16301 16464 17149 17527

霍山縣博物館

16832 17083

壽縣博物館

03591

潛山縣博物館

03136

繁昌縣博物館

17716

六安市文物管理所

16838

舒城縣文物管理所

12024　　12025　　12261　　14858　　16834

鳳陽縣文物管理所

15787　　15788　　15789　　15790　　15791

潁上縣文物管理所

07596　　11538　　11539

南陵縣文物管理所

17918

浙江省

浙江省博物館

01121　　01684　　02162　　02323　　02647
02712　　03820　　08874　　11026　　11664
12260　　13072　　15984　　15985　　17867
17877　　17907　　19267　　19766

浙江省文物考古研究所

02402　　14081　　19770　　19771

紹興越國文化博物館

17363　　17621　　18077

紹興市博物館

19768

紹興市文物考古研究所

15360

紹興縣文物管理所

19769

安吉縣博物館

09672　　09673

江西省

江西省博物館

02035　　03268　　14423　　17153　　17602
18731　　19268

遂川縣博物館

12938

廣豐縣博物館

13120

福建省

福建省博物館

18715

四川省

四川博物院

00710　　01338　　04165　　10478　　10548
16907　　16936　　16961　　17171　　17267
17803　　18223　　18717　　19918

四川省文物考古研究院

17205　　17590

成都華通博物館

04736　　04737

成都市新都區文物管理所

16946

什邡市博物館

16948

青川縣博物館

17260

郫縣博物館

16950

茂縣羌族博物館

02289

嚴道故城遺址博物館

19258

廣漢市文物管理所

11123

西昌市文物管理所

16743

雲南省

石屏縣博物館

20502

貴州省

貴州省博物館

05977　　18033　　18040　　18042　　18051
18072　　20533

香港特別行政區

香港中文大學文物館

11391　　14085　　14879　　17623　　17895
17931

香港大學

13131

御雅居

00425　　02073　　03239　　04491　　08585
12182　　12183

香港思源堂

12415

知古堂

02358

GisleCroës 公司

13299

趙不波

00303	00577	03143	03922	07761
10121	10387	10903	13075	13517

某古玩店

02222	16904

張氏

16789

澳門特別行政區

蕭春源珍秦齋

02134	05172	12389	13825	16284
16427	16476	16490	16537	16617
16659	16665	16666	16699	16817
16818	16920	16947	17116	17117
17129	17133	17135	17138	17188
17190	17191	17193	17212	17226
17227	17234	17242	17246	17247
17261	17265	17291	17299	17301
17308	17314	17343	17354	17356
17357	17358	17362	17580	17659
17660	17699	17882	17890	17902
18007	18539	18552	18556	18873
19065	19818			

崇源國際(澳门)拍賣公司

00292	00293	00294	00295	03015
03016	03017	03018	03019	03020
03021	03592	03593	03594	03595
04078	04079	06150	06151	14402
14869				

某古玩店

01433	03232

臺灣省

臺北故宮博物院

00029	00037	00048	00081	00132
00385	00444	00460	00475	00544
00545	00546	00549	00550	00583
00599	00728	00736	00743	00762
00773	00787	00812	00815	00833
00843	00849	00857	00859	00872
00897	00906	00923	00926	00932
00941	01021	01082	01123	01144
01153	01175	01183	01200	01233
01253	01349	01364	01369	01390
01395	01407	01465	01575	01707
01708	01737	01766	01774	01776
01777	01808	01816	01830	01879
01880	01924	01953	01963	01970
02048	02049	02057	02079	02123
02142	02157	02181	02194	02204
02229	02246	02251	02335	02346
02391	02392	02399（器）		02423
02431	02440	02465	02466	02494
02518	02603	02605	02620	02627
02653	02654	02710	02736	02737
02840	03141	03155	03162	03206
03230	03259	03271	03276	03291
03306	03439	03466	03470	03473
03495	03506	03515	03533	03534
03544	03600	03627	03658	03669
03670	03686	03697	03716	03745

03793	03801	03806	03843	03895
03907	04028	04029	04060	04095
04114	04136	04140	04142	04151
04161	04200	04292	04330	04350
04378	04379	04462	04486	04553
04570	04575	04612	04616	04617
04626	04763	04766	04767	04785
04828	04829	04861	04922	04970
04982	04994	05017	05067	05141
05187	05204	05237	05242	05253
05260	05264	05269	05270	05314
05576	05596	05597	05604	05920
05923	05945	06078	06153	06254
06524	06666	06697	07442	07443
07594	07662	07750	07812	07937
07975	08082	08094	08103	08206
08294	08311	08387	08393	08501
08725	08751	08758	08913	09147
09194	09196	09259	09310	09338
09367	09375	09376	09524	09560
09571	09575	09599	09616	09639
09728	09787	09798	09815	09834
10107	10122	10138	10169	10176
10208	10239	10261	10305	10343
10350	10362	10370	10381	10480
10534	10535	10549	10566	10580
10593	10598	10650	10657	10865
10910	11009	11017	11120	11153
11173	11190	11194	11218	11219
11246	11302	11312	11315	11320
11359	11367	11422	11434	11473
11475	11487	11506	11519	11547
11575	11580	11585	11591	11603
11693	11711	11753	11758	11762

11775	11779	11788	11803	11821
12003	12027	12036	12039	12048
12105	12125	12127	12171	12244
12280	12298	12307	12367	12376
12377	12393	12424	12425	12427
12446	12451	12453	12553	12574
12625	12720	12722	12793	12800
12807	12834	12880	12905	12943
12968	12992	13085	13100	13113
13174	13214	13215	13301	13317
13318	13476	13486	13508	13650
14037	14070	14459	14464	14542
14588	14589	14608	14634	14654
14662	14680	14703	14711	14713
14764	14856	14859	14868	14870
14891	14918	14967	14981	14992
15109	15140	15200	15201	15202
15203	15204	15205	15206	15207
15208	15209	15211	15212	15213
15214	15215	15276	15328	15546
15547	15570	15573	15633	15759
15785	15893	15923	15955	16250
16383	16837	16905	17120	17349
17865	17893	18743	18830	19183
19184	19185	19256		

臺北歷史博物館

00353	00536	01258	01702	02330
02347	02667	03344	04128	05501
07570	07571	07694	08107	08236
08445	09507	10126	10998	12013
12154	12308	14052	16506	16853
20501				

臺北中研院歷史語言研究所

00008	00016	00105	00143	00176
00177	00186	00196	00230	00542
00593	00657	00905	01115	01366
01899	02340	02399（蓋）		02830
03117	03192	03401	03485	03635
04323	04901	05055	05270	05876
06205	06406	06407	06415	06457
06458	06497	06498	06499	06595
06614	06725	06745	06837	07121
07502	07636	07682	07683	08287
08931	09008	09073	09123	09139
09140	09153	09154	09155	09193
09334	10055	10884	11061	11109
11154	11164	11781	11970	12124
12204	12259	12649	12679	13048
13128	13740	13778	14151	14154
15757	15855	15898	15899	15900
16010	16055	16106	16129	16154
16155	16156	16157	16158	16159
16160	16161	16162	16202	16212
16257	16260	16261	16382	16388
16728	16809	16978	17089	17163
17871	18480	18481	18495	18502
18503	18504	18505	18506	18507
18508	18509	18510	18511	18512
18513	18514	18515	18516	18517
18518	18519	18520	18521	18522
18523	18524	18525	18526	18527
18587	19078	19080	19298	

臺北市王振華古越閣

16132	16686	17097	17888	17894
17937	17949	18027	19767	

臺北市龔欽龍

16480	16957	17327	17891	17912

臺北市王亞玲女士（陳鴻榮夫人）

15210

臺灣收藏家劉雨海

12184

桃園市寶邁藝術中心

20528

不知名收藏家

00017	00064	00066	00067	00076
00080	00097	00110	00112	00115
00148	00150	00152	00157	00158
00160	00165	00184	00195	00209
00210	00214	00215	00231	00232
00237	00247	00307	00315	00326
00328	00334	00337	00355	00408
00414	00426	00428	00446	00447
00466	00467	00479	00533	00558
00614	00622	00641	00696	00699
00711	00725	00751	00790	00804
00808	00809	00810	00842	00848
00877	00898	00901	00904	00922
00946	00951	00978	01016	01017
01035	01037	01059	01063	01074
01096	01116	01159	01160	01161
01177	01178	01218	01237	01244
01245	01246	01279	01280	01314
01371	01427	01432	01456	01493

商周青銅器銘文暨圖像集成索引

07283	07284	07285	07286	07339	11146	11155	11169	11182	11195
07379	07387	07437	07462	07472	11204	11208	11234	11259	11273
07495	07505	07518	07536	07543	11275	11313	11330	11399	11414
07547	07561	07587	07588	07604	11430	11432	11441	11449	11477
07610	07611	07625	07634	07664	11486	11554	11557	11571	11581
07665	17682	07683	07688	07689	11594	11620	11621	11656	11684
07753	07803	07840	07934	07950	11697	11723	11752	11761	11771
08035	08052	08091	08095	08115	11773	11784	11786	11790	11804
08121	08130	08131	08132	08137	11818	11959	11960	11961	11974
08147	08160	08177	08196	08197	11981	11983	11992	12012	12014
08198	08199	08202	08204	08241	12037	12079	12097	12114	12169
08274	08359	08360	08396	08403	12186	12192	12214	12215	12225
08410	08466	08477	08481	08485	12226	12264	12270	12273	12275
08574	08575	08583	08705	08706	12290	12355	12370	12373	12375
08753	08755	08766	08780	08786	12390	12392	12401	12402	12403
08787	08890	08896	08928	08930	12409	12417	12418	12445	12447
08981	08984	08987	08988	08998	12448	12536	12538	12562	12565
08999	09012	09030	09040	09048	12608	12616	12638	12656	12732
09070	09118	09131	09141	09148	12734	12736	12741	12746	12792
09167	09197	09211	09225	09256	12824	12837	12842	12848	12865
09267	09317	09333	09380	09387	12891	12897	12912	12959	12970
09397	09401	09425	09436	09554	12973	12979	12985	13002	13005
09585	09594	09612	09615	09618	13013	13036	13045	13081	13088
09620	09665	09667	09668	09679	13119	13141	13157	13161	13165
09687	09745	09749	09754	09760	13217	13255	13257	13266	13270
09761	09804	09805	09820	09855	13276	13278	13327	13328	13347
10062	10068	10069	10070	10078	13459	13469	13480	13499	13531
10079	10080	10086	10117	10145	13602	13708	13764	13820	13965
10148	10153	10172	10189	10227	14074	14082	14091	14092	14365
10231	10331	10396	10405	10418	14380	14393	14394	14403	14404
10423	10424	10431	10438	10483	14425	14432	14441	14467	14482
10518	10533	10555	10589	10611	14511	14514	14516	14521	14525
10855	10911	10913	10934	10943	14532	14587	14596	14633	14642
10995	11034	11052	11122	11124	14663	14668	14681	14685	14687

14692　14697　14698　14704　14735
14772　14778　14783　14787　14790
14793　14798　13813（器）　14857
14876　14892　14923　14933　14964
14984　15000　15106　15141　15142
15143　15144　15145　15146　15147
15148　15149　15248　15249　15250
15251　15252　15253　15254　15762
15763　15764　15765　15805　15815
15816　15817　15902　15913　16004
16072　16078　16130　16133　16135
16138　13207　16400　16478　16484
16536　16540　16551　16602　16622
16623　16624　16625　16655　16657
16661　16662　16692　16694　16696
16706　16712　16749　16755　16797
16798　16814　16821　16839　16840
16848　16849　16856　16903　16916
16919　16969　16971　16977　17034
17036　17058　17077　17096　17106
17107　17113　17118　17119　17131
17136　17159　17168　17189　17203
17209　17210　17214　17216　17273
17281　17282　17290　17298　17304
17307　17309　17310　07311　17321
17325　17360　17554　17616　17669
17676　17703　17705　17820　17843
17853　17859　17861　17862　17864
17868　17872　17873　17885　17886
17889　17908　17916　17919　17928
17939　17943　17944　17945　17947
17948　17954　17962　17970　17971
17997　18002　18005　18024　18030
18208　18219　18221　18325　18531

18536　18538　18541　18542　18545
18577　18586　18591　18846　18875
18926　19027　19175　19288　19295
19342　19343　19360　19458　19500
19707　19758　19901　20515　20516
20517

美國

華盛頓弗里爾美術博物館

00085　00220　00581　00817　00997
01176　02390　03607　04091　04208
04443　04503　04629　04743　05139
05162　06212　06558　08572　08793
08862　08980　09474　09488　10209
10647　10908　10970　11130　11206
11442　11534　11677　11741　11755
11789　12173　12546　12817　12866
12926　13028　13151　13261　13311
13454　13485　13548　13615　13619
13652　14331　14792　14860　15052
15179　16495　17921　18020　18029
18322　19761　20514

華盛頓賽克勒美術館

00290　00851　00854　00879　00935
00960　01156　01457　01856　03486
03487　03565　03691　03851　03890
03891　04057　04143　04236　04511
04637　05118　05140　08884　08941
09120　09320　09386　09413　09468
09696　10054　10895　10945　11159
11263　11446　11645　11668　12046
12697　12740　12939　13211　13468

13510	13643	14086	14477	14757

紐約大都會美術博物館

00164	00191	00254	00318	00346
00975	01213	01517	01885	03777
03969	04653	06448	07087	08729
08731	08781	09077	09779	10403
10404	10624	11113	11165	11658
11681	12525	12526	12841	13465
13505	13604	13637	14518	14629
14734	14738	14745	14997	19921

舊金山亞洲美術博物館

00111	00225	00420	00631	00664
00737	00984	01128	01222	01783
02345	02364	02989	03035	03280
03324	03422	03541	03553	03601
03677	03690	03754	03764	03780
03993	04259	04415	04516	05254
05598	06142	06671	07176	07424
07425	07436	07491	08081	08567
08779	08933	09473	10075	10217
10288	10320	10537	10567	10623
10930	10935	10947	10965	11189
11191	11456	11465	11543	11754
11785	11993	11995	12218	12278
12279	12416	12421	12529	12683
12696	13032	13168	13271	13289
13490	13492	13532	13534	13631
13659	13955	14305	14328	14341
14610	14632	14653	14671	14696
14723	14774	14779	15233	15632
16164	19228	19907		

哈佛大學福格美術博物館

00138	00194	00435	00452	00755
00944	01014	02681	02717	03195
03433	03467	04148	04214	04215
04297	04495	04604	04652	04654
04821	07765	08002	09329	09330
10380	10949	11394	11555	11646
11727	12054	12138	12809	12847
12864	12877	13021	13122	13252
13334	13337	13504	13522	13617
13649	14645	17876	17897	17901
17933	17934	18206	19763	

米里阿波里斯美術館

00203	00434	00621	01171	01181
01789	03263	03543	04567	04582
05203	05528	05529	06597	09747
10066	10894	10936	10986	11148
11160	11184	11278	11726	12075
12235	12549	13078	13319	13491
13607	13747	14660	14987	15053
20521				

波士頓美術博物館

00805	02750	02876	03214	03748
04276	04278	04696	04926	07351
07825	08187	09658	09659	10327
10890	10953	11279	11309	11375
11567	11750	12022	12068	13160
13228	13539	14375	14641	16489
16979	17001			

堪薩斯市納爾遜美術陳列館

00032	00156	00193	00630	00740
01064	02814	04748	04881	04942
05367	05383	05390	05874	05900
07645	07848	09446	11110	12209
12212	12533	12913	13704	18233
18241	18720			

聖路易市美術博物館

00422	00678	01384	04047	07074
09023	09166	09340	10568	10987
11065	11431	13158	13514	13733
14372	14631			

普林斯頓大學美術博物館

00401	00436	01228	01512	03896
04063	04092	09719	10402	11111
11952	12170	13331		

芝加哥美術館

00302	00690	01122	03984	04623
05082	05678	06958	07352	09262
09544	09776	10905	11134	11556
12958	13526	19296		

夏威夷火奴魯魯美術學院

00154	00323	00457	06653	07441
08117	08118	08756	08985	09489
10883	11570	13290		

西雅圖美術博物館

00139	00421	01093	05561	07098
08401	10639	13620		

費城賓夕法尼亞大學博物館

00009	10541	11525	11670	12410

克里夫蘭美術博物館

00050	06965	07473	11287	11579
12119				

紐約奧爾勃萊特美術陳列館

03039	08383	10902	11984	12889

水牛城柏弗羅科學博物館

00049	00893	06654	10412

斯坦福大學美術陳列館

07533	08250	09045	13012

耶魯大學藝術陳列館

00974	01749	05340	08264

紐約市美術博物館

02363	06076

陀里多美術博物館

06214	12993

波特蘭美術博物館

07481	11973

匹茲堡大學美術系

06991	07384

印地安那波里斯藝術博物館

09076	13603

亞瑟・賽克勒美術館

11224

烏士特美術博物館

12539

華爾特美術陳列館

07951

辛辛納提藝術博物館

09396

紐約紐瓦克藝術博物館（Newark Art Museum）

03946

客蘭布羅克美術學院博物館

06863

費城美術博物館

11544

底特律美術館

13232

布根博物館

16194

哥倫比亞大學

02071

達謀學院

10988

紐約莫爾根圖書館

12175

華盛頓斯美孫寧學社

04017

舊金山甘浦斯公司

08933

諾福克赫美地基金會

02393

紐約賽克勒氏

00222	00283	00689	01026	01058
01164	01249	03123	03176	03483
03514	04093	04157	06207	06500
06565	06571	06722	06790	06826
06827	07130	07546	07554	07670
07901	08752	10605（器）		10886
10896	10931	11174	11348	11510
11533	11672	12361	12541	12605
13123	13821	14344		

紐約魏格氏

| 00564 | 01503 | 02116 | 08415 | 08886 |
| 09137 | 09730 | 10600 | 14374 | |

紐約乃布氏

| 03484 | 08001 | 11576 | 12878 | 12945 |
| 13125 | | | | |

紐約杜克氏

| 06872 | 09392 | 09763 | 10388 | 12607 |

紐約何姆斯氏

04630　　09772　　11231　　11625

紐約侯希蘭氏

08219　　12635　　13020

紐約羅勃兹氏

12055　　13063

紐約戴潤齋

12685　　13519

紐約康恩氏

06449　　13171

紐約沃森氏

04324　　06444

紐約物朋太姆氏

03479

紐約克來斯勒氏

04094

紐約明肯郝夫氏

09469

紐約侯希泰特氏

04314

紐約貝克曼氏

10114

紐約羅比爾氏

14609

紐約唐訶納氏

03858

紐約洛爾氏

14594

紐約克丁氏

11106

紐約伏克氏

13520

紐約梅益氏

00973

紐約孟台爾・爵克曼夫人

11451

紐約凡特畢爾特夫人

01126

紐約羅比爾氏

01925

紐約 Herbert Weinmann

00473

聖路易市戴維斯氏

09664　　10154　　14912

波士頓麥克里奧特氏

00563　　11401

波士頓奧斯古氏

11768

華盛頓賽車爾氏

12216

賓夕法尼亞李察布氏

00824　　13121

舊金山岡普氏

15879

芝加哥阿斯多夫(Alsdorf)氏

13507

芝加哥賽芝威克氏

17837

芝加哥泰生氏

07352

西點克林克氏

04287

盧芹齋

04242　　04643　　09590　　12972

梅葉爾氏

09044　　10149　　12137

費利浦斯氏

11386　　11719

布拉馬氏

00853　　08155

郝克斯氏

09316　　09363

派克氏

09138　　09598

魯本斯氏

08711　　10651

麥克阿爾平氏

10183

布倫戴奇氏

18247

斯特勞斯氏

11329

畢德威爾氏

09821

克來肥斯氏

09753

巴拉德氏

09290

賀費氏

14754

馬賽氏

09103

聖格氏

01794

卡特氏

17826

Hotung Collection

19737

Britton

10348

Komor 氏

00036

Lidow 氏

13109

美籍華人范季融先生首陽齋

00611	00666	00820	01557	01558
01559	01992	02144	02727	03034
03423	04387	04388	04500	05106
05217	05276	05311	05650	06111
08527	08528	08549	09838	10306
10655	12630	13279	14330	14348
14528	15318	15637	16588	17996
18840	19003	19004		

美籍華人崔如琢先生

05504

不知名收藏家

00970	05681	08568	08998	09582
11114	11427	11578	11637	12272
12351	16722	19266	19612	

加拿大

多倫多皇家安大略博物館

00070	00221	00336	00468	01361
01921	02130	02645	02649	02683
02684	03199	03444	03451	03620
03696	04082	05121	05122	05545
05938	06568	06727	07013	07147
07280	07318	07319	07385	07386
07438	07460	07461	07573	07585
07609	07811	08030	08171	08291
08508	08942	09031	09047	09050
09168	09233	09368	09369	09450
09451	09523	09531	09532	09633
09852	10177	10455	10915	10993
11250	11453	11550	11568	12081
12314	12317	12318	12434	12552
12835	13038	13073	13178	13479
13702	13758	14152	14350	14355
14356	14361	14691	15113	15428
15881	15952	15953	16041	16069
16090	16169	16170	16191	16215
16258	16269	16354	17099	17504
17505	18061	18064	18234	18317
18724	19091	19092		

多倫多士棟夫人

01271

加拿大籍華人蘇致准先生

17237

英國

倫敦大英博物館

00031	00035	00756	00759	00771
01281	01357	01956	02312	03630
03643	03904	04016	04183	05020
05188	05274	07092	07657	08053
08424	08895	09142	09485	09552
09755	10542	10559	10641	11102
11170	11569	12089	12360	12365
12366	12564	13222	13223	13302
13329	13474	14338	14493	14604
14624	14648	14649	14677	14678
14773	14979	15578	16013	16038
16769	17667	18062	18494	18722
20518				

倫敦維多利亞和阿爾伯特博物館

04929	11117	13200	14377	20522

牛津大學亞士摩蘭博物館

00079	03752	05003	10102	10268
11787	16822			

劍橋大學費茨威廉博物館

00033	11742	12531	13657	14529

牛津東方美術博物館

12028

格拉斯哥博物館美術館

08317	12881

倫敦阿倫及巴洛夫人

00515	01802	06506	07471	09074
10428	12274			

皮特·莫斯爵士

04734	04799	05781	12194	12292

倫敦賽德維克氏（Sedgwick）

09498

Ingrom 氏

00605	09112	10226

塞利格曼氏

11499

洛貝脫氏

17832

倫敦 Christie's 拍賣行

12185

不知名收藏家

00115	00409	00424	03744	07022
07838	09252	10065	10334	11372
11416	12007	12067	12103	13216
18710				

德國

科隆東亞藝術博物館

00146	00185	01268	03561	03599
04417	06630	08058	08920	09442
09686	09784	10437	10932	11232
13144	13475	13642	14171	14311
20503	20529			

柏林東亞藝術博物館

02614	03637	04446	06948	08074
08986	10322	11502	11991	13538
13709	14332	16081		

斯圖加特林登博物館

00090	00136	00454	09339	10184
10221	13503	17511	20509	

慕尼黑國立民間藝術博物館

00117	13705	14593

柏林國立博物館東洋美術部

12115	12428

柏林民俗博物館

16081

漢堡藝術與工業博物館

16580

不知名收藏家

05128	11374

法國

巴黎基美博物館

00015	00462	01392	03825	05352
05353	07271	08741	12581	14368
15525	16074	18023	18202	18218

巴黎賽爾諾什(色努施奇)博物館

00647	00943	01290	02209	02487
03542	04018	08175	09205	09206
09384	11271	11305	11347	12826
12862	12974	13963	17905	

巴黎 L.Wannieck（王涅克）氏

10125	11683	13226

巴黎埃德加・古特曼氏

16007

巴黎陳氏

19176

巴黎某收藏家

01286	07604

瑞士

蘇黎世瑞列堡博物館

00404	00778	03768	03781	03805
03889	04490	07440	09207	09331
10316	11657	12070	12896	14630

蘇黎世利特堡博物館

02247	13462

玫茵堂

00095	00162	00207	00342	00586
00795	00980	00981	02652	03638
03653	03826	04411	04599	04608
05091	05171	06132	08777	10081
10882	11536	12043	12133	13175
13453	13622	13727	14382	14670
14749	19253			

瑞典

斯德哥爾摩遠東古物館

00202	00632	00658	00940	01150
01273	01529	01610	01881	02622
02998	03494	04918	06443	06665
10224	10289	10889	12058	12633
13460	14358	18217	18235	18237
18246				

斯德哥爾摩皇宮

03631	05344

斯德哥爾摩韋森氏

04138	08863	09550	16163

戴福寶（J.T.Tai）

11728

威爾遜氏

14712

不知名收藏家

00992

丹麥

丹麥哥本哈根國家博物館

00933	04373	04871	09240	10528
13605				

哥本哈根美術博物館

03606	09677

哥本哈根裝飾藝術博物館

01795	03812

哥本哈根工藝美術博物館

02306

荷蘭

阿姆斯特丹亞州藝術博物館

03598

萬孝臣氏

01066	15139	15951	16344	16616
18210				

W.Van der Mandele 氏

12015

不知名收藏家

04315	07099	11051	11387

比利時

布魯塞爾皇家藝術與歷史博物館

01506　05384　16833

意大利

羅馬國立東方藝術博物館

04625

歐洲某地

11836

日本

京都泉屋博古館

00732	01986	02203	02746	02894
03014	03245	03253	03305	03359
03472	03784	03833	03894	03960
04058	04172	04401	05115	06723
06929	07103	07266	07519	07633
07943	08579	08794	09213	10083
11262	11280	11321	11326	11376
11490	11526	11560	11644	12107
12566	12823	12969	12971	13064
13065	13102	13191	13291	13336
13529	13653	13756	13773	14655
14720	14785	15111	15112	15114
15115	15116	15117	15118	15119
15124	15170	15171	15172	15236
15269	15270	15273	15322	15331
15333	15425	15426	15427	15429
15589	19006	19157		

東京出光美術館

00235	00477	00752	00768	00979
01174	01706	01973	02461	02602
02787	03223	03666	04001	04112
04334	04338	04549	05263	05264
06915	06931	07331	07474	08573
08574	08733	08759	08773	08960
09002	09011	09117	09214	09383
09600	09767	09768	09769	10116
10136	10891	11029	11197	11217
11256	11310	11460	11461	11654
12199	12230	12263	12675	12886
12908	12936	13150	13516	13654
13743	14436	14603		

神户白鶴美術館

00417	01510	01511	01862	05530
05531	07488	07678	08263	10160
11270	11611	11630	11798	11809
11995	12087	12232	12650	12721
12836	12911	13044	13091	13231
13326	13333	13452	13456	13490
13703	13751			

東京根津美術館

02848	07094	09315	10946	11103
11108	11181	11228	11364	11562
11607	12319	12414	12535	12540
12547	12749	12942	13074	13264
13527	13750	13966	14581	14582
14583	14599			

兵庫縣黑川古文化研究所

00841	01179	01863	02455	03201
03575	04414	05394	06462	06708
06799	06832	07686	07801	08257
08267	08871	10137	10448	11380
11551	12523	12636	12733	13011
13784	15882			

東京書道博物館

02459	04995	05129	05256	05265
05304	08578	08581	11563	12661
13245	15317	15321	15585	16966

奈良寧樂美術館

00562	00673	00982	02738	04793
09551	09634	10929	11104	12140
13164	13714	13796	13797	

東京國立博物館

00002	00166	01117	01768	02183
03186	03947	07482	08704	11384
11708	11978	16932		

京都藤井有鄰館

00505	00983	01540	02457	03586
05821	08153	08551	10994	13292
14492	14623	15293		

奈良天理參考館

00130	00937	04941	05144	07086
11518	11604	11710	12530	16326

東京松岡美術館

03755	04445	04513	07414	11166
11440	12001	14920		

奈良國立博物館

00239	01418	01697	02258	05339

大阪市立博物館

12045	13239	17839

神奈川箱根美術館

00959	03558

熱海 MOA 美術館

03557	09238

東京長尾美術館

08763	09239	13809	14982

東京帝室博物館

05063

美秀（ MIHO ）博物館

15231

京都大學人文科學研究所

12315

福岡九洲大學

14376

永青文庫

17622

東京湯島孔廟斯文會

00753　00899　01212　06490　08867
09021

東京文明商會

00309

大阪山中商會

13203

兵庫縣千石唯司氏

03340　11500　14597

兵庫縣住友吉左衛門氏

04481

大阪齋藤悦藏氏

00881　12757

大阪江口治郎氏

03314　09766　11307　12242

大阪細見良氏

07415

京都川合定治郎氏

03152　08997　09028　09046　09578
12234　12645　13010　15199

京都小川睦之輔氏

02062　02267　07835　08557　08558
11561　11709　13034

京都太田貞造氏

03488

京都橫田正治郎氏

12754

神戶廣海二三郎氏

03456　12611

神戶東畑謙三氏

15335　15336　15337　15338　15339
15340　15341　15342

東京山本氏

04173

東京廣田熙氏

11370

東馬三郎氏

10053

不知名收藏家

00439　00594　03576　05961　06803
07854　08097　08370　08724　09130
09304　09431　11248　11366　11457
11501　11523　11631　11665　11669
11695　11793　12761　13240　13268
15184　17121　17122　17838

澳大利亞

墨爾本國立維多利亞博物館

00030	00822	00823	00876	00961
01389	01717	03299	04258	06635
10918	13208	18222		

墨爾本買亞氏

00876　01389　02740

觀寶氏

05163

不知名收藏家

07701

新加坡

新加坡國立博物館

06641　08224　09490　14651

新加坡亞洲文明博物館

00423

不知名收藏家

04590

十、《銘續》器物現藏地

器物現藏地目録

十、《銘續》器物現藏地

器物現藏地索引

北京市

中國國家博物館

0406

北京故宮博物院

0009	0071	0557	0624	0676
0696	0714	0741	0894	1088
1377	1378			

中國社會科學院考古研究所

0014	0033	0034	0289	0553
0563	0592	0744	0764	0769
0898	1360	1375	1376	1489
1490	1491	1492	1493	1494
1495	1496	1497	1498	1499
1500	1501	1502	1503	1504
1505	1506			

漢唐雅集藝術館

0730	0821	1306

虎泉齋

0347

尊古齋

1307

北京李氏

1312	1320	1334

某收藏家

0124	0330	0786	1233	1234

天津市

某收藏家

0381

上海市

上海博物館

0050

河北省

河北省博物館

1051	1052	1366	1367

河北省文物考古研究所

0569	0570	0571	0608	0631

正定縣文物管理所

0031

山西省

山西省考古研究所

0067	0106	0118	0181	0237
0276	0279	0305	0321	0370
0372	0442	0529	0662	0663
0666	0763	0768	0882	0924
0939	0949	0963	0971	0979
0981	1000			

山西省大河口墓地聯合考古隊

0323	0874	0324

山東省

山東省博物館

1049	1050	1060	1061	1071
1267				

濟南市博物館

1072

滕州市博物館

0290	0355	0551	0552	0575
0578	0579	0580	0581	0606
0610	0626	0632	0641	0651
0653	0708	0709	0721	0750

0773	0793	0798	0844	0845

棗莊市博物館

0191	0209	0220	0258	0532
1040	1123			

新泰市博物館

1065	1066	1074	1075	1076
1077	1083	1125	1126	1131
1268	1269	1290		

青州市博物館

1391	1392	1393	1394	1395

日照市博物館

0200

鄒城市博物館

0391

沂水縣博物館

0207	0535

淄博市某收藏家

1095	1255

陝西省

陝西歷史博物館

1205	1370	1386

陝西師範大學博物館

0062	0611

寶雞青銅器博物院

1062　　1063

寶雞市周原博物館

0112

寶雞市秦公大墓博物館

1284　　1287

寶雞市渭濱區博物館

0003	0047	0093	0263	0664
0770	0779	0799	0839	0840
0842	0851	0852	0853	0884
0896	0922	0953		

旬邑縣博物館

1070

乾縣文化館

0804

榆林市漢畫像博物館

1295

陝西省考古研究院

0350　　0397　　1250

子洲縣文物管理所

0015

西安市公安局

0295　　0701　　1278

扶風縣公安局

0291　　0748

某收藏家

0409　　0619

甘肅省

甘肅省博物館

0107

甘肅省文物考古研究所

1238

河南省

洛陽博物館

| 0599 | 0605 | 0607 | 0645 | 0667 |
| 0716 | 0868 | | | |

偃師商城博物館

0574

三門峽市虢國博物館

0527　　0925

開封市博物館

0392　　0393

平頂山博物館

| 0329 | 0404 | 1160 | 1372 | 1373 |

葉縣博物館

0162

河南省文物考古研究院(所)

0052	0178	0195	0430	0431
0546	0547	0591	0620	0672
0843	1365			

安陽市文物考古研究所

| 0301 | 0565 | 0566 | 0648 | 0718 |
| 1059 | | | | |

南陽市文物考古研究所

| 0479 | 0497 | 0498 | 0921 | 0982 |
| 1132 | 1163 | 1335 | | |

漯河市飛諾藝術品工作室

1094	1127	1129	1134	1156
1181	1196	1219	1222	1224
1231	1239	1240	1241	1249
1253	1263	1279	1309	1325
1361	1362	1363	1381	

洛陽文物收藏學會

| 0142 | 0159 | 0167 | 1218 | 1225 |

湖北省

湖北省博物館

| 0119 | 0245 | 0540 | 0901 | 0998 |
| 1383 | 1384 | | | |

長江博物館

1350

武漢市博物館

1109

隨州博物館

0126	0127	0187	0236	0240
0280	0299	0486	0818	0819
0903	0913	1025	1029	1030
1031	1032	1033	1034	1035
1036	1037	1038	1039	1079

荆州博物館

1324

宜昌博物館

1015

天門市博物館

1385

荆門市博物館

1507

丹江口市博物館

1301

穀城縣博物館

| 0092 | 0161 | 0190 | 0816 |

湖北省文物考古研究所

| 0064 | 0069 | 0074 | 0079 | 0082 |

0083	0096	0097	0098	0099
0100	0101	0109	0114	0117
0121	0123	0128	0130	0131
0146	0147	0198	0232	0239
0270	0277	0303	0311	0327
0338	0359	0362	0363	0365
0366	0367	0371	0478	0480
0481	0482	0483	0484	0488
0613	0637	0647	0713	0728
0746	0747	0765	0777	0781
0806	0808	0810	0813	0814
0815	0820	0855	0857	0859
0871	0872	0895	0902	0904
0918	0926	0927	0941	0948
0966	1157	1158	1215	

襄陽市文物考古研究所

0219　　1048

隨州市公安局

0375　　0507　　0508　　1252

某收藏家

1192

湖南省

湖南省博物館

1116　　1296

長沙市博物館

1146

益陽市文物處

1331

長沙市劉氏

1321

四川省

四川博物院

0259　　0596　　0598　　0621

江蘇省

南京博物院

1027

無錫博物院

0932

蘇州博物館

1056	1084	1092	1178	1256
1272	1273	1346	1352	

宿遷市博物館

1289

無錫朱氏

1328

蘇州李氏

1314

徐州李氏

1169　　1171　　1311

徐州徐氏

1319

南京某收藏家

1310

安徽省

安徽博物院

0136　　0137　　0380　　0489　　0541
0542　　0931　　0999　　1164　　1294
1382

壽縣博物館

1120　　1170　　1308

阜陽市博物館

0018　　0919　　1293

臨泉縣博物館

0080　　0644

亳州市博物館

1387

蚌埠市博物館

0476　　0494　　0495　　1016　　1017
1018　　1019　　1020　　1021　　1022
1023　　1024　　1144　　1145　　1230
1248

安慶市博物館

1271

桐城市博物館

0019

望江縣博物館

0036　　0567

繁昌縣博物館

1270

池州秀山門博物館

1172

合肥市文物管理處

0545　　1098

六安市文物局

1200

皖西文物處

0601

肥西縣文物管理所

0544　　0661　　0670　　0703

太湖縣文物管理所

0589

潁上縣文物管理所

0609

舒城縣文物管理所

0643

金寨縣文物管理所

0742

宣城李氏

1488

阜陽市某收藏家

1150

浙江省

浙江省博物館

| 1417 | 1418 |

杭州歷史博物館

| 1472 | 1473 | 1474 | 1477 |

紹興市博物館

1313

紹興縣博物館

| 1315 | 1323 | 1439 |

紹興越國文化博物館

1047	1106	1166	1167	1388
1399	1404	1405	1406	1420
1346	1347

紹興市古越閣

| 1198 | 1389 | 1397 | 1400 | 1401 |

1402	1403	1407	1408	1409
1410	1411	1412	1413	1414
1415	1419	1421	1422	1423
1424	1425	1426	1427	1428
1429	1430	1431	1432	1433
1434	1435	1436	1437	1438
1440	1342	1343	1344	1345
1350	1351	1352	1353	1354
1355	1356	1357	1358	1359
1360	1361	1363	1364	1365
1366	1367	1368	1369	1370
1475	1476	1478	1479	1480
1481	1482	1484	1485	1486
1487				

浙江集雅堂

1322

杭州畫錦堂

1265

杭州止水齋

| 1093 | 1280 | 1349 |

紹興翰越堂

1327

紹興玉笥堂

| 1341 | 1362 | 1398 |

紹興市金仕堡集團

1483

浙江省文物考古研究所

1509

寧波市鎮海區文物管理委員會

1211

杭州朱氏

1317

杭州韓氏

1348

浙江某收藏家

1220

紹興某收藏家

1176	1297	1329	1332	1508

福建省

涵古齋

0704

南平縣某收藏家

0352

海南省

海南省博物館

1333

香港特別行政區

香港中文大學文物館

1182	1281

中華古美術公司

0088	0204	0326	0382	0401
0518	0519	0897		

御雅居

0030	0032	0044	0070	0113
0302	0306	0396	0543	0616
0711	0715	0790	0795	0797
0877	0878	0967	1341	1354

鴻燊堂

0803

某收藏家

0168	0467	0800	0886	0914
1159	1298			

臺灣省

臺北故宮博物院

1168

臺北中研院歷史語言研究所

1326

臺北市震榮堂（陳鴻榮、王亞玲夫婦）

0010	0023	0024	0038	0049
0068	0084	0153	0197	0266

0268	0286	0309	0318	0322
0332	0390	0433	0464	0590
0604	0659	0669	0682	0689
0691	0692	0693	0710	0720
0723	0724	0726	0749	0751
0754	0757	0766	0860	0869
0900	0917	0945	0974	1026
1118	1124			

臺北市樂從堂

0459

臺灣某收藏家

1165　　1299

高雄某收藏家

1330

美國

克利夫蘭美術博物館

1028

紐約藍理捷藝術品公司

0134　　0310

某收藏家

0339　　0760

加拿大

多倫多皇家安大略博物館

0060	0233	0561	0564	0594
0595	0623	0627	0633	0634

0654	0655	0683	0688	0889

英國

牛津大學亞士莫蘭博物館

0013　　0028

格拉斯哥博物館

0264

MAX Loehr 氏

0007

洛貝脫氏

1300

某收藏家

0402

法國

東坡齋

0295　　0792　　0848　　0881

瑞典

斯德哥爾摩某收藏家

0008

奧地利

朱利思·艾伯哈特

0671

比利時

弗蘭克

0297

歐洲某地

某收藏家

0684　　　0712　　　0771

以色列

耶路撒冷國家博物館

1045

日本

奈良國立博物館

0875

京都泉屋博古館

1353

正木美術館

0740

兵庫縣千石唯司

0694

英青堂平野吉

0841

東京某收藏家

0094	0316	0411	0972

大阪某收藏家

0215	0549	0675	0794	0849

關西某收藏家

0020　　　0629

京都某收藏家

0558　　　0697

九州某收藏家

0719

日本某收藏家

0025	0026	0562	0636	0656
0657	0680	0705	0706	0727
0745	0775			

海外某收藏家

0004	0005	0011	0016	0017
0029	0108	0210	0216	0271
0313	0334	0335	0353	0354
0368	0422	0453	0455	0506
0523	0531	0556	0679	0695
0698	0772	0783	0809	0822
0838	0850	0883	0890	0906
0908	0912	0915	0942	0973
0977	1117			

不知名收藏家

0001	0002	0006	0012	0022

0035	0037	0039	0040	0042	0346	0348	0349	0351	0356
0043	0045	0046	0048	0051	0357	0358	0360	0364	0369
0053	0055	0057	0058	0059	0373	0374	0376	0377	0378
0061	0063	0065	0066	0072	0379	0383	0384	0385	0386
0073	0075	0076	0077	0078	0387	0388	0389	0395	0398
0081	0085	0086	0087	0089	0399	0400	0403	0405	0406
0090	0091	0095	0102	0103	0407	0408	0410	0412	0413
0105	0110	0111	0115	0116	0414	0415	0416	0417	0418
0120	0122	0125	0129	0132	0419	0420	0421	0423	0424
0133	0135	0138	0139	0140	0425	0426	0427	0428	0429
0141	0143	0144	0145	0148	0432	0434	0435	0438	0439
0149	0150	0151	0152	0154	0440	0441	0445	0446	0447
0155	0156	0157	0158	0160	0448	0449	0450	0451	0452
0163	0164	0165	0166	0169	0454	0456	0457	0458	0463
0170	0171	0172	0173	0175	0466	0468	0469	0470	0471
0176	0177	0179	0180	0182	0472	0473	0474	0475	0477
0183	0184	0188	0189	0192	0485	0487	0490	0491	0492
0193	0194	0196	0199	0201	0493	0496	0501	0502	0503
0202	0203	0205	0206	0208	0504	0505	0509	0512	0513
0211	0212	0213	0214	0217	0514	0515	0516	0520	0521
0218	0221	0222	0223	0224	0522	0524	0525	0526	0530
0225	0226	0228	0229	0230	0533	0534	0536	0537	0538
0231	0235	0238	0241	0242	0539	0548	0550	0554	0555
0243	0244	0246	0247	0248	0559	0560	0568	0572	0573
0249	0250	0251	0252	0253	0576	0577	0582	0583	0584
0254	0255	0256	0257	0260	0585	0586	0587	0588	0593
0261	0265	0267	0269	0272	0597	0600	0602	0603	0612
0274	0275	0278	0281	0282	0614	0615	0617	0618	0622
0283	0284	0285	0287	0292	0628	0630	0635	0638	0640
0293	0294	0298	0300	0304	0642	0646	0649	0652	0658
0307	0309	0312	0314	0315	0660	0665	0668	0673	0674
0317	0319	0320	0324	0325	0681	0685	0686	0687	0690
0328	0331	0333	0336	0337	0699	0700	0702	0707	0717
0340	0342	0343	0344	0345	0722	0729	0731	0732	0733

十、《銘續》器物現藏地

0734	0735	0736	0737	0739	1119	1121	1122	1128	1130
0752	0753	0755	0756	0758	1135	1137	1138	1139	1140
0761	0762	0767	0774	0776	1141	1142	1143	1147	1148
0778	0782	0784	0785	0787	1149	1151	1152	1153	1154
0788	0789	0791	0801	0802	1155	1161	1162	1173	1175
0805	0807	0811	0812	0817	1177	1179	1180	1183	1184
0823	0824	0825	0826	0827	1185	1186	1187	1188	1189
0828	0829	0830	0831	0832	1190	1191	1194	1195	1197
0833	0834	0835	0836	0837	1199	1201	1202	1203	1204
0846	0847	0854	0856	0858	1206	1207	1208	1209	1210
0862	0863	0864	0865	0866	1213	1214	1216	1217	1221
0867	0870	0876	0879	0885	1226	1227	1228	1229	1232
0887	0888	0891	0892	0893	1235	1236	1237	1242	1243
0899	0905	0907	0909	0910	1244	1245	1247	1251	1254
0911	0920	0928	0929	0930	1257	1258	1259	1260	1261
0934	0935	0936	0937	0938	1262	1266	1274	1275	1276
0940	0943	0944	0946	0947	1277	1282	1283	1285	1286
0950	0952	0954	0955	0956	1288	1302	1303	1304	1318
0957	0958	0960	0961	0962	1322	1336	1337	1338	1339
0964	0965	0968	0969	0970	1340	1342	1343	1344	1347
0975	0976	0978	0980	0983	1349	1351	1355	1356	1359
0984	0985	0986	0987	0988	1364	1368	1369	1371	1374
0989	0990	0991	0992	0993	1379	1380	1390	1396	
0994	0995	0996	1001	1002					

不知下落者

1003	1004	1005	1006	1007					
1008	1009	1010	1011	1012	0056	0104	0341	0625	0650
1013	1041	1042	1043	1044	0743	0796	0861	0873	0916
1053	1054	1055	1057	1058	0923	0933	0951	0959	1014
1064	1067	1068	1069	1073	1087	1174	1193	1212	1291
1078	1080	1081	1082	1085	1316	1348	1357	1358	
1086	1089	1090	1091	1096					
1099	1100	1101	1102	1103					
1104	1105	1107	1108	1110					
1111	1112	1113	1114	1115					

十一、《集成》與《銘圖》器號對照表

本表以《殷周金文集成》器號排序，"／"前爲《殷周金文集成》器號，"／"後爲《商周青銅器銘文暨圖像集成》器號。

00001/15104	00032/19365	00063/15193	00094/15279	00125/15336
00002/15105	00033/19366	00064/15199	00095/15280	00126/15337
00003/15106	00034/15150	00065/15232	00096/15281	00127/15338
00004/15109	00035/15151	00066/15233	00097/15282	00128/15339
00005/15121	00036/15153	00067/15234	00098/15283	00129/15340
00006/15122	00037/15154	00068/15235	00099/15284	00130/15341
00007/15123	00038/15155	00069/15236	00100/15285	00131/15342
00008/15751	00039/15156	00070/15238	00101/15286	00132/15333
00009/15752	00040/15157	00071/15237	00102/15275	00133/15343
00010/15753	00041/15158	00072/15247	00103/15297	00134/15344
00011/15754	00042/15171	00073/15222	00104/15287	00135/15345
00012/15755	00043/15170	00074/15223	00105/15288	00136/15346
00013/15756	00044/15172	00075/15224	00106/15782	00137/15347
00014/15124	00045/15174	00076/15225	00107/15316	00138/15348
00015/15758	00046/15159	00077/15226	00108/15317	00139/15349
00016/15125	00047/15178	00078/15227	00109/15320	00140/15784
00017/15760	00048/15160	00079/15228	00110/15321	00141/15350
00018/15126	00049/15185	00080/15229	00111/15322	00142/15416
00019/15128	00050/15175	00081/15230	00112/15323	00143/15415
00020/15129	00051/15179	00082/15265	00113/15324	00144/15419
00021/15138	00052/15188	00083/15267	00114/15325	00145/15499
00022/15139	00053/15184	00084/15268	00115/15326	00146/15496
00023/15130	00054/15198	00085/15780	00116/15327	00147/15497
00024/15132	00055/15196	00086/15276	00117/15328	00148/15498
00025/15131	00056/15197	00087/15319	00118/15329	00149/15421
00026/15133	00057/15194	00088/15269	00119/15330	00150/15422
00027/15134	00058/15195	00089/15270	00120/15781	00151/15423
00028/15135	00059/15189	00090/15271	00121/15331	00152/15424
00029/15136	00060/15190	00091/15272	00122/15332	00153/15792
00030/15137	00061/15191	00092/15273	00123/15334	00154/15793
00031/15140	00062/15192	00093/15278	00124/15335	00155/15785

00156/15786	00190/15525	00224/15370	00258/15604	00292/15437
00157/15425	00191/15526	00225/15570	00259/15605	00293/15438
00158/15426	00192/15527	00226/15571	00260/15633	00294/15439
00159/15427	00193/15542	00227/15572	00261/15632	00295/15440
00160/15428	00194/15543	00228/15573	00262/15565	00296/15441
00161/15429	00195/15544	00229/15574	00263/15566	00297/15442
00162/15111	00196/15545	00230/15575	00264/15567	00298/15443
00163/15112	00197/15546	00231/15576	00265/15568	00299/15444
00164/15113	00198/15547	00232/15577	00266/15569	00300/15445
00165/15114	00199/15548	00233/15578	00267/15824	00301/15446
00166/15115	00200/15549	00234/15579	00268/15825	00302/15447
00167/15116	00201/15550	00235/15580	00269/15826	00303/15448
00168/15117	00202/15551	00236/15581	00270/15827	00304/15449
00169/15118	00203/15819	00237/15582	00271/15828	00305/15450
00170/15119	00204/15292	00238/15584	00272/15552	00306/15451
00171/15430	00205/15293	00239/15585	00273/15553	00307/15452
00172/15502	00206/15294	00240/15586	00274/15554	00308/15453
00173/15503	00207/15295	00241/15587	00275/15555	00309/15454
00174/15504	00208/15296	00242/15588	00276/15556	00310/15455
00175/15505	00209/15814	00243/15589	00277/15557	00311/15456
00176/15506	00210/15533	00244/15590	00278/15558	00312/15457
00177/15507	00211/15534	00245/15591	00279/15559	00313/15458
00178/15508	00212/15538	00246/15592	00280/15560	00314/15459
00179/15509	00213/15539	00247/15593	00281/15561	00315/15460
00180/15510	00214/15540	00248/15594	00282/15562	00316/15461
00181/15495	00215/15541	00249/15595	00283/15563	00317/15462
00182/15532	00216/15537	00250/15596	00284/15564	00318/15463
00183/15528	00217/15535	00251/15597	00285/15829	00319/15464
00184/15529	00218/15536	00252/15598	00286/15431	00320/15465
00185/15530	00219/15820	00253/15599	00287/15432	00321/15466
00186/15531	00220/15821	00254/15600	00288/15433	00322/15467
00187/15522	00221/15822	00255/15601	00289/15434	00323/15468
00188/15523	00222/15823	00256/15602	00290/15435	00324/15469
00189/15524	00223/15369	00257/15603	00291/15436	00325/15470

00326/15471	00360/15883	00394/15903	00428/15989	00473/02642
00327/15472	00361/15882	00395/15905	00429/19305	00474/02646
00328/15473	00362/15859	00396/15906	00441/02603	00475/02647
00329/15474	00363/15860	00397/15907	00442/02605	00476/02644
00330/15475	00364/15861	00398/15893	00443/02606	00477/02645
00331/15476	00365/15875	00399/15908	00444/02607	00478/02649
00332/15477	00366/15876	00400/15920	00445/02602	00479/02650
00333/15478	00367/15851	00401/15921	00446/02608	00480/02653
00334/15479	00368/15852	00402/15922	00447/02601	00481/02654
00335/15480	00369/15853	00403/15912	00448/00032	00482/02655
00336/15481	00370/15854	00404/15884	00449/02604	00483/02659
00337/15482	00371/15855	00405/15909	00450/02609	00484/02660
00338/15483	00372/15869	00406/15910	00451/02615	00485/02638
00339/15484	00373/15868	00407/15911	00452/02616	00486/02641
00340/15485	00374/15877	00408/15914	00453/02617	00487/02639
00341/15486	00375/15870	00409/15915	00454/02631	00488/02670
00342/15487	00376/15879	00410/15916	00455/02632	00489/02663
00343/15488	00377/15862	00411/15923	00456/02618	00490/02661
00344/15489	00378/15863	00412/15924	00457/02634	00491/02668
00345/15490	00379/15864	00413/15952	00458/02626	00492/02669
00346/15491	00380/15885	00414/15953	00459/02627	00493/02666
00347/15492	00381/15886	00415/15951	00460/02628	00494/02662
00348/15493	00382/15887	00416/15955	00461/02620	00495/02665
00349/15494	00383/15888	00417/15956	00462/02621	00496/02672
00350/15216	00384/15889	00418/15957	00463/02619	00497/02683
00351/15217	00385/15890	00419/15958	00464/02623	00498/02684
00352/15218	00386/15891	00420/15959	00465/02624	00499/02675
00353/15219	00387/15892	00421/15982	00466/02633	00500/02676
00354/15220	00388/15898	00422/15981	00467/00422	00501/02677
00355/15221	00389/15899	00423/15987	00468/02622	00502/02678
00356/15290	00390/15900	00424/15983	00469/02629	00503/02679
00357/15291	00391/15904	00425/15988	00470/02637	00504/02681
00358/15583	00392/15901	00426/15984	00471/02630	00505/02673
00359/15880	00393/15902	00427/15985	00472/02640	00506/02688

00507/02689	00541/02759	00575/02778	00609/02818	00643/02869
00508/02685	00542/02742	00576/02779	00610/02819	00644/02874
00509/02690	00543/02732	00577/02784	00611/02821	00645/02870
00510/02691	00544/02745	00578/02781	00612/02820	00646/02891
00511/02692	00545/02735	00579/02783	00613/02827	00647/02816
00512/02694	00546/02761	00580/02809	00614/02828	00648/02876
00513/02696	00547/02747	00581/02810	00615/02830	00649/02914
00514/02700	00548/02753	00582/02788	00616/02831	00650/02915
00515/02701	00549/02754	00583/02789	00617/02832	00651/02916
00516/02702	00550/02749	00584/02790	00618/02833	00652/02917
00517/02703	00551/02755	00585/02791	00619/02834	00653/02918
00518/02704	00552/02756	00586/02786	00620/02835	00654/02919
00519/02705	00553/02750	00587/02793	00621/02836	00655/02920
00520/02706	00554/02748	00588/02803	00622/02837	00656/02921
00521/02707	00555/02751	00589/02797	00623/02838	00657/02922
00522/02718	00556/02757	00590/02798	00624/02844	00658/02923
00523/02719	00557/02758	00591/02799	00625/02845	00659/02872
00524/02720	00558/02746	00592/02812	00626/02839	00660/02871
00525/02721	00559/02760	00593/02801	00627/02875	00661/02887
00526/02723	00560/02744	00594/02802	00628/02841	00662/02886
00527/02715	00561/02739	00595/02865	00629/02842	00663/02879
00528/02713	00562/02740	00596/02813	00630/02843	00664/02880
00529/02712	00563/02743	00597/02794	00631/02846	00665/02881
00530/02710	00564/02714	00598/02795	00632/02848	00666/02893
00531/02717	00565/02766	00599/02796	00633/02847	00667/02894
00532/02716	00566/02767	00600/02892	00634/02860	00668/02883
00533/02726	00567/02731	00601/02811	00635/02877	00669/02909
00534/02722	00568/02768	00602/02792	00636/02878	00670/02885
00535/02725	00569/02770	00603/02800	00637/02849	00671/02913
00536/02724	00570/02771	00604/02805	00638/02850	00672/02912
00537/02697	00571/02780	00605/02804	00639/02851	00673/02911
00538/02728	00572/02772	00606/02815	00640/02852	00674/02929
00539/02729	00573/02773	00607/02814	00641/02858	00675/02889
00540/02730	00574/02774	00608/02824	00642/02859	00676/02890

00677/02930	00711/02989	00745/03025	00784/03120	00818/03194
00678/02993	00712/02988	00746/03029	00785/03121	00819/03178
00679/02873	00713/02977	00747/03026	00786/03101	00820/03182
00680/02933	00714/02928	00748/03032	00787/03132	00821/03183
00681/02924	00715/02985	00749/03027	00788/03274	00822/03187
00682/02900	00716/02986	00750/03028	00789/03152	00823/03186
00683/02934	00717/02943	00751/03030	00790/03112	00824/03184
00684/02925	00718/02935	00752/03031	00791/03111	00825/03161
00685/02936	00719/03004	00753/03035	00792/03137	00826/03189
00686/02937	00720/03000	00754/03039	00793/03140	00827/03190
00687/02945	00721/02998	00755/03040	00794/03138	00828/03191
00688/02907	00722/03001	00761/03113	00795/03143	00829/03193
00689/02908	00723/02996	00762/03114	00796/03142	00830/03192
00690/02901	00724/02999	00763/03115	00797/03141	00831/03195
00691/02903	00725/02995	00764/03154	00798/03144	00832/03196
00692/02902	00726/03002	00765/03102	00799/03145	00833/03197
00693/02904	00727/03003	00766/03103	00800/03146	00834/03198
00694/02905	00728/02997	00767/03104	00801/03148	00835/03199
00695/02906	00729/03005	00768/03106	00802/03155	00836/03201
00696/02954	00730/03006	00769/03125	00803/03156	00837/03203
00697/02932	00731/02978	00770/03126	00804/03149	00838/03205
00698/02955	00732/02991	00771/03127	00805/03158	00839/03206
00699/02910	00733/02990	00772/03133	00806/03162	00840/03207
00700/02969	00734/02992	00773/03134	00807/03165	00841/03208
00701/02968	00735/02979	00774/03116	00808/03169	00842/03209
00702/02967	00736/02987	00775/03117	00809/03167	00843/03213
00703/02973	00737/03007	00776/03107	00810/03172	00844/03212
00704/02974	00738/03009	00777/03124	00811/03171	00845/03214
00705/02976	00739/03008	00778/03122	00812/03168	00846/03215
00706/02975	00740/03010	00779/03110	00813/03173	00847/03237
00707/02927	00741/02994	00780/03123	00814/03176	00848/03217
00708/02956	00742/03011	00781/03108	00815/03177	00849/03218
00709/02983	00743/03012	00782/03109	00816/03179	00850/03220
00710/02984	00744/03013	00783/03135	00817/03180	00851/03221

十一、《集成》與《銘圖》器號對照表

00852/03234	00886/03258	00920/03307	00970/06306	01007/00123
00853/03219	00887/03270	00921/03310	00971/06309	01008/00216
00854/03222	00888/03271	00922/03314	00972/06307	01009/00217
00855/03223	00889/03262	00923/03318	00973/06308	01010/00221
00856/03204	00890/03263	00924/03315	00974/06313	01011/00222
00857/03228	00891/03284	00925/03319	00975/06314	01012/00263
00858/03229	00892/03265	00926/03320	00976/06315	01013/00204
00859/03230	00893/03264	00927/03323	00977/06316	01014/00264
00860/03231	00894/03276	00928/03327	00978/06317	01015/00267
00861/03224	00895/03278	00929/03336	00979/06318	01016/00266
00862/03235	00896/03280	00930/03324	00980/06319	01017/00228
00863/03236	00897/03279	00931/03325	00984/00283	01018/00229
00864/03283	00898/03266	00932/03332	00985/00188	01019/00269
00865/03226	00899/03275	00933/03337	00986/00201	01020/00127
00866/03240	00900/03267	00934/03338	00987/00198	01021/00126
00867/03241	00901/03261	00935/03331	00988/00197	01022/00128
00868/03248	00902/03288	00936/03330	00989/00212	01023/00125
00869/03246	00903/03289	00937/03334	00990/00211	01024/00149
00870/03247	00904/03285	00938/03342	00991/00006	01025/00148
00871/03251	00905/03290	00939/03345	00992/00005	01026/00282
00872/03252	00906/03287	00940/03341	00993/00213	01027/00153
00873/03253	00907/03291	00941/03350	00994/00202	01028/00339
00874/03243	00908/03293	00942/03351	00995/00281	01029/00247
00875/03255	00909/03296	00943/03352	00996/00270	01030/00206
00876/03244	00910/03294	00944/03347	00997/00271	01031/00208
00877/03256	00911/03295	00945/03353	00998/00268	01032/00613
00878/03281	00912/03297	00946/03357	00999/00140	01033/00340
00879/03282	00913/03299	00947/03361	01000/00262	01034/00223
00880/03259	00914/03302	00948/03359	01001/00133	01035/00154
00881/03245	00915/03305	00949/03364	01002/00132	01036/00155
00882/03260	00916/03306	00966/06301	01003/00096	01037/00284
00883/03268	00817/13665	00967/06302	01004/00095	01038/00285
00884/03273	00918/03309	00968/06303	01005/00121	01039/00286
00885/03269	00919/03322	00969/06304	01006/00122	01040/00200

01041/00199	01075/00034	01109/00015	01143/00338	01177/00235
01042/00068	01076/00039	01110/00016	01144/00083	01178/00233
01043/00069	01077/00030	01111/00280	01145/00079	01179/00236
01044/00070	01078/00040	01112/00171	01146/00081	01180/00237
01045/00071	01079/00029	01113/00366	01147/00082	01181/00234
01046/00072	01080/00041	01114/00368	01148/00192	01182/00238
01047/00260	01081/00042	01115/00369	01149/00173	01183/00243
01048/00261	01082/00043	01116/00367	01150/00172	01184/00241
01049/00277	01083/00044	01117/00245	01151/00345	01185/00239
01050/00248	01084/00032	01118/00246	01152/00346	01186/00242
01051/00190	01085/00033	01119/00272	01153/00347	01187/00244
01052/00108	01086/00035	01120/00164	01154/00311	01188/00130
01053/00098	01087/00036	01121/00163	01155/00312	01189/00131
01054/00099	01088/00037	01122/00166	01156/00310	01190/00129
01055/00100	01089/00193	01123/00138	01157/00309	01191/00349
01056/00101	01090/00252	01124/00139	01158/00302	01092/00194
01057/00103	01091/00265	01125/00145	01159/00308	01193/00185
01058/00102	01192/00273	01126/00143	01160/00303	01194/00279
01059/00104	01093/00118	01127/00144	01161/00304	01195/00049
01060/00105	01094/00117	01128/00147	01162/00300	01196/00053
01061/00106	01095/00119	01129/00146	01163/00317	01197/00050
01062/00110	01096/00335	01130/00001	01164/00318	01198/00061
01063/00109	01097/00251	01131/00365	01165/00319	01199/00052
01064/00341	01098/00327	01132/00364	01166/00191	01200/00054
01065/00343	01099/00195	01133/00004	01167/00225	01201/00055
01066/00111	01100/00253	01134/00170	01168/00258	01202/00056
01067/00113	01101/00169	01135/00196	01169/00324	01203/00051
01068/00249	01102/00008	01136/00254	01170/00325	01204/00048
01069/00250	01103/00010	01137/00336	01171/00322	01205/00063
01070/00116	01104/00009	01138/00255	01172/00323	01206/00057
01071/00115	01105/00011	01139/00296	01173/00321	01207/00058
01072/00114	01106/00012	01140/00316	01174/00257	01208/00087
01073/00038	01107/00014	01141/00203	01175/00209	01209/00085
01074/00031	01108/00013	01142/00256	01176/00230	01210/00084

01211/00086	01245/00181	01279/00400	01313/00475	01347/00722
01212/00259	01246/00180	01280/00404	01314/00474	01348/00701
01213/00174	01247/00182	01281/00406	01315/00457	01349/01102
01214/00287	01248/00349	01282/00407	01316/00458	01350/00648
01215/00091	01249/00290	01283/00694	01317/00459	01351/00676
01216/00090	01250/00299	01284/00433	01318/00476	01352/00677
01217/00089	01251/00371	01285/00434	01319/00477	01353/00688
01218/00175	01252/00372	01286/00435	01320/00488	01354/00687
01219/00291	01253/00373	01287/00436	01321/00489	01355/00608
01220/00156	01254/02625	01288/00438	01322/00490	01356/00609
01221/00159	01255/00377	01289/00437	01323/00507	01357/00599
01222/00183	01256/00378	01290/00409	01324/00491	01358/00610
01223/00184	01257/00381	01291/00440	01325/00492	01359/00602
01224/00333	01258/00382	01292/00449	01326/00493	01360/00607
01225/00093	01259/00379	01293/00432	01327/00494	01361/00630
01226/00092	01260/00385	01294/00444	01328/00495	01362/00631
01227/00093	01261/00389	01295/00445	01329/00496	01363/00632
01228/00137	01262/00388	01296/00450	01330/00497	01364/00633
01229/00136	01263/00386	01297/00451	01331/00498	01365/00628
01230/00186	01264/00384	01298/00453	01332/00499	01366/00629
01231/00351	01265/00383	01299/00455	01333/00500	01367/00627
01232/00352	01266/00387	01300/00456	01334/00502	01368/00634
01233/00358	01267/00391	01301/00460	01335/00508	01369/00179
01234/00354	01268/00390	01302/00463	01336/00501	01370/00178
01235/00189	01269/00392	01303/00462	01337/00503	01371/13465
01236/00297	01270/00394	01304/00464	01338/00504	01372/00647
01237/00332	01271/00393	01305/00461	01339/00506	01373/00603
01238/00331	01272/00396	01306/00466	01340/00513	01374/00604
01239/00357	01273/00402	01307/00467	01341/00510	01375/00605
01240/00362	01274/00401	01308/00468	01342/00511	01376/00606
01241/00363	01275/00398	01309/00469	01343/00509	01377/00727
01242/00359	01276/00397	01310/00478	01344/00598	01378/00728
01243/00361	01277/00399	01311/00472	01345/00721	01379/00729
01244/00220	01278/00403	01312/00473	01346/00717	01380/00644

01381/00423	01415/00594	01449/00621	01483/00636	01517/00757
01382/00424	01416/00576	01450/00619	01484/00691	01518/00755
01383/00425	01417/00575	01451/00618	01485/00667	01519/00756
01384/00427	01418/00574	01452/00620	01486/00664	01520/00758
01385/00412	01419/00573	01453/00623	01487/00663	01521/00753
01386/00413	01420/00572	01454/00657	01488/00662	01522/00754
01387/00416	01421/00584	01455/00673	01489/00693	01523/00760
01388/00415	01422/00583	01456/00674	01490/00671	01524/00761
01389/00417	01423/00578	01457/00679	01491/00672	01525/00763
01390/00419	01424/00732	01458/00678	01492/00680	01526/00762
01391/00420	01425/00571	01459/00689	01493/00681	01527/00764
01392/00421	01426/00566	01460/00655	01494/00682	01528/00772
01393/00524	01427/00568	01461/00656	01495/00683	01529/00771
01394/00526	01428/00569	01462/00988	01496/00684	01530/00768
01395/00527	01429/00564	01463/00654	01497/00718	01531/00802
01396/00528	01430/00563	01464/00670	01498/00658	01532/00773
01397/00529	01431/00567	01465/00669	01499/00720	01533/00774
01398/00523	01432/00562	01466/00617	01500/00707	01534/00776
01399/00525	01433/00552	01467/00616	01501/00661	01535/00780
01400/00520	01434/00550	01468/00410	01502/00715	01536/00791
01401/00592	01435/00553	01469/00411	01503/00716	01537/00792
01402/00593	01436/00551	01470/00615	01504/00695	01538/00777
01403/00589	01437/00556	01471/00452	01505/00698	01539/00778
01404/00587	01438/00544	01472/00370	01506/00697	01540/00793
01405/00585	01439/00547	01473/00719	01507/00723	01541/00799
01406/00582	01440/00549	01474/00597	01508/01091	01542/00800
01407/00581	01441/00548	01475/00641	01509/00724	01543/00801
01408/00588	01442/00545	01476/00642	01510/00743	01544/00787
01409/00590	01443/00555	01477/00639	01511/00746	01545/00788
01410/00580	01444/00546	01478/00640	01512/00748	01546/00796
01411/00579	01445/00554	01479/00637	01513/00749	01547/00795
01412/00591	01446/00595	01480/00638	01514/00750	01548/00803
01413/00577	01447/00515	01481/00643	01515/00751	01549/00797
01414/00596	01448/00625	01482/00635	01516/00752	01550/00782

01551/00785	01585/00830	01620/00870	01654/00900	01688/00927
01552/00784	01586/00827	01621/00854	01655/00904	01689/00926
01553/00786	01587/00822	01622/00853	01656/00892	01690/00932
01554/01121	01588/00823	01623/00873	01657/00893	01691/00931
01555/01116	01589/00821	01624/00874	01658/00902	01692/00935
01556/01118	01590/00838	01625/00876	01659/00905	01693/00923
01557/01119	01591/00839	01626/00878	01660/00906	01694/00953
01558/01120	01592/00840	01627/00879	01661/00913	01695/00924
01559/01117	01593/00817	01628/00872	01662/00914	01696/00865
01560/00781	01594/00815	01629/00875	01663/00894	01697/00955
01561/00789	01595/00832	01630/00880	01664/00895	01698/00954
01562/00794	01596/00831	01631/00882	01665/00919	01699/00959
01563/00783	01597/00816	01632/00891	01666/00918	01700/00960
01564/00798	01598/00818	01633/00917	01667/00948	01701/00961
01565/00804	01599/00824	01634/00883	01668/00933	01702/00973
01566/00805	01600/00819	01635/00885	01669/00949	01703/00957
01567/01143	01601/00847	01636/00886	01670/00928	01704/00962
01568/00806	01602/00849	01637/00915	01671/00944	01705/01070
01569/00807	01603/00852	01638/00907	01672/00943	01706/00964
01570/00834	01604/00851	01639/00908	01673/00945	01707/00965
01571/00835	01605/00850	01640/00887	01674/00936	01708/00966
01572/00837	01606/00867	01641/00888	01675/00937	01709/00968
01573/00833	01607/00856	01642/00881	01676/00950	01710/00967
01574/00812	01608/00857	01643/00916	01677/00952	01711/01222
01575/00813	01610/00855	01644/00890	01678/00938	01712/00971
01576/00814	01611/00858	01645/00889	01679/00942	01713/00972
01577/00846	01612/00859	01646/00909	01680/00940	01714/00970
01578/00844	01613/00860	01647/00910	01681/00941	01715/00976
01579/00843	01614/00862	01648/00911	01682/01204	01716/00975
01580/00845	01615/00861	01649/00912	01683/01203	01717/00974
01581/00841	01616/00871	01650/00898	01684/01202	01718/00977
01582/01144	01617/00863	01651/00896	01685/00920	01719/01052
01583/00828	01618/00868	01652/00897	01686/00939	01720/00995
01584/00829	01619/00869	01653/00899	01687/00947	01721/00997

01722/00993	01756/01066	01790/01051	01824/01126	01858/01170
01723/00999	01757/01075	01791/01036	01825/01127	01859/01171
01724/01000	01758/00737	01792/01033	01826/01132	01860/01274
01725/01002	01759/00734	01793/01038	01827/01136	01861/01172
01726/01004	01760/00992	01794/01034	01828/01133	01862/01174
01727/01007	01761/01083	01795/01039	01829/01140	01863/01175
01728/01008	01762/01225	01796/01040	01830/01138	01864/01176
01729/01006	01763/00987	01797/01041	01831/01137	01865/01178
01730/01011	01764/00963	01798/01089	01832/01239	01866/01179
01731/01013	01765/00958	01799/01103	01833/01139	01867/01180
01732/01014	01766/01076	01800/01093	01834/01128	01868/01184
01733/01077	01767/01067	01801/01095	01835/01129	01869/01181
01734/01064	01768/01068	01802/01104	01836/01141	01870/01182
01735/01065	01769/01079	01803/01097	01837/01142	01871/01185
01736/00686	01770/01082	01804/01099	01838/01145	01872/01183
01737/00991	01771/01087	01805/01100	01839/01146	01873/01186
01738/00978	01772/01072	01806/01098	01840/01147	01874/01187
01739/00979	01773/01046	01807/00714	01841/01152	01875/01188
01740/00736	01774/01047	01808/01341	01842/01149	01876/01189
01741/00735	01775/01048	01809/01193	01843/01150	01877/01289
01742/00742	01776/01012	01810/01233	01844/01151	01878/01275
01743/00738	01777/01044	01811/01107	01845/01154	01879/01190
01744/00739	01778/01045	01812/01110	01846/01155	01880/01191
01745/00741	01779/01029	01813/01109	01847/01156	01881/01195
01746/00740	01780/01017	01814/01112	01848/01157	01882/01196
01747/00982	01781/01030	01815/01113	01849/01158	01883/01197
01748/00983	01782/01027	01816/01115	01850/01162	01884/01198
01749/00984	01783/01021	01817/01114	01851/01163	01885/01194
01750/00985	01784/01026	01818/01122	01852/01164	01886/01238
01751/01081	01785/01028	01819/01123	01853/01165	01887/01199
01752/00989	01786/01024	01820/01125	01854/01166	01888/01200
01753/01058	01787/01025	01821/01130	01855/01167	01889/01369
01754/01060	01788/01049	01822/01135	01856/01168	01890/01201
01755/01061	01789/01050	01823/01131	01857/01169	01891/01205

01892/01206	01926/01262	01960/01291	01994/01347	02028/01439
01893/01207	01927/01259	01961/01292	01995/01353	02029/01440
01894/01208	01928/01260	01962/01299	01996/01354	02030/01393
01895/01209	01929/01261	01963/01298	01997/01355	02031/01394
01896/01210	01930/01264	01964/01317	01998/01356	02032/01386
01897/01211	01931/01267	01965/01320	01999/01377	02033/01387
01898/01212	01932/01342	01966/01311	02000/01357	02034/01388
01899/01215	01933/01345	01967/01319	02001/01358	02035/01400
01900/01213	01934/01307	01968/01306	02002/01359	02036/01435
01901/01236	01935/00705	01969/01322	02003/01362	02037/01405
01902/01216	01936/01324	01970/01321	02004/01360	02038/01442
01903/01285	01937/01268	01971/01287	02005/01363	02039/01443
01904/01217	01938/01268	01972/01313	02006/01361	02040/01444
01905/01389	01939/01214	01973/01294	02007/01379	02041/01447
01906/01106	01940/01288	01974/01296	02008/01378	02042/01446
01907/01228	01941/01305	01975/01240	02009/01364	02043/01449
01908/12095	01942/01270	01976/01312	02010/01367	02044/01448
01909/01220	01943/01271	01977/01297	02011/01392	02045/01450
01910/01223	01944/01219	01978/01323	02012/01404	02046/01455
01911/01230	01945/01351	01979/01315	02013/01496	02047/01453
01912/01247	01946/01340	01980/01338	02014/01368	02048/01454
01913/01231	01947/01495	01981/01276	02015/01385	02049/01462
01914/01243	01948/01290	01982/01278	02016/01384	02050/01463
01915/01250	01949/01308	01983/01283	02017/01373	02051/01460
01916/01252	01950/01316	01984/01284	02018/01416	02052/01457
01917/01256	01951/01303	01985/01282	02019/01375	02053/01459
01918/04036	01952/01304	01986/01281	02020/01374	02054/01458
01919/01253	01953/01301	01987/01318	02021/01417	02055/01426
01920/01254	01954/01302	01988/01325	02022/01397	02056/01425
01921/01248	01955/01330	01989/01295	02023/01398	02057/01464
01922/01257	01956/01273	01990/01327	02024/01438	02058/01406
01923/01263	01957/01272	01991/01344	02025/01402	02059/01395
01924/01266	01958/01310	01992/01352	02026/01390	02060/01418
01925/01265	01959/00990	01993/01346	02027/01434	02061/01424

02062/01382	02095/01483	02129/01510	02163/01612	02197/01629
02063/01401	02096/01482	02130/01511	02164/01641	02198/01599
02064/01421	02097/01489	02131/01542	02165/01642	02199/01602
02065/01441	02098/01486	02132/01610	02166/01606	02200/01616
02066/01414	02099/01487	02133/01521	02167/01623	02201/01549
02067/01422	02100/01485	02134/01522	02168/01624	02202/01653
02068/01415	02101/01472	02135/01505	02169/01613	02203/01644
02069/01409	02102/01494	02136/01516	02170/01625	02204/01548
02070/01410	02103/01490	02137/01691	02171/01622	02205/01652
02071/01411	02104/01685	02138/01692	02172/01601	02206/01604
02072/01407	02105/01680	02139/01605	02173/01618	02207/01632
02073/01436	02106/01484	02140/01512	02174/01609	02208/01633
02074/01412	02107/01391	02141/01650	02175/01614	02209/01634
02075/01461	02108/01687	02142/01648	02176/01619	02210/01635
02076/01420	02109/02738	02143/01647	02177/01541	02211/01636
02077/01413	02110/01525	02144/01649	02178/01540	02212/01598
02078/11567	02111/01497	02145/01608	02179/01523	02213/01654
02079/01408	02112/01498	02146/01620	02180/01524	02214/01655
02080/01419	02113/01499	02147/01519	02181/01513	02215/01578
02081/01423	02114/01517	02148/01615	02182/01514	02216/01579
02082/01465	02115/01503	02149/01550	02183/01631	02217/01580
02083/01466	02116/01504	02150/01552	02184/01603	02218/01581
02084.1/01469	02117/01502	02151/01553	02185/01626	02219/01582
02084.2/01467	02118/01538	02152/01551	02186/01597	02220/01583
02085/01471	02119/01508	02153/01575	02187/01639	02221/01584
02086/01474	02120/01533	02154/01576	02188/01547	02222/01585
02087/01473	02121/01534	02155/01594	02189/01643	02223/01586
02088/01475	02122/01545	02156/01595	02190/01627	02224/01587
02089/01476	02123/01544	02157/01527	02191/01520	02225/01589
02090/01477	02124/01515	02158/01528	02192/01536	02226/01590
02091/01478	02125/01539	02159/01529	02193/02734	02227/01656
02092/01479	02126/01543	02160/01593	02194/01646	02228/01681
02093/01480	02127/01546	02161/01592	02195/01628	02229/01670
02094/01481	02128/01535	02162/01611	02196/01645	02230/01669

02231/01668	02265/01708	02299/01772	02333/01803	02367/01868
02232/01678	02266/01710	02300/01768	02334/01831	02368/01856
02233/01564	02267/01709	02301/01773	02335/01779	02369/01864
02234/01661	02268/01715	02302/01774	02336/01784	02370/01826
02235/01659	02269/01716	02303/01775	02337/01783	02371/01824
02236/01686	02270/01717	02304/01850	02338/01785	02372/01863
02237/01349	02271/01733	02305/01762	02339/01825	02373/01855
02238/01675	02272/01704	02306/01765	02340/01789	02374/01857
02239/01671	02273/01719	02307/01764	02341/01786	02375/01861
02240/01679	02274/01720	02308/01766	02342/01787	02376/01934
02241/01684	02275/01713	02309/01776	02343/01788	02377/01865
02242/01682	02276/01735	02310/01813	02344/01822	02378/01875
02243/01761	02277/01734	02311/01778	02345/01820	02379/01877
02244/01727	02278/01736	02312/01790	02346/01808	02380/01911
02245/01690	02279/01747	02313/01805	02347/01809	02381/01870
02246/01731	02280/01737	02314/01800	02348/01806	02382/01871
02247/01701	02281/01739	02315/01818	02349/01812	02383/01872
02248/01696	02282/01740	02316/01811	02350/01905	02384/01873
02249/01726	02283/01746	02317/01817	02351/01830	02385/01876
02250/01728	02284/01742	02318/01777	02352/01832	02386/01874
02251/01729	02285/01744	02319/01801	02353/01833	02387/01879
02252/01722	02286/01751	02320/01823	02354/01834	02388/01880
02253/01703	02287/01745	02321/01796	02355/01841	02389/01881
02254/01807	02288/01748	02322/01816	02356/01842	02390/01883
02255/01705	02289/01749	02323/01814	02357/01845	02391/01882
02256/01723	02290/01752	02324/01802	02358/01846	02392/01878
02257/01730	02291/01754	02325/01794	02359/01847	02393/01886
02258/01724	02292/01756	02326/01827	02360/02012	02394/01887
02259/01725	02293/01757	02327/01819	02361/01851	02395/01888
02260/01697	02294/01760	02328/01780	02362/01693	02396/01885
02261/01718	02295/01759	02329/01792	02363/01852	02397/01890
02262/01688	02296/01767	02330/01795	02364/01853	02398/01859
02263/01732	02297/01769	02331/01828	02365/01860	02399/01869
02264/01707	02298/01771	02332/01829	02366/01842	02400/01891

02401/01893	02435/01959	02469/01995	02503/02024	02537/02058
02402/01892	02436/01929	02470/01971	02504/02023	02538/02110
02403/01895	02437/01933	02471/02000	02505/02019	02539/02120
02404/01901	02438/01935	02472/01972	02506/02021	02540/02119
02405/01928	02439/01931	02473/01962	02507/02046	02541/02113
02406/01899	02440/01936	02474/01978	02508/02053	02542/02114
02407/01900	02441/01943	02475/01973	02509/02048	02543/02115
02408/01904	02442/01968	02476/02035	02510/02049	02544/02116
02409/01907	02443/01938	02477/01982	02511/02030	02545/02117
02410/01906	02444/01939	02478/01983	02512/02054	02546/02082
02411/01914	02445/01940	02479/01980	02513/02079	02547/02118
02412/01915	02446/01941	02480/01981	02514/02080	02548/02111
02413/01912	02447/01942	02481/02018	02515/02081	02549/02076
02414/01902	02448/01946	02482/02016	02516/02056	02550/02060
02415/01916	02449/01945	02483/01956	02517/02124	02551/02065
02416/01966	02450/01944	02484/01964	02518/02084	02552/02132
02417/01965	02451/02015	02485/01986	02519/02037	02553/02071
02418/01967	02452/01949	02486/02047	02520/02085	02554/02072
02419/01908	02453/01953	02487/01987	02521/02057	02555/02069
02420/01913	02454/01952	02488/02050	02522/02091	02556/02102
02421/01975	02455/01954	02489/02051	02523/02092	02557/02141
02422/01976	02456/01957	02490/01988	02524/02036	02558/02140
02423/01918	02457/01951	02491/01994	02525/02086	02559/02145
02424/01919	02458/01958	02492/01996	02526/02089	02560/02074
02425/01896	02459/01955	02493/02008	02527/02066	02561/02077
02426/01977	02460/01963	02494/02061	02528/02246	02562/02083
02427/01894	02461/02026	02495/02062	02529/02052	02563/02123
02428/01920	02462/01961	02496/02007	02530/02041	02564/02090
02429/01917	02463/01998	02497/02003	02531/02045	02565/02088
02430/01922	02464/01999	02498/02011	02532/02044	02566/02087
02431/01924	02465/02028	02499/02022	02533/02112	02567/02038
02432/01927	02466/02031	02500/01997	02534/02107	02568/02095
02433/01925	02467/02032	02501/02001	02535/02109	02569/02133
02434/01926	02468/01970	02502/02009	02536/02108	02570/02130

02571/02131	02605/02127	02639/02236	02673/02260	02707/02265
02572/02094	02606/02157	02640/02237	02674/02267	02708/02320
02573/02093	02607/02159	02641/02238	02675/02309	02709/02312
02574/02098	02608/02167	02642/02213	02676/02269	02710/02313
02575/02070	02609/02160	02643/02192	02677/02270	02711/02314
02576/02097	02610/02161	02644/02217	02678/02272	02712/02322
02577/02162	02611/02163	02645/02218	02679/02294	02713/02317
02578/02101	02612/02183	02646/02197	02680/02292	02714/02333
02579/02137	02613/02184	02647/02198	02681/02303	02715/02325
02580/02190	02614/02168	02648/02202	02682/02268	02716/02326
02581/02103	02615/02169	02649/02249	02683/02280	02717/02343
02582/02173	02616/02206	02650/02212	02684/02281	02718/02327
02583/02174	02617/02175	02651/02223	02685/02282	02719/02341
02584/02170	02618/02176	02652/02216	02686/02283	02720/02328
02585/02142	02619/02210	02653/02224	02687/02284	02721/02340
02586/02172	02620/02214	02654/02226	02688/02285	02722/02335
02587/02128	02621/02178	02655/02227	02689/02286	02723/02344
02588/02179	02622/02215	02656/02250	02690/02305	02724/02336
02589/02126	02623/02165	02657/02251	02691/02306	02725/02337
02590/02136	02624/02240	02658/02199	02692/02307	02726/02338
02591/02177	02625/02200	02659/02225	02693/02017	02727/02355
02592/02129	02626/02181	02660/02271	02694/02296	02728/02353
02593/02156	02627/02182	02661/02266	02695/02293	02729/02345
02594/02138	02628/02203	02662/02248	02696/02291	02730/02352
02595/02139	02629/02228	02663/02275	02697/02297	02731/02354
02596/02191	02630/02229	02664/02274	02698/02298	02732/02350
02597/02143	02631/02230	02665/02277	02699/02299	02733/02346
02598/02188	02632/02234	02666/02276	02700/02300	02734/02370
02599/02171	02633/02235	02667/02287	02701/02256	02735/02361
02600/02187	02634/02207	02668/02263	02702/02257	02736/02362
02601/02194	02635/02208	02669/02252	02703/02290	02737/02371
02602/02195	02636/02209	02670/02258	02704/02321	02738/02372
02603/02154	02637/02308	02671/02259	02705/02315	02739/02364
02604/02155	02638/02231	02672/02245	02706/02323	02740/02365

02741/02366	02775/02411	02809/02462	02912/03404	02946/03461
02742/02369	02776/02428	02810/02464	02913/03405	02947/03462
02743/02374	02777/02424	02811/02468	02914/03402	02948/03463
02744/02375	02778/02423	02812/02477	02915/03566	02949/03464
02745/02380	02779/02430	02813/02476	02916/03428	02950/03465
02746/02376	02780/02431	02814/02478	02917/03429	02951/03472
02747/02368	02781/02432	02815/02479	02918/03430	02952/03512
02748/02379	02782/02435	02816/02480	02919/03417	02953/03473
02749/02386	02783/02433	02817/02481	02920/03606	02954/03415
02750/02381	02784/02434	02818/02483	02921/03570	02955/03553
02751/02383	02785/02382	02819/02482	02922/03437	02956/03552
02752/02384	02786/02440	02820/02487	02923/03438	02957/03541
02753/02397	02787/02443	02821/02484	02924/03410	02958/03542
02754/02400	02788/02444	02822/02485	02925/03488	02959/03543
02755/02398	02789/02448	02823/02486	02926/03575	02960/03544
02756/02394	02790/02447	02824/02489	02927/03450	02961/03545
02757/02388	02791/02445	02825/02490	02928/03451	02962/03546
02758/02390	02792/02450	02826/02491	02929/03452	02963/03547
02759/02391	02793/02389	02827/02492	02930/03453	02964/03466
02760/02392	02794/02359	02828/02494	02931/03489	02965/03467
02761/02393	02795/02360	02829/02493	02932/03573	02966/03468
02762/02401	02796/02454	02830/02495	02933/03574	02967/03476
02763/02399	02797/02455	02831/02496	02934/03571	02968/03477
02764/02429	02798/02456	02832/02497	02935/03572	02969/03426
02765/02405	02799/02457	02833/02498	02936/03411	02970/03408
02766/02402	02800/02458	02834/02499	02937/03412	02971/03424
02767/02407	02801/02459	02835/02500	02938/03580	02972/03569
02768/02414	02802/02460	02836/02513	02939/03581	02973/03422
02769/02415	02803/02451	02837/02514	02940/03582	02974/03557
02770/02416	02804/02452	02838/02515	02941/03456	02975/03558
02771/02417	02805/02463	02839/02516	02942/03457	02976/03556
02772/02418	02806/02467	02840/02517	02943/03454	02977/03559
02773/02421	02807/02465	02841/02518	02944/03458	02978/03555
02774/02406	02808/02466	02911/03563	02945/03460	02979/03550

02980/03551	03014/03534	03048/03589	03082/03600	03116/03630
02981/03433	03015/03439	03049/03694	03083/03601	03117/03621
02982/03577	03016/03481	03050/03695	03084/03602	03118/03622
02983/03578	03017/03480	03051/03696	03085/03722	03119/03620
02984/03579	03018/03513	03052/03697	03086/03677	03120/03608
02985/03716	03019/03517	03053/03699	03087/03678	03121/03692
02986/03538	03020/03514	03054/03698	03088/03679	03122/03610
02987/03539	03021/03515	03055/03702	03089/03680	03123/03611
02988/03459	03022/03516	03056/03701	03090/03666	03124/03616
02989/03607	03023/03522	03057/03704	03091/03668	03125/03860
02990/03495	03024/03525	03058/03705	03092/03667	03126/03625
02991/03494	03025/03444	03059/03706	03093/03657	03127/03596
02992/03496	03026/03526	03060/03709	03094/03658	03128/03623
02993/03497	03027/03527	03061/03684	03095/03674	03129/03624
02994/03502	03028/03586	03062/03683	03096/03669	03130/03725
02995/03503	03029/03567	03063/03685	03097/03672	03131/03726
02996/03504	03030/03431	03064/03686	03098/03670	03132/03721
02997/03500	03031/10056	03065/03687	03099/03671	03133/03724
02998/03501	03032/03562	03066/03688	03100/03659	03134/03729
02999/03505	03033/03475	03067/03689	03101/03662	03135/03747
03000/03506	03034/03713	03068/03735	03102/03664	03136/03745
03001/03491	03035/03401	03069/03690	03103/03655	03137/03746
03002/03490	03036/03583	03070/03691	03104/03656	03138/03748
03003/03584	03037/03440	03071/03643	03105/03665	03139/03751
03004/03585	03038/03612	03072/03644	03106/03639	03140/03752
03005/03565	03039/03483	03073/03645	03107/03640	03141/03754
03006/03564	03040/03434	03074/03646	03108/00605	03142/03755
03007/03479	03041/03445	03075/03648	03109/03626	03143/03756
03008/03531	03042/03470	03076/03652	03110/03627	03144/03759
03009/03529	03043/03717	03077/03649	03111/03631	03145/03761
03010/03530	03044/03484	03078/03653	03112/03634	03146/03762
03011/03532	03045/03446	03079/03654	03113/03636	03147/03760
03012/03533	03046/03587	03080/03720	03114/03635	03148/03763
03013/03536	03047/03588	03081/03598	03115/03609	03149/03769

03150/03773　03184/03805　03218/03851　03252/03899　03286/03875

03151/03764　03185/03980　03219/03845　03253/03896　03287/03880

03152/03768　03186/03806　03220/03853　03254/03900　03288/03881

03153/03765　03187/03979　03221/03854　03255/03895　03289/03878

03154/03771　03188/03808　03222/03855　03256/03909　03290/03876

03155/03964　03189/03807　03223/03999　03257/03910　03291/03877

03156/03774　03190/03810　03224/03856　03258/03902　03292/03879

03157/03775　03191/03816　03225/03858　03259/03908　03293/03885

03158/03777　03192/03815　03226/03857　03260/03907　03294/03867

03159/03778　03193/03817　03227/03739　03261/03911　03295/03889

03160/03779　03194/03812　03228/03599　03262/03914　03296/04016

03161/08102　03195/03813　03229/03737　03263/03915　03297/03962

03162/03783　03196/03818　03230/03954　03264/03920　03298/03960

03163/03766　03197/03820　03231/03955　03265/03930　03299/04007

03164/03767　03198/03814　03232/03740　03266/03921　03300/04008

03165/03781　03199/03827　03233/03743　03267/03935　03301/04009

03166/03780　03200/03835　03234/03741　03268/03936　03302/04145

03167/03782　03201/03828　03235/03864　03269/03937　03303/03963

03168/03784　03202/03821　03236/03957　03270/03922　03304/04011

03169/03788　03203/03823　03237/03734　03271/03934　03305/04049

03170/03789　03204/03824　03238/03731　03272/03938　03306/04047

03171/03798　03205/03825　03239/03732　03273/03939　03307/04085

03172/03796　03206/03833　03240/03744　03274/03924　03308/03970

03173/03795　03207/03831　03241/03742　03275/03925　03309/03973

03174/03793　03208/03834　03242/03861　03276/03926　03310/03971

03175/03790　03209/03836　03243/03733　03277/03927　03311/04146

03176/03803　03210/03837　03244/03959　03278/03928　03312/03969

03177/03791　03211/03841　03245/03866　03279/03929　03313/03977

03178/03792　03212/03839　03246/03865　03280/03944　03314/03976

03179/03968　03213/03840　03247/03890　03281/03945　03315/04014

03180/03800　03214/03846　03248/03891　03282/03946　03316/03978

03181/03801　03215/03847　03249/03892　03283/03947　03317/04020

03182/03802　03216/03848　03250/03893　03284/03950　03318/04021

03183/03804　03217/03843　03251/03898　03285/03870　03319/04019

03490/04227	03524/04300	03558/04307	03592/04393	03626/04405
03491/04228	03525/04301	03559/04340	03593/04394	03627/04406
03492/04174	03526/04295	03560/04455	03594/04395	03628/04427
03493/04176	03527/04293	03561/04338	03595/04396	03629/04415
03494/04171	03528/04294	03562/04339	03596/04397	03630/04431
03495/04172	03529/04293	03563/04368	03597/04398	03631/04439
03496/04173	03530/04297	03564/04341	03598/04399	03632/04454
03497/04225	03531/04298	03565/04329	03599/04400	03633/04452
03498/04175	03532/04313	03566/20510	03600/04413	03634/04471
03499/04177	03533/04314	03567/04324	03601/04401	03635/04472
03500/04377	03534/04309	03568/04325	03602/04402	03636/04473
03501/04378	03535/04310	03569/04328	03603/04436	03637/04474
03502/04256	03536/04315	03570/04289	03604/04403	03638/04475
03503/04260	03537/04355	03571/04376	03605/04426	03639/04476
03504/04380	03538/04353	03572/04262	03606/04409	03640/04477
03505/04379	03539/04354	03573/04333	03607/04410	03641/04478
03506/04383	03540/04257	03574/04305	03608/04437	03642/04479
03507/04282	03541/04258	03575/04151	03609/04421	03643/04480
03508/04261	03542/04259	03576/04342	03610/04430	03644/04503
03509/04273	03543/04360	03577/04334	03611/04428	03645/04521
03510/04287	03544/04318	03578/04343	03612/04418	03646/04495
03511/04288	03545/04362	03579/04327	03613/04414	03647/04484
03512/04274	03546/04363	03580/04279	03614/04440	03648/04485
03513/04382	03547/04364	03581/04347	03615/04443	03649/04490
03514/04275	03548/04365	03582/04348	03616/04449	03650/04491
03515/04292	03549/04304	03583/04345	03617/04450	03651/04493
03516/04266	03550/04305	03584/04370	03618/04451	03652/04522
03517/04276	03551/04375	03585/04374	03619/04456	03653/04494
03518/04277	03552/04319	03586/04372	03620/04457	03654/04526
03519/04278	03553/04320	03587/04373	03621/04435	03655/04511
03520/04281	03554/04321	03588/04286	03622/04438	03656/04512
03521/04267	03555/04367	03589/04346	03623/04458	03657/04514
03522/04384	03556/04322	03590/04391	03624/04445	03658/04513
03523/04385	03557/04323	03591/04392	03625/04416	03659/04486

03660/04518　03694/04558　03728/04594　03762/04681　03796/04756
03661/04516　03695/04567　03729/04593　03763/04714　03797/04687
03662/04517　03696/04563　03730/04595　03764/04722　03798/04688
03663/04519　03697/04564　03731/04586　03765/04717　03799/04689
03664/04496　03698/04572　03732/04585　03766/04718　03800/04690
03665/04481　03699/04561　03733/04604　03767/04644　03801/04691
03666/04562　03700/04546　03734/04637　03768/04643　03802/04757
03667/04520　03701/04547　03735/04639　03769/04696　03803/04758
03668/04509　03702/04544　03736/04640　03770/04723　03804/04752
03669/04510　03703/04553　03737/04641　03771/04669　03805/04747
03670/04487　03704/04569　03738/04587　03772/04673　03806/04748
03671/04508　03705/04571　03739/04596　03773/04708　03807/04686
03672/04507　03706/04570　03740/04600　03774/04707　03808/04741
03673/04525　03707/04576　03741/04588　03775/04648　03809/04742
03674/04530　03708/04575　03742/04659　03776/04649　03810/04740
03675/04483　03709/04577　03743/04624　03777/04652　03811/04744
03676/04527　03710/06257　03744/04625　03778/04653　03812/04743
03677/04529　03711/04602　03745/04605　03779/04654　03813/04746
03678/04504　03712/04579　03746/04626　03780/04655　03814/04745
03679/04505　03713/04582　03747/04623　03781/04656　03815/04674
03680/04506　03714/04616　03748/04629　03782/04657　03816/04726
03681/04531　03715/04617　03749/04607　03783/04679　03817/04760
03682/04560　03716/04618　03750/04606　03784/04678　03818/04759
03683/04574　03717/04581　03751/04619　03785/04685　03819/04750
03684/04549　03718/04583　03752/04621　03786/04709　03820/04677
03685/04543　03719/04597　03753/04630　03787/04725　03821/04739
03686/04566　03720/04590　03754/04631　03788/04642　03822/04699
03687/04554　03721/04589　03755/04665　03789/04667　03823/04700
03688/04550　03722/04591　03756/04666　03790/04672　03824/04692
03689/04573　03723/04584　03757/04632　03791/04680　03825/04693
03690/04545　03724/04592　03758/04633　03792/04749　03826/04716
03691/04568　03725/04598　03759/04634　03793/04753　03827/04694
03692/04556　03726/04646　03760/04684　03794/04754　03828/04704
03693/04557　03727/04647　03761/04671　03795/04755　03829/04702

03830/04702　03864/04730　03898/04857　03931/04764　03965/04908

03831/04703　03865/04815　03899. 1/04858　03932/04765　03966/04907

03832/04705　03866/04761　03899. 2/04854　03933/04766　03967/04905

03833/04782　03867/04735　03900/04859　03934/04767　03968/04911

03834/04781　03868/04814　03901/04854　03935/04803　03969/04909

03835/04768　03869/04822　03902/04855　03936/04885　03970/04910

03836/04772　03870/04800　03903/04827　03937/04883　03971/04930

03837/04719　03871/04823　03904/04865　03938/04884　03972/04929

03838/04720　03872/04832　03905/04763　03939/04811　03973/04931

03839/04721　03873/04824　03906/04813　03940/04812　03974/04863

03840/04769　03874/04836　03907/04771　03941/04864　03975/04920

03841/04770　03875/04834　03908/04837　03942/04821　03976/04895

03842/04785　03876/04835　03909/04868　03943/04820　03977/04918

03843/04786　03877/04851　03910/04773　03944/04853　03978/04900

03844/04787　03878/04848　03911/04774　03945/04901　03979/04902

03845/04802　03879/04849　03912/04869　03946/04903　03980/04944

03846/04777　03880/04850　03913/04870　03947/04775　03981/04945

03847/04715　03881/04838　03914/04892　03948/04871　03982/04946

03848/04728　03882/04839　03915/04876　03949/04924　03983/04904

03849/04796　03883/04840　03916/04873　03950/04866　03984/04947

03850/04797　03884/04841　03917/04872　03951/04867　03985/04948

03851/04798　03885/04840　03918/04877　03952/04923　03986/04938

03852/04792　03886/04842　03919/04889　03953/04878　03987/04919

03853/04793　03887/04843　03920/04778　03954/04882　03988/04861

03854/04794　03888/04816　03921/04887　03955/04922　03989/04862

03855/04795　03889/04817　03922/04888　03956/04925　03990/04921

03856/04779　03890/04819　03923/04879　03957/04926　03991/04940

03857/04780　03891/04762　03924/04805　03958/04928　03992/04941

03858/04710　03892/04804　03925/04890　03959/04927　03993/04951

03859/04727　03893/04801　03926/04891　03960/04788　03994/04952

03860/04711　03894/04751　03927/04881　03961/04789　03995/04943

03861/04729　03895/04847　03928/04828　03962/04790　03996/04962

03862/04731　03896/04852　03929/04829　03963/04791　03997/04956

03863/04733　03897/04856　03930/04830　03964/04906　03998/04957

04163/05175	04197/05215	04231/05261	04265/05310	04299/05345
04164/05176	04198/05216	04232/05259	04266/05304	04300/05352
04165/05170	04199/05218	04233/05260	04267/05312	04301/05353
04166/05171	04200/05219	04234/05262	04268/05313	04302/05365
04167/05173	04201/05225	04235/05266	04269/05314	04303/05354
04168/05177	04202/05227	04236/05263	04270/05323	04304/05355
04169/05203	04203/05229	04237/05288	04271/05322	04305/05356
04170/05189	04204/05228	04238/05269	04272/05319	04306/05357
04171/05190	04205/05221	04239/05270	04273/05320	04307/05358
04172/05191	04206/05226	04240/05268	04274/05324	04308/05359
04173/05192	04207/05237	04241/05274	04275/05325	04309/05360
04174/05193	04208/05234	04242/05273	04276/05326	04310/05361
04175/05194	04209/05238	04243/05278	04277/05330	04311/05363
04176/05195	04210/05239	04244/05329	04278/05335	04312/05364
04177/05196	04211/05240	04245/05279	04279/05331	04313/05366
04178/05197	04212/05241	04246/05284	04280/05332	04314/05367
04179/05211	04213/05235	04247/05285	04281/05334	04315/05370
04180/05209	04214/05236	04248/05286	04282/05333	04316/05371
04181/05210	04215/05242	04249/05287	04283/20513	04317/05372
04182/05198	04216/05248	04250/05290	04284/05338	04318/05374
04183/05201	04217/05249	04251/05280	04285/05336	04319/05375
04184/05183	04218/05250	04252/05281	04286/05337	04320/05373
04185/05184	04219/05252	04253/05291	04287/05339	04321/05378
04186/05185	04220/05253	04254/05292	04288/05346	04322/05379
04187/05186	04221/05254	04255/05289	04289/05347	04323/05380
04188/05199	04222/05256	04256/05293	04290/05349	04324/05381
04189/05200	04223/05251	04257/05294	04291/05348	04325/05382
04190/05187	04224/05255	04258/05296	04292/05340	04326/05383
04191/05206	04225/05244	04259/05297	04293/05341	04327/05389
04192/05180	04226/05245	04260/05298	04294/05351	04328/05387
04193/05181	04227/05247	04261/05303	04295/05350	04329/05388
04194/05204	04228/05246	04262/05308	04296/05343	04330/05384
04195/05205	04229/05265	04263/05309	04297/05342	04331/05385
04196/05212	04230/05267	04264/05307	04298/05344	04332/05390

04333/05391	04363/05531	04397/05574	04429/05622	04463/05672
04334/05392	04364/05530	04398/05584	04430/05628	04464/05675
04335/05393	04365/05536	04399/05571	04431/05626 器	04465/05678
04336/05394	04366/05532	04400/05593	04432/05624	04466/05679
04337/05395	04367/05533	04401/05592	04433/05625	04467/05680
04338/05396	04368/05541	04402.1/05587	04434/05626 蓋	04468/05682
04339/05397	04369/05542	04402.2/05588	04435/05623	04469/05683
04340/05398	04370/05543	04403.1/05588	04436/05627	04470/05751
04341/05401	04371/05544	04403.2/05587	04437/05629	04471/05753
04342/05402	04372/05555	04404/05572	04438/05636	04472/05754
04343/05403	04373/05556	04405/05589	04439/05637	04473/05755
04344/05502	04374/05557	04406/05590	04440/05640	04474/05756
04345/05508	04375/05546	04407/05598	04441/05641	04475/05758
04346/05505	04376/05545	04408/05599	04442/05631	04476/05759
04347/05506	04377/05565	04409/05601	04443/05632	04477/05761
04348/05510	04378/05558	04410/05600	04444/05633	04478/05762
04349/05511	04379/05554	04411/05595	04445/05634	04479/05763
04350/05507	04380/05566	04412/05596	04446/05651	04480/05764
04351/05509	04381/05547	04413/05597	04447/05652	04481/05766
04352/05512	04382/05559	04414/05605	04448/05646	04482/05767
04353/05514	04383/05560	04415/05594	04449/05645	04483/05768
04354/05515	04384/05551	04416/05603	04450/05642	04484/05765
04355/05517	04385/05549	04417/05604	04451/05643	04485/05769
04356/05516	04386/05552	04418/05602	04452/05644	04486/05770
04357.1/05524	04387/05553	04419/05591	04453/05654	04487/05777
04357.2/05525	04388/05550	04420/05610	04454/05657	04488/05779
04358.1/05525	04389/05567	04421/05611	04455/05658	04489/05778
04358.2/05524	04390/05575	04422/05606	04456/05659	04490/05771
04359/05526	04391/05576	04423/05607	04457/05660	04491/05774
04360/05527	04392/05582	04424/05612	04458/05656	04492/05772
04361.1/05529	04393/05583	04425/05609	04459/05667	04493/05773
04361.2/05528	04394/05561	04426/05615	04460/05668	04494/05780
04362.1/05528	04395/05562	04427/05616	04461/05669	04495/05785
04362.2/05529	04396/05580	04428/05621	04462/05671	04496/05786

04497/05788	04531/05831	04565/05859	04599/05941	04633/06052
04498/05789	04532/05846	04566/05860	04600/05942	04634/06055
04499/05792	04533/05830	04567/05861	04601/05944	04635/06057
04500/05793	04534/05832	04568/05862	04602/05945	04636/06059
04501/05794	04535/05833	04569/05895	04603/05938	04637/06062
04502/05796	04536/05838	04570/05881	04604/05937	04638/06065
04503/05799	04537/05847	04571/05882	04605/05946	04639/06064
04504/05800	04538/05848	04572/05889	04606/05939	04640/06066
04505/05801	04539/05849	04573/05892	04607/05940	04641/06067
04506/05804	04540/05851	04574/05905	04608/05950	04642/06069
04507/05805	04541/05850	04575/05899	04609/05951	04643/06071
04508/05806	04542/05791	04576/05900	04610/05958	04644/06073
04509/05810	04543/05839	04577/05901	04611/05959	04645/06076
04510/05811	04544/05840	04578/05911	04612/05960	04646/06077
04511/05807	04545/05841	04579/05909	04613/05957	04647/06078
04512/05812	04546/05855	04580/05910	04614/05961	04648/06079
04513/05808	04547/05856	04581/05913	04615/05955	04649/06080
04514/05814	04548/05857	04582/05914	04616/05962	04650/19235
04515/05813	04549/05844	04583/05915	04617/05965	04651/06101
04516/05829	04550/05842	04584/05916	04618/05963	04652/06102
04517/05819	04551/05843	04585/05918	04619/05964	04653/06103
04518/05816	04552/05858	04586/05917	04620/05967	04654/06104
04519/05817	04553/05869	04587/05919	04621/05969	04655/06105
04520/05818	04554/05868	04588/05920	04622/05968	04656/06106
04521/05820	04555/05870	04589/05904	04623/05972	04657/06107
04522/05837	04556/05871	04590/05904	04624/05971	04658/06110
04523/05821	04557/05872	04591/05921	04625/05973	04659/06112
04524/05836	04558/05873	04592/05926	04626/05974	04660/06113
04525/05824	04559/05874	04593/05929	04627/05975	04661/06114
04526/05828	04560/05883	04594/05932	04628/05976	04662/06115
04527/05825	04561/05876	04595/05923	04629/05978	04663/06116
04528/05826	04562/05877	04596/05924	04630/05977	04664/06117
04529/05827	04563/05886	04597/05935	04631/05980	04665/06118
04530/05823	04564/05887	04598/05936	04632/05979	04666/06121

04667/06122	04706/11977	04740/12587	04774/12541	04808/12654
04668/06123	04707/12567	04741/12588	04775/12605	04809/12655
04669/06124	04708/12635	04742/12529	04776/12606	04810/12003
04670/06125	04709/11978	04743/12589	04777/12602	04811/12661
04671/06126	04710/12636	04744/12622	04778/12593	04812/12662
04672/06129	04711/12568	04745/12525	04779/12542	04813/12650
04673/06130	04712/12617	04746/12526	04780/12580	04814/12663
04674/06131	04713/12618	04747/12625	04781/12581	04815/12651
04675/06135	04714/12609	04748/12626	04782/12623	04816/12652
04676/06136	04715/12610	04749/12534	04783/12624	04817/12644
04677/06133	04716/12619	04750/12535	04784/12543	04818/12737
04678/06137	04717/12611	04751/12627	04785/12544	04819/12653
04679/06134	04718/12612	04752/12633	04786/12545	04820/12645
04680/06138	04719/12620	04753/12590	04787/12546	04821/12664
04681/06140	04720/12615	04754/12591	04788/12547	04822/12666
04682/06141	04721/12573	04755/12592	04789/12548	04823/12670
04683/06142	04722/12577	04756/12628	04790/12607	04824/12672
04684/06143	04723/12574	04757/12629	04791/12549	04825/12676
04685/06139	04724/12578	04758/12536	04792/12550	04826/12674
04686/06146	04725/12579	04759/12537	04793/12594	04827/12673
04687/06148	04726/12576	04760/12642	04794/12551	04828/12677
04688/06149	04727/12585	04761/12643	04795/12595	04829/12680
04689/06156	04728/12586	04762/12739	04796/12596	04830/12681
04690/06154	04729/12582	04763/12738	04797/12601	04831/12679
04691/06155	04730/12584	04764/11971	04798/12552	04832/12682
04692/06158	04731/12583	04765/19221	04799/11972	04833/12678
04693/06159	04732/12524	04766/11984	04800/12599	04834/12683
04694/06161	04733/12527	04767/12539	04801/12598	04835/12667
04695/06160	04734/12528	04768/12540	04802/12553	04836/12668
04701/12566	04735/12530	04769/12521	04803/12554	04837/12669
04702/12569	04736/12531	04770/12604	04804/12641	04838/12684
04703/12570	04737/12532	04771/12523	04805/12646	04839/12685
04704/12634	04738/12533	04772/12522	04806/12657	04840/12686
04705/12637	04739/12621	04773/12603	04807/12658	04841/12687

04842/12699　　04876/12693　　04910/12762　　04944/12788　　04978/12926

04843/12721　　04877/12694　　04911/12058　　04945/12786　　04979/12806

04844/12711　　04878/12695　　04912/12846　　04946/12787　　04980/12808

04845/12719　　04879/11996　　04913/12770　　04947/12789　　04981/12807

04846/12720　　04880/12692　　04914/12773　　04948/12790　　04982/12859

04847/12712　　04881/12726　　04915/12771　　04949/12791　　04983/12811

04848/12715　　04882/12701　　04916/12774　　04950/12920　　04984/12856

04849/12713　　04883/12745　　04917/12772　　04951/12852　　04985/12049

04850/12714　　04884/12733　　04918/12777　　04952/12797　　04986/12809

04851/12710　　04885/11997　　04919/12769　　04953/12802　　04987/12810

04852/12705　　04886/12743　　04920/12780　　04954/12796　　04988/12818

04853/12730　　04887/12744　　04921/12847　　04955/12795　　04989/12815

04854/12706　　04888/12740　　04922/12907　　04956/12798　　04990/12081

04855/12691　　04889/12747　　04923/12906　　04957/12792　　04991/12860

04856/12717　　04890/12749　　04924/12908　　04958/12799　　04992/12051

04857/12718　　04891/12751　　04925/12763　　04959/12045　　04993/12932

04858/12728　　04892/12752　　04926/12039　　04960/12793　　04994/12816

04859/12729　　04893/12754　　04927/12767　　04961/12794　　04995/12052

04860/12689　　04894/12753　　04928/12766　　04962/12047　　04996/12861

04861/12690　　04895/12840　　04929/12775　　04963/12046　　04997/12817

04862/12688　　04896/12841　　04930/12779　　04964/12073　　04998/12819

04863/12722　　04897/12035　　04931/12776　　04965.2/00858　　04999/12862

04864/12707　　04898/12055　　04932/12781　　04966/12800　　05000/12821

04865/12708　　04899/12756　　04933/12038　　04967/12048　　05001/12863

04866/12015　　04900/12755　　04934/12778　　04968/12074　　05002/12864

04867/12723　　04901/09551　　04935/12059　　04969/12803　　05003/12054

04868/13174　　04902/12758　　04936/12041　　04970/12853　　05004/12831

04869/12724　　04903/12757　　04937/12782　　04971/12855　　05005/12832

04870/12698　　04904/12759　　04938/12784　　04972/13023　　05006/12834

04871/12696　　04905/12761　　04939/12043　　04973/12813　　05007/12833

04872/12697　　04906/12760　　04940/12070　　04974/12857　　05008/12822

04873/19228　　04907/12843　　04941/12042　　04975/12814　　05009/12823

04874/12700　　04908/12765　　04942/12065　　04976/12804　　05010/12826

04875/12725　　04909/12764　　04943/12785　　04977/12805　　05011/12828

05012/12829	05046/12896	05079/12958	05112.2/12994	05146/13019
05013/12830	05047/12894	05080/12959	05113/13007	05147/12129
05014/12033	05048/12899	05081/12924	05114/12947	05148/13034
05015/12979	05049/12900	05082/12925	05115/13008	05149/12136
05016/12820	05050/12901	05083/12923	05116/13016	05150/12137
05017/12835	05051/12905	05084/12927	05117/13017	05151/13037
05018/12836	05052/12902	05085/12928	05118/12991	05152/13038
05019/12827	05053/12903	05086/12929	05119/13010	05153/12138
05020/13201	05054/12904	05087/12931	05120/12992	05154/13073
05021/12889	05055/12098	05088/12961	05121/12989	05155/13021
05022/12886	05056/12951	05089/12930	05122/12990	05156/13020
05023/12887	05057/12909	05090/12075	05123/13006	05157/13067
05024/12890	05058/12912	05091/12936	05124/13011	05158/12139
05025/12892	05059/12910	05092/12950	05125/13018	05159/13043
05026/12893	05060.1/12911	05093/12933	05126/12970	05160/13044
05027/12885	05060.2/12921	05094/12934	05127/12972	05161/13138
05028/12884	05061/12845	05095/12963	05128/12971	05162/13041
05029/12877	05062/13039	05096/12935	05129/12975	05163/13030
05030/12878	05063/12140	05097/12944	05130/12980	05164/13069
05031/12881	05064/12913	05098/12938	05131/12976	05165/13048
05032/12879	05065/12914	05099/12943	05132/12977	05166/13025
05033/12883	05066/13009	05100/12939	05133/12978	05167/13026
05034/12869	05067/12915	05101/12945	05134/12965	05168/13022
05035/12083	05068/12918	05102/12946	05135/12969	05169/13024
05036/12871	05069/12917	05103/12993	05136/12964	05170/13051
05037/12872	05070/12952	05104/12997	05137/12966	05171/13035
05038/12873	05071/12954	05105/12998	05138/12982	05172/13028
05039/12870	05072/12955	05106/12999	05139/12974	05173/13029
05040/12876	05073/12919	05107/13000	05140/12981	05174/12825
05041/12874	05074/12916	05108/13003	05141/13012	05175/13033
05042/12891	05075/13015	05109/13004	05142/12940	05176/13032
05043/12866	05076/12921	05110/12095	05143/12995	05177/13049
05044/12956	05077/12922	05111/12941	05144/12996	05178/13060
05045/12895	05078/12957	05112.1/04078	05145/12897	05179/13061

05180/13055	05214/13124	05248/13128	05282/13182	05316/13212
05181/13056	05215/13079	05249/13135	05283/13193	05317/13198
05182/13057	05216/13134	05250/13131	05284/13191	05318/13228
05183/13058	05217/12181	05251/12170	05285/13142	05319/13208
05184/13062	05218/13127	05252/13090	05286/13149	05320/13205
05185/13063	05219/13171	05253/13133	05287/13181	05321/13221
05186/13031	05220/12171	05254/13129	05288/13167	05322/13213
05187/13064	05221/13092	05255/13117	05289/13196	05323/13222
05188/13068	05222/13093	05256/13091	05290/13194	05324/13209
05189/13070	05223/13099	05257/13116	05291/13158	05325/13202
05190/13074	05224/13094	05258/13121	05292/13151	05326/13210
05191/13071	05225/13095	05259/13122	05293/13152	05327/13211
05192/13053	05226/13096	05260/13177	05294/13150	05328/13239
05193/13054	05227/13097	05261/13179	05295/13147	05329/13231
05194/12134	05228/12175	05262/13176	05296/13169	05330/13234
05195/13047	05229/13107	05263/13178	05297/13186	05331/13233
05196/13065	05230/13108	05264/13195	05298/13185	05332/12234
05197/13072	05231/13103	05265/13144	05299/13160	05333/13236
05198/13066	05232/13104	05266/13146	05300/13163	05334/13237
05199/13075	05233/13106	05267/13183	05301/13162	05335/13238
05200/13123	05234/13105	05268/13166	05302/13155	05336/13240
05201/13076	05235/13098	05269/13175	05303/13164	05337/13232
05202/12168	05236/13109	05270/12197	05304/13180	05338/12230
05203/13078	05237/13110	05271/13139	05305/13168	05339/13224
05204/13125	05238/13084	05272/13207	05306/13200	05340/13230
05205/13085	05239/13102	05273/13172	05307/13218	05341/13241
05206/12166	05240/13100	05274/12199	05308/13214	05342/13242
05207/13137	05241/13101	05275/13184	05309/13203	05343/13243
05208/13083	05242/13112	05276/13170	05310/13204	05344/13225
05209/13649	05243/13113	05277/13173	05311/13219	05345/13226
05210/13089	05244/13114	05278/13145	05312/13143	05346/13244
05211/13140	05245/13086	05279/13197	05313/13215	05347/13080
05212/13111	05246/13087	05280/13148	05314/12216	05348/13229
05213/13126	05247/13115	05281/12193	05315/13220	05349/13245

05350/13246	05384/13291	05418/13330	05458/11133	05492/11183
05351/12258	05385/13297	05419/11803	05459/11134	05493/11161
05352/13250	05386/13296	05420/13331	05460/11138	05494/11162
05353/13247	05387/13292	05421/13333	05461/11137	05495/11165
05354/13254	05388/13293	05422/13334	05462/11173	05496/11113
05355/13264	05389/13294	05423/13335	05463/11132	05497/11171
05356/13251	05390/13298	05424/13329	05464/11107	05498/11164
05357/13248	05391/13295	05425/13336	05465/11180	05499/11163
05358/13249	05392/13301	05426/13337	05466/11139	05500/11166
05359/13252	05393/13288	05427/13340	05467/11108	05501/11114
05360/13258	05394/12374	05428/13341	05468/11128	05502/11144
05361/13269	05395/13303	05429. 1/13342	05469/11129	05503/11105
05362/13259	05396/13305	05429. 2/13341	05470/11130	05504/11172
05363/12262	05397/13304	05430/13343	05471/11131	05505/11145
05364/12263	05398/13307	05431/13345	05472/11177	05506/11106
05365/13278	05399/13306	05432/13344	05473/11176	05507/11117
05366/13265	05400/13308	05433/13346	05474/00056	05508/11167
05367/13260	05401/13310	05441/11101	05475/11178	05509/11168
05368/13268	05402/13311	05442/11140	05476/11179	05510/11185
05369/13267	05403/13316	05443/11148	05477/11109	05511/11250
05370/12274	05404/13313	05444/11248	05478/11110	05512/11251
05371/13271	05405/13314	05445/11102	05479/11175	05513/11186
05372/13274	05406/13317	05446/11103	05480/11158	05514/11184
05373/13275	05407/13320	05447/11104	05481/11159	05515/11252
05374/12299	05408/13318	05448/11125	05482/11160	05516/11187
05375/13281	05409/13319	05449/11142	05483/11153	05517/11253
05376/13300	05410/13321	05450/11143	05484/11154	05518/11254
05377/13283	05411/13322	05451/11105	05485/11152	05519/11255
05378/13285	05412/13323	05452/11141	05486/11156	05520/11256
05379/13284	05413/12429	05453/11149	05487/11157	05521/11257
05380/13286	05414/13312	05454/11107	05488/11112	05522/11260
05381/13287	05415/13324	05455/08867	05489/11111	05523/11188
05382/13290	05416/13325	05456/11136	05490/11181	05524/11261
05383/13289	05417/13326	05457/08868	05491/11150	05525/11262

05526/11189	05560/11220	05594/11285	05628/11311	05662/11331
05527/11264	05561/11217	05595/11289	05629/11312	05663/11333
05528/11263	05562/11218	05596/11294	05630/11369	05664/11335
05529/11190	05563/11222	05597/11295	05631/11314	05665/11337
05530/11191	05564/11232	05598/11429	05632/11317	05666/11386
05531/11192	05565/11224	05599/11351	05633/11373	05667/11387
05532/11266	05566/11230	05600/11296	05634/11316	05668/11340
05533/11268	05567/11225	05601/11352	05635/11315	05669/11336
05534/11269	05568/11223	05602/11353	05636/11480	05670/11341
05535/11201	05569/11273	05603/11354	05637/11439	05671/11343
05536/11202	05570/11228	05604/11355	05638/11440	05672/11390
05537/11203	05571/11231	05605/11356	05639/11370	05673/11345
05538/11290	05572/11229	05606/11357	05640/11319	05674/11346
05539/11291	05573/11233	05607/11359	05641/11320	05675/11388
05540/11292	05574/11276	05608/11360	05642/11318	05676/11389
05541/11293	05575/11277	05609/11358	05643/11324	05677/11338
05542/11205	05576/11278	05610/11298	05644/11375	05678/11454
05543/11206	05577/11279	05611/11297	05645/11374	05679/11347
05544/11207	05578/11126	05612/11299	05646/09758	05680/11463
05545/11193	05579/11127	05613/11300	05647/11377	05681/11464
05546/11194	05580/11239	05614/11306	05648/11321	05682/11349
05547/11195	05581/11288	05615/11302	05649/11322	05683/11348
05548/11196	05582/11240	05616/11363	05650/11325	05684/11392
05549/11197	05583/11241	05617/11309	05651/11323	05685/11393
05550/11198	05584/11242	05618/11303	05652/11376	05686/11465
05551/11199	05585/11249	05619/11367	05653/11378	05687/11395
05552/11272	05586/11280	05620/11304	05654/11384	05688/11422
05553/11271	05587/11243	05621/11365	05655/11448	05689/11350
05554/11270	05588/11281	05622/11366	05656/11380	05690/11423
05555/11200	05589/11238	05623/11473	05657/11327	05691/11425
05556/11235	05590/11244	05624/11364	05658/11329	05692/11426
05557/11287	05591/11282	05625/11307	05659/11381	05693/11427
05558/11246	05592/11284	05626/11305	05660/11382	05694/11466
05559/11221	05593/11286	05627/11310	05661/11383	05695/11394

05696/13777	05730/11476	05764/11505	05798/11559	05832/11625
05697/11428	05731/11436	05765/11501	05799/11569	05833/11561
05698/11413	05732/11478	05766/11550	05800/11542	05834/11615
05699/11414	05733/13643	05767/11506	05801/11560	05835/11587
05700/11417	05734/13643	05768/11507	05802/11548	05836/11574
05701/11418	05735/11443	05769/11494	05803/11584	05837/11626
05702/11419	05736/11442	05770/11508	05804/11565	05838/11588
05703/11420	05737/11538	05771/11499	05805/11543	05839/11658
05704/11403	05738/11481	05772/11497	05806/11334	05840/11590
05705/11404	05739/11444	05773/11498	05807/11558	05841/11593
05706/11400	05740/11445	05774/11509	05808/11549	05842/11614
05707/11405	05741/11446	05775/11510	05809/11547	05843/11611
05708/11406	05742/11484	05776/11512	05810/11551	05844/11606
05709/11401	05743/11485	05777/11513	05811/11552	05845/11605
05710/11402	05744/11447	05778/11516	05812/11556	05846/12174
05711/11398	05745/11452	05779/11496	05813/11553	05847/11595
05712/11410	05746/11487	05780/11514	05814/11562	05848/11596
05713/11412	05747/11451	05781/11518	05815/11554	05849/11597
05714/11430	05748/11449	05782/11522	05816/11555	05850/11592
05715/11468	05749/11450	05783/11519	05817/11567	05851/11607
05716/11431	05750/11488	05784/11525	05818/11566	05852/11598
05717/11470	05751/11453	05785/11523	05819/11563	05853/11599
05718/11469	05752/11489	05786/11530	05820/11564	05854/11608
05719/11472	05753/11455	05787/11526	05821/11570	05855/11600
05720/11361	05754/11456	05788/11531	05822/11575	05856/11601
05721/11437	05755/11490	05789/11527	05823/11619	05857/11609
05722/11438	05756/11458	05790/11529	05824/11576	05858/11602
05723/11479	05757/11459	05791/11533	05825/11586	05859/11603
05724/11435	05758/11457	05792/11517	05826/11577	05860/11604
05725/11474	05759/11493	05793/11544	05827/11616	05861/11612
05726/11433	05760/11467	05794/11539	05828/11617	05862/11618
05727/11475	05761/11534	05795/11540	05829/11578	05863/11585
05728/11434	05762/11495	05796/11568	05830/11579	05864/11613
05729/11537	05763/11504	05797/11541	05831/11580	05865/11637

05866/11624	05900/11667	05934/11710	05968/11753	06002/11800
05867/11636	05901/11672	05935/11693	05969/11755	06003/11801
05868/11631	05902/11670	05936/11694	05970/11757	06004/11802
05869/11632	05903/11681	05937/11691	05971/11776	06005/11804
05870/11633	05904/11675	05938/11692	05972/11768	06006/11805
05871/11627	05905/11677	05939/11721	05973/11764	06007/11806
05872/11635	05906/11664	05940/11715	05974/11766	06008/11807
05873/11650	05907/11668	05941/14751	05975/11758	06009/11809
05874/11651	05908/11673	05942/11712	05976/11767	06010/11815
05875/11639	05909/11680	05943/11722	05977/11763	06011/11812
05876/11640	05910/11678	05944/11724	05978/11770	06012/11813
05877/11652	05911/11660	05945/11729	05979/11769	06013/11814
05878/11641	05912/11688	05946/11750	05980/11777	06014/11819
05879/11657	05913/11685	05947/11731	05981/11775	06015/11820
05880/11642	05914/11686	05948/11726	05982/11774	06016/11821
05881/11630	05915/11669	05949/11661	05983/11778	06017/10082
05882/11644	05916/11682	05950/11725	05984/11780	06018/10083
05883/11653	05917/11720	05951/11734	05985/11779	06019/10084
05884/11634	05918/11707	05952/11728	05986/11781	06020/10088
05885/11629	05919/11708	05953/11732	05987/11782	06021/10121
05886/11645	05920/11702	05954/11735	05988/11783	06022/10109
05887/11655	05921/11703	05955/11733	05989/11788	06023/10108
05888/11623	05922/11709	05956/11745	05990/11785	06024/10107
05889/11646	05923/11717	05957/11749	05991/11787	06025/10089
05890/11628	05924/11718	05958/11754	05992/11789	06026/10105
05891/11666	05925/11697	05959/11742	05993/11793	06027/10113
05892/11671	05926/11695	05960/11743	05994/11792	06028/10053
05893/11582	05927/11698	05961/11746	05995/11794	06029/10155
05894/11663	05928/11701	05962/11741	05996/11796	06030/10052
05895/11665	05929/11696	05963/11740	05997/11791	06031/10122
05896/11683	05930/11716	05964/11760	05998/11795	06032/10393
05897/11676	05931/11704	05965/11751	05999/11798	06033/10090
05898/11719	05932/11727	05966/11756	06000/11797	06034/10054
05899/11674	05933/11705	05967/11762	06001/11799	06035/10055

06036/10092 06070/10098 06104/10165 06138/10179 06172/10194
06037/10091 06071/10137 06105/10166 06139/10180 06173/10268
06038/10093 06072/10099 06106/10167 06140/10176 06174/10269
06039/10094 06073/10118 06107/10163 06141/10181 06175/10278
06040/10095 06074/10116 06108/10245 06142/10182 06176/10197
06041/10056 06075/10157 06109/10250 06143/10183 06177/10198
06042/10057 06076/10156 06110/10246 06144/10186 06178/10199
06043/10077 06077/10102 06111/10251 06145/10188 06179/10200
06044/10096 06078/10147 06112/10247 06146/10187 06180/10231
06045/10063 06079/10149 06113/10248 06147/10189 06181/10271
06046/10064 06080/10150 06114/10249 06148/10185 06182/10217
06047/10061 06081/10151 06115/10168 06149/10191 06183/10220
06048/10065 06082/10138 06116/10252 06150/10190 06184/10232
06049/10143 06083/10103 06117/10254 06151/10275 06185/10288
06050/10114 06084/10154 06118/10255 06152/10192 06186/10289
06051/10851 06085/10104 06119/10170 06153/10233 06187/10222
06052/10066 06086/10139 06120/10169 06154/10274 06188/10223
06053/10068 06087/10140 06121/10256 06155/10216 06189/10224
06054/10072 06088/10141 06122/10257 06156/10202 06190/10193
06055/10071 06089/10142 06123/10258 06157/10203 06191/10225
06056/10127 06090/10144 06124/10259 06158/10204 06192/10286
06057/10128 06091/10235 06125/10260 06159/10206 06193/10279
06058/10129 06092/10236 06126/10262 06160/10207 06194/10282
06059/10130 06093/10158 06127/10261 06161/10215 06195/10280
06060/10131 06094/10237 06128/10172 06162/10211 06196/10281
06061/10132 06095/10238 06129/10263 06163/10212 06197/10285
06062/10133 06096/10239 06130/10264 06164/10209 06198/10283
06063/10125 06097/10159 06131/10265 06165/10214 06199/10284
06064/10123 06098/10160 06132/10266 06166/10226 06200/10292
06065/10134 06099/10161 06133/10267 06167/10146 06201/10291
06066/10135 06100/10242 06134/10175 06168/10276 06202/10293
06067/10075 06101/10243 06135/10273 06169/10277 06203/10395
06068/10119 06102/10244 06136/10177 06170/10230 06204/10397
06069/10097 06103/10164 06137/10178 06171/10287 06205/10294

06206/10295	06240/10309	06274/10341	06308/10364	06342/10478
06207/10296	06241/10413	06275/10335	06309/10462	06343/10371
06208/10297	06242/10418	06276/10443	06310/10463	06344/10372
06209/10298	06243/10419	06277/10444	06311/10363	06345/10379
06210/10299	06244/10535	06278/10447	06312/10464	06346/10380
06211/10400	06245/10539	06279/10332	06313/10461	06347/10485
06212/10302	06246/10422	06280/10333	06314/10454	06348/10482
06213/10303	06247/10423	06281/10448	06315/10359	06349/10577
06214/10401	06248/10426	06282/10334	06316/10452	06350/10484
06215/10403	06249/10318	06283/10345	06317/10455	06351/10382
06216/10402	06250/10428	06284/10449	06318/10549	06352/10486
06217/10404	06251/10319	06285/10342	06319/10459	06353/10383
06218/10304	06252/10425	06286/10343	06320/10456	06354/10384
06219/10406	06253/10427	06287/10344	06321/10460	06355/10385
06220/10408	06254/10432	06288/10445	06322/10465	06356/10390
06221/10409	06255/10320	06289/10513	06323/10466	06357/10381
06222/10414	06256/10321	06290/10547	06324/10374	06358/10387
06223/10415	06257/10323	06291/10339	06325/10375	06359/10386
06224/10307	06258/10433	06292/10346	06326/10367	06360/10394
06225/10416	06259/10434	06293/10450	06327/10368	06361/10488
06226/10305	06260/10324	06294/10348	06328/10376	06362/10489
06227/10410	06261/10435	06295/10451	06329/10469	06363/10487
06228/10312	06262/10430	06296/10352	06330/10468	06364/10388
06229/10308	06263/10326	06297/10353	06331/10474	06365/10490
06230/10411	06264/10327	06298/10354	06332/10467	06366/10491
06231/10310	06265/10436	06299/10350	06333/10470	06367/10492
06232/10417	06266/10437	06300/10358	06334/10471	06368/10528
06233/10313	06267/10328	06301/10357	06335/10472	06369/10531
06234/10314	06268/10431	06302/10457	06336/10473	06370/10493
06235/10420	06269/10439	06303/10356	06337/10475	06371/10532
06236/10421	06270/10330	06304/10355	06338/10369	06372/10561
06237/10316	06271/10336	06305/10458	06339/10370	06373/10534
06238/10315	06272/10338	06306/10361	06340/10476	06374/10536
06239/10412	06273/10442	06307/10362	06341/10477	06375/10495

06549/09126	06583/08949	06617/08873	06651/09003	06685/09035
06550/09127	06584/08950	06618/08874	06652/09004	06686/09036
06551/09128	06585/09210	06619/08875	06653/09005	06687/09049
06552/08921	06586/08951	06620/08864	06654/09006	06688/09044
06553/09130	06587/08952	06621/08876	06655/09428	06689/09045
06554/09129	06588/08953	06622/08877	06656/09010	06690/09046
06555/09133	06589/09139	06623/08865	06657/09009	06691/09047
06556/09134	06590/09140	06624/08878	06658/09011	06692/09050
06557/08922	06591/09141	06625/08970	06659/09015	06693/09051
06558/08923	06592/09142	06626/08974	06660/09016	06694/09052
06559/08924	06593/08955	06627/08975	06661/09017	06695/09053
06560/08925	06594/08956	06628/08977	06662/09013	06696/09054
06561/08927	06595/08957	06629/08976	06663/09014	06697/09055
06562/08932	06596/08958	06630/08978	06664/09147	06698/09061
06563/08933	06597/08960	06631/08979	06665/09148	06699/09058
06564/08934	06598/08961	06632/08982	06666/09018	06700/09059
06565/09135	06599/08959	06633/08980	06667/09019	06701/09060
06566/08935	06600/08954	06634/08983	06668/09001	06702/09062
06567/08936	06601/08962	06635/08984	06669/09145	06703/09063
06568/08937	06602/08963	06636/08985	06670/09021	06704/09064
06569/08938	06603/08964	06637/08989	06671/09022	06705/09066
06570/08940	06604/08969	06638/08991	06672/09024	06706/09067
06571/09202	06605/09144	06639/08990	06673/09025	06707/09068
06572/08944	06606/08967	06640/09203	06674/09023	06708/09069
06573/09136	06607/08867	06641/09204	06675/09026	06709/09071
06574/09137	06608/08868	06642/08994	06676/09027	06710/09075
06575/09138	06609/08869	06643/08995	06677/09028	06711/09079
06576/08941	06610/08860	06644/08996	06678/09029	06712/09080
06577/08942	06611/08870	06645/08993	06679/09031	06713/09076
06578/08943	06612/08861	06646/09000	06680/09032	06714/09077
06579/08945	06613/08871	06647/08997	06681/09266	06715/09078
06580/08947	06614/08862	06648/09264	06682/09146	06716/09074
06581/08946	06615/08863	06649/09265	06683/09033	06717/09072
06582/08948	06616/08872	06650/09002	06684/09034	06718/09065

十一、《集成》與《銘圖》器號對照表

06719/09081	06753/09170	06787/09184	06821/09228	06855/09281
06720/09082	06754/09171	06788/09185	06822/09229	06856/09282
06721/09087	06755/09172	06789/09114	06823/09230	06857/08881
06722/09090	06756/09173	06790/09186	06824/09231	06858/08882
06723/09200	06757/09166	06791/09187	06825/09234	06859/09283
06724/09083	06758/09165	06792/09188	06826/09233	06860/09284
06725/09149	06759/09168	06793/09189	06827/09236	06861/09285
06726/09150	06760/09152	06794/09209	06828/09235	06862/09286
06727/09092	06761/09096	06795/09190	06829/09238	06863/09287
06728/09161	06762/09174	06796/09191	06830/09239	06864/09288
06729/09162	06763/09177	06797/09120	06831/09240	06865/09289
06730/09163	06764/09178	06798/09121	06832/09243	06866/08883
06731/09158	06765/09181	06799/09194	06833/09242	06867/09290
06732/09160	06766/09182	06800/09123	06834/09245	06868/09291
06733/09159	06767/09179	06801/09192	06835/09247	06869/09292
06734/09156	06768/09108	06802/09193	06836/09248	06870/09296
06735/09153	06769/09208	06803/09198	06837/09249	06871/09297
06736/09154	06770/09205	06804/09122	06838/09255	06872/09301
06737/09155	06771/09206	06805/09254	06839/09257	06873/09302
06738/09093	06772/09207	06806/09212	06840/09259	06874/09303
06739/09094	06773/09268	06807/09531	06841/09262	06875/09306
06740/09095	06774/09269	06808/09532	06842/09263	06876/09304
06741/09091	06775/09270	06809/09213	06843/09260	06877/09305
06742/09097	06776/09271	06810/09214	06844/09253	06878/09653
06743/09098	06777/09272	06811/09216	06845/09250	06879/09300
06744/09099	06778/09109	06812/09217	06846/09251	06880/09643
06745/09164	06779/09110	06813/09220	06847/09273	06881/09644
06746/09037	06780/09116	06814/09219	06848/09274	06882/09650
06747/09100	06781/09115	06815/09221	06849/09275	06883/09649
06748/09101	06782/09117	06816/09223	06850/09276	06884/09645
06749/09102	06783/09113	06817/09534	06851/09277	06885/09646
06750/09104	06784/09183	06818/09226	06852/09278	06886/09647
06751/09103	06785/09112	06819/09237	06853/09279	06887/09648
06752/09105	06786/09119	06820/09227	06854/09280	06888/09652

06889/09651	06923/09340	06957/09365	06991/09391	07025/09473
06890/09307	06924/09341	06958/09364	06992/09414	07026/09474
06891/09636	06925/09523	06959/09371	06993/09421	07027/09460
06892/09637	06926/09431	06960/09366	06994/09424	07028/09461
06893/09638	06927/09528	06961/09372	06995/09427	07029/09462
06894/09310	06928/09507	06962/09373	06996/09440	07030/09463
06895/09311	06929/09509	06963/09367	06997/09444	07031/09457
06896/09312	06930/09506	06964/09374	06998/09443	07032/09479
06897/09325	06931/09432	06965/09368	06999/09441	07033/09513
06898/09313	06932/09508	06966/09369	07000/08904	07034/09514
06899/09314	06933/09342	06967/09381	07001/08905	07035/09485
06900/09329	06934/09433	06968/09379	07002/08906	07036/09486
06901/09330	06935/09434	06969/09377	07003/09446	07037/09480
06902/09321	06936/09512	06970/09375	07004/09447	07038/09481
06903/09319	06937/09111	06971/09384	07005/09448	07039/09482
06904/09320	06938/09437	06972/09385	07006/09449	07040/09488
06905/09322	06939/09438	06973/09403	07007/09450	07041/09483
06906/09323	06940/09334	06974/09408	07008/09451	07042/09500
06907/09327	06941/09195	06975/09409	07009/09453	07043/09501
06908/09315	06942/09435	06976/09413	07010/09445	07044/09498
06909/09318	06943/09439	06977/09410	07011/09456	07045/09499
06910/09328	06944/09526	06978/09411	07012/09458	07046/09502
06911/09331	06945/09404	06979/09412	07013/09459	07047/09503
06912/09324	06946/09354	06980/09395	07014/09465	07048/09497
06913/09316	06947/09355	06981/09398	07015/09468	07049/09489
06914/09332	06948/09356	06982/09396	07016/09469	07050/09515
06915/09337	06949/09357	06983/09399	07017/09466	07051/09490
06916/09510	06950/09358	06984/09405	07018/09464	07052/09484
06917/09511	06951/09359	06985/09406	07019/09477	07053/09504
06918/09335	06952/09353	06986/09392	07020/09478	07054/09505
06919/09336	06953/09360	06987/09407	07021/09520	07055/09521
06920/09429	06954/09361	06988/09386	07022/09517	07056/09518
06921/09338	06955/09362	06989/09400	07023/09470	07057/09535
06922/09430	06956/09363	06990/09402	07024/09471	07058/09491

07059/09492	07093/09563	07127/09597	07161/09629	07195/09678
07060/09493	07094/09562	07128/09701	07162/09630	07196/09680
07061/09527	07095/09735	07129/09599	07163/09631	07197/09681
07062/09494	07096/09736	07130/09699	07164/09633	07198/09714
07063/09495	07097/09565	07131/09590	07165/09632	07199/09717
07064/09496	07098/09569	07132/09591	07166/09634	07200/09716
07065/09536	07099/09554	07133/09596	07167/09658	07201/09684
07066/09524	07100/09555	07134/09592	07168/09659	07202/09687
07067/09519	07101/09690	07135/09700	07169/09660	07203/09682
07068/09487	07102/09691	07136/09598	07170/09661	07204/09711
07069/09516	07103/10426	07137/09602	07171/09656	07205/09721
07070/09525	07104/09572	07138/09600	07172/09657	07206/09722
07071/09683	07105/09695	07139/09702	07173/09639	07207/09718
07072/09538	07106/09575	07140/09604	07174/09640	07208/09720
07073/09539	07107/09583	07141/09613	07175/09628	07209/09719
07074/09540	07108/09696	07142/09606	07176/09627	07210/09780
07075/09541	07109/09580	07143/09708	07177/09662	07211/09724
07076/09542	07110/09697	07144/09607	07178/09663	07212/09723
07077/09543	07111/09693	07145/09703	07179/09666	07213/09795
07078/09544	07112/09573	07146/09608	07180/09671	07214/09726
07079/09545	07113/09694	07147/09609	07181/09664	07215/09727
07080/09546	07114/09698	07148/09706	07182/09669	07216/09728
07081/09547	07115/09576	07149/09707	07183/09625	07217/09729
07082/09548	07116/09577	07150/09763	07184/09670	07218/09730
07083/09549	07117/09578	07151/09610	07185/09712	07219/09779
07084/09550	07118/09579	07152/09611	07186/09713	07220/09731
07085/09551	07119/09582	07153/09785	07187/09685	07221/09732
07086/09564	07120/09692	07154/09622	07188/09686	07222/09733
07087/09557	07121/09586	07155/09617	07189/09672	07223/09739
07088/09558	07122/09587	07156/09623	07190/09673	07224/09741
07089/09567	07123/09588	07157/09709	07191/09677	07225/09689
07090/09568	07124/09589	07158/09616	07192/09674	07226/09738
07091/09734	07125/09786	07159/09624	07193/09675	07227/09742
07092/09561	07126/09595	07160/09626	07194/09676	07228/09750

07229/09746	07263/09797	07297/09826	07331/06551	07365/06581
07230/09748	07264/09798	07298/09827	07332/06552	07366/06582
07231/09749	07265/09799	07299/09839	07333/06553	07367/06583
07232/09751	07266/09800	07300/09837	07334/06584	07368/06574
07233/09747	07267/09812	07301/09843	07335/06585	07369/06575
07234/09791	07268/09813	07302/09848	07336/06753	07370/06568
07235/09787	07269/09801	07303/09830	07337/06556	07371/06569
07236/09752	07270/09641	07304/09845	07338/06557	07372/06814
07237/09753	07271/09802	07305/09844	07339/06558	07373/06576
07238/09755	07272/09807	07306/09841	07340/06954	07374/06577
07239/09756	07273/09809	07307/09849	07341/06955	07375/06578
07240/09757	07274/09808	07308/09846	07342/06620	07376/06579
07241/09783	07275/09810	07309/09847	07343/06621	07377/06580
07242/09758	07276/09811	07310/09851	07344/06781	07378/06593
07243/09784	07277/09772	07311/09852	07345/06832	07379/06591
07244/09759	07278/09803	07312/09854	07346/06549	07380/06592
07245/09704	07279/09821	07313/06665	07347/06828	07381/06540
07246/09705	07280/09819	07314/06666	07348/06826	07382/06617
07247/09764	07281/09817	07315/06667	07349/06827	07383/06759
07248/09765	07282/09818	07316/06672	07350/06829	07384/06594
07249/09766	07283/09822	07317/06673	07351/06830	07385/07016
07250/09767	07284/09825	07318/06671	07352/06831	07386/06618
07251/09768	07285/09824	07319/06917	07353/06967	07387/06559
07252/09770	07286/09823	07320/06915	07354/06570	07388/06550
07253/09773	07287/09814	07321/06918	07355/06946	07389/06622
07254/09774	07288/09815	07322/06897	07356/06947	07390/06623
07255/09775	07289/09836	07323/06455	07357/06572	07391/06598
07256/09777	07290/09831	07324/06675	07358/06571	07392/06599
07257/09792	07291/09832	07325/06676	07359/06409	07393/06600
07258/09793	07292/09833	07326/06677	07360/06573	07394/06601
07259/09794	07293/09829	07327/06908	07361/06411	07395/06602
07260/09790	07294/09834	07328/06907	07362/06815	07396/06603
07261/09806	07295/09835	07329/06895	07363/06816	07397/06597
07262/09796	07296/09828	07330/06896	07364/06567	07398/06604

07399/06616   07433/06472   07467/06641   07501/06479   07535/06529
07400/06560   07434/06632   07468/06644   07502/06481   07536/06528
07401/06610   07435/06633   07469/06763   07503/06482   07537/06717
07402/06790   07436/06634   07470/06760   07504/06483   07538/06711
07403/06773   07437/06810   07471/06484   07505/06647   07539/06714
07404/06612   07438/06811   07472/06485   07506/06789   07540/06715
07405/06605   07439/06635   07473/06589   07507/06547   07541/06712
07406/06611   07440/06737   07474/06588   07508/06548   07542/06713
07407/06813   07441/06738   07475/06590   07509/06631   07543/06929
07408/06624   07442/06739   07476/06805   07510/06510   07544/06716
07409/06457   07443/06740   07477/08730   07511/06511   07545/06928
07410/06458   07444/06930   07478/06645   07512/06512   07546/06489
07411/06459   07445/06706   07479/06646   07513/06509   07547/06491
07412/06461   07446/06707   07480/06718   07514/06513   07548/06490
07413/06462   07447/06703   07481/06719   07515/06514   07549/06492
07414/06787   07448/06923   07482/06720   07516/06515   07550/06493
07415/06812   07449/06709   07483/06931   07517/06522   07551/06494
07416/06625   07450/06710   07484/06722   07518/06517   07552/06495
07417/06626   07451/06627   07485/06498   07519/06518   07553/06496
07418/06554   07452/06628   07486/06499   07520/06519   07554/06423
07419/06555   07453/06799   07487/06501   07521/06526   07555/06788
07420/08707   07454/06636   07488/06500   07522/06619   07556/06537
07421/06463   07455/06486   07489/06502   07523/06772   07557/06536
07422/06468   07456/06804   07490/06504   07524/06507   07558/06539
07423/06466   07457/06488   07491/06505   07525/06508   07559/06532
07424/06470   07458/06820   07492/06503   07526/06506   07560/06533
07425/06467   07459/06639   07493/06404   07527/06525   07561/06534
07426/06464   07460/06640   07494/06957   07528/06524   07562/06535
07427/06469   07461/06744   07495/06764   07529/06523   07563/06530
07428/07010   07462/06741   07496/06750   07530/06521   07564/06531
07429/07011   07463/06743   07497/06751   07531/06527   07565/08704
07430/07012   07464/06945   07498/06748   07532/06405   07566/06898
07431/07013   07465/06421   07499/06932   07533/06903   07567/06821
07432/06473   07466/07246   07500/06520   07534/06904   07568/06822

07569/06544	07603/06806	07637/06608	07671/06565	07705/06656
07570/06541	07604/06757	07638/06451	07672/06566	07706/06890
07571/06542	07605/06758	07639/06449	07673/06762	07707/06754
07572/06543	07606/06497	07640/06448	07674/06724	07708/06755
07573/06545	07607/06652	07641/06609	07675/06725	07709/06756
07574/06546	07608/06824	07642/06445	07676/06726	07710/06775
07575/06723	07609/06443	07643/06769	07677/06727	07711/06776
07576/06925	07610/06444	07644/06770	07678/06729	07712/06777
07577/06927	07611/07019	07645/06771	07679/06731	07713/06891
07578/06926	07612/07020	07646/06653	07680/06732	07714/06596
07579/06438	07613/06586	07647/06654	07681/06728	07715/06595
07580/06843	07614/06587	07648/06940	07682/06730	07716/06407
07581/06842	07615/06679	07649/06643	07683/06733	07717/06892
07582/06838	07616/06949	07650/06648	07684/06734	07718/07021
07583/06839	07617/06682	07651/06649	07685/06735	07719/07022
07584/06836	07618/06680	07652/06642	07686/06938	07720/06893
07585/06840	07619/06685	07653/06911	07687/06939	07721/06894
07586/06841	07620/06681	07654/06910	07688/06846	07722/06833
07587/06837	07621/06683	07655/06874	07689/06849	07723/07024
07588/06767	07622/06684	07656/06863	07690/06850	07724/06825
07589/06768	07623/06686	07657/06864	07691/06851	07725/06416
07590/06446	07624/06687	07658/06853	07692/06852	07726/06782
07591/06447	07625/06688	07659/06854	07693/06964	07727/06783
07592/06961	07626/06689	07660/06857	07694/06963	07728/06913
07593/06962	07627/06690	07661/06875	07695/06965	07729/06914
07594/06880	07628/06950	07662/06865	07696/06900	07730/06823
07595/06883	07629/06951	07663/06871	07697/06901	07731/06798
07596/06884	07630/06952	07664/06872	07698/06902	07732/06424
07597/06885	07631/06953	07665/06869	07699/06456	07733/06905
07598/06886	07632/06615	07666/06877	07700/06657	07734/06752
07599/06969	07633/06614	07667/06968	07701/06889	07735/06784
07600/06881	07634/06941	07668/06765	07702/06779	07736/06745
07601/06887	07635/06606	07669/06766	07703/06780	07737/06920
07602/06888	07636/06607	07670/06563	07704/06655	07738/06921

07739/06417　07773/07049　07807/07084　07841/07044　07875/07151
07740/06418　07774/07054　07808/07087　07842/07045　07876/07152
07741/06801　07775/07055　07809/07089　07843/07046　07877/07153
07742/06774　07776/07050　07810/07091　07844/07074　07878/07579
07743/06803　07777/08723　07811/07092　07845/07124　07879/07580
07744/06662　07778/07057　07812/07093　07846/07125　07880/07158
07745/06807　07779/07058　07813/07094　07847/07126　07881/07585
07746/06430　07780/07051　07814/08032　07848/07127　07882/07176
07747/06796　07781/07052　07815/07095　07849/07128　07883/07171
07748/06797　07782/07059　07816/07097　07850/07564　07884/07172
07749/06970　07783/07063　07817/07107　07851/07565　07885/07155
07750/06971　07784/07065　07818/07108　07852/07129　07886/07154
07751/06427　07785/07066　07819/07098　07853/07130　07887/07174
07752/06795　07786/07067　07820/07099　07854/07132　07888/07173
07753/06658　07787/07558　07821/07100　07855/07133　07889/07175
07754/06659　07788/07090　07822/07102　07856/07134　07890/07159
07755/06791　07789/07096　07823/07101　07857/07135　07891/07160
07756/08710　07790/07073　07824/07559　07858/07136　07892/07161
07757/08708　07791/07071　07825/07103　07859/07141　07893/07162
07758/08709　07792/07072　07826/07105　07860/07140　07894/07163
07759/06663　07793/08724　07827/07104　07861/07142　07895/07164
07760/06475　07794/08725　07828/07109　07862/07143　07896/07581
07761/06476　07795/07076　07829/07537　07863/07145　07897/07591
07762/06478　07796/07075　07830/07560　07864/07576　07898/07582
07763/06477　07797/08729　07831/07060　07865/07573　07899/07583
07764/06474　07798/07077　07832/07061　07866/07574　07900/07586
07765/06785　07799/07078　07833/07062　07867/07575　07901/07592
07766/06786　07800/07079　07834/07047　07868/07146　07902/07181
07767/06819　07801/07080　07835/07038　07869/07147　07903/07191
07768/06818　07802/07081　07836/07039　07870/07148　07904/07192
07769/06899　07803/07082　07837/07040　07871/07149　07905/07193
07770/06661　07804/07085　07838/07041　07872/07577　07906/07182
07771/06664　07805/07083　07839/07042　07873/08711　07907/07194
07772/07048　07806/07086　07840/07043　07874/07150　07908/07593

07909/07195	07943/07614	07977/07253	08011/07526	08045/07312
07910/07196	07944/07612	07978/07254	08012/07527	08046/07680
07911/07180	07945/07613	07979/07255	08013/07277	08047/07529
07912/07197	07946/07615	07980/07261	08014/07280	08048/07398
07913/07198	07947/07616	07981/07256	08015/07290	08049/07397
07914/07199	07948/07223	07982/07262	08016/07405	08050/07316
07915/07200	07949/07225	07983/07263	08017/07298	08051/07317
07916/07201	07950/07226	07984/07264	08018/07300	08052/07318
07917/07594	07951/07618	07985/07643	08019/07295	08053/07319
07918/07595	07952/07235	07986/07639	08020/07296	08054/07320
07919/07596	07953/07230	07987/07636	08021/07291	08055/07531
07920/07597	07954/07231	07988/07640	08022/07292	08056/07321
07921/07598	07955/07232	07989/07641	08023/07293	08057/07323
07922/07598	07956/07236	07990/07660	08024/07294	08058/07692
07923/07599	07957/07237	07991/07645	08025/07185	08059/07330
07924/07601	07958/07242	07992/07270	08026/07297	08060/07399
07925/07602	07959/07229	07993/07271	08027/07301	08061/07328
07926/07603	07960/07243	07994/07648	08028/07274	08062/07329
07927/07202	07961/07244	07995/07649	08029/07303	08063/07333
07928/07204	07962/07238	07996/07650	08030/07402	08064/07532
07929/07205	07963/07239	07997/07651	08031/07306	08065/07331
07930/07206	07964/07628	07998/07268	08032/07307	08066/07685
07931/07604	07965/07245	07999/07267	08033/07652	08067/07332
07932/07211	07966/07629	08000/07266	08034/07308	08068/07534
07933/07212	07967/07630	08001/07522	08035/07310	08069/07334
07934/07213	07968/07622	08002/07273	08036/07311	08070/07533
07935/07214	07969/07620	08003/07275	08037/07528	08071/07335
07936/08712	07970/07631	08004/07276	08038/07690	08072/07389
07937/07209	07971/07252	08005/07523	08039/07655	08073/07390
07938/07215	07972/07248	08006/07524	08040/07305	08074/07392
07939/07221	07973/07247	08007/07287	08041/07691	08075/07375
07940/07222	07974/07632	08008/07288	08042/07656	08076/07341
07941/07609	07975/07633	08009/07289	08043/07309	08077/07346
07942/07208	07976/07642	08010/07653	08044/07313	08078/07342

08079/07340	08113/07370	08147/07514	08181/07544	08215/07456
08080/07343	08114/07371	08148/07515	08182/07429	08216/07506
08081/07344	08115/07372	08149/07693	08183/07545	08217/07507
08082/07345	08116/07365	08150/07666	08184/07670	08218/07508
08083/07347	08117/07393	08151/07658	08185/07551	08219/07510
08084/07349	08118/07391	08152/07659	08186/07424	08220/07511
08085/07388	08119/07499	08153/07497	08187/07425	08221/07434
08086/07337	08120/07520	08154/07540	08188/07425	08222/07435
08087/07350	08121/07521	08155/07420	08189/07489	08223/07437
08088/07351	08122/07117	08156/07421	08190/07490	08224/07442
08089/07353	08123/07111	08157/07473	08191/07491	08225/07444
08090/07352	08124/07112	08158/07427	08192/07492	08226/07445
08091/07355	08125/07113	08159/07428	08193/06708	08227/07446
08092/07354	08126/07114	08160/07686	08194/07015	08228/07443
08093/07357	08127/07115	08161/07661	08195/07006	08229/07556
08094/07358	08128/07116	08162/07662	08196/07007	08230/07557
08095/07359	08129/07118	08163/07431	08197/07005	08231/07555
08096/07356	08130/07119	08164/07535	08198/07008	08232/07396
08097/07360	08131/07120	08165/07698	08199/07549	08233/07438
08098/07384	08132/07122	08166/08056	08200/07433	08234/07439
08099/07385	08133/07394	08167/07667	08201/07554	08235/07422
08100/07362	08134/07403	08168/07668	08202/07468	08236/07502
08101/07386	08135/07404	08169/08726	08203/07469	08237/07663
08102/07382	08136/07401	08170/07432	08204/07450	08238/07455
08103/07363	08137/07407	08171/07493	08205/07448	08239/07457
08104/07364	08138/07410	08172/07023	08206/07449	08240/07436
08105/07367	08139/07413	08173/07550	08207/07447	08241/07488
08106/07368	08140/07487	08174/07494	08208/07304	08242/07477
08107/07369	08141/07418	08175/07414	08209/07451	08243/07458
08108/07373	08142/07419	08176/07417	08210/07454	08244/07458
08109/07374	08143/07538	08177/07415	08211/07452	08245/07516
08110/07366	08144/07539	08178/07409	08212/07453	08246/07553
08111/07377	08145/07669	08179/07541	08213/07519	08247/07480
08112/07381	08146/07513	08180/07430	08214/07509	08248/0769

08249/07467	08283/06991	08317/07708	08351/07729	08385/08116
08250/07463	08284/06996	08318/07709	08352/07732	08386/08119
08251/07464	08285/06997	08319/07712	08353/07731	08387/08117
08252/07440	08286/06998	08320/08073	08354/07733	08388/08118
08253/07441	08287/06999	08321/07711	08355/08089	08389/07779
08254/07470	08288/07000	08322/07717	08356/07734	08390/07782
08255/06979	08289/07001	08323/07716	08357/08090	08391/07785
08256/06978	08290/07002	08324/08077	08358/07738	08392/07786
08257/07482	08291/07003	08325/08076	08359/07735	08393/08277
08258/07483	08292/07004	08326/07719	08360/07739	08394/08097
08259/07481	08293/06990	08327/08733	08361/08735	08395/08367
08260/06817	08294/07563	08328/07718	08362/08736	08396/08754
08261/07671	08295/06984	08329/07720	08363/07736	08397/08111
08262/07302	08296/06989	08330/07721	08364/08092	08398/07787
08263/07517	08297/07496	08331/08078	08365/07740	08399/07780
08264/07485	08298/07684	08332/08079	08366/07741	08400/07753
08265/07484	08299/07675	08333/07722	08367/07737	08401/07752
08266/07486	08300/07674	08334/07723	08368/07743	08402/08101
08267/07475	08301/07562	08335/08081	08369/07742	08403/08102
08268/07476	08302/07687	08336/07724	08370/08094	08404/08109
08269/07471	08303/07676	08337/08734	08371/07744	08405/07767
08270/07498	08304/07679	08338/07725	08372/08737	08406/07766
08271/07478	08305/07677	08339/08082	08373/08096	08407/07769
08272/07501	08306/07678	08340/08083	08374/07745	08408/08100
08273/07461	08307/08731	08341/07726	08375/07746	08409/07770
08274/07512	08308/08732	08342/08748	08376/07747	08410/07768
08275/07465	08309/07123	08343/07727	08377/08105	08411/07771
08276/07466	08310/07673	08344/07730	08378/07783	08412/07750
08277/07460	08311/07710	08345/08084	08379/08742	08413/07751
08278/07546	08312/08072	08346/08086	08380/08743	08414/07777
08279/06431	08313/07700	08347/08087	08381/08741	08415/07778
08280/07542	08314/07701	08348/08088	08382/08749	08416/07749
08281/07503	08315/07702	08349/07728	08383/08738	08417/07781
08282/06980	08316/07707	08350/08085	08384/07784	08418/07754

08419/08103 08453/07793 08487/08140 08521/07841 08555/07862

08420/08104 08454/08156 08488/07836 08522/07842 08556/07863

08421/07755 08455/08150 08489/08152 08523/08167 08557/07864

08422/07756 08456/08151 08490/07833 08524/08168 08558/07865

08423/08370 08457/07819 08491/07831 08525/08170 08559/08178

08424/07760 08458/07796 08492/07830 08526/07846 08560/08179

08425/07775 08459/08127 08493/08153 08527/08329 08561/07854

08426/08106 08460/07814 08494/08154 08528/08161 08562/07874

08427/07772 08461/08134 08495/07823 08529/08171 08563/07855

08428/07776 08462/07792 08496/08155 08530/08162 08564/07860

08429/08110 08463/07832 08497/07824 08531/08777 08565/07861

08430/07757 08464/07798 08498/07825 08532/07844 08566/07875

08431/08112 08465/07799 08499/07826 08533/07843 08567/07877

08432/08113 08466/08133 08500/08157 08534/08169 08568/08181

08433/07762 08467/07804 08501/07812 08535/07845 08569/07866

08434/07761 08468/07805 08502/07813 08536/07870 08570/07868

08435/07765 08469/07806 08503/07834 08537/07871 08571/07867

08436/07790 08470/08135 08504/08158 08538/07872 08572/07881

08437/07788 08471/07800 08505/07828 08539/07847 08573/08185

08438/07789 08472/07811 08506/07829 08540/07848 08574/08186

08439/08122 08473/07820 08507/07835 08541/07880 08575/07883

08440/07791 08474/07821 08508/08144 08542/07879 08576/08173

08441/07817 08475/07822 08509/07839 08543/07873 08577/07856

08442/07818 08476/08125 08510/07837 08544/08180 08578/07857

08443/08310 08477/07802 08511/07838 08545/08182 08579/08187

08444/08136 08478/08128 08512/08146 08546/07849 08580/08188

08445/07797 08479/08147 08513/08163 08547/07851 08581/08189

08446/08148 08480/07809 08514/08164 08548/07850 08582/07878

08447/08129 08481/07808 08515/08165 08549/08183 08583/08751

08448/07795 08482/08142 08516/08166 08550/07882 08584/07884

08449/07794 08483/07807 08517/08745 08551/08184 08585/07885

08450/07816 08484/08138 08518/08762 08552/07852 08586/07886

08451/08381 08485/08139 08519/08750 08553/07853 08587/07888

08452/08126 08486/08143 08520/07840 08554/07869 08588/08388

08589/08765　08623/08217　08657/07901　08691/08245　08725/07955

08590/07889　08624/08221　08658/08218　08692/08247　08726/07954

08591/08190　08625/07920　08659/08219　08693/08342　08727/07956

08592/07887　08626/07930　08660/08220　08694/07936　08728/08255

08593/08205　08627/07898　08661/07926　08695/07937　08729/07981

08594/08206　08628/07897　08662/07933　08696/08231　08730/07965

08595/08208　08629/08195　08663/08228　08697/07938　08731/07978

08596/08207　08630/08192　08664/08229　08698/07939　08732/07983

08597/07891　08631/07906　08665/08227　08699/07944　08733/08256

08598/07902　08632/07907　08666/07935　08700/07945　08734/07987

08599/07905　08633/07922　08667/08237　08701/07969　08735/07984

08600/07893　08634/07923　08668/07979　08702/07970　08736/07985

08601/07896　08635/08201　08669/08238　08703/08246　08737/07986

08602/07912　08636/07924　08670/08239　08704/07947　08738/07988

08603/07894　08637/07921　08671/08250　08705/08248　08739/08257

08604/07913　08638/07903　08672/07966　08706/08249　08740/08423

08605/07914　08639/08211　08673/07941　08707/07980　08741/08258

08606/08194　08640/08210　08674/07942　08708/07962　08742/07989

08607/07915　08641/07904　08675/07943　08709/07946　08743/07992

08608/08747　08642/07931　08676/08240　08710/07964　08744/07993

08609/08212　08643/07925　08677/07967　08711/07961　08745/07994

08610/08213　08644/07908　08678/07968　08712/07963　08746/07995

08611/08214　08645/08203　08679/08251　08713/07976　08747/07996

08612/08215　08646/07909　08680/07958　08714/07948　08748/07997

08613/08193　08647/07910　08681/07959　08715/07974　08749/07998

08614/08200　08648/07911　08682/08242　08716/07949　08750/07999

08615/07890　08649/08223　08683/08243　08717/07977　08751/08000

08616/07916　08650/07929　08684/08244　08718/07975　08752/08013

08617/07917　08651/08224　08685/07971　08719/07972　08753/08001

08618/07895　08652/08222　08686/08232　08720/08252　08754/08002

08619/08335　08653/08225　08687/08233　08721/08253　08755/07121

08620/07918　08654/07928　08688/08234　08722/07951　08756/08004

08621/07919　08655/07927　08689/08235　08723/07952　08757/08005

08622/08216　08656/07900　08690/07960　08724/07953　08758/08006

08759/08003	08793/08043	08827/08266	08861/08300	08895/08315
08760/08007	08794/08044	08828/08278	08862/08374	08896/08318
08761/08008	08795/08045	08829/08272	08863/08375	08897/08145
08762/08011	08796/08047	08830/08275	08864/08303	08898/08307
08763/08009	08797/08050	08831/08273	08865/08292	08899/08308
08764/08010	08798/08049	08832/08271	08866/08304	08900/08309
08765/08012	08799/08051	08833/08269	08867/08302	08901/08325
08766/08014	08800/08048	08834/08283	08868/08376	08902/08311
08767/07376	08801/08054	08835/08284	08869/08377	08903/08384
08768/08015	08802/07504	08836/08285	08870/07763	08904/07801
08769/08064	08803/08055	08837/08752	08871/08301	08905/08386
08770/08065	08804/08053	08838/08362	08872/08305	08906/08387
08771/08016	08805/08070	08839/08075	08873/08373	08907/08319
08772/08017	08806/08039	08840/08455	08874/08756	08908/08383
08773/08018	08807/08040	08841/08286	08875/08293	08909/08321
08774/08019	08808/08041	08842/08289	08876/08433	08910/08322
08775/08023	08809/07697	08843/08287	08877/08434	08911/08323
08776/08020	08810/07714	08844/08288	08878/08432	08912/08772
08777/08024	08811/07715	08845/08497	08879/08444	08913/08324
08778/08025	08812/07713	08846/08364	08880/08435	08914/08385
08779/08026	08813/08046	08847/08365	08881/08446	08915/08316
08780/08034	08814/08057	08848/08781	08882/08758	08916/08449
08781/08027	08815/08059	08849/08290	08883/08379	08917/08450
08782/08031	08816/08263	08850/08291	08884/08306	08918/08326
08783/08028	08817/08264	08851/08366	08885/08436	08919/08327
08784/08029	08818/08279	08852/08294	08886/08437	08920/08328
08785/08030	08819/08280	08853/08297	08887/08382	08921/08389
08786/08035	08820/08282	08854/08295	08888/08312	08922/08390
08787/08353	08821/07479	08855/08371	08889/08313	08923/08778
08788/08021	08822/08267	08856/08770	08890/08314	08924/08447
08789/08062	08823/08268	08857/08757	08891/08760	08925/08448
08790/08066	08824/08281	08858/08296	08892/08761	08926/08333
08791/08067	08825/08270	08859/08298	08893/08771	08927/08763
08792/08262	08826/08265	08860/08299	08894/08759	08928/08334

08929/08330	08963/08415	08997/08501	09031/08477	09065/08540
08930/08331	08964/08421	08998/08467	09032/08478	09066/08541
08931/07876	08965/08420	08999/08468	09033/08479	09067/08547
08932/08175	08966/08422	09000/08499	09034/08486	09068/08548
08933/08391	08967/08350	09001/08500	09035/08487	09069/08543
08934/08392	08968/08339	09002/08498	09036/08488	09070/08451
08935/08397	08969/07957	09003/08469	09037/08489	09071/08551
08936/08398	08970/08348	09004/08506	09038/08524	09072/08552
08937/08332	08971/08416	09005/08380	09039/08490	09073/08545
08938/08393	08972/08340	09006/08456	09040/08530	09074/08533
08939/08399	08973/08349	09007/08454	09041/08484	09075/08536
08940/08400	08974/08417	09008/08779	09042/08782	09076/08546
08941/08402	08975/08418	09009/08472	09043/08511	09077/08553
08942/08407	08976/08440	09010/08457	09044/08512	09078/08788
08943/08336	08977/08352	09011/08483	09045/08513	09079/08562
08944/08403	08978/08441	09012/08470	09046/08514	09080/08559
08945/08405	08979/08442	09013/08471	09047/08525	09081/08560
08946/08406	08980/08776	09014/08458	09048/08526	09082/08561
08947/08408	08981/08424	09015/08460	09049/08507	09083/08565
08948/08409	08982/08355	09016/08401	09050/08538	09084/08534
08949/08411	08983/08356	09017/08491	09051/08537	09085/08535
08950/08412	08984/08769	09018/08492	09052/08531	09086/08557
08951/08337	08985/08425	09019/08404	09053/08520	09087/08558
08952/08438	08986/08431	09020/08476	09054/08521	09088/08567
08953/08413	08987/08354	09021/08430	09055/08508	09089/08569
08954/08338	08988/08443	09022/08462	09056/08509	09090/08568
08955/08419	08989/08428	09023/08363	09057/08510	09091/08571
08956/08341	08990/08427	09024/08473	09058/08516	09092/08572
08957/08345	08991/08429	09025/08494	09059/08522	09093/08573
08958/08344	08992/08482	09026/08493	09060/08532	09094/08576
08959/08346	08993/08453	09027/08474	09061/08529	09095/08578
08960/08414	08994/08502	09028/08475	09062/08523	09096/08580
08961/08351	08995/08503	09029/08464	09063/08783	09097/08579
08962/08347	08996/08504	09030/08465	09064/08784	09098/08581

09099/08791　09133/10900　09167/10981　09201/11000　09235/11046
09100/08792　09134/10974　09168/10982　09202/11001　09236/11047
09101/08582　09135/10922　09169/10983　09203/11003　09237/11045
09102/08793　09136/10923　09170/10984　09204/11038　09238/11043
09103/08584　09137/10929　09171/10985　09205/11004　09239/11053
09104/08585　09138/10930　09172/10965　09206/11032　09240/11055
09105/08794　09139/10931　09173/10967　09207/11030　09241/11056
09106/10936　09140/10901　09174/10966　09208/11029　09242/11057
09107/10937　09141/10902　09175/10910　09209/11040　09243/11059
09108/10883　09142/10903　09176/10954　09210/11007　09244/11061
09109/10938　09143/10904　09177/10955　09211/11031　09245/11060
09110/10884　09144/10932　09178/10956　09212/11006　09246/11064
09111/10917　09145/10933　09179/10957　09213/11010　09247/11063
09112/10918　09146/10905　09180/10958　09214/11011　09248/11062
09113/10885　09147/10906　09181/10959　09215/11008　09249/11065
09114/10886　09148/10927　09182/10988　09216/11012　09250/13603
09115/10887　09149/10928　09183/10987　09217/11013　09251/13601
09116/10916　09150/10907　09184/10989　09218/11033　09252/13604
09117/10915　09151/10939　09185/10990　09219/11016　09253/13611
09118/10969　09152/10908　09186/10986　09220/11017　09254/13617
09119/10919　09153/10909　09187/10991　09221/11009　09255/13616
09120/10888　09154/10924　09188/10992　09222/11018　09256/13618
09121/10935　09155/10925　09189/10993　09223/11019　09257/13605
09122/10889　09156/10945　09190/10994　09224/11020　09258/13606
09123/10890　09157/10946　09191/11036　09225/11022　09259/13607
09124/10920　09158/10947　09192/10999　09226/11027　09260/13608
09125/10921　09159/10948　09193/10968　09227/11026　09261/13609
09126/10891　09160/10952　09194/11037　09228/11039　09262/13615
09127/10893　09161/10949　09195/10970　09229/11048　09263/13619
09128/10894　09162/10953　09196/10975　09230/11049　09264/13612
09129/10895　09163/10950　09197/10972　09231/11050　09265/13620
09130/10896　09164/10951　09198/10976　09232/11041　09266/13625
09131/10897　09165/10978　09199/10977　09233/11042　09267/13640
09132/10898　09166/10980　09200/10973　09234/11051　09268/13627

09269/13628	09303/13665	09337/14648	09371/14686	09405/14730
09270/13629	09304/14599	09338/14629	09372/14749	09406/14731
09271/13626	09305/14589	09339/14630	09373/14676	09407/14732
09272/13642	09306/14594	09340/14651	09374/14677	09408/14724
09273/14653	09307/14590	09341/14652	09375/14678	09409/14726
09274/13636	09308/14605	09342/14673	09376/14680	09410/14722
09275/13635	09309/14624	09343/14632	09377/14679	09411/14723
09276/13631	09310/14608	09344/14631	09378/14682	09412/14727
09277/13637	09311/14598	09345/14655	09379/14683	09413/14728
09278/13632	09312/14595	09346/14671	09380/14691	09414/14725
09279/13641	09313/14592	09347/14656	09381/14692	09415/14734
09280/13623	09314/14604	09348/14654	09382/14696	09416/14733
09281/13624	09315/14581	09349/14634	09383/14694	09417/14736
09282/13634	09316/14582	09350/14636	09384/14688	09418/14737
09283/13621	09317/14583	09351/14637	09385/14695	09419/14738
09284/13643	09318/14584	09352/14635	09386/14693	09420/14739
09285/13644	09319/14585	09353/14657	09387/14699	09421/14741
09286/13646	09320/14602	09354/14674	09388/14702	09422/14740
09287/13645	09321/14596	09355/14639	09389/14700	09423/14744
09288/13647	09322/14588	09356/14640	09390/14706	09424/14745
09289/13649	09323/14620	09357/14641	09391/14707	09425/14743
09290/13650	09324/14619	09358/14658	09392/14703	09426/14746
09291/13648	09325/14621	09359/14675	09393/14713	09427/14750
09292/13652	09326/14618	09360/14644	09394/14708	09428/14751
09293/13653	09327/14614	09361/14660	09395/14714	09429/14753
09294/13655	09328/14627	09362/14661	09396/14716	09430/14752
09295/13654	09329/14623	09363/14645	09397/14715	09431/14754
09296/13656	09330/14610	09364/14662	09398/14709	09432/14756
09297/13657	09331/14625	09365/14643	09399/14710	09433/14757
09298/13659	09332/14609	09366/14646	09400/14711	09434/14768
09299/13660	09333/14611	09367/14665	09401/14712	09435/14764
09300/13661	09334/14612	09368/14667	09402/14729	09436/14760
09301/13663	09335/14613	09369/14664	09403/14719	09437/14761
09302/13664	09336/14649	09370/14672	09404/14720	09438/14762

09439/14763	09473/11954	09507/12053	09541/12165	09575/12191
09440/14771	09474/11955	09508/12029	09542/12125	09576/12195
09441/14770	09475/11968	09509/12030	09543/12128	09577/12198
09442/14767	09476/11986	09510/12031	09544/12131	09578/12200
09443/14774	09477/11987	09511/12032	09545/12135	09579/12205
09444/14773	09478/12004	09512/12089	09546/12139	09580/12209
09445/14769	09479/12005	09513/12091	09547/12130	09581/12206
09446/14776	09480/11993	09514/12124	09548/12142	09582/12208
09447/14775	09481/11994	09515/12093	09549/12141	09583/12250
09448/14780	09482/11995	09516/12126	09550/12144	09584/12217
09449/14779	09483/12016	09517/12092	09551/12143	09585/12220
09450/14781	09484/12001	09518/12090	09552/12153	09586/12219
09451/14785	09485/12007	09519/12087	09553/12148	09587/12218
09452/14788	09486/11999	09520/12085	09554/12147	09588/12224
09453/14794	09487/12000	09521/12086	09555/12151	09589/12229
09454/14792	09488/12011	09522/12100	09556/12149	09590/12252
09455/14796	09489/12008	09523/12101	09557/12152	09591/12251
09456/14800	09490/12009	09524/12094	09558/12157	09592/12232
09457/11982	09491/12010	09525/12106	09559/12160	09593/12233
09458/11963	09492/12017	09526/12102	09560/12161	09594/10860
09459/11966	09493/12002	09527/12118	09561/12158	09595/12256
09460/11965	09494/12019	09528/12109	09562/12159	09696/12246
09461/11964	09495/12021	09529/12110	09563/12227	09597/12244
09462/11969	09496/12022	09530/12119	09564/12167	09598/12245
09463/11970	09497/12027	09531/12107	09565/12166	09599/12235
09464/11956	09498/12028	09532/12112	09566/12213	09600/12236
09465/11957	09499/12020	09533/12108	09567/12173	09601.1/12238
09466/11958	09500/12036	09534/12113	09568/12174	09601.2/12237
09467/11975	09501/12057	09535/12115	09569/12176	09602.1/12237
09468/11967	09502/12064	09536/12116	09570/12177	09602.2/12238
09469/11979	09503/12068	09537/12127	09571/12178	09603/12242
09470/11980	09504/12071	09538/12162	09572/12179	09604/12243
09471/11973	09505/12050	09539/12163	09573/12187	09605/12254
09472/11952	09506/12078	09540/12164	09574/12188	09606/12253

09607/12255　09640/12298　09674/12384　09708/12422　09740/13729

09608/12260　09641/12331　09675/12388　09709/12423　09741/13726

09609/12259　09642/12329　09676/12376　09710/12424　09742/13716

09610/12283　09643/12330　09677/12364　09711/12425　09743/13714

09611/12284　09644/12306　09678/12365　09712/12427　09744/13715

09612/12291　09645/12307　09679/12366　09713/12432　09745/13725

09613/12268　09646/12300　09680/12367　09714/12426　09746/13718

09614/12267　09647/12311　09681/12371　09715/12428　09747/13704

09615/12269　09648/12312　09682/12369　09716/12420　09748/13723

09616/12271　09649/12313　09683/12368　09717/12421　09749/13724

09617/12272　09650/12315　09684/12385　09718/12433　09750/13719

09618. 1/12302　09651/12344　09685/12386　09719/12434　09751/13720

09618. 2/12303　09652/12345　09686/12387　09720/12435　09752/13710

09619/12280　09653/12346　09687/12380　09721/12438　09753/13711

09620/12281　09654/12347　09688/12379　09722/12439　09754/13727

09621/12282　09655/12351　09689/12372　09723. 1/12437　09755/13712

09622/12304　09656/12348　09690/12393　09723. 2/12436　09756/13713

09623/12278　09657/12323　09691/12392　09724. 1/12436　09757/13732

09624/12279　09658/12326　09692/12382　09724. 2/12437　09758/13734

09625/12287　09659/12327　09693/12454　09725/12440　09759/13730

09626/12288　09660/12310　09694/12394　09726/12441　09760/13733

09627/12377　09661/12360　09695/12395　09727/12442　09761/13742

09628/12285　09662/12332　09696/12391　09728/12446　09762/13741

09629/12286　09663/12338　09697/12404　09729/12450　09763/13744

09630/12292　09664/12339　09698/12398　09730/12449　09764/13745

09631/12320　09665/12340　09699/12399　09731/12451　09765/13743

09632/12293　09666/12341　09700/12400　09732/12452　09766/13746

09633/12294　09667/12362　09701/12408　09733/12453　09767/13747

09634/12295　09668/12361　09702/12405　09734/12454　09768/13765

09635/12319　09669/12359　09703/12410　09735/12455　09769/13736

09636/12324　09670/12378　09704/12407　09736/13717　09770/13754

09637/12296　09671/12363　09705/12416　09737/13731　09771/13752

09638/12297　09672/12342　09706/12414　09738/13703　09772/13750

09639/12325　09673/12354　09707/12419　09739/13702　09773/13755

09774/13763	09808/13799	09842/13476	09876/13520	09910/14172
09775/13751	09809/13805	09843/13475	09877/13525	09911/14171
09776/13749	09810/13810	09844/13505	09878/13523	09912/14174
09777/13766	09811/13808	09845/13479	09879/13524	09913/14178
09778/13767	09812/13807	09846/13481	09880/13526	09914/14175
09779/13756	09813/13809	09847/13482	09881/13527	09915/14177
09780/13768	09814/13812	09848/13485	09882/13528	09916/14162
09781/13760	09815/13814	09849/13487	09883/13813	09917/14163
09782/13761	09816/13817	09850/13486	09884/13530	09918/14164
09783/13735	09817/13818	09851/13488	09885/13529	09919/14165
09784/13758	09818/13815	09852/13489	09886/13531	09920/14166
09785/13770	09819/13816	09853/13477	09887/13532	09921/14167
09786/13771	09820/13819	09854/13478	09888/13533	09922/14168
09787/13773	09821/13821	09855/13502	09889/13534	09923/14169
09788/13775	09822/13822	09856/13490	09890/13536	09924/14181
09789/13776	09823/13823	09857/13491	09891/13537	09925/14182
09790/13777	09824/13827	09858/13492	09892/13539	09926/14183
09791/13781	09825/13828	09859/13506	09893/13541	09927/06312
09792/13785	09826/13829	09860/13501	09894/13540	09928/06311
09793/13783	09827/13830	09861/13495	09895/13542	09929/14184
09794/13784	09828/13474	09862/13496	09896/13543	09930/14186
09795/13788	09829/13472	09863/13493	09897/13544	09931/14187
09796/13797	09830/13456	09864/13494	09898/13545	09932/14188
09797/13796	09831/13451	09865/13504	09899/13546	09933/14189
09798/13782	09832/13457	09866/13514	09900/13547	09934/14190
09799/13786	09833/13452	09867/13512	09901/13548	09935/14191
09800/13790	09834/13454	09868/13510	09902/14152	09936/14192
09801/13802	09835/13455	09869/13513	09903/14155	09937/19603
09802/13794	09836/13460	09870/13508	09904/14151	09938/10852
09803/13791	09837/13458	09871/13515	09905/14156	09939/10854
09804/13792	09838/13461	09872/13519	09906/14158	09940/10853
09805/13801	09839/13473	09873/13517	09907/14159	09941/13957
09806/13798	09840/13470	09874/13507	09908/14160	09942/13952
09807/13800	09841/13468	09875/13521	09909/14176	09943/13951

09944/13956	09978/14033	10012/14308	10046/14341	10080/14405
09945/13953	09979/14034	10013/14309	10047/14342	10081/14407
09946/13955	09980/14037	10014/14301	10048/14352	10082/14408
09947/13954	09981/14038	10015/14310	10049/14350	10083/14410
09948/13966	09982/14039	10016/14344	10050/14351	10084/14412
09949/13959	09983/19222	10017/14303	10051/14355	10085/14421
09950/13969	09984/19224	10018/14313	10052/14360	10086/14417
09951/13962	09985/19227	10019/14374	10053/14356	10087/14416
09952/13960	09986/19230	10020/14316	10054/14358	10088/14422
09953/13961	09987/19232	10021/14322	10055/14359	10089/14420
09954/13968	09988/14055	10022/14320	10056/14361	10090/14431
09955/13963	09989/14060	10023/14321	10057/14357	10091/14435
09956/13971	09990/14061	10024/14323	10058/14401	10092/14437
09957/13972	09991/14062	10025/14324	10059/14370	10093/14429
09958/13973	09992/14063	10026/14325	10060/14371	10094/14439
09959/13992	09993/14064	10027/14326	10061/14368	10095/14428
09960/13991	09994/14065	10028/14327	10062/14369	10096/14419
09961/13993	09995/14066	10029/14328	10063/14366	10097/14430
09962/13994	09996/14067	10030/14330	10064/14367	10098/14442
09963/13996	09997/14070	10031/14329	10065/14379	10099/14423
09964/13999	09998/14071	10032/14331	10066/14378	10100/14425
09965/14000	09999/14072	10033/14305	10067/14377	10101/14426
09966/13997	10000/14073	10034/14312	10068/14375	10102/14443
09967/14001	10001/14075	10035/14340	10069/14376	10103/14444
09968/14002	10002/14076	10036/14333	10070/14384	10104/14440
09969/14003	10003/14077	10037/14334	10071/14386	10105/14433
09970/14004	10004/14078	10038/14347	10072/14387	10106/14436
09971/14006	10005/14084	10039/14336	10073/14390	10107/14438
09972/14005	10006/14089	10040/14354	10074/14391	10108/14453
09973/14008	10007/14090	10041/14337	10075/14389	10109/14445
09974/14007	10008/14094	10042/14338	10076/14392	10110/14446
09975/12411	10009/14307	10043/14349	10077/14396	10111/14459
09976/14031	10010/14311	10044/14339	10078/14398	10112/14447
09977/14032	10011/14315	10045/14346	10079/14399	10113/14449

10114/14448	10148/14493	10182/14861	10216/14906	10250/14957
10115/14450	10149/14492	10183/14862	10217/14908	10251/14936
10116/14451	10150/14500	10184/14886	10218/14914	10252/14958
10117/14463	10151/14495	10185/14863	10219/14912	10253/14961
10118/14454	10152/14497	10186/14864	10220/14920	10254/14942
10119/14452	10153/14498	10187/14866	10221/14910	10255/14943
10120/14464	10154/14499	10188/14865	10222/14911	10256/14962
10121/14462	10155/14506	10189/14867	10223/14924	10257/14945
10122/14455	10156/14505	10190/14870	10224/14928	10258/14963
10123/14457	10157/14507	10191/14872	10225/14921	10259/14952
10124/14466	10158/14508	10192/14873	10226/14930	10260/14956
10125/14465	10159/14518	10193/14875	10227/14915	10261/14973
10126/14468	10160/14517	10194/14880	10228/14919	10262/14969
10127/14469	10161/14515	10195/14874	10229/14918	10263/14974
10128/14470	10162/14520	10196/14881	10230/14917	10264/14981
10129/14458	10163/14522	10197/14882	10231/14922	10265/14977
10130/14460	10164/14523	10198/14883	10232/14937	10266/14978
10131/14474	10165/14524	10199/14884	10233/14939	10267/14967
10132/14472	10166/05188	10200/14888	10234/14925	10268/14971
10133/14477	10167/14527	10201/14885	10235/14940	10269/14972
10134/14478	10168/14529	10202/14887	10236/14926	10270/14983
10135/14479	10169/14530	10203/14890	10237/14947	10271/14970
10136/14473	10170/14534	10204/14891	10238/14948	10272/14982
10137/14476	10171/14535	10205/14893	10239/14949	10273/14979
10138/14475	10172/14537	10206/14894	10240/14929	10274/14987
10139/14480	10173/14538	10207/14897	10241/14950	10275/14988
10140/14481	10174/14539	10208/14898	10242/14944	10276/14989
10141/14483	10175/14541	10209/14900	10243/14931	10277/14993
10142/14485	10176/14542	10210/14899	10244/14932	10278/14992
10143/14487	10177/14851	10211/14896	10245/14935	10279/14994
10144/14486	10178/14852	10212/14901	10246/14951	10280/14998
10145/14489	10179/14853	10213/14904	10247/14934	10281/14995
10146/14490	10180/14854	10214/14903	10248/14959	10282/15001
10147/14491	10181/14856	10215/14913	10249/14960	10283/14997

10284/15003	10318/06225	10352/19236	10386/19261	10420/19321
10285/15004	10319/06226	10353/19244	10387/19262	10421/19322
10286/14343	10320/06227	10354/14081	10388/19263	10422/19323
10287/15051	10321/06228	10355/19302	10389/19266	10423/19324
10288/15052	10322/06230	10356/19238	10390/19267	10424/19325
10289/15053	10323/06251	10357/14782	10391/19268	10425/19326
10290/15054	10324/06252	10358/19241	10392/19270	10426/19327
10291/15055	10325/06253	10359/19242	10393/19273	10427/19328
10292/15056	10326/06254	10360/19255	10394/19271	10428/19329
10293/15057	10327/06255	10361/19256	10395/19277	10429/19331
10294/15059	10328/06260	10362/18802	10396/19278 器	10430/19330
10295/15062	10329/06261	10363/18801	10397/19278 柄	10431/19332
10296/15063	10330/06262	10364/18814	10398/19280	10432/19333
10297/15065	10331/06263	10365/18803	10399/19279	10433/19338
10298/15066	10332/06264	10366/18805	10400/19282	10434/19334
10299/15067	10333/14424	10367/18806	10401/19283	10435/19337
10300/03486	10334/06265	10368/18809	10402/19286	10436/19335
10301/06201	10335/06266	10369/18810	10403/19287	10437/19336
10302/06205	10336/06268	10370/18813	10404/19290	10438/19345
10303/06207	10337/06267	10371/18817	10405/19291	10439/19347
10304/06208	10338/06269	10372/18819	10406/19292	10440/19616
10305/06209	10339/06270	10373/18816	10407/19293	10441/19348
10306/06210	10340/06271	10374/18818	10408/19309	10442/19349
10307/06211	10341/06272	10375/18842	10409/19310	10443/19350
10308/06212	10342/06274	10376/18843	10410/19311	10444/19351
10309/06214	10343/19248	10377/18847	10411/19312	10445/19353
10310/04697	10344/00565	10378/18844	10412/19313	10446/19354
10311/06217	10345/19247	10379/18850	10413/19314	10447/19352
10312/06222	10346/19298	10380/18857	10414/19315	10448/19355
10313/06219	10347/01105	10381/18856	10415/19316	10449/19356
10314/06220	10348/19245	10382/18860	10416/19317	10450/19359
10315/06223	10349/19250	10383/18861	10417/19319	10451/19358
10316/06221	10350/19243	10384/18862	10418/19318	10452/19445
10317/06224	10351/19452	10385/18863	10419/19320	10453/19446

10454/19367	10488/19461	10522/19490	10556/04269	10597/16181
10455/19368	10489/03521	10523/03830	10557/04371	10598/16182
10456/19444	10490/03413	10524/03842	10558/04270	10599/16183
10457/19341	10491/03493	10525/03852	10559/04381	10600/16184
10458/19613	10492/03492	10526/19492	10560/04271	10601/16167
10459/19340	10493/03416	10527/03953	10561/04331	10602/16187
10460/19447	10494/03485	10528/03940	10562/04254	10603/16174
10461/19339	10495/03414	10529/03942	10563/04356	10604/16154
10462/19448	10496/03482	10530/03912	10564/04312	10605/16155
10463/19251	10497/03676	10531/03913	10565/04332	10606/16156
10464/19252	10498/03663	10532/03967	10566/04299	10607/16107
10465/19361	10499/03708	10533/04012	10567/04263	10608/16108
10466/19441	10500/03707	10534/04071	10568/04264	10609/16109
10467/19451	10501/03711	10535/03972	10569/04429	10610/16160
10468/19449	10502/03632	10536/04022	10570/04404	10611/16162
10469/19450	10503/03633	10537/04005	10571/04555	10612/16163
10470/19413	10504/03613	10538/04072	10572/04492	10613/16188
10471/19413	10505/03614	10539/04108	10573/04523	10614/16164
10472/19414	10506/03615	10540/04042	10574/04524	10615/16165
10473/19435	10507/03617	10541/04043	10575/04565	10616/16166
10474/19436	10508/03641	10542/04044	10576/04559	10617/16185
10475/19437	10509/03682	10543/04069	10577/19264	10618/16186
10476/19456	10510/03681	10544/04070	10578/15058	10619/16189
10477/19246	10511/03618	10545/04188	10579/19505	10620/16168
10478/19307	10512/03619	10546/04181	10580/04658	10621/16190
10479/03576	10513/03651	10547/04179	10581/04950	10622/16173
10480/19460	10514/03647	10548/04180	10582/05023	10623/16161
10481/03409	10515/19473	10549/04193	10583/05127	10624/16191
10482/03418	10516/03965	10550/04194	10591/16175	10625/16169
10483/19471	10517/03776	10551/04149	10592/16176	10626/16170
10484/03406	10518/03786	10552/04167	10593/16177	10627/16171
10485/03407	10519/03794	10553/04168	10594/16178	10628/16001
10486/03435	10520/03787	10554/04344	10595/16179	10629/16002
10487/03443	10521/03829	10555/04268	10596/16180	10630/16003

10631/16005	10665/16031	10699/16070	10733/16077	10767/16227
10632/16007	10666/16020	10700/16071	10734/16272	10768/16370
10633/16006	10667/16019	10701/16073	10735/16084	10769/16150
10634/16008	10668/16107	10702/16063	10736/16085	10770/16358
10635/16100	10669/16139	10703/16064	10737/16083	10771/16221
10636/16039	10670/16108	10704/16065	10738/16057	10772/16220
10637/16045	10671/16094	10705/16066	10739/16058	10773/16128
10638/16098	10672/16095	10706/16067	10740/16059	10774/16219
10639/16099	10673/16036	10707/16204	10741/16209	10775/16237
10640/16193	10674/16033	10708/16205	10742/16210	10776/16126
10641/16194	10675/16034	10709/16206	10743/16208	10777/16129
10642/16101	10676/16032	10710/16116	10744/16123	10778/16151
10643/16102	10677/16037	10711/16114	10745/16124	10779/16152
10644/16040	10678/16106	10712/16202	10746/16226	10780/16048
10645/16041	10679/16140	10713/16117	10747/16086	10781/16239
10646/16103	10680/16141	10714/16054	10748/16087	10782/16229
10647/16042	10681/16109	10715/16056	10749/16147	10783/16233
10648/16043	10682/16142	10716/16118	10750/16211	10784/16234
10649/16096	10683/16143	10717/16222	10751/16212	10785/16270
10650/16097	10684/16110	10718/16223	10752/16213	10786/16271
10651/16105	10685/16046	10719/16199	10753/16214	10787/16241
10652/16369	10686/16112	10720/16119	10754/16215	10788/16235
10653/16104	10687/16195	10721/16344	10755/16062	10789/16244
10654/16315	10688/16196	10722/16120	10756/16060	10790/16242
10655/16316	10689/16144	10723/16052	10757/16061	10791/16248
10656/16009	10690/16113	10724/16051	10758/16125	10792/16249
10657/16010	10691/16145	10725/16146	10759/16216	10793/16250
10658/16011	10692/16224	10726/16225	10760/16217	10794/16251
10659/16014	10693/16091	10727/16121	10761/16218	10795/16252
10660/16012	10694/16092	10728/16122	10762/16148	10796/16253
10661/16015	10695/16093	10729/16079	10763/16149	10797/16254
10662/16016	10696/16090	10730/16080	10764/16127	10798/16255
10663/16017	10697/16069	10731/16076	10765/16088	10799/16256
10664/16018	10698/16074	10732/16075	10766/16089	10800/16257

10801/16258	10835/16326	10869/16361	10903/16429	10937/16451
10802/16269	10836/16330	10870/16355	10904/16430	10938/16470
10803/16261	10837/16336	10871/16353	10905/16431	10939/16471
10804/16263	10838/16331	10872/16360	10906/16419	10940/16473
10805/16264	10839/16332	10873/16359	10907/16409	10941/16488
10806/16265	10840/16333	10874/16362	10908/16441	10942/16489
10807/16266	10841/16334	10875/16363	10909/16448	10943/16479
10808/16273	10842/16335	10876/16364	10910/16432	10944/16462
10809/16277	10843/16337	10877/16379	10911/16433	10945/16468
10810/16278	10844/16339	10878/16372	10912/16434	10946/16582
10811/16287	10845/16338	10879/16373	10913/16438	10947/16583
10812/16288	10846/16343	10880/16365	10914/16455	10948/16584
10813/16276	10847/16345	10881/16314	10915/16456	10949/16585
10814/16280	10848/16346	10882/16382	10916/16435	10950/16586
10815/16279	10849/16367	10883/16386	10917/16436	10951/16587
10816/16299	10850/16368	10884/16383	10918/16443	10952/16589
10817/16274	10851/16347	10885/16387	10919/16460	10953/16596
10818/16289	10852/16349	10886/16388	10920/16439	10954/16494
10819/16290	10853/16350	10887/16389	10921/16440	10955/16496
10820/16281	10854/16351	10888/16390	10922/16449	10956/16499
10821/16283	10855/16352	10889/16391	10923/16444	10957/16500
10822/16282	10856/16310	10890/16417	10924/16459	10958/16538
10823/16291	10857/16312	10891/16403	10925/16446	10959/16547
10824/16294	10858/16311	10892/16399	10926/16447	10960/16548
10825/16295	10859/16313	10893/16407	10927/16452	10961/16509
10826/16304	10860/16376	10894/16408	10928/16453	10962/16530
10827/16306	10861/16356	10895/16416	10929/16454	10963/16511
10828/16307	10862/16357	10896/16411	10930/16465	10964/16513
10829/16298	10863/16340	10897/16412	10931/16466	10965/16539
10830/16327	10864/16381	10898/16422	10932/16467	10966/16518
10831/16325	10865/16341	10899/16423	10933/16461	10967/16520
10832/16328	10866/16371	10900/16420	10934/16445	10968/16541
10833/16324	10867/16378	10901/16424	10935/16450	10969/16543
10834/16329	10868/16354	10902/16410	10936/16487	10970/16914

10971/16529	11005/17037	11039/16703	11073/16788	11107/16736
10972/16516	11006/16542	11040/16635	11074/16785	11108/16720
10973/16521	11007/16469	11041/16680	11075/16727	11109/16786
10974/16554	11008/16575	11042/16605	11076/16732	11110/17004
10975/16568	11009/16576	11043/16614	11077/16750	11111/16787
10976/16570	11010/16581	11044/16707	11078/16751	11112/16745
10977/16522	11011/16595	11045/16654	11079/16752	11113/16800
10978/16527	11012/16598	11046/16607	11080/16733	11114/16962
10979/16526	11013/16507	11047/16606	11081/16889	11115/16807
10980/16574	11014/16594	11048/16628	11082/16773	11116/16861
10981/16758	11015/16627	11049/16615	11083/16777	11117/16862
10982/16563	11016/16658	11050/16616	11084/16774	11118/17060
10983/16562	11017/16698	11051/16688	11085/16726	11119/17061
10984/16561	11018/16754	11052/16609	11086/16775	11120/17049
10985/16565	11019/16685	11053/16701	11087/16776	11121/16865
10986/16515	11020/16610	11054/16704	11088/16770	11122/16845
10987/16578	11021/16690	11055/16689	11089/16730	11123/16753
10988/16549	11022/16678	11056/16679	11090/16731	11124/16851
10989/16677	11023/16611	11057/16705	11091/16728	11125/16852
10990/16555	11024/16612	11058/17026	11092/16719	11126/16857
10991/16556	11025/16613	11059/16693	11093/16741	11127/16816
10992/16557	11026/16734	11060/16608	11094/16757	11128/16911
10993/16558	11027/16603	11061/16742	11095/16759	11129/16890
10994/16552	11028/16695	11062/16621	11096/16760	11130/16912
10995/16550	11029/16864	11063/16668	11097/16761	11131/16842
10996/16573	11030/16671	11064/16715	11098/16762	11132/16828
10997/16544	11031/16647	11065/16764	11099/16738	11133/16829
10998/16571	11032/16669	11066/16717	11100/16735	11134/16841
10999/16523	11033/16636	11067/16723	11101/16780	11135/16913
11000/16546	11034/16637	11068/16784	11102/16801	11136/16922
11001/16567	11035/16638	11069/16783	11103/16802	11137/16915
11002/16531	11036/16643	11070/16772	11104/16806	11138/16917
11003/16991	11037/16642	11071/16799	11105/16768	11139/16923
11004/17033	11038/16646	11072/16767	11106/16663	11140/16830

11141/16831	11175/16877	11209/16976	11243/17020	11277/17032
11142/16832	11176/16878	11210/16964	11244/17021	11278/17035
11143/16835	11177/16879	11211/16965	11245/17025	11279/17125
11144/16836	11178/16880	11212/16978	11246/17029	11280/17094
11145/16899	11179/16881	11213/16967	11247/17030	11281/16826
11146/16901	11180/16882	11214/17053	11248/17028	11282/17105
11147/16900	11181/16883	11215/17093	11249/17031	11283/17101
11148/16902	11182/17059	11216/16966	11250/17103	11284/17100
11149/16771	11183/16746	11217/16987	11251/17069	11285/17127
11150/16834	11184/16980	11218/16986	11252/17104	11286/17098
11151/16863	11185/16981	11219/16984	11253/17079	11287/17278
11152/16909	11186/16983	11220/16985	11254/17078	11288/17124
11153/16908	11187/17003	11221/16988	11255/17080	11289/16827
11154/16929	11188/17005	11222/16989	11256/17081	11290/17108
11155/16930	11189/17006	11223/16990	11257/17082	11291/17141
11156/16931	11190/17001	11224/16998	11258/17083	11292/17114
11157/16809	11191/17002	11225/16992	11259/17084	11293/17130
11158/16858	11192/17040	11226/16993	11260/16887	11294/17240
11159/16907	11193/17015	11227/16996	11261/17070	11295/17137
11160/16859	11194/17016	11228/16999	11262/17066	11296/17271
11161/16819	11195/17027	11229/16997	11263/17076	11297/17272
11162/16815	11196/20532	11230/17011	11264/17072	11298/17146
11163/16924	11197/17102	11231/17012	11265/17089	11299/17155
11164/16812	11198/17048	11232/17008	11266/17087	11300/17132
11165/16925	11199/16973	11233/17013	11267/17074	11301/17152
11166/16927	11200/17054	11234/17010	11268/17068	11302/17173
11167/16866	11201/17064	11235/17007	11269/17086	11303/17174
11168/11867	11202/16963	11236/17014	11270/17085	11304/17000
11169/16872	11203/16823	11237/17041	11271/17075	11305/17023
11170/16873	11204/16825	11238/17042	11272/16979	11306/17197
11171/16868	11205/16854	11239/17043	11273/17045	11307/17111
11172/16874	11206/17056	11240/17017	11274/17046	11308/17251
11173/16875	11207/16974	11241/17018	11275/17047	11309/17154
11174/16876	11208/16975	11242/17019	11276/17044	11310/16933

11311/16934	11345/17206	11379/17239	11416/17501	11450/17555
11312/17166	11346/17186	11380/17253	11417/17502	11451/17592
11313/17170	11347/17235	11381/17322	11418/17507	11452/17586
11314/17171	11348/17231	11382/17330	11419/17504	11453/17584
11315/17172	11349/17232	11383/17323	11420/17505	11454/17582
11316/17167	11350/17022	11384/17333	11421/17510	11455/17557
11317/17178	11351/17305	11385/17334	11422/17509	11456/17577
11318/17179	11352/17211	11386/17336	11423/17512	11457/17579
11319/17180	11353/17208	11387/17337	11424/17526	11458/17581
11320/17157	11354/17306	11388/17338	11425/17514	11459/17578
11321/17158	11355/17313	11389/17339	11426/17516	11460/17564
11322/17181	11356/17233	11390/17331	11427/17523	11461/17562
11323/17182	11357/17219	11391/17264	11428/17524	11462/17563
11324/17184	11358/17217	11392/17326	11429/17521	11463/17569
11325/17160	11359/17244	11393/17328	11430/17519	11464/17570
11326/17161	11360/17198	11394/17262	11431/17520	11465/17566
11327/17183	11361/17248	11395/17259	11432/17518	11466/17567
11328/17177	11362/17292	11396/17255	11433/17538	11467/17568
11329/17187	11363/17279	11397/17335	11434/17539	11468/17560
11330/17151	11364/17312	11398/17342	11435/17540	11469/17559
11331/17153	11365/17302	11399/17294	11436/17541	11470/17558
11332/17147	11366/17316	11400/17348	11437/17542	11471/17565
11333/17163	11367/17218	11401/17351	11438/17544	11472/17583
11334/17164	11368/17267	11402/17359	11439/17545	11473/17571
11335/17196	11369/17295	11403/17352	11440/17546	11474/17573
11336/17220	11370/17289	11404/17280	11441/17547	11475/17576
11337/17200	11371/17345	11405/17283	11442/17548	11476/17575
11338/17224	11372/17340	11406/17286	11443/17543	11477/17574
11339/17207	11373/17341	11407/17364	11444/17549	11478/17556
11340/17185	11374/17284	11411/17525	11445/17550	11479/17652
11341/17194	11375/17329	11412/17517	11446/17551	11480/17637
11342/17245	11376/17319	11413/17515	11447/17552	11481/17624
11343/17228	11377/17317	11414/17506	11448/17553	11482/17642
11344/17230	11378/17300	11415/17503	11449/19665	11483/17638

11484/17598　　11518/17636　　11552/17687　　11586/17822　　11620/17917

11485/17597　　11519/17632　　11553/17691　　11587/17832　　11621/17874

11486/17587　　11520/17627　　11554/17692　　11588/17821　　11622/17896

11487/17593　　11521/17630　　11555/17689　　11589/17823　　11623/17897

11488/17594　　11522/17646　　11556/17680　　11590/17824　　11624/17901

11489/17595　　11523/17640　　11557/17681　　11591/17825　　11625/17892

11490/17596　　11524/17648　　11558/17682　　11592/17826　　11626/17907

11491/17599　　11525/17639　　11559/17688　　11593/17827　　11627/17893

11492/17588　　11526/17633　　11560/17690　　11594/17875　　11628/17905

11493/17589　　11527/17634　　11561/17693　　11595/17876　　11629/17903

11494/17604　　11528/17643　　11562/17700　　11596/17884　　11630/17898

11495/17591　　11529/17644　　11563/17701　　11597/17878　　11631/17911

11496/17602　　11530/17649　　11564/17702　　11598/17879　　11632/17909

11497/17647　　11531/17654　　11565/17694　　11599/17879　　11633/17927

11498/17651　　11532/17662　　11566/17696　　11600/17881　　11634/17922

11499/17603　　11533/17663　　11567/17697　　11601/17831　　11635/18070

11500/17611　　11534/17666　　11568/17801　　11602/17833　　11636/17933

11501/17610　　11535/17667　　11569/17802　　11603/17834　　11637/17935

11502/17605　　11536/17653　　11570/17869　　11604/17835　　11638/17936

11503/17607　　11537/17655　　11571/17867　　11605/17837　　11639/17932

11504/17609　　11538/17657　　11572/17807　　11606/17841　　11640/17950

11505/17608　　11539/17656　　11573/17806　　11607/17842　　11641/17951

11506/17606　　11540/17650　　11574/17808　　11608/17852　　11642/17953

11507/17698　　11541/17664　　11575/17809　　11609/17854　　11643/17924

11508/17613　　11542/17665　　11576/17812　　11610/17855　　11644/17956

11509/17617　　11543/17658　　11577/17811　　11611/17856　　11645/17960

11510/17614　　11544/17678　　11578/17815　　11612/17846　　11646/17964

11511/17622　　11545/17674　　11579/17914　　11613/17847　　11647/17965

11512/17619　　11546/17675　　11580/17817　　11614/17848　　11648/17957

11513/17625　　11547/17670　　11581/17818　　11615/17849　　11649/17961

11514/17628　　11548/17672　　11582/17819　　11616/17850　　11650/17958

11515/17631　　11549/17679　　11583/17844　　11617/17851　　11651/17966

11516/17629　　11550/17673　　11584/17845　　11618/17866　　11652/17967

11517/17635　　11551/17686　　11585/17840　　11619/18032　　11653/17968

11654/17918	11688/18043	11722/18205	11756/18246	11790/18741
11655/17863	11689/18053	11723/18206	11757/18248	11791/18703
11656/17865	11690/18054	11724/18225	11758/18249	11792/18704
11657/17974	11691/18050	11725/18207	11759/18706	11793/18751
11658/17984	11692/17870	11726/18220	11760/18701	11794/18745
11659/17972	11693/18071	11727/18208	11761/18731	11795/18746
11660/17975	11694/18073	11728/18209	11762/18707	11796/18748
11661/17994	11695/18031	11729/18210	11763/18708	11797/18747
11662/18048	11696/18019	11730/18222	11764/18709	11798/18750
11663/17969	11697/18020	11731/18211	11765/18710	11799/18752
11664/17959	11698/18023	11732/18201	11766/18711	11800/18753
11665/17998	11699/18058	11733/18212	11767/18712	11801/18755
11666/17920	11700/18013	11734/18213	11768/18716	11802/18756
11667/17963	11701/18011	11735/18214	11769/18714	11803/18301
11668/17995	11702/18012	11736/18215	11770/18718	11804/18315
11669/18003	11703/18025	11737/18216	11771/18719	11805/18302
11670/18010	11704/17952	11738/18217	11772/18743	11806/18304
11671/18001	11705/18017	11739/18226	11773/18715	11807/18314
11672/18004	11706/18037	11740/18227	11774/18726	11808/18305
11673/18014	11707/18047	11741/18247	11775/18744	11809/18306
11674/18016	11708/18059	11742/18228	11776/18720	11810/18316
11675/18018	11709/18049	11743/18229	11777/18721	11811/18317
11676/18006	11710/18063	11744/18233	11778/18728	11812/18322
11677/18034	11711/18066	11745/18234	11779/18727	11813/18318
11678/18035	11712/18065	11746/18235	11780/18725	11814/18323
11679/18036	11713/18055	11747/18236	11781/18722	11815/17073
11680/18038	11714/18056	11748/18237	11782/18723	11816/18324
11681/18039	11715/18060	11749/18238	11783/18724	11817/18309
11682/18044	11716/18057	11750/18239	11784/18732	11818/18310
11683/18045	11717/18041	11751/18240	11785/18735	11819/18311
11684/18052	11718/18076	11752/18244	11786/18736	11820/18308
11685/18009	11719/18078	11753/18241	11787/18737	11821/18754
11686/18068	11720/18203	11754/18242	11788/18738	11822/18757
11687/18029	11721/18204	11755/18243	11789/18702	11823/18652

商周青銅器銘文暨圖像集成索引

11994/18416	12018/19030	12042/19017	12066/19060	12090/19156
11995/18417	12019/19029	12043/19018	12067/19061	12091/19153
11996/18419	12020/19043	12044/19025	12068/19063	12092/19154
11997/18420	12021/19036	12045/19026	12069/19064	12093/19155
11998/18418	12022/19010	12046/19051	12070/19079	12094/19160
11999/19090	12023/19022	12047/19052	12071/19081	12095/19159
12000/19033	12024/19021	12048/19053	12072/19082	12096/19161
12001/19091	12025/19011	12049/19054	12073/19083	12097/19164
12002/19092	12026/19012	12050/19055	12074/19080	12098/19165
12003/19034	12027/19013	12051/19056	12075/19078	12099/19167
12004/19046	12028/19014	12052/19057	12076/19066	12100/19162
12005/19047	12029/19045	12053/19058	12077/19067	12101/19163
12006/19048	12030/19019	12054/19419	12078/19075	12102/19166
12007/19037	12031/19031	12055/19418	12079/19068	12103/19170
12008/19038	12032/19049	12056/19417	12080/19069	12104/19171
12009/19039	12033/19619	12057/19415	12081/19086	12105/19172
12010/19040	12034/19620	12058/19416	12082/19076	12106/19173
12011/19041	12035/19621	12059/19424	12083/19084	12107/19169
12012/19044	12036/19622	12060/19420	12084/19085	12108/19176
12013/19007	12037/19623	12061/19427	12085/19087	12109/19177
12014/19008	12038/19624	12062/19428	12086/19151	12110/19178
12015/19005	12039/19625	12063/19429	12087/19157	12111/19179
12016/19006	12040/19035	12064/19042	12088/19050	12112/19180
12017/19032	12041/19016	12065/19059	12089/19152	12113/19181

十二、《三代》與《銘圖》器號對照表

本表以《三代吉金文存》器號排序，"/"前爲《三代吉金文存》器號，"/"後爲《商周青銅器銘文暨圖像集成》器號。

1.1.1/15106	1.14.2/15232	1.29.2/15328	1.36.1-3/15786	1.53.2/15819
1.1.2/15109	1.15.1/15238	1.30.1/15328	1.37.1-2/15786	1.54.1/15819
1.1.3/15123	1.15.2/15276	1.30.2/15327	1.37.3/15785	1.54.2/15571
1.2.1/15124	1.16.1/15276	1.31.1/15327	1.38.1-3/15785	1.54.3/15573
1.2.2/15758	1.16.2/15265	1.31.2/15329	1.39.1-2/15785	1.55.1/15570
1.2.3/15125	1.17.1/15269	1.32.1/15425	1.40.1/15332	1.55.2/15572
1.3.1/15760	1.17.2/15270	1.32.2/15425	1.40.2/15331	1.55.3/15574
1.3.2/15126	1.18.1/15273	1.32.3/15426	1.41.1-2/15333	1.55.4/15577
1.3.3/15139	1.18.2/15271	1.32.4/15426	1.42.1-2/15781	1.56.1/15575
1.4.1/15140	1.18.3/15272	1.32.5/15427	1.42.3/15416	1.56.2/15578
1.4.2/15151	1.19.1/15319	1.32.6/15427	1.43.1/15416	1.56.3/15579
1.4.3/15157	1.19.2/15275	1.32.7/15429	1.43.2/15499	1.56.4/15580
1.5.1/15158	1.20.1/15782	1.32.8/15429	1.44.1/15496	1.57.1/15581
1.5.2/15171	1.20.2/15294	1.33.1/15111	1.44.2/15497	1.57.2/15582
1.6.1/15170	1.21.1/15294	1.33.2/15111	1.45.1/15498	1.57.3/15584
1.6.2/15172	1.21.2/15292	1.33.3/15112	1.45.2/15947	1.58.1/15584
1.7.1/15174	1.22.1/15292	1.33.4/15112	1.46.1/15547	1.58.2/15585
1.7.2/15159	1.22.2/15296	1.33.5/15114	1.46.2/15546	1.59.1/15585
1.8.1/15175	1.23.1/15295	1.33.6/15114	1.47.1/15546	1.59.2/15586
1.8.2/15179	1.23.2/15293	1.33.7/15115	1.47.2/15550	1.60.1/15586
1.9.1/15178	1.24.1/15814	1.33.8/15115	1.48.1/15551	1.60.2/15587
1.9.2/15184	1.24.2/15322	1.34.1/15116	1.48.2/15421	1.61.1/15587
1.10.1/15184	1.25.1/15322	1.34.2/15116	1.49.1/15422	1.61.2/15589
1.10.2/15189	1.25.2/15320	1.34.3/15117	1.49.2/15423	1.62.1/15590
1.11.1/15189	1.26.1/15320	1.34.4/15116	1.50.1/15424	1.62.2/15591
1.11.2/15185	1.26.2/15321	1.34.5/15118	1.50.2/15528	1.63.1/15632
1.12.1/15199	1.27.1/15321	1.34.6/15116	1.51.1/15528	1.64.1/15632
1.12.2/15235	1.27.2/15325	1.34.7/15119	1.51.2/15530	1.65.1-2/15633
1.13.1/15236	1.28.1/15326	1.34.8/15116	1.52.1/15530	1.66.1/15633
1.13.2/15234	1.28.2/15326	1.35.1/15784	1.52.2/15531	1.66.2/15828
1.14.1/15237	1.29.1/15324	1.35.2/15786	1.53.1/15531	1.67.1-2/15828

1. 68. 1-2/15828	2. 3. 11/00058	2. 6. 9/00237	2. 9. 7/00557	2. 12. 6/00417
2. 1. 1/00006	2. 3. 12/00048	2. 6. 10/00413	2. 9. 8/00549	2. 12. 8/00456
2. 1. 2/00349	2. 4. 1/00056	2. 6. 11/00238	2. 9. 9/00552	2. 12. 9/00656
2. 1. 3/00123	2. 4. 2/00057	2. 6. 12/00238	2. 9. 10/00545	2. 12. 10/00438
2. 1. 4/00122	2. 4. 3/00055	2. 7. 1/00234	2. 9. 11/00546	2. 12. 11/00365
2. 1. 5/00217	2. 4. 4/00625	2. 7. 2/00302	2. 10. 1/00550	2. 12. 12/00410
2. 1. 6/00216	2. 4. 5/00125	2. 7. 3/00308	2. 10. 2/00371	2. 13. 1/00662
2. 1. 7/00262	2. 4. 6/00126	2. 7. 4/00347	2. 10. 3/00373	2. 13. 2/00599
2. 1. 8/00366	2. 4. 7/00128	2. 7. 5/00311	2. 10. 4/00377	2. 13. 3/00672
2. 1. 9/00368	2. 4. 8/00148	2. 7. 6/00312	2. 10. 5/00381	2. 13. 4/00671
2. 1. 10/00369	2. 4. 9/00208	2. 7. 7/00324	2. 10. 6/00379	2. 13. 5/00013
2. 1. 11/00132	2. 4. 10/00252	2. 7. 8/00191	2. 10. 7/00385	2. 13. 6/00203
2. 1. 12/00133	2. 4. 11/00193	2. 7. 9/00081	2. 10. 8/003898	2. 13. 7/00610
2. 2. 1/00339	2. 4. 12/00038	2. 7. 10/00079	2. 10. 9/00388	2. 13. 8/00735
2. 2. 2/00153	2. 5. 1/00039	2. 7. 11/00562	2. 10. 10/00386	2. 13. 9/00669
2. 2. 3/00096	2. 5. 2/00030	2. 7. 12/0070	2. 10. 11/00394	2. 13. 10/00670
2. 2. 4/00228	2. 5. 3/00040	2. 8. 1/00566	2. 10. 12/00391	2. 13. 11/00423
2. 2. 5/00179	2. 5. 4/00029	2. 8. 2/00568	2. 11. 1/00396	2. 14. 1/00637
2. 2. 6/00269	2. 5. 5/00032	2. 8. 3/00588	2. 11. 2/00398	2. 14. 2/00638
2. 2. 7-8/00009	2. 5. 6/00116	2. 8. 4/00590	2. 11. 3/00402	2. 14. 3/00680
2. 2. 9/00011	2. 5. 7/00119	2. 8. 5/00580	2. 11. 4/00403	2. 14. 4/00681
2. 2. 10/00012	2. 5. 8/00613	2. 8. 6/00579	2. 11. 5/00382	2. 14. 5/00682
2. 2. 11/00171	2. 5. 9/00108	2. 8. 7/00591	2. 11. 6/00475	2. 14. 6/00683
2. 2. 12/00163	2. 5. 10/00072	2. 8. 8/00577	2. 11. 7/00472	2. 14. 7/00684
2. 3. 1/00164	2. 5. 11/00249	2. 8. 9/00596	2. 11. 8/00478	2. 14. 8/00693
2. 3. 2/00272	2. 5. 12/00257	2. 8. 10/00594	2. 11. 9/00460	2. 14. 9/00526
2. 3. 3/00144	2. 6. 1/00209	2. 8. 11/00574	2. 11. 10/00463	2. 14. 10/00527
2. 3. 4/00147	2. 6. 2/00137	2. 8. 12/00572	2. 11. 11/00412	2. 14. 11/00528
2. 3. 5/00131	2. 6. 3/00156	2. 9. 1/00573	2. 11. 12/00434	2. 14. 12/00529
2. 3. 6/00348	2. 6. 4/00136	2. 9. 2/00583	2. 12. 1/00409	2. 15. 1/00592
2. 3. 7/00174	2. 6. 5/00198	2. 9. 3/00584	2. 12. 2/00432	2. 15. 2/00738
2. 3. 8/10908	2. 6. 6/00211	2. 9. 4/00578	2. 12. 3/00444	2. 15. 3/00739
2. 3. 9/00051	2. 6. 7/00258	2. 9. 5/00571	2. 12. 4/00416	2. 15. 4/00732
2. 3. 10/00053	2. 6. 8/00236	2. 9. 6/00544	2. 12. 5/00453	2. 15. 5/00742

2. 15. 6/00740	2. 19. 7/01131	2. 24. 1/01175	2. 28. 3/00909	2. 32. 7/00736
2. 15. 7/00658	2. 19. 8/00802	2. 24. 2/00867	2. 28. 4/00893	2. 32. 8/01082
2. 15. 8/00639	2. 20. 1/03962	2. 24. 3/00859	2. 28. 5/00915	2. 33. 1/01081
2. 15. 9/00635	2. 20. 2/01123	2. 24. 4/00868	2. 28. 6/00890	2. 33. 2/01050
2. 15. 10/00450	2. 20. 3/00762	2. 24. 5/00854	2. 28. 7/01369	2. 33. 3/01060
2. 15. 11/00727	2. 20. 4/00763	2. 24. 6/00857	2. 28. 8/01197	2. 33. 4/01061
2. 15. 12/00661	2. 20. 5/03763	2. 24. 7/00862	2. 29. 1/01198	2. 33. 5/01008
2. 16. 1/00598	2. 20. 6/00761	2. 24. 8/00861	2. 29. 2/00919	2. 33. 6/01011
2. 16. 2/00989	2. 20. 7/00805	2. 25. 1/00850	2. 29. 3/00939	2. 33. 7/01046
2. 16. 4/01349	2. 20. 8/00806	2. 25. 2/00870	2. 29. 4/00920	2. 33. 8/01047
2. 16. 5/00687	2. 21. 1/00804	2. 25. 3/01183	2. 29. 5/00942	2. 34. 1/01048
2. 16. 6/00722	2. 21. 2/00807	2. 25. 4/00871	2. 29. 6/00940	2. 34. 2/01051
2. 16. 7/01102	2. 21. 3/00840	2. 25. 5/00852	2. 29. 7/00923	2. 34. 3/01029
2. 16. 9/00715	2. 21. 4/01144	2. 25. 6/01180	2. 29. 8/00944	2. 34. 4/01017
2. 16. 10/00734	2. 21. 5/00830	2. 25. 7/01179	2. 30. 1/00941	2. 34. 5/01030
2. 16. 11/00406	2. 21. 6/00828	2. 25. 8/00874	2. 30. 2/00926	2. 34. 6/01021
2. 17. 1/01066	2. 21. 7/00829	2. 26. 1/00873	2. 30. 3/00932	2. 34. 7/01013
2. 17. 3/00743	2. 21. 8/00812	2. 26. 2/00879	2. 30. 4/00952	2. 34. 8/01012
2. 17. 4/00748	2. 22. 1/00817	2. 26. 3/00880	2. 30. 5/00938	2. 35. 1/01103
2. 17. 5/00746	2. 22. 2/00832	2. 26. 4/01191	2. 30. 6/00950	2. 35. 2/01099
2. 18. 1/00749	2. 22. 3/00815	2. 26. 5/00876	2. 31. 1/00751	2. 35. 3/01097
2. 18. 2/00750	2. 22. 4/00846	2. 26. 6/00878	2. 31. 2/00436	2. 35. 4/01100
2. 18. 3/00744	2. 22. 5/00844	2. 26. 7/00897	2. 31. 3/00437	2. 36. 1/01098
2. 18. 4/00758	2. 22. 6/00843	2. 26. 8/00898	2. 31. 4/00962	2. 36. 2/01341
2. 18. 5/00753	2. 22. 7/00824	2. 27. 1/00913	2. 31. 5/00974	2. 36. 3/01289
2. 18. 6/00785	2. 22. 8/04019	2. 27. 2/00885	2. 31. 6/01068	2. 36. 4/01233
2. 18. 7/00786	2. 23. 1/01169	2. 27. 3/00917	2. 31. 7/00970	2. 36. 5/01109
2. 18. 8/00801	2. 23. 2/00816	2. 27. 4/00908	2. 31. 8/00510	2. 36. 6/01112
2. 19. 1/00799	2. 23. 3/00841	2. 27. 5/00907	2. 32. 1/00511	2. 37. 1/01113
2. 19. 2/00800	2. 23. 4/00837	2. 27. 6/00900	2. 32. 2/00958	2. 37. 2/01115
2. 19. 3/00787	2. 23. 5/01146	2. 27. 7/00881	2. 32. 3/00728	2. 37. 3/12901
2. 19. 4/00788	2. 23. 6/01147	2. 27. 8/00904	2. 32. 4/01065	2. 37. 4/01121
2. 19. 5/00791	2. 23. 7/00847	2. 28. 1/00892	2. 32. 5/00975	2. 37. 5/01116
2. 19. 6/01134	2. 23. 8/00865	2. 28. 2/00906	2. 32. 6/00976	2. 37. 6/01119

2.37.7/01120	2.42.2/01259	2.46.5/01377	2.50.7/01438	3.1.6/01538
2.37.8/01138	2.42.3/01297	2.46.6/01379	2.50.8/01415	3.1.7/01534
2.38.1/01140	2.42.4/01299	2.46.7/01362	2.51.1/01440	3.1.8/01168
2.38.2/01163	2.42.5/01316	2.46.8/01360	2.51.2/01450	3.2.1/01533
2.38.3/01164	2.42.6/01311	2.47.1/01128	2.51.3/01418	3.2.2/01496
2.38.4/01162	2.42.7/01320	2.47.2/01359	2.51.4/01409	3.2.3/01539
2.38.5/01149	2.42.8/01317	2.47.3/01129	2.51.5/01410	3.2.4/01535
2.38.6/01151	2.43.1/01243	2.47.4/01364	2.51.6/01395	3.2.5/01546
2.38.8/01165	2.43.2/01319	2.47.5/01130	2.51.7/01386	3.2.6/01510
2.39.1/01188	2.43.3/01303	2.47.6/01367	2.52.1/01406	3.2.8/01516
2.39.2/01184	2.43.4/01291	2.47.7/01171	2.52.2/01411	3.3.1-2/01608
2.39.3/01275	2.43.5/01290	2.47.8/01189	2.52.3/01407	3.3.3/01552
2.39.4/01238	2.43.6/01308	2.48.1/01199	2.52.4/01515	3.3.4/01575
2.39.5/01200	2.43.7/01306	2.48.2/00888	2.52.5/01436	3.3.5/01594
2.39.6/01196	2.44.1/01250	2.48.3/01212	2.52.6/01618	3.3.6/01550
2.39.7/01203	2.44.2/01273	2.48.4/01211	2.52.7/01390	3.3.7/01624
2.39.8/01202	2.44.3/01322	2.48.5/01417	2.52.8/01419	3.3.8/01623
2.40.1/01205	2.44.4/01321	2.48.6/01376	2.53.1-2/01486	3.4.1/01639
2.40.2/01216	2.44.5/01248	2.48.7/01374	2.53.3-4/01487	3.4.2/01599
2.40.3/01236	2.44.6/01294	2.48.8/01430	2.53.5-6/02015	3.4.3/01601
2.40.4/01207	2.44.7/01256	2.49.1/01447	2.53.7/01680	3.4.4/01598
2.40.5/01208	2.44.8/04036	2.49.2/01448	2.53.8-9/01678	3.4.5/01647
2.40.6/01214	2.45.1/01253	2.49.3/01444	2.53.10/01494	3.4.6/01654
2.40.7/01375	2.45.2/01296	2.49.4/01454	2.54.1/01490	3.4.7/01632
2.40.8/01220	2.45.3/01283	2.49.5/01460	2.54.3/01472	3.5.1/01649
2.41.1/01228	2.45.4/01240	2.49.6/01462	2.54.4-5/02012	3.5.2/01631
2.41.2/12095	2.45.5/01312	2.49.7/01434	2.54.6-7/01767	3.5.3/01645
2.41.3/00603	2.45.6/01344	2.49.8/01401	2.55.1/01482	3.5.4/01547
2.41.4/00606	2.45.7/01346	2.50.1/01424	2.55.2/01483	3.5.5/01650
2.41.5/01268	2.45.8/01388	2.50.2/01441	3.1.1/01525	3.5.6/01541
2.41.6/01264	2.46.1/01669	2.50.3/01422	3.1.2/01690	3.5.7-8/01603
2.41.7/01231	2.46.2/01465	2.50.4/01422	3.1.3/01499	3.6.1/01613
2.41.8/01230	2.46.3/01107	2.50.5/01439	3.1.4/01503	3.6.2/01643
2.42.1/01325	2.46.4/01354	2.50.6/01414	3.1.5/01502	3.6.3/01622

3. 6. 4/01527	3. 11. 1/01892	3. 16. 8/01831	3. 21. 4/01927	3. 27. 3/01986
3. 6. 5/01528	3. 11. 2/01745	3. 17. 1/01856	3. 21. 5/01949	3. 27. 4/02008
3. 6. 6/01529	3. 11. 3/01748	3. 17. 2/01860	3. 21. 6/01959	3. 27. 5/01996
3. 7. 1/01616	3. 11. 4/01762	3. 17. 3/13818	3. 21. 7/01943	3. 28. 1/01987
3. 7. 2/02734	3. 11. 5/01775	3. 17. 4/01780	3. 22. 1/01946	3. 28. 2/01995
3. 7. 3/01512	3. 12. 1/01776	3. 17. 5/01858	3. 22. 2/01945	3. 28. 3/02026
3. 7. 4/01611	3. 12. 2-4/01766	3. 17. 6/01871	3. 22. 3/01938	3. 28. 4/02032
3. 7. 5/01612	3. 12. 5/01774	3. 17. 7/01870	3. 22. 4/01941	3. 29. 1/02021
3. 7. 6/01549	3. 12. 6/01772	3. 17. 8/01872	3. 22. 5/01939	3. 29. 2/02244
3. 7. 7/01656	3. 12. 7/01768	3. 18. 1/01873	3. 22. 6/01940	3. 29. 3/02024
3. 7. 8/01670	3. 13. 1/01769	3. 18. 2/01875	3. 22. 7/01920	3. 29. 4/01998
3. 8. 1/01675	3. 13. 2/01771	3. 18. 3/01861	3. 22. 8/02009	3. 29. 5/01999
3. 8. 2/01727	3. 13. 3/01744	3. 18. 4/01855	3. 23. 1/01958	3. 30. 1/02081
3. 8. 3/01817	3. 14. 1/01813	3. 18. 5/01785	3. 23. 2/01957	3. 30. 2/02028
3. 8. 4/01722	3. 14. 2/01778	3. 18. 6/01808	3. 23. 3/01968	3. 30. 3/02023
3. 8. 5/01716	3. 14. 3/01818	3. 18. 7/01905	3. 23. 4/01961	3. 30. 4/02031
3. 8. 6/01730	3. 14. 4/04485	3. 18. 8/01881	3. 23. 5/01963	3. 31. 1/02030
3. 8. 7/01505	3. 14. 5/01790	3. 19. 1/01879	3. 23. 6/01955	3. 31. 2/02246
3. 8. 8/01731	3. 14. 6/01777	3. 19. 2/01880	3. 23. 7/01970	3. 31. 3/02045
3. 9. 1/01819	3. 15. 1/01816	3. 19. 3/01852	3. 23. 8/01977	3. 31. 4/02057
3. 9. 2/01523	3. 15. 2/01794	3. 19. 4/01876	3. 24. 1/01966	3. 32. 1/02058
3. 9. 3/01779	3. 15. 3/01802	3. 19. 5/01888	3. 24. 2/01953	3. 32. 2/02079
3. 9. 4/01719	3. 15. 4/01828	3. 19. 6/01886	3. 24. 3/01954	3. 32. 3/02080
3. 9. 5/01740	3. 15. 5/01829	3. 20. 1/01906	3. 24. 4/01952	3. 32. 4/02053
3. 9. 6/01707	3. 15. 6/01795	3. 20. 2/01899	3. 24. 5/01976	3. 33. 1-2/02065
3. 9. 7/01708	3. 15. 7/01786	3. 20. 3/01895	3. 24. 6/01973	3. 33. 3/02062
3. 9. 8/01710	3. 15. 8/01787	3. 20. 4/01901	3. 24. 7/01975	3. 34. 1-2/02061
3. 10. 1/01709	3. 16. 1/01789	3. 20. 5/01912	3. 24. 8/02018	3. 34. 3/02069
3. 10. 2/01704	3. 16. 2/01783	3. 20. 6/01916	3. 25. 1-4/01980	3. 34. 4/02082
3. 10. 3/01531	3. 16. 3/01822	3. 20. 7/01915	3. 26. 1-3/01981	3. 35. 1/02094
3. 10. 4/01691	3. 16. 4/01806	3. 20. 8/01908	3. 26. 4/02022	3. 35. 2/02130
3. 10. 5/01737	3. 16. 5/01834	3. 21. 1/01907	3. 26. 5/01983	3. 35. 3/02091
3. 10. 6/01513	3. 16. 6/01830	3. 21. 2/01896	3. 27. 1/02048	3. 35. 4/02092
3. 10. 7/01891	3. 16. 7/01820	3. 21. 3/01924	3. 27. 2/02049	3. 36. 1/02089

十二、《三代》與《銘圖》器號對照表

3.36.2/02071	3.45.2/02178	4.5.1/02284	4.18.3-6/02372	4.33.2/05304
3.36.3/02072	3.45.3/02215	4.5.2/02285	4.19.1/02374	4.34.1/02476
3.36.4/02098	3.46.1-2/02194	4.5.3/02282	4.19.2/02375	4.34.2/02478
3.36.5/02098	3.46.3/02184	4.5.4/02293	4.20.1-2/02429	4.35.1/02477
3.37.1/02086	3.46.4/02183	4.6.1/02294	4.20.3/02391	4.35.2/02483
3.37.2/02133	3.47.1/02192	4.6.2/02292	4.20.4/02392	4.36.1/02480
3.37.3/02138	3.47.2/02188	4.7.1/02291	4.20.5/02390	4.36.2/02487
3.37.4/02107	3.47.3/02225	4.7.2/02296	4.21.1/02399	4.37.1-2/02492
3.38.1/02113	3.48.1/02208	4.7.3/02307	4.21.2/02398	4.38.1-4/02494
3.38.2/02115	3.48.2/02209	4.8.1/02305	4.22.1/02400	4.39.1-2/02493
3.38.3/02117	3.49.1-2/02195	4.8.2/02306	4.22.2/02418	4.40.1-2/02513
3.38.4/02114	3.49.3/02212	4.9.1/02309	4.23.1/02417	4.41.1-2/02513
3.39.1/02116	3.50.1/02203	4.9.2/02303	4.23.2/02423	4.42.1-2/02514
3.39.2/02124	3.50.2/02181	4.10.1/02315	4.23.3/02428	4.43.1-2/02514
3.39.3/02123	3.50.3/02182	4.10.2/02312	4.24.1/02431	4.44.1-2/02514
3.39.4/02127	3.51.1/02229	4.10.3/03025	4.24.2/02432	4.45.1/02514
3.40.1/02128	3.51.2/02394	4.11.1/02317	4.24.3/02433	4.45.2/02515
3.40.2/02132	3.51.3/02227	4.11.2/02313	4.25.1/02434	4.46.1/02515
3.40.3/02137	3.51.4/02228	4.12.1/02336	4.25.2/02440	4.46.2/02518
3.40.4/02136	3.52.1/02235	4.12.2/02341	4.26.1/02443	4.47.1-2/02518
3.41.1/02139	3.52.2/02234	4.13.1/02335	4.26.2/02444	4.48.1-2/02518
3.41.2/02173	3.52.3/02237	4.13.2/02328	4.27.1/02451	4.49.1/02518
3.41.3/02142	3.53.1/02238	4.13.3/02340	4.27.2/02452	5.1.1/031.2
3.41.4/02157	3.53.2/02224	4.14.1/02343	4.28.1/02456	5.1.2/03135
3.42.2/02141	4.1.1/02249	4.14.2/14997	4.28.2/02455	5.1.3/03155
3.42.3/02145	4.1.2/02251	4.15.1/02350	4.29.1/02454	5.1.4/03141
3.42.4/02177	4.2.1/02248	4.15.2/02346	4.29.2/02458	5.1.5/03149
3.43.1/02167	4.2.2/02226	4.15.3/02371	4.30.1/02457	5.1.6/03156
3.43.2/02160	4.3.1/02258	4.16.1/02353	4.30.2/02460	5.1.7/03124
3.43.3/02165	4.3.2/02263	4.16.2/02352	4.31.1/02459	5.1.8/03190
3.44.1/02165	4.4.1/02267	4.16.3/02355	4.31.2/02462	5.2.1/03112
3.44.2/02200	4.4.2/02272	4.17.1-9/02359	4.32.1/02464	5.2.2/03162
3.44.3/02179	4.4.3/02275	4.18.1/02365	4.32.2/02465	5.2.3/03206
3.45.1/02168	4.4.4/02281	4.18.2/02366	4.33.1/02466	5.2.4/03169

5. 2. 5/03199	5. 7. 1/03275	5. 13. 8/02620	5. 17. 6/02760	5. 28. 3/02847
5. 2. 6/03207	5. 7. 2/03266	5. 13. 9/02640	5. 17. 7/02735	5. 28. 4/06217
5. 2. 7/03208	5. 7. 3/03270	5. 13. 10/02653	5. 18. 1/02745	5. 28. 5/02874
5. 2. 8/03176	5. 7. 4/03271	5. 13. 11/02650	5. 18. 2/02730	5. 29. 1/02871
5. 3. 1/03180	5. 7. 5/03261	5. 13. 12/02654	5. 18. 3/02728	5. 29. 2/02885
5. 3. 2/03177	5. 7. 6/03291	5. 14. 1/02670	5. 18. 4/02770	5. 30. 1/02877
5. 3. 3/03183	5. 7. 7/03284	5. 14. 2/02668	5. 18. 5/02780	5. 30. 2/02891
5. 3. 4/03182	5. 8. 1/03299	5. 14. 3/02663	5. 18. 6/02786	5. 30. 3/02907
5. 3. 5/03187	5. 8. 2/13655	5. 14. 4/02666	5. 19. 1/02767	5. 30. 4/02900
5. 3. 6/03194	5. 8. 3/03297	5. 14. 5/02641	5. 19. 2/02778	5. 31. 1/02893
5. 3. 7/03193	5. 8. 4/03306	5. 14. 6/02676	5. 20. 1/02797	5. 31. 2/02901
5. 3. 8/03198	5. 8. 5/03305	5. 14. 7/02677	5. 20. 2/02799	5. 32. 1/02903
5. 4. 1/03197	5. 8. 6/03314	5. 14. 8/02688	5. 21. 1/02798	5. 32. 2/02902
5. 4. 2/03213	5. 8. 7/13819	5. 14. 9/02694	5. 21. 2/02789	5. 33. 1/02904
5. 4. 3/03215	5. 9. 1/03319	5. 15. 1/02685	5. 21. 3/02783	5. 33. 2/02905
5. 4. 4/03221	5. 9. 2-3/03315	5. 15. 2/02718	5. 22. 1/02809	5. 34. 1/02912
5. 4. 5/03234	5. 9. 4/03327	5. 15. 3/02720	5. 22. 2/02794	5. 34. 2/02912
5. 4. 6/03223	5. 9. 5/03336	5. 15. 4/02717	5. 22. 3/02801	5. 34. 3/02909
5. 4. 7/03222	5. 9. 6/03332	5. 15. 5/02723	5. 23. 1/02802	5. 35. 1/02883
5. 4. 8/03204	5. 10. 1/03337	5. 15. 6/02724	5. 23. 2/02813	5. 35. 2/02926
5. 5. 1/03230	5. 10. 2/03334	5. 15. 7/02712	5. 24. 1/02827	5. 35. 3/02928
5. 5. 2/03220	5. 10. 3/03342	5. 15. 8/02713	5. 24. 2/02824	5. 36. 1-2/02977
5. 5. 3/03245	5. 11. 1/03347	5. 16. 1/02710	5. 24. 3/02814	5. 36. 3-4/02956
5. 5. 5/03244	5. 11. 2/03350	5. 16. 2/02738	5. 24. 4/02815	5. 36. 5/02943
5. 5. 6/03253	5. 12. 1/03353	5. 16. 3/02761	5. 24. 5/02816	5. 37. 1/02935
5. 5. 7/03256	5. 12. 2/03359	5. 16. 4/02757	5. 25. 1/02821	5. 37. 2/02932
5. 5. 8/03247	5. 12. 3/03361	5. 16. 5/02749	5. 25. 2/02811	5. 38. 1/02994
5. 6. 1/03248	5. 13. 1/02603	5. 16. 6/02747	5. 26. 1/02839	5. 38. 2-3/02978
5. 6. 2/03241	5. 13. 2/02607	5. 16. 7/02758	5. 26. 2/02830	5. 38. 4/02991
5. 6. 3/03259	5. 13. 3/02606	5. 17. 1/02755	5. 26. 3/02849	5. 39. 1/02955
5. 6. 4/03260	5. 13. 4/02632	5. 17. 2/02756	5. 27. 1/02850	5. 39. 2/02987
5. 6. 5/03287	5. 13. 5/02626	5. 17. 3/02750	5. 27. 2/02851	5. 40. 1/02989
5. 6. 6/03279	5. 13. 6/02627	5. 17. 4/02748	5. 28. 1/02860	5. 40. 2/02988
5. 6. 7/03276	5. 13. 7/02622	5. 17. 5/02751	5. 28. 2/02848	5. 41. 1-2/02983

6. 18. 6/03861	6. 23. 1/01313	6. 27. 6/04164	6. 33. 2/04287	6. 37. 6/04262
6. 18. 7/03878	6. 23. 2/04067	6. 27. 7/04134	6. 33. 3/04288	6. 37. 7/04372
6. 18. 8/04054	6. 23. 3/04108	6. 28. 1/04154	6. 33. 4/04018	6. 38. 1/04373
6. 19. 1/03940	6. 23. 4/04089	6. 28. 2/04159	6. 33. 5/04371	6. 38. 2/04299
6. 19. 2/03197	6. 23. 5/04110	6. 28. 3/04188	6. 33. 6/04269	6. 38. 3/04401
6. 19. 3/03922	6. 23. 6/04057	6. 28. 4/04189	6. 33. 7/04270	6. 38. 4/04264
6. 19. 4/03942	6. 23. 7/04035	6. 28. 5/04180	6. 33. 8/04275	6. 38. 5/04436
6. 19. 5/03915	6. 23. 8/04044	6. 28. 6/04179	6. 34. 1/04292	6. 38. 6/04437
6. 19. 6/03953	6. 24. 1/04115	6. 28. 7/11558	6. 34. 2/04220	6. 38. 7/04421
6. 19. 7/03912	6. 24. 2/04069	6. 29. 1/04150	6. 34. 3/04276	6. 38. 8/13173
6. 19. 8/03913	6. 24. 3-4/04070	6. 29. 2/04210	6. 34. 4/04277	6. 39. 1/04429
6. 20. 1/03945	6. 24. 5/04042	6. 29. 3/04181	6. 34. 5/04271	6. 39. 2/04428
6. 20. 2/03944	6. 24. 6/11504	6. 29. 4/04200	6. 34. 6/04331	6. 39. 3/04404
6. 20. 3/04016	6. 24. 7/04043	6. 29. 5/04203	6. 34. 7/04267	6. 39. 4/04511
6. 20. 4/04012	6. 24. 8/04072	6. 29. 6/04193	6. 35. 1/04254	6. 39. 5/04555
6. 20. 5/03965	6. 25. 1/04120	6. 29. 7/04194	6. 35. 2/13108	6. 39. 6/10625
6. 20. 6/03967	6. 25. 2/12989	6. 29. 8/04224	6. 35. 3/04311	6. 39. 7/04416
6. 20. 7/04142	6. 25. 3/04058	6. 30. 1/04157	6. 35. 4/04356	6. 39. 8/04439
6. 20. 8/03968	6. 25. 4/04178	6. 30. 2/04149	6. 35. 5/04315	6. 40. 1/04415
6. 21. 1/04022	6. 25. 5-6/04129	6. 30. 3/04169	6. 35. 6/04312	6. 40. 2/04582
6. 21. 2/04218	6. 25. 7/04029	6. 30. 4/04167	6. 35. 7/04363	6. 40. 3/04503
6. 21. 3/04071	6. 25. 8/04030	6. 30. 5/04237	6. 35. 8/13528	6. 40. 4/04521
6. 21. 4/04051	6. 26. 1/04028	6. 30. 6/04205	6. 36. 1/04242	6. 40. 5/04484
6. 21. 5/04024	6. 26. 2/04349	6. 30. 7/04168	6. 36. 2/04322	6. 40. 6/04492
6. 21. 6/12897	6. 26. 3/04350	6. 31. 1-2/04151	6. 36. 3/04307	6. 40. 7/04490
6. 21. 7/04050	6. 26. 4/04095	6. 31. 3/04239	6. 36. 4/13526	6. 40. 8/04491
6. 21. 8/04026	6. 26. 5/04090	6. 31. 4/04377	6. 36. 5/04338	6. 41. 1/11672
6. 22. 1/03992	6. 26. 6-7/04091	6. 31. 5/04378	6. 36. 6/04325	6. 41. 2/04523
6. 22. 2/04048	6. 26. 8/04140	6. 31. 6/04143	6. 36. 7/04332	6. 41. 3-4/13529
6. 22. 3/03999	6. 27. 1/03963	6. 32. 1/04344	6. 37. 1/04324	6. 41. 5/13530
6. 22. 4/04005	6. 27. 2/04170	6. 32. 2/04380	6. 37. 2/14377	6. 41. 6/04514
6. 22. 5/01223	6. 27. 3/04144	6. 32. 3/12168	6. 37. 3/14724	6. 41. 7/04519
6. 22. 6/04076	6. 27. 4/04136	6. 32. 4-5/04256	6. 37. 4/04329	6. 42. 1/04524
6. 22. 7-8/04078	6. 27. 5/04381	6. 33. 1/04268	6. 37. 5/04263	6. 42. 2/04486

6. 42. 3/20511	6. 47. 5/04837	7. 1. 3/03556	7. 5. 8/03890	7. 11. 3/04249
6. 42. 4/01792	6. 47. 6/04877	7. 1. 4/03559	7. 6. 1/03964	7. 11. 4/04161
6. 42. 5/04483	6. 48. 1/04871	7. 1. 5/03539	7. 6. 2/04011	7. 11. 5-6/04221
6. 42. 7/04530	6. 48. 2/02159	7. 1. 6/03586	7. 6. 3-4/03804	7. 11. 7/04207
6. 42. 8-9/01863	6. 48. 3/04869	7. 1. 8/03503	7. 6. 5-6/03805	7. 11. 8/04273
6. 43. 1/04549	6. 48. 4/04870	7. 2. 1/03502	7. 6. 7/04066	7. 12. 1/04309
6. 43. 2/04403	6. 48. 5/04921	7. 2. 2-3/03415	7. 6. 8/04114	7. 12. 2-3/04310
6. 43. 3/04616	6. 48. 6/04924	7. 2. 4/03484	7. 7. 1/04118	7. 12. 4/04313
6. 43. 4/04617	6. 49. 1/04920	7. 2. 5/03670	7. 7. 2/04060	7. 12. 5-6/04355
6. 43. 5/04565	6. 49. 2/04955	7. 2. 6/03694	7. 7. 3/04116	7. 13. 1/04259
6. 43. 6/04563	6. 49. 3/04942	7. 2. 7/03706	7. 7. 4-5/04117	7. 13. 2/04362
6. 43. 7/04566	6. 49. 4/04950	7. 3. 1/03706	7. 7. 6-7/04004	7. 13. 3/04360
6. 43. 8/04546	6. 49. 5/05099	7. 3. 2/03760	7. 8. 1/04112	7. 13. 4/04319
6. 44. 1/04547	6. 49. 6/04994	7. 3. 3/03767	7. 8. 2/04079	7. 13. 5/04320
6. 44. 2/04559	6. 50. 1/04984	7. 3. 4/03800	7. 8. 3/04084	7. 13. 6/04346
6. 44. 3/04602	6. 50. 2/04987	7. 3. 5/03795	7. 8. 4/04130	7. 13. 7/04298
6. 44. 4/04586	6. 51. 1/05009	7. 3. 6/03979	7. 8. 5/04083	7. 13. 8/04286
6. 44. 6/04588	6. 51. 2/05035	7. 3. 7/03981	7. 8. 6/04127	7. 14. 1/04375
6. 45. 1/04606	6. 51. 3/05036	7. 3. 8/03991	7. 8. 7/04036	7. 14. 2-3/04370
6. 45. 2/04623	6. 51. 4/05049	7. 4. 1/03840	7. 8. 8/04032	7. 14. 4/04368
6. 45. 3/04607	6. 52. 1/05078	7. 4. 2/03847	7. 9. 1/04033	7. 14. 5/04376
6. 45. 4/03324	6. 52. 2/05140	7. 4. 3/03808	7. 9. 2-3/04214	7. 14. 6/04328
6. 45. 5/04658	6. 52. 3/05173	7. 4. 4/03954	7. 9. 4/04379	7. 14. 7/04333
6. 45. 6/04672	6. 52. 4/05974	7. 4. 5/03957	7. 9. 5/04191	7. 15. 1/04374
6. 46. 1/04694	6. 53. 1/05216	7. 4. 6/03878	7. 9. 6/04190	7. 15. 2-3/04402
6. 46. 2/04714	6. 53. 2/05221	7. 4. 7/03938	7. 9. 7/04382	7. 15. 4/04426
6. 46. 3/04699	6. 54. 1/05225	7. 4. 8/03934	7. 10. 1-2/04227	7. 15. 5/04414
6. 46. 4/04708	6. 54. 2/05274	7. 5. 1/03939	7. 10. 3/04187	7. 16. 1-2/04384
6. 46. 5/04707	6. 55. 1/05314	7. 5. 2/03907	7. 10. 4/04229	7. 16. 3-4/04385
6. 46. 6/04763	6. 55. 2/05320	7. 5. 3/03899	7. 10. 6/04248	7. 16. 5/04458
6. 47. 1/04731	6. 56. 1/13545	7. 5. 4/03909	7. 10. 7/04247	7. 16. 6/04456
6. 47. 2/04811	6. 56. 2/13548	7. 5. 5/03898	7. 10. 8/04222	7. 16. 7/04431
6. 47. 3/04771	6. 57. 1/13548	7. 5. 6/03895	7. 11. 1/04230	7. 17. 1/04454
6. 47. 4/04827	7. 1. 1-2/03557	7. 5. 7/03910	7. 11. 2/04206	7. 17. 2-3/04457

7. 17. 4/04427	7. 23. 4/04605	7. 31. 3/04742	7. 38. 5-6/04765	7. 49. 1/04892
7. 17. 5/04471	7. 23. 5/06065	7. 31. 4/04740	7. 39. 1-2/04766	7. 49. 2-3/04791
7. 17. 6/04472	7. 24. 1-2/06064	7. 31. 5/04741	7. 39. 3-4/04767	7. 50. 1/04790
7. 18. 1/04493	7. 24. 3/04621	7. 31. 6/04742	7. 39. 5/04770	7. 50. 2/04882
7. 18. 2/04516	7. 24. 4/04804	7. 32. 1/04744	7. 40. 1/04769	8. 1. 1/04900
7. 18. 3-4/04512	7. 24. 5/04545	7. 32. 2/04743	7. 40. 2/04770	8. 1. 2/04861
7. 18. 5-6/13232	7. 24. 6/04659	7. 32. 3/04740	7. 40. 3/04769	8. 2. 1/04862
7. 18. 7/04481	7. 25. 1-2/04652	7. 32. 4/04746	7. 40. 4/04814	8. 2. 2/04918
7. 19. 1/04508	7. 25. 3/04653	7. 32. 5/04757	7. 41. 1/04820	8. 3. 1/04919
7. 19. 2/05004	7. 25. 4/04654	7. 32. 6/04758	7. 41. 2/04856	8. 3. 2-3/04906
7. 19. 3/05005	7. 25. 5-6/04655	7. 33. 1-2/04747	7. 41. 3/04857	8. 4. 1-2/04908
7. 19. 4/04544	7. 26. 1/02869	7. 33. 4/04748	7. 42. 1/04857	8. 4. 3-4/04907
7. 19. 5/04569	7. 26. 2/04641	7. 33. 5/05596	7. 42. 2/04858	8. 5. 1-2/04905
7. 19. 6/04558	7. 26. 3/04640	7. 33. 6/04760	7. 43. 1/04854	8. 5. 3/04878
7. 20. 1-2/04553	7. 26. 4/04643	7. 33. 7/04759	7. 43. 2/04859	8. 5. 4/04923
7. 20. 3-4/04570	7. 26. 5/04678	7. 34. 1/04752	7. 44. 1/04854	8. 6. 1-2/04925
7. 20. 5/04571	7. 26. 6/04685	7. 34. 2/04761	7. 44. 2/04819	8. 6. 3/04926
7. 20. 6/04575	7. 27. 1/04671	7. 34. 3-4/04788	7. 44. 3-4/04816	8. 6. 4/04922
7. 20. 7/04600	7. 27. 2/04686	7. 34. 5/04789	7. 45. 1/04817	8. 7. 1/04927
7. 21. 1/04579	7. 27. 3/04681	7. 34. 6/04812	7. 45. 2/04851	8. 7. 2/04930
7. 21. 2/04584	7. 27. 4-5/04673	7. 35. 1/04822	7. 45. 3/04828	8. 8. 1/04929
7. 21. 3/04592	7. 28. 1-2/04725	7. 35. 2/04733	7. 45. 4/04829	8. 8. 2/04931
7. 21. 4/04598	7. 28. 3/04679	7. 35. 3/04777	7. 45. 5/04830	8. 9. 1/05621
7. 21. 5/04595	7. 28. 4/04728	7. 35. 4/04785	7. 46. 1/04836	8. 9. 2/04933
7. 21. 6/04596	7. 28. 5-6/04709	7. 35. 5/04786	7. 46. 2/04834	8. 9. 3/04934
7. 21. 7/04585	7. 29. 1/04704	7. 35. 6/04787	7. 46. 3/04835	8. 10. 1/04944
7. 22. 1/04587	7. 29. 2-3/04702	7. 36. 1-2/04779	7. 46. 4/04901	8. 10. 2/04945
7. 22. 2/04619	7. 29. 4/04703	7. 36. 3-4/04796	7. 47. 1/04843	8. 10. 4/04944
7. 22. 3/04631	7. 30. 1/04723	7. 37. 1-2/04797	7. 47. 2/04865	8. 11. 1/04946
7. 22. 4/04632	7. 30. 2-3/04696	7. 37. 3/04798	7. 47. 3/04872	8. 11. 2/04939
7. 22. 5/04633	7. 30. 4-5/04735	7. 37. 4/04792	7. 47. 4/04881	8. 11. 3/04940
7. 23. 1/04634	7. 30. 6/04749	7. 38. 1/04802	7. 48. 1/04889	8. 12. 1/04941
7. 23. 2/04624	7. 31. 1/04715	7. 38. 2/04801	7. 48. 2/04876	8. 12. 2/04983
7. 23. 3/04626	7. 31. 2/04741	7. 38. 3-4/04764	7. 48. 3-4/04873	8. 12. 3/04982

8.13.1/04970	8.24.4/05038	8.37.1/05117	8.53.1/05235	9.19.2/05336
8.13.2/04967	8.25.1/05047	8.37.2/05135	8.53.2/05236	9.20.1/05336
8.13.3-4/04964	8.25.2/05048	8.38.1/05126	8.54.1/05234	9.20.2/05339
8.14.1-2/04965	8.25.3/05040	8.38.2/05119	9.1.1-2/05244	9.21.1/05341
8.14.3/04974	8.25.4/05040	8.39.1/05134	9.2.1-2/05245	9.21.2/05346
8.15.1/04991	8.26.1/05050	8.39.2/05133	9.3.1/05247	9.22.1/05346
8.15.2/05001	8.26.2-3/05054	8.40.1/05139	9.3.2/05246	9.22.2/05347
8.15.3-4/05000	8.27.1/05055	8.40.2/05144	9.4.1-2/05242	9.23.1/05347
8.16.1/05002	8.27.2/05056	8.41.1/05144	9.5.1/05252	9.23.2/05349
8.16.2/04990	8.28.1/05066	8.41.2/05146	9.5.2/05253	9.24.1/05348
8.16.3-4/05004	8.28.2/05112	8.42.1/06077	9.6.1/05254	9.24.2/05351
8.17.1/05005	8.28.3/05071	8.42.2/06078	9.6.2/05256	9.25.1/05350
8.17.2/05003	8.28.4/05068	8.42.3/05141	9.7.1-2/05265	9.25.2/05344
8.17.3-4/04995	8.29.1-2/05070	8.43.1/05149	9.8.1/05267	9.26.1/05345
8.18.1-2/04996	8.29.3/05067	8.43.2/05160	9.8.2/05261	9.26.2/05352
8.18.3/04997	8.30.1/05075	8.44.1-2/05171	9.9.1/05259	9.27.1/05353
8.19.1-2/13303	8.30.2/05080	8.44.3/05170	9.9.2/05260	9.27.2/05365
8.19.3/04985	8.30.3-4/05084	8.45.1/05168	9.10.1/05262	9.28.1-2/05366
8.19.4/04998	8.31.1-2/05082	8.45.2/05169	9.10.2/05259	9.29.1/05367
8.20.1/04992	8.31.3/05089	8.46.1/05177	9.11.1-2/05269	9.29.2/05371
8.20.2/04993	8.31.4/05092	8.46.2/05187	9.12.1/05270	9.30.1/05374
8.20.3/05021	8.32.1/05097	8.47.1/05201	9.12.2/05268	9.30.2/05375
8.21.1/05021	8.32.2/05093	8.47.2/05197	9.13.1/05273	9.31.1/05374
8.21.2/05013	8.32.3/05094	8.47.3/05211	9.13.2/05303	9.31.2/05325
8.22.1/05019	8.32.4/05090	8.48.1/05209	9.14.1-2/05308	9.32.1/05325
8.22.2/05045	8.33.1/05096	8.48.2/05210	9.15.1/05309	9.32.2/05324
8.22.3/05041	8.33.2/05128	8.49.1-2/05180	9.15.2/05307	9.33.1/05324
8.23.1/05046	8.33.3-4/05108	8.50.1/05181	9.16.1/05307	9.33.2/05370
8.23.2/05037	8.34.1-2/05109	8.50.2-3/05205	9.16.2/05310	9.34.1-2/05370
8.23.3/05046	8.35.1/06076	8.50.4/05203	9.17.1/06080	9.35.1-2/05381
8.23.4/05042	8.35.2-3/05115	8.51.1/05207	9.17.2/05333	9.36.1-2/05382
8.24.1/05038	8.36.1/05121	8.51.2/05204	9.18.1/05322	9.37.1/05383
8.24.2/05039	8.36.2/05122	8.52.1/05226	9.18.2/05326	9.37.2/05389
8.24.3/05038	8.36.3-4/05116	8.52.2/05237	9.19.1/05330	9.38.1/05384

9. 38. 2/05390	10. 4. 4/05811	10. 13. 2/05870	10. 23. 2/05967	10. 31. 6/05583
9. 39. 2/05390	10. 4. 5/05814	10. 13. 3/05881	10. 24. 1/05972	10. 32. 1/05580
9. 40. 2/05391	10. 4. 6/05813	10. 13. 4/05882	10. 24. 2/05971	10. 32. 2/05575
9. 41. 2/05391	10. 5. 1-2/05819	10. 14. 1/05881	10. 25. 1/13335	10. 32. 3/05589
9. 42. 2/05392	10. 5. 3/05816	10. 14. 2/05882	10. 25. 2/05977	10. 32. 4/05598
9. 43. 1/05392	10. 5. 4/05817	10. 14. 3/05876	10. 26. 1/05980	10. 32. 5/05598
9. 43. 2/05393	10. 6. 1/05818	10. 14. 4/05886	10. 26. 2/05979	10. 33. 1/05594
9. 44. 1/05393	10. 6. 2/05820	10. 15. 1/05887	10. 27. 1/05502	10. 33. 2/05594
9. 44. 2/05394	10. 6. 3-4/05826	10. 15. 2/05899	10. 27. 2/05507	10. 33. 3/05593
9. 45. 1/05394	10. 7. 1/05827	10. 15. 3/05900	10. 27. 3/05506	10. 33. 4/05592
9. 45. 2/05395	10. 7. 2/05824	10. 15. 4/05901	10. 27. 4/05509	10. 34. 1/05600
9. 46. 1/05395	10. 7. 3/05828	10. 16. 1/05911	10. 27. 5/05517	10. 34. 2/05591
9. 46. 2/05396	10. 7. 4/05833	10. 16. 2/05920	10. 27. 6/05516	10. 34. 3/05597
9. 47. 1/05396	10. 8. 1/05836	10. 17. 1/05889	10. 28. 1/05532	10. 34. 4/05597
9. 47. 2/05397	10. 8. 3/05844	10. 17. 2/05905	10. 28. 2/05546	10. 35. 1/05595
9. 48. 1/05397	10. 8. 4/05842	10. 17. 4/05914	10. 28. 3/05546	10. 35. 2/05603
9. 48. 2/05388	10. 8. 5/05843	10. 18. 1/05915	10. 28. 4/05536	10. 35. 3/05604
10. 1. 1/05751	10. 9. 1-2/05849	10. 18. 2/05916	10. 28. 5/05550	10. 35. 4/05605
10. 1. 2/05759	10. 9. 3/05851	10. 18. 3/05918	10. 29. 1/05552	10. 35. 5/05606
10. 1. 3/05765	10. 9. 4/05850	10. 18. 4/05913	10. 29. 2/05552	10. 35. 6/05606
10. 1. 4/05766	10. 10. 1/05850	10. 19. 1/05909	10. 29. 3/05553	10. 36. 1/05607
10. 1. 5/05779	10. 10. 2/05847	10. 19. 2/05909	10. 29. 4/05553	10. 36. 2/05612
10. 1. 6/05778	10. 10. 3/05848	10. 19. 3/05923	10. 30. 1/05561	10. 36. 3/05609
10. 1. 7/05777	10. 10. 4/05858	10. 20. 1/05924	10. 30. 2/05561	10. 36. 4/05610
10. 2. 1/05770	10. 11. 1/05860	10. 20. 2/05936	10. 30. 3/05562	10. 36. 5/05610
10. 2. 2/05789	10. 11. 2/05861	10. 20. 3/05937	10. 30. 4/05565	10. 37. 1/05611
10. 2. 3/05792	10. 11. 3/05862	10. 20. 4/05937	10. 30. 5/05558	10. 37. 2/05611
10. 2. 4/05796	10. 11. 4/05859	10. 21. 1/05961	10. 30. 6/14757	10. 37. 3/05623
10. 3. 1/05796	10. 12. 1/05859	10. 21. 2/05942	10. 30. 7/05590	10. 38. 1/05622
10. 3. 2-3/05801	10. 12. 2/05872	10. 21. 3/05939	10. 31. 1/05571	10. 38. 2/05622
10. 3. 4/05804	10. 12. 3/05873	10. 22. 1/05944	10. 31. 2/05567	10. 38. 3/05654
10. 4. 1/05805	10. 12. 4/05874	10. 22. 2/05945	10. 31. 3/05566	10. 39. 1/05626
10. 4. 2/05806	10. 12. 5/05874	10. 22. 3/05955	10. 31. 4/05576	10. 39. 2/05624
10. 4. 3/05810	10. 13. 1/05869	10. 23. 1/05962	10. 31. 5/05582	10. 39. 3/05625

10. 39. 4/05628	11. 1. 8/11113	11. 4. 9/11264	11. 8. 4/11311	11. 12. 6/11427
10. 40. 1/05627	11. 1. 9/11150	11. 4. 10/11190	11. 8. 5/11369	11. 12. 7/11422
10. 40. 2/05627	11. 1. 10/12551	11. 4. 11/11272	11. 8. 6/11373	11. 12. 8/11417
10. 40. 3/05646	11. 1. 11/12551	11. 4. 12/11280	11. 8. 7/11312	11. 13. 1/11419
10. 41. 1/05645	11. 1. 12/03517	11. 5. 1-2/13504	11. 8. 8/10320	11. 13. 2/11403
10. 41. 2/05642	11. 2. 1/11177	11. 5. 3/11281	11. 8. 9/11443	11. 13. 3/11404
10. 42. 1/05642	11. 2. 2/11178	11. 5. 4-5/11224	11. 9. 1/11319	11. 13. 4/13777
10. 42. 2/05643	11. 2. 3/11128	11. 5. 6/09365	11. 9. 2/11320	11. 13. 5/11430
10. 43. 1/05644	11. 2. 4/11179	11. 5. 7/11230	11. 9. 3/11318	11. 13. 6/11431
10. 43. 2/02399	11. 2. 5/11180	11. 5. 8/12663	11. 9. 4/11375	11. 13. 7/11479
10. 44. 1/05668	11. 2. 6/11175	11. 5. 9/11393	11. 9. 5/11324	11. 13. 8/11478
10. 44. 2/05678	11. 2. 7/10056	11. 5. 10/11145	11. 9. 6/11326	11. 14. 1/11437
10. 45. 1/05678	11. 2. 8/11181	11. 5. 11/11288	11. 9. 7/11446	11. 14. 2/11438
10. 45. 2/05679	11. 2. 9/11153	11. 6. 1/11246	11. 9. 8/11321	11. 14. 3/11436
10. 46. 4/06103	11. 2. 10/11154	11. 6. 2/11286	11. 10. 1/11374	11. 14. 4/11473
10. 46. 5/06110	11. 2. 11/11152	11. 6. 3/11242	11. 10. 2/11374	11. 14. 5/13643
10. 46. 6/06135	11. 3. 1/11168	11. 6. 4/11284	11. 10. 3/11376	11. 14. 6/13643
10. 47. 1/06136	11. 3. 2/11141	11. 6. 5/11294	11. 10. 4/11378	11. 14. 7/11485
10. 47. 2/06133	11. 3. 3/11162	11. 6. 6/11296	11. 10. 5/11452	11. 14. 8/11445
10. 47. 3/06137	11. 3. 4/11156	11. 6. 7/11352	11. 10. 6/11487	11. 15. 1/11447
10. 47. 4/06142	11. 3. 5-6/13479	11. 6. 8/11356	11. 10. 7/11333	11. 15. 2/12927
10. 47. 5/06158	11. 3. 7-8/13741	11. 6. 9/11359	11. 10. 8/11335	11. 15. 3/11584
10. 48. 1/06156	11. 3. 9/11225	11. 6. 10/11304	11. 11. 1/11340	11. 15. 4/11454
10. 48. 2/06154	11. 3. 10/11273	11. 7. 1/11367	11. 11. 2/11341	11. 15. 5/11490
10. 49. 1/06154	11. 3. 11/11273	11. 7. 2/11309	11. 11. 3/11453	11. 15. 6/11457
10. 49. 2/06155	11. 3. 12/11223	11. 7. 3/11302	11. 11. 4/11338	11. 15. 7/11458
10. 50. 1/06155	11. 4. 1/13744	11. 7. 4/11365	11. 11. 5/03837	11. 15. 8/11459
11. 1. 1/11125	11. 4. 2/11221	11. 7. 5/02644	11. 11. 6/12817	11. 16. 1/11480
11. 1. 2/03546	11. 4. 3/11220	11. 7. 6/11475	11. 11. 8/11345	11. 16. 2/13517
11. 1. 3/08867	11. 4. 4/09375	11. 7. 7/11434	11. 12. 1/11389	11. 16. 3/13517
11. 1. 4/11136	11. 4. 5/11185	11. 7. 8/11370	11. 12. 2/11455	11. 16. 4/11509
11. 1. 5/11173	11. 4. 6/11252	11. 8. 1/11314	11. 12. 3/11343	11. 16. 5/11512
11. 1. 6/03542	11. 4. 7/11253	11. 8. 2/11317	11. 12. 4/03856	11. 16. 6/11513
11. 1. 7/08862	11. 4. 8/11262	11. 8. 3/11310	11. 12. 5/11426	11. 16. 7/11516

11. 16. 8/11493	/13649	11. 25. 5/11652	11. 30. 3/13261	11. 37. 2/13544
11. 17. 1/11510	11. 21. 3/11577	11. 25. 6/11642	11. 30. 4/13821	11. 37. 3/13544
11. 17. 2/11505	11. 21. 4/11616	11. 25. 7/11644	11. 30. 5/13262	11. 38. 1/10659
11. 17. 3/11504	11. 21. 5/11580	11. 25. 8/11653	11. 30. 6/11732	11. 38. 2/11821
11. 17. 4/11501	11. 21. 6/11626	11. 26. 1/11655	11. 30. 7/11733	11. 39. 1/13716
11. 17. 5/11519	11. 21. 7/11587	11. 26. 2/11628	11. 31. 1/11735	11. 39. 2/13716
11. 17. 6/11529	11. 21. 8/11615	11. 26. 3/11646	11. 31. 2/11746	11. 39. 3/13724
11. 17. 7/11526	11. 22. 1/10613	11. 26. 4/13532	11. 31. 3/11740	11. 39. 4/13747
11. 17. 8/11518	11. 22. 2/10632	11. 26. 5/13532	11. 31. 4/11749	11. 39. 5/13747
11. 18. 1/11498	11. 22. 3/11597	11. 26. 6/11691	11. 31. 5/11751	11. 39. 6/13992
11. 18. 2/11497	11. 22. 4/01625	11. 26. 7/11692	11. 31. 6/11756	11. 39. 7/13710
11. 18. 3/13783	11. 22. 5/12174	11. 26. 8/11666	11. 31. 7/11762	11. 39. 8/13713
11. 18. 4/11568	11. 22. 6/11605	11. 27. 1/11676	11. 32. 1/11753	11. 40. 1/00236
11. 18. 5/11569	11. 22. 7/10604	11. 27. 2/11717	11. 32. 2/11755	11. 40. 2/13742
11. 18. 6/11560	11. 22. 8/10604	11. 27. 3/11718	11. 32. 3/11758	11. 40. 3/13756
11. 18. 7/11565	11. 23. 1/11601	11. 27. 4/11674	11. 32. 4/13536	11. 40. 4/13766
11. 18. 8/11548	11. 23. 2/11604	11. 27. 5/11675	11. 32. 5/11772	11. 40. 5/13770
11. 19. 1/10582	11. 23. 3/11603	11. 27. 6/11689	11. 32. 6/11775	11. 40. 6/13770
11. 19. 2/11574	11. 23. 4/11612	11. 27. 7/11686	11. 32. 7/11779	11. 40. 7/13771
11. 19. 3/10587	11. 23. 5/11593	11. 28. 1/11669	11. 33. 1/11780	11. 40. 8/13773
11. 19. 4/10587	11. 23. 6/11585	11. 28. 2/11673	11. 33. 2/11783	11. 41. 1/13775
11. 19. 5/11547	11. 23. 7/11613	11. 28. 3/11693	11. 33. 3/06073	11. 41. 2/13790
11. 19. 6/11551	11. 23. 8/11637	11. 28. 4/11690	11. 33. 4/11788	11. 41. 3/11046
11. 19. 7/11570	11. 24. 1/11624	11. 28. 5/11690	11. 34. 1/11785	11. 41. 4/13800
11. 19. 8/13805	11. 24. 2/11636	11. 29. 1/04573	11. 34. 2/13311	11. 41. 5/13812
11. 20. 1/11566	11. 24. 3/11632	11. 29. 2/04573	11. 34. 3/13311	11. 41. 6/13814
11. 20. 2/14371	11. 24. 4/11627	11. 29. 3/11720	11. 35. 1/11789	11. 41. 7/13814
11. 20. 3/11563	11. 24. 5/11707	11. 29. 4/11724	11. 35. 2/11792	11. 42. 1/13815
11. 20. 4/11553	11. 24. 6/11650	11. 29. 5/11709	11. 35. 3/11798	11. 42. 2/13815
11. 20. 5/11590	11. 24. 7/11679	11. 29. 6/11697	11. 35. 4/10865	11. 42. 3/13816
11. 20. 6/11559	11. 25. 1/11651	11. 29. 7/11698	11. 36. 1/11803	11. 42. 4/19505
11. 20. 7/11575	11. 25. 2/11639	11. 29. 8/11701	11. 36. 2/11805	11. 42. 5/19505
11. 21. 1/11617	11. 25. 3/11719	11. 30. 1/11712	11. 36. 3/11807	11. 43. 1/14076
11. 21. 2（蓋）	11. 25. 4/11640	11. 30. 2/11725	11. 37. 1/11809	11. 43. 2/12272

11. 43. 3/13828	12. 6. 2/11541	12. 11. 6/12278	12. 19. 1/12380	12. 29. 1/12434
11. 43. 4/14005	12. 6. 3/12129	12. 12. 1/12377	18. 19. 2/12093	12. 29. 2/12434
12. 1. 2/11963	12. 6. 4/12151	12. 12. 2/12292	12. 19. 3/12379	12. 29. 3/12434
12. 1. 3/12016	12. 6. 5-6/12102	12. 12. 3/12298	12. 20. 1/12393	12. 29. 4/12446
12. 1. 4/11975	12. 6. 7/12147	12. 12. 4/12300	12. 20. 2/12393	12. 29. 5/12446
12. 1. 5/11994	12. 6. 8/10856	12. 13. 1/12325	12. 20. 3/12392	12. 30. 1/12451
12. 1. 6/12005	12. 7. 1/12149	12. 13. 2/12325	12. 20. 4/12392	12. 30. 2/12451
12. 1. 7/12003	12. 7. 2/12153	12. 13. 3/12325	12. 21. 1/12394	12. 30. 3/12451
12. 1. 8/12004	12. 7. 3/12160	12. 13. 4/12325	12. 21. 2/12394	12. 31. 1/12451
12. 1. 9/13765	12. 7. 4-5/12171	12. 13. 5/12304	12. 22. 1/12395	12. 31. 2/12451
12. 2. 1-3/13784	12. 7. 6/12179	12. 13. 6/10863	12. 22. 2/12395	12. 32. 1/12452
12. 2. 4/12027	12. 7. 7/12177	12. 13. 7/12307	12. 23. 1/12398	12. 32. 2/12452
12. 2. 5/12017	12. 8. 1/12178	12. 14. 1/12307	12. 23. 2/12398	12. 32. 3/12452
12. 2. 6/10509	12. 8. 2-3/12191	12. 14. 2/12342	12. 23. 3/12399	12. 33. 1/12450
12. 2. 7/12036	12. 8. 4/12213	12. 14. 3/12313	12. 23. 4/12399	12. 33. 2/12450
12. 3. 1/12063	12. 8. 5/12195	12. 14. 4/12313	12. 24. 1/12410	12. 34. 1/12450
12. 3. 2/12100	12. 8. 6/12200	12. 14. 5/12327	12. 24. 2/12410	12. 34. 2/12449
12. 3. 3/12071	12. 8. 7/12205	12. 15. 1/12320	12. 24. 3/12410	12. 34. 3/12449
12. 3. 4/12050	12. 9. 1-2/12220	12. 15. 2/13331	12. 24. 4/12408	12. 35. 1/12449
12. 3. 5/12078	12. 9. 3/12198	12. 15. 3/12310	12. 24. 5/12416	12. 35. 2/12527
12. 3. 6-7/12090	12. 9. 4/12224	12. 15. 4/12310	12. 25. 1/12424	12. 35. 3/12527
12. 3. 8/12086	12. 9. 5/12246	12. 15. 5/12310	12. 25. 2/12425	12. 35. 4/12528
12. 4. 1/12085	12. 9. 6/12244	12. 16. 1/12251	12. 26. 1/12427	12. 35. 5/12528
12. 4. 2/12106	12. 9. 7/12245	12. 16. 2/12251	12. 26. 2/12427	12. 35. 6/12712
12. 4. 3-4/12113	12. 10. 1/12231	12. 16. 3/12351	12. 27. 1/12427	12. 35. 7/12712
12. 4. 5-6/12115	12. 10. 2/12231	12. 16. 4/12346	12. 27. 2/12427	12. 35. 8/12524
12. 4. 7/12108	12. 10. 3/12268	12. 17. 1/12347	12. 27. 3/12428	12. 35. 9/12530
12. 5. 1/12116	12. 10. 4/12242	12. 17. 2/12345	12. 27. 4/12428	12. 36. 1/12530
12. 5. 2/12940	12. 10. 5/12242	12. 17. 3/12344	12. 27. 5/12428	12. 36. 2/12533
12. 5. 3/12112	12. 11. 1/12267	12. 17. 4/12360	12. 28. 1/12426	12. 36. 3/12588
12. 5. 4/12135	12. 11. 2/12267	12. 18. 1/12361	12. 28. 2/12432	12. 36. 4/12588
12. 5. 5/12127	12. 11. 3/12269	12. 18. 2/12362	12. 28. 3/12435	12. 36. 5/12589
12. 5. 6/12124	12. 11. 4/12280	12. 18. 3/12367	12. 28. 4/12435	12. 36. 6/12589
12. 6. 1/12125	12. 11. 5/12280	12. 18. 4/12376	12. 28. 5/12435	12. 36. 7/12574

12. 36. 8/12574	12. 39. 6/12617	12. 42. 7/12686	12. 45. 6/12740	12. 49. 7/12766
12. 36. 9/10092	12. 39. 7/12609	12. 42. 8/12715	12. 45. 7/12711	12. 49. 8/12039
12. 36. 10/12622	12. 39. 8/12609	12. 42. 9/12715	12. 45. 8/12711	12. 50. 1/12903
12. 36. 11/12622	12. 39. 9/12610	12. 42. 10/12642	12. 45. 9/12747	12. 50. 2/12903
12. 36. 12/12826	12. 39. 10/12610	12. 42. 11/12642	12. 46. 1/12749	12. 50. 3/12911
12. 37. 1/12525	12. 39. 11/12689	12. 43. 1/12705	12. 46. 2/12749	12. 50. 4/12921
12. 37. 2/12525	12. 39. 12/12689	12. 43. 2/12705	12. 46. 3/12751	12. 50. 5/12041
12. 37. 3/12526	12. 40. 1/12690	12. 43. 3/12730	12. 46. 4/12754	12. 50. 6/12042
12. 37. 4/12526	12. 40. 2/12690	12. 43. 4/12730	12. 46. 5/12754	12. 50. 7/12784
12. 37. 5/12566	12. 40. 3/12659	12. 43. 5/12652	12. 46. 6/12753	12. 50. 8/12784
12. 37. 6/12566	12. 40. 4/12657	12. 43. 6/12652	12. 46. 7/12753	12. 51. 1/12798
12. 37. 7/12569	12. 40. 5/12658	12. 43. 7/12663	12. 46. 8/12841	12. 51. 2/12798
12. 37. 8/12569	12. 40. 6/12654	12. 43. 8/12663	12. 47. 1/12035	12. 51. 3/12792
12. 37. 9/12570	12. 40. 7/12537	12. 43. 9/12033	12. 47. 2/12756	12. 51. 4/12792
12. 37. 10/12637	12. 40. 8/12537	12. 43. 10/12033	12. 47. 3/12756	12. 51. 5/12799
12. 37. 11/12637	12. 40. 9/12666	12. 43. 11/12645	12. 47. 4/12758	12. 51. 6/12799
12. 37. 12/12626	12. 40. 10/12670	12. 43. 12/12979	12. 47. 5/12757	12. 51. 7/12045
12. 38. 1/12625	12. 40. 11/12670	12. 44. 1/12717	12. 47. 6/12757	12. 51. 8/12045
12. 38. 2/12625	12. 41. 1/12671	12. 44. 2/12717	12. 47. 7/12759	12. 52. 1/12802
12. 38. 3/12534	12. 41. 2/12671	12. 44. 3/12707	12. 47. 8/12759	12. 52. 2/12802
12. 38. 4/12627	12. 41. 3/12672	12. 44. 4/12708	12. 48. 1/12765	12. 52. 3/12796
12. 38. 5/12627	12. 41. 4/12672	12. 44. 5/12722	12. 48. 2/12762	12. 52. 4/12797
12. 38. 6/12545	12. 41. 5/12674	12. 44. 6/12722	12. 48. 3/12770	12. 52. 5/12800
12. 38. 7/12633	12. 41. 6/12674	12. 44. 7/12834	12. 48. 4/12770	12. 52. 6/12793
12. 38. 8/12633	12. 41. 7/12677	12. 44. 8/12834	12. 48. 5/12846	12. 52. 7/12793
12. 38. 9/12728	12. 41. 8/12677	12. 44. 9/12015	12. 48. 6/12774	12. 52. 8/12923
12. 38. 10/12728	12. 41. 9/12676	12. 44. 10/12015	12. 48. 7/12779	12. 53. 1/12074
12. 38. 11/12729	12. 41. 10/12681	12. 44. 11/12723	12. 48. 8/12779	12. 53. 2/12074
12. 38. 12/12729	12. 42. 1/12679	12. 44. 12/12723	12. 49. 1/12845	12. 53. 3/12803
12. 39. 1/12590	12. 42. 2/12682	12. 45. 1/13174	12. 49. 2/12845	12. 53. 4/12803
12. 39. 2/12590	12. 42. 3/12682	12. 45. 2/12724	12. 49. 3/12904	12. 53. 5/12049
12. 39. 3/12591	12. 42. 4/12685	12. 45. 3/12708	12. 49. 4/12904	12. 53. 6/12049
12. 39. 4/12591	12. 42. 5/12685	12. 45. 4/12708	12. 49. 5/127063	12. 53. 7/12855
12. 39. 5/12628	12. 42. 6/12686	12. 45. 5/12740	12. 49. 6/127063	12. 53. 8/12855

12. 54. 1/13023	12. 58. 3/12719	13. 3. 2/12913	13. 7. 4/12989	13. 11. 6/13025
12. 54. 2/13023	12. 58. 4/12719	13. 3. 3/12914	13. 7. 5/12992	13. 11. 7/13028
12. 54. 3/12813	12. 58. 5/12720	13. 3. 4/12914	13. 7. 6/12992	13. 11. 8/13028
12. 54. 4/12813	12. 58. 6/12720	13. 3. 5/12915	13. 7. 7/13006	13. 12. 1/13029
12. 54. 5/12804	12. 58. 7/12869	13. 3. 6/12915	13. 7. 8/13006	13. 12. 2/13029
12. 54. 6/12804	12. 58. 8/12869	13. 3. 7/12919	13. 8. 1/12969	13. 12. 3/13139
12. 54. 7/12075	12. 59. 1/12866	13. 3. 8/13009	13. 8. 2/12969	13. 12. 4/13139
12. 54. 8/12075	12. 59. 2/12866	13. 4. 1/12920	13. 8. 3/12972	13. 12. 5/13064
12. 55. 1/12807	12. 59. 3/12881	13. 4. 2/12922	13. 8. 4/12972	13. 12. 6/13064
12. 55. 2/12807	12. 59. 4/12881	13. 4. 3/12922	13. 8. 5/12981	13. 12. 7/13068
12. 55. 3/13048	12. 59. 5/12885	13. 4. 4/12925	13. 8. 6/12980	13. 12. 8/13068
12. 55. 4/12806	12. 59. 6/12885	13. 4. 5/12931	13. 8. 7/12971	13. 13. 1/13062
12. 55. 5/12810	12. 59. 7/12891	13. 4. 6/12931	13. 8. 8/12971	13. 13. 2/13070
12. 55. 6/12928	12. 59. 8/12893	13. 4. 7/13048	13. 9. 1/13066	13. 13. 3/13084
12. 55. 7/12808	12. 60. 1/12893	13. 4. 8/13048	13. 9. 2/13066	13. 13. 4/13084
12. 55. 8/12818	12. 60. 2/12944	13. 5. 1/12815	13. 9. 3/12970	13. 13. 5/13071
12. 56. 1/12052	12. 60. 3/12944	13. 5. 2/12815	13. 9. 4/13075	13. 13. 6/13071
12. 56. 2/12052	13. 1. 1/12894	13. 5. 3/12936	13. 9. 5/13075	13. 13. 7/13054
12. 56. 3/12934	13. 1. 2/12894	13. 5. 4/12936	13. 9. 6/13019	13. 13. 8/13053
12. 56. 4/12821	13. 1. 3/12951	13. 5. 5/12932	13. 9. 7/13019	13. 14. 1/13085
12. 56. 5/12821	13. 1. 4/10404	13. 5. 6/12947	13. 9. 8/12138	13. 14. 2/13085
12. 56. 6/12823	13. 1. 5/12907	13. 5. 7/12996	13. 10. 1/12137	13. 14. 3/13080
12. 56. 7/12822	13. 1. 6/12907	13. 5. 8/12996	13. 10. 2/12137	13. 14. 4/13080
12. 56. 8/12831	13. 1. 7/12906	13. 6. 1/12696	13. 10. 3/13034	13. 14. 5 （器）
12. 57. 1/12826	13. 1. 8/12906	13. 6. 2/12696	13. 10. 4/13034	/13649
12. 57. 2/12713	13. 2. 1/12908	13. 6. 3/12994	13. 10. 5/13073	13. 14. 6/13124
12. 57. 3/12832	13. 2. 2/12908	13. 6. 4/13004	13. 10. 6/13067	13. 14. 7/13124
12. 57. 4/12832	13. 2. 3/12902	13. 6. 5/13003	13. 10. 7/13069	13. 14. 8/13134
12. 57. 5/12892	13. 2. 4/12902	13. 6. 6/13003	13. 10. 8/13030	13. 15. 1/13134
12. 57. 6/12892	13. 2. 5/12905	13. 6. 7/11510	13. 11. 1/12924	13. 15. 2/12181
12. 57. 7/12943	13. 2. 6/12782	13. 6. 8/13018	13. 11. 2/12924	13. 15. 3/12181
12. 57. 8/12943	13. 2. 7/12916	13. 7. 1/13010	13. 11. 3/13026	13. 15. 4/13127
12. 58. 1/12941	13. 2. 8/12916	13. 7. 2/13010	13. 11. 4/13051	13. 15. 5/13127
12. 58. 2/12941	13. 3. 1/12913	13. 7. 3/12989	13. 11. 5/13025	13. 15. 6/13151

13. 15. 7/13151	13. 20. 2/13113	13. 25. 1/13197	13. 29. 5/13210	13. 34. 1/13264
13. 16. 1/13150	13. 20. 3/13121	13. 25. 2/12193	13. 29. 6/13210	13. 34. 2/13264
13. 16. 2/13150	13. 20. 4/13122	13. 25. 3/12193	13. 29. 7/13211	13. 34. 3/13265
13. 16. 3/13152	13. 20. 5/13121	13. 25. 4/13193	13. 29. 8/13211	13. 34. 4/13265
13. 16. 4/13152	13. 20. 6/13122	13. 25. 5/13193	13. 30. 1/13208	13. 34. 5/13283
13. 16. 5/13093	13. 20. 7/13131	13. 25. 6/13191	13. 30. 2/13225	13. 34. 6/13269
13. 16. 6/13093	13. 20. 8/13131	13. 25. 7/13191	13. 30. 3/13225	13. 34. 7/13267
13. 16. 7/13099	13. 21. 1/13135	13. 26. 1/13142	13. 30. 4/13236	13. 34. 8/13278
13. 16. 8/13099	13. 21. 2/13135	13. 26. 2/13215	13. 30. 5/13236	13. 35. 1/10654
13. 17. 1/13092	13. 21. 3/12170	13. 26. 3/12216	13. 30. 6/13237	13. 35. 2/13284
13. 17. 2/13092	13. 21. 4/12170	13. 26. 4/12216	13. 30. 7/12230	13. 35. 3/13284
13. 17. 3/13105	13. 21. 5/13133	13. 26. 5/13158	13. 30. 8/12230	13. 35. 4/13285
13. 17. 4/13107	13. 21. 6/13011	13. 26. 6/13158	13. 31. 1/13238	13. 35. 5/13281
13. 17. 5/12173	13. 21. 7/13011	13. 26. 7/13160	13. 31. 2/13238	13. 35. 6/13281
13. 17. 6/12175	13. 21. 8/13090	13. 26. 8/13186	13. 31. 3/13241	13. 36. 1/13286
13. 17. 7/12175	13. 22. 1/13090	13. 27. 1/13162	13. 31. 4/13241	13. 36. 2/13286
13. 17. 8/12173	13. 22. 2/13129	13. 27. 2/13162	13. 31. 5/13242	13. 36. 3/13287
13. 18. 1/10605	13. 22. 3/13177	13. 27. 3/13155	13. 31. 6/13242	13. 36. 4/13297
13. 18. 2/10605	13. 22. 4/13177	13. 27. 4/13155	13. 31. 7/13230	13. 36. 5/13296
13. 18. 3/10605	13. 22. 5/13178	13. 27. 5/13218	13. 31. 8/13230	13. 36. 6/13291
13. 18. 4/13106	13. 22. 6/13178	13. 27. 6/13214	13. 32. 1/13243	13. 36. 7/13291
13. 18. 5/13160	13. 22. 7/13144	13. 27. 7/13214	13. 32. 2/12274	13. 37. 1/13292
13. 18. 6/04318	13. 22. 8/13144	13. 27. 8/13239	13. 32. 3/12274	13. 37. 2/13292
13. 18. 7/13109	13. 23. 1/13168	13. 28. 1/13239	13. 32. 4/13258	13. 37. 3-4/13293
13. 18. 8/13109	13. 23. 2/13168	13. 28. 2/12234	13. 32. 5/13258	13. 37. 5/13301
13. 19. 1/13110	13. 23. 3/13183	13. 28. 3/12234	13. 32. 6/13246	13. 37. 6/13301
13. 19. 2/13110	13. 23. 4/13183	13. 28. 4/13228	13. 32. 7/13246	13. 38. 1/13306
13. 19. 3/13102	13. 23. 5/13207	13. 28. 5/13228	13. 33. 1/13245	13. 38. 2/13306
13. 19. 4/13102	13. 23. 6/13203	13. 28. 6/13219	13. 33. 2/13245	13. 38. 3/12374
13. 19. 5/13100	13. 24. 1/13145	13. 28. 7/13219	13. 33. 3/13246	13. 38. 4/12374
13. 19. 6/13100	13. 24. 2/13145	13. 29. 1/13204	13. 33. 4/13246	13. 38. 5/13305
13. 19. 7/13112	13. 24. 3/13173	13. 29. 2/13198	13. 33. 5/12258	13. 38. 6/13305
13. 19. 8/13112	13. 24. 4/13148	13. 29. 3/13212	13. 33. 6/13254	13. 39. 1/13307
13. 20. 1/13113	13. 24. 5/13148	13. 29. 4/13212	13. 33. 7/13254	13. 39. 2/13307

14. 14. 2/08967	14. 17. 2/09021	14. 19. 12/09235	14. 22. 12/09717	14. 25. 12/09586
14. 14. 3/08867	14. 17. 3/08940	14. 20. 1/09227	14. 23. 1/09716	14. 26. 1/09699
14. 14. 4/08868	14. 17. 4/09202	14. 20. 2/09228	14. 23. 2/09437	14. 26. 2/09596
14. 14. 5/08869	14. 17. 5/08950	14. 20. 3/09229	14. 23. 3/09438	14. 26. 3/09597
14. 14. 6/08860	14. 17. 6/09210	14. 20. 4/09242	14. 23. 4/09479	14. 26. 4/09591
14. 14. 7/11138	14. 17. 7/09185	14. 20. 5/09245	14. 23. 5/09403	14. 26. 5/09700
14. 14. 8/08870	14. 17. 8/08994	14. 20. 6/09248	14. 23. 6/09429	14. 26. 6/09599
14. 14. 9/08861	14. 17. 9/08947	14. 20. 7/09247	14. 23. 7/09680	14. 26. 7/09784
14. 14. 10/08959	14. 17. 10/08946	14. 20. 8/09675	14. 23. 8/09681	14. 26. 8/09592
14. 15. 1/09006	14. 17. 11/08996	14. 20. 9/09630	14. 23. 9/09671	14. 26. 9/09602
14. 15. 2/09035	14. 17. 12/09092	14. 20. 10/09253	14. 23. 10/09590	14. 26. 10/09708
14. 15. 3/08968	14. 18. 1/09143	14. 20. 11/09259	14. 24. 1/09539	14. 26. 11/09704
14. 15. 4/08969	14. 18. 2/09114	14. 21. 1/09575	14. 24. 2/09546	14. 26. 12/09607
14. 15. 5/08985	14. 18. 3/09463	14. 21. 2/09310	14. 24. 3/09547	14. 27. 1/11329
14. 15. 6/08980	14. 18. 4/09194	14. 21. 3/09314	14. 24. 4/09564	14. 27. 2/09609
14. 15. 7/09003	14. 18. 5/09504	14. 21. 4/09331	14. 24. 5/09557	14. 27. 3/09608
14. 15. 8/09004	14. 18. 6/09090	14. 21. 5/09321	14. 24. 6/09558	14. 27. 4/09617
14. 15. 9/09005	14. 18. 7/09190	14. 21. 6/09266	14. 24. 7/09567	14. 27. 5/09624
14. 15. 10/09082	14. 18. 8/09181	14. 21. 7/09338	14. 24. 8/09568	14. 27. 6/09710
14. 15. 11/09147	14. 18. 9/09179	14. 21. 8/09297	14. 24. 9/09734	14. 27. 7/09616
14. 15. 12/09024	14. 18. 10/09400	14. 21. 9/09399	14. 24. 10/09561	14. 27. 8/09600
14. 16. 1/09034	14. 18. 11/09385	14. 21. 10/09095	14. 24. 11/09563	14. 27. 9/09639
14. 16. 2/09161	14. 18. 12/09414	14. 21. 11/09535	14. 24. 12/10426	14. 27. 10/09779
14. 16. 3/09162	14. 19. 1/09096	14. 21. 12/09491	14. 25. 1/09579	14. 27. 11/09291
14. 16. 4/09163	14. 19. 2/09371	14. 22. 1/09477	14. 25. 2/09698	14. 27. 12/02663
14. 16. 5/09158	14. 19. 3/09366	14. 22. 2/09342	14. 25. 3/09576	14. 28. 1/09721
14. 16. 6/09094	14. 19. 4/09372	14. 22. 3/09448	14. 25. 4/09577	14. 28. 2/09722
14. 16. 7/09164	14. 19. 5/09373	14. 22. 4/09456	14. 25. 5/09583	14. 28. 3/09718
14. 16. 8/09049	14. 19. 6/09381	14. 22. 5/09712	14. 25. 6/09692	14. 28. 4/09720
14. 16. 9/09075	14. 19. 7/09213	14. 22. 6/09713	14. 25. 7/09750	14. 28. 5/09723
14. 16. 10/09065	14. 19. 8/09216	14. 22. 7/09629	14. 25. 8/09751	14. 28. 6/09726
14. 16. 11/09200	14. 19. 9/09220	14. 22. 8/09110	14. 25. 9/09748	14. 28. 7/09728
14. 16. 12/09183	14. 19. 10/09219	14. 22. 10/09508	14. 25. 10/09580	14. 28. 8/12897
14. 17. 1/09526	14. 19. 11/09237	14. 22. 11/09714	14. 25. 11/09587	14. 28. 9/09733

14. 28. 10/09741	14. 32. 1/10146	14. 34. 12/10122	14. 37. 10/10275	14. 40. 8/10403
14. 28. 11/09798	14. 32. 2/10224	14. 35. 1/10104	14. 37. 11/10178	14. 40. 9/10404
14. 28. 12/09735	14. 32. 3/10223	14. 35. 2/09255	14. 37. 12/10179	14. 40. 10/10409
14. 29. 1/09736	14. 32. 4/10203	14. 35. 3/10211	14. 38. 1/10176	14. 40. 11/10414
14. 29. 2/09791	14. 32. 5/10109	14. 35. 4/10204	14. 38. 2/10180	14. 40. 12/10415
14. 29. 3/09787	14. 32. 6/10097	14. 35. 5/10204	14. 38. 3/10188	14. 41. 1/10307
14. 29. 4/09759	14. 32. 7/10099	14. 35. 6/10202	14. 38. 4/10187	14. 41. 2/10410
14. 29. 5/11448	14. 32. 8/10137	14. 35. 7/10215	14. 38. 5/10189	14. 41. 3/10305
14. 29. 6/09604	14. 32. 9/10130	14. 35. 8/10206	14. 38. 6/10189	14. 41. 4/10308
14. 29. 7/09767	14. 32. 10/10068	14. 35. 9/10107	14. 38. 7/10190	14. 41. 5/10308
14. 29. 8/09768	14. 32. 11/10131	14. 35. 10/10235	14. 38. 8/10185	14. 41. 6/10312
14. 29. 9/09785	14. 32. 12/10132	14. 35. 11/10237	14. 38. 9/10216	14. 41. 7/10411
14. 29. 10/09792	14. 33. 1/10127	14. 35. 12/10238	14. 38. 10/10278	14. 41. 8/10309
14. 29. 11/09771	14. 33. 2/03514	14. 36. 1/10164	14. 38. 11/10225	14. 41. 9/10310
14. 29. 12/09794	14. 33. 3/10072	14. 36. 2/10165	14. 38. 12/10286	14. 41. 10/10416
14. 30. 1/09641	14. 33. 4/10128	14. 36. 3/10245	14. 39. 1/10279	14. 41. 11/10495
14. 30. 2/09800	14. 33. 5/10129	14. 36. 4/10166	14. 39. 2/10283	14. 41. 12/10540
14. 30. 3/09823	14. 33. 6/10095	14. 36. 5/10167	14. 39. 3/10281	14. 42. 1/10423
14. 30. 4/09824	14. 33. 7/10095	14. 36. 6/10250	14. 39. 4/10285	14. 42. 2/10423
14. 30. 5/09815	14. 33. 8/10096	14. 36. 7/10254	14. 39. 5/10284	14. 42. 3/10413
14. 30. 6/09814	14. 33. 9/10057	14. 36. 8/10170	14. 39. 6/03662	14. 42. 4/03782
14. 30. 7/09810	14. 33. 10/10057	14. 36. 9/10169	14. 39. 7/10291	14. 42. 4/10317
14. 30. 8/09837	14. 33. 11/10093	14. 36. 10/10258	14. 39. 8/10292	14. 42. 5/10422
14. 30. 9/09833	14. 34. 1/10093	14. 36. 11/10260	14. 39. 9/10292	14. 42. 6/10408
14. 31. 1/09831	14. 34. 2/10091	14. 36. 12/11192	14. 39. 10/10293	14. 42. 7/10426
14. 31. 2/09832	14. 34. 3/10077	14. 37. 1/10172	14. 39. 11/10395	14. 42. 8/10318
14. 31. 3/09828	14. 34. 4/10182	14. 37. 2/10263	14. 39. 12/10397	14. 42. 9/10319
14. 31. 4/09834	14. 34. 5/10280	14. 37. 3/10264	14. 40. 1/10294	14. 42. 10/10425
14. 31. 5/09835	14. 34. 6/10139	14. 37. 4/10265	14. 40. 2/10295	14. 42. 11/10541
14. 31. 6/09845	14. 34. 7/10083	14. 37. 5/10273	14. 40. 3/10297	14. 42. 12/10428
14. 31. 7/09836	14. 34. 8/10084	14. 37. 6/10273	14. 40. 4/10298	14. 43. 1/10427
14. 31. 8/09843	14. 34. 9/10102	14. 37. 7/10175	14. 40. 5/10532	14. 43. 2/10432
14. 31. 9/09854	14. 34. 10/10138	14. 37. 8/10199	14. 40. 6/10401	14. 43. 3/12042
14. 31. 10/09528	14. 34. 11/10103	14. 37. 9/10274	14. 40. 7/10403	14. 43. 4/10433

14. 43. 5/10434	14. 46. 3/10454	14. 49. 1/10382	14. 52. 1/10423	14. 55. 5/10656
14. 43. 6/10430	14. 46. 4/10364	14. 49. 2/10382	14. 52. 2/10429	14. 55. 6/10657
14. 43. 7/10324	14. 46. 5/10464	14. 49. 3/10108	14. 52. 3/10425	15. 1. 1/06666
14. 43. 8/10324	14. 46. 6/00910	14. 49. 5/10303	14. 52. 4/10460	15. 1. 2/06665
14. 43. 9/10435	14. 46. 7/10361	14. 49. 6/10482	14. 52. 5/11506	15. 1. 3/06672
14. 43. 10/10509	14. 46. 8/10359	14. 49. 7/10484	14. 52. 6/10464	15. 1. 4/06918
14. 43. 11/01157	14. 46. 9/10354	14. 49. 8/10484	14. 52. 7/10465	15. 1. 5/06610
14. 43. 12/10329	14. 46. 10/10459	14. 49. 9/10490	14. 52. 8/10461	15. 2. 1/06676
14. 44. 1/10330	14. 46. 11/10550	14. 49. 10/10489	14. 52. 9/10493	15. 2. 2/06605
14. 44. 2/11377	14. 46. 12/10465	14. 49. 11/10194	14. 52. 10/10473	15. 2. 3/06585
14. 44. 3/10335	14. 47. 1/10374	14. 49. 12/10389	14. 52. 11/10490	15. 2. 4/06828
14. 44. 4/10449	14. 47. 2/10468	14. 50. 1/10492	14. 52. 12/10491	15. 2. 5/06895
14. 44. 5/10447	14. 47. 3/10469	14. 50. 2/10431	14. 53. 1/10484	15. 2. 6/06604
14. 44. 6/10342	14. 47. 4/10471	14. 50. 3/10431	14. 53. 2/10497	15. 2. 7/06632
14. 44. 7/10334	14. 47. 5/10471	14. 50. 4/10493	14. 53. 3/10498	15. 2. 8/06554
14. 44. 8/10334	14. 47. 6/10472	14. 50. 5/09730	14. 53. 4/10620	15. 2. 9/06555
14. 44. 9/10445	14. 47. 7/10475	14. 50. 6/12900	14. 53. 5/10618	15. 2. 10/08707
14. 44. 10/10448	14. 47. 8/10370	14. 50. 7/10434	14. 53. 6/10603	15. 2. 11/06611
14. 44. 11/10579	14. 47. 9/10370	14. 50. 8/10486	14. 53. 7/10616	15. 2. 12/06581
14. 44. 12/10343	14. 47. 10/10372	14. 50. 9/10436	14. 53. 8/10621	15. 3. 1/06582
14. 45. 1/10444	14. 47. 11/10467	14. 50. 10/10502	14. 53. 9/10606	15. 3. 2/06583
14. 45. 2/10446	14. 47. 12/10470	14. 50. 11/10439	14. 54. 1/10612	15. 3. 3/06575
14. 45. 3/10450	14. 48. 1/10473	14. 50. 12/10435	14. 54. 2/10624	15. 3. 4/06468
14. 45. 4/10346	14. 48. 2/10476	14. 51. 1/10478	14. 54. 3/10615	15. 3. 5/06463
14. 45. 5/10352	14. 48. 3/10480	14. 51. 2/10543	14. 54. 4/10615	15. 3. 6/06467
14. 45. 6/10353	14. 48. 4/10456	14. 51. 3/10481	14. 54. 5/10427	15. 3. 7/06470
14. 45. 7/10350	14. 48. 5/10367	14. 51. 4/10410	14. 54. 6/10630	15. 3. 8/07409
14. 45. 8/10362	14. 48. 6/10368	14. 51. 5/10407	14. 54. 7/10640	15. 3. 9/07417
14. 45. 9/10461	14. 48. 7/10439	14. 51. 6/10408	14. 54. 8/10645	15. 3. 10/06624
14. 45. 10/10449	14. 48. 8/10348	14. 51. 7/10470	14. 54. 9/10622	15. 3. 11/06824
14. 45. 11/10456	14. 48. 9/10379	14. 51. 8/10416	14. 55. 1/10626	15. 3. 12/06512
14. 45. 12/10460	14. 48. 10/10379	14. 51. 9/10453	14. 55. 2/10635	15. 4. 1/06509
14. 46. 1/10352	14. 48. 11/10383	14. 51. 10/10454	14. 55. 3/10642	15. 4. 2/06522
14. 46. 2/10358	14. 48. 12/10381	14. 51. 11/10462	14. 55. 4/10650	15. 4. 3/06619

15. 4. 4/06507	15. 8. 2/06488	15. 11. 3/06609	15. 14. 7/06775	15. 18. 2/07128
15. 4. 5/06525	15. 8. 3/06639	15. 11. 4/06769	15. 14. 8/06776	15. 18. 3/07721
15. 4. 6/06524	15. 8. 4/06640	15. 11. 5/06770	15. 14. 9/06777	15. 18. 4/07132
15. 4. 7/06527	15. 8. 5/06741	15. 11. 6/06941	15. 14. 10/06728	15. 18. 5/07134
15. 4. 8/06541	15. 8. 6/06980	15. 11. 7/06689	15. 14. 11/06734	15. 18. 6/07133
15. 4. 9/06542	15. 8. 7/06723	15. 11. 8/06690	15. 15. 1/06733	15. 18. 7/07141
15. 4. 10/06543	15. 8. 8/06484	15. 11. 9/06643	15. 15. 2/06939	15. 18. 8/07574
15. 5. 1/06903	15. 8. 9/07107	15. 12. 1/07503	15. 15. 3/06764	15. 19. 1/07149
15. 5. 2/06904	15. 8. 10/07108	15. 12. 2/06515	15. 15. 4/06964	15. 19. 2/07577
15. 5. 3/06405	15. 8. 11/06760	15. 12. 3/07011	15. 15. 5/06852	15. 19. 3/07148
15. 5. 4/06929	15. 9. 1/06503	15. 12. 4/06771	15. 15. 6/06849	15. 19. 4/07151
15. 5. 5/06712	15. 9. 2/06505	15. 12. 5/06537	15. 15. 7/06851	15. 19. 5/07152
15. 5. 6/06713	15. 9. 3/06588	15. 12. 6/06532	15. 15. 8/06901	15. 19. 6/07153
15. 6. 1/06717	15. 9. 4/06842	15. 12. 7/06533	15. 15. 9/07024	15. 19. 7/07591
15. 6. 2/06715	15. 9. 5/06836	15. 12. 8/06534	15. 15. 10/06825	15. 19. 8/07155
15. 6. 3/06714	15. 9. 6/06768	15. 12. 9/06875	15. 15. 11/06914	15. 19. 9/07172
15. 6. 4/06489	15. 9. 7/06767	15. 12. 10/06877	15. 15. 12/06905	15. 19. 10/07171
15. 6. 5/06491	15. 9. 8/06967	15. 12. 11/06874	15. 16. 1/07059	15. 19. 11/07581
15. 6. 6/06490	15. 9. 9/06832	15. 13. 1/06865	15. 16. 2/07048	15. 20. 1/07592
15. 6. 7/06495	15. 9. 10/06946	15. 13. 2/06864	15. 16. 3/07054	15. 20. 2/07192
15. 6. 8/06496	15. 10. 1/06947	15. 13. 3/06766	15. 16. 4/07051	15. 20. 3/07193
15. 6. 9/06528	15. 10. 2/06787	15. 13. 4/06565	15. 16. 5/07052	15. 20. 4/07601
15. 6. 10/06423	15. 10. 3/06812	15. 13. 5/06762	15. 16. 6/07055	15. 20. 5/07194
15. 6. 11/06788	15. 10. 4/06617	15. 13. 6/06591	15. 16. 7/07057	15. 20. 6/07182
15. 7. 1/06633	15. 10. 5/06886	15. 13. 7/06657	15. 16. 8/07058	15. 20. 7/07193
15. 7. 2/06739	15. 10. 6/06969	15. 13. 8/06482	15. 17. 1/07067	15. 20. 8/07201
15. 7. 3/06630	15. 10. 7/06880	15. 13. 9/06483	15. 17. 2/07104	15. 20. 9/07195
15. 7. 4/06740	15. 10. 8/06806	15. 13. 10/06655	15. 17. 3/08382	15. 21. 1/07593
15. 7. 5/06706	15. 10. 9/06757	15. 14. 1/06656	15. 17. 4/07559	15. 21. 2/07181
15. 7. 6/06707	15. 10. 10/06443	15. 14. 2/06779	15. 17. 5/07125	15. 21. 3/07196
15. 7. 7/06627	15. 10. 11/06679	15. 14. 3/06890	15. 17. 6/07124	15. 21. 4/07206
15. 7. 8/06627	15. 10. 12/06681	15. 14. 4/06898	15. 17. 7/07126	15. 21. 5/07205
15. 7. 9/06799	15. 11. 1/06683	15. 14. 5/06756	15. 17. 8/07127	15. 21. 6/07213
15. 8. 1/07015	15. 11. 2/06602	15. 14. 6/06755	15. 18. 1/07564	15. 21. 7/07222

15. 21. 8/07613	15. 25. 7/07287	15. 29. 2/07354	15. 32. 9/07515	15. 37. 3/07445
15. 22. 1/07612	15. 25. 8/07289	15. 29. 3/07355	15. 32. 10/07513	15. 37. 4/07556
15. 22. 2/07212	15. 25. 9/07653	15. 29. 4/07357	15. 33. 1/07076	15. 37. 5/07557
15. 22. 3/07215	15. 26. 1/07526	15. 29. 5/07358	15. 33. 2/07100	15. 37. 6/07555
15. 22. 4/07221	15. 26. 2/07524	15. 29. 6/07389	15. 33. 3/07101	15. 37. 7/07661
15. 22. 5/07237	15. 26. 3/07523	15. 29. 7/07341	15. 33. 4/07087	15. 37. 8/07662
15. 22. 6/07236	15. 26. 4/07276	15. 29. 8/07346	15. 33. 5/07095	15. 37. 9/08043
15. 22. 7/07243	15. 26. 5/08026	15. 29. 9/07342	15. 33. 6/08028	15. 37. 10/08044
15. 22. 8/07235	15. 26. 6/07290	15. 29. 10/07340	15. 33. 7/08029	15. 37. 11/06473
15. 23. 1/07244	15. 26. 7/07103	15. 29. 11/07343	15. 34. 1/07422	15. 38. 1/06472
15. 23. 2/07531	15. 26. 8/07298	15. 30. 1/07344	15. 34. 2/07439	15. 38. 2/08040
15. 23. 3/07232	15. 26. 9/07300	15. 30. 2/07345	15. 34. 3/07304	15. 38. 3/07673
15. 23. 4/07231	15. 26. 10/07296	15. 30. 3/07347	15. 34. 4/07451	15. 38. 4/07398
15. 23. 5/07906	15. 27. 1/07303	15. 39. 4/07367	15. 34. 5/07519	15. 38. 5/07699
15. 23. 6/07238	15. 27. 2/07691	15. 30. 5/07368	15. 34. 6/07509	15. 38. 6/07480
15. 23. 7/07252	15. 27. 3/07309	15. 30. 6/07373	15. 35. 1/07507	15. 38. 7/07563
15. 23. 8/07633	15. 27. 4/07402	15. 30. 7/07337	15. 35. 2/06817	15. 38. 8/07448
15. 23. 9/07632	15. 27. 5/07311	15. 30. 8/07390	15. 35. 3/07376	15. 38. 9/07449
15. 24. 1/07248	15. 27. 6/07305	15. 31. 1/07392	15. 35. 4/06989	15. 38. 10/07404
15. 24. 2/07256	15. 27. 7/07312	15. 31. 2/07366	15. 35. 5/07428	15. 38. 11/07007
15. 24. 3/07262	15. 27. 8/07529	15. 31. 3/07381	15. 35. 6/08045	15. 39. 1/07516
15. 24. 4/07261	15. 27. 9/07323	15. 31. 4/07375	15. 35. 7/07008	15. 39. 2/07158
15. 24. 5/07253	15. 27. 10/07330	15. 31. 5/07349	15. 35. 8/07491	15. 39. 3/07496
15. 24. 6/07257	15. 28. 1/07399	15. 31. 6/07397	15. 36. 1/07492	15. 39. 4/07410
15. 24. 7/07264	15. 28. 2/07328	15. 31. 7/07499	15. 36. 2/07489	15. 39. 5/07517
15. 24. 8/07254	15. 28. 3/07333	15. 31. 8/07487	15. 36. 3/07490	15. 39. 6/07477
15. 24. 9/07263	15. 28. 4/07329	15. 32. 1/07419	15. 36. 4/07450	15. 39. 7/07677
15. 24. 10/07642	15. 28. 5/07685	15. 32. 2/07539	15. 36. 5/07433	15. 39. 8/07678
15. 25. 1/07650	15. 28. 6/07332	15. 32. 3/07669	15. 36. 6/07434	15. 40. 1/07066
15. 25. 2/07651	15. 28. 7/07432	15. 32. 4/07010	15. 36. 7/07435	15. 40. 2/07065
15. 25. 3/07267	15. 28. 8/07388	15. 32. 5/07693	15. 36. 8/07446	16. 1. 1/07710
15. 25. 4/07266	15. 28. 9/07370	15. 32. 6/07666	15. 36. 9/07444	16. 1. 2/08072
15. 25. 5/07273	15. 28. 10/07371	15. 32. 7/07658	15. 37. 1/07442	16. 1. 3/07700
15. 25. 6/07275	15. 29. 1/07372	15. 32. 8/07514	15. 37. 2/07443	16. 1. 4/07711

16. 1. 5/07717	16. 4. 11/07777	16. 9. 3/07800	16. 12. 7/07871	16. 16. 10/07886
16. 1. 6/07716	16. 5. 1/07778	16. 9. 4/07800	16. 12. 8/07872	16. 17. 1/08190
16. 1. 7/08075	16. 5. 2/07749	16. 9. 5/07821	16. 13. 1/07847	16. 17. 2/07887
16. 2. 1/08077	16. 5. 3/07782	16. 9. 6/08142	16. 13. 2/07848	16. 17. 3/08206
16. 2. 2/08455	16. 5. 4/07785	16. 9. 7/07808	16. 13. 3/07880	16. 17. 4/08207
16. 2. 3/07720	16. 5. 5/07786	16. 9. 8/07809	16. 13. 4/07879	16. 17. 5/07891
16. 2. 4/07722	16. 5. 6/08294	16. 10. 1/08150	16. 13. 5/07851	16. 17. 6/07913
16. 2. 5/07723	16. 5. 7/07781	16. 10. 2/07826	16. 13. 6/07855	16. 17. 7/07922
16. 2. 6/07724	16. 5. 8/08103	16. 10. 3/08314	16. 13. 7/07861	16. 17. 8/07894
16. 2. 7/07725	16. 6. 1/07776	16. 10. 4/07801	16. 14. 1/08185	16. 17. 9/08222
16. 2. 8/08288	16. 6. 2/08110	16. 10. 5/08157	16. 14. 2/07881	16. 17. 10/07929
16. 2. 9/07726	16. 6. 3/08112	16. 10. 6/07829	16. 14. 3/07868	16. 17. 11/08200
16. 2. 10/07727	16. 6. 4/07750	16. 10. 7/07835	16. 14. 4/08173	16. 18. 1/07890
16. 3. 1/08084	16. 6. 5/07751	16. 10. 8/07812	16. 14. 5/07856	16. 18. 2/08192
16. 3. 2/08088	16. 6. 6/07762	16. 10. 9/07802	16. 14. 6/08182	16. 18. 3/07903
16. 3. 3/07734	16. 6. 7/07772	16. 10. 10/07813	16. 14. 7/08334	16. 18. 4/07908
16. 3. 4/07740	16. 6. 8/07788	16. 10. 11/07834	16. 15. 1/07862	16. 18. 5/07911
16. 3. 5/07737	16. 6. 9/07789	16. 11. 1/07823	16. 15. 2/08178	16. 18. 6/07898
16. 3. 6/07738	16. 7. 1/08306	16. 11. 2/08158	16. 15. 3/07864	16. 18. 7/08217
16. 3. 7/07741	16. 7. 2/08122	16. 11. 3/07831	16. 15. 4/07852	16. 18. 8/07930
16. 3. 8/07743	16. 7. 3/07818	16. 11. 4/08153	16. 15. 5/07857	16. 18. 9/07916
16. 3. 9/07742	16. 7. 4/08310	16. 11. 5/08140	16. 15. 6/08187	16. 19. 1/08210
16. 3. 10/08105	16. 7. 5/08129	16. 11. 6/08148	16. 15. 7/08188	16. 19. 2/08212
16. 3. 11/07783	16. 7. 6/07795	16. 11. 7/08163	16. 15. 8/08189	16. 19. 3/08213
16. 4. 1/07784	16. 8. 1/08134	16. 11. 8/08164	16. 15. 9/07878	16. 19. 4/08214
16. 4. 2/08100	16. 8. 2/07814	16. 11. 9/07842	16. 16. 1/07877	16. 19. 5/07919
16. 4. 3/07770	16. 8. 3/08381	16. 11. 10/07841	16. 16. 2/0769	16. 19. 6/08336
16. 4. 4/07768	16. 8. 4/07832	16. 11. 11/07845	16. 16. 3/07883	16. 19. 7/08402
16. 4. 5/07771	16. 8. 5/07798	16. 12. 1/08329	16. 16. 4/08391	16. 19. 8/08407
16. 4. 6/08298	16. 8. 6/07799	16. 12. 2/08291	16. 16. 5/08333	16. 20. 1/07925
16. 4. 7/08109	16. 8. 7/08385	16. 12. 3/08161	16. 16. 6/07873	16. 20. 2/07918
16. 4. 8/07767	16. 8. 8/08311	16. 12. 4/08170	16. 16. 7/07225	16. 20. 3/08201
16. 4. 9/07766	16. 9. 1/08133	16. 12. 5/07845	16. 16. 8/07884	16. 20. 4/08203
16. 4. 10/07779	16. 9. 2/08125	16. 12. 6/07844	16. 16. 9/07885	16. 20. 5/07923

16. 20. 6/07895	16. 24. 2/07943	16. 28. 3/08373	16. 32. 2/08427	16. 36. 6/08464
16. 20. 7/07928	16. 24. 3/08239	16. 28. 4/08301	16. 32. 3/08425	16. 36. 7/08465
16. 20. 8/08223	16. 24. 4/07980	16. 28. 5/08434	16. 32. 4/08431	16. 37. 1/08551
16. 20. 9/07924	16. 24. 5/07974	16. 28. 6/08432	16. 32. 5/08354	16. 37. 2/08490
16. 21. 1/08227	16. 24. 6/07948	16. 28. 7/08302	16. 32. 6/08429	16. 37. 3/08524
16. 21. 2/08413	16. 24. 7/07976	16. 28. 8/08435	16. 32. 7/08353	16. 37. 4/08477
16. 21. 3/07979	16. 24. 8/07963	16. 28. 9/08446	16. 32. 8/07714	16. 37. 5/08511
16. 21. 4/07968	16. 24. 9/07984	16. 29. 1/08387	16. 32. 9/07715	16. 37. 6/08512
16. 21. 5/08251	16. 24. 10/08257	16. 29. 2/08319	16. 33. 1/08482	16. 37. 7/08513
16. 21. 6/08237	16. 25. 1/08258	16. 29. 3/08383	16. 33. 2/08453	16. 37. 8/08514
16. 21. 7/08347	16. 25. 2/07407	16. 29. 4/08380	16. 33. 3/08499	16. 38. 1/08525
16. 21. 8/07936	16. 25. 3/08067	16. 29. 5/08321	16. 33. 4/08500	16. 38. 2/08531
16. 21. 9/07937	16. 25. 4/08262	16. 29. 6/08326	16. 33. 5/08502	16. 38. 3/08520
16. 21. 10/08231	16. 25. 5/08078	16. 29. 7/08327	16. 33. 6/08503	16. 38. 4/08521
16. 22. 1/07938	16. 25. 6/08079	16. 29. 8/08447	16. 33. 7/08504	16. 38. 5/08522
16. 22. 2/07939	16. 25. 7/08047	16. 29. 9/08448	16. 33. 8/08501	16. 38. 6/08534
16. 22. 3/07971	16. 25. 8/08014	16. 30. 1/08397	16. 33. 9/08467	16. 38. 7/08535
16. 22. 4/07945	16. 25. 9/07403	16. 30. 2/08399	16. 34. 1/08468	16. 39. 1/08541
16. 22. 5/07969	15. 25. 10/07686	16. 30. 3/08406	16. 34. 2/08456	16. 39. 2/08041
16. 22. 6/07970	16. 26. 1/08270	16. 30. 4/08415	16. 34. 3/08379	16. 39. 3/08538
16. 22. 7/08245	16. 26. 2/08271	16. 30. 5/08342	16. 34. 4/08472	16. 39. 4/08538
16. 22. 8/08232	16. 26. 3/08031	16. 30. 6/08341	16. 34. 5/08470	16. 39. 5/08537
16. 22. 9/07972	16. 26. 4/08272	16. 30. 7/08421	16. 35. 1/08471	16. 39. 6/08537
16. 22. 10/07975	16. 26. 5/08267	16. 30. 8/08440	16. 35. 2/08486	16. 39. 7/08516
16. 23. 1/07977	16. 27. 1/07457	16. 30. 9/08340	16. 35. 3/08430	16. 39. 8/08553
16. 23. 2/07954	16. 27. 2/08275	16. 31. 1/08422	16. 35. 4/08493	16. 40. 1/08557
16. 23. 3/07956	16. 27. 3/08283	16. 31. 2/08420	16. 35. 5/08363	16. 40. 2/08558
16. 23. 4/07953	16. 27. 4/08284	16. 31. 3/07960	16. 35. 6/08417	16. 40. 3/08552
16. 23. 5/08248	16. 27. 5/08285	16. 31. 4/08247	16. 35. 7/08418	16. 40. 4/08565
16. 23. 6/08249	16. 27. 6/08362	16. 31. 5/08339	16. 36. 1/08478	16. 40. 5/08568
16. 23. 7/07949	16. 27. 7/08287	16. 31. 6/08325	16. 36. 2/08487	16. 40. 6/08569
16. 23. 8/08240	16. 27. 8/08433	16. 31. 7/08349	16. 36. 3/08488	16. 40. 7/08576
16. 23. 9/07941	16. 28. 1/08300	16. 31. 8/08352	16. 36. 4/08479	16. 40. 8/08578
16. 24. 1/07942	16. 28. 2/08295	16. 32. 1/08423	16. 36. 5/08530	16. 41. 1/08579

16. 41. 2/08584	16. 46. 7/08791	17. 6. 1/14425	17. 18. 1/14534	17. 25. 5/14872
16. 41. 3/08585	16. 47. 1/08792	17. 6. 2/14464	17. 18. 2/14537	17. 25. 6/14874
16. 41. 4/08724	16. 47. 2/08793	17. 6. 3/14426	17. 19. 1/14538	17. 26. 1/14881
16. 42. 1/08725	16. 47. 3/08793	17. 6. 4/14429	17. 19. 2/14538	17. 26. 2/14884
16. 42. 2/08711	16. 48. 1/08794	17. 7. 1/14433	17. 20. 1/14538	17. 26. 3/13652
16. 42. 3/08730	16. 48. 2/08794	17. 7. 2/14436	17. 20. 2/14539	17. 26. 4/13652
16. 42. 4/08729	17. 1. 1/14313	17. 7. 3/14449	17. 20. 3/14539	17. 26. 5/14888
16. 42. 5/08731	17. 1. 2/14374	17. 8. 1/14439	17. 20. 2/14542	17. 26. 6/13654
16. 42. 6/08731	17. 1. 3/14320	17. 8. 2/14438	17. 21. 1/14542	17. 26. 7/13654
16. 42. 7/08732	17. 1. 4/14324	17. 8. 3/14452	17. 21. 2/14542	17. 27. 1/13655
16. 42. 8/08732	17. 1. 5/14325	17. 9. 1/14454	17. 22. 1/14542	17. 27. 2/13655
16. 43. 1/08734	17. 1. 6/14325	17. 9. 2/14459	17. 22. 2/14542	17. 27. 3/14890
16. 43. 2/08735	17. 1. 7/14326	17. 9. 3/14446	17. 22. 3/14851	17. 27. 4/14887
16. 43. 3/08737	17. 1. 8/14333	17. 10. 1/14468	17. 22. 4/13611	17. 28. 1/13656
16. 43. 4/08742	17. 2. 1/14336	17. 10. 3/14465	17. 23. 1/13621	17. 28. 2/13656
16. 43. 5/08743	17. 2. 2/03807	17. 11. 1/14489	17. 23. 2/13621	17. 28. 3/14891
16. 44. 1/08738	17. 2. 3/14338	17. 11. 2/14474	17. 23. 3/13629	17. 28. 4/14898
16. 44. 2/08760	17. 2. 4/14349	17. 12. 1/14469	17. 23. 4/13636	17. 28. 5/14897
16. 44. 3/08761	17. 2. 5/14357	17. 12. 2/14470	17. 23. 5/13631	17. 29. 1/14893
16. 44. 4/08771	17. 2. 6/14359	17. 13. 1/14476	17. 23. 6/13631	17. 29. 4/14894
16. 44. 5/08750	17. 2. 7/14355	17. 13. 2/14477	17. 23. 7/13632	17. 29. 5/14903
16. 44. 6/08745	17. 3. 1/14378	17. 13. 3/14480	17. 23. 8/13633	17. 29. 6/14906
16. 44. 7/08751	17. 3. 2/14370	17. 13. 4/14490	17. 24. 1/13640	17. 30. 1/14943
16. 45. 1/08752	17. 3. 3/14375	17. 14. 1/14495	17. 24. 2/13640	17. 30. 2/14908
16. 45. 2/08781	17. 3. 4/14389	17. 14. 2/14495	17. 24. 3/13641	17. 30. 3/14914
16. 45. 3/08762	17. 3. 5/19263	17. 15. 1/14492	17. 24. 4/14873	17. 31. 1/14918
16. 45. 4/08754	17. 4. 1/14405	17. 15. 2/14497	17. 24. 5/13647	17. 31. 2/14920
16. 45. 5/08756	17. 4. 2/14410	17. 15. 3/14509	17. 24. 6/13647	17. 31. 3/14921
16. 46. 1/08779	17. 4. 3/14417	17. 16. 1/14508	17. 24. 7/14177	17. 31. 4/14935
16. 46. 2/08779	17. 4. 4/14428	17. 16. 2/14508	17. 24. 8/14856	17. 32. 1/14932
16. 46. 3/08757	17. 5. 1/14421	17. 16. 3/14508	17. 25. 1/14856	17. 32. 2/14929
16. 46. 4/11558	17. 5. 2/14425	17. 16. 4/14518	17. 25. 2/14870	17. 32. 3/14922
16. 46. 5/08571	17. 5. 3/14425	17. 17. 1/14522	17. 25. 3/14864	17. 33. 1/14959
16. 46. 6/08580	17. 5. 4/14425	17. 17. 2/14524	17. 25. 4/14886	17. 33. 2/14936

17. 33. 3/14934	18. 6. 4/15859	18. 11. 2/15121	18. 19. 4/13851	18. 26. 2/19224
17. 34. 1/14947	18. 6. 5/15864	18. 12. 1/06210	18. 19. 5/13959	18. 26. 3/10853
17. 34. 2/14949	18. 6. 6/15863	18. 12. 2/06211	18. 19. 6/13871	18. 26. 4/14155
17. 34. 3/14949	18. 6. 7/15862	18. 12. 3/06222	18. 19. 7/19230	18. 27. 1/18810
17. 34. 4/14951	18. 7. 1/15877	18. 12. 4/06220	18. 19. 8/08263	18. 27. 2/18803
17. 34. 5/14961	18. 7. 2/15874	18. 12. 5/06071	18. 20. 1/08264	18. 27. 3/14178
17. 35. 1/14963	18. 7. 3/15884	18. 13. 1/06268	18. 20. 2/08264	18. 27. 4/14172
17. 35. 2/14967	18. 7. 4/15887	18. 13. 2/06263	18. 20. 3/08758	18. 27. 5/14187
17. 35. 3/14972	18. 7. 5/15891	18. 13. 3/06274	18. 20. 4/08758	18. 27. 6/14188
17. 35. 4/14973	18. 7. 6/15893	18. 14. 1/06274	18. 20. 5/13650	18. 28. 1/06314
17. 36. 1/14974	18. 7. 7/15870	18. 14. 2/14039	18. 20. 6/08567	18. 28. 2/06315
17. 36. 2/14969	18. 7. 8/15908	18. 14. 3/14037	18. 20. 7/08567	18. 28. 3/06316
17. 36. 3/14970	18. 8. 1/15908	18. 15. 1/12253	18. 21. 1/08572	18. 28. 4/06317
17. 37. 1/14979	18. 8. 2/15912	18. 15. 2/12253	18. 21. 2/08572	18. 28. 5/18301
17. 37. 2/14982	18. 8. 3/15912	18. 15. 3/12253	18. 21. 3/13659	18. 29. 1/18303
17. 38. 1/14983	18. 9. 1/15904	18. 15. 4/14070	18. 21. 4/13659	18. 29. 2/06306
17. 38. 2/14992	18. 9. 2/15902	18. 15. 5/13999	18. 21. 5/19294	18. 30. 1/06319
17. 39. 1/14994	18. 9. 3/15903	18. 15. 6/13999	18. 22. 1/14003	18. 30. 2/06319
17. 39. 2/14993	18. 9. 4/15905	18. 16. 1/14000	18. 22. 2/14003	18. 30. 3/06319
17. 40. 1/14995	18. 9. 5/15905	18. 16. 2/14000	18. 22. 3/14004	18. 30. 4/19032
17. 40. 2/15001	18. 9. 6/15905	18. 16. 3/14000	18. 22. 4/14004	18. 30. 5/19270
18. 1. 1/19365	18. 9. 7/15906	18. 16. 4/14002	18. 23. 1/18817	18. 30. 6/19273
18. 1. 2/15982	18. 9. 8/15906	18. 16. 5/14002	18. 23. 2/18818	18. 31. 1/17824
18. 2. 1/15981	18. 9. 9/15906	18. 16. 6/14001	18. 24. 1/19261	18. 31. 2/19361
18. 2. 2/15983	18. 10. 1/15907	18. 16. 7/14001	18. 24. 2/18806	18. 31. 3/19153
18. 3. 1/15983	18. 10. 2/15907	18. 17. 1/18809	18. 24. 3/18801	18. 31. 4/19154
18. 3. 2/15988	18. 10. 3/15907	18. 17. 2/19243	18. 24. 4/14343	18. 31. 5/19156
18. 4. 1/15988	18. 10. 4/15914	18. 17. 3/19256	18. 24. 5/15063	18. 31. 6/19170
18. 4. 2/15989	18. 10. 5/15915	18. 18. 1/19256	18. 25. 1/15051	18. 31. 7/19171
18. 5. 1/15989	18. 10. 6/15916	18. 18. 2/19256	18. 25. 2/15051	18. 32. 1/19172
18. 5. 2/15854	18. 10. 7/15958	18. 18. 3/06265	18. 25. 3/19264	18. 32. 2/19172
18. 6. 1/15880	18. 10. 8/15958	18. 19. 1/06254	18. 25. 4/15058	18. 32. 3/19290
18. 6. 2/15861	18. 10. 9/15951	18. 19. 2/19093	18. 25. 5/15057	18. 32. 5/18856
18. 6. 3/15860	18. 11. 1/15955	18. 19. 3/12271	18. 26. 1/15055	18. 32. 6/18861

18. 33. 1/18857	18. 41. 3/19331	19. 7. 7/16149	19. 16. 3/16584	19. 29. 3/16530
18. 33. 2/18471	18. 41. 4/19315	19. 7. 8/16149	19. 16. 4/16584	19. 30. 1/16479
18. 34. 1/18472	18. 41. 5/19316	19. 7. 9/16145	19. 17. 1/16586	19. 30. 2/16511
18. 34. 2/18464	18. 41. 6/19324	19. 7. 10/16145	19. 17. 2/16586	19. 31. 1/16417
18. 34. 3/18475	18. 42. 1/19321	19. 8. 1/16113	19. 17. 3/16585	19. 31. 2/16422
18. 35. 2/19005	18. 42. 2/19332	19. 8. 2/16077	19. 17. 4/16585	19. 31. 3/16416
18. 35. 3/19007	18. 42. 3/19318	19. 8. 3/16107	19. 18. 1/16587	19. 31. 4/16568
18. 35. 4/18908	18. 42. 4/19338	19. 8. 4/16057	19. 18. 2/16587	19. 32. 1/16574
18. 36. 1/19019	18. 42. 5/19334	19. 9. 1/16058	19. 18. 3/16962	19. 32. 2/16555
18. 36. 2/19022	19. 1. 1/16395	19. 9. 2/16048	19. 18. 4/16962	19. 32. 3/16555
18. 36. 3/19021	19. 1. 2/16395	19. 9. 3/16196	19. 19. 1/16581	19. 32. 4/16527
18. 36. 4/19164	19. 2. 1/16121	19. 9. 4/16103	19. 19. 2/16581	19. 33. 1/16547
18. 36. 5/19164	19. 2. 2/16121	19. 10. 1/16128	19. 19. 3/16807	19. 33. 2/16513
18. 37. 1/19037	19. 3. 1/16046	19. 10. 2/16128	19. 20. 1/17351	19. 33. 3/16637
18. 37. 2/19038	19. 3. 2/16046	19. 10. 3/16174	19. 20. 2/17352	19. 34. 1/16643
18. 37. 3/19039	19. 3. 3/16071	19. 10. 4/16174	19. 21. 1/17326	19. 34. 2/16636
18. 37. 4/19040	19. 3. 4/16071	19. 11. 1/16312	19. 21. 2/16234	19. 34. 3/16693
18. 37. 5/19044	19. 4. 1/16033	19. 11. 2/16312	19. 22. 1/16264	19. 35. 1/16611
18. 37. 6/19045	19. 4. 2/16033	19. 11. 3/16313	19. 22. 2/16252	19. 35. 2/16598
18. 37. 7/19042	19. 4. 3/16034	19. 11. 4/16313	19. 23. 1/16253	19. 35. 3/16690
18. 38. 1/19059	19. 4. 4/16034	19. 12. 1/16379	19. 23. 2/16251	19. 36. 1/16627
18. 38. 2/19060	19. 5. 1/16122	19. 12. 2/16379	19. 24. 1/16250	19. 36. 2/16742
18. 38. 3/18855	19. 5. 2/16122	19. 12. 3/16002	19. 24. 2/16249	19. 37. 1/16635
18. 38. 4/18853	19. 5. 3/16112	19. 13. 1/16012	19. 25. 1/16381	19. 37. 2/16695
18. 39. 1/19339	19. 5. 4/16112	19. 13. 2/16011	19. 25. 2/16233	19. 37. 3/16671
18. 39. 2/19613	19. 6. 1/16209	19. 14. 1/16127	19. 26. 1/16235	19. 37. 4/17914
18. 39. 3/18469	19. 6. 2/16123	19. 14. 2/16365	19. 26. 2/16290	19. 38. 1/16899
18. 39. 4/18470	19. 6. 4/16045	19. 14. 3/16042	19. 26. 3/16289	19. 38. 2/16923
18. 40. 1/19066	19. 7. 1/16063	19. 15. 1/16315	19. 27. 1/16294	19. 38. 3/16788
18. 40. 2/19323	19. 7. 2/16063	19. 15. 2/16357	19. 27. 2/16274	19. 39. 1/16780
18. 40. 3/19317	19. 7. 3/16065	19. 15. 3/16582	19. 28. 1/16287	19. 39. 2/16773
18. 40. 4/19333	19. 7. 4/18203	19. 15. 4/16582	19. 28. 2/16383	19. 39. 3/16750
18. 41. 1/19337	19. 7. 5/18203	19. 16. 1/16583	19. 29. 1/16410	19. 40. 1/16764
18. 41. 2/19331	19. 7. 6/18204	19. 16. 2/16583	19. 29. 2/16419	19. 40. 2/16730

19.41.1/16726	19.55.1/17328	20.16.2/17013	20.30.2/17546	20.39.2/17637
19.41.2/16764	19.55.2/17328	20.17.1/17025	20.31.1/17547	20.39.3/17628
19.42.1/16783	20.1.1/16306	20.17.2/17011	20.31.2/17543	20.39.4/17642
19.42.2/17001	20.1.2/16304	20.17.3/17010	20.31.3/17515	20.40.1/17652
19.43.1/17003	20.2.1/16576	20.17.4/17004	20.31.4/17515	20.40.2/17664
19.43.2/16489	20.2.2/16468	20.17.5/17012	20.32.2/17506	20.40.3/17670
19.43.3/16863	20.3.1/16430	20.17.6/16990	20.32.3/17503	20.40.4/17670
19.43.4/16863	20.3.2/16431	20.17.7/16999	20.32.4/17519	20.40.5/17691
19.44.1/16931	20.3.3/16448	20.18.1/17029	20.33.1/17557	20.40.6/17674
19.44.2/16929	20.4.1/16462	20.18.2/17030	20.33.2/17575	20.41.1/17679
19.45.1/16964	20.4.2/16461	20.19.1/17073	20.33.3/17574	20.41.2/17682
19.45.2/16830	20.5.1/16487	20.19.2/17056	20.33.4/17559	20.41.3/17696
19.46.1/17059	20.5.2/16488	20.19.3/17085	20.33.5/17571	20.41.4/17696
19.46.2/16901	20.6.2/16658	20.20.1/17075	20.34.1/17556	20.42.3/17802
19.46.3/16980	20.7.1/16615	20.20.2/17235	20.34.2/17556	20.43.1/17811
19.47.1/17086	20.7.2/16562	20.21.1/17125	20.34.3/17593	20.43.2/17817
19.47.2/16812	20.8.1/16621	20.21.2/17125	20.34.4/17599	20.43.3/17966
19.48.1/16963	20.8.2/16746	20.22.1/17170	20.35.1/17603	20.43.4/17855
19.48.2/17054	20.9.1/16768	20.22.2/17170	20.35.2/17608	20.43.5/17831
19.49.1/17068	20.9.2/16679	20.23.1/17166	20.35.3/17594	20.44.1/17852
19.49.2/17084	20.10.1/16776	20.23.2/17245	20.35.4/17595	20.44.2/17846
19.50.1/16979	20.10.2/16646	20.24.1/17245	20.36.1/17651	20.44.3/17847
19.50.2/17020	20.11.1/16733	20.24.2/17306	20.36.2/17613	20.45.1/17848
19.51.1/17104	20.11.2/16732	20.25.1/17178	20.36.3/17625	20.45.2/17841
19.51.2/17104	20.12.1/16727	20.25.2/17194	20.36.4/17643	20.45.3/17966
19.52.1/17220	20.12.2/16774	20.26.1/17233	20.37.1/17658	20.45.4/17972
19.52.2/16827	20.13.1/16889	20.26.2/17248	20.37.2/17655	20.46.1/17933
19.52.3/17022	20.13.2/16887	20.27.1/17248	20.37.3/17639	20.46.2/18034
19.52.4/17022	20.13.3/16753	20.27.2/17305	20.37.4/17633	20.46.3/18036
19.53.1/17186	20.14.1/16852	20.28.1/17312	20.38.1/17629	20.47.1/17975
19.53.2/17186	20.14.2/16815	20.28.2/17255	20.38.2/17635	20.47.2/18010
19.53.3/17208	20.15.1/16770	20.29.1/17255	20.38.3/17650	20.47.3/18010
19.54.1/17323	20.15.2/16996	20.29.2/17544	20.38.4/17649	20.47.4/18011
19.54.2/17323	20.16.1/17005	20.30.1/17545	20.39.1/17840	20.47.5/18011

20. 48. 1/18066 20. 50. 3/18722 20. 53. 6/18403 20. 55. 5/18377 20. 57. 4/19049

20. 48. 2/18066 20. 51. 1/18728 20. 53. 7/18404 20. 55. 6/18378 20. 57. 5/18582

20. 48. 3/17869 20. 51. 2/18727 20. 53. 8/18405 20. 55. 7/18379 20. 57. 6/18564

20. 48. 4/17893 20. 51. 3/18738 20. 54. 1/18406 20. 55. 8/18380 20. 57. 7/18565

20. 48. 5/17893 20. 51. 4/18737 20. 54. 2/18407 20. 56. 1/18381 20. 58. 1/18562

20. 48. 6/17896 20. 52. 1/18736 20. 54. 3/18408 20. 56. 2/18382 20. 58. 2/18590

20. 48. 7/17896 20. 52. 2/18351 20. 54. 4/18409 20. 56. 3/18384 20. 58. 3/18592

20. 49. 1/19750 20. 52. 3/18359 20. 54. 5/18410 20. 56. 4/18385 20. 58. 4/18593

20. 49. 2/18744 20. 52. 4/18354 20. 54. 6/18411 20. 56. 5/18386 20. 59. 1/18534

20. 49. 3/18744 20. 52. 5/18365 20. 54. 7/18371 20. 56. 6/18387 20. 59. 2/18537

20. 49. 4/18726 20. 53. 1/18367 20. 54. 8/18372 20. 56. 7/18383 20. 59. 3/18543

20. 49. 5/18716 20. 53. 2/18368 20. 55. 1/18373 20. 56. 8/18388 20. 59. 4/18544

20. 49. 6/18701 20. 53. 3/18366 20. 55. 2/18374 20. 57. 1/18389 20. 60. 1/18548

20. 50. 1/18718 20. 53. 4/18369 20. 55. 3/18375 20. 57. 2/19046 20. 60. 4/19441

20. 50. 2/18743 20. 53. 5/18370 20. 55. 4/18376 20. 57. 3/19047

十三、《總集》與《銘圖》器號對照表

本表以《金文總集》器號排序，"/"前爲《金文總集》器號，"/"後爲《商周青銅器銘文暨圖像集成》器號。

0001/00006	0032/00201	0063/00249	0094/00325	0125/00175
0002/00005	0033/00174	0064/00613	0095/00323	0126/00196
0003/00349	0034/00051	0065/00222	0096/00323	0127/00340
0004/00092	0035/00053	0066/00108	0097/00191	0128/00621
0005/00327	0036/00058	0067/00209	0098/00225	0129/09120
0006/00122	0037/00048	0068/00257	0099/00629	0130/00203
0007/00123	0038/00056	0069/00159	0100/00079	0131/00667
0008/00217	0039/00057	0070/00156	0101/00081	0132/00316
0009/00216	0040/00055	0071/00136	0102/00082	0134/00138
0010/00262	0041/00049	0072/00137	0103/00341	0135/00139
0011/00269	0042/00061	0073/00211	0104/00343	0136/00111
0012/00133	0043/00625	0074/00258	0105/00086	0138/00689
0013/00132	0044/00125	0075/00198	0106/00084	0139/00154
0014/00228	0045/00126	0076/00236	0107/00261	0140/00189
0015/00096	0046/00128	0077/00237	0108/00104	0141/00194
0016/00095	0047/00148	0078/00413	0109/00102	0142/00254
0017/00153	0048/00208	0079/00238	0110/00105	0143/00109
0018/00339	0049/00252	0080/00235	0111/00100	0144/00220
0019/00179	0050/00072	0081/00234	0112/00320	0145/00014
0020/00009	0051/00348	0082/00302	0113/00317	0146/00013
0021/00008	0052/00193	0083/00300	0114/00318	0147/00476
0022/00016	0053/00038	0084/00308	0115/00678	0148/00358
0023/00012	0054/00039	0085/00303	0116/00256	0149/00199
0024/00011	0055/00030	0086/00347	0117/00146	0150/00455
0025/00171	0056/00040	0087/00277	0118/00223	0151/00192
0026/00163	0057/00029	0088/00311	0119/00641	0152/00285
0027/00053	0058/00036	0089/00312	0120/00346	0153/00083
0028/00272	0059/00032	0090/00309	0121/00346	0154/00335
0029/00144	0060/00116	0091/00310	0122/00173	0155/00291
0030/00147	0061/00114	0092/00324	0123/00169	0156/00297
0031/00131	0062/00119	0093/00321	0124/00091	0157/00597

0158/00368	0194/00372	0229/00412	0264/00664	0298/00715
0159/00369	0195/00371	0230/00417	0265/00680	0300/00630
0160/00366	0196/00373	0231/00421	0266/00681	0301/00631
0162/00562	0197/00377	0232/00420	0267/00682	0303/00436
0163/00345	0199/00381	0233/00425	0268/00683	0304/00510
0164/00566	0200/00379	0234/00423	0269/00684	0305/00511
0165/00568	0201/00385	0235/00427	0270/00693	0306/00988
0166/00569	0202/00389	0236/00444	0271/00526	0307/00654
0167/00564	0203/00388	0237/00435	0272/00525	0308/00513
0168/00588	0204/00386	0238/00434	0273/00527	0309/00504
0169/00590	0205/00383	0239/00409	0274/00528	0310/00490
0170/00580	0206/00394	0240/00437	0275/00529	0311/00494
0171/00579	0207/00395	0241/00634	0276/00520	0312/00496
0172/00577	0208/00391	0242/00432	0277/00523	0313/00493
0173/00591	0209/00393	0243/00453	0278/00727	0314/00495
0174/00596	0210/00396	0245/00456	0279/00676	0315/00491
0175/00737	0211/00398	0246/00690	0280/00658	0316/00492
0177/00594	0212/00402	0247/00631	0281/00639	0317/00497
0178/00574	0213/00403	0248/00656	0282/00635	0318/00498
0179/00572	0214/00401	0249/00642	0283/00450	0319/00489
0180/00573	0215/00382	0250/00438	0284/00661	0320/00500
0181/00583	0216/00457	0251/01083	0285/00727	0321/00502
0182/00584	0217/00477	0252/00410	0286/00728	0322/00508
0183/00732	0218/00475	0253/00365	0287/00989	0323/00501
0184/00578	0219/00472	0254/00599	0288/01349	0324/00140
0185/00571	0220/00473	0255/00662	0289/00687	0325/00503
0186/00544	0221/00478	0256/00672	0290/00722	0326/00506
0187/00557	0222/00460	0257/00671	0291/00982	0327/00707
0188/00552	0223/00463	0258/00610	0292/00983	0328/00718
0189/00549	0224/00458	0259/00669	0293/01102	0329/00959
0190/00545	0225/00466	0260/00670	0294/00204	0330/00743
0191/00546	0226/00467	0261/00598	0295/00406	0332/00746
0192/00550	0227/00416	0262/00637	0296/00183	0333/00749
0193/00555	0228/00415	0263/00638	0297/00563	0334/00750

0335/00744	0369/00829	0406/00874	0440/00950	0478/01048
0336/00753	0370/00828	0407/00873	0441/00938	0479/01051
0337/00755	0371/00815	0408/00896	0443/00752	0480/01029
0338/00758	0372/00823	0409/00898	0445/00937	0481/01026
0339/00785	0373/00822	0410/00897	0446/00935	0482/01027
0340/00786	0375/00843	0411/00913	0447/00924	0483/01030
0341/00801	0376/00844	0412/00885	0448/00960	0484/01017
0342/00799	0377/00846	0413/00886	0449/00961	0485/01021
0343/00800	0378/01169	0414/00917	0450/00751	0486/01033
0344/00787	0379/00841	0415/00908	0451/01068	0487/01024
0345/00788	0380/00840	0416/00907	0452/00970	0488/01002
0346/00791	0381/04019	0417/00900	0453/00962	0489/01013
0347/00774	0382/00824	0418/00881	0454/00974	0490/01012
0348/01131	0384/00816	0419/00904	0455/00958	0491/01103
0349/01066	0385/00837	0420/00892	0456/01064	0492/01099
0350/00802	0386/00833	0421/00906	0457/01065	0493/01097
0351/00760	0387/00847	0422/00909	0458/00975	0494/01100
0352/00762	0388/00865	0423/00893	0459/00976	0495/01098
0353/00763	0390/00867	0424/00915	0460/00736	0496/01341
0354/00761	0391/00859	0425/00890	0461/01014	0497/01289
0355/00780	0392/00854	0426/00902	0462/01082	0498/01093
0356/00782	0393/00868	0427/01369	0463/01081	0499/01233
0357/00778	0394/00861	0428/00939	0464/01050	0500/01079
0358/00973	0395/00862	0429/00919	0465/01060	0501/00742
0359/01134	0396/00857	0430/00920	0466/01061	0502/00735
0360/00805	0397/00871	0431/00940	0467/01008	0503/00738
0361/00807	0398/00853	0432/00944	0468/01007	0504/00739
0362/00806	0399/00850	0433/00942	0469/01011	0505/00740
0363/00804	0400/00870	0434/00923	0470/00997	0506/00734
0364/00832	0401/00852	0435/00941	0472/00993	0507/00734
0365/00813	0402/00879	0436/00926	0473/01046	0508/01270
0366/00812	0403/00880	0437/00932	0474/01045	0509/01271
0367/00830	0404/00876	0438/00945	0476/01047	0510/00745
0368/00817	0405/00878	0439/00952	0477/01044	0511/00754

0512/01357	0546/01182	0582/01275	0616/01308	0650/01087
0513/00768	0547/01191	0583/01238	0617/01303	0651/01262
0514/00796	0548/01198	0584/01200	0618/01291	0652/01201
0515/00795	0550/01197	0585/01203	0619/01290	0653/01106
0516/00964	0551/01112	0586/01202	0620/01306	0654/01170
0517/00576	0552/01109	0587/01196	0621/01250	0655/01265
0518/00992	0553/01113	0588/01205	0622/01273	0656/01186
0519/00581	0554/01115	0589/01216	0623/01321	0657/01347
0520/01077	0555/12901	0590/01236	0624/01322	0658/01773
0521/00966	0556/01121	0591/01207	0625/01248	0659/02165
0522/00965	0557/01116	0592/01208	0626/01260	0660/01137
0523/01067	0558/01119	0593/01214	0627/01287	0661/01267
0524/00777	0559/01120	0594/01375	0628/01327	0664/01219
0525/01217	0560/01138	0595/01220	0629/01294	0665/01387
0526/00905	0561/01140	0596/01228	0630/01256	0666/01388
0527/01052	0562/01127	0597/12095	0631/04036	0667/01669
0528/01091	0563/01126	0598/01264	0632/01253	0668/01465
0529/01485	0564/01163	0599/01231	0633/01296	0669/01107
0530/00702	0565/01164	0600/00606	0634/01283	0670/01354
0531/01123	0566/01162	0601/00603	0635/01257	0671/01377
0532/00781	0567/01149	0602/01269	0636/01344	0672/01360
0533/03962	0568/01151	0603/01268	0637/01346	0673/01362
0534/01122	0569/01151	0604/01230	0638/01240	0674/01364
0535/01142	0570/01152	0605/01325	0639/01312	0675/01130
0536/01147	0571/01150	0606/01298	0640/01313	0676/01171
0537/01146	0573/01144	0607/01299	0641/01223	0677/01379
0538/01148	0574/01128	0608/01259	0642/01885	0678/01367
0539/00819	0575/01359	0609/01297	0643/01126	0679/01189
0540/01155	0576/01129	0610/01316	0644/01213	0680/01199
0541/01175	0577/01165	0611/01311	0645/01389	0681/00888
0542/01183	0578/01156	0612/01317	0646/01389	0682/00887
0543/01179	0579/01188	0613/01320	0647/01222	0684/01373
0544/01178	0580/01184	0614/01243	0648/01176	0685/01212
0545/01180	0581/01181	0615/01319	0649/01252	0686/01211

0687/01417	0722/01678	0759/01496	0794/01603	0828/01606
0688/01376	0723/01436	0760/01539	0795/01527	0829/01655
0689/01374	0724/01618	0761/01533	0796/01528	0830/01579
0691/04210	0725/01419	0762/01535	0797/01529	0831/01578
0692/01447	0726/01494	0763/01546	0798/01616	0832/01580
0693/01448	0727/01472	0764/01510	0799/02734	0833/01681
0694/01455	0728/02012	0766/01516	0800/01512	0834/01619
0695/01454	0729/01482	0767/01608	0801/01611	0835/01677
0696/01418	0730/01483	0768/01594	0802/01612	0836/01620
0697/01410	0731/01767	0769/01515	0803/01549	0837/01668
0698/01395	0732/06055	0770/01575	0804/01602	0839/01701
0699/01438	0733/01435	0771/01550	0805/01656	0840/01690
0700/01415	0734/01412	0772/01624	0806/01670	0841/01727
0701/01440	0735/01458	0773/01552	0807/01675	0842/01722
0702/01450	0736/01457	0774/01623	0808/01648	0843/01817
0703/01414	0737/01473	0775/01599	0809/01542	0844/01716
0704/01441	0738/01356	0776/01598	0810/01610	0845/01730
0705/01439	0742/01402	0777/01654	0811/01609	0846/01505
0706/01422	0743/01385	0778/01632	0812/01614	0847/01819
0707/01401	0744/01384	0779/01634	0813/01628	0848/01731
0708/01460	0745/01413	0780/01636	0814/01684	0849/01523
0709/01462	0746/01368	0781/01639	0815/01498	0850/01719
0710/01434	0747/02015	0782/01601	0816/01497	0851/01740
0711/01424	0748/01680	0783/01647	0817/01749	0852/01708
0712/01444	0749/01685	0784/01649	0818/01597	0853/01707
0713/01409	0750/01761	0785/01631	0819/01520	0854/01710
0714/01406	0751/01398	0786/01645	0820/01519	0855/01709
0715/01407	0752/01525	0787/01547	0821/01641	0856/01531
0716/01386	0753/01499	0788/01650	0822/01642	0857/01692
0717/01411	0754/01503	0789/01541	0823/01521	0858/01691
0718/01390	0755/01502	0790/01540	0824/01592	0859/01704
0719/01486	0756/01538	0791/01613	0825/01536	0860/01737
0720/01487	0757/01534	0792/01643	0826/01626	0861/01891
0721/01490	0758/01168	0793/01622	0827/01564	0862/01892

0863/01513	0898/01795	0933/01861	0967/01927	1001/01975
0864/01745	0899/01786	0934/01855	0968/01949	1002/02018
0865/01748	0900/01789	0935/01875	0969/01959	1003/01980
0866/01762	0901/01783	0936/01808	0970/01943	1004/01981
0867/01775	0902/01787	0937/01881	0971/01946	1005/02165
0868/01776	0903/01822	0938/01879	0972/01945	1006/01983
0869/01766	0904/01806	0939/01880	0973/01938	1007/01962
0870/01774	0905/01820	0940/01905	0974/01941	1008/01982
0871/01772	0906/01834	0941/01785	0975/01939	1009/01951
0872/01768	0907/01830	0942/01693	0976/01940	1010/01971
0873/01769	0909/01831	0943/01852	0977/01920	1012/01931
0874/01771	0910/01811	0944/01876	0978/01936	1016/01965
0875/01744	0911/01788	0945/01888	0979/02009	1017/01986
0876/01850	0912/01792	0946/01886	0980/14768	1018/02048
0878/01688	0913/01863	0947/01877	0981/01928	1019/02049
0879/01517	0914/01803	0948/01865	0982/01967	1020/02008
0880/01717	0915/01796	0949/01882	0983/01931	1021/01996
0881/02101	0916/01812	0950/01906	0984/01926	1022/01987
0882/01718	0917/01809	0951/01890	0985/01925	1023/02026
0883/01754	0918/01841	0952/01899	0986/01958	1024/01995
0884/01764	0919/01842	0953/01895	0987/01961	1025/02032
0885/01736	0920/01845	0954/01901	0988/01957	1029/02021
0886/01779	0921/01883	0955/01912	0989/01968	1030/02011
0887/01813	0922/01856	0956/01916	0990/01963	1031/01994
0888/01778	0923/01801	0957/01915	0991/01955	1032/02224
0889/01784	0924/01862	0958/01914	0992/01977	1033/02024
0890/04485	0925/01860	0959/01908	0993/01970	1034/01998
0891/01790	0926/13818	0960/01907	0994/01967	1035/01999
0892/01777	0927/01858	0961/01896	0995/01955	1036/02081
0893/01816	0928/01871	0962/01911	0996/01966	1037/02023
0894/01794	0929/01870	0963/01902	0997/01953	1038/02028
0895/01828	0930/01872	0964/01917	0998/01952	1039/02031
0896/01829	0931/01873	0965/01918	0999/01954	1040/02030
0897/01802	0932/01780	0966/01924	1000/01976	1041/02246

1042/01997	1077/02090	1113/02160	1147/02234	1186/02269
1043/02066	1078/02107	1114/02161	1148/02237	1187/02293
1044/02036	1080/02113	1115/02165	1149/02238	1188/02294
1045/02035	1081/02115	1116/02143	1150/02224	1189/02292
1046/02019	1082/02117	1117/02200	1151/02231	1190/02291
1047/02045	1083/02116	1118/02179	1152/02199	1191/02290
1048/02057	1084/02114	1119/02168	1153/02249	1192/02296
1049/02058	1085/02123	1120/02178	1154/02251	1193/02268
1050/02080	1086/02124	1121/02169	1155/02248	1194/02309
1051/02079	1087/02128	1122/02215	1156/02226	1195/02307
1052/02065	1088/02132	1123/02170	1158/02202	1196/02305
1053/02053	1089/02137	1124/02184	1159/02271	1197/02306
1054/02062	1090/02136	1125/02183	1160/02271	1198/02303
1055/02061	1091/02103	1126/02197	1161/02250	1199/02308
1056/02060	1092/02102	1127/02225	1162/02322	1200/02297
1057/02056	1093/02108	1128/02192	1164/02258	1201/02298
1058/02046	1094/02129	1129/02188	1165/02263	1202/02299
1059/02069	1095/02111	1130/02208	1167/02259	1203/02300
1060/02082	1096/02126	1131/02209	1168/02245	1204/02316
1061/02094	1097/02109	1132/02195	1169/02389	1205/02256
1062/02130	1098/02077	1133/02194	1170/02421	1206/02321
1063/02093	1099/02112	1134/02212	1172/02267	1207/02315
1064/02091	1100/02110	1135/02181	1173/02260	1208/02312
1065/02092	1101/02138	1136/02182	1174/02272	1209/02257
1066/02089	1102/02127	1137/02203	1175/02275	1210/02313
1067/02071	1103/02139	1138/02229	1176/02274	1211/02325
1069/02072	1104/02173	1139/02394	1177/02276	1212/02326
1070/02098	1105/02142	1140/02206	1178/02281	1213/03025
1071/02086	1106/02157	1141/02210	1179/02284	1214/02317
1072/02133	1108/02140	1142/02213	1180/05046	1215/02323
1073/02070	1109/02141	1143/02214	1181/02285	1216/02341
1074/02085	1110/02145	1144/02227	1182/02282	1217/02336
1075/02088	1111/02177	1145/02228	1184/02266	1218/02335
1076/02074	1112/02167	1146/02235	1185/02270	1219/02320

1220/02333	1257/02390	1293/02454	1327/02513	1362/02645
1221/02328	1258/02393	1294/02458	1328/02514	1363/02676
1222/02340	1259/02397	1295/02457	1329/02516	1364/02677
1224/02343	1260/02399	1296/02460	1330/02515	1365/02681
1225/02350	1261/02399	1297/02459	1331/02517	1366/02688
1226/02344	1262/02398	1298/02462	1332/02518	1367/02694
1227/02346	1263/02400	1299/02464	1333/02603	1368/02685
1228/02345	1264/02405	1300/02463	1334/02607	1369/02691
1229/02352	1265/02407	1301/02465	1335/02606	1370/02718
1230/02355	1266/02418	1302/02466	1336/00193	1372/02684
1231/02359	1267/02417	1303/02467	1337/00032	1373/02683
1232/02360	1268/02414	1304/02468	1338/02601	1374/02720
1233/02354	1269/02416	1305/02476	1339/02616	1375/02724
1234/02353	1270/02411	1306/02478	1340/02615	1376/02717
1235/02361	1271/02423	1307/02477	1341/02617	1377/02723
1236/02362	1272/02428	1308/02480	1342/02632	1378/02712
1238/02371	1273/02431	1309/02482	1343/02626	1379/02713
1239/02365	1274/02435	1310/02483	1344/02627	1380/02710
1240/02366	1275/02430	1311/02481	1345/02622	1381/02715
1241/02372	1276/02432	1312/02484	1346/02620	1382/02705
1242/02364	1277/02433	1313/02485	1347/02637	1383/02704
1243/02370	1278/02434	1314/02486	1348/02640	1384/02706
1244/02369	1279/02382	1315/02487	1349/02653	1385/02702
1245/02374	1280/02440	1316/02489	1350/02650	1386/02703
1246/02375	1281/02443	1317/02490	1351/02649	1387/02761
1247/02380	1282/02444	1318/02491	1352/00422	1388/02738
1248/02379	1283/02447	1319/02492	1354/02668	1389/02757
1249/02386	1284/03039	1320/02494	1355/02666	1390/02758
1250/02388	1285/02448	1321/02493	1356/02654	1391/02749
1251/02383	1286/02450	1322/02496	1357/02670	1392/02747
1252/02384	1288/02451	1323/02495	1358/02663	1393/02755
1253/02429	1290/02452	1324/02498	1359/02639	1394/02756
1255/02391	1291/02456	1325/02497	1360/02641	1395/02750
1256/02392	1292/02455	1326/02500	1361/02638	1396/02748

1397/02751	1434/02790	1468/02900	1502/02933	1537/03104
1398/02760	1435/02791	1469/02893	1503/02994	1538/03135
1399/02735	1436/02815	1470/02894	1504/02978	1539/03114
1400/02745	1437/W007	1471/02901	1505/02991	1540/03114
1401/02730	1438/02814	1472/02903	1506/02955	1541/03115
1402/02739	1439/02816	1473/02902	1507/02973	1542/03113
1403/02740	1440/02827	1474/02904	1508/02969	1543/03121
1405/02744	1441/02824	1475/02905	1509/02987	1544/03117
1406/02742	1442/02821	1476/02909	1510/02989	1545/03133
1407/02729	1443/02811	1477/02883	1511/02988	1546/03134
1408/02732	1444/02818	1478/02926	1512/02983	1547/03120
1409/02770	1445/02839	1479/02911	1513/02985	1548/03126
1410/02728	1446/02830	1480/02912	1514/03003	1549/03132
1411/02780	1447/02828	1481/02928	1515/03000	1550/03107
1412/02786	1448/02831	1482/02977	1516/02998	1551/03118
1413/02767	1449/02837	1483/02886	1517/03001	1552/03123
1414/02778	1450/02849	1484/02930	1518/02999	1553/03103
1415/02768	1451/02850	1485/02908	1519/02996	1554/03148
1416/02766	1452/02851	1486/02927	1520/03006	1555/03158
1417/02773	1453/02860	1487/02914	1521/03007	1556/03155
1418/02772	1454/02847	1488/02915	1522/03008	1557/03141
1419/02774	1455/02848	1489/02916	1523/03009	1558/03149
1421/02797	1456/02858	1490/02917	1524/02993	1559/03156
1422/02799	1457/02865	1491/02918	1525/03011	1560/03124
1423/02798	1458/06217	1492/02919	1526/03013	1561/03112
1424/02789	1459/02874	1493/02920	1528/03035	1562/03140
1425/02783	1460/02871	1494/02921	1529/03032	1563/03140
1426/02803	1461/02885	1495/02922	1530/03026	1564/03140
1427/02794	1462/02873	1496/02923	1531/03028	1565/03140
1429/02801	1463/02877	1497/02956	1532/03027	1566/03138
1430/02809	1464/02891	1498/02943	1533/03039	1567/03139
1431/02802	1465/02876	1499/02935	1534/03040	1568/03190
1432/02813	1466/02907	1500/02932	1535/03102	1569/03168
1433/02793	1467/02878	1501/02934	1536/03103	1570/03162

1571/03169	1605/03229	1639/03293	1673/03428	1707/03476
1572/03176	1606/03231	1640/03295	1674/03568	1708/03463
1573/03180	1607/03217	1641/03299	1675/03550	1709/03464
1574/03199	1608/03218	1642/03297	1676/03551	1710/03569
1575/03208	1609/03244	1643/13655	1677/03608	1711/03475
1576/03177	1610/03253	1644/03305	1678/03576	1712/03458
1577/03183	1611/03256	1645/03309	1679/03406	1713/03416
1578/03182	1612/03248	1646/03310	1680/03435	1714/03413
1579/03187	1613/03241	1647/03322	1681/03577	1715/03573
1580/03189	1614/03247	1648/03319	1682/03414	1716/03571
1581/03193	1615/03243	1649/03315	1683/03482	1717/03572
1582/03194	1616/03251	1650/03324	1684/03422	1718/03493
1583/03192	1617/03259	1651/03325	1685/03439	1719/03575
1584/03198	1618/03245	1652/03327	1686/03517	1720/03409
1585/03197	1619/03260	1653/03336	1687/03515	1721/03418
1586/03195	1620/03279	1654/03332	1688/03521	1722/03583
1587/03179	1621/03276	1655/03342	1689/03515	1723/03713
1588/03203	1622/03270	1656/03337	1690/03618	1724/03712
1589/03191	1623/03271	1657/03331	1691/03407	1725/03492
1590/03167	1624/03275	1658/03334	1692/03408	1726/03401
1591/03207	1625/03266	1659/03341	1693/03467	1727/03534
1592/03206	1626/03263	1660/03352	1694/03466	1728/03531
1593/03213	1627/03278	1661/03347	1695/03424	1729/03529
1594/03214	1628/03269	1662/03350	1696/03426	1730/03531
1595/03221	1629/03268	1663/03354	1697/03639	1731/03505
1596/03234	1630/03264	1664/03353	1698/03641	1732/03506
1597/03215	1631/03273	1665/03357	1699/03552	1733/03503
1598/03223	1632/03287	1666/03359	1700/03553	1734/03627
1599/03222	1633/03288	1667/03361	1701/03554	1735/03607
1600/03237	1634/03291	1668/03364	1702/03548	1737/03495
1601/03228	1635/03284	1669/03456	1703/03541	1738/03497
1602/03230	1636/03296	1670/03443	1704/03544	1739/03479
1603/03204	1637/03290	1671/03417	1705/03545	1740/03485
1604/03220	1638/03306	1672/03486	1706/03543	1741/03556 蓋

1742/03559	1777/03666	1813/03654	1848/03754	1882/03806
1743/03557	1778/03866	1814/03646	1849/00748	1883/03834
1744/03555	1779/03665	1815/03647	1850/03755	1884/03833
1745/03539	1780/03657	1816/03651	1851/11306	1885/03835
1747/03503	1781/03864	1817/03716	1852/03766	1886/03828
1748/03502	1782/03658	1818/03663	1853/03767	1887/03823
1749/03415	1783/03669	1819/03615	1854/03776	1888/03823
1750/03586	1784/03672	1820/03614	1855/03764	1889/03827
1751/03484	1785/03676	1821/03623	1856/03780	1890/03821
1752/03433	1786/03674	1822/03600	1857/03782	1891/03829
1753/03717	1787/03670	1823/03602	1858/04085	1893/03841
1754/03412	1788/03673	1824/03613	1859/03765	1894/03843
1755/03411	1789/03675	1825/03617	1860/03771	1895/03842
1756/03483	1790/03632	1826/03636	1861/03762	1896/03830
1757/03450	1791/03633	1827/03694	1862/03760	1897/03852
1758/03473	1792/03697	1828/03724	1863/03761	1898/03851
1759/03470	1793/03699	1829/03677	1864/03777	1899/03737
1760/03563	1794/03700	1830/03706	1865/03784	1900/03681
1761/03472	1795/03702	1831/03610	1866/03798	1901/03682
1762/03566	1796/03702	1832/03611	1867/03796	1902/03861
1763/03562	1797/03708	1833/03635	1868/03797	1903/03878
1764/03453	1798/03709	1834/03653	1869/03786	1904/03879
1765/03465	1799/03707	1835/03601	1870/03759	1905/03883
1766/03431	1801/03711	1836/03644	1871/12070	1906/03940
1767/03402	1803/03678	1837/03596	1872/03794	1907/03197
1768/03567	1804/03686	1838/03704	1873/03793	1908/03920
1769/03732	1805/03687	1839/03725	1874/03791	1909/03922
1770/03578	1806/03688	1840/03620	1875/03801	1910/03942
1771/03579	1807/03619	1842/03735	1876/03792	1911/03953
1772/03480	1808/03696	1843/03831	1877/03788	1912/03951
1773/03570	1809/03691	1844/03865	1878/03789	1913/03952
1774/06051	1810/03444	1845/03747	1879/03787	1914/03912
1775/03438	1811/03444	1846/03745	1880/03813	1915/03913
1776/03625	1812/03690	1847/03748	1881/03815	1916/03945

1917/03944	1954/03848	1990/03964	2024/04070	2059/04112
1918/03800	1955/03857	1991/04012	2025/04069	2060/04130
1919/03795	1956/03742	1992/04085	2026/04042	2061/04079
1920/03979	1957/03820	1993/04011	2028/04043	2062/04084
1921/03981	1958/03958	1994/03967	2029/04072	2063/04083
1922/03840	1959/03837	1995/04047	2030/04120	2064/04127
1923/03847	1960/03845	1996/03968	2031/04178	2065/04036
1924/03808	1961/03860	1997/04218	2032/04129	2066/04055
1925/03856	1962/03810	1998/04022	2033/04058	2067/04054
1926/03954	1963/03803	1999/04071	2034/04029	2068/04111
1927/03957	1964/04002	2000/03969	2035/04029	2069/04243
1929/03878	1965/03854	2001/04017	2036/04033	2070/04009
1930/03880	1966/03858	2002/04024	2037/04034	2071/04075
1931/03938	1967/03846	2003/12897	2038/04032	2072/04098
1932/03934	1968/04078	2004/03984	2039/04124	2073/04097
1933/03939	1969/03946	2005/04051	2040/04028	2074/04087
1934/03943	1970/03807	2006/04050	2041/04349	2075/04106
1935/03930	1971/03961	2007/03992	2042/04350	2076/04007
1936/03898	1972/03960	2008/04005	2043/04095	2077/04014
1937/03909	1974/00605	2009/04026	2044/04090	2078/03976
1938/03907	1975/05753	2010/04048	2045/04091	2079/04056
1939/03895	1976/04082	2011/03999	2046/04094	2080/04142
1940/03910	1977/03972	2012/03993	2047/04101	2081/03993
1941/03901	1978/03970	2013/04067	2048/04092	2082/04140
1942/03899	1979/03804	2014/04108	2049/04066	2083/03963
1943/03891	1980/03805	2015/04076	2050/04114	2084/04170
1944/03890	1981/04023	2016/04078	2051/04004	2085/04144
1945/03892	1982/04025	2017/04089	2052/04118	2086/04136
1946/03893	1983/03995	2018/04110	2053/04116	2087/04164
1949/03793	1984/03991	2019/04035	2054/04117	2088/04159
1950/04145	1985/03990	2020/04037	2055/04061	2089/04188
1951/03773	1986/03994	2021/04057	2056/04060	2090/04134
1952/03790	1987/04016	2022/04044	2057/04138	2091/04154
1953/03812	1989/03965	2023/04115	2058/04138	2092/04189

2093/04180	2128/04161	2164/04220	2198/04310	2233/04304
2094/04179	2129/04221	2165/04275	2199/04313	2234/04257
2095/11558	2130/04207	2166/04292	2200/04314	2235/04300
2096/04150	2131/04236	2167/04276	2201/04355	2236/04295
2098/04210	2132/04225	2168/04278	2202/04259	2237/04279
2099/04181	2134/04172	2169/04277	2203/04258	2238/04253
2100/04200	2135/04174	2170/04271	2204/04362	2239/04401
2101/04203	2136/04175	2171/04331	2205/04360	2240/04282
2102/04193	2137/04200	2172/04254	2206/04319	2241/04436
2103/04194	2138/04147	2173/04267	2207/04320	2242/04437
2104/04224	2139/04183	2174/04311	2208/04346	2243/04421
2105/04157	2140/04166	2175/13108	2209/04298	2244/04429
2106/04149	2141/04135	2176/04356	2210/04286	2245/04428
2107/04167	2142/04226	2177/04315	2211/04375	2246/04264
2108/04169	2143/04234	2178/04312	2212/04370	2247/13173
2109/04205	2144/04238	2179/04363	2213/04376	2248/10625
2110/04237	2145/04196	2180/04242	2214/04333	2249/04415
2111/04151	2146/04198	2181/04322	2215/04374	2250/04555
2112/04239	2147/04379	2182/04325	2216/04368	2251/04416
2113/04240	2148/04380	2183/04307	2217/04328	2252/04439
2114/04168	2150/04382	2184/04329	2218/04278	2253/04159
2115/04214	2151/04381	2185/04338	2219/04367	2254/04443
2116/04215	2152/04378	2186/04332	2220/04334	2255/04402
2117/04191	2153/04377	2187/04324	2221/04342	2256/04426
2118/04190	2154/04143	2188/04391	2222/04323	2257/04414
2119/04187	2155/04344	2189/04263	2223/06121	2258/04384
2120/04227	2156/04256	2190/04262	2224/06122	2259/04385
2121/04229	2157/04268	2191/04372	2225/04347	2260/04458
2122/04248	2158/04287	2192/04373	2226/04348	2261/04456
2123/04222	2159/04288	2193/04299	2227/04393	2262/04431
2124/04247	2160/04018	2194/04273	2228/04305	2263/04454
2125/04230	2161/04371	2195/04309	2230/04289	2264/04457
2126/04206	2162/04269	2196/04310	2231/04177	2265/04427
2127/04249	2163/04270	2197/04311	2232/04281	2266/01709

2267/04471	2304/04508	2339/04579	2375/04640	2411/04709
2268/04472	2305/05004	2340/04598	2376/04643	2412 左 /04702
2269/01747	2306/05005	2341/04584	2377/04669	2412 右 /04704
2270/04430	2307/04529	2342/04592	1378/04637	2413/04702
2271/04435	2308/04494	2343/04587	2379/04665	2414/04703
2272/04413	2309/04525	2344/04595	2380/04666	2415/04723
2273/04418	2310/04527	2345/04596	2381/04646	2416/04723
2274/04451	2311/04504	2346/04585	2382/04647	2417/04726
2275/04449	2312/04549	2347/04606	2383/04656	2418/04696
2276/04450	2313/04616	2348/04623	2384/04649	2419/04720
2278/04404	2314/04617	2349/04607	2385/04648	2420/04721
2279/04493	2315/04618	2350/04619	2387/04678	2421/04731
2280/04511	2316/04403	2351/04631	2388/04672	2422/04735
2281/04582	2317/04565	2352/04630	2389/04685	2423/04716
2282/04503	2318/04566	2353/04624	2390/04670	2424/04749
2283/04521	2319/04563	2354/04634	2391/04671	2425/04741
2284/04492	2320/04546	2355/04632	2392/04686	2426/04742
2285/04490	2321/04547	2356/04633	2393/04681	2427/04740
2286/04491	2322/04559	2357/04626	2394/04673	2428/04743
2287/04484	2323/04544	2358/04621	2395/04725	2429/04746
2288/04523	2324/04569	2359/04605	2396/04679	2430/04715
2289/04524	2325/04553	2360/04545	2398/04687	2431/04757
2290/04519	2326/04570	2361/04659	2399/04689	2432/04758
2292/04514	2327/04558	2362/04804	2400/04688	2433/04747
2293/04512	2328/04571	2363/04658	2401/04674	2434/04748
2294/04520	2329/04575	2364/04821	2402/04694	2435/04838
2295/04483	2330/04600	2366/04629	2403/04714	2436/04839
2296/04486	2331/04554	2367/04654	2404/04699	2437/04840
2298/04481	2332/04556	2368.2/04652	2405/04700	2438/04841
2299/04530	2333/04567	2369.1/04653	2406/04699	2439/04760
2300/04495	2335/04602	2370.1/04652	2407/04708	2440/04759
2301/04518	2336/04581	2371/04655	2408/04707	2441/04752
2302/04510	2337/04586	2372/04641	2409/04763	2442/04761
2303/04509	2338/04588	2373/02869	2410/04728	2443/04788

2444/04788	2480/04774	2514/04870	2549/04925	2581/04977
2445/04789	2481/04773	2515/04865	2550/04922	2582/04973
2446/04729	2482/04827	2516/04889	2551/04927	2583/04980
2447/04754	2483/04837	2517/04872	2552/04928	2584/04994
2448/04753	2485/04877	2518/04881	2553/04930	2585/04984
2449/04755	2486/04814	2519/04876	2554/04929	2586/04987
2450/04811	2487/04820	2520/04892	2555/04931	2587/04986
2451/04771	2488/04856	2521/04873	2556/04933	2588/04991
2453/04812	2489/04857	2522/04791	2557/04934	2589/05000
2454/04822	2490,1/04854	2523/04790	2558/04932	2590/05001
2455/04733	2490.2/04858	2524/04882	2559/04942	2591/05002
2456/04777	2491/04854	2525/04864	2560.1/04945	2592/04990
2458/04785	2492/04855	2526/04604	2560.2/04944	2593/05004
2459/04786	2493/04816	2527/04805	2561.1/04944	2594.1/05005
2460/04787	2494/04817	2528/04863	2561.2/04945	2594.2/05003
2461/04779	2495/04851	2529/04879	2562/04946	2595/04995
2462/04796	2496/04819	2530/04900	2563/04938	2596/04996
2463/04797	2497/04828	2531/04861	2564/04940	2597/04997
2464/04798	2498/04829	2532/04862	2565/04941	2598/04985
2465/04792	2499/04830	2533/04918	2566/04935	2599/13303
2466/04793	2500/04830	2534/04919	2567/04936	2600/04998
2467/04802	2501/04836	2535/04906	2568/04950	2601/04992
2468/04801	2502/04834	2536/04908	2569/04974	2602/04993
2469/04764	2503/04835	2537/04907	2570/05099	2603/04999
2470/04765	2504/04901	2538/04905	2571/04982	2604/05013
2471/04766	2505/04843	2539/04914	2572/04983	2605/05021
2472/04767	2506/04848	2540/04911	2573/04967	2606/05009
2473/04769	2507/04849	2541/04909	2574/04964	2607/05010
2474/04770	2508/04813	2543/04895	2575/04965	2608/05019
2475/04772	2509/04832	2544/04921	2576/04943	2609/05035
2476/04768	2510/04871	2545/04924	2577/04962	2610/05036
2477/04734	2511/04823	2546/04920	2578/04968	2611/05020
2478/04782	2512/02159	2547/04923	2579/04956	2612/05008
2479/04781	2513/04869	2548/04926	2580/04951	2613/05078

2614. 1/05045	2646/05092	2681/05149	2715/05191	2748/05254
2614. 2/05041	2647/05097	2682/05141	2716/05192	2749/05256
2615. 1/05046	2648/05093	2683/05160	2717/05193	2750/05255
2615. 2/05037	2649/05094	2684/05153	2718/05194	2751/05251
2616. 2/05042	2651/05096	2685/05157	2719/05195	2752/05265
2617. 1/05038	2652/05090	2686/05156	2720/05196	2753/05267
2618. 2/05038	2653/05083	2687/05171	2721/05205	2754/05261
2619. 1/05047	2654/05128	2688/05170	2722/05207	2755/05259
2619. 2/05048	2655/13315	2689/05168	2723/05204	2756/05260
2620/05040	2656/05109	2690/05169	2724/05203	2757/05262
2621/05024	2657/05108	2691/05163	2725/05212	2758/05259
2622/05033	2658/05107	2692/05162	2726/05215	2759/05266
2623/05032	2659/05127	2693/05167	2727/05216	2760/05269
2624/05034	2660/05115	2694/05173	2728/05218	2761/05270
2625/05025	2661/05121	2695/05177	2729/05219	2762/05268
2626/05049	2662/05122	2696/05174	2730/05221	2763/05273
2628/05050	2663/05116	2697/05175	2731/05225	2764/05274
2629/05054	2664/05117	2698/05187	2732/05229	2765/05278
2630/05055	2665/05135	2699/05183	2733/05227	2766/05279
2631/05056	2666/05126	2700/05184	2734/05237	2767/05281
2632/05066	2667/05119	2701/05185	2735/05235	2768/05285
2633/05112	2668/05120	2702/05186	2736/05236	2769/05294
2634/05061	2669/05118	2703/05268	2737/05234	2770/05289
2635/05068	2670/05129	2704/05206	2738/05238	2771/05291
2636/05070	2671/05111	2705/05197	2739/05244	2772/05292
2637/05067	2672. 1/05118	2706/05201	2740/05245	2773/05290
2638/05069	2672. 2/04637	2707/05211	2741/05247	2774/05288
2639/05074	2673/05134	2708/05209	2742/05246	2775/05293
2640/05080	2674/05133	2709/05210	2743/05242	2776/05329
2641/05086	2675/05139	2710/05180	2744/05248	2777/05303
2642/05085	2676/05140	2711/05181	2745. 1/05249	2778/05308
2643/05084	2678/05144	2712/05198	2745. 2/05248	2779/05309
2644/05082	2679/05146	2713/05189	2746/05252	2780/05307
2645/05089	2680/05145	2714/05190	2747/05253	2781/05307

2782/05310	2815/05363	2849/05395	2884/05811	2920/05855
2783/05304	2816/05365	2850/05396	2885/05807	2921/05858
2784/05312	2817/05364	2851/05397	2886/05812	2922/05860
2785/05313	2818/05354	2852/05388	2887/05813	2923/05861
2786/05314	2819/05355	2853/05387	2888/05814	2924/05862
2787/05319	2820/05356	2854/05398	2889/05819	2925/05859
2788/05320	2821/05357	2855/05401	2890/05817	2926/05859
2789/05323	2822/05358	2856/05402	2891/05818	2927.1/05872
2790/05322	2823/05359	2857/05403	2892/05816	2927.2/05873
2791/05326	2824/05360	2858/05751	2893/05820	2928/05874
2792/05330	2825/05361	2859/05753	2894/05826	2929/05870
2793.2/05331	2826/05366	2860/05759	2895/05826	2930/05869
2793.1/05332	2827/05367	2861/05758	2896/05827	2931/05882
2794/05332	2828/05373	2862/05765	2897/05828	2932/05881
2795.1/05332	2829/05371	2863/05766	2898/05824	2933.1/05882
2795.2/05334	2830/05374	2864/05779	2899/05825	2933.2/05881
2796/05336	2831/05325	2865/05778	2900/05821	2934/05892
2797/05337	2832/05324	2866/05777	2901/05833	2935/05876
2798/W013	2833/05370	2867/05771	2903/05836	2936/05871
2799/05338	2834/05372	2868/05764	2904/05823	2937/05885
2800/05339	2835/05378	2869/05763	2905/05829	2939/05886
2801/05340	2836/05379	2870/05770	2906/05838	2940/05887
2802/05341	2837/05380	2871/05767	2908/05844	2941/05888
2803/05346	2838/05381	2872/05768	2909/05842	2942/05899
2804/05347	2839/05382	2873/05786	2910/05843	2943/05900
2805/05349	2840/05383	2874/05789	2911/05849	2944/05901
2806/05348	2841/05385	2875/05792	2912/05849	2945/05911
2807/05343	2842/05389	2876/05796	2913/05851	2946/05920
2809/05342	2843/05384	2877/05788	2914/05850	2947/05889
2810/05351	2844/05390	2878/05799	2915/05850	2948/05914
2811/05350	2845/05391	2879/05801	2916/05837	2949/05915
2812/05344	2846/05392	2881/05805	2917/05846	2950/05916
2813/05345	2847/05393	2882/05806	2918/05847	2951/05918
2814/05352	2848/05394	2883/05810	2919/05883	2952/05916

十三、《總集》與《銘圖》器號對照表

2953/05913	2988/05502	3020/05558	3055/05623	3089/05680
2954/05909	2989/05507	3022/05560	3056/05622	3090/05683
2955/05923	2990/05506	3023/05559	3057/05654	3091/06062
2956/05924	2991/05509	3024/05574	3058/05626	3092/06064
2957/05932	2992/05508	3025/05551	3059/05625	3093/06065
2958/05935	2993/05517	3026/05590	3060/05624	3094/06067
2959/05905	2994/05516	3027/05571	3061/05628	3095/06073
2961/05937	2995/05526	3028/05567	3062/05629	3096/06076
2962/05937	2996/05527	3029/05566	3063/05627	3097/06077
2963/05938	2997/05524	3030/05576	3064/05631	3098/06078
2964/05961	2998/05525	3031/05582	3065/05632	3099/06079
2965/05936	2999/05533	3032/05583	3066/05633	3100/06080
2966/05942	3000/05532	3033/05575	3067/05634	3102.2/06103
2967/05939	3001.1/05528	3034/05580	3068/05637	3103/06110
2968/05944	3001.2/05529	3035/05594	3069/05636	3104/06116
2969/05945	3002.1/05529	3036/05593	3070/05646	3105/06135
2970/05951	3002.2/05528	3037/05596	3071/05645	3106/06136
2971/05950	3003/05528	3038/05589	3072/05642	3107/06133
2972/05955	3004/05529	3039/05591	3073/05643	3108/06137
2973/05960	3005/05545	3040/05600	3074/05644	3109/06141
2974/05957	3006/05541	3041/05597	3075/05651	3110/06142
2975/05962	3007/05543	3042/05595	3076/05652	3111/06158
2976/05965	3008/05542	3043/05603	3077/05657	3112/06161
2977/05964	3009/05544	3044/05604	3078/05658	3113/06160
2978/05963	3010/05536	3045/05602	3079/05659	3114/06112
2979/05967	3011/05550	3046/05606	3080/05660	3115/06130
2980/05972	3012/05552	3047/05605	3081/05668	3116/06143
2981/05971	3013/05553	3048/05607	3082/05667	3117/06140
2982/05973	3014/05549	3049/05612	3083/05671	3118/06156
2983/05975	3015/05556	3050/05609	3084/05672	3119/06154
2984/05976	3016/05555	3051/05615	3085/05675	3120/06155
2985/05977	3017/05561	3052/05610	3086/05678	3121/19261
2986/05980	3018/05562	3053/05611	3087/05679	3122/19268
2987/05979	3019/05565	3054/05621	3088/05682	3123/19243

3124/06306	3160/06467	3194/06739	3228/06947	3262/06537
3125/06308	3161/07409	3195/06930	3229/06969	3264/06803
3126/06307	3162/08039	3196/06740	3230/06886	3265/06875
3127/06318	3163/06624	3197/06706	3231/06880	3266/06877
3128/06319	3164/06824	3198/06707	3232/06757	3267/06874
3129/06666	3165/06509	3199/06627	3233/06443	3268/06865
3130/06665	3166/06512	3200/06627	3234/06806	3269/06864
3131/06916	3167/06522	3201/06799	3235/06679	3270/06863
3132/06672	3168/06619	3202/07015	3236/06681	3271/06872
3133/06667	3169/06507	3203/06488	3237/06683	3272/06853
3134/06427	3170/06524	3204/06639	3238/06687	3273/06805
3135/06918	3171/06525	3205/06640	3239/07280	3274/06766
3136/06610	3172/06527	3206/06945	3240/06449	3275/06762
3137/06675	3173/06541	3207/06741	3241/06609	3276/06565
3138/06559	3174/06542	3208/06980	3242/06602	3277/06591
3139/06676	3175/06903	3209/06723	3243/06603	3278/06657
3140/06605	3176/06543	3210/06925	3244/06597	3279/06482
3141/06585	3177/06904	3211/06927	3245/06769	3280/06483
3142/06828	3178/06405	3212/06484	3246/06770	3281/06479
3143/06827	3179/06929	3213/06760	3247/06941	3282/06655
3146/06895	3180/06712	3214/06505	3248/06689	3283/06656
3147/06604	3181/06713	3215/06503	3249/06690	3284/06779
3148/06632	3182/06717	3216/06588	3250/06653	3285/06890
3149/06554	3183/06715	3217/06836	3251/06654	3286/06898
3150/06555	3184/06714	3218/06842	3252/06643	3287/06821
3151/08707	3185/06489	3219/06837	3253/07481	3288/06756
3152/06611	3186/06491	3220/06768	3254/09468	3289/06755
3153/06581	3187/06490	3221/06767	3255/06515	3290/06775
3154/06582	3188/06495	3222/06967	3256/07011	3291/06776
3155/06583	3189/06496	3223/06617	3257/06771	3292/06777
3156/06575	3190/06528	3224/06787	3258/07503	3293/06728
3157/06468	3191/06423	3225/06812	3259/06532	3294/06734
3158/06470	3192/06788	3226/06832	3260/06533	3295/06939
3159/06463	3193/06633	3227/06946	3261/06534	3296/06733

3297/06726	3331/06780	3367/06971	3402/07107	3437/07583
3298/06727	3332/06642	3368/06411	3403/07108	3438/07176
3299/06764	3333/06635	3369/06474	3404/07090	3439/07170
3300/06957	3334/06576	3370/06486	3405/07125	3440/07592
3301/06852	3335/06513	3371/06590	3406/07124	3441/07192
3302/06964	3336/06789	3372/06590	3407/07126	3442/07182
3303/06849	3337/06497	3373/06910	3408/07127	3443/07193
3304/06851	3338/06652	3374/06551	3409/07564	3444/07201
3305/06848	3339/06526	3375/06550	3410/07128	3445/07195
3306/06965	3340/06623	3376/07479	3411/07130	3446/07597
3307/06901	3341/06457	3377/07553	3412/07721	3447/07193
3308/07024	3342/06458	3378/06446	3413/07132	3448/07601
3309/06825	3344/06889	3379/06459	3414/07134	3449/07194
3310/06914	3345/06753	3380/07113	3415/07133	3450/07598
3311/07246	3346/06908	3381/07114	3416/07569	3451/07593
3312/06752	3347/07016	3382/07645	3417/07137	3452/07181
3313/06595	3348/06782	3383/08723	3418/07141	3453/07196
3314/06407	3349/07541	3384/07059	3419/07574	3454/07200
3315/06892	3350/06897	3385/07048	3420/07575	3455/07184
3316/06893	3351/07020	3386/07054	3421/07146	3456/07206
3317/06894	3352/06648	3387/07051	3422/07577	3457/07205
3318/06831	3353/06560	3388/07052	3423/07149	3458/07604
3319/06545	3354/06421	3389/07055	3424/07148	3459/07213
3320/06546	3355/06502	3390/07057	3425/07147	3460/07222
3321/06641	3356/06500	3391/07058	3426/07151	3461/07215
3322/07501	3357/06721	3392/07067	3427/07152	3462/07613
3323/06900	3358/06722	3394/07066	3428/07153	3463/07612
3324/06790	3359/06968	3395/07065	3430/07150	3464/07212
3325/06790	3360/06748	3396/07067	3431/07591	3465/07209
3326/07097	3361/06430	3397/07063	3432/07172	3466/07221
3627/06472	3362/06530	3398/07093	3433/07581	3467/07609
3328/06891	3363/06531	3399/07104	3434/07155	3468/07211
3329/06570	3364/06810	3400/08382	3435/07171	3469/07208
3330/06784	3365/06833	3401/07559	3436/07586	3470/07237

3471/07236	3505/07526	3539/07355	3574/07499	3608/07490
3472/07243	3506/07524	3540/07354	3575/07487	3609/07450
3473/07235	3507/07523	3541/07357	3576/07539	3610/07433
3474/07244	3508/07276	3542/07358	3577/07669	3611/07434
3475/07232	3509/07290	3544/07359	3578/07693	3612/07435
3476/07531	3510/07103	3545/07356	3579/07666	3613/07446
3477/07231	3511/07074	3546/07389	3580/07658	3614/07444
3478/07622	3512/07298	3547/07341	3581/07010	3615/07442
3479/07238	3513/07300	3548/07346	3582/07013	3616/07443
3480/07229	3514/07296	3549/07342	3583/07514	3617/07445
3481/07252	3515/07671	3550/07340	3584/07515	3618/07556
3482/07633	3516/07691	3551/07343	3585/07513	3619/07557
3483/07632	3517/07402	3552/07344	3586/07076	3620/07555
3484/07248	3518/07305	3553/07345	3587/07100	3621/08043
3485/07249	3519/07312	3554/07347	3588/07099	3622/08044
3486/07256	3520/07303	3555/07368	3589/07087	3623/08040
3487/07261	3521/07309	3556/07367	3590/07088	3624/07662
3488/07262	3522/07530	3557/07373	3591/07101	3625/07661
3489/07253	3523/07529	3558/07337	3592/07422	3626/06473
3490/07257	3524/07311	3559/07390	3593/07439	3327/07458
3491/07264	3525/07323	3560/07392	3594/07304	3628/07673
3492/07254	3526/07330	3561/07381	3595/07451	3629/07398
3493/07263	3527/07328	3562/07366	3596/07519	3630/07699
3494/07642	3528/07399	3563/07375	3597/07509	3631/07480
3495/07636	3529/07333	3564/07336	3598/07507	3632/07448
3496/07650	3530/07329	3565/08005	3599/06817	3633/07449
3497/07651	3531/07332	3566/08006	3600/07376	3634/07563
3498/07267	3532/07685	3567/08004	3601/06989	3635/07404
3499/07266	3533/07533	3568/08003	3602/07428	3636/07007
3500/07275	3534/07432	3569/07384	3603/08045	3637/07516
3501/07273	3535/07388	3570/07385	3604/07008	3638/08041
3502/07287	3536/07370	3571/07386	3605/07491	3639/07496
3503/07289	3537/07371	3572/07397	3606/07492	3640/07410
3504/07653	3538/07372	3573/07419	3607/07489	3641/07517

3642/07477	3677/07000	3711/07143	3745/08081	3779/07778
3643/07436	3678/07001	3712/06567	3746/07726	3780/07782
3644/07677	3679/07002	3713/07318	3747/07727	3781/07749
3645/07408	3680/06996	3714/07319	3748/08084	3782/08103
3646/07678	3681/06997	3715/07431	3749/08088	3783/07785
3647/07676	3682/06998	3716/08056	3750/07731	3784/07786
3648/07424	3683/07396	3717/07331	3751/08087	3785/07781
3649/07425	3684/07021	3718/07095	3752/08086	3786/07776
3650/06991	3685/08057	3719/08026	3753/07734	3787/08110
3651/07441	3686/07674	3720/08028	3754/08085	3788/08112
3652/07554	3687/08221	3721/08029	3755/07732	3790/07750
3653/07274	3688/07502	3722/08025	3756/08090	3791/07751
3654/07675	3689/07463	3723/08024	3757/07740	3792/07762
3655/06978	3690/07464	3724/08020	3758/07737	3793/07765
3656/07460	3691/07437	3725/06991	3759/07738	3794/07772
3658/07418	3692/07185	3726/08072	3760/07741	3795/08122
3659/06612	3693/07468	3727/07701	3761/07743	3796/07753
3660/07112	3694/07353	3728/07700	3762/08392	3797/07788
3661/07117	3695/07352	3729/07710	3763/08094	3798/07789
3662/07111	3696/07351	3730/07709	3764/07742	3799/08306
3663/07115	3697/07085	3731/07711	3765/08105	3800/07818
3664/07116	3698/07550	3732/08073	3766/07783	3801/08310
3665/07118	3699/08013	3733/07715	3767/07784	3802/08129
3666/07119	3700/07447	3734/07717	3768/08117	3803/07795
3667/07038	3701/07382	3735/07716	3769/08118	3804/08134
3668/07039	3702/07485	3736/08075	3770/08100	3805/07814
3669/07040	3703/07484	3737/08077	3771/07770	3806/08381
3670/07041	3704/07698	3738/08455	3772/07768	3807/07832
3671/07043	3705/07316	3739/07720	3773/07771	3808/07978
3672/07042	3706/07308	3740/07722	3774/08109	3809/07799
3673/07044	3707/07417	3741/07723	3775/07767	3810/07798
3674/07047	3708/07415	3742/07724	3776/07766	3811/08311
3675/07003	3709/07414	3743/07725	3777/07779	3812/08125
3676/06999	3710/07271	3744/08081	3778/07777	3813/07800

3814/07800	3851/07841	3886/07883	3921/08473	3956/07952
3815/07821	3852/07846	3887/08391	3922/07918	3957/07977
3816/08133	3853/08170	3889/07873	3923/07925	3958/07953
3817/08142	3854/07845	3890/07225	3924/08201	3959/07956
3818/07808	3855/08161	3891/07884	3925/08203	3960/08248
3819/07807	3856/07844	3892/08190	3926/07895	3961/08249
3820/08138	3857/07871	3893/07885	3927/07923	3962/08240
3821/08139	3858/07872	3894/07886	3928/08223	3963/07941
3822/07809	3859/07879	3895/07887	3929/07928	3964/07949
3823/07801	3860/07851	3896/07906	3930/07924	3965/07942
3824/07826	3861/07848	3897/08205	3931/08219	3966/07943
3825/08150	3862/07847	3898/08206	3932/08193	3967/08239
3826/08157	3864/07880	3899/08207	3933/08195	3968/07980
3827/07829	3865/07855	3900/07891	3934/08227	3969/07976
3828/07812	3866/08185	3901/07922	3936/07979	3970/07974
3829/07835	3867/07881	3902/07913	3937/07968	3971/07948
3830/07816	3868/08173	3903/08192	3938/08236	3972/07963
3831/07802	3869/07861	3904/07894	3939/08347	3973/08250
3832/07802	3870/07868	3905/08222	3940/08251	3974/07951
3833/07834	3871/07856	3906/07929	3941/07936	3975/07984
3834/07813	3872/08184	3907/08200	3942/07937	3976/08257
3835/07823	3873/08182	3908/07890	3943/07939	3977/08262
3838/08155	3874/08334	3909/07916	3944/08231	3978/08258
3839/07831	3875/08178	3910/07908	3945/07938	3979/07407
3840/08153	3876/07862	3911/07911	3946/07971	3980/07408
3841/08140	3877/07864	3912/07898	3947/07945	3981/08078
3842/08158	3878/07852	3913/08217	3948/07944	3982/08079
3843/08148	3879/08187	3914/07903	3949/07969	3983/08047
3844/08163	3880/07857	3915/08210	3950/07970	3984/08014
3845/08164	3881/08188	3916/07930	3951/08245	3985/07403
3846/07843	3882/08189	3917/08212	3952/07972	3986/08002
3847/08171	3883/07878	3918/08213	3953/08232	3987/08001
3848/07842	3884/07877	3919/08214	3954/07975	3988/07686
3850/08329	3885/07869	3920/07919	3955/07954	3989/08271

3990/08272	4024/08127	4058/08284	4092/08341	4127/08450
3991/08270	4025/08128	4059/08285	4093/08420	4128/08438
3992/08031	4026/08097	4060/08248	4094/08421	4129/08482
3993/07457	4027/08194	4061/08362	4095/08422	4130/08499
3994/08267	4028/07993	4062/08287	4096/08440	4131/08500
3995/08275	4029/07992	4063/08433	4097/08340	4132/08453
3996/07732	4030/07994	4064/08300	4098/07960	4133/08503
3997/08048	4031/07995	4065/08295	4099/08247	4134/08504
3998/08263	4032/07999	4066/08373	4100/08339	4135/08502
3999/08264	4033/07993	4067/08301	4101/08325	4136/08501
4000/08089	4034/07997	4068/08434	4102/08349	4137/08467
4001/08092	4035/07998	4069/08302	4103/08352	4138/08468
4002/07752	4036/07996	4070/08435	4104/08423	4139/08456
4003/07804	4037/08282	4071/08432	4105/08431	4140/08379
4004/07840	4038/08316	4072/08446	4107/08427	4141/08472
4005/07905	4039/08019	4073/07761	4108/08425	4142/08470
4006/08218	4040/08016	4074/08319	4109/08414	4143/08471
4007/07915	4041/08017	4075/08387	4110/08354	4144/08486
4008/0795	4042/08018	4076/08383	4111/08429	4145/08430
4009/08252	4043/08065	4077/08380	4112/08353	4146/08493
4010/07989	4044/07987	4078/08321	4113/07715	4147/08494
4011/07060	4045/08298	4079/08759	4114/07714	4148/08363
4012/07560	4046/08385	4080/08326	4115/08497	4149/08417
4013/08008	4047/08294	4081/08327	4116/08322	4150/08418
4014/08053	4048/08291	4082/08447	4117/08457	4151/08473
4015/08070	4049/08288	4083/08448	4118/08338	4152/08462
4016/07083	4050/08314	4084/08397	4119/08350	4153/08478
4017/08281	4051/08407	4085/08393	4120/08442	4154/08487
4018/08066	4052/08402	4086/08399	4121/08441	4155/08488
4019/08027	4053/08336	4087/08532	4122/08356	4156/08479
4020/08116	4054/08419	4088/08406	4123/08355	4157/08464
4021/07827	4055/08333	4089/08403	4124/08381	4158/08465
4022/08277	4056/08413	4090/08415	4125/08758	4159/08530
4023/08278	4057/08283	4091/08342	4126/08449	4160/08460

4161/08524	4196/08556	4230/08762	4264/10925	4297/11030
4162/08551	4197/08568	4231/08756	4265/10923	4298/10972
4163/08477	4198/08576	4232/08769	4266/10927	4299/10957
4164/08484	4199/08569	4233/08772	4267/10894	4300/10959
4165/08458	4200/08578	4234/08779	4268/10903	4301/10956
4146/08493	4201/08579	4235/08757	4269/10902	4302/10958
4167/08511	4202/08580	4236/11558	4270/10933	4303/11022
4168/08512	4203/08584	4237/08783	4271/10899	4304/10893
4169/08531	4204/08585	4238/08571	4272/10898	4305/10950
4170/08513	4205/08725	4239/08792	4273/10891	4306/11003
4171/08514	4206/08724	4240/08791	4274/10891	4307/11001
4172/08525	4207/08711	4241/08793	4275/10900	4308/11000
4173/08520	4208/08728	4242/08794	4276/10935	4309/11038
4174/08521	4209/08729	4243/10908	4277/10982	4310/11004
4175/08522	4210/08731	4244/10919	4278/10949	4311/11029
4176/08534	4211/08732	4245/10938	4279/10970	4312/11007
4177/08535	4212/08734	4246/10885	4280/10945	4313/11032
4178/08559	4213/08730	4247/10883	4281/10946	4314/11011
4179/08560	4214/08735	4248/10937	4282/10952	4315/11010
4180/08561	4215/08736	4249/10936	4283/10985	4316/11017
4181/08541	4216/08737	4250/10917	4284/10983	4317/11009
4182/07158	4217/08742	4251/10969	4284/11036	4318/07897
4183/08538	4218/08743	4252/10907	4285/10994	4319/11056
4184/08537	4219/08738	4253/10973	4286/10990	4320/10910
4186/08546	4220/08750	4254/10890	4287/10890	4321/11026
4187/08540	4221/08745	4255/10918	4288/10989	4322/11018
4188/08553	4222/08747	4256/10886	4289/10988	4323/11019
4189/08451	4223/08760	4257/10939	4290/10987	4324/11033
4190/08548	4224/08761	4258/10905	4291/10999	4325/10951
4191/08547	4225/08771	4259/10916	4292/10967	4326/11040
4192/08557	4226/08752	4260/10935	4293/10966	4327/11039
4193/08558	4227/08751	4261/10888	4294/10986	4329/11042
4194/08552	4228/08781	4262/10922	4295/11037	4330/11045
4195/08565	4229/08754	4263/10920	4296/10968	4331/10953

4332/11043	4368/14652	4402/04053	4435/14768	4470/11178
4333/11050	4369/14629	4402/11515	4436/14760	4471/11179
4334/11053	4370/14632	4403/14719	4437/14762	4472/11177
4335/11056	4371/14671	4404/14699	4438/14763	4473/11128
4336/11056	4372/14631	4405/14702	4439/14764	4474/11139
4337/13169	4373/14655	4406/14703	4440/14761	4475/11175
4338/13169	4374/14636	4407/14706	4441/14779	4476/11180
4339/11059	4375/14654	4408/14707	4442/14774	4477/10056
4340/11060	4376/14656	4409/14713	4443/14775	4478/11181
4341/11062	4377/14635	4410/14714	4444/14782	4479/11196
4342/11064	4378/14680	4411/14711	4445/14788	4480/11153
4343/11065	4379/14634	4412/14710	4446/14785	4481/11154
4345/14589	4380/14676	4413/14732	4447/14792	4482/11152
4346/14588	4381/14658	4414/14729	4448/14796	4484/11141
4347/14596	4382/14640	4415/14720	4449/14800	4485/11168
4348/14602	4383/14682	4416/14730	4450/11103	4486/11162
4349/14585	4384/12047	4417/14723	4451/11104	4487/11156
4350/14627	4385/14683	4418/14727	4452/11125	4488/11278
4351/14605	4386/14645	4419/14722	4453/03546	4489/11160
4352/14581	4387/14645	4420/14728	4454/11173	4490/11159
4353/14619	4388/14639	4421/14731	4455/08867	4491/11193
4354/14620	4389/14660	4422/14734	4456/11136	4492/11165
4355/14608	4390/14708	4423/14725	4457/03542	4493/11101
4356/14609	4391/14665	4424/14737	4458/11134	4494/11148
4357/14625	4392/14664	4425/14738	4459/08862	4495/11106
4358/14612	4393/14662	4426/14733	4460/11133	4496/11142
4359/14613	4394/14667	4427/14741	4461/11138	4497/11143
4360/14611	4395/14691	4428/14740	4462/11150	4498/11109
4361/14610	4396/14696	4429/14745	4463/12551	4499/11105
4363/14618	4397/14674	4430/14743	4464/11113	4500/11164
4364/14646	4398/14672	4431/19236	4465/11113	4501/11126
4365/14648	4399/14695	4432/14752	4466/03517	4502/11127
4366/14653	4400/14692	4433/14754	4467/11130	4503/11239
4367/14651	4401/14694	4434/14756	4468/11131	4504/11167

4505/11149	4540/11242	4576/11370	4611/11338	4646/11443
4506/11238	4541/11284	4577/11314	4612/03837	4647/11453
4507/11227	4543/11205	4578/11365	4613/12817	4648/11439
4508/11273	4544/11248	4579/11366	4615/11345	4649/11431
4509/11225	4545/11244	4580/11317	4616/11389	4650/11430
4510/11283	4546/11243	4581/11310	4617/11343	4651/11479
4511/11223	4547/11206	4582/11311	4618/11455	4652/11478
4512/11221	4548/11279	4583/11369	4619/11386	4653/11437
4513/11220	4549/11251	4584/11373	4620/11388	4654/11438
4514/11222	4550/11202	4585/11312	4621/11427	4655/11473
4515/11252	4551/11201	4586/10320	4622/11426	4656/11436
4516/11260	4552/11203	4587/11316	4623/11422	4657/11442
4517/11185	4553/11277	4588/11348	4624/11417	4658/13643
4518/11253	4554/11250	4589/11319	4625/11419	4659/11485
4519/11262	4555/11289	4590/11320	4626/11403	4660/11445
4520/11264	4556/11276	4591/11318	4627/11404	4661/12927
4522/11189	4557/11393	4592/11375	4628/02666	4662/11448
4523/11190	4558/11352	4594/11324	4629/11408	4663/11447
4524/11191	4559/11294	4595/11326	4630/11401	4664/11584
4525/11197	4560/11296	4596/09758	4631/13777	4665/11451
4526/11195	4561/11353	4597/11446	4632/11394	4666/11454
4527/11272	4562/11356	4598/11321	4633/11350	4667/11490
4528/11281	4563/11357	4599/11374	4634/11290	4668/11457
4529/11224	4564/11298	4600/11376	4635/11291	4669/11458
4530/12681	4565/11381	4601/11382	4636/11293	4670/11459
4531/11280	4566/11307	4602/11378	4637/11292	4671/11480
4532/11279	4567/11359	4603/11329	4638/11351	4672/11509
4533/09365	4568/11304	4604/11333	4639/11402	4673/11512
4534/11230	4569/11367	4605/11335	4640/11392	4674/11493
4535/12663	4571/11309	4606/11331	4641/11463	4675/11513
4536/11145	4572/09578	4607/11340	4642/11464	4676/11516
4537/11288	4573/03769	4608/11337	4643/11475	4677/11510
4538/11246	4574/02644	4609/11341	4644/11452	4678/11505
4539/11286	4575/11302	4610/11344	4645/11487	4679/11504

4680/11501	4714/14371	4748/11603	4783/11660	4817/11704
4681/11529	4715/11553	4749/11612	4784/11661	4818/11715
4682/11526	4716/11564	4750/04210	4785/11646	4819/11710
4683/11519	4717/11563	4751/11593	4786/11623	4820/11705
4684/11518	4718/11559	4752/11585	4787/13180	4821/11721
4685/11525	4719/11555	4753/11613	4788/11663	4822/11712
4686/11527	4720/11556	4754/14724	4789/11691	4823/11731
4687/11530	4721/11567	4755/11611	4790/11692	4824/11725
4688/11492	4722/11543	4756/11607	4791/11727	4825/11729
4689/11498	4723/12144	4757/11619	4792/11676	4826/11730
4690/11497	4724/11562	4758a/11596	4793/11672	4827/11739
4691/11534	4725/11576	4758b/13097	4794/11666	4828.2/13261
4692/11456	4726/11617	4759/11595	4795/11674	4829.1/13261
4693/11488	4727/11575	4760/11637	4796/11670	4829.2/13262
4694/11494	4728/11616	4761/11624	4797/11625	4830/11732
4695/09731	4729/11577	4762/11636	4798/11681	4831/11733
4696/11550	4730/11578	4763/11632	4799/11675	4832/11735
4697/11467	4731/11579	4764/11627	4800/11689	4834/11746
4698/11449	4732/11626	4765/11707	4801/11677	4835/11740
4699/11544	4733/11580	4766/11650	4802/11665	4836/11749
4700/11568	4734/11587	4767/11719	4803/11686	4837/11745
4701/11560	4735/11615	4768/11679	4804/11669	4838/11776
4702/11565	4736/10613	4769/11651	4805/11673	4839/11743
4703/11569	4737/10632	4771/11639	4806/11693	4840/11741
4704/11548	4738/11597	4772/11640	4807/11690	4841/11742
4705/10582	4739/01625	4773/11642	4808/04573	4842/11751
4706/04139	4740/12174	4774/11652	4809/11685	4843/11756
4707/11574	4741/12173	4775/11631	4810/11678	4844/11750
4708/10587	4742/11605	4776/11645	4811/11720	4845/11753
4709/11547	4743/11601	4777/11644	4812/11724	4846/11766
4710/11551	4744/10604	4778/11653	4813/11709	4847/11762
4711/11570	4745/10605	4779/11655	4814/11698	4848/11758
4712/13805	4746/10605	4780/11628	4815/11701	4849/11754
4713/11566	4747/11604	4781/13160	4816/11697	4850/11763

4851/11767	4885/11809	4921/08567	4959/13517	4995/10092
4852/11768	4886/10659	4923/13657	4960/13528	4996/12622
4853/11770	4887/11815	4924/08572	4961/13526	4997/12826
4854/11769	4888/11812	4925/13659	4962/13523	4998/19228
4855/11772	4889/11813	4926/13661	4963/13524	4999/12626
4856/11775	4890/11814	4927/13664	4964/13532	5000/12625
4857/11777	4891/11819	4928/13665	4965/13529	5001/12525
4858/11774	4892/11820	4929/13452	4966/13530	5002/12526
4859/11778	4893/11821	4931/13456	4967/13533	5003/12566
4860/04955	4896/13604	4932/13458	4968/13534	5004/12569
4861/11779	4897/13601	4933/13457	4969/13534	5005/12637
4862/11780	4898/13607	4934/13505	4971/13536	5006/12570
4863/11781	4899/13617	4935/13475	4973/13537	5007/12635
4864/11787	4900/13609	4936/13474	4974/13539	5008/11978
4865/11793	4901/13608	4937/13461	4975/13541	5009/12633
4866/11785	4902/13619	4938/13454	4976/13542	5010/12627
4867/11788	4903/13615	4939/13491	4977/13544	5011/12728
4868/11789	4904/13637	4940/13490	4978/13545	5012/12729
4869/11792	4905/13627	4942/13504	4979/13546	5013/12534
4870/11791	4906/13620	4943/13479	4980/13547	5014/12545
4871/11796	4907/13624	4944/13485	4981/13548	5015/12590
4872/11795	4908/13623	4945/13486	4982/12523	5016/12591
4873/11798	4909/13621	4946/13477	4983/12527	5017/12592
4874/10865	4910/13631	4947/13502	4984/12528	5018/12623
4875/11800	4911/13643	4948/13496	4985/12712	5019/12629
4876/11801	4913/13649	4949/13493	4986/12524	5020/12628
4877/11799	4914/13647	4950/13495	4987/12530	5021/12617
4878/11802	4914/14177	4951/13482	4988/12535	5022/12609
4879/11803	4915/13650	4952/13519	4989/12533	5023/12610
4880/11805	4916/13648	4953/13514	4990/12588	5024/12612
4881/11804	4917/13653	4955/13513	4991/12589	5025/12615
4882/13335	4918/13652	4956/13520	4992/12574	5026/12611
4883/11806	4919/13655	4957/13520	4993/12577	5027/12699
4884/11807	4920/13654	4958/13517	4994/03543	5028/12582

5029/12582	5064/12676	5098/12697	5132/12911	5166/12809
5030/12689	5065/12681	5099/12706	5133/12910	5167/12855
5031/12690	5066/12679	5100/12945	5134/12847	5168/12804
5032/12537	5067/12682	5101/12945	5135/12070	5169/12049
5033/12546	5068/12685	5102/12737	5136/12041	5170/12806
5034/12607	5069/12686	5103/12683	5137/12042	5171/12808
5035/12602	5070/12715	5104/12684	5138/12043	5172/12818
5036/12580	5071/12642	5105/10229	5139/12784	5173/12052
5037/12593	5072/12643	5106/12747	5140/13020	5174/12081
5038/12598	5073/12668	5107/12841	5141/12140	5175/12816
5039/12539	5074/12730	5108/12749	5142/12054	5176/12819
5040/11984	5075/12705	5109/12751	5143/12864	5177/12823
5041/11971	5076/12652	5110/12754	5144/12798	5178/12821
5042/12529	5077/12663	5111/12753	5145/12792	5179/12822
5043/12543	5078/12733	5112/12035	5146/12799	5180/12831
5044/12542	5079/12033	5113/12055	5147/12045	5181/12826
5045/12532	5080/12645	5114/12758	5148/12802	5182/12713
5046/12544	5081/12979	5115/12756	5149/12797	5183/12832
5047/12604	5082/12717	5116/12755	5150/12852	5184/12832
5048/12521	5083/12823	5117/12757	5151/12796	5185/12943
5049/12547	5084/12738	5118/12759	5152/12800	5186/12892
5050/12541	5085/12722	5119/12765	5153/12046	5187/12941
5052/12659	5086/12707	5120/12762	5154/12793	5188/12719
5053/12657	5087/12834	5121/12770	5155/12074	5189/12720
5054/12654	5088/12723	5122/12769	5156/12803	5190/12869
5055/12660	5089/12015	5123/12846	5157/12959	5191/12970
5056/12658	5090/13174	5124/12779	5158/12923	5192/12866
5057/12666	5091/12724	5125/12845	5159/12048	5193/12881
5058/12662	5092/12708	5126/12763	5160/12807	5194/12878
5059/12672	5093/12740	5127/12039	5161/12075	5195/12879
5060/12670	5094/12711	5128/12774	5162/13023	5196/12877
5061/12671	5095/12698	5129/12773	5163/12813	5197/12885
5062/12674	5096/12700	5130/12766	5164/12857	5198/12891
5063/12677	5097/12725	5131/12903	5165/13048	5199/12836

5200/12893	5234/12913	5267/12971	5302/13025	5336.1/12175
5201/12760	5235/12914	5268/13066	5303/13028	5336.2/12173
5202/12890	5236/12915	5269/12970	5304/13029	5337/13106
5203/12776	5237/13009	5270/12981	5305/13064	5338/13109
5204/12777	5238/12919	5271/12977	5306/13068	5339/13110
5205/12817	5239/13021	5272/12974	5307/13070	5340/13102
5206/12059	5240/12922	5273/12965	5308/13054	5341/13100
5207/12827	5241/12920	5274/12965	5309/13071	5342/13112
5208/12828	5242/12925	5275/12966	5310/13053	5343/13113
5209/12790	5243/12931	5276/12946	5311/13063	5344/13122
5210/12073	5244/13048	5277/13138	5312/12134	5345/13121
5211/12805	5245/12815	5278/12926	5313/13033	5346/13131
5212/12889	5246/12936	5279/12950	5314/13032	5347/13135
5213/12764	5247/12932	5280/12030	5315/13074	5348/12170
5214/12889	5248/12993	5281/12956	5316/13101	5349/13011
5215/12843	5249/13004	5282/12954	5317/13085	5350/13090
5216/12917	5250/12947	5283/12991	5318/13075	5351/13129
5217/12696	5251/12996	5284/12995	5319/13080	5352/13091
5218/12938	5252/12994	5285/12990	5320/13078	5353/13171
5219/12904	5253/13003	5286/12997	5321/13125	5354/13087
5220/12928	5254/13018	5288/13008	5322/13124	5356/13126
5221/12951	5255/11510	5289/13019	5323/13134	5357/13089
5222/12944	5256/13010	5290/12138	5324/13093	5358/13076
5223/12934	5257/12989	5291/12137	5325/12181	5359/13086
5224/12894	5258/12989	5292/13034	5326/13127	5360/13079
5225/10504	5259/13012	5293/13073	5327/13649	5361/13094
5226/12782	5260/12992	5294/13069	5328/04318	5362/13096
5227/12907	5261/13006	5295/13041	5329/13099	5363/13097
5228/12906	5262/13011	5296/13067	5330/13092	5364/13128
5229/12908	5263/12969	5297/13030	5331/13105	5365/13139
5230/12902	5264/12972	5298/12924	5332/13133	5366/12168
5231/12905	5265.2/12980	5299/13026	5333/13107	5367/13152
5232/12955	5265.1/12981	5300/13051	5334/12173	5368/13151
5233/12916	5266/12971	5301/13062	5335/12175	5369/13150

5370/13177	5405/13180	5439/13250	5473/13307	5508/13341
5371/13178	5406/13222	5440/13251	5474/13308	5509/13345
5372/13144	5407/13214	5441/13248	5475/13312	5510/13340
5373/13168	5408/13228	5442/13249	5476/13311	5511/13346
5374/13183	5409/13218	5443/13283	5477/13310	5512/13716
5375/13175	5410/13204	5444/13252	5478/13314	5513/00283
5376/13203	5411/13219	5445/13247	5479/13313	5514/13724
5377/13207	5412/13232	5446/12262	5480/13316	5515/13710
5378/13173	5413/13198	5447/13261	5481/05113	5516/13713
5379/13173	5414/13143	5448/13264	5482/05114	5517/00236
5380/13145	5415/13212	5449/13265	5483/13317	5518/13701
5381/13148	5416/13213	5450/13269	5484/13320	5519/13726
5382/13197	5417/13210	5451/13267	5485/13319	5520/13732
5383/12193	5418/13211	5452/13278	5486.2/13319	5521/13704
5384/13193	5419/13208	5453/13260	5487/13318	5522/13729
5385/13191	5420/13202	5454/10654	5489/13321	5523/13733
5386/13142	5421/13239	5455/13275	5490/13322	5524/13743
5387/12216	5422/13225	5456/13281	5491/13323	5525/13747
5388/13215	5423/12234	5457/13284	5492/12429	5526/13744
5389/13158	5424/13236	5458/13285	5493/19255	5527/13992
5390/13160	5425/13224	5459/13290	5494/13326	5528/13763
5391/13186	5426/12230	5460/13286	5495/13324	5529/13742
5392/13162	5427/13237	5461/13287	5496/13325	5530/13741
5393/13163	5428/13238	5462/13297	5497/13329	5531/13756
5394/13167	5429/13241	5463/13296	5498/13331	5532/13765
5395/13164	5430/13242	5464/13291	5499/11803	5533/13766
5397/13155	5431/13230	5465/13292	5500/13330	5534/13751
5398/13147	5432/13243	5466/13293	5501/13333	5535/13761
5399/12199	5433/13258	5467/13294	5502/13334	5536/13760
5400/13146	5434/12274	5468/13301	5503/13336	5537/13749
5401/13170	5435/13246	5469/13298	5504/13337	5538/13973
5402/13179	5436/13245	5470/13306	5505/13337	5539/13797
5403/12197	5437/12258	5471/12374	5506/05225	5540/13770
5404/13166	5438/13254	5472/13305	5507/13344	5541/13735

5542/13771	5577/13261	5612/11994	5647/12940	5681/14032
5543/13773	5578/13822	5613/12003	5648/12112	5682/12191
5544/13775	5579/13823	5614/12004	5649/12135	5683/12178
5545/13796	5580/13828	5615/12021	5650/12127	5684/12213
5546/13785	5581/14005	5616/12022	5651/12124	5685/12195
5547/13755	5582/13829	5617/12011	5652/12107	5686/12189
5548/13991	5583/14089	5618/12027	5653/12125	5887/09155
5549/13788	5584/14090	5619/12000	5654/12119	5688/12187
5550/11046	5585/13951	5620/11999	5655/12094	5689/12188
5551/13790	5586/13954	5621/13759	5656/12935	5690/12176
5552/13784	5587/13957	5622/12020	5657/12110	5691/12200
5554/13783	5588/13955	5623/12029	5658/12109	5693/12209
5555/13794	5589/13967	5624/12057	5659/12118	5694/12205
5556/13800	5590/13959	5625/12017	5660/12139	5695/12220
5557/13798	5591/13960	5626/10509	5661/11541	5696/12198
5558/13768	5592/13961	5627/12031	5662/12129	5697/12224
5559/13810	5593/13963	5628/12032	5663/12151	5698/12217
5560/13808	5594/13971	5630/12036	5664/12147	5699/12233
5561/13809	5595/03626	5631/12062	5665/12102	5700/12229
5562/13807	5596/13972	5632/12100	5666/10856	5701/12227
5563/13812	5597/W021	5633/12078	5667/12149	5702/12218
5564/13817	5598/11955	5634/12068	5668/12153	5703/12246
5565/13814	5599/11963	5635/12071	5669/12160	5704/12244
5566/14060	5600/11975	5636/12050	5670/12157	5705/12245
5567/14061	5601/11993	5637/12086	5671/12148	5706/12243
5568/13815	5603/12016	5638/12090	5672/10857	5707/12242
5569/13816	5604/11973	5639/12085	5673/10858	5708/12231
5570/19505	5605/11969	5640/12087	5674/12143	5709/12235
5571/14076	5606/11970	5641/12113	5675/12171	5710/12238
5572/14077	5607/11964	5642/12092	5676/12173	5711/12237
5573/13811	5608/11958	5643/12106	5677/12174	5712/12260
5575. 1/03314	5609/11957	5644/12115	5678/12179	5713/12267
5575. 2/13819	5610/12005	5645/12108	5679/12177	5714/12259
5576/12272	5611/11995	5646/12116	5680/12167	5715/12268

5716/12269	5749/12345	5784/12428	5818/14055	5854/09102
5717/12271	5750/12344	5785/12426	5819/14062	5855/09103
5718/12285	5751/12348	5786/12432	5820/14064	5856/08967
5719/12287	5753/12360	5787/12420	5821/14065	5857/08867
5720/12288	5754/12369	5788/12421	5822/14063	5858/08868
5721/12377	5755/12359	5789/12435	5823/14078	5859/08869
5722/12280	5756/12361	5790/12434	5824/14084	5860/08860
5723/12278	5757/12362	5791/12437	5825/14094	5861/11138
5724/12279	5758/12367	5792/12436	5826/19256	5862/08870
5725/12292	5759/12365	5793/12438	5827/14070	5863/08861
5726/12297	5760/12364	5794/12439	5828/08912	5864/08864
5727/12298	5761/12363	5795/12440	5829/08910	5865/11111
5728/12296	5762/12372	5796/12442	5830/08908	5866/09206
5729.1/12295	5763/12376	5797/12441	5831/09130	5867/08959
5729.2/12294	5764/12380	5798/12446	5833/08922	5868/09006
5730/12300	5765/12379	5799/12451	5834/09135	5869/08968
5731/12325	5766/12393	5800/12452	5835/09067	5870/08969
5732/12304	5767/12392	5801/12450	5836/09068	5871/09035
5733/10863	5768/12394	5802/12449	5837/09069	5872/09151
5734/12302	5769/12395	5803/12454	5838/09071	5873/08980
5735/12307	5770/12398	5804/12453	5839/09071	5874/08985
5736/12342	5771/12399	5805/12455	5840/08903	5875/08985
5737/12313	5772/12410	5806/14031	5841/08898	5876/09003
5738/12319	5773/12400	5807/12253	5842/08899	5877/09004
5739/12320	5774/12404	5808/14037	5843/09517	5878/09005
5740/12331	5775/12408	5809/14038	5844/08900	5879/09082
5741/12310	5776/12407	5810/14039	5845/08907	5880/09147
5742/12251	5777/12414	5811/13993	5846/09126	5881/09024
5743/12327	5778/12416	5812/13999	5847/11148	5882/09034
5744/12329	5779/12419	5813/14000	5848/09137	5883/09161
5745/12330	5780/12423	5814/14001	5849/09524	5884/09162
5746/12346	5781/12425	5815/14002	5850/08937	5885/09163
5747/12347	5782/12424	5816/14008	5852/08952	5886/09158
5748/12351	5783/12427	5817/14051	5853/09104	5887/09155

5888/09094	5922/09096	5958/08983	5994/09361	6029/09751
5889/09164	5923/09181	5959/08984	5995/09451	6030/09310
5890/09049	5924/09179	5960/09025	5996/09450	6031/09320
5891/09045	5925/09061	5961/09023	5997/09446	6032/09321
5892/09044	5926/09061	5962/09027	5998/09447	6033/09329
5893/09050	5927/09064	5963/09028	5999/09382	6034/09330
5894/09075	5928/09063	5964/09148	6000/09371	6036/09316
5895/09065	5929/09062	5965/09480	6001/09366	6037/09266
5896/09200	5931/08894	5966/09117	6002/09372	6038/09338
5897/09183	5932/08893	5967/09109	6003/09373	6039/09297
5898/09468	5933/08887	5968/09484	6005/09379	6040/09399
5899/09469	5934/08888	5969/09113	6006/09381	6041/09095
5900/09678	5935/09166	5970/09079	6007/09375	6042/09491
5901/09021	5936/09138	5971/09080	6008/09532	6043/09714
5902/09526	5937/09499	5972/09076	6009/09531	6044/09535
5903/08947	5938/09500	5973/09077	6010/09213	6045/09342
5904/08946	5939/09120	5974/09078	6011/09216	6046/09448
5905/08996	5940/09022	5976/09203	6012/09235	6047/09456
5906/09202	5941/09170	5977/09204	6013/09227	6048/09453
5907/09340	5942/08925	5978/09209	6014/09237	6049/09110
5908/08940	5943/08944	5979/08961	6015/09219	6050/09508
5909/08950	5944/08935	5980/08957	6016/09220	6051/09479
5910/09210	5945/08904	5981/08958	6017/09228	6052/09717
5911/09185	5946/08906	5982/08962	6018/09229	6053/09714
5912/08994	5947/08884	5983/08956	6019/09242	6054/09716
5913/09168	5948/08960	5985/09443	6020/09245	6055/09437
5914/09092	5949/08886	5986/09385	6021/09248	6056/09438
5915/09143	5950/08933	5987/09629	6022/09247	6057/09403
5916/09114	5952/08979	5988/09400	6023/09253	6058/09429
5917/09463	5953/09129	5989/09386	6024/09675	6059/09680
5918/09504	5954/09464	5990/09392	6025/09259	6060/09681
5919/09194	5955/09074	5991/09414	6026/09575	6061/09489
5920/09090	5956/09013	5992/09396	6027/09314	6062/09488
5921/09190	5957/08984	5993/09363	6028/09331	6063/09262

6064/09473	6098/09283	6133/09561	6167/09617	6201/09613
6065/09474	6099/09285	6134/09555	6168/09710	6202/09622
6066/09502	6100/09278	6135/10426	6169/09616	6203/09684
6067/09590	6101/09276	6136/09579	6170/09766	6204/09399
6068/09669	6102/09282	6137/09576	6171/09600	6205/09631
6069/09301	6103/09280	6138/09577	6172/09639	6206/09121
6070/09506	6104/09277	6139/09692	6173/09640	6207/09689
6071/09507	6105/09284	6140/09580	6174/09636	6208/09693
6072/09428	6106/09286	6141/11315	6175/09637	6209/09691
6073/09296	6107/09274	6142/09590	6176/09664	6210/09690
6074/09494	6108/09354	6143/09698	6177/09658	6211/09723
6075/09495	6109/09356	6144/09583	6178/09659	6212/09726
6076/09489	6110/09359	6145/09696	6179/09770	6213/09728
6077/09497	6111/09357	6146/09587	6180/09643	6214/09632
6078/09527	6112/09358	6147/09586	6181/09644	6215/09678
6079/09515	6113/09268	6148/09699	6182/09647	6216/09730
6080/09300	6114/09270	6149/09596	6183/09648	6217/09733
6081/09505	6115/09269	6150/09597	6184/09645	6218/09741
6082/09263	6116/09683	6151/09591	6185/09646	6219/09735
6083/09674	6117/09424	6152/09700	6186/09649	6220/09736
6084/09513	6118/09630	6153/09599	6187/09291	6221/12897
6085/09334	6119/09712	6154/09598	6188/09292	6222/09727
6086/03601	6120/09713	6155/09592	6189/02663	6223/09757
6087/09323	6122/09671	6156/09602	6190/09721	6224/09734
6088/09518	6123/09539	6157/09702	6191/09722	6225/09791
6089/09523	6124/09544	6158/09708	6192/09718	6226/09787
6090/09233	6125/09546	6159/09704	6193/09720	6227/09744
6091/09318	6126/09547	6160/09607	6194/09536	6228/09750
6092/09279	6127/09564	6161/09609	6195/09542	6229/09751
6093/09273	6128/09558	6162/09703	6196/09549	6230/09747
6094/09287	6129/09557	6163/09611	6197/09738	6231/09748
6095/09275	6130/09567	6164/09608	6198/09588	6232/09759
6096/08881	6131/09568	6165/09763	6199/09755	6233/09753
6097/08882	6132/09563	6166/09624	6200/09606	6234/09784

6235/11448	6269/09831	6305/10125	6339/10204	6373/10271
6236/09604	6270/09834	6306/10135	6340/10215	6374/10200
6237/09767	6271/09835	6307/10071	6341/10206	6375/10274
6238/09768	6272/09845	6308/10096	6342/10209	6376/10275
6239/09785	6273/09836	6309/10095	6343/10392	6377/10178
6240/09779	6274/09839	6310/10057	6344/10235	6378/10179
6241/09771	6275/09843	6311/10093	6345/10237	6379/10180
6242/09792	6276/09844	6312/10077	6346/10238	6380/10176
6243/09792	6277/09851	6313/10091	6347/10159	6381/10188
6244/09794	6278/09854	6314/10182	6348/10250	6382/10187
6245/09641	6279/09847	6315/10280	6349/10166	6383/10189
6246/09777	6280/09846	6316/10139	6350/10167	6384/10183
6247/09662	6281/09825	6317/10083	6351/10164	6385/10190
6248/09774	6283/09528	6318/10084	6352/10165	6386/10185
6249/09793	6284/10146	6319/10103	6353/10245	6387/10216
6250/09795	6285/10109	6320/10052	6354/10247	6388/10278
6251/09810	6286/10107	6321/10102	6355/10254	6389/10279
6252/09811	6287/10111	6322/10138	6356/10255	6390/10286
6253/07227	6288/10224	6323/10122	6357/10168	6391/10225
6254/09800	6289/10223	6324/10104	6358/10170	6392/10283
6255/09806	6290/10097	6325/09255	6359/10169	6393/10281
6256/09796	6291/10119	6326/10066	6360/10256	6394/12740
6257/09798	6292/10075	6327/10154	6361/10258	6395/10285
6258/09803	6293/10099	6328/10114	6362/11192	6396/10284
6259/09823	6295/10137	6329/10388	6363/10172	6397/10287
6260/09824	6296/10130	6330/10113	6364/10260	6398/10282
6261/09814	6297/10068	6331/10140	6365/10263	6399/10288
6262/09815	6298/10131	6332/10094	6366/10264	6400/10212
6263/09837	6299/10132	6333/10105	6367/10265	6401/10192
6264/09833	6300/10127	6334/10393	6368/10198	6402/10186
6265/09822	6301/03514	6335/10217	6369/10197	6403/00452
6266/09821	6302/10072	6336/10203	6370/10273	6404/10191
6267/09828	6303/10128	6337/10211	6371/10175	6405/10269
6268/09832	6304/10129	6338/10202	6372/10199	6406/10181

6407/10277	6441/03782	6476/10343	6510/10470	6545/10531
6408/03662	6442/10422	6477/10450	6511/10476	6546/10493
6409/10291	6443/10408	6478/10346	6512/10480	6548/09730
6410/10292	6444/10408	6479/10451	6513/10367	6549/12900
6411/10395	6445/10408	6480/10352	6514/10368	6550/10534
6412/10293	6446/10412	6481/10353	6515/10556	6551/10586
6413/10397	6448/10426	6482/10350	6516/10371	6552/10535
6414/10294	6449/10318	6483/10362	6517/10369	6553/10539
6415/10295	6450/10425	6484/10461	6518/10439	6554/10536
6416/10297	6451/10319	6485/10460	6519/10379	6555/10502
6417/10298	6452/10541	6486/10352	6520/10383	6556/10603
6418/10532	6453/10427	6487/10358	6521/10108	6557/10537
6419/10401	6454/10432	6488/10549	6522/10381	6558/10495
6420/10401	6455/10428	6489/10456	6523/10382	6559/10496
6421/10403	6456/10433	6490/10357	6524/10348	6560/10540
6422/10403	6457/10434	6491/10454	6526/10303	6561/10543
6423/10494	6458/10430	6492/10364	6527/10482	6562/10503
6424/10402	6459/10327	6493/10464	6528/10484	6563/10581
6425/10409	6460/10324	6494/00910	6529/10490	6565/10505
6426/10404	6461/10435	6495/10361	6530/10490	6566/10510
6427/10414	6462/10329	6496/10359	6531/10489	6567/10507
6428/10415	6463/12042	6497/10354	6532/10194	6568/10508
6429/10315	6464/10443	6498/10459	6533/10394	6569/01157
6430/10410	6465/10335	6499/10465	6534/10478	6570/10516
6431/10307	6466/11377	6500/10469	6535/10326	6571/10544
6432/10305	6467/10330	6501/10468	6536/10512	6572/10570
6433/10308	6468/10449	6502/10471	6537/10446	6573/10546
6434/10312	6469/10547	6503/10472	6538/10447	6574/10553
6435/10411	6470/10334	6504/10374	6539/10321	6575/10554
6436/10309	6471/10342	6505/10370	6540/10487	6576/10562
6437/10310	6472/10445	6506/10467	6541/10474	6577/10550
6438/10416	6473/10579	6507/10473	6542/10577	6578/10523
6439/10413	6474/10452	6508/10475	6543/10380	6579/10529
6440/10423	6475/10448	6509/10372	6544/10492	6580/10525

6581/10564	6615/10639	6648/14162	6681/14326	6717/14413
6582/10560	6616/10610	6649/14164	6682/14340	6718/14417
6583/10568	6617/10624	6650/14165	6683/14330	6719/14428
6584/10567	6618/10630	6651/14166	6684/14336	6720/14421
6585/11506	6619/10622	6652/14168	6685/14338	6721/14430
6586/10565	6620/10621	6653/14163	6686/14349	6723/14425
6587/10561	6621/10645	6654/14167	6687/14351	6724/14464
6588/10551	6622/10626	6655/14169	6689/14352	6725/14423
6589/10498	6623/10623	6656/14171	6690/14354	6726/14419
6590/10511	6624/10640	6657/14187	6691/14357	6727/14435
6591/10548	6625/10633	6658/14188	6692/14350	6728/14422
6592/10576	6626/10635	6659/06314	6693/14360	6729/05580
6593/10578	6627/10642	6660/06316	6694/14346	6730/14426
6594/10593	6628/10651	6661/06317	6695/14359	6731/14431
6595/10573	6629/10644	6662/06315	6696/14370	6732/14433
6596/10590	6630/10650	6663.1/14191	6697/14355	6733/14429
6597/10591	6631/10656	6663.2/14192	6698/14378	6734/14436
6598/10584	6632/11755	6664/14305	6699/14375	6735/14442
6599/10597	6633/11783	6665/14313	6700/14387	6736/14449
6600/10592	6634/10657	6666/14374	6701/14386	6737/14450
6601/12030	6635/10658	6667/14311	6702/14367	6738/14448
6602/10598	6636/19603	6668/14315	6703/14366	6739/14443
6603/10588	6637/10852	6669/14303	6704/14376	6740/14444
6604/10618	6638/10854	6670/14308	6705/14377	6741/14439
6605/10603	6639/10853	6671/14316	6706/14389	6742/14438
6606/10606	6640/19269	6672/14309	6707/19265	6743/14452
6607/10620	6641/14178	6673/14344	6708/14391	6744/14454
6608/10612	6642/14156	6674/14320	6709/14390	6745/14453
6609/10615	6643/14157	6675/14324	6710/14399	6746/14457
6610/10616	6643/19270	6676/14325	6711/14398	6747/14459
6611/10527	6644/14151	6677/14325	6712/14408	6748/14446
6612/10600	6645/14159	6678/14328	6714/14405	6750/14458
6613/10506	6646/14172	6679/14342	6715/14407	6751/14460
6614/09819	6647/14175	6680/14333	6716/14410	6752/14468

6754/14465	6788/14535	6823/14898	6858/14962	6892/06210
6755/14489	6789/14537	6824/14897	6859/14972	6893/06211
6756/14473	6790/14538	6825/14893	6860/14967	6894/06209
6757/14474	6791/14539	6826/14896	6861/14973	6895/06207
6758/14469	6792/14541	6828/14894	6862/14974	6896/06208
6759/14470	6793/14542	6829/14903	6863/14969	6897/06212
6760/14476	6794/14851	6830/14906	6864/14970	6898/06059
6761/14480	6795/13611	6831/14943	6865/14979	6899/06214
6762/14477	6796/13629	6832/14908	6866/14982	6900/06219
6763/14483	6797/13636	6833/14912	6867/14983	6901/06222
6764/14487	6798/13633	6834/14914	6868/14987	6902/06220
6765/14485	6799/13632	6835/14918	6869/14992	6903/06221
6766/14490	6800/14852	6836/14920	6870/14989	6904/06223
6767/14491	6801/13640	6837/14924	6871/14994	6905/06226
6768/14495	6802/13641	6838/14937	6872/14993	6906/06071
6769/14495	6803/14864	6839/14921	6873/14997	6907/06225
6770/14492	6804/14873	6840/14935	6874/14995	6908/06227
6771/14497	6805/14856	6841/14932	6875/14998	6909/06228
6772/14499	6806/14870	6842/14929	6876/15001	6910/06230
6773/14506	6807/14886	6843/14930	6877/15004	6911/06251
6774/14500	6808/14867	6844/14928	6878/14343	6912/06252
6775/14509	6809/14862	6845/14959	6879/03626	6913/06253
6776/14508	6810/14861	6846/14922	6880/15053	6914/06254
6777/14517	6811/14872	6847/14936	6881/15052	6915/06255
6778/14515	6812/14874	6848/14934	6882/15051	6916/06261
6779/14518	6813/14881	6849/14947	6883/15054	6917/06262
6780/14520	6814/14884	6850/14949	6884/15057	6918/06264
6781/14522	6816/14888	6851/14949	6885/15063	6919/06263
6782/14524	6817/14885	6852/14951	6886/15059	6920/06268
6783/14523	6818/14890	6853/14961	6887/15065	6921/06271
6784/05188	6819/14887	6854/14950	6888/15066	6922/03517
6785/14529	6820/13656	6855/14958	6889/15067	6923/06270
6786/14533	6821/14900	6856/14963	6890/06201	6924/06272
6787/14534	6822/14891	6857/14957	6891/06205	6925/06274

6926/06265	6961/15910	6996/15172	7031/15281	7066/15347
6927/15851	6962/15909	6997/15174	7032/15282	7067/15348
6928/15852	6963/15104	6999/15159	7033/15283	7068/15349
6929/15853	6964/15105	7000/15175	7034/15284	7069/15332
6930/15854	6965/15106	7001/15179	7035/15285	7070/15781
6931/15880	6966/15106	7002/15178	7036/15286	7071/15331
6932/15861	6967/15909	7003/15179	7037/15297	7072/15333
6933/15860	6968/15123	7004/15184	7038/15316	7073/15336
6934/15859	6969/15121	7005/15189	7039/15317	7074/15340
6935/15864	6970/15124	7006/15185	7040/15294	7075/15341
6936/15863	6971/15758	7007/15525	7041/15292	7076/15342
6937/15862	6973/15125	7008/15199	7042/15296	7077/15337
6938/15877	6974/15760	7009/15235	7043/15295	7078/15338
6940/15874	6975/15126	7010/15236	7044/15293	7079/15339
6941/15887	6976/15129	7011/15234	7045/15222	7080/15335
6942/15884	6977/15128	7012/15237	7046/15223	7081/15334
6943/15891	6978/15139	7013/15232	7047/15322	7082/15416
6944/15893	6979/15138	7014/15238	7048/15320	7083/15415
6945/15870	6980/15140	7015/15233	7049/15321	7084/15421
6946/15908	6981/15130	7016/15247	7050/15323	7085/15422
6947/15912	6982/15131	7017/15267	7051/15325	7086/15423
6948/15888	6983/15132	7018/15268	7052/15326	7087/15424
6949/15889	6984/15133	7019/15276	7053/15324	7088/15499
6950/15904	6985/15134	7020/15265	7054/15328	7089/15496
6951/15902	6986/15135	7021/15269	7055/15327	7090/15497
6952/15903	6987/15136	7022/15270	7056/15329	7091/15498
6953/15905	6988/15137	7023/15273	7058/15784	7092/15425
6954/15906	6989/15151	7024/15271	7059/15350	7093/15426
6955/15907	6990/15155	7025/15272	7060/15288	7094/15427
6956/15914	6991/15157	7026/15319	7061/15786	7095/15429
6957/15915	6992/15158	7027/15275	7062/15343	7097/15428
6958/15916	6993/15156	7028/15278	7063/15344	7098/15111
6959/15923	6994/15171	7029/15279	7064/15345	7099/15112
6960/15911	6995/15170	7030/15280	7065/15346	7100/15114

7101/15115	7135.1/15190	7166/15600	7200/15756	7235/16122
7102/15116	7135.2/15191	7167/15601	7201/15780	7236/16112
7103/15117	7135.3/15192	7168/15602	7202/15782	7237/16209
7104/15118	7135.4/15193	7169/15603	7203/15785	7238/16123
7105/15119	7136/15571	7170/15604	7204/15814	7240/16045
7106/15113	7137/15573	7171/15605	7205/15820	7241/16063
7107/15470	7138/15570	7172/15101	7206/15821	7242/16065
7108/15502	7139/15572	7173/15102	7207/15822	7243/18203
7109/15504	7140/15574	7174/15826	7208/15823	7244/18203
7110/15507	7141/15577	7175/15632	7209/15824	7245/16042
7111/15510	7142/15575	7176/15633	7210/15825	7246/16149
7112/15547	7143/15578	7177/15565	7211/15826	7247/18204
7113/15546	7144/15579	7178/15566	7212/15827	7248/16145
7114/15550	7145/15580	7179/15567	7213/15828	7249/16113
7115/15551	7146/15581	7180/15568	7214/15829	7250/16077
7116/15495	7147/15582	7181/15569	7215/15982	7251/16076
7117/15528	7148/15576	7182/15552	7216/15981	7252/16107
7118/15530	7149/15580	7183/15553	7217/15983	7253/16057
7119/15529	7150/15584	7184/15554	7218/15988	7254/16058
7120/15531	7151/15585	7185/15555	7219/15989	7255/16048
7121/15532	7152/15586	7186/15556	7220/15987	7256/16196
7122/15524	7153/15587	7187/15557	7221/15958	7257/16103
7123/15522	7154/15588	7188/15558	7222/15959	7258/16128
7124/15819	7155/15589	7189/15560	7224/15951	7259/16164
7125/15533	7156/15590	7190/15559	7225/19043	7260/16160
7126/15534	7157/15591	7191/15561	7226/15955	7261/16191
7127/15538	7158/15592	7192/15562	7227/19365	7262/16166
7128/15539	7159/15593	7193/15563	7228/19366	7263/16312
7129/15540	7160/15594	7194/15564	7229/16359	7264/16313
7130/15541	7161/15595	7195/15751	7230/16121	7265/16379
7131/15537	7162/15596	7196/15752	7231/16046	7266/16002
7132/15535	7163/15597	7197/15753	7232/16071	7267/16110
7133/15536	7164/15598	7198/15754	7233/16033	7268/16117
7134/15369	7165/15599	7199/15755	7234/16034	7269/16344

7270/16376	7306/16265	7341/16494	7379/16573	7414/16646
7271/16205	7307/16306	7342/16576	7380/16543	7415/16733
7272/16100	7308/16304	7343/16468	7381/16677	7416/16788
7273/16369	7309/16298	7344/16430	7382/16562	7417/16780
7275/16095	7310/16307	7345/16431	7383/16561	7418/16773
7276/16094	7311/16325	7346/16448	7384/16637	7419/16750
7277/16202	7312/16012	7347/16462	7385/16643	7420/16751
7278/16104	7313/16011	7348/16461	7386/16636	7421/16764
7279/16227	7314/16009	7349/16487	7387/16636	7422/16730
7280/16434	7315/16127	7350/16488	7388/16693	7423/16775
7281/16370	7316/16365	7351/16436	7389/16611	7424/16726
7282/16140	7317/16310	7353/17124	7390/16598	7425/16783
7283/16087	7319/16315	7354/16658	7391/16690	7426/16669
7284/16060	7320/16357	7355/16582	7392/16627	7427/16735
7285/16220	7321/16106	7356/16583	7393/16742	7428/16857
7286/16101	7322/16373	7357/16584	7394/16635	7429/16715
7287/16116	7323/16432	7358/16586	7395/16695	7430/16732
7288/16208	7324/16435	7359/16585	7396/16671	7431/16727
7289/16260	7325/16383	7360/16587	7397/16914	7432/16723
7290/16314	7326/16386	7361/16962	7398/16923	7433/16774
7291/16277	7327/16382	7362/16581	7399/16638	7434/16889
7292/16272	7328/16410	7363/16511	7400/16682	7435/16887
7293/16347	7329/16419	7364/16568	7401/16685	7436/16719
7294/16019	7330/16530	7365/16574	7402/16605	7437/16801
7295/16381	7331/16479	7366/16555	7403/16734	7438/16741
7296/16233	7332/16391	7367/16527	7404/17064	7439/16807
7298/16235	7333/16391	7368/16547	7405/16926	7440/17001
7299/16290	7334/16460	7369/16513	7406/16714	7441/17003
7300/16289	7335/16417	7373/16523	7407/16615	7442/16489
7301/16294	7336/16422	7374/16538	7408/16621	7443/16863
7302/16274	7337/16416	7375/16552	7409/16746	7444/16864
7303/16287	7338/16339	7376/16550	7410/16768	7445/16931
7304/16271	7339/16420	7377/16556	7411/16679	7446/16929
7305/16270	7340/16433	7378/16558	7413/16776	7447/16964

7448/16830	7482/17013	7518/17251	7553/17340	7587/16388
7449/16831	7483/17004	7519/16934	7554/17322	7588/16596
7450/16901	7484/16990	7520/16933	7555/17312	7589/16495
7451/16899	7485/17025	7521/17153	7556/17326	7590/16800
7452/16900	7486/17011	7522/17151	7557/17328	7591/16745
7453/16902	7487/17010	7523/17167	7558/17337	7592/16858
7454/16771	7488/17012	7524/17178	7559/17338	7593/17125
7455/16829	7489/17029	7526/17158	7560/17339	7594/17515
7456/16828	7490/17030	7527/17163	7561/17345	7595/17519
7457/16862	7491/17056	7528/17177	7562/17341	7596/17517
7458/16861	7492/16854	7529/17243	7563/17342	7597/17544
7459/17060	7493/17086	7530/17295	7564/17255	7598/17545
7460/17061	7494/17068	7531/17173	7565/17259	7599/17546
7461/16855	7496/17084	7532/17170	7566/17262	7600/17547
7462/16908	7497/16979	7533/17166	7567/17264	7601/17543
7463/16819	7498/17020	7534/17228	7568/17333	7602/17548
7464/16874	7499/17104	7535/17306	7569/17334	7607/17506
7465/16866	7500/17076	7536/17022	7570/17335	7608/17503
7466/16980	7501/17073	7537/17186	7571/17336	7609/17557
7467/16753	7502/17085	7538/17196	7572/17330	7610/17575
7468/16852	7503/17075	7539/17217	7573/17351	7611/17574
7469/16815	7504/17235	7540/17245	7574/17359	7612/17552
7470/16770	7505/17069	7541/17194	7575/17352	7614/17559
7471/16809	7506/17105	7542/17233	7576/16234	7616/17571
7472/17059	7507/17103	7543/17248	7577/16264	7617/17561
7473/16812	7508/17147	7544/17206	7578/16252	7618/17556
7474/16963	7509/17240	7545/17208	7579/16253	7619/18322
7475/17054	7510/17109	7546/17219	7580/16251	7620/17587
7476/16978	7512/17220	7547/17267	7581/16250	7621/17593
7477/16974	7513/16827	7548/17198	7582/16257	7622/17599
7478/17014	7514/16826	7549/17305	7583/16261	7623/17598
7479/16996	7515/17114	7550/17313	7584/16249	7624/17592
7480/16999	7516/17124	7551/17313	7585/16263	7625/17597
7481/17005	7517/17272	7552/17323	7586/16265	7626/17603

7627/17608	7663/17689	7703/17896	7738/18058	7775/18354
7628/17594	7664/17687	7704/17893	7739/18071	7776/18365
7629/17595	7665/17688	7705/17901	7740/18073	7777/18367
7630/17651	7666/17692	7706/17905	7741/17960	7778/18368
7631/17613	7667/17690	7707/17897	7742/18066	7779/18366
7632/17698	7668/17701	7708/17869	7743/18025	7780/18369
7633/17625	7669/17702	7709/17917	7744/18076	7781/18370
7634/17622	7670/17700	7710/17922	7745/18301	7782/18403
7635/17643	7671/17802	7711/17972	7747/18322	7783/18404
7636/17658	7673/17809	7712/17927	7749/18726	7784/18405
7637/17655	7674/17811	7713/17924	7750/18716	7785/18406
7638/17639	7675/17817	7714/17933	7751/18701	7786/18407
7639/17633	7676/17825	7715/17932	7752/18718	7787/18408
7640/17629	7677/17823	7716/17936	7753/18743	7788/18409
7641/17635	7682/17819	7717/17950	7754/18207	7789/18410
7642/17650	7683/17854	7718/17966	7755/18243	7790/18411
7643/17649	7684/17855	7719/17968	7756/18744	7791/18371
7644/17840	7685/17831	7720/17865	7757/18722	7792/18372
7645/17637	7686/17852	7721/17863	7758/18728	7793/18373
7646/17628	7687/17834	7722/17918	7759/18727	7794/18374
7647/17642	7688/17833	7723/17969	7760/18717	7795/18375
7648/17652	7689/17835	7724/18044	7761/18738	7796/18376
7649/17664	7690/17837	7725/17975	7762/18737	7797/18377
7650/17667	7692/17846	7726/18034	7763/18736	7798/18378
7651/17670	7693/17847	7727/18036	7764/18222	7799/18379
7652/17691	7694/17848	7728/18035	7765/18223	7800/18380
7653/17674	7695/17841	7729/18010	7766/18201	7801/18381
7654/17679	7696/17866	7730/18011	7767/18227	7802/18382
7655/17696	7697/17874	7731/18016	7768/18226	7803/18384
7656/17675	7698/17875	7732/18014	7769/18228	7804/18385
7657/17686	7699/17881	7734/18047	7770/18229	7805/18386
7658/17681	7700/17884	7735/18019	7771/16668	7806/18387
7659/17680	7701/17879	7736/18020	7773/18351	7807/18383
7660/17682	7702/17892	7737/18050	7774/18359	7808/18388

7809/18389	7845/18506	7880/18856	7914/19045	7953/19361
7810/19046	7846/18505	7881/18861	7915/19059	7954/18855
7811/19047	7847/18515	7882/18857	7916/19060	7955/18853
7812/19048	7848/18507	7883/18860	7917/19029	7956/19339
7813/19049	7849/18516	7884/18863	7918/19030	7957/18469
7814/18582	7850/18517	7885/19157	7919/19013	7958/18470
7815/18574	7851/18520	7886/19176	7920/19014	7959/19066
7816/18564	7852/18523	7887/19177	7921/19016	7960/19323
7817/18565	7853/18524	7888/19153	7922/19034	7961/19317
7818/18562	7854/18525	7889/19154	7923/19223	7962/19333
7819/18561	7855/18526	7890/19161	7924/19222	7963/19337
7820/18569	7856/18502	7891/19156	7925/19227	7964/19331
7821/18587	7857/18503	7892/19170	7926/13992	7965/19331
7822/18590	7858/18504	7893/19171	7927/19294	7966/19315
7823/18592	7859/18519	7894/19172	7928/19230	7967/19316
7824/18593	7860/18518	7895/19164	7929/06252	7968/19324
7825/18534	7861/18527	7896/19165	7930/14003	7969/19321
7826/18535	7862/14155	7897/19167	7931/14004	7970/19332
7827/18537	7863/18802	7898/19163	7932/15055	7971/19318
7828/18543	7864/18803	7899/19178	7933/15064	7972/19338
7829/18544	7865/18810	7900/19181	7934/18471	7973/19334
7830/18548	7866/19613	7901/19075	7935/18472	7974/01105
7832/19441	7867/18813	7902/19005	7936/18464	7975/19307
7834/18530	7868/18819	7903/19007	7937/18475	7976/19459
7835/18482	7869/19244	7904/19008	7939/19290	7977/19345
7836/18481	7870/18817	7905/19019	7943/19270	7978/18498
7837/18480	7871/18818	7906/19022	7944/19273	7979/18493
7838/18513	7872/18809	7907/19021	7946/18747	7980/19248
7839/18514	7873/19235	7908/19042	7947/19264	7981/19252
7840/18508	7874/19238	7909/19037	7948/15058	7982/18850
7841/18509	7875/18806	7910/19038	1849/00748	7983/19447
7842/18510	7876/18805	7911/19039	7950/19224	7984/19341
7843/18511	7877/18801	7912/19040	7951/19032	7986/18547
7844/18512	7878/12419	7913/19044	7952/17824	7988/01296

7989/19460	補 2/00230	補 10/07502	補 18/09153	補 26/03161
7990/14773	補 3/00186	補 11/06498	補 19/09155	補 27/19298
7991/19271	補 4/00143	補 12/06614	補 20/09154	補 0021/00008
7992/19247	補 5/00593	補 13/06499	補 22/09334	補 0022/00016
7993/03115	補 6/06497	補 14/07121	補 23/09139	補 0126/00196
7994/19490	補 7/06837	補 15/13451	補 24/09140	補 1833/03635
7996/19929	補 8/06745	補 16/09123	補 25/10055	
補 1/00105	補 9/06725	補 17/09193	補 25/10055	

十四、《新收》與《銘圖》器號對照表

本表以《新收殷周青銅器銘文暨器影彙編》器號排序，"/"前爲《新收殷周青銅器銘文暨器影彙編》器號，"/"後爲《商周青銅器銘文暨圖像集成》器號。

0001/15361	0032/05520	0063/14721	0096/06987	0136/00535
0002/15362	0033/05521	0064/14384	0097/06986	0137/01501
0003/15363	0034/05523	0065/05639	0098/06985	0138/12716
0004/15364	0035/05790	0066/01241	0099/10904	0139/00775
0005/15365	0036/06144	0067/03254	0100/15871	0140/02201
0006/15366	0037/06145	0068/11744	0103/03447	0141/04635
0007/15367	0038/12221	0069/13273	0104/13613	0142/00471
0008/15368	0039/12222	0071/12146	0105/06453	0145/13463
0009/02146	0040/14400	0072/05538	0106/06452	0146/08965
0010/02147	0041/05655	0073/14411	0107/06454	0147/08966
0011/02148	0042/05845	0074/05072	0108/06450	0148/19297
0012/02149	0043/14941	0075/02301	0109/09529	0149/13706
0013/02150	0044/18734	0076/05301	0110/08068	0150/00074
0014/02151	0045/19231	0077/14385	0111/12716	0151/00652
0015/02152	0046/05867	0078/05231	0112/00775	0152/00075
0016/04465	0047/14907	0079/05232	0113/00313	0153/03432
0017/04466	0048/03023	0080/12265	0114/18740	0154/00073
0018/04467	0049/03024	0081/12266	0119/00519	0155/10892
0019/04468	0050/02822	0082/15314	0120/03151	0156/15856
0020/04469	0051/14406	0083/15315	0121/11215	0157/15857
0021/04470	0052/05880	0084/01255	0123/07027	0158/15858
0022/02951	0053/05222	0085/12111	0124/07030	0159/10087
0023/02953	0054/01431	0086/00649	0125/10962	0160/10524
0024/02946	0055/04650	0087/14946	0126/17536	0161/00653
0025/02949	0056/04651	0088/16898	0127/17535	0162/00187
0026/02950	0057/02882	0090/02004	0128/18230	0163/03471
0027/02948	0058/05102	0091/12324	0130/14628	0164/09020
0028/02947	0059/14471	0092/13996	0131/13494	0165/08459
0029/02952	0060/14909	0093/06148	0133/00448	0166/06439
0030/03346	0061/01909	0094/13998	0134/09180	0167/09423
0031/05522	0062/14791	0095/06988	0135/00650	0168/08343

0169/12748	0203/09352	0241/00537	0281/15812	0315/12321
0170/04006	0204/09346	0242/00539	0282/15813	0316/12322
0171/00078	0205/09343	0243/00538	0283/15255	0317/17930
0172/01227	0206/09345	0245/00540	0284/15256	0318/16672
0173/10067	0207/09344	0246/00541	0285/15257	0319/06935
0174/09654	0208/08720	0247/03660	0286/15258	0320/02040
0175/08036	0209/08716	0250/12648	0287/15259	0321/01080
0176/08037	0210/08717	0251/11213	0288/15260	0322/04960
0177/19274	0211/08718	0253/11214	0289/15261	0323/11737
0178/19229	0212/08713	0254/08851	0290/15262	0324/08564
0179/00168	0213/08719	0255/08852	0291/15263	0325/08108
0180/13511	0214/08714	0257/07025	0292/17612	0326/14889
0181/16374	0215/08715	0259/08701	0293/13762	0327/19020
0182/01015	0216/08721	0260/11024	0294/00205	0328/16231
0183/06981	0217/08722	0261/13738	0295/18008	0329/16236
0184/13651	0218/10205	0262/13509	0296/01743	0330/16230
0185/16366	0219/10960	0263/14319	0297/12289	0331/18733
0186/15919	0220/10961	0264/00612	0298/04636	0332/16590
0187/15918	0221/11023	0265/06629	0299/12060	0333/19077
0188/15917	0222/14617	0266/00660	0300/09853	0334/03888
0189/00733	0223/13737	0267/03625	0301/11545	0335/01293
0190/00730	0224/12647	0268/00201	0302/08789	0336/16714
0191/00731	0225/14318	0269/00980	0303/08790	0337/16593
0192/00531	0226/09057	0270/00981	0304/13272	0338/16397
0193/00532	0227/09007	0271/01192	0305/04460	0339/16393
0194/00530	0228/12559	0272/09758	0306/04461	0340/16232
0195/03730	0229/07380	0273/13040	0307/12066	0341/16392
0196/11212	0230/10377	0274/09472	0308/07400	0342/16394
0197/11211	0231/08972	0275/12558	0309/07228	0343/16395
0198/09350	0232/07748	0276/15806	0310/06983	0344/16501
0199/09351	0236/10366	0277/15807	0311/08033	0345/16502
0200/09348	0237/07940	0278/15808	0312/07815	0346/16503
0201/09349	0238/00929	0279/15810	0313/06412	0347/07695
0202/09347	0240/09593	0280/15811	0314/05835	0348/16497

0349/11736	0384/10453	0420/15608	0454/01332	0489/15797
0350/16405	0385/01092	0421/15609	0455/01337	0490/15798
0351/04601	0386/14669	0422/15610	0456/01843	0491/15799
0352/19442	0388/17620	0423/15611	0457/04578	0492/15800
0353/11528	0389/16592	0424/15612	0458/02931	0493/15801
0354/08452	0390/05513	0425/15613	0459/14079	0494/15802
0355/07637	0391/04528	0426/15614	0460/14080	0495/15803
0356/07638	0393/15960	0427/15615	0461/14068	0496/15804
0357/10607	0394/04880	0428/15616	0462/14068	0497/15358
0358/10608	0395/05947	0429/15617	0463/14362	0498/15359
0359/04423	0396/05948	0430/15618	0464/14855	0499/01329
0360/18529	0397/05949	0431/15619	0465/16846	0500/01328
0361/03933	0398/15002	0432/15623	0466/16847	0501/01750
0362/12145	0399/05929	0433/15625	0467/16843	0502/06054
0364/11811	0400/05927	0434/15620	0468/16844	0503/01660
0365/17303	0401/05970	0435/15622	0469/17355	0504/15161
0366/06051	0402/05954	0436/15621	0470/17601	0505/15162
0367/02068	0403/05952	0437/15624	0471/14519	0506/15163
0368/17214	0404/05953	0438/15627	0472/14996	0507/15164
0369/16660	0405/14990	0439/15626	0473/02221	0508/15165
0370/19260	0406/02288	0440/15629	0474/01331	0509/15166
0371/09842	0407/16631	0441/15630	0475/05863	0510/15167
0372/10399	0408/16630	0442/15631	0476/05864	0511/15168
0373/08395	0409/16748	0443/15628	0477/05866	0512/15169
0374/05518	0410/01844	0444/02473	0478/05865	0513/15772
0375/01741	0411/01845	0445/02471	0479/14054	0514/15773
0376/03163	0412/05753	0446/02472	0480/14053	0515/15774
0377/11371	0413/05752	0447/02474	0482/15351	0516/15775
0378/03749	0414/14055	0448/02470	0483/15353	0517/15776
0379/12189	0415/14056	0449/02469	0484/15355	0518/15777
0380/02067	0416/14084	0450/01336	0485/15354	0519/15778
0381/01804	0417/14083	0451/01333	0486/15352	0520/15779
0382/08480	0418/15606	0452/01335	0487/15356	0521/19306
0383/02643	0419/15607	0453/01334	0488/15357	0522/05795

0523/01848	0558/11274	0592/00903	0627/08042	0661/01251
0524/16885	0559/10234	0593/03859	0628/10085	0662/04104
0525/16886	0560/09614	0594/13187	0629/09559	0663/05377
0526/17176	0561/08071	0595/13188	0630/07315	0664/05376
0527/01662	0562/10996	0596/12203	0631/02014	0665/18729
0528/01663	0563/13639	0597/11647	0632/02010	0666/03750
0529/02764	0564/13638	0599/02765	0633/05399	0667/05158
0530/05803	0565/14622	0600/16495	0634/04784	0668/06216
0531/16649	0566/13779	0601/07412	0635/04783	0669/06213
0532/01665	0567/17287	0602/14968	0636/05327	0670/00866
0533/01664	0568/17276	0603/03832	0637/00709	0671/05182
0534/05782	0569/17144	0604/16308	0638/01348	0672/04675
0535/16792	0570/16553	0605/19269	0639/06061	0673/12034
0536/16793	0571/16134	0606/07326	0640/19289	0674/14690
0537/16794	0572/16897	0607/07325	0641/19285	0675/04661
0538/16795	0573/16896	0608/09232	0642/19308	0676/02636
0539/16796	0574/16891	0609/06425	0643/06108	0677/12343
0540/16293	0575/16892	0610/09394	0644/17256	0678/11524
0541/05781	0576/16895	0611/09393	0645/17257	0679/12953
0542/01056	0577/16895	0612/07982	0646/06943	0680/10173
0543/01057	0578/16893	0613/07314	0647/12858	0681/03272
0544/01781	0579/16897	0614/06650	0648/19089	0682/03757
0545/00769	0580/16896	0615/06433	0649/19088	0683/06942
0546/01054	0581/16894	0616/09042	0650/11025	0684/01084
0547/01053	0582/16894	0617/07009	0651/00287	0685/01085
0549/00065	0583/17704	0618/06426	0652/01073	0686/01086
0550/01055	0584/16790	0619/09298	0653/04195	0687/12018
0551/03560	0585/16650	0620/00884	0654/04231	0688/08172
0552/03188	0586/15120	0621/00405	0655/16247	0689/08517
0553/12838	0587/15152	0622/07279	0656/15127	0690/01078
0554/13153	0588/02806	0623/11237	0657/15266	0691/00289
0555/11397	0589/14976	0624/09043	0658/02078	0692/05662
0556/11583	0590/00836	0625/16053	0659/15173	0693/05661
0557/11396	0591/01124	0626/01226	0660/02025	0694/05663

0695/04359	0729/11748	0773/15635	0807/02241	0843/11339
0696/03348	0730/03844	0774/15636	0808/02610	0844/10349
0697/02186	0731/05123	0775/15638	0809/03170	0845/14638
0698/02449	0732/05125	0776/18046	0810/04015	0846/12812
0699/07607	0733/05124	0777/17992	0811/10124	0847/12040
0700/16498	0734/02278	0778/11149	0812/12962	0848/08515
0701/03360	0735/05579	0779/13143	0813/08174	0849/11391
0702/01005	0736/05104	0780/12706	0814/16398	0850/01526
0703/01714	0737/18550	0781/14639	0815/02180	0851/02332
0704/04422	0738/00996	0782/03174	0816/17128	0852/05647
0705/04303	0739/14748	0783/01372	0817/03917	0853/05648
0706/01651	0741/16791	0784/03185	0818/03918	0854/05649
0707/01452	0742/02776	0785/01694	0819/10595	0855/05630
0708/03886	0743/02777	0786/12077	0820/13769	0856/05650
0709/02446	0744/11814	0787/01695	0821/06934	0857/06153
0710/07584	0745/02502	0788/01062	0822/12967	0858/14965
0711/07566	0746/02501	0789/00374	0823/12968	0859/19457
0712/08159	0747/02510	0790/03819	0824/11521	0860/01990
0713/03770	0748/02505	0791/03242	0825/10270	0861/01989
0714/12844	0749/02512	0792/12639	0826/08254	0862/01991
0715/12854	0750/02508	0793/12640	0827/06109	0863/01992
0716/12735	0751/02506	0794/11267	0828/12072	0864/01993
0717/12850	0752/02511	0795/10441	0829/14335	0865/05051
0718/07672	0754/02504	0796/10429	0830/03535	0866/05053
0719/00306	0755/02509	0797/09533	0831/04615	0867/05052
0720/11258	0756/02503	0798/07552	0832/01003	0868/12396
0721/03869	0757/14543	0799/07606	0834/10481	0869/12397
0722/12063	0758/14777	0800/14701	0835/01071	0870/15298
0723/11379	0759/06218	0801/13787	0836/14626	0871/15299
0724/02304	0760/12350	0802/13958	0837/11028	0872/15300
0725/04776	0762/14938	0803/18245	0838/02709	0873/15301
0726/13192	0763/02964	0804/02769	0840/05305	0874/15302
0727/00994	0771/02965	0805/03511	0841/05306	0875/15303
0728/13277	0772/15634	0806/01437	0842/00930	0876/15304

0877/15305	0920/01019	0956/01235	0992/12156	1028/16657
0878/15306	0921/03871	0957/04073	0993/16275	1029/16524
0879/15307	0922/03872	0958/01020	0994/02166	1030/16779
0880/15308	0923/01815	0959/01509	0995/16454	1031/16115
0881/15309	0924/02295	0960/14427	0996/12614	1032/16640
0882/15310	0925/01698	0961/03147	0997/12613	1033/16415
0883/15311	0926/01699	0962/04502	0998/11325	1034/04185
0884/15313	0927/13059	0963/11759	0999/00134	1035/07548
0885/15312	0928/11572	0964/13282	1000/09175	1036/11119
0886/04233	0929/14345	0965/14755	1001/09176	1037/07269
0887/01429	0930/01532	0967/02671	1002/06861	1038/07272
0888/12431	0932/01403	0968/04444	1003/00301	1039/09635
0889/12239	0933/04107	0969/03884	1004/03498	1040/17009
0890/12240	0934/00240	0970/03354	1005/12557	1041/19234
0891/15500	0935/04283	0971/16729	1006/06862	1042/05925
0897/15110	0936/00685	0972/16724	1007/13722	1043/14526
0899/05012	0937/01782	0973/16421	1008/15200	1044/11985
0900/03335	0938/00375	0974/17277	1009/15201	1045/05893
0901/02075	0939/04296	0975/16711	1010/15202	1046/05894
0902/12430	0940/02682	0977/17169	1011/15203	1047/07207
0903/14784	0941/01032	0978/16632	1012/15204	1048/09688
0904/12276	0942/11643	0979/17115	1013/15205	1049/09378
0905/14501	0943/08261	0980/04201	1014/15206	1050/07064
0906/12277	0944/13190	0981/00700	1015/15207	1051/09039
0907/02232	0945/04316	0982/04701	1016/15212	1052/09038
0908/12356	0946/03932	0983/04202	1017/15213	1053/06434
0910/11610	0947/01380	0984/02664	1018/15214	1054/11121
0913/12196	0948/12880	0985/18022	1019/15215	1055/10051
0914/11713	0949/11415	0986/17297	1020/15208	1056/13707
0915/02419	0950/10617	0987/17324	1021/15209	1057/12563
0916/03227	0951/11503	0988/18075	1022/15210	1058/03448
0917/13189	0952/03916	0989/19259	1023/15211	1059/00135
0918/03931	0953/13001	0990/16404	1025/16413	1060/00600
0919/01018	0955/12301	0991/19453	1027/07338	1061/00601

1062/07973	1096/17148	1139. 2/15181	1183/17175	1218 上 /19364
1063/12099	1097/17071	1139. 3/15182	1184/17883	1219/02785
1064/07131	1098/04614	1139. 4/15183	1185/16918	1222/05784
1065/09840	1099/13206	1148/05224	1186/16860	1224/11659
1066/08176	1100/12155	1149/01617	1187/14088	1225/14397
1067/02059	1101/04501	1150/06800	1188/17858	1226/19303
1068/05852	1102/11546	1152/16994	1190/17805	1227/19304
1069/16684	1103/12984	1153/17626	1191/14059	1228/16437
1070/02825	1104/15103	1155/16303	1192/17528	1229/14484
1071/05875	1105/00925	1156/16718	1194/18662	1230/05960
1072/06215	1106/02658	1157/01721	1195/17906	1231/02403
1073/03343	1107/08230	1158/10152	1196/19233	1232/17090
1074/06152	1108/02699	1159/14600	1197/01470	1233/17091
1075/01339	1109/16850	1160/14314	1198/02002	1234/17092
1076/19240	1110/16683	1161/01234	1199/05834	1235/06075
1077/19606	1111/17999	1162/00274	1200/12305	1236/05956
1078/19607	1112/16639	1163/13027	1201/02005	1237/02408
1079/10861	1113/16572	1164/08069	1202/02006	1238/14096
1080/10864	1114/06924	1165/10575	1203/18250	1239/14095
1081/19284	1115/09201	1166/07990	1204/16600	1240/16709
1082/19438	1116/17938	1167/16970	1205/02239	1241/18000
1083/19439	1117/00441	1168/16534	1206/16928	1242/14494
1084/19440	1118/00442	1169/16519	1207/00429	1243/14161
1085/19602	1119/00443	1170/17923	1208/00430	1244/01797
1086/16740	1120/03119	1171/18811	1209/14975	1245/01798
1087/16442	1125/18749	1172/18812	1210/14035	1246/00350
1088/12358	1126/06669	1175/18807	1211/14504	1247/00276
1089/03328	1127/18730	1176/18808	1212/05897	1248/00275
1090/17353	1128/16811	1177/08726	1213/01657	1249/14093
1091/02193	1129/17050	1178/08727	1214/05783	1250/02410
1092/13118	1131/12120	1179/00645	1215/16675	1251/15520
1093/16566	1132. 1/15761	1180/17051	1216/12309	1258/15796
1094/02938	1132. 2/15762	1181/17162	1217/02861	1263/17661
1095/01948	1139. 1/15180	1182/17225	1218/01758	1264/14415

1265/05854	1314/03728	1349/16626	1383/17143	1421/00028
1266/14985	1315/13256	1350/17212	1384/17829	1422/00124
1267/17836	1316/12986	1351/03250	1386/16803	1423/00120
1268/15289	1317/18026	1352/12082	1387/12948	1424/00514
1277/15783	1318/19502	1353/07646	1388/16968	1425/00561
1283/14747	1319/02944	1354/16591	1389/16618	1426/03499
1284/03159	1320/12025	1355/10652	1390/17684	1427/07410
1285/17140	1321/12024	1356/01381	1391/17685	1428/07416
1286/16995	1322/14858	1357/16380	1392/17572	1429/08709
1287/08563	1323/12261	1358/18485	1393/04724	1430/08902
1288/12727	1324/11014	1359/14659	1394/05328	1431/09258
1289/16925	1325/01770	1360/18476	1395/11483	1432/09261
1291/16035	1326/03303	1361/01309	1397/16743	1433/10076
1292/00779	1327/15064	1362/13789	1398/17260	1434/13498
1294/06613	1328/03136	1363/16597	1399/02289	1435/14616
1295/00219	1329/17275	1364/16385	1400/00470	1436/14153
1296/12020	1330/17195	1365/16384	1401/19258	1437/00692
1297/12228	1331/17149	1366/16238	1402/19257	1438/01430
1298/12228	1332/16464	1367/14789	1404/17236	1439/02420
1299/17307	1334/13824	1368/13831	1405/17683	1440/03225
1300/16824	1335/16268	1369/18486	1406/17288	1441/04153
1301/04291	1336/03524	1370/18483	1407/18077	1442/05202
1302/01043	1337/01562	1371/18848	1408/17363	1443/12080
1303/00142	1338/01555	1372/14488	1409/15360	1444/14601
1304/03528	1339/01556	1373/17615	1410/00329	1445/02395
1305/19299	1340/01560	1374/06063	1411/03403	1446/02427
1306/16474	1341/01561	1375/01984	1412/17263	1447/03033
1307/17315	1342/04390	1376/17810	1413/19158	1448/03873
1308/17641	1343/04250	1377/13813	1414/17529	1449/05124
1309/14502	1344/04251	1378/04105	1416/17192	1450/05573
1310/02039	1345/15759	1379/18589	1417/20502	1451/06206
1311/16838	1346/12185	1380/18588	1418/11951	1452/13339
1312/17139	1347/12182	1381/16921	1419/00559	1453/14434
1313/18005	1348/12183	1382/00278	1420/00047	1454/02279

1455/02396	1490/16559	1524/14090	1560/18551	1597/13050
1456/02436	1491/16763	1525/16747	1561/16286	1598/01428
1457/03339	1492/17266	1526/00218	1562/16532	1599/02331
1458/05503	1493/17361	1527/00956	1563/00003	1600/02475
1459/05635	1494/16641	1528/04137	1564/01507	1601/04660
1460/06128	1495/16300	1529/06866	1565/01689	1602/04898
1461/15264	1496/16681	1530/06563	1566/02377	1603/04899
1462/04939	1497/16533	1532/08929	1567/02412	1604/04896
1463/02121	1498/16700	1533/16198	1568/06922	1605/04897
1464/14513	1499/16512	1534/16197	1569/06564	1606/05233
1465/14980	1500/17828	1536/16302	1570/08060	1607/05677
1466/15511	1501/11520	1537/16406	1571/06992	1608/11747
1467/15512	1502/03419	1538/16569	1572/06993	1609/14381
1468/15513	1503/03597	1539/16601	1573/06994	1610/04290
1469/15514	1504/04003	1540/16691	1574/06995	1611/04833
1470/15515	1505/06465	1541/16634	1575/09084	1612/04915
1471/15516	1506/06749	1542/16781	1576/09088	1613/15239
1472/15517	1507/07395	1543/16782	1577/09241	1614/15240
1473/15518	1508/08063	1544/17668	1578. 1/09308	1615/15241
1474/15519	1509/07859	1545/16463	1578. 2/09309	1616/15242
1475/14758	1510/09715	1546/16425	1582/10881	1617/15243
1476/15061	1511/09106	1547/16778	1583/11135	1618/15244
1477/15060	1512/09085	1548/18028	1584/11118	1619/15245
1478/17915	1513/09107	1549/16131	1585/11462	1620/15246
1479/15277	1514/09056	1550/16492	1587/13753	1621/05613
1480/17880	1515/09157	1551/17942	1588/13280	1622/05614
1481/18018	1516/09086	1552/16172	1589/01232	1623/13042
1482/03238	1517/09452	1553/19344	1590/01518	1624/14765
1483/12406	1518/09244	1554/02442	1591/03216	1625/17857
1484/14786	1519/09553	1555/14536	1592/04407	1626/01658
1485/16855	1520/14179	1556/03038	1593/04537	1627/06072
1487/01683	1521/19276	1557/03037	1594/04551	1628/14606
1488/02042	1522/06678	1558/16599	1595/04552	1629/01488
1489/16396	1523/17941	1559/19168	1596/07590	1630/17925

1631/18069	1665/04330	1699/17527	1734/17931	1770/16491
1632/18074	1666/04462	1700/02863	1735/17623	1771/06068
1633/00227	1667/10566	1701/02864	1736/17895	1772/16935
1634/10899	1668/04612	1702/00431	1737/14085	1773/05922
1635/12910	1669/11711	1703/03181	1738/17877	1774/16414
1636/13518	1670/14859	1704/16475	1739/07681	1775/18042
1637/02680	1671/02736	1705/16619	1740/20508	1776/18072
1638/17077	1672/02737	1706/03772	1741/17929	1777/18040
1639/20506	1673/02840	1707/09132	1742/00305	1778/18033
1640/19459	1674/05017	1708/09816	1743/00726	1779/18051
1641/00176	1675/14868	1709/10210	1744/02826	1780/20533
1642/00177	1676/16905	1710/10351	1745/08099	1781/05977
1643/00542	1677/16837	1711/01937	1746/10196	1782/17304
1644/01366	1678/20501	1712/02351	1747/11535	1783/10891
1645/06406	1679/00536	1713/06074	1748/00811	1784/07474
1646/06415	1680/07694	1714/00659	1749/02020	1785/09383
1647/13778	1681/10126	1715/16153	1750/03105	1786/12675
1648/08931	1682/12013	1716/16200	1751/04027	1787/04001
1649/12649	1683/01258	1717/16245	1752/10378	1788/08773
1650/09073	1684/01702	1718/16377	1753/13309	1789/09769
1651/09008	1685/10998	1719/16348	1754/01445	1790/12937
1652/14154	1686/04128	1720/16375	1755/01554	1791/13516
1653/16055	1687/02667	1721/09522	1756/04424	1792/11460
1654/13740	1688/03344	1722/06761	1757/02187	1793/11461
1655/12204	1689/05501	1723/06982	1758/03326	1794/11654
1656/17871	1690/02330	1724/03549	1759/08259	1795/02461
1657/09196	1691/12154	1725/08061	1760/18705	1796/01706
1658/09376	1692/02347	1726/01090	1761/08554	1797/02787
1659/10208	1693/14052	1727/16296	1762/08080	1798/10136
1660/09560	1694/16853	1728/16297	1763/11648	1799/10614
1661/11120	1695/12308	1729/00418	1764/01537	1800/12731
1662/11219	1696/02205	1730/03425	1765/05535	1801/14603
1663/11591	1697/01101	1731/09299	1768/17296	1802/00002
1664/02204	1698/03591	1733/14879	1769/17269	1803/16932

1804/03894	1840/08074	1875/05178	1916/14892	1953/09805
1805/14860	1841/10322	1876/17945	1917/02063	1954/07682
1806/14086	1842/04446	1877/16506	1919/17213	1955/07683
1807/17921	1843/06948	1878/16712	1920/00414	1956/10153
1808/19907	1844/14332	1879/16797	1921/00877	1957/05207
1809/06056	1845/13538	1880/17886	1922/01108	1958/05271
1810/18061	1846/08920	1881/17873	1923/20531	1959/05272
1811/18064	1847/08058	1882/18591	1924/00185	1960/13315
1812/17099	1848/06630	1890/13602	1925/00408	1961/13332
1813/01506	1849/09442	1891/05179	1927/04139	1962/12452
1814/18202	1850/20529	1892/12415	1928/08992	1963/12088
1815/13499	1851/20503	1893/16789	1929/09215	1964/05534
1816/16130	1852/03561	1894/12373	1930/11974	1965/05535
1817/07588	1853/04417	1895/17944	1932/07031	1966/02348
1818/01350	1854/00454	1896/05933	1933/13759	1967/16833
1819/03442	1855/10187	1897/05934	1934/06202	1968/16808
1820/12043	1856/17511	1898/17885	1935/11210	1969/16629
1821/11330	1857/20509	1899/17889	1936/00934	1970/16725
1822/13500	1858/09339	1900/17360	1937/12560	1971/17062
1823/18219	1859/10221	1901/16919	1938/10300	1972/17088
1824/13013	1860/13503	1902/17282	1939/10331	1973/17095
1826/12882	1861/16580	1903/18536	1940/00355	1974/17156
1827/13462	1862/13705	1904/17193	1941/04081	1975/17150
1828/02247	1863/14593	1905/02144	1942/04010	1976/17142
1830/10649	1865/20534	1906/16722	1943/04186	1977/17199
1831/17024	1866/17327	1907/05681	1944/14670	1978/17201
1832/18067	1867/16686	1908/12103	1945/08394	1979/17123
1833/14991	1868/17937	1909/00342	1946/08577	1980/12445
1834/02614	1869/17949	1910/09252	1947/03277	1981/17816
1835/08986	1870/17912	1911/12067	1948/13120	1983/16971
1836/13709	1871/17891	1912/11372	1949/10272	1984/16692
1837/16081	1872/17097	1913/13216	1950/11771	1985/17034
1838/11991	1873/01849	1914/11416	1951/13299	1986/17036
1839/03637	1874/05400	1915/05217	1952/09804	1987/17843

1988/18030	1992/17222	1996/17360	2000/17217	2004/17113
1989/17039	1993/17223	1997/17677	2001/16482	2005/17189
1990/16301	1994/16457	1998/17126	2002/17671	
1991/17221	1995/16702	1999/17318	2003/17136	

十五、《近出》與《銘圖》器號對照表

本表以《近出殷周金文集録》器號排序，"/"前爲《近出殷周金文集録》器號，"/"後爲《商周青銅器銘文暨圖像集成》器號。

0001/15120	0032/15244	0063/15609	0094/15794	0125/02776
0002/15152	0033/15245	0064/15610	0095/15796	0126/02777
0003/15173	0034/15246	0065/15611	0096/15520	0127/02769
0004/15761	0035/15298	0066/15612	0097/15500	0128/02765
0005/15762	0036/15299	0067/15613	0098/15797	0129/02812
0006/15181	0037/15300	0068/15614	0099/15798	0130/02822
0007/15182	0038/15301	0069/15615	0100/15799	0131/02826
0008/15180	0039/15302	0070/15616	0101/15800	0132/02931
0009/15183	0040/15303	0071/15617	0102/15801	0133/02861
0010/15200	0041/15304	0072/15618	0103/15802	0134/02892
0011/15201	0042/15305	0073/15619	0104/15803	0135/02944
0012/15202	0043/15306	0074/15623	0105/15804	0136/02953
0013/15203	0044/15307	0075/15625	0106/15634	0137/02952
0014/15204	0045/15308	0076/15620	0107/15635	0138/02951
0015/15205	0046/15309	0077/15622	0108/15636	0139/02950
0016/15206	0047/15310	0078/15621	0109/15638	0140/02949
0017/15207	0048/15311	0079/15624	0110/15871	0141/02948
0018/15208	0049/15312	0080/15627	0111/15856	0142/02947
0019/15209	0050/15313	0081/15626	0112/15857	0143/02946
0020/15210	0051/15351	0082/15629	0113/15858	0144/20508
0021/15211	0052/15352	0083/15630	0114/15917	0145/02968
0022/15212	0053/15353	0084/15631	0115/15918	0146/03024
0023/15213	0054/15354	0085/15628	0116/15919	0147/03023
0024/15214	0055/15355	0086/15361	0117/15960	0148/03119
0025/15215	0056/15356	0087/15362	0118/02610	0149/03105
0026/15772	0057/15357	0088/15363	0119/02636	0150/03274
0027/15239	0058/15358	0089/15364	0120/02658	0151/03153
0028/15240	0059/15359	0090/15365	0121/02664	0152/03163
0029/15241	0060/15606	0091/15366	0122/02709	0153/03174
0030/15242	0061/15607	0092/15367	0123/02699	0154/03185
0031/15243	0062/15608	0093/15368	0124/02806	0155/03239

0324/02059	0359/02470	0393/03770	0427/04255	0461/04799
0325/02075	0360/02471	0394/03785	0428/04308	0462/04724
0326/02052	0361/02472	0395/03819	0429/04290	0463/04776
0327/02144	0362/02473	0396/03832	0430/04359	0464/04734
0328/02152	0363/02474	0397/03826	0431/06061	0465/04880
0329/02151	0364/02446	0398/04027	0432/04423	0466/04896
0330/02150	0365/03403	0399/03844	0433/04417	0467/04897
0331/02149	0366/03487	0400/03869	0434/04425	0468/04898
0332/02148	0367/03447	0401/03874	0435/04460	0469/04899
0333/02147	0368/03432	0402/03919	0436/04461	0470/04930
0334/02146	0369/03738	0403/03917	0437/04440	0471/04960
0335/02020	0370/03425	0404/03918	0438/04424	0472/05034
0336/02193	0371/03461	0405/03906	0439/04469	0473/05033
0337/02187	0372/03462	0406/03862	0440/04470	0474/05032
0338/02185	0373/03561	0407/03730	0441/04468	0475/05012
0339/02201	0374/03436	0408/03731	0442/04467	0476/05051
0340/02205	0375/03448	0409/03750	0443/04466	0477/05053
0341/02221	0376/03474	0410/03772	0444/04465	0478/05123
0342/02232	0377/03498	0411/03997	0445/04497	0479/05125
0343/02247	0378/03511	0412/04000	0446/04501	0480/05124
0344/02289	0379/03528	0413/04006	0447/04528	0481/05158
0345/02278	0380/03535	0414/04105	0448/04201	0482/05188
0346/02304	0381/03537	0415/04105	0449/04537	0483/05182
0347/02279	0382/03420	0416/04106	0450/04601	0484/05202
0348/02288	0383/03513	0417/04137	0451/04578	0485/05233
0349/02216	0384/03524	0418/04202	0452/04614	0486/05301
0350/02332	0385/03591	0419/04195	0453/04656	0487/04056
0351/02351	0386/03590	0420/04162	0454/04635	0488/05305
0352/02395	0387/03471	0421/04185	0455/04636	0489/05327
0354/02410	0388/03703	0422/04231	0456/04661	0490/05376
0355/02408	0389/03442	0423/04251	0457/04650	0491/05399
0356/02449	0390/03693	0424/04250	0458/04651	0492/05513
0357/02461	0391/03723	0425/04291	0459/04784	0493/05520
0358/02469	0392/03749	0426/04366	0460/04783	0494/05521

0495/05522	0529/05956	0563/12732	0597/13217	0631/11594
0496/05523	0530/05947	0564/13027	0598/13206	0632/11545
0497/05518	0531/05948	0565/12748	0599/13192	0633/11648
0498/05535	0532/05949	0566/12842	0600/12290	0634/11737
0499/05614	0533/05954	0567/12040	0601/13273	0635/11748
0500/05613	0534/05952	0568/12060	0602/13277	0636/11744
0501/05630	0535/05953	0569/12844	0603/13299	0637/11771
0502/05639	0536/05970	0570/12850	0604/13309	0638/11983
0503/05647	0537/06070	0571/12066	0605/13339	0639/10085
0504/05648	0538/06074	0572/12854	0606/11122	0640/10087
0505/05649	0539/06109	0573/12812	0607/11119	0641/10067
0506/05661	0540/06108	0574/12077	0608/11121	0642/10069
0507/05681	0541/06144	0575/12824	0609/11212	0643/10070
0508/05752	0542/06145	0576/12727	0610/11211	0644/10051
0509/05753	0543/06152	0577/12892	0611/11258	0645/10152
0510/05781	0544/12521	0578/12882	0612/11267	0646/10153
0511/05783	0545/12538	0579/13040	0613/11289	0647/10117
0512/05790	0546/12562	0580/12953	0614/11237	0648/10205
0513/05863	0547/12559	0581/12099	0615/11371	0649/10173
0514/05864	0548/12561	0582/12962	0616/11441	0650/10196
0515/05866	0549/12563	0583/13013	0617/11325	0651/10270
0516/05865	0550/12557	0584/12111	0618/11379	0652/10210
0517/05835	0551/12600	0585/12967	0619/11330	0653/10184
0518/05852	0552/12558	0586/12968	0620/11339	0654/10227
0519/05854	0553/12613	0587/12973	0621/11395	0655/10483
0520/05880	0554/12616	0588/12984	0622/11483	0656/11275
0521/05897	0555/12639	0589/13036	0623/11486	0657/00428
0522/05926	0556/12640	0590/13045	0624/11502	0658/10423
0523/05922	0557/12734	0591/12133	0625/11524	0659/10429
0524/05928	0558/12735	0592/13042	0626/11521	0660/10441
0525/05927	0559/12736	0593/13118	0627/11528	0661/10351
0526/05925	0560/12656	0594/13120	0628/11535	0662/10349
0527/05933	0561/12647	0595/13161	0629/11546	0663/10366
0528/05934	0562/11992	0596/12194	0630/19516	0664/10378

0665/10377	0699/09012	0733/09436	0767/06942	0802/06862
0666/10420	0700/09030	0734/09423	0768/06422	0803/06419
0667/10533	0701/09038	0735/09683	0769/06433	0804/06802
0668/10437	0702/09039	0736/09298	0770/06809	0805/06442
0669/10575	0703/09167	0737/09232	0771/06629	0806/07566
0670/10555	0704/08920	0738/09425	0772/06434	0807/07144
0671/10524	0705/08993	0739/09472	0773/06417	0808/07279
0672/10607	0706/09119	0740/09020	0774/06439	0809/07588
0673/10608	0707/09040	0741/09529	0775/06948	0810/07606
0674/19517	0708/08972	0742/09559	0776/06450	0811/07210
0675/10595	0709/09048	0743/09585	0777/06563	0812/07207
0676/10649	0710/09043	0744/09654	0779/06613	0813/07607
0677/11723	0711/09042	0745/09615	0780/06670	0814/07269
0678/11728	0712/09176	0746/09618	0781/06669	0815/07272
0679/09132	0713/09175	0747/09635	0782/06919	0816/07646
0680/08914	0714/09211	0748/09667	0783/06703	0817/07284
0681/09057	0715/09533	0749/09664	0784/06425	0818/07282
0682/09070	0716/09256	0750/09668	0785/06426	0819/07278
0683/08901	0717/09350	0751/09745	0786/06427	0820/08042
0684/08929	0718/09351	0752/09760	0787/06452	0821/07552
0685/08930	0719/09348	0753/09761	0788/06453	0822/07314
0686/08928	0720/09349	0754/09805	0789/06454	0823/07315
0687/09141	0721/09347	0755/09804	0790/06435	0824/07325
0688/09118	0722/09343	0756/09816	0791/06793	0825/07326
0689/08965	0723/09352	0757/09840	0792/06437	0826/07518
0690/08966	0724/09344	0758/09853	0793/06650	0827/07064
0691/08987	0725/09345	0759/06559	0794/06933	0828/07032
0692/08988	0726/09346	0760/06428	0795/06944	0829/07033
0693/08981	0727/09393	0761/06808	0796/06882	0830/07034
0694/08999	0728/09378	0762/06412	0797/06934	0831/07035
0695/08890	0729/09397	0763/06429	0798/06846	0832/08719
0696/08896	0730/09401	0764/06432	0799/06868	0833/08722
0697/09299	0731/09317	0765/06983	0800/06866	0834/08721
0698/09007	0732/09333	0766/06403	0801/06861	0835/08715

0836/08714	0870/07748	0904/08452	0938/14701	0972/12430
0837/08718	0871/08115	0905/08577	0939/14721	0973/13706
0838/08713	0872/08755	0906/08466	0940/14748	0974/13707
0839/08717	0873/08121	0907/08359	0941/14758	0975/13709
0840/08716	0874/07793	0908/08360	0942/14789	0976/13705
0841/08720	0875/08159	0909/08515	0943/14791	0977/13722
0842/07053	0876/08137	0910/08574	0944/11974	0978/13737
0843/07338	0877/07803	0911/08554	0945/11981	0979/13746
0844/07378	0878/08132	0912/08564	0946/12018	0980/13759
0845/07561	0879/08394	0913/08789	0947/12012	0981/13769
0846/07672	0880/08177	0914/08790	0948/12043	0982/13780
0847/07017	0881/08202	0915/10892	0949/12072	0983/13762
0848/07018	0882/08198	0916/10934	0950/12079	0984/13787
0849/06981	0883/08199	0917/10979	0951/12120	0985/13789
0850/07682	0884/08254	0918/10943	0952/12156	0986/14088
0851/07683	0885/08241	0919/10960	0953/12145	0987/13831
0852/06984	0886/07850	0920/10961	0954/12155	0988/13459
0853/06988	0887/07840	0921/10904	0955/12182	0989/13462
0854/06986	0888/08230	0922/11014	0956/12183	0990/13500
0855/06985	0889/07873	0923/10911	0957/12228	0991/13480
0856/06987	0890/07882	0924/11023	0958/12221	0992/13499
0857/08069	0891/07815	0925/11025	0959/12222	0993/13511
0858/07009	0892/08343	0926/11028	0960/12239	0994/13518
0859/07400	0893/08259	0927/11034	0961/12289	0995/13272
0860/07548	0894/08068	0928/13613	0962/12276	0996/14314
0861/07472	0895/08033	0929/13605	0963/12322	0997/14335
0862/07543	0896/08058	0930/13651	0964/12321	0998/14318
0863/07495	0897/08753	0931/14593	0965/10863	0999/14329
0864/07462	0898/08371	0932/14600	0966/12309	1000/14362
0865/07695	0899/08108	0933/14617	0967/12343	1001/14383
0866/08036	0900/08459	0934/14626	0968/12356	1002/14400
0867/08037	0901/08396	0935/14690	0969/12396	1003/14406
0868/08080	0902/08766	0936/14638	0970/12415	1004/14415
0869/08099	0903/08410	0937/14659	0971/12431	1005/14494

1006/14501	1041/14093	1075/16502	1110/16492	1144/16630
1007/14513	1042/14096	1076/16503	1111/16534	1145/16631
1008/14519	1043/19229	1077/16236	1112/16524	1146/16729
1009/14526	1044/19240	1078/16231	1113/16497	1147/16824
1010/14855	1045/19234	1079/16238	1114/16572	1148/16724
1011/14879	1046/19231	1080/16237	1115/16559	1149/16718
1012/14889	1047/10861	1081/16398	1116/16545	1150/16781
1013/14946	1048/10859	1082/16247	1117/16566	1151/16778
1014/14976	1049/18848	1083/16302	1118/16580	1152/16803
1016/14968	1050/18807	1084/16303	1119/16533	1153/16782
1017/14965	1051/18812	1085/16301	1120/16553	1154/16748
1018/14985	1052/18811	1086/16300	1121/16569	1155/16838
1019/14990	1053/18730	1087/16415	1122/16590	1156/16898
1020/14996	1054/19269	1088/16442	1123/16591	1157/16850
1021/15002	1055/19274	1089/16366	1124/16709	1158/16847
1022/06056	1056/19297	1091/16396	1125/16686	1159/16846
1023/06215	1057/19442	1092/16345	1126/16596	1160/16844
1024/06216	1058/19299	1093/16348	1127/16597	1161/16843
1025/06063	1059/19457	1094/16397	1128/16632	1162/16921
1026/06075	1060/14784	1095/16405	1129/16747	1163/16811
1027/14161	1061/16286	1096/16380	1130/16683	1164/17050
1028/13958	1062/16374	1097/16385	1131/16657	1165/16763
1029/14053	1063/16131	1098/16384	1132/16634	1166/17024
1030/14054	1064/16115	1099/16491	1133/16592	1167/17051
1031/14055	1065/16197	1100/16421	1134/16618	1168/17071
1032/14056	1066/16198	1101/16425	1135/16681	1169/17099
1033/14059	1067/16053	1102/16474	1136/16619	1170/17140
1034/14068	1068/16081	1103/16475	1137/16639	1171/17097
1035/14069	1069/16130	1104/16463	1138/16700	1172/17126
1036/14079	1070/16072	1105/16482	1139/16512	1173/17143
1037/14080	1071/16207	1106/16464	1140/16691	1174/17128
1038/14083	1072/16135	1107/16437	1141/16601	1175/17144
1039/14084	1073/16308	1108/16406	1142/16641	1176/17149
1040/14086	1074/16501	1109/16495	1143/16743	1177/17169

1178/17162	1195/17353	1211/17668	1227/18022	1243/18734
1179/17303	1196/17360	1212/17671	1228/18000	1244/18739
1180/17187	1197/17355	1213/17685	1229/18075	1245/18221
1181/17195	1198/17287	1214/17672	1230/17857	1246/18219
1183/17175	1199/17260	1215/17684	1231/17992	1247/18202
1184/17192	1200/17361	1216/17683	1232/18005	1248/18245
1185/17297	1201/17283	1217/17805	1233/18046	1249/18550
1186/17225	1202/17511	1218/17830	1234/18008	1250/18529
1187/17256	1203/17527	1219/17816	1235/18067	1251/18476
1188/17266	1204/17554	1220/17930	1236/18064	1252/18485
1189/17236	1205/17572	1221/17923	1237/18061	1253/18486
1190/17324	1206/17582	1222/17906	1238/18322	1254/19158
1191/17315	1207/17601	1223/17894	1239/18740	1255/19174
1192/17288	1208/17641	1224/17929	1240/18705	1256/19175
1193/17277	1209/17620	1225/17937	1241/18662	1257/19020
1194/17276	1210/17661	1226/17938	1242/18729	1258/19077

十六、《銘圖》首次著録器物名録

00017. 史鼎　　　　　01096. 客林左鼎　　　01854. 聑𡧽□子鼎
00064. 子鼎　　　　　01218. 亞橐孤竹鼎　　01866. 令鼎
00076. 臤鼎　　　　　01237. 𡧖鼎　　　　　01889. 匡上官鼎
00077. 臤鼎　　　　　01242. 穆公鼎　　　　01897. 寡男鼎
00080. 亞鼎　　　　　01245. 伯鼎　　　　　01898. 寡男鬺鼎
00224. 貯鼎　　　　　01246. 伯鼎　　　　　01930. 寡邑司鼎
00226. 貯鼎　　　　　01279. 作寶尊彝鼎　　01932. □盟父鼎
00293. 君鼎乙　　　　01280. 作寶尊彝鼎　　01950. 右府戠鼎
00294. 君鼎丙　　　　01286. 東鼎　　　　　01985. 蒲阪鼎
00295. 君鼎丁　　　　01314. 雷鼎　　　　　02027. 伯太師鼎
00307. 𡧖鼎　　　　　01371. ◇鼎　　　　　02033. □仲鼎
00315. 厽鼎　　　　　01427. 魯侯鼎　　　　02034. 大父鼎
00326. 𢀖鼎　　　　　01432. 陳弟鼎　　　　02100. 私府鼎
00353. 五鼎　　　　　01433. 許季鼎　　　　02106. 皇姬鼎
00428. 竹父乙鼎　　　01456. 仲州鼎　　　　02125. 芮子仲瘷鼎
00447. 萼己鼎　　　　01566. 鄂侯鼎　　　　02164. 兌保之女鼎
00479. 子𡇧鼎　　　　01573. 魯侯鼎甲　　　02185. 師衛鼎
00533. 亞𦧃鼎　　　　01574. 魯侯鼎乙　　　02189. 伯或父鼎
00614. 宁狗鼎　　　　01591. 公伯鼎　　　　02196. 仲大師鼎
00708. 文閶鼎　　　　01600. 應叔豕鼎　　　02211. 伯上父鼎
00711. 母貞鼎　　　　01607. 嬴加鼎　　　　02219. 曾侯窑鼎
00712. 𢀕度鼎　　　　01621. 寡邑司鼎　　　02220. 曾侯窑鼎
00713. 亭里鼎　　　　01630. 仲肌父鼎　　　02242. 楚子𢾰咎鼎
00759. 甫父甲鼎　　　01640. 史鼎　　　　　02243. 𤲃邑鼎
00790. 山父乙鼎　　　01672. 王孫變鼎　　　02254. 曾仲塞鼎
00809. 史父丁鼎　　　01673. 唬皆君鼎　　　02255. 春成豕子鼎
00810. 子父丁鼎　　　01674. 吳乳子鼎　　　02302. 公鼎
00842. ⌐父丁鼎　　　01676. 私厂鼎　　　　02318. 楚王鼎
00848. 天𠨍乙鼎　　　01738. 轍鼎　　　　　02349. 陾子書厷鼎
00901. 木父辛鼎　　　01763. 建陰氏孝子鼎　02356. 𤕦伯鼎
00951. 戈父癸鼎　　　01791. 長子鼎　　　　02357. 𤕦伯鼎
01016. 作大保鼎　　　01793. 元尸鼎　　　　02358. 鄧孫叔姬鼎
01037. 作寶彝鼎　　　01836. 仲姜鼎　　　　02367. 雝鼎
01063. 𢽟鼎　　　　　01838. 仲姜鼎　　　　02378. 師衛鼎

02387. 鄅得鼎	03016. 競之定鬲乙	03710. 父癸簋
02404. 鮑子鼎	03017. 競之定鬲丙	03715. 丩魚簋
02413. 榮仲鼎	03018. 競之定鬲丁	03718. 衍大簋
02426. 鞌伯豐鼎	03019. 競之定鬲戊	03809. 戈父戊簋
02437. 舁鼎	03021. 競之定鬲庚	03850. 冉父癸簋
02438. 伯碩父鼎	03022. 競之定鬲辛	03863. 鄉俪冉簋
02441. 䴢鼎	03036. 競孫旂也鬲	03887. 伯簋
02611. 冉鬲	03157. 豐甗	03897. 作寶簋
02686. 宊鬲	03164. 趣祖癸甗	03903. 作寶簋
02693. 宋姜鬲	03175. 宊父丁甗	03904. 作寶簋
02711. 又季鬲	03210. 吞幺父丁甗	03905. 作寶簋
02733. 芮姬鬲	03211. 吞幺父丁甗	03948. 作尊彝簋
02741. 芮叔鬲	03232. 季甗	03956. 邑簋
02807. 賈子伯昃父鬲甲	03233. 叔甗	03985. 亞旅父己簋
02808. 賈子伯昃父鬲乙	03249. 仲旨甗	03998. 子嬴父癸簋
02817. 作尊鬲	03286. 㪤叔乙䚸甗	04038. 伯簋
02829. 尊彝鬲	03298. 山甗	04039. 伯簋
02853. 叔豐慶鬲	03316. 仲邑甗	04040. 伯簋
02854. 侯氏鬲	03329. 應監甗	04062. 宪簋
02855. 侯氏鬲	03333. 鄭邢伯奔父甗	04123. 伯簋
02856. 侯氏鬲	03349. 昔須甗	04131. 作寶旅簋
02857. 侯氏鬲	03356. 帘甗	04152. 姑簋
02862. 曾仲塞鬲	03358. 楚王頜甗	04184. 厕伯簋
02867. 兒慶鬲	03362. 王孫叔謹甗	04252. 秦公簋
02897. 芮太子鬲	03449. 融簋	04280. 巽簋
02898. 芮太子白鬲	03455. 巽簋	04284. 州簋甲
02899. 芮太子白鬲	03469. 敄簋	04285. 州簋乙
02939. 邿友父鬲	03478. 丫簋	04302. 杍伯簋
02940. 邿友父鬲	03509. 宊簋	04335. 呂娆簋
02941. 邿友父鬲	03510. 宊簋	04369. 季寊父簋
02942. 邿友父鬲	03593. 君簋乙	04408. 宪簋
02970. 善夫吉父鬲	03594. 君簋丙	04412. 姒簋
02971. 善夫吉父鬲	03595. 君簋丁	04419. 趣簋甲
02972. 善夫吉父鬲	03628. 耒册簋	04420. 趣簋乙

04432. 芮公簋
04433. 芮公簋
04434. 芮伯簋蓋
04441. 鄂監簋
04442. 伯戈父簋
04447. 叔逆簋
04448. 叔子簋
04463. 俩季簋甲
04464. 俩季簋乙
04482. 大保簋
04489. 晉侯簋
04498. 虢姜簋
04533. 仲姜簋
04534. 仲姜簋
04535. 仲姜簋
04548. 襪簋
04603. 南宮倗姬簋
04609. 霸簋
04611. 其簋
04622. 伯繡簋
04638. 柽簋蓋
04663. 叔𢀉簋甲
04664. 叔𢀉簋乙
04682. 仲車父簋
04683. 仲車父簋
04695. 獸簋
04712. 晉侯簋
04738. 祈伯簋
04806. 此兒昶朝簋
04807. 此兒昶朝簋
04809. 尹氏士吉射簋甲
04810. 尹氏士吉射簋乙
04818. 䎽伯簋
04825. 芮公簋甲

04826. 芮公簋乙
04844. 仲百父簋蓋
04845. 仲𣄼父簋
04846. 叔侯父簋
04874. 邢公簋
04875. 邢公簋
04893. 昶伯燮父簋甲
04894. 昶伯燮父簋乙
04916. 𣄼氏劑簋乙
04937. 師衛簋
04953. 㣛簋
04961. 鴫克簋
04975. 曾侯宝簋
04976. 曾侯宝簋
04989. 伯句簋
05014. 公豐父簋
05018. 辛王姬簋
05022. 郑譴簋乙
05029. 曾仲塞簋甲
05030. 曾仲塞簋乙
05031. 曾仲塞簋丙
05064. 召生簋甲
05065. 召生簋乙
05073. 公簋
05100. 伯紳簋
05130. 賈伯簋甲
05131. 賈伯簋乙
05132. 賈伯簋丙
05137. 柯簋
05142. 師衛簋
05143. 師衛簋
05147. 旂伯簋甲
05148. 旂伯簋乙
05154. 采隻簋甲

05155. 采隻簋乙
05166. 有兒簋
05213. 冉簋
05214. 冉簋
05223. 追夷簋
05230. 召簋
05243. 馭簋
05275. 獄簋
05282. 大師盧簋丙
05283. 大師盧簋丁
05295. 斦簋
05299. 引簋甲
05300. 引簋乙
05302. 七年師兌簋蓋
05315. 獄簋甲
05316. 獄簋乙
05317. 獄簋丙
05318. 獄簋丁
05321. 我簋
05386. 眈簋
05519. 叔克父盨
05538. 應伯盨
05563. 伯里父盨
05564. 追叔父盨
05581. 鄭登叔盨
05617. 叔休盨甲
05618. 叔休盨乙
05619. 叔休盨丙
05638. 伯□父盨
05666. 趞伯盨
05670. 穆父盨
05673. 古盨蓋
05674. 大師盧盨
05676. 獄盨

05845. 豐伯盘父簋	07322. 冉辛爵	08131. 弜父丁爵
05890. 夆子選簋甲	07379. 子◼爵	08141. 冉父丁爵
05891. 夆子選簋乙	07505. 亼口爵	08160. 牛父戊爵
05896. 夾膚簋	07536. 丨冉爵	08174. 禾父己爵
05907. 邾公子害簋	07547. 𠂤介爵	08196. 戈父辛爵
05930. 曾仲塞簋甲	07567. 祖丁爵	08197. 戈父辛爵
05931. 曾仲塞簋乙	07570. 祖戊爵	08204. 竹父辛爵
06119. 姜休母鋪甲	07571. 祖己爵	08236. 子父癸爵
06120. 姜休母鋪乙	07572. 祖己爵	08274. 王爵
06157. 宋公司鋪	07587. 父乙爵	08358. 亞曩侯吳爵
06258. 仲凿父盆甲	07589. 父乙爵	08372. 亞糞父乙爵
06259. 仲凿父盆乙	07600. 父丁爵	08445. 作父乙爵
06273. 上郜公之孫盆	07610. 父己爵	08481. 尸爵
06320. 魚鼎匕	07611. 父己爵	08485. 史此爵
06321. 王子臣俎	07623. 父辛爵	08496. 伯鼉爵
06408. 申爵	07624. 父辛爵	08518. 或爵
06460. 女爵	07625. 父辛爵	08519. 冉爵
06561. 𠂤爵	07626. 父辛爵	08570. 豐爵
06562. 𠂤爵	07627. 父辛爵	08575. 前爵
06651. 貯爵	07634. 父壬爵	08705. 羕角甲
06660. 回爵	07647. 母己爵	08706. 羕角乙
06704. 史爵	07657. 牟辛爵	08973. 貯觚
06705. 史爵	07664. 子父爵	09041. 矢觚
06867. 宀爵	07665. 婦己爵	09131. 𡙇觚
06879. 𩇢爵	07688. 宀己爵	09197. 米觚
06912. 木爵	07689. 宀己爵	09225. 父癸觚
06937. 冉爵	07694. 亼羊爵	09267. 天舟觚
06958. 亢爵	07934. 宀父癸爵	09380. 亞醜觚
06959. ▌爵	08052. 口鄧示爵	09387. 亞啟觚
06960. 乂爵	08091. 祈祖癸爵	09419. 个冉觚
06966. 𢀝爵	08093. ◼祖癸爵	09537. 天祖甲觚
07227. 父辛爵	08095. 亞父甲爵	09552. 戈祖癸觚
07233. 父辛爵	08107. 糞父乙爵	09556. 冉父乙觚
07283. 冉乙爵	08130. 廟父丁爵	09594. 萬父己觚

09620. 重父癸觚	11477. 冉⚡父乙尊	12403. 師衛壺乙
09679. 媒冉串觚	11557. 衛尊	12417. 賈伯壺甲
09725. 亞獸祖乙觚	11571. 伯尊	12418. 賈伯壺乙
09754. 裸井父戊觚	11581. 作父癸尊	12447. 復封壺甲
09762. 子廟父辛觚	11621. 旒尊	12448. 復封壺乙
09793. 登觚	11638. 叔尊	12555. 腐卣
09820. 禰觚	11649. 姒尊	12564. 襄卣
09850. 遣觚	11687. 佣季尊	12565. 亞卣
09855. 内史亳豐觚	11752. 中尊	12575. 史卣
10062. 史觶	11761. 賓尊	12608. 冏卣
10086. 五觶	11786. 師衛尊	12741. 作寶壺
10148. 冉觶	11790. 楚君酓巗尊	12746. 冓天卣
10240. 父甲觶	11818. 叔尊	12768. 山父乙卣
10405. 翌父乙觶	11959. 旅壺	12837. 大保卣
10424. 臤父丙觶	11960. 鵜壺	12868. 作寶彝卣
10438. 昪父丁觶	11961. 腐壺	12888. 伯卣
10589. 丞仲觶	11962. 貯壺	12898. ∪○祖己卣
10611. 彭婦觶蓋	12114. 豐壺	12960. 鄉宁父辛卣
10912. 先斝	12172. 湯伯壺	12985. 作寶尊彝卣
10913. 爻斝	12192. 邦右茜鈁	13002. 伯卣
10914. 鼎斝	12214. 嬶壺	13005. 叔卣
10944. 冏斝	12225. 曾大廄尹壺甲	13077. 嬶禹祖辛卣
11035. 亞圩虎斝	12226. 曾大廄尹壺乙	13081. 子█父己卣
11052. 亞次斝	12264. 子窺寏壺	13088. 作姒從彝卣
11124. 黍尊	12270. 國子山壺	13119. 子喬卣
11146. 徹尊	12273. 牧壺	13130. 寧卣
11155. 冏尊	12275. 夆季壺蓋	13141. 仐羊卣
11170. 仐尊	12355. 叔善父壺	13156. 鄂侯卣
11234. 嬶婦尊	12370. 仲大師壺	13157. 鄂叔父卣
11313. 嬶父丁尊	12375. 邢叔烜壺	13253. 豐卣
11385. 作父壬尊	12381. 競孫不服壺	13257. 族卣
11399. 作寶彝尊	12390. 曾侯窑壺	13270. 元卣
11424. 伯尊	12401. 佣叔壺	13276. 嬶卣
11432. 祖辛父己尊	12402. 師衛壺甲	13302. 加卣

16625. 晉侯戈

16648. 陳之造戟

16655. 許戈

16661. 少府戈

16662. 少府戈

16694. 廿四年戈

16706. 臧之無咎戈

16737. 之用戈

16739. 備君畐戈

16749. 荀侯戈

16798. 陳不戈

16810. 蔡叔戟

16814. 王子戈

16821. 敖趄戈

16839. 蔡侯產戟

16840. 蔡侯產戟

16856. 遊公子戈

16903. 蔡公子加戈

16916. 玄鏐鏞鋁戈

16941. 巴蜀戈

16955. 巴蜀戈

16977. 攻吳王戟

17065. 庭戈

17096. 爲用戈

17106. 入巫戈

17107. 保永戈

17119. 壬午吉日戈

17131. 莆興戈

17159. 首垣令不室戈

17168. 宜令不啟戈

17203. 并陽令其戈

17273. 上郡守疾戈

17281. 上郡守壽戈

17290. 上郡守匽氏戈

17293. 上郡守猗戈

17298. 上郡守慶戈

17310. 徐莫敖昭嗇戈

17321. 工容戈

17344. 鄭令檀湢戈

17350. 冢子韓政戈

17522. 公矛

17616. 十三矛

17621. 越王者旨於賜矛

17645. 燕王喜矛

17676. 新城令馬□矛

17811. 大工尹劍

17853. 襄平令奴馘劍

17859. 何氏白羽劍

17904. 越王州句劍

17910. 越王州句劍

17913. 越王州句劍

17916. 攻吳王光劍

17919. 攻吳王光劍

17928. 用劍

17934. 攻吳王夫差劍

17939. 攻吳王夫差劍

17946. 攻吳王者彶戲劀劍

17947. 攻吳王虘戉此邻劍

17997. 十八年鈹

18002. 下邑令瘍鈹

18024. 朱繏劍

18027. 越王丌北古劍

18218. 萬鉞

18325. 錯金銘文削

18494. 弔弓柲

18531. 州戈鐓

18538. 少府鐓

18545. 少府鐓

18577. 上郡武庫弩機

18586. 二十九年弩機

18804. 亥之屯量器

18846. 衣成環權

18875. 始皇詔權

18926. 右大廄石權

19027. 楚王熊悍衡末飾

19070. 矢當盧

19071. 矢當盧

19072. 矢當盧

19073. 矢當盧

19074. 矢當盧

19237. 叔子斁厄

19295. 寶獸面

19342. 卅年銅人

19360. 冶痻杖首

19443. 工角器釦

19458. 叔休器殘片

19500. 冶馬童器

19707. 文王玉璧

19758. 亳邑玉戈

十七、《銘圖》補正

前　言

在編撰《商周青銅器銘文暨圖像集成續編》期間，收集到許多銘文在《銘圖》中已著録，但器物圖像未曾著録，以及一些收藏者、尺寸、新拓本等資料，繼而又見到周亞先生編著的《愙齋集古圖箋注》，其中也有一部分器物圖像從來沒有正式公布過。這些器物圖像和資料對於金文研究頗有參考價值，現予補録。同時，也發現《銘圖》中著録的器物個別有錯用拓本和圖像的現象，在此一併更正。

本《補正》在器名之後括注該器在《銘圖》中的編號，並將銘文拓本、釋文等所有的資料一併排列在一起，同時也糾正了原來著録中的一些錯誤，以供讀者查對使用。

這些補充資料很重要，過去一些誤釋誤讀、聚訟紛紜的問題就能得以解決。如：《銘圖》03525 戈簋，原根據《集成》著録，誤爲簋，後見到任雪莉《寶雞戴家灣商周銅器群的整理與研究》，依劉安國《雍寶銅器小群圖説長編》和陳夢家筆記定爲甗，並附有圖像，始訂正爲甗。又如 11318 山父戊尊，過去所有著録書籍均誤爲尊，見到《愙齋集古圖箋注》的圖像，始知其爲方鼎等。

又如《銘圖》收録的 20 世紀 20 年代山西渾源出土的"魚鼎匕"，是一件銘記箴言的器物，時代在春秋末期，是趙襄子所滅的代國遺物。先後有王國維、李零、詹鄞鑫、臧克和、董蓮池等先生考釋，雖各有發明，但由於匕柄殘缺一段，中間缺少幾個字，故使有些問題的解釋出現歧義，甚至於名稱都存在問題。《銘圖》收録的 2010 年山西發現的另一件"魚鼎匕"，也因藏家當時只公布了匕匙的前後銘文照片，未發表匕柄銘文照片，使得上述問題仍然未能解決。2018 年 4 月我在北京見到了實物，該匕也斷成兩截，未修復，但茬口相合，不缺字，銘文沒有錯金，匕體鏽色斑駁，確屬真品無疑。蒙藏家贈送完整摹本，又在網上得到圖像，使其銘文得以通讀。

《銘續》的附録中將新見魚鼎匕的圖像及銘文摹本公布，供大家研究。新見魚鼎匕通長 25、匕頭長 6.5、寬 4.7、柄長 18.5、柄後端寬 2 釐米。正背面鑄銘文 40 字："曰：祉（誕）又（有）氏（氏—是）蚰（昆）尸（夷），述（遂）王魚顫（顛）。曰：欽𢦏

（哉）！出斿（游）水虫，下民無智（智—知），參（參、三）目人①之蟲（蚩）蚘（尤）命，帛（薄）命入欮（羹），藔（柔）入藔（柔）出，母（毋）處忖（其）所。"

"祉"，讀爲"誕"。這在金文中習見，如麥方鼎"唯十又一月，井侯祉賛于麥，麥錫赤金，用作鼎"，沐司土疑簋"王束伐商邑，祉令康侯啚于衛"，師遽簋蓋"王在周，格新宮，王祉正師氏，王呼師朕錫師遽貝十朋"等。"祉"即典籍中的"誕"，是一個發語詞，用於句首或句中，無實義。《書·大誥》："肆朕誕以爾東征。"王引之《經傳釋詞》卷六："誕，發語詞也。"又："誕，句中助詞也。"《詩·大雅·生民》："誕寘之隘巷，牛羊腓字之。誕寘之平林，會伐平林。誕寘之寒冰，鳥覆翼之。"

"氏"，傳世魚鼎匕中因斷失一截而缺失，各家釋讀時均忽略了王國維所説的"闕字"，故有誤斷誤釋。"氏"與"氏"係一字之分化，在此用爲代詞，相當於此、這。馬王堆漢墓帛書《戰國縱橫家書·須賈説穰侯章》："此臣之所聞於魏也，願君之以氏慮事也。"《詩·大雅·崧高》："因是謝人，以作爾庸。"《漢書·地理志下》："秦之先曰柏益……至玄孫，氏爲莊公，破西戎，有其地。"顏師古注："氏與是同，古通用字。"

"尸"，李零、詹鄞鑫先生釋爲"人"，臧克和先生釋爲"匕"。人、尸、匕三字在金文中構形相近易混，但還是有區別的。"尸"字作人之側身形而屈膝，"人"字作人之側身形而不屈膝。"匕"似"人"字亦無屈膝之形（匕與人更易混，這就要根據上下文來正確判斷）。此字頭、腹、臀部皆用肥筆，膝部彎曲，與本銘"三目之人"的人字區別明顯，當是"尸"字。"尸"讀爲"夷"。"蟲"讀爲"昆"。"蟲尸"就是"昆夷"，史書又作混夷、緄夷、緄戎、串夷、畎夷、犬夷、犬戎，殷周時居住在我國西北。《詩·小雅·采薇》序："文王之時，西有昆夷之患，北有玁狁之難。"鄭玄箋："昆夷，西戎也。"春秋初期，犬戎（昆夷）又成爲秦國的強敵。後來有一支北遷到蒙古草原，與代國臨近。"祉又氏蟲尸"，即"誕有是昆夷"，意思是説：有這麼個昆夷人。

"欽弋"，即欽哉，衆家解釋一致，沒有異議。即謹慎，戒慎。《書·堯典》："帝曰：往，欽哉！"孔傳："勅鯀往治水，命使敬其事。"晋袁宏《後漢紀·靈帝紀中》："又聞微行數出諸苑囿，觀鷹犬之勞，極般游之樂，政事日隳，大化凌遲，忘乾乾不息，忽屢省之欽哉！"

"述"，李零、詹鄞鑫先生讀爲"墜"，董蓮池、臧克和先生讀爲"遂"。竊以爲讀"遂"得當。"遂"有登進、前往之義。《易·大壯》："羝羊觸藩，不能退，不能遂。"孔穎達疏："遂謂進往。"《禮記·月令》："（孟夏之月）命太尉，贊傑俊，遂賢良。"鄭玄注："遂，猶進也。"《文選·謝靈運〈九日從宋公戲馬台集送孔令〉詩》："歸客遂海嵎，脱冠謝朝列。"李善注："《廣雅》曰：'遂，往也。'"《吕氏春秋·圜道》："日夜不休，宣通下究，濊於民心，遂於四方。"高誘注："遂，達。"無叀鼎："王格于周廟，述（遂）于圖

① 從新見第三件魚鼎匕可知此字爲"取"，可讀爲"族"。

室。"遂,亦進也。

"顚",衆家多釋爲"鼎",或釋爲"顚(頂)"假借爲"鼎"。此字何琳儀在其《戰國古文字典》隸定爲"顚",从眞从頁,釋爲"顚",解釋"魚顚"就是"魚頭"。何先生所釋非常正確。《素問·奇病論》:"人生有病,顚疾者。"王冰注:"顚,謂上顚,則頭首也。"《周髀算經》卷下之一:"以繩繫表顚。"趙君卿注:"顚,首也。"董蓮池在《說山西渾源所出魚顚匕銘文中的"顚"字》一文中詳細分析了顚字所从的"眞"字寫法是晉系文字的特點,多見於戰國三晉貨幣文字。同時指出"顚"與"鼎"古音也相近,並不妨礙讀爲"鼎",但"鼎"作爲器名,不論是出土的先秦古文字資料,還是傳世的先秦典籍從不用假借字。此銘的"顚"本字本用,應解讀爲"魚首"。"遂王魚顚"就是向王進獻了一個魚頭。

匕是古代挹取飯食和牲肉的用具。《儀禮·少牢饋食禮》:"廩人概甑甗匕,與敦于廩爨。"鄭玄注:"匕,所以匕黍稷。"又《士昏禮》:"匕俎從設。"注:"匕所以別出牲體也。"考古發現匕既可以與鼎配合使用,也可以與鬲配合使用。曾侯乙墓出土的四件匕,其中兩件分別放在兩件鼎口之上,另外兩件分別放在兩件鬲口之上。昶仲無龍匕與昶仲無龍鬲同出。壽縣蔡侯墓、西川下寺一號墓出土的鬲,都附有匕。這兩件匕,不是考古發掘所得,與何種器物伴隨而出不得而知,銘文内容也反映不出它與鼎的關係,更看不出什麼"魚鼎"。所以,叫作"魚鼎匕"並不妥,但也不能叫作"魚顚匕"或"魚頭匕"。銘文内容是一則箴言,故命名爲"箴銘匕",更爲確切。

"下民無智","智"即"智",此處讀爲"知"。"下民"指百姓,人民。《詩·小雅·十月之交》:"下民之孽,匪降自天。"《史記·循吏列傳》:"使食禄者不得與下民爭利,受大者不得取小。"

"無知",可以理解爲没有知識,不明事理。如《論語·子罕》:"子曰:'吾有知乎哉? 無知也。'"朱熹集注:"孔子謙言己無知識。"《史記·酷吏列傳》:"此愚儒,無知。""無知"也可以理解爲不知道、不知曉。《東觀漢記·楊震傳》:"天知神知,何謂無知!"此處解爲不知道、不知曉。"下民無知"是說百姓們不知道。

"㕚目人之蠢蚘命","蠢蚘"即蚩尤,"㕚"即"參"。在釋讀傳世魚鼎匕的"㕚"字時,諸家都忽略了中間的缺字。李零先生將"㕚"解釋爲"視",詹鄞鑫讀爲"摻"或"慘"。從新見魚鼎匕可知傳世魚鼎匕在此處折斷,缺少"目人之"三字。"㕚"就是數字叁、三。

"三目"人見於《山海經·海外西經》:"奇肱之國,在其北,其人一臂三目,有陰有陽,乘文馬。"任臣注:"《河圖括地象》曰:'奇肱氏能爲飛車,從風遠行。'《博物志》云:'奇肱國去玉門西四萬里,善爲拭扛飛車。'"《拾遺記》:"軒轅去蚩尤之凶,遷其民善者於鄒屠之地,遷惡者於有北之鄉。"《尚書·堯典》說舜"竄三苗于三危"。《孟子·萬章》:"殺三苗于三危。"《地道記》曰:"隴西郡首陽有三危,三苗所處。……鳥鼠同穴西有三危山,三苗所處是也。"今敦煌縣東有三危山,離千佛洞不遠。奇肱氏活動於殷商時期,極有可能是蚩尤部落向西遷徙的一支。梁代任昉《述異記》:"有蚩尤神,俗云:人身牛蹄,四目六手。今冀州人掘地得髑髏如銅鐵者,即蚩尤之骨也。今有蚩尤齒,長二寸,堅不可碎。秦漢間説蚩尤氏耳鬢如劍戟,頭有角,與軒轅鬥,以角觝人,人不能向……"是否匕銘的蚩尤"三目"是較早期傳説的蚩尤形象版本,而後輾轉相傳又增爲"四目",或是"四目"另有來源,就不得而知了。總之,言其三目或四目,均是狀其神奇勇敢。

另一解,"三目"讀爲"三苗"。"目"覺部明紐,"苗"宵部明紐,目苗雙聲,覺宵旁轉,故可相通。古文獻中苗與从矛之字相通之例甚多,如《儀禮·士相見禮》:"在野則曰艸茅之臣。"鄭注:"古文茅作苗。"《後漢書·張衡傳》:"旄督以之。"李注:"爰旄督,餓人也,一作爰精目。《列子》曰:'東方有人焉,曰爰精目……'"《吕氏春秋·介立》:"東方有士焉,曰爰旄目。"所以,"苗"假借"目"爲之是没有問題的。"三目族之蚩尤"是説三苗國首領蚩尤。蚩尤與三苗國關係密切,傳説蚩尤本九黎族首領,以金作兵器,與黄帝戰於涿鹿,敗後被殺於魚首,其族南遷,世謂之三苗,所以銘稱蚩尤爲三苗之人。《山海經·海外南經》:"三苗國在赤水東,其爲人相隨,一曰三毛國。"注:"昔堯以天下讓舜,三苗之君非之,帝殺之。有苗之民叛,入南海,爲三苗國。"

"帛命入欻","帛"各家讀爲"薄","欻"讀爲"羹",可從。"薄命",就是命運不好,福分差。

"蒋入蒋出","蒋"字李零先生隸定从艸从氽从骨,讀爲"忽"。詹鄞鑫先生隸定爲从艸从入下木从骨,亦讀爲"忽"。其隸定似有可商的餘地。何琳儀《戰國古文字典》將此字隸定爲"蒋",从艸从柔从骨是對的。所從的柔字寫法與《璽彙》3420 的"柔"字,以及《璽彙》3285 的"禄"、《璽彙》2432 的"髹"、信陽楚簡 2.082.14 的"渘"所從之"柔"完全相同。此字讀爲"柔",浸漬、潤澤之義。《禮記·内則》:"搗珍,取牛羊麋鹿麐之肉,必脄,每物與牛若一,捶反側之,去其餌,孰出之,去其皽,柔其肉。"鄭玄注:"柔之爲汁和也。"《國語·鄭語》:"祝融亦能昭顯天地之光明,以生柔嘉材者也。"韋昭注:"柔,潤也。"《淮南子·説山》:"屬利劍者,必以柔砥。"高誘注:"柔,濡。""柔入柔出",與《禮記·内則》的"柔其肉"相同,是説揉來揉去,使之融和爲羹。

"母處其所","母"通"毋",戒告之語,即不要。詹鄞鑫引《孟子·萬章上》:"昔者有饋生魚於鄭子産,子産使校人畜之池。校人烹之,反命曰:'始舍之,圉圉焉,少則洋洋焉,攸然而逝。'子産曰:'得其所哉,得其所哉。'""得其所"就是獲得它的合適處所,"毋處其所"就是不要處在這樣的場所(指魚頭入羹受煎熬)。

綜上所述,匕銘的内容是一則箴言銘,是藉有人進獻魚頭有感而發,聯想到蚩尤死於魚首,於是警誡自己,謹慎處事,不要像蚩尤和魚頭一樣,落個悲慘下場。

這則箴言可以意譯爲:有這麽個昆夷人,進獻給王一個魚頭。王告誡説:要警惕啊,你這個四處游蕩的水中之物都被斬首,百姓們不知道三苗人的首領蚩尤(葬身魚首)的命運,命薄的魚頭投入羹湯,揉來揉去受煎熬,可不要落到這步田地。

還有《銘圖》收錄的卅年銅人,原來的銘文照片係藏家提供,其中只能看清"卅年"二字。2018 年 3 月我見到了實物,經仔細觀察並親手做了拓本,使得銘文清晰可辨,同時測得有關數據,使其成爲研究戰國時期三晉衡制的重要資料。

該銅人現藏香港御雅居,通高 11.3、人高 10.6、底座高 0.7、長 7、寬 4.8 釐米,重485.5 克。底板刻銘文 11 字:"卅年,十八釿夼(半)釿冢(重),玻(版)二釿。"

銘文中的"玻"讀爲版,今作板,《説文》:"版,判也。从片,反聲。"原指劈開的扁平木板,後也泛指物之扁平者。《周禮·秋官·職金》:"旅于上帝,則共其金版。"鄭玄注:"鉼金謂之版。"《韓非子·喻老》:"周有玉版,紂令膠鬲索之,文王不予。"這裏指銅人站立的踏板。

"釿"是春秋戰國時期三晉的一種重量單位名稱。按照戰國時期的釿布測算,一釿多在 14—16 克左右。按照陝西武功出土的信安君鼎所記重量測算,一釿爲 25.94克。河南泌陽出土的平安君鼎所記重量測算,一釿重 28.04 克。該銅人記載其重量爲十八釿夼(半)釿,即 18.5 釿,踏板重爲二釿,共重 20.5 釿。那麽,一釿重則爲23.7 克。天津博物館所藏扁方鼻鈕錢權,形似方足釿布,正面鑄"梁府"二字,通高3.5、寬 2.4、厚 0.4 釐米,重 22.9 克,與銅人測量的每釿重量相近,可能就是當時魏國的釿權。

目　　録

001. 史鼎(《銘圖》編號 00042)

【時　　代】商代晚期。

【收 藏 者】北京故宮博物院。

【形制紋飾】口微斂，窄口沿，口沿上有一對立耳，深腹圜底，三條柱足，其中一條爲後來補鑄。頸部飾雲雷紋帶。

【著　　錄】集成 01081。

【銘文字數】內壁鑄銘文 1 字。

【銘文釋文】史。

【備　　注】《銘圖》第 1 卷 41 頁 00042 史鼎，原無器形照片，今據《商周秦漢青銅器辨僞錄》補錄。

002. 戈鼎（《銘圖》編號 00053）

【時　　代】商代晚期。

【收 藏 者】下落不明。

【形制紋飾】斂口窄沿，口沿上有一對立耳，鼓腹分襠，三足下部呈圓柱形。腹部飾三
　　　　　組下卷角獸面紋，獸面的兩旁增飾倒置的夔龍。

【著　　錄】三代 2.3.10，貞松 2.2.4，小校 2.2.6，集成 01196，總集 0027（總集
　　　　　0035 重出）。

【銘文字數】內壁鑄銘文 1 字。

【銘文釋文】	(戈)。

【備　　注】《銘圖》第 1 卷 50 頁 00053 戈鼎，原無器形圖像，今據《謐齋金文拓本》
　　　　　補錄。

003. 鼎鼎（《銘圖》編號 00130）

【時　　代】商代晚期。

【收 藏 者】日本奈良天理參考館。

【形制紋飾】斂口圓唇，口沿上有一對扭索形立耳，鼓腹分襠，三條柱足。頸部飾三列
雲雷紋組成的列旗脊獸面紋帶。

【著　　錄】彙編 1610，集成 01188。

【銘文字數】內壁鑄銘文 1 字。

【銘文釋文】鼎。

【備　　注】《銘圖》第 1 卷 107 頁 00130 鼎，原無器形照片，今據日本天理大學附屬
天理參考館資料補錄。

004. 虪鼎(《銘圖》編號00198)

【時　　代】商代晚期。

【收 藏 者】原藏吳大澂,現藏北京故宮博物院。

【形制紋飾】口微斂,窄沿方脣,口沿上有一對立耳,分襠三柱足。頸部飾一周連珠紋,
　　　　　　腹部飾下卷角獸面紋,兩旁增飾倒置的夔龍紋,以雲雷紋填地。

【著　　錄】三代2.6.5,殷存上2.1,小校6.78.5(誤爲角),集成00987,總集0075,
　　　　　　鬱華閣82.4,國史金1848.1(國史金875.1重出,誤爲角),愙圖注038頁。

【銘文字數】內壁鑄銘文1字。

【銘文釋文】虪。

【備　　注】《銘圖》第1卷160頁00198虪鼎,原無器物圖像,今據《〈愙齋集古圖〉
　　　　　　箋注》補錄。

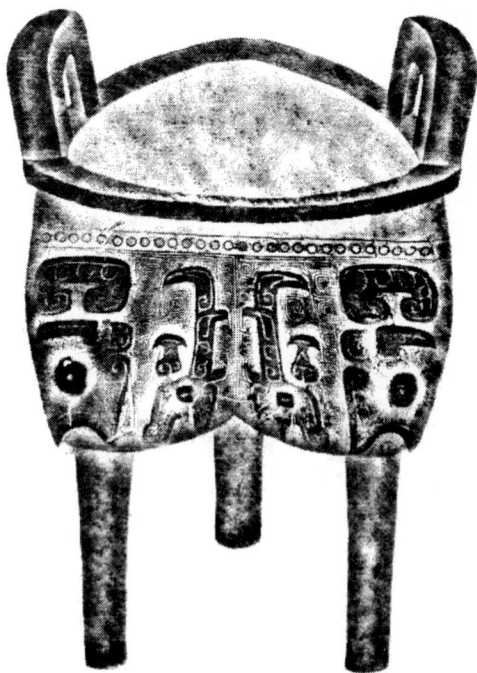

005. 莘鼎（《銘圖》編號 00254）

【時　　代】西周早期。

【收　藏　者】美國紐約大都會美術博物館。

【尺　　度】通高 20.6、耳距 17.8 釐米。

【形制紋飾】斂口窄沿，口沿上有一對扭索形立耳，鼓腹圓底，三條柱足。頸部飾雲雷紋組成的獸面紋帶，足上部飾獸面紋。

【著　　錄】美集 R271，彙編 1736，三代補 271，集成 01136，總集 0142。

【銘文字數】內壁鑄銘文 1 字。

【銘文釋文】莘。

【備　　注】《銘圖》第 1 卷 204 頁 00254 莘鼎，原無器形照片，今據盛世收藏網補錄，並增添尺寸等資料。

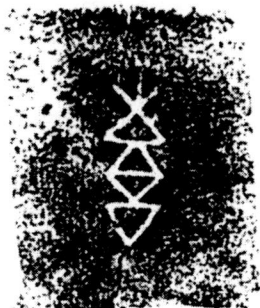

銘文拓本　　　　　　銘文照片

006. 齊鼎（《銘圖》編號 00255）

【時　　代】商代晚期。

【收 藏 者】北京故宮博物院。

【形制紋飾】窄沿方唇，口沿上有一對立耳，深腹圜底，三條柱足粗壯。頸部飾夔龍紋。

【著　　錄】集成 01138。

【銘文字數】內壁鑄銘文 1 字。

【銘文釋文】鼎。

【備　　注】《銘圖》第 1 卷 204 頁 00254 莘鼎，原無器形圖像，今據《北京圖書館藏
　　　　　　青銅器全形拓片集》補錄了器形拓本。

007. 買鼎(《銘圖》編號 00258)

【時　　代】商代晚期。

【收 藏 者】原藏吳式芬(《雙虞壺齋藏器目》)。

【形制紋飾】口微斂,窄沿方唇,口沿上有一對立耳,圓腹圓底,三條柱足。頸部飾夔龍紋,腹部飾蟬紋。

【著　　錄】三代 2.6.7,攗古 1 之 1.2.4,殷存上 1.5,集成 01168,總集 0074,鬱華閣 81.4。

【銘文字數】內壁鑄銘文 1 字。

【銘文釋文】買。

【備　　注】《銘圖》第 1 卷 205 頁 00258 買鼎,原無器形圖像,今據吳式芬所藏金石拓本補錄全形拓。

008. 爻鼎（《銘圖》編號 00259）

【時　　代】商代晚期。

【收 藏 者】上海博物館。

【形制紋飾】斂口，窄沿方唇，口沿上有一對立耳，鼓腹圜底，三條柱足。頸部飾獸面紋帶。

【著　　錄】集成 01212。

【銘文字數】內壁鑄銘文 1 字。

【銘文釋文】爻。

【備　　注】《銘圖》第 1 卷 206 頁 00259 爻鼎，原無器形照片，今據《桓臺文物》補錄。

009. 冉癸鼎（𠬝癸方鼎、癸𠬝方鼎）（《銘圖》編號 00420）

【時　　代】商代中期。

【收 藏 者】美國舊金山亞洲美術博物館（布倫戴奇藏品）。

【尺　　度】高 22.2 釐米。

【形制紋飾】體呈長方槽形，深腹平底，窄沿方唇，立耳四柱足，四壁向下稍有收分，四
　　　　　　角及四壁中部各有一道扉棱，四壁中部扉棱上下不連貫。四壁上下飾連
　　　　　　珠紋鑲邊的斜角雲紋，中部飾雲雷紋組成的獸面紋帶，足上部飾獸面紋。

【著　　録】彙編 1480，集成 01391，總集 0232，布倫戴奇（1977）圖 37。

【銘文字數】內壁鑄銘文 2 字。

【銘文釋文】癸，𠬝（冉）。

【備　　注】《銘圖》第 1 卷 324 頁 00420 冉癸鼎，錯用 02345 戲䜌鼎的照片，故致使
　　　　　　時代、形制、紋飾描述錯誤，今依《美集》更換爲冉癸鼎照片，同時更正了
　　　　　　有關時代、形制和紋飾的錯誤。

010. 冉癸鼎（癸方鼎、癸冉方鼎）（《銘圖》編號 00421）

【時　　代】商代中期。

【收 藏 者】美國西雅圖美術博物館。

【尺　　度】高 21.6 釐米。

【形制紋飾】體呈長方槽形，深腹平底，窄沿方唇，立耳四柱足，四壁向下稍有收分，四角及四壁中部各有一道扉棱，四壁中部扉棱上下不連貫。四壁上下飾連珠紋鑲邊的斜角雲紋，中部飾雲雷紋組成的獸面紋帶，足上部飾獸面紋。

【著　　錄】文物 1979 年 12 期 73 頁圖 1，彙編 1479，綜覽·方鼎 21，集成 01392，總集 0231。

【銘文字數】內壁鑄銘文 2 字。

【銘文釋文】癸，冉（冉）。

【備　　注】《銘圖》第 1 卷 325 頁 00421 冉癸鼎，錯用 02345 獸纍鼎的照片，故致使時代、形制、紋飾描述錯誤。此器未見公布器形照片，《綜覽》所用照片仍然是《美集》的舊金山亞洲美術博物館（布倫戴奇藏品）冉癸鼎照片，故此鼎的照片暫付闕如。

011. 兴丁鼎（丁兴鼎）（《銘圖》編號 00438）

【時　　代】商代晚期。

【形制紋飾】窄沿方唇，口沿上有一對立耳，深腹圜底，三條柱足。頸部飾獸面紋。

【著　　錄】三代 2.12.10，貞補上 3.2，集成 01288，總集 0250，國史金 1887.1。

【銘文字數】内壁鑄銘文 2 字。

【銘文釋文】丁，兴。

【備　　注】《銘圖》第 1 卷 339 頁 00438 兴丁鼎，原無器形圖像，今據善本軸裝補録全形拓。

012. 亞厷鼎(《銘圖》編號00590)

【時　　代】商代晚期。

【收　藏　者】原藏龔自珍(攟古録),現藏臺灣震榮堂(陳鴻榮、王亞玲夫婦)。

【尺　　度】通高17、兩耳間距15釐米。

【形制紋飾】長方體,四壁向下漸收,窄沿方唇,口沿上有一對立耳,通體有八道扉棱,
　　　　　　平底四柱足。四壁上部飾夔鳥紋,下部飾下卷角獸面紋,足上部飾浮雕
　　　　　　獸面紋,均以雲雷紋填地。

【著　　録】三代2.8.4,筠清2.6,攟古1之1.22.2,殷存上2.4,小校2.5.8,集成
　　　　　　01409,總集0169,金銅器53頁08。

【銘文字數】內壁鑄銘文2字。

【銘文釋文】亞厷。

【備　　注】《銘圖》第1卷463頁00590亞厷鼎,今據《中國夏商周三代金銅器》增
　　　　　　補了圖像、尺寸、收藏者等資料。照片中鼎口蓋有清代配置的水晶鈕木
　　　　　　蓋,下有木座。

013. 告田鼎（《銘圖》編號 00635）

【時　　代】商代晚期。

【收 藏 者】2015 年 9 月出現在保利香港拍賣會。

【尺　　度】通高 21.6、兩耳相距 16.4 釐米。

【形制紋飾】斂口鼓腹，窄沿方唇，口沿上有一對立耳，腹部有六道扉棱，圜底設有三條柱足。腹部飾三組曲折角獸面紋，以雲雷紋填地。

【著　　錄】三代 2.15.9，周金 2 補 14.2，貞松 2.9.2，希古 2.1，小校 3.52.5（誤爲鬲），集成 01482，總集 0282，鬱華閣 85.2，國史金 1902.1（國史金 2358.1 誤爲鬲）。

【銘文字數】內壁鑄銘文 2 字。

【銘文釋文】告田。

【備　　注】《銘圖》第 1 卷 497 頁 00635 告田鼎，原無器形照片，今據 2015 年 9 月保利（香港）秋季拍賣圖錄增補了圖像、尺寸等資料。

014. 國子中官鼎(《銘圖》編號00705)

【時　　代】春秋晚期。

【出土時地】1956年春山東省臨淄縣(今淄博市臨淄區)姚王村。

【收　藏　者】山東省博物館。

【形制紋飾】口微斂,口沿下有一對附耳,淺腹圜底,腹部有一道箍棱,三條蹄足,蓋面隆起,中部有一個半環鈕,外圍有三個矩形鈕,可以卻置。

【著　　錄】考古通訊1958年6期51頁圖4,集成01935。

【銘文字數】器、蓋各2字。

【銘文釋文】國子,中官。

【備　　注】《銘圖》第2卷31頁00705國子中官鼎,原無器形照片,今據《山東淄博文物精粹》補錄。

蓋銘　　　　　　器銘

015. 象祖辛鼎(《銘圖》編號 00748)

【時　　代】商代晚期。

【收　藏　者】原藏許延瑄、盛昱(《羅表》)。

【形制紋飾】斂口深腹,窄沿方唇,口沿
　　　　　　上有一對立耳,圜底下設三
　　　　　　條柱足。頸部飾夔龍紋間
　　　　　　以浮雕圓渦紋。

【著　　錄】三代 2.17.4,愙齋 3.3.1,續
　　　　　　殷上 12.2,小校 2.12.6(小
　　　　　　校 5.7.6 重出,誤爲尊;小
　　　　　　校 7.9.2 重出,稱彝),集成
　　　　　　01512,總集 1849(誤爲簋),
　　　　　　貞松 4.30.1(稱彝),銅玉
　　　　　　圖 81。

【銘文字數】内壁鑄銘文 3 字。

【銘文釋文】象且(祖)辛。

【備　　注】《銘圖》第 2 卷 66 頁 00748 象祖辛鼎,原無器形圖像,今據《善齋藏器全
　　　　　　形拓本》補録了器形拓本等資料。

016. 黽父丁鼎(《銘圖》編號 00829)

【時　　代】商代晚期。

【收 藏 者】下落不明。

【形制紋飾】斂口窄沿,口沿上有一對立耳,鼓腹分襠,三條柱足。腹部飾三組下卷角
獸面紋。

【著　　錄】三代 2.21.7,貞松 2.12.3,續殷上 14.5,集成 01584,總集 0369。

【銘文字數】內壁鑄銘文 3 字。

【銘文釋文】黽父丁。

【備　　注】《銘圖》第 2 卷 129 頁 00829 黽父丁鼎,原無器形圖像,今據《謐齋金文
拓本》補錄了器形拓本等資料。

017. 此父丁鼎（《銘圖》編號 00832）

【時　　　代】西周早期。

【收　藏　者】下落不明。

【形制紋飾】體呈長方箱形，直口平底，窄沿方唇，口沿上有一對立耳，四角各有一道
　　　　　　扉棱，四條柱足較細。

【著　　　録】三代 2.22.2，貞松 2.13.1，續殷上 13.11，集成 01595，總集 0364，國史
　　　　　　金 1921.1。

【銘文字數】內壁鑄銘文 3 字。

【銘文釋文】此父丁。

【備　　　注】《銘圖》第 2 卷 131 頁 00832 此父丁鼎，原無器形圖像，今據《北京圖書
　　　　　　館藏青銅器全形拓片集》補錄了器形拓本等資料。

018. 冉父己鼎（冉父己鼎）（《銘圖》編號 00858）

【時　　代】商代晚期。

【收　藏　者】原藏吳大澂，現藏上海博物館。

【形制紋飾】體呈長方箱形，窄沿方唇，口沿上有一對立耳，平底四柱足，足上部飾浮
　　　　　　雕獸面紋，體四角各有一道扉棱。四壁上部飾夔鳥紋，左右及下邊各飾
　　　　　　三排乳釘紋。

【著　　錄】小校 2.17.1，集成 01611（集成 04965.2 重出，誤爲卣器），愙圖注 080
　　　　　　頁下。

【銘文字數】內壁鑄銘文 3 字。

【銘文釋文】冉（冉）父己。

【備　　注】《銘圖》第 2 卷 151 頁 00858 冉父己鼎，原無器形照片，今據《〈愙齋集古
　　　　　　圖〉箋注》補錄。

019. 史父庚鼎(《銘圖》編號00873)

【時　　代】商代晚期。

【收 藏 者】下落不明。

【形制紋飾】口沿內斂，窄沿方唇，口沿上有一對立耳，鼓腹分襠，三條柱足。腹部飾三組下卷角獸面紋，獸面兩旁增飾倒置的夔龍，以雲雷紋填地。

【著　　錄】三代2.26.1，愙齋3.7.2，小校2.18.4，集成01623，總集0407，續殷上15.6。

【銘文字數】內壁鑄銘文3字。

【銘文釋文】史父庚。

【備　　注】《銘圖》第2卷163頁00873史父庚鼎，原無器形圖像，今據《北京圖書館藏青銅器全形拓片集》增添了器形拓本等資料。

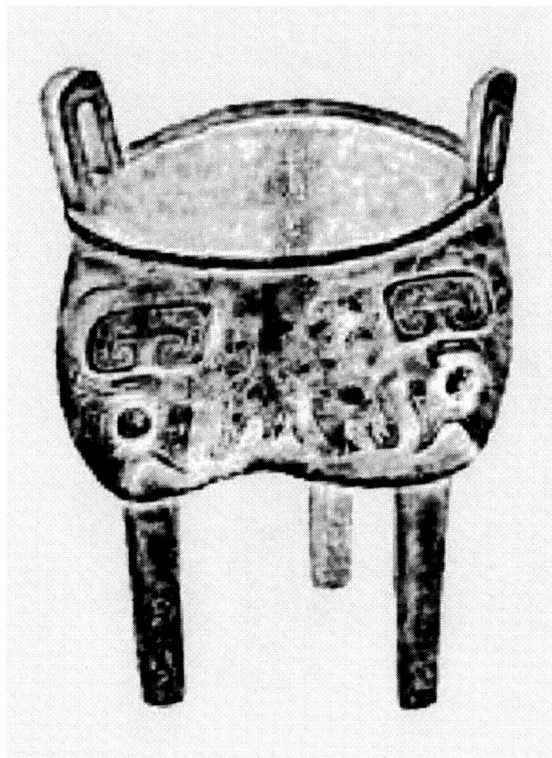

020．子父辛鼎（《銘圖》編號 00913）

【時　　代】商代晚期。

【收 藏 者】原藏劉鶚（《羅表》）。

【形制紋飾】體呈長方箱形，直口平底，窄沿方唇，口沿上有一對立耳，四壁向下漸有
收分，四角鑄有扉棱，四條柱足。四壁上部飾雲雷紋填地的一頭雙身龍
紋，龍體彎曲處填以渦紋，四壁左右和下部均飾三排乳釘紋，足上部飾牛
角獸面紋。

【著　　錄】三代 2.27.1，殷存上 4.7，小校 2.19.3，集成 01661，總集 0411，國史金
1931.1。

【銘文字數】内壁鑄銘文 3 字。

【銘文釋文】子父辛。

【備　　注】《銘圖》第 2 卷 191 頁 00913 子父辛鼎，原無器形照片，今據《Eckert 圖
版 10》補録。

021. 耴印倗鼎（《銘圖》編號 00988）

【時　　代】商代晚期。

【收 藏 者】下落不明。

【形制紋飾】侈口束頸，口沿上有一對立耳，鼓腹圜底，三條粗壯柱足。頸部飾夔龍紋，
　　　　　　腹部飾蟬紋。

【著　　錄】錄遺 39，集成 01462，總集 0306。

【銘文字數】內壁鑄銘文 3 字。

【銘文釋文】耴印倗。

【備　　注】《銘圖》第 2 卷 256 頁 00988 耴印倗鼎，原無器形照片，今據《Frühe
　　　　　　Chiesisch Bronzene》補錄。

022. 作寶彝鼎(《銘圖》編號01038)

【時　　代】西周早期。

【出土時地】1927年地方軍閥党玉琨(亦作党毓坤)在陝西寶雞縣戴家灣(今屬寶雞市金臺區陳倉鄉)盜掘出土。

【收　藏　者】北京故宮博物院。

【尺　　度】通高23、口橫16.5、口縱12.7釐米。

【形制紋飾】長方體,平沿方唇,腹較淺,四壁向下漸有收分,四角及四壁中部各有一道雙牙扉棱,口沿上一對立耳,平底四柱足。四壁飾下卷角獸面紋,足上部飾高鼻梁浮雕獸面。

【著　　錄】集成01793,寶戴275頁銘文一4。

【銘文字數】內壁鑄銘文3字。

【銘文釋文】乍(作)寶彝。

【備　　注】《銘圖》第2卷295頁01038作寶彝鼎,今據《寶雞戴家灣商周銅器群的整理與研究》得知爲軍閥党玉琨1927年在陝西寶雞縣戴家灣出土,今據《寶雞戴家灣與石鼓山出土商周青銅器》補錄了器形照片和尺寸等資料。

023．客登愍鼎（《銘圖》編號 01100）

【時　　　代】戰國晚期·楚。

【出土時地】1933 年安徽壽縣朱家集李三孤堆（今屬淮南市謝集區楊公鎮雙廟村）楚王墓。

【收　藏　者】原藏安徽省圖書館（《安徽金石》），現藏安徽博物院。

【形制紋飾】體呈扁圓形，子口內斂，一對附耳外張，三條高蹄足較細，蓋面圓拱，上有三個環鈕，中部有一個銜環鼻鈕。蓋面飾兩圈凸弦紋，腹部飾一道凸弦紋，足上部飾浮雕獸頭。

【著　　　錄】三代 2.35.4，小校 2.24.3，安徽金石 1.7.2，集成 01805，總集 0494，國史金 2049.2，安徽銘文 159 頁圖 132.1，楚金 465 頁 138.2。

【銘文字數】口沿刻銘文 3 字。

【銘文釋文】客登愸（愍）。

【備　　　注】《銘圖》第 2 卷 348 頁 01100 客登愍鼎，原無器形照片，今據《楚系金文彙編》補錄。

024. 冉𤔔父乙鼎（𠬞𤔔父乙鼎）（《銘圖》編號 01138）

【時　　代】西周早期。

【收 藏 者】陝西師範大學博物館。

【尺　　度】通高 21.6、口徑 17.3、腹深 9.7 釐米。

【形制紋飾】斂口鼓腹，窄沿方唇，口沿上有一對立耳，圜底下設置三條細柱足。頸部
　　　　　　飾浮雕圓渦紋間以短夔紋。

【著　　錄】三代 2.37.8，續殷上 18.10，集成 01830，總集 0560，國史金 1986.2。

【銘文字數】内壁鑄銘文 4 字。

【銘文釋文】𠬞𤔔（蝨）父乙。

【備　　注】《銘圖》第 2 卷 375 頁 01138 冉𤔔父乙鼎，今據《陝西金文集成》補録了
　　　　　　圖像、收藏者、尺度、形制紋飾等資料。

025. 亞獏父丁鼎（《銘圖》編號 01152）

【時　　代】商代晚期。

【出土時地】2015 年出現在保利（香港）春季拍賣會。

【收 藏 者】原藏美國盧芹齋，後歸德國希拉克。

【尺　　度】通高 23、兩耳間距 19 釐米。

【形制紋飾】口微斂，窄沿方唇，口沿上有一對立耳，深腹圜底，腹部有三道扉棱，三條粗壯柱足。腹部飾三組卷尾夔龍角獸面紋，不施地紋。

【著　　錄】美集 R146e，集成 01841，總集 0570，三代補 146e。

【銘文字數】內壁鑄銘文 4 字。

【銘文釋文】亞獏（貘）父丁。

【備　　注】《銘圖》第 2 卷 384 頁 01152 亞獏父丁鼎，原無器形照片，今據互聯網資料補充了收藏者、尺寸和器形照片。

拓本

照片

026. 伯鼎（伯作寶彞鼎）（《銘圖》編號 01256）

【時　　代】西周早期。

【收 藏 者】某收藏家。

【形制紋飾】斂口鼓腹，窄口沿上有一對扭索形立耳，圜底下設三條柱足。頸部飾三列雲雷紋組成的獸面紋帶。

【著　　錄】三代 2.44.7，集成 01917，總集 0630。

【銘文字數】內壁鑄銘文 4 字。

【銘文釋文】白（伯）乍（作）寶彞。

【備　　注】《銘圖》第 2 卷 466 頁 01256 伯鼎，原無器形照片，今據網絡資料補錄了器形照片等資料。

027. 孔鼎（食慧父乙鼎）（《銘圖》編號 01417）

【時　　代】西周中期後段。

【收　藏　者】原藏陳介祺。

【形制紋飾】斂口鼓腹，窄沿，口沿上有一對立耳，圜底下設有三條蹄形足。頸部飾雲雷紋填地的竊曲紋，足上部飾浮雕下卷角大獸面。

【著　　錄】三代 2.48.5，窓齋 6.14.1，綴遺 3.12，奇觚 1.10，簠齋 1 鼎 9，殷存上 6.4，小校 2.33.1，山東存下 17.10，集成 02021，總集 0687，鬱華閣 56.2，山東成 144.2。

【銘文字數】內壁鑄銘文 5 字

【銘文釋文】孔乍（作）父癸肇（旅）。

【備　　注】《銘圖》第 3 卷 112 頁 01417 孔鼎，原無器形圖像，今據《北京圖書館藏青銅器全形拓片集》補錄了器形拓本。

028. 應公鼎（《銘圖》編號 01553）

【時　　代】西周早期後段。

【收 藏 者】原藏頤和園，現藏北京故宮博物院。

【形制紋飾】橢方形，窄沿圓唇，口沿上有一對立耳，腹向外傾垂，底部近平，四條柱足
　　　　　　上粗下細。頸部飾四組夔鳥紋，體尾似長鳥，頭像夔龍，鼻下卷如象鼻，
　　　　　　以雲雷紋填地。

【著　　錄】集成 02151。

【銘文字數】內壁鑄銘文 6 字。

【銘文釋文】雁（應）公乍（作）寶隣（尊）彝。

【備　　注】《銘圖》第 3 卷 228 頁 01553 應公鼎，原缺器形照片，今據《平頂山應國
　　　　　　墓地》補錄。

029. 隞伯鼎（《銘圖》編號 01593）

【時　　代】西周早期後段。

【出土時地】1972 年 10 月甘肅靈臺縣西屯公社（今西屯鄉）白草坡西周墓葬（M2.2）。

【收 藏 者】甘肅省博物館。

【尺　　度】通高 24.5、口縱 14.8、口橫 18.5 釐米。

【形制紋飾】長方體，平折沿，口沿上一對立耳，四壁向下漸有收分，平底，四柱足，四隅和四壁中部各有一道扉棱。四壁均飾下卷角獸面紋，足上部飾浮雕獸面，均以雲雷紋填地。

【著　　錄】集成 02160。

【銘文字數】內壁鑄銘文 6 字。

【銘文釋文】隞白（伯）乍（作）寶陣（尊）彝。

【備　　注】《銘圖》第 3 冊 01593 隞伯鼎，原缺器形照片，今據《考古學報》1977 年第 2 期補錄。

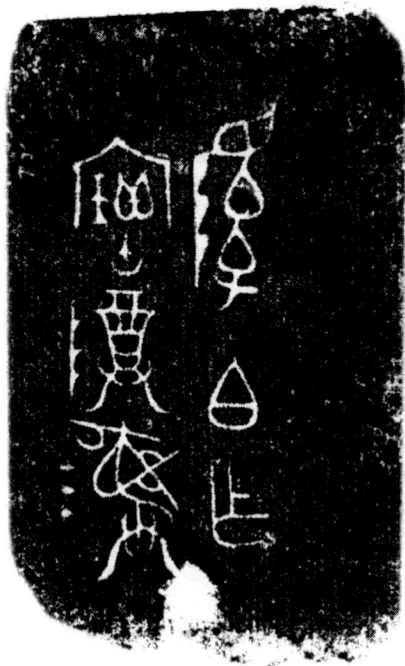

030. 菫伯鼎(《銘圖》編號 01595)

【時　　代】西周早期。

【收 藏 者】上海博物館。

【形制紋飾】窄口沿,雙立耳圜底,三條柱足。頸部飾獸面紋。

【著　　録】集成 02156。

【銘文字數】內壁鑄銘文 5 字。

【銘文釋文】菫白(伯)乍(作)隟(尊)彝。

【備　　注】《銘圖》第 3 册 01595 菫伯鼎,原缺器物圖像,今據《北京圖書館藏青銅器全形拓片集》補録。

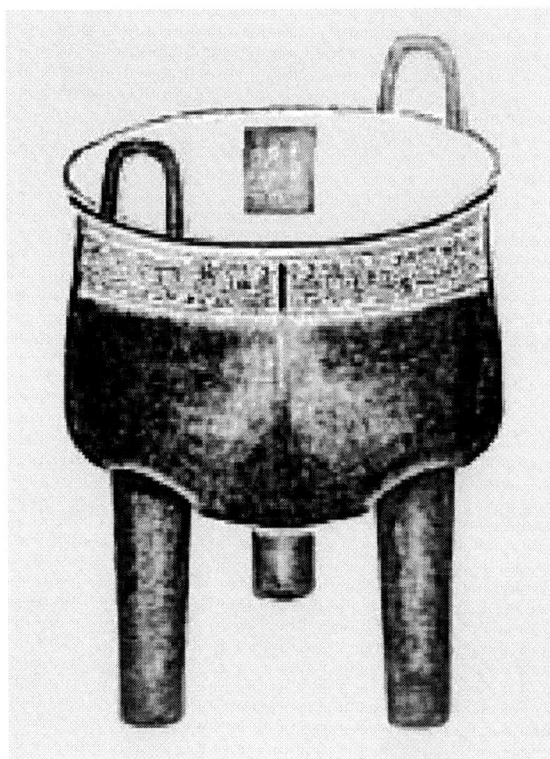

031. 吏戎鼎（事戎鼎）（《銘圖》編號 01613）

【時　　代】西周中期前段。

【收 藏 者】原藏吳大澂。

【形制紋飾】斂口垂腹，窄沿方唇，口沿上
　　　　　有一對立耳，三條柱足上粗
　　　　　下細。頸部僅飾一道弦紋。

【著　　錄】三代 3.6.1，周金 2.63.1，貞
　　　　　松 2.31.4，小校 2.41.1，集
　　　　　成 02169，總集 0791，國史金
　　　　　2094，慤圖注 101 頁。

【銘文字數】內壁鑄銘文 6 字。

【銘文釋文】吏（事）戎乍（作）寶隩（尊）鼎。

【備　　注】《銘圖》第 3 卷 283 頁 01613
　　　　　吏戎鼎，原無器形圖像，今據
　　　　　《〈慤齋集古圖〉箋注》補錄。

032. 鑄客鼎（《銘圖》編號 01771）

【時　　代】戰國晚期。

【出土時地】1933 年安徽壽縣朱家集李三孤堆（今屬
　　　　　　淮南市謝集區楊公鎮雙廟村）楚王墓。

【收　藏　者】原藏安徽省圖書館（《安徽金石》），現藏
　　　　　　安徽博物院。

【形制紋飾】子口內斂，淺腹，底部略圓，一對附耳外
　　　　　　張，三條高蹄足較細。腹部飾一道凸弦
　　　　　　紋，足上部飾浮雕獸頭。

【著　　錄】三代 3.13.2，小校 2.48.2，安徽金石
　　　　　　1.10.1，安徽金文 18，楚錄 10，集成
　　　　　　02298，總集 0874，安徽銘文 142 頁圖
　　　　　　119.1，楚金 453 頁 133.1 上左。

【銘文字數】蓋上刻銘文 7 字。

【銘文釋文】盥（鑄）客卲（爲）集脰（廚），卲（爲）之。

【備　　注】《銘圖》第 3 卷 01771 鑄客鼎，原無器形
　　　　　　照片，今據《大邦之夢——吳越楚青銅
　　　　　　器》補錄。

033. 咸妖子鼎（《銘圖》編號 01778）

【時　　代】商代晚期。

【出土時地】光緒十三年二月至十四年七月"得之粵東"（愙齋先生所藏古器物目）。

【收　藏　者】原藏吳大澂。

【形制紋飾】口微斂，窄沿方唇，口沿上有一對立耳，分襠三柱足。腹部飾三組下卷角獸面紋，獸面兩旁增飾一對倒置的夔龍紋。

【著　　錄】三代 3.14.2，貞松 2.40.1，續殷上 22.6，小校 2.51.3，集成 02311，總集 0888，鬱華閣 88.3，國史金 2016，愙圖注 099 頁。

【銘文字數】內壁鑄銘文 8 字。

【銘文釋文】咸媅（妖）子乍（作）且（祖）丁隃（尊）彝。

【備　　注】《銘圖》第 3 卷 01778 咸妖子鼎，原無器形圖像，今據《〈愙齋集古圖〉箋注》補錄。第二、三字或以爲一字，今暫以二字計。

034. 仲殷父鼎（《銘圖》編號 01999）

【時　　代】西周中期。

【出土時地】2015 年 8 月出現在日本關西美術秋季拍賣會。

【收　藏　者】原藏浙江臨海洪小筠，後歸日本某收藏家。

【形制紋飾】斂口，窄沿方脣，口沿上有一對立耳，下腹向外傾垂，三條柱足上粗下細。
頸部飾兩條弦紋。

【著　　錄】三代 3.29.5，攈古 2 之 2.1.2，小校 2.64.5，集成 02464，總集 1035。

【銘文字數】內壁鑄銘文 13 字（其中重文 1）。

【銘文釋文】仲殷父乍（作）鼎，旪（其）萬年子＝（子子）孫寶用。

【備　　注】《銘圖》第 4 卷 159 頁 01999 仲殷父鼎，原無器形照片，今據 2015 年 8 月
日本關西美術拍賣會圖錄補錄了器形照片等資料。

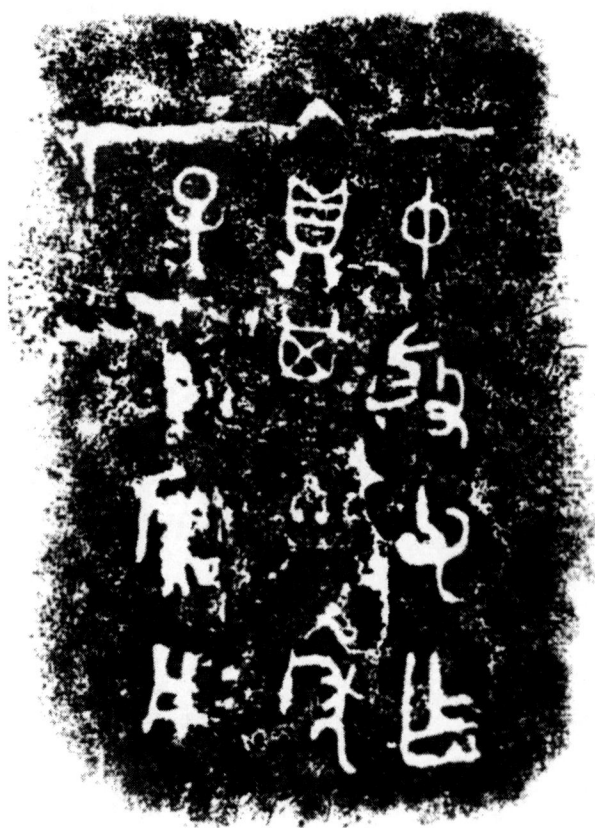

035. 鄭姜伯鼎（《銘圖》編號 02032）

【時　　代】西周晚期。

【收 藏 者】上海博物館。

【形制紋飾】窄沿方唇，口沿上有一對立
耳，深腹圓底，其下設有三條
蹄形足。頸部飾兩道弦紋。

【著　　錄】三代 3.28.4，貞松 3.1.2，希
古 2.13，集成 02467，總集
1025，國史金 2157。

【銘文字數】內壁鑄銘文 14 字（其中重
文 2）。

【銘文釋文】奠（鄭）姜（羌）白（伯）乍（作）
寶鼎，子=（子子）孫=（孫
孫）丮（其）永寶用。

【備　　注】《銘圖》第 4 卷 196 頁 02032 鄭姜伯鼎，原無器形圖像，今據《北京圖書
館藏青銅器全形拓片集》補錄。

036. 鄭姺句父鼎（《銘圖》編號 02085）

【時　　代】春秋早期。

【收 藏 者】下落不明。

【形制紋飾】斂口窄沿，口沿上有一對立耳，一側設有流槽，圜底下有三條蹄形足，內面微凹。頸部飾體呈 S 形的夔龍紋，無腹足。

【著　　錄】大系錄 200，集成 02520，總集 1074，國史金 2178。

【銘文字數】內壁鑄銘文 16 字（其中有重文 2）。

【銘文釋文】奠（鄭）姺（勇）句父自乍（作）飤簫（鼎），其子＝（子子）孫＝（孫孫）永寶用。

【備　　注】《銘圖》第 4 卷 264 頁 02085 鄭姜伯鼎，原無器形圖像，今據《北京圖書館藏青銅器全形拓片集》補錄。

037. 公鼎（原名敧鼎）（《銘圖》編號 02301）

【時　　代】西周中期後段。

【出土時地】1986 年河南平頂山市新華區滍陽鎮西周墓葬（M95.102）。

【收　藏　者】原藏河南省文物考古研究所，現藏河南博物院。

【尺　　度】通高 26、口徑 26 釐米。

【形制紋飾】窄平沿，束頸，頸部有六道短扉棱，口沿上有一對立耳，圜底，三足呈柱足
　　　　　向蹄足過渡的形態。頸部飾竊曲紋和一道弦紋，足上部飾浮雕獸面。

【著　　錄】中原文物 2001 年 3 期 63 頁，新收 75。

【銘文字數】內壁鑄銘文 27 字（其中有重文 2）。

【銘文釋文】佳（唯）八月初吉丁丑，公乍（作）敧障（尊）鼎，敧用易（錫）釁（眉）耆（壽）
　　　　　永命，子=（子子）孫=（孫孫）永寶用亯（享）。

【備　　注】《銘圖》第 5 卷 49 頁 02301 公鼎，漏錄拓本，今予補錄。

038. 公貿鼎（《銘圖》編號 02341）

【時　　代】西周中期。

【收 藏 者】原藏吳大澂，後歸顧文彬。

【形制紋飾】斂口，窄沿方唇，口沿上有一對立耳，下腹向外傾垂，三條柱足上粗下細。
頸部飾垂冠回首尾下卷體呈 S 形的夔龍紋，以雲雷紋填地。

【著　　錄】三代 4.12.2，貞松 3.23.1，小校 3.7.1（小校 3.7.2 重出），周金 2.34.2，
集成 02719，總集 1216，斷代 678 頁 93，國史金 2240，愙圖注 097 頁。

【銘文字數】內壁鑄銘文 31 字（其中合文 1）。

【銘文釋文】隹（唯）十又二月初吉壬午，弔（叔）氏吏（使）貧（布）安鼍白（伯），賓（賓）
貧（布）馬鼄（鸞）乘，公貿用牧休鼄，用乍（作）寶彝。

【備　　注】《銘圖》第 5 卷 108 頁 02341 公貿鼎，《小校》3.7.1 與《周金》2.34.2 拓
本清晰，或有質疑者。兩拓與《三代》4.12.2、《小校》3.7.2 行款字數相
同，若干斑痕相似，經仔細比對，確係已剔未剔之別。《小校》分爲二器，
今作一器處理。並由新出版的《〈愙齋集古圖〉箋注》增補了器物立體拓
本增資料。

039. 楚王酓忎鼎(《銘圖》編號 02359)

【時　　代】戰國晚期。

【出土時地】1933 年安徽壽縣朱家集李三孤堆(今屬淮南市謝集區楊公鎮雙廟村)楚王墓。

【收　藏　者】原藏方焕經、天津市歷史博物館,現藏天津博物館。

【尺　　度】通高 53、口徑 45.5、腹深 28釐米。

【形制紋飾】直口,一對附耳,平蓋沿下折,蓋上有三個 H 形鈕,正中有一個銜環鈕,器底微外鼓,三蹄足甚高。蓋和耳滿飾菱形紋和雲紋組成的幾何紋,腹部有一道凸弦紋,其上亦飾菱形紋和雲紋組成的幾何紋,足上部飾浮雕獸面。

【著　　錄】三代 4.17,十二·寶 1-7,小校 2.90.3-91,寶楚圖 1,壽縣圖 8,大系錄184,楚展 2,集成 02794,總集 1231,銘文選 664,安徽金石 1.12,安徽金文 15.1,國史金 2243,安徽銘文 117 頁圖 85.1,楚金 433 頁 128.1。

【銘文字數】器口沿刻銘文 20 字,弦紋帶上刻 9 字,腹部刻 2 字,口部刻 2 字,共 33 字;蓋內刻銘文 33 字。

【銘文釋文】蓋銘:楚王酓(熊)忎(悍),戩(戰)隻(獲)兵銅,正月吉日,窒(室)盥(鑄)匋(鐈)鼎(鼎)之盍(蓋),㠯(以)共(供)戠(歲)嘗(嘗)。㫷(冶)帀(師)事(吏)綝(秦),砮(佐)苟朕盯(爲)之。集朏(廚)。

器銘:楚王酓(熊)忎(悍),戩(戰)隻(獲)兵銅,正月吉日,窒(室)盥(鑄)匋(鐈)鼎(鼎),㠯(以)共(供)戠(歲)嘗(嘗)。㫷(冶)帀(師)盤埜,砮(佐)綝(秦)忎盯(爲)之,集朏(廚)。三楚。

【備　　注】《銘圖》第 5 卷 133 頁 02359 楚王酓忎鼎,器形照片錯用了北京故宮博物院收藏的楚王酓延鼎,今予更正。

蓋銘

器銘

040．寧母鬲（《銘圖》編號 02621）

【時　　代】西周早期。

【出土時地】1968 年陝西寶雞市渭濱區姜城堡。

【收 藏 者】寶雞青銅器博物院。

【尺度重量】通高 17.3、口徑 14.4、腹深 9.3 釐米，重 1.24 公斤。

【形制紋飾】侈口立耳，高領分襠，柱形實足。頸飾斜雷紋，腹飾雙綫 V 字形紋。

【著　　錄】陝銅 4.38，陝金 1.176，考古與文物 1983 年 6 期 7 頁圖 4，集成 00462。

【銘文字數】內壁鑄銘文 2 字。

【銘文釋文】寧（寧）母。

【備　　注】館藏號 BK75。《銘圖》第 6 卷 18 頁 02621 寧母鬲，銘文拓本誤用了 02620
　　　　　　冀母鬲的拓本，現予更正。

041．季眞鬲（季鼎鬲、季貞鬲）（《銘圖》編號 02717）

【時　　代】西周中期後段。

【收 藏 者】原藏丁艮善、吳大澂、Higginson，現藏美國哈佛大學福格美術博物館。

【尺　　度】通高 17、口橫 11.7、口縱 9.1 釐米。

【形制紋飾】該鬲造型設計獨具匠心，裝飾優美富麗。鼎分兩層，上層與同期的橢方鼎無異，窄沿方唇，附耳垂腹，用以盛放食物；下層是長方形爐膛，兩側及後部設田字格窗戶，以便透氣，正面開門，可以自由啟閉。鼎的四隅裝飾着四條立體顧龍，披鱗卷尾，瘦勁有力；鼎足鑄成眉目似猴、勾喙似鷙、曲角似羊、頸體似鹿的單足怪獸，頗具藝術特色。

【著　　錄】三代 5.15.4，貞松 4.3.3，希古 3.2.3，十二・絜 28，美集 A131、R416，三代補 416，集成 00531，總集 1376，彙編 749，綜覽・方鼎 9，窻圖注 082 頁。

【銘文字數】內壁鑄銘文 5 字。

【銘文釋文】季鼎（眞）乍（作）障（尊）鎘（鬲）。

【備　　注】《銘圖》第 6 卷 98 頁 02717 季眞鬲，錯用器物照片，其時代、收藏單位、器形紋飾的敘述亦錯，今予更正。

042. 亞从父丁鬲（《銘圖》編號 02729）

【時　　代】商代晚期。

【收　藏　者】瑞典斯德哥爾摩遠東古物博物館。

【形制紋飾】侈口束頸，口沿上有一對立耳，鼓腹分襠，三足下部呈圓柱形。腹飾三組牛角獸面紋。

【著　　錄】彙編 997，集成 00539，總集 1407。

【銘文字數】口內壁鑄銘文 6 字。

【銘文釋文】亞从父丁鳥宁。

【備　　注】《銘圖》第 6 卷 111 頁亞从父丁鬲，原無器形照片，今據《金文資料庫》增補了器形照片。

043. 王鬲（《銘圖》編號 02791）

【時　　代】西周晚期。

【出土時地】1976 年 12 月河南新鄭
　　　　　　縣觀音寺公社唐户大隊
　　　　　　（今爲新鄭市觀音寺鄉
　　　　　　唐户村）西周墓（M3.3）。

【收　藏　者】原藏新鄭縣文物保管
　　　　　　所，現藏新鄭市博物館。

【形制紋飾】平沿外折，短頸溜肩，腹
　　　　　　較淺，平襠，三足下段呈
　　　　　　蹄形，與足對應的腹部
　　　　　　各有一條扉棱。腹飾象
　　　　　　首紋。

【著　　錄】文叢 2 輯 60 頁圖 69 右，
　　　　　　集成 00585，總集 1435。

【銘文字數】内壁鑄銘文 8 字。

【銘文釋文】王乍（作）頮王姬霖鼺（肆）彝。

【備　　注】《銘圖》第 6 卷 173 頁 02791 王鬲，原無器物照片，今據《金文資料庫》
　　　　　　補錄。

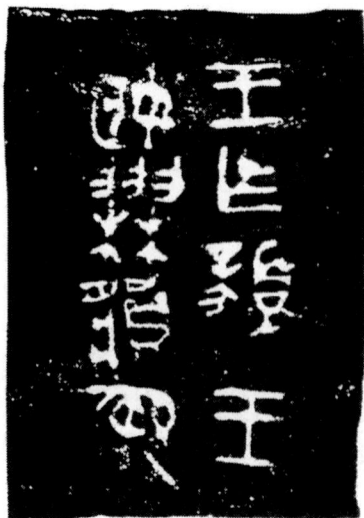

044. 善夫吉父鬲(《銘圖》編號 02973)

【時　　代】西周晚期(宣王世)。

【出土時地】1940 年 2 月陝西扶風縣法門鎮任家村西周銅器窖藏。

【收　藏　者】美國普林斯頓大學美術博物館(賽克勒氏藏品)。

【尺度重量】通高 12.5、口徑 17.1 釐米,重 1.65 公斤。

【形制紋飾】寬平沿,束頸弧襠,三蹄足,與足對應的腹部各有一條扉棱。體飾一對卷鼻獸組成的獸面紋。

【著　　錄】錄遺 111,陝金 1.219,集成 00703,總集 1507,彙編 337,賽克勒(1990) 333 頁圖 30。

【銘文字數】口沿鑄銘文 17 字(其中重文 2)。

【銘文釋文】蘁(膳)夫吉父乍(作)京姬隩(尊)鬲,甘(其)子=(子子)孫=(孫孫)永寶用。

【備　　注】《銘圖》第 6 卷 402 頁善夫吉父鬲,原無器物照片,今據《賽克勒》補錄。

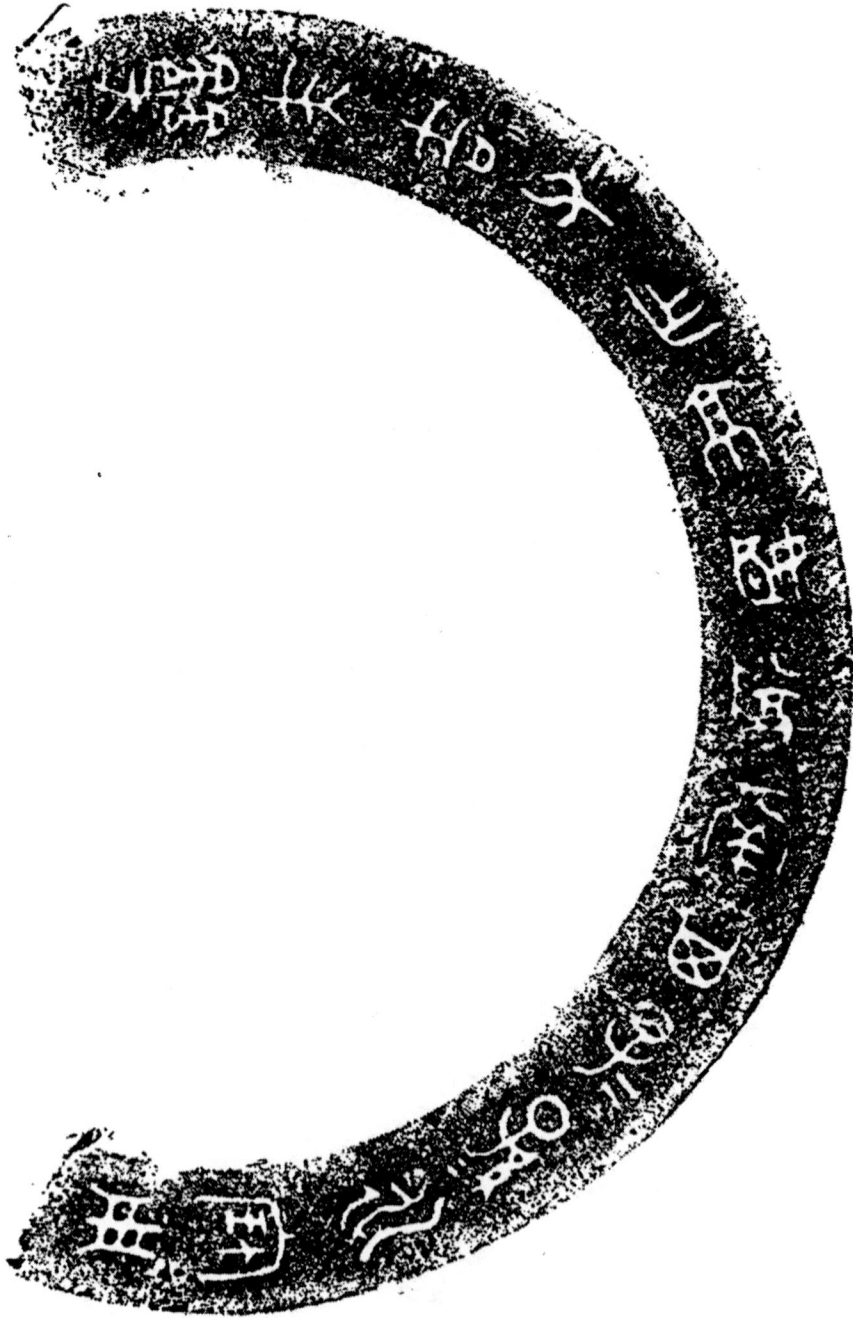

045. 叒敓鬲（《銘圖》編號 03143）

【時　　代】商代晚期。

【收 藏 者】原藏香港趙不波，現藏內地某收藏家。

【形制紋飾】連體式，甑部侈口深腹，口沿上有一對立耳，腹部向下逐漸收成束腰，鬲部分襠，三條柱足。甑的頸部飾兩周弦紋，鬲腹飾雙折線紋。

【著　　錄】彙編 1163，集成 00795。

【銘文字數】內壁鑄銘文 2 字。

【銘文釋文】叒敓。

【備　　注】《銘圖》第 7 卷 42 頁 03143 叒敓鬲，原無器形照片，今據朋友提供的資料補錄。

046. 伯産甗(《銘圖》編號 03266)

【時　　代】西周早期。

【收 藏 者】英國倫敦私人收藏家(EskenaziN010)。

【形制紋飾】連體式,侈口方唇,口沿上有一對立耳,束腰分襠,三足下部作圓柱形。頸部飾獸面紋帶,鬲腹飾三足牛角大獸面。

【著　　録】三代 5.7.2,集成 00898,總集 1625,國史金 2442.1。

【銘文字數】内壁鑄銘文 6 字。

【銘文釋文】白(伯)產乍(作)寶簞(旅)獻(甗)。

【備　　注】《銘圖》第 7 卷 145 頁 03266 伯產甗,原無器形照片,今據《Eskenazi N010》補録。

047. 作寶甗(《銘圖》編號 03310)

【時　　代】西周中期。

【收 藏 者】北京故宮博物院。

【形制紋飾】分體式,僅存甑部,直口窄
　　　　　沿,頸部有一對附耳,斂腹
　　　　　平底,底部有箅孔,下部有
　　　　　子口,可與鬲部相套接。
　　　　　頸部飾夔龍紋。

【著　　錄】錄遺 105,集成 00921,總
　　　　　集 1646。

【銘文字數】內壁鑄銘文,現存 9 字。

【銘文釋文】□□□乍(作)寶獻(甗)
　　　　　甘(其)萬年永寶用。

【備　　注】《銘　圖》 第 7 卷 187 頁
　　　　　03310 作寶甗,原無器物
　　　　　照片,今據《通考》增補。
　　　　　此器僅存甑部,底原有孔,
　　　　　後修爲平底,耳亦修過。《通考》云:"作器者之名挖去。"

048．格伯甋（霸伯甋、原稱咕相伯甋）（《銘圖》編號03311）

【時　　　代】西周晚期。

【出土時地】2007年9月山西翼城縣隆化鎮大河口村西周墓地（M2.37）。

【收　藏　者】山西省考古研究所。

【形制紋飾】殘破。

【著　　　録】文物天地2008年10期87頁。

【銘文字數】內壁鑄銘文13字。

【銘文釋文】唯正月初吉，格（霸）白（伯）乍（作）寶獻（甋），气（其）永用。

【備　　　注】《銘圖》第7卷187頁03311格伯甋所用《文物天地》刊載的銘文拓本，尚缺"隹（唯）正月初"4字，致使誤釋，現據山西省考古研究所網拓本改正。

049. 冀父乙簋（《銘圖》編號 03762）

【時　　代】商代晚期。

【收 藏 者】原藏吳大澂，現藏上海博物館。

【形制紋飾】侈口束頸，鼓腹圈足，一對獸首耳，下有鈎狀小珥。頸部和圈足均飾連珠紋鑲邊的勾連雷紋，頸的前後增飾浮雕虎頭，腹部飾斜方格乳釘紋，以雷紋填地。

【著　　錄】三代 6.12.8，愙齋 7.18.1（誤爲敦），綴遺 6.17.2，殷存上 12.8，續殷上 36.10，小校 7.57.6（誤爲敦），集成 03146，總集 1861，鬱華閣 134.2，愙圖注 065 頁。

【銘文字數】內底鑄銘文 3 字。

【銘文釋文】冀（冀）父乙。

【備　　注】《銘圖》第 8 卷 80 頁 03762 冀父乙簋，原物器形照片，今據《〈愙齋集古圖〉箋注》補錄。

050. 鳶父辛簋（《銘圖》編號 03828）

【時　　代】商代晚期。

【收　藏　者】原藏潘祖蔭，現藏北京故宮博物院。

【形制紋飾】侈口束頸，鼓腹，高圈足，一對獸首半環形耳，下有長方形垂珥。頸部和圈足均飾圓渦紋間以四瓣花，頸的前後增飾浮雕獸頭，腹部飾直棱紋，耳圈和垂珥飾鳥翅鳥爪紋。

【著　　錄】三代 6.16.3，積古 1.16.2，攈古 1 之 2.28.4（誤爲尊），愙齋 7.16.2（誤爲敦），綴遺 6.9.1，小校 7.20.3（稱彝），殷存上 16.2（稱彝），集成 03201，總集 1886，鬱華閣 131.4，彙編 1563，國史金 1465.2。

【銘文字數】內底鑄銘文 3 字。

【銘文釋文】𩾌（鳶）父辛。

【備　　注】《銘圖》第 8 卷 139 頁 03828 鳶父辛簋，原無器形圖像，今據《北京圖書館藏青銅器全形拓片集》增補了器形拓本等資料。

051. 刃父辛簋(《銘圖》編號 03835)

【時　　代】西周早期。

【收 藏 者】北京故宮博物院。

【形制紋飾】侈口束頸,鼓腹,圈足沿下折,形成一道邊圈,一對獸首半環形耳,下有垂耳。頸部飾短夔紋間以圓渦紋,前後增飾浮雕獸頭,其上有三角紋,腹部飾下卷角獸面紋,圈足飾夔龍紋,均以雲雷紋填地。

【著　　錄】三代 6.16.2,綴遺 6.10.2,小校 7.12.4(稱彝),集成 03200,總集 1885,續殷上 54.7(誤爲尊),國史金 106.1(誤爲尊)。

【銘文字數】內底鑄銘文 3 字。

【銘文釋文】侁(刃)父辛。

【備　　注】《銘圖》第 8 卷 144 頁 03828 刃父辛簋,原無器形圖像,今據《北京圖書館藏青銅器全形拓片集》增補了器形拓本等資料。

052. 獸父癸簋（《銘圖》編號 03839）

【時　　代】商代晚期。

【收　藏　者】原藏吳大澂，現藏上海博物館。

【形制紋飾】侈口束頸，鼓腹，一對獸首耳，下有長垂珥，圈足沿外侈。頸部和圈足均飾浮雕圓渦紋間以四瓣花紋，腹部飾直棱紋。

【著　　錄】北圖拓 91，集成 03212，續殷附 6.4，寫圖注 102 頁。

【銘文字數】內底鑄銘文 3 字。

【銘文釋文】獸（獸、獸）父癸。

【備　　注】《銘圖》第 8 卷 147 頁 03839 獸父癸簋，原無器形照片，今據《〈愙齋集古圖〉箋注》補錄。

053. 冈父癸簋（《銘圖》編號 03842）

【時　　代】商代晚期。

【收　藏　者】國外某收藏家。

【形制紋飾】侈口扁唇，鼓腹圓底，高圈足，沿下折形成一道邊圈。一對獸首半環形耳，下有鉤狀垂珥。頸部飾目雲紋，前後增飾浮雕獸頭，圈足飾三列雲雷紋組成的獸面紋帶。

【著　　錄】三代 6.17.5（稱彝），貞補上 19.4（稱彝），集成 10524（稱器），總集 1895（稱簋），國史金 1467.1。

【銘文字數】內底鑄銘文 3 字。

【銘文釋文】▉（冈）父癸。

【備　　注】《銘圖》第 8 卷 149 頁 03842 冈父癸簋，原無器形照片，今據《C. C. Wang4》補錄。

054. 亞弁父癸簋（《銘圖》編號03995）

【時　　代】商代晚期。

【收　藏　者】陝西師範大學博物館。

【尺　　度】通高13.5、口徑19釐米。

【形制紋飾】侈口束頸，鼓腹，高圈足，腹兩側有一對獸首耳，下有方形垂珥。頸部飾雲雷紋組成的列旗脊夔龍紋，前後加飾浮雕貘頭，圈足飾三列雲雷紋組成的列旗脊獸面紋帶。

【著　　錄】三代6.18.1，尊古1.48，集成03339，總集1983，國史金1488.2。

【銘文字數】內底鑄銘文4字。

【銘文釋文】亞昪（弁）父癸。

【備　　注】《銘圖》第8卷277頁03995亞弁父癸簋，更換器形照片，增添收藏者、尺度等資料。

055. 康丁方彝（原稱康丁簋、康丁器）（《銘圖》編號 04005）

【時　　代】商代晚期。

【收 藏 者】原藏葉東卿，現藏嘉德拍賣公司。

【尺　　度】器高 13.14、口徑 12 × 14 釐米。

【形制紋飾】體呈方形，失蓋，侈口束頸，鼓腹，高圈足，足沿微外侈，通體的四角和四壁中部各有一道扉棱。紋飾以四角爲中線，頸部和圈足飾四組由一對夔龍組成的條狀獸面紋，腹部飾下卷角獸面紋，均以雲雷紋填地，每組獸面紋的左右下角各增飾一個圓渦紋。

【著　　録】三代 6.22.4（稱彝），攈古 1 之 2.57.1（稱彝），愙齋 8.8.3（誤爲敦），綴遺 17.23.2，敬吾下 38.4，殷存上 16.8（稱彝），小校 7.20.8（稱彝），集成 10537（稱器），總集 2008（稱簋）。

【銘文字數】內底鑄銘文 4 字。

【銘文釋文】母康丁，𝍅。

【備　　注】《銘圖》第 8 卷 339 頁 04005 康丁簋，原器形不明，有的著録稱"彝"，有的稱"敦"，有的稱"簋"，有的稱"器"，今由北京嘉德拍賣公司提供的資料得知爲方彝，故予更正。並補充器形照片等資料。

056. 秼册父丁簋（册劦父丁簋）（《銘圖》編號 04019）

【時　　代】西周早期。

【尺　　度】通高 12.5 釐米。

【形制紋飾】侈口束頸，鼓腹，矮圈足，一對獸首耳，無垂珥。頸部和圈足均飾夔龍紋，不施地紋。

【著　　錄】三代 2.22.8（誤爲鼎），貞松 2.13.2（誤爲鼎），續殷上 14.3（誤爲鼎），綜覽·簋 174，彙編 1761，總集 0381（誤爲鼎）集成 03319，國史金 1941.2（誤爲鼎）。

【銘文字數】内底鑄銘文 4 字。

【銘文釋文】册秼（劦）父丁。

【備　　注】《銘圖》第 8 卷 299 頁 04019 秼册父丁簋，原無器物照片，今據《金文資料庫》補錄。

057. 央簋（《銘圖》編號 04065）

【時　　代】西周早期。

【出土時地】北京房山縣（今房山區）琉璃河鎮劉家店墓葬。

【收　藏　者】首都博物館。

【形制紋飾】侈口束頸，鼓腹，圈足沿外撇，一對獸首耳，下有長方形垂珥。頸部飾目雲紋，前後增飾浮雕獸頭，腹部飾斜方格乳釘紋，圈足飾雲雷紋組成的獸面紋帶。

【著　　錄】集成 03370。

【銘文字數】內底鑄銘文 4 字。

【銘文釋文】央乍（作）寶𣪘（簋）。

【備　　注】《銘圖》第 8 卷 337 頁 04065 央簋，原無器物照片，今據《金文資料庫》補錄。

058. 邵鼎（原稱邵簋、邵作寶彝器）（《銘圖》編號 04069）

【時　　代】西周早期。

【收 藏 者】原藏吳大澂。

【形制紋飾】斂口鼓腹，窄沿方唇，口沿上有一對索狀立耳，淺分襠，三條柱足。頸部
　　　　　飾三列雲雷紋組成的列旗脊獸面紋。

【著　　錄】三代 6.24.2（稱彝），貞松 5.3.3，集成 10543（稱器），總集 2025（稱簋），
　　　　　窓圖注 041 頁。

【銘文字數】內底鑄銘文 4 字。

【銘文釋文】邵乍（作）寶彝。

【備　　注】《銘圖》第 8 卷 339 頁 04068 邵簋，原依《金文總集》將此器定爲簋，從周
　　　　　亞先生的《窓齋集古圖箋注》得知該器是鼎，故改名爲"邵鼎"，並補錄器
　　　　　物全形拓本以及相關資料。

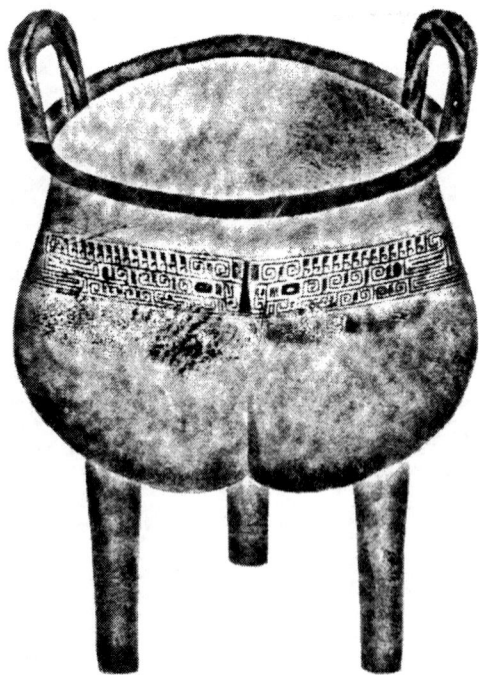

059．子眉⊥父乙簋（《銘圖》編號 04144）

【時　　　代】商代晚期。

【出土時地】1927 年地方軍閥党玉琨（亦作党毓坤）在陝西寶雞縣戴家灣（今屬寶雞市金臺區陳倉鄉）盜掘出土。

【收　藏　者】北京故宮博物院。

【尺　　　度】通高 12.8、口徑 18.6、足徑 14.2 釐米。

【形制紋飾】侈口束頸，鼓腹圈足，一對獸首半環形耳，無垂珥。頸的前後裝飾浮雕獸頭，腹部及圈足光素。

【著　　　錄】三代 6.27.3，續殷上 40.2，集成 03420，總集 2085，國史金 1513.2，寶戴 276 頁圖四 2

【銘文字數】內底鑄銘文 5 字。

【銘文釋文】子眉⊥父乙。

【備　　　注】《銘圖》第 8 卷 404 頁 04144 子眉⊥父乙簋，據《寶雞戴家灣與石鼓山出土商周青銅器》得知係軍閥党玉琨 1927 年在陝西寶雞縣戴家灣盜掘出土，並補充了尺寸和圖像等資料。

060. 孖簋(《銘圖》編號 04169)

【時　　代】西周早期。

【收　藏　者】原藏番禺商承祚(貞松)。

【形制紋飾】侈口束頸,鼓腹,圈足沿
　　　　　外撇,一對獸首耳,下有
　　　　　鉤狀垂珥。頸部飾夔龍
　　　　　紋間以圓渦紋,前後增
　　　　　飾浮雕獸頭,圈足飾三
　　　　　列雲雷紋組成的列旗脊
　　　　　獸面紋帶。

【著　　錄】三代 6.30.3,貞松 4.40.1
　　　　　(稱彝),續殷上 43.4,小
　　　　　校 7.26.5(稱彝),集成 03451,總集 2108,國史金 1510.1。

【銘文字數】內底鑄銘文 5 字。

【銘文釋文】孖乍(作)寶隞(尊)彝。

【備　　注】《銘圖》第 8 卷 425 頁 04169 子孖簋,原無器形圖像,今據《北京圖書館
　　　　　藏青銅器全形拓片集》補錄。

061. 縶伯簋(《銘圖》編號 04230)

【時　　代】西周晚期。

【收 藏 者】原藏吳大澂。

【形制紋飾】失蓋，弇口鼓腹，一
　　　　　　對龍首半環形耳，下
　　　　　　有垂珥，矮圈足沿外
　　　　　　撇。口下飾竊曲紋，
　　　　　　圈足飾垂鱗紋，腹部
　　　　　　飾瓦溝紋。

【著　　錄】三 代 7.11.1，貞 松
　　　　　　5.6.2，希古 3.12.1，
　　　　　　集成 03481，總集 2125，國史金 1580.2，愙圖注 026 頁。

【銘文字數】內底鑄銘文 5 字。

【銘文釋文】縶白(伯)乍(作)肇(旅)段(簋)。

【備　　注】《銘圖》第 9 卷 6 頁 04230 縶伯簋，原無器形圖像，今據《〈愙齋集古圖〉
　　　　　　箋注》補錄。

062. 汝母卣（原稱女母簋、女母作婦己器）（《銘圖》編號 04254）

【時　　代】商代晚期。

【出土時地】1926-1928 年軍閥党玉琨（亦作党毓坤）在陝西寶雞縣戴家灣（今屬寶雞市金臺區陳倉鄉）盜掘出土，2016 年 3 月出現在美國紐約佳士得拍賣會。

【收　藏　者】某收藏家。

【尺　　度】通蓋高 28、口徑 14.3 × 11.1 釐米。

【形制紋飾】體呈橢圓形，子口內斂，口沿下有一對小鈕，套接絢索提梁，鼓腹圓底，圈足沿外侈，外罩式蓋，頂部有花苞形鈕，沿下折作束腰形。蓋面和口下均飾帶狀夔龍紋，以連珠紋鑲邊，口沿下的前後增飾浮雕獸頭。

【著　　錄】三代 6.35.1（稱彝），集成 10562（稱器），總集 2172（稱簋），國史金 1525.1，戴與石 022。

【銘文字數】蓋、器對銘，各 6 字。

【銘文釋文】女（汝）母乍（作）婦己彝。

【備　　注】據王光永《陝西省寶雞市戴家灣出土文物調查報告》錄有"女母卣"，劉安國《雍寶銅器小群圖說長編》1926-1928 年戴家灣盜掘出土有"女母卣"，《集成》10562 收錄女母作父己器，謂傳出自鳳翔，《分域編》寶雞縣登錄有"母婦彝"，四者應爲一器。今據《佳士得拍賣圖錄》補錄器物照片、尺寸等資料。

蓋銘拓本

蓋銘照片

器銘照片

063．師高簋（《銘圖》編號 04332）

【時　　代】西周早期。

【收 藏 者】下落不明。

【形制紋飾】侈口束頸，鼓腹，高圈足沿下折，形成一道高邊圈，一對獸首耳，下有鉤狀垂珥。頸部飾列旗脊夔龍紋，前後增飾浮雕獸頭，圈足飾列旗脊獸面紋帶。

【著　　録】三代 6.36.7，貞補上 24.1，集成 10565，總集 2186，國史金 1601.2。三代 6.36.7，貞補上 24.1，集成 10565，總集 2186，國史金 1601.2。

【銘文字數】内底鑄銘文 6 字。

【銘文釋文】師高乍（作）寶隮（尊）毁（簋）。

【備　　注】《銘圖》第 9 卷 95 頁 04332 師高簋，原無器物圖像，今據《金文資料庫》補録。

064. 臣辰𩖀册父乙簋（臣辰𡩻册父乙簋）（《銘圖》編號 04383）

【時　　　代】西周早期。

【收　藏　者】上海博物館。

【形制紋飾】侈口束頸，鼓腹，圈足較高，沿外侈然後下折，一對鹿角獸首耳，下有垂珥。頸飾及圈足均飾浮雕圓渦紋間短夔紋，頸的前後增飾浮雕獸頭。

【著　　　錄】集成 03506。

【銘文字數】內底鑄銘文 6 字。

【銘文釋文】臣辰𩖀（𡩻）册父乙。

【備　　　注】《銘圖》原無器物圖像，今據周亞先生提供的資料增補。

065. 祝簋（《銘圖》編號 04431）

【時　　代】西周中期前段。

【收 藏 者】原藏吳大澂，後歸蘇
　　　　　　州顧鶴逸。

【形制紋飾】侈口深腹，一對獸首
　　　　　　耳，下有長方形垂珥，
　　　　　　圈足沿外撇。頸部飾
　　　　　　兩組卷尾長鳥紋，以
　　　　　　雲雷紋填地，前後增
　　　　　　飾浮雕虎頭，圈足飾
　　　　　　兩道弦紋。

【著　　錄】三代 7.16.7，愙齋 8.2.2（誤爲敦），奇觚 3.7，周金 3.96.2，小校 7.72.4
　　　　　　（誤爲敦），集成 03630，總集 2262，鬱華閣 163.1，愙圖注 042 頁。

【銘文字數】內底鑄銘文 7 字。

【銘文釋文】祝乍（作）寶殷（簋），用日言（享）。

【備　　注】《銘圖》第 9 卷 182 頁 04431 祝簋，原無器形圖像，今據《〈愙齋集古圖〉
　　　　　　箋注》補録了器形立體拓本等資料。

066. 鄂監簋（噩監簋）（《銘圖》編號 04441）

【時　　代】西周早期。

【出土時地】2011 年 9 月見於北京。

【收 藏 者】原藏某收藏家，現藏中國國家博物館。

【尺　　度】通高 17.6、口徑 15.5 釐米。

【形制紋飾】弇口圓腹，圈足，一對兔首耳，下有鈎狀垂耳，圈足較直，蓋面隆起，上有
　　　　　　圈狀捉手，捉手上有一對穿孔。蓋面外圈和器口沿下均飾雷紋帶，前後
　　　　　　增飾浮雕貘頭。

【著　　録】百年 61 頁 25，甲金粹 117-118 頁。

【銘文字數】內底鑄銘文 7 字。

【銘文釋文】噩（鄂）監乍（作）父辛寶彝。

【備　　注】《銘圖》第 9 卷 192 頁 04441 鄂監簋，原無器形圖像，今據《甲骨文金文
　　　　　　集粹》補録了圖像、尺寸等資料。

蓋銘拓本

蓋銘照片

器銘拓本

器銘照片

067. 欮簋（《銘圖》編號 04517）

【時　　代】西周中期前段。

【收 藏 者】上海博物館。

【尺度重量】通高 15.5、口徑 20.5 釐米，重 1.6 公斤。

【形制紋飾】侈口斂腹，高圈足，下沿外撇，兩耳飾獸首，下有方形垂珥。頸部飾浮雕
獸首及垂冠回首尾下卷的夔龍紋，腹飾繡紋，也稱勾連雷紋，圈足飾變形
獸面紋。

【著　　錄】集成 03662，夏商周 321。

【銘文字數】內底鑄銘文 9 字。

【銘文釋文】允册乍（作）父癸寶隣（尊）彝，旅。

【備　　注】《銘圖》第 9 卷 272 頁 04517 欮簋，原無器形照片，今據《夏商周》補錄了
器形照片及尺寸等資料。

068. 🔆婦簋（《銘圖》編號 04554）

【時　　代】西周早期前段。

【收 藏 者】上海博物館。

【形制紋飾】侈口束頸，鼓腹圈足，一對獸首耳，下有鉤狀垂珥。頸部和圈足均飾回首
短夔龍間以圓渦紋，頸的前後增飾浮雕獸頭。

【著　　錄】錄遺 143，集成 03687，總集 2331。

【銘文字數】內底鑄銘文 9 字。

【銘文釋文】🔆婦乍（作）日癸隫（尊）彝，柯（虢）冊（册）。

【備　　注】《銘圖》第 9 卷 305 頁 04554 🔆婦簋，原無器形圖像，今據《北京圖書館
藏青銅器全形拓片集》補錄了器形拓本等資料。

069. 莓伯簋（《銘圖》編號 04591）

【時　　代】西周晚期。

【出土時地】1963 年 8 月於天津電解銅廠雜銅中揀選。

【收　藏　者】原藏天津市歷史博物館，現藏天津博物館。

【形制紋飾】失蓋，口內斂，有矮子口，鼓腹，一對龍首耳，下有垂珥，圈足沿外侈，連鑄三條獸面扁足。口沿下飾大小相間的重環紋，腹飾瓦溝紋。

【著　　錄】集成 03722，考古與文物增刊 2002 年 341 頁圖 4。

【銘文字數】內底鑄銘文 12 字（其中重文 2）。

【銘文釋文】葬（莓）白（伯）乍（作）丼（邢）姬寶段（簋），子=（子子）孫=（孫孫）用。

【備　　注】《銘圖》第 9 卷 338 頁 04591 莓伯簋，原無器形照片，今據《考古與文物增刊》補錄了器形照片等資料。

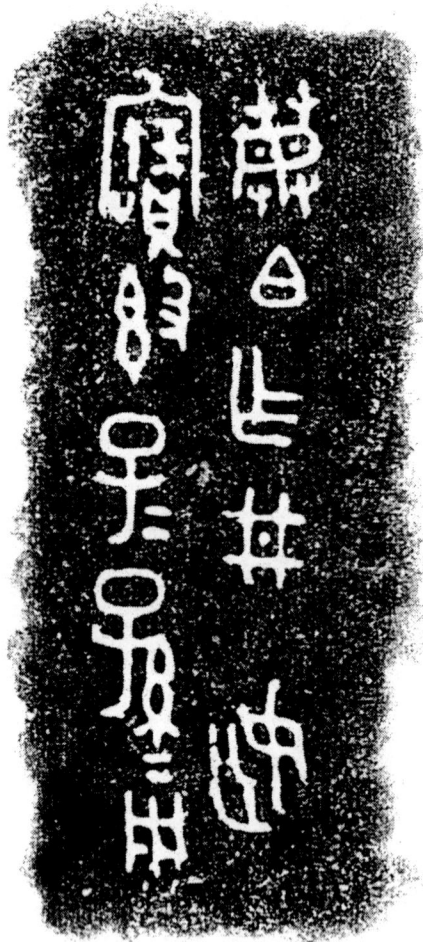

070．鄧公簋 B（《銘圖》編號 04649）

【時　　代】西周中期。

【出土時地】1980 年 5 月河南平頂
山市新華區滍陽鎮義
學崗西周墓葬。

【收　藏　者】原藏平頂山市文物管
理委員會，現藏平頂山
博物館。

【尺度重量】通高 15.5、口徑 19.8、
腹深 11.2 釐米，重
3.275 公斤。

【形制紋飾】弇口鼓腹，一對獸首銜
環耳。口沿飾竊曲紋，腹飾瓦紋，圈足飾斜角雷紋。

【著　　録】考古與文物 1983 年 1 期 109 頁圖二，集成 03776，總集 2384。

【銘文字數】蓋、器同銘，各 12 字。

【銘文釋文】異（鄧）公乍（作）雁（應）嫚妣朕（媵）設（簋），其永寶用。

【備　　注】《銘圖》第 9 卷 04649 鄧公簋 B，誤用鄧公簋 C 的器形照片，現予更換。

071. 伯芳簋（《銘圖》編號 04749）

【時　　代】西周中期前段。

【收　藏　者】原藏吳大澂，現藏上海博物館。

【形制紋飾】侈口束頸，鼓腹，一對獸首耳，下有方形垂珥，圈足下連鑄三條圓柱形足。
頸部飾竊曲紋，圈足飾三角雲雷紋，腹部光素。

【著　　錄】三代 7.30.6，愙齋 9.6.2（誤爲敦），小校 7.87.3（誤爲敦），集成 03792，
總集 2424，鬱華閣 102.2，愙圖注 053 頁。

【銘文字數】內壁鑄銘文 15 字（其中重文 2）。

【銘文釋文】白（伯）芳（芳）乍（作）寶毀（簋），（其）萬年子=（子子）孫=（孫孫）
永寶用。

【備　　注】《銘圖》第 10 卷 23 頁 04749 伯芳簋，原無器形照片，今據《〈愙齋集古圖〉
箋注》補錄。

072. 叔向父簋（《銘圖》編號 04797）

【時　　代】西周晚期。

【收　藏　者】美國紐約賽克勒氏。

【形制紋飾】弇口鼓腹，圈足外侈，其下連鑄三個獸面扁足，獸首雙耳，下有方形垂珥，蓋面隆起，上有圈狀捉手。蓋沿、圈足和口下均飾重環紋，蓋上和腹部飾瓦紋。

【著　　錄】三代 7.37.1-2，周金 3 補，大系錄 129.2（器），集成 03850，總集 2463，賽克勒（1990）446 頁圖 57。

【銘文字數】蓋、器同銘，各 16 字（其中重文 2）。

【銘文釋文】弔（叔）向父乍（作）婷娟（姒）障（尊）殷（簋），爿（其）子＝（子子）孫＝（孫孫）永寶用。

【備　　注】《銘圖》第 10 卷 82 頁 04797 叔向父簋，原無器形照片，今據《賽克勒》（1990）補錄了器形照片等資料。

蓋銘

器銘

073. 巂斂簋（《銘圖》編號 04812）

【時　　代】商代晚期。

【收 藏 者】原藏吳大澂（愙齋），現藏北京故宮博物院。

【形制紋飾】侈口斂頸，鼓腹圈足，一對獸首耳，下有長方形垂珥，圈足上鑄有矮扉棱。頸部和圈足均飾雲雷紋組成的夔龍紋，頸的前後增飾浮雕獸頭。

【著　　錄】三代 7.34.6，愙齋 7.16.1（誤爲敦），奇觚 3.15.1，續殷上 48.1，小校 7.87.1（誤爲敦），集成 03940，總集 2453，愙圖注 018 頁。

【銘文字數】內底鑄銘文 17 字。

【銘文釋文】亞舟，已亥，王易（錫）巂斂玉十玉（玨）、章（璋），用乍（作）且（祖）丁彝。

【備　　注】《銘圖》第 10 卷 102 頁 04812 巂斂簋，原無器形圖像，今據《〈愙齋集古圖〉箋注》補錄了器形立體拓本等資料。

074. 鄦公伯韷簋（《銘圖》編號 04981）

【時　　代】春秋早期。

【出土時地】1974 年湖北隨州市曾都區三里崗鎮尚店。

【收 藏 者】隨州市博物館。

【形制紋飾】弇口鼓腹，一對龍首耳，下有方垂珥，圈足沿外撇，連鑄三條獸面扁足，弧面形蓋，上有圈狀捉手。蓋沿和器口沿下飾竊曲紋，蓋面和器腹飾瓦紋，圈足飾鱗紋。

【著　　錄】集成 04017。

【銘文字數】蓋、器同銘，各 22 字（其中重文 2）。

【銘文釋文】鄦（鄦）公白（伯）韷用吉金，用乍（作）寶𣪘（簋），子=（子子）孫=（孫孫）永用𩇩（享），萬年無彊（疆）。

【備　　注】《銘圖》第 10 卷 328 頁 04981 鄦公伯韷簋，原無器形照片，今據《荊楚英華》補錄。

蓋銘

器銘

075. 叔多父簋(《銘圖》編號 05001)

【時　　代】西周晚期。

【出土時地】20 世紀初流入美國，1933 年之前美國一收藏家購得，2005 年其子捐贈給斯坦福大學。

【收　藏　者】原藏李山農，現藏美國斯坦福大學坎特視覺藝術中心。

【尺　　度】器高 19.4、口徑 20、腹徑 25.7 釐米。

【形制紋飾】失蓋，侈口鼓腹，一對半環形獸首耳，獸耳聳立，下有象鼻形垂珥，圈足下連鑄三條獸面扁足。器口下和圈足均飾竊曲紋，前後增飾浮雕獸頭，器腹飾瓦紋，圈足飾 S 狀竊曲紋。

【著　　録】三代 8.15.2，攈古 2 之 3.23（誤爲敦），周金 3.62.2，小校 8.19.1 上（誤爲敦），集成 04004，總集 2590，文物 2015 年 6 期 34 頁圖 1。

【銘文字數】內底鑄銘文 23 字(其中重文 3)。

【銘文釋文】師㸜(趩)父孫=(孫孫)弔(叔)多父乍(作)孟姜隓(尊)段(簋)，甘(其)邁(萬)年子=(子子)孫=(孫孫)永寶用。

【備　　注】《銘圖》第 10 卷 360 頁 05001 叔多父簋，原無器形照片，今據《文物》2015 年第 6 期補録器形照片、尺寸、收藏單位、形制紋飾等資料。

076. 畢鮮簋（《銘圖》編號 05050）

【時　　代】西周晚期。

【出土時地】2016 年 7 月出現在日本美協秋季拍賣會網。

【收 藏 者】原藏程木庵，現藏日本某私家。

【尺　　度】通高 15.5、口徑 38 釐米。

【形制紋飾】斂口侈唇，腹部微鼓，一對獸首半環形耳，耳圈粗壯，無垂珥，圈足沿外侈
　　　　　　然後下折。頸部飾竊曲紋，腹部飾垂鱗紋。

【著　　錄】三代 8.26.1，攗古 2 之 3.41.1（誤爲敦），敬吾下 16，周金 3.55.2，小校
　　　　　　8.25.3（誤爲敦），集成 04061，總集 2628，銘文選 315。

【銘文字數】內底鑄銘文 26 字（其中重文 2）。

【銘文釋文】畢薨（鮮）乍（作）皇且（祖）益公陣（尊）殷（簋），用旛（祈）貫（眉）嘼（壽）
　　　　　　毡（魯）休，薨（鮮）ㄓ（其）萬年子＝（子子）孫＝（孫孫）永寶用。

【備　　注】《銘圖》第 10 卷 360 頁 05050 畢鮮簋，原無器形照片，今據日本《美協拍
　　　　　　賣網》補錄了器形照片、尺寸、收藏單位、形制紋飾等資料。日本收藏家
　　　　　　的藏簋木箱正面漢字書："周時代銅器簋。"背面日文："日俄戰爭後作爲
　　　　　　第十四師團長擔任守備滿洲的任務，期間於奉天府求得此物而收藏之。"

銘文拓本

銘文照片

077. 君夫簋蓋（《銘圖》編號 05197）

【時　　代】西周中期後段。

【出土時地】20 世紀 60 年代初再現天津。

【收 藏 者】原藏陳介祺、天津市文物公司、天津市藝術博物館,現藏天津博物館。

【形制紋飾】蓋面隆起,上有撇口圈形捉手。蓋面內圈飾瓦溝紋,外圈飾竊曲紋。

【著　　錄】三代 8.47.2,從古 15.15,攈古 3 之 1.24(誤爲敦),窓齋 11.4(誤爲敦),
　　　　　　奇觚 4.1,簋蓋 3 敦 2,周金 3.42.1,大系錄 30,小校 8.44.3(誤爲敦),
　　　　　　集成 04178,總集 2705,銘文選 323,鬱華閣 117.4。

【銘文字數】內壁鑄銘文 44 字(其中重文 2)。

【銘文釋文】唯正月初吉乙亥,王才(在)康宮大(太)室,王命君夫曰:債求乃友,君
　　　　　　夫叔(敢)姅(奉)乳(揚)王休,用乍(作)文父丁鼐(鷺)彝,子=(子子)
　　　　　　孫=(孫孫)甘(其)永用之。

【備　　注】《銘圖》第 11216 頁卷 05197 君夫簋蓋,原無器形照片,今據《考古與文物》
　　　　　　2002 年增刊補錄。

078. 召簋（䚄簋）（《銘圖》編號 05230）

【時　　代】西周中期前段。

【出土時地】山西南部。

【收　藏　者】原藏某收藏家，現藏中國國家博物館。

【尺　　度】通高 14.5、口徑 21、兩耳間距 27.8 釐米。

【形制紋飾】侈口束頸，鼓腹，一對貘頭半環耳，下有長方形垂珥，圈足沿外侈並下折，
　　　　　　形成一道邊圈。頸部飾分尾鳥紋帶，前後增飾浮雕獸頭。

【著　　錄】百年 91 頁 44，甲金粹 203 頁。

【銘文字數】內底鑄銘文 54 字。

【銘文釋文】隹（唯）三（四）月初吉，王才（在）周，各（格）大（太）室，即，井（邢）白（伯）
　　　　　　入右䚄（召）。王乎（呼）內史册令（命）䚄（召），曰：“易（錫）女（汝）幺（玄）
　　　　　　衣、淺屯（純）、載市（韍）、幽黃（衡）、金雁（膺）。”曰：“用事。”䚄（召）頧
　　　　　　（稽）首，對郑（揚）王休，用乍（作）文考日癸隩（尊）毁（簋）。

【備　　注】《銘圖》第 11 卷 273 頁召簋，原器形照片和銘文照片均較模
　　　　　　文拓本、器形照片及收藏單位等資料，現予以更換補充。

079. 無㠱簋（《銘圖》編號 05244）

【時　　代】西周晚期（厲王世）。

【收　藏　者】原藏吳大澂、費念慈、鄒安、羅振玉，後歸北京故宮博物院，現藏中國國家博物館。

【形制紋飾】形同詢簋、即簋，低體寬腹，弇口，矮圈足沿外撇，一對獸首銜環耳，蓋的捉手作圈狀。通體飾瓦紋，蓋的捉手內飾卷體龍和鱗紋。

【著　　録】三代 9.1.1-2，愙齋 9.10.2-11.1，夢郼上 31，周金 3.37.1-2，大系録107，小校 8.49.1（誤爲敦），集成 04225，總集 2739，綜覽·簋 375，斷代95，銘文選 293，鬱華閣 155-156，夏商周 320（將此拓本誤用到上博所藏無㠱簋），愙圖注 095 頁（蓋）。

【銘文字數】蓋、器同銘，各 58 字。

【銘文釋文】隹（唯）十又三年正月初吉壬寅，王征南尸（夷），王易（錫）無㠱馬三（四）匹。無㠱撵（拜）手頔（稽）首曰："叙（敢）對剥（揚）天子毦（魯）休令（命）。"無㠱用乍（作）朕（朕）皇且（祖）釐季障（尊）毁（簋），無㠱忖（其）萬年子孫永寶用。

【備　　注】《銘圖》第 11 卷 310 頁 05244 無㠱簋，將收藏單位誤爲上海博物館，同時器形圖像亦誤用了上海博物館無㠱簋照片，現予更正，並依《〈愙齋集古圖〉箋注》補録器物全形拓本。蓋銘"季"誤作"年"。

蓋銘

器銘

080．大簋蓋（十二年大簋蓋）（《銘圖》編號 05345）

【時　　代】西周晚期。

【收 藏 者】原藏孫星衍、多智友（攈古），後歸故宮，現藏中國國家博物館。

【形制紋飾】蓋面隆起，沿下折，頂部有圈狀捉手。蓋面外圈飾兩道重環紋，內圈飾瓦
溝紋。

【著　　錄】三代9.26.1，攈古3之2.35（誤爲敦），筠清3.33.1-2，周金3.18.2，大
系錄75.1，小校8.73.1（誤爲敦），集成04299，總集2813，銘文選392，
鬱華閣157。

【銘文字數】內壁鑄銘文108字（其中重文2）。

【銘文釋文】余既易（錫）大乃里，曩（睽）賓（儐）象章（璋）、帛束，曩（睽）令象曰天子，
余弗叔（敢）歔（哿），象吕（以、與）曩（睽）頫（履）大易（錫）里，大賓（儐）
賓象訊（介）章（璋）、馬网（兩），賓（儐）曩（睽）訊（介）章（璋）、帛束，大捧
（拜）頜（稽）首，叔（敢）對翲（揚）天子不（丕）顯休，用乍（作）朕.（朕）皇
考剌（剌、烈）白（伯）隣（尊）段（簋），㞢（其）子＝（子子）孫＝（孫孫）永
寶用。

【備　　注】《銘圖》第12卷79頁大簋蓋，原無器形照片，今據《西周青銅器斷代》補
錄。銘文第八行衍一"賓"字。

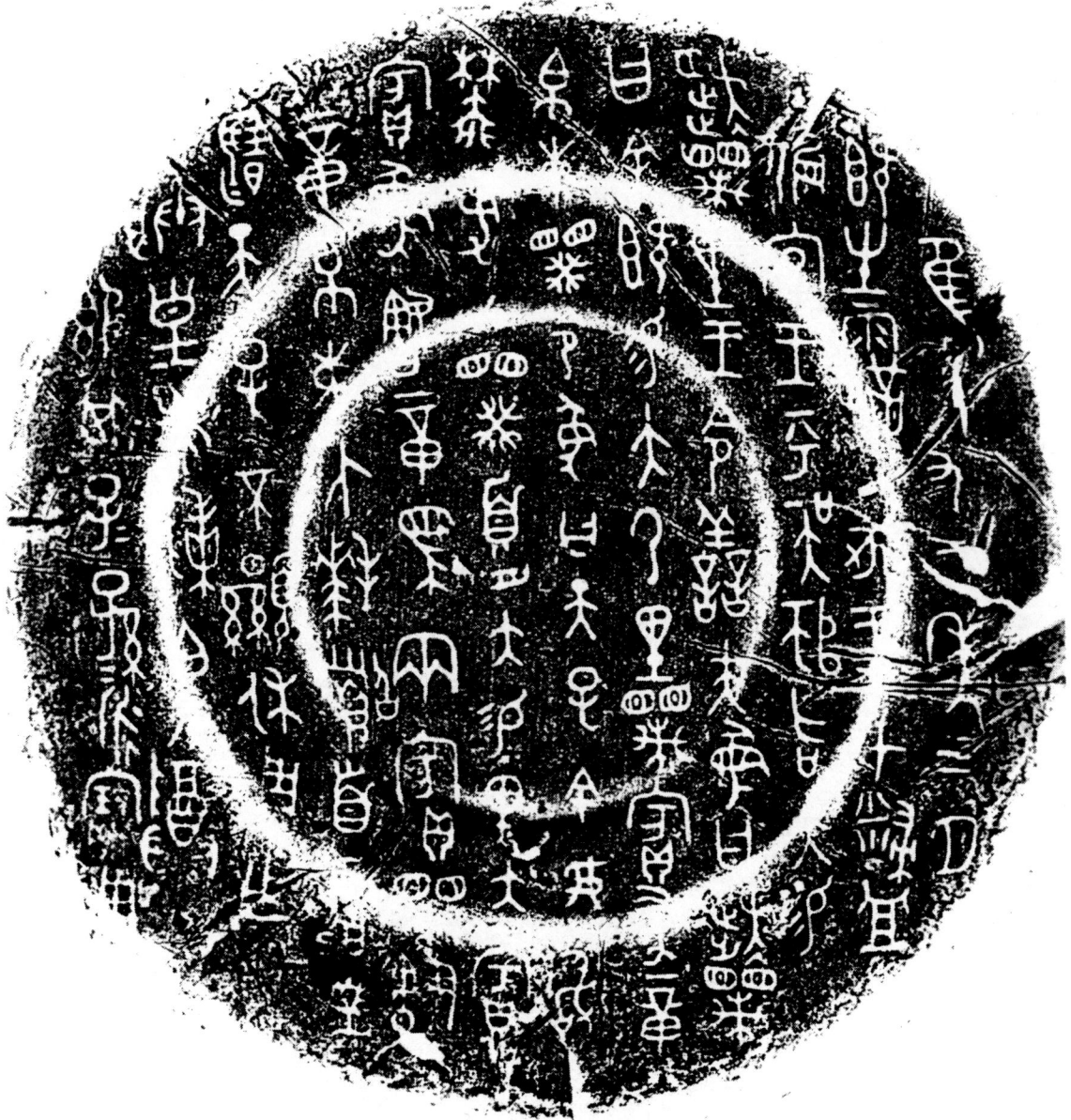

（原寬 20.1 釐米）

081. 鄧伯盨蓋(《銘圖》編號 05506)

【時　　代】西周晚期。

【收 藏 者】原藏吳大澂,現藏上海博物館。

【形制紋飾】橢方形,蓋面隆起,頂部較平,上有四個曲尺形捉手。蓋沿飾 S 形雲紋,
　　　　　其上爲瓦溝紋。

【著　　錄】三代 10.27.3,愙齋 15.17.1(誤爲簋),綴遺 25.1,小校 9.24.2(誤爲簋),
　　　　　集成 04347,總集 2990,愙圖注 028 頁。

【銘文字數】內底鑄銘文 6 字。

【銘文釋文】鄧(鄧)白(伯)乍(作)妘彊用。

【備　　注】《銘圖》第 12 卷 226 頁 05506 鄧伯盨蓋,原無器形照片,今據《〈愙齋集
　　　　　古圖〉箋注》補錄了器形照片等資料。

082. 叔讒父盨(《銘圖》編號 05546)

【時　　代】西周晚期。

【收 藏 者】原藏李蔭軒,現藏上海博物館。

【尺度重量】通高 18.1、口縱 15.9、口橫 22、足徑 16.9 × 21.5 釐米,重 4.36 公斤。

【形制紋飾】橫截面呈橢方形,口微歛,腹微鼓,腹兩端有一對半環形獸首耳,圈足各
　　　　　邊的中部有一長方形缺,蓋面隆起,上部有四個矩形扉。蓋面和器腹飾
　　　　　瓦溝紋,蓋沿和器口沿飾重環紋。

【著　　錄】集成 04375,小校 9.25.1(誤爲簋),三代 10.28.2-3,國史金 1767(蓋),
　　　　　陳論集 324 頁。

【銘文字數】蓋、器同銘,各 10 字。

【銘文釋文】弔(叔)讒父乍(作)旅鑪(盨)段(簋),甘(其)永用。

【備　　注】《銘圖》第 12 卷 267 頁 05546 叔讒父盨,原無器形照片,今據《陳佩芬青
　　　　　銅器論集》補錄了器形照片、尺寸重量等資料。

蓋銘

器銘

083. 仲義父盨（《銘圖》編號 05552）

【時　　代】西周晚期。

【出土時地】光緒十六年（1890 年）陝西扶風縣法門鎮任家村窖藏出土。

【收　藏　者】原藏吳大澂。

【形制紋飾】器作橢方形，口微斂，淺腹微鼓，兩側有一對龍首半環耳，圈足沿外侈，中部有長方形缺口，蓋面隆起，上有四個矩尺形扉，可以卻置。蓋沿和口下飾 S 狀紋飾，蓋上和腹飾覆瓦紋。

【著　　錄】三代 10.29.1-2，周金 3.163.3（蓋），小校 9.26.2（誤爲簋），貞松 6.35.1（誤爲簋），希古 4.11.2-4，陝金 2.199，集成 04386，總集 3012，斷代 798頁 174.2，窖圖注 084 頁。

【銘文字數】蓋、器同銘，各 11 字。

【銘文釋文】中（仲）義父乍（作）旅盨，甘（其）永寶用，𠦪（華）。

【備　　注】《銘圖》第 12 卷 273 頁 05552 仲義父盨，原無器形照片，今據《〈愙齋集古圖〉箋注》補録了器形拓本等資料。

蓋銘

器銘

084. 魯伯俞父簠（魯伯俞父簠）（《銘圖》編號 05861）

【時　　代】春秋早期。

【收 藏 者】原藏馮晏海、吳大澂（綴遺、周金）。

【形制紋飾】平折沿，斜腹平底，方圈足，圈足每邊各有一個壼門形缺，兩端有一對獸首耳。口沿下飾雲雷紋，四壁飾雙頭夔紋，圈足飾雲紋。

【著　　錄】三代 10.11.2，愙齋 15.12.2，綴遺 8.15.1，周金 3.141.1，小校 9.8.3，山東存・魯 11.2，集成 04567，總集 2923，鬱華閣 298.1，山東成 390，愙圖注 005 頁。

【銘文字數】內底鑄銘文 16 字。

【銘文釋文】魯白（伯）俞（俞）父乍（作）姬孕（仁）臣（簠），甘（其）萬年覺（眉）者（壽）永寶用。

【備　　注】《銘圖》第 13 卷 122 頁 05861 魯伯俞父簠，原無器形圖像，今據《〈愙齋集古圖〉箋注》補錄了器形拓本等資料。

085. 師麻孝叔簠(《銘圖》編號 05870)

【時　　代】西周晚期。

【出土時地】清同治末年,與一鼎一甌同坑出土(《文物參考資料》1951 年第 8 期王獻
　　　　　唐文)。

【收　藏　者】原藏吳大澂,後歸劉體智。

【形制紋飾】長方體,斜壁平底,窄沿方唇,側壁有一對環耳,方圈足外撇,中部有壼門
　　　　　形缺。口沿下飾變形獸體紋,腹飾連體夔龍紋,圈足飾垂鱗紋。

【著　　錄】三代 10.13.2,奇觚 5.34,周金 3.137.1,小校 9.12.3,陝金 2.218,集成
　　　　　04555,總集 2929,鬱華閣 304.3,愙圖注 098 頁。

【銘文字數】內底鑄銘文 17 字(其中重文 2)。

【銘文釋文】師厤(麻)孝弔(叔)乍(作)旅匡(簠),㠯(其)萬年子=(子子)孫=(孫孫)
　　　　　永寶用。

【備　　注】《銘圖》第 13 卷 130 頁 05870 師麻孝叔簠,原無器形圖像,今據《〈愙齋
　　　　　集古圖〉箋注》補錄。"師麻孝叔"或釋爲"師麻斿叔"。

086. 箴銘匕（原名魚鼎匕）（《銘圖》編號 06320）

【時　　代】戰國時期。

【出土時地】傳出山西。

【收　藏　者】北京某收藏家。

【尺　　度】通長 25、匕頭長 6.5、寬 4.7、柄長 18.5、柄後端寬 2 釐米。

【形制紋飾】匙作橢圓形，淺弧形內凹，長柄扁平，柄與匙連接處向上斜曲。

【著　　錄】未著錄。

【銘文字數】正背面鑄銘文 40 字。

【銘文釋文】曰：征（誕）又（有）氏（是）蚰（昆）尸（夷），述（遂）王魚顚（顛）。曰：欽
　　　　　 戈（哉）！出斿（游）水虫，下民無智（智一知），参（參、三）目人之蠱（蛊）
　　　　　 蚘（尤）命，帛（薄）命入欻（羹），藕（柔）入藕（柔）出，母（毋）處忖（其）所。

【備　　注】《銘圖》第 13 卷 520 頁 06320 魚鼎匕，原銘文照片均爲局部，今由藏家
　　　　　 提供銘文摹本，並增補了器形照片，使銘文（包括 20 世紀 20 年代山西渾
　　　　　 源出土魚鼎匕）得以通讀。由銘文得知此匕應稱爲箴銘匕。

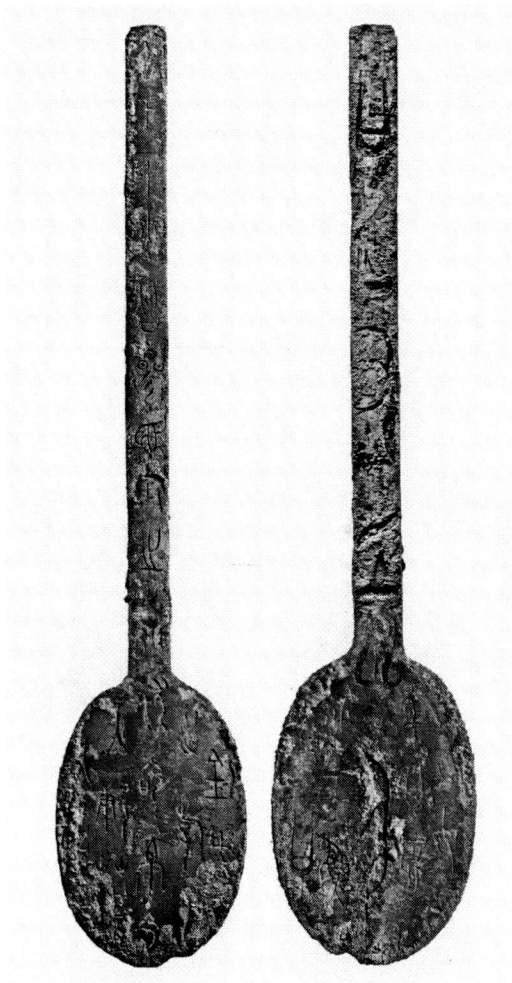

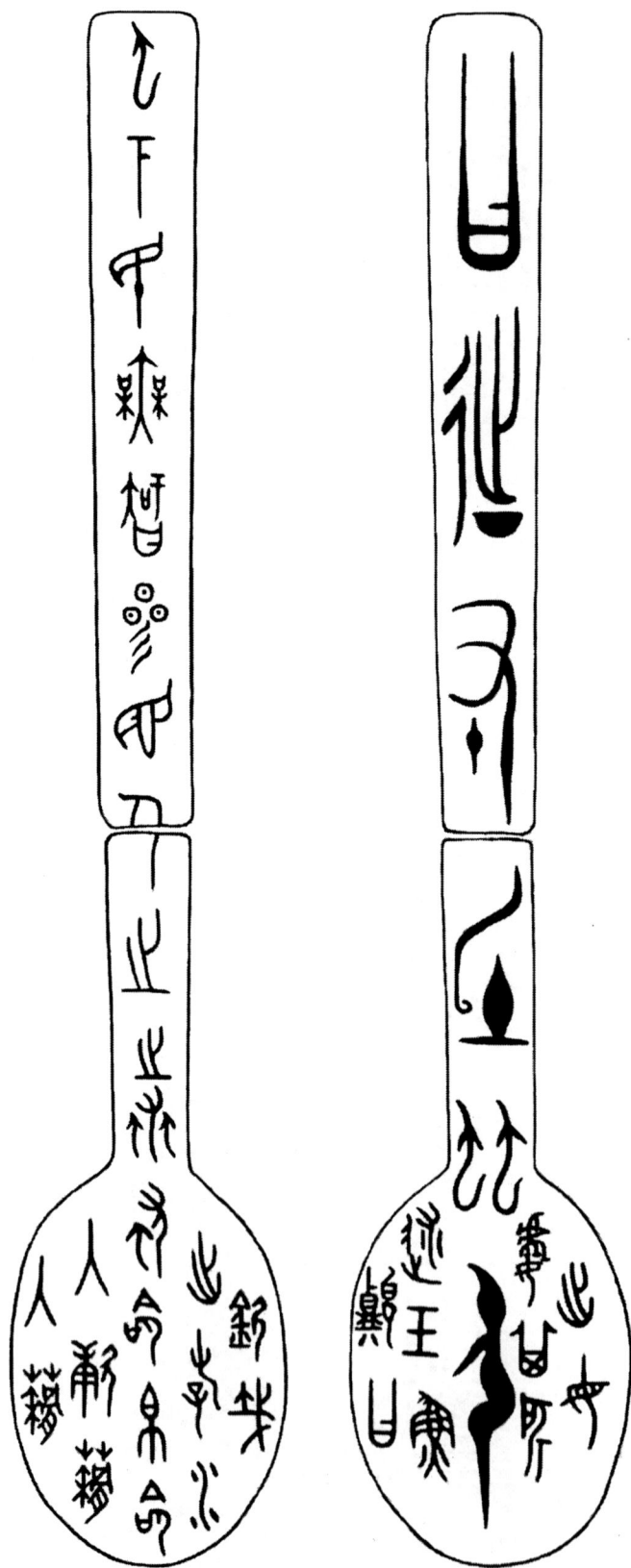

（原高 25 釐米）

087．得爵（《銘圖》編號 06635）

【時　　代】商代晚期。

【收　藏　者】澳大利亞墨爾本國立維多利亞博物館。

【尺　　度】通高 20.5、流尾相距 17.5 釐米。

【形制紋飾】曲口，長流槽，尖尾上翹，口沿近流處有一對菌狀柱，長卵形杯體，內側有一獸首扁環鋬，三棱錐足外撇。柱帽飾渦紋，流下和尾下飾蕉葉紋，頸部飾三角雲雷紋，腹飾獸面紋。

【著　　錄】彙編 1376，集成 07439，澳銅選 66 頁圖 11，總集 3333。

【銘文字數】鋬內鑄銘文 1 字。

【銘文釋文】取（得）。

【備　　注】《銘圖》第 14 卷 183 頁 06635 得爵，原無器形照片，今據張光裕《雪齋學術論文集》補錄了器形圖照片及尺寸等資料。

088. ᚵ 爵（考爵）（《銘圖》編號 06828）

【時　　代】商代晚期。

【收　藏　者】原藏陳承修，現藏上海博物館。

【形制紋飾】曲口，窄長流槽，尖尾上翹，流折處有一對較矮的菌狀立柱，卵圓形杯體，內側有半環形鋬，三條三棱較高錐足。腹飾雲雷紋組成的獸面紋。

【著　　錄】三代 15.2.4，從古 6.17，綴遺 19.15.1，續殷下 1.12，集成 07347，總集 3142。

【銘文字數】鋬內鑄銘文 1 字。

【銘文釋文】ᚵ（考）。

【備　　注】《銘圖》缺圖像，今據周亞先生提供的資料增補。

089. 寝玄爵(《銘圖》編號 06989)

【時　　代】商代晚期。

【收 藏 者】某收藏家。

【形制紋飾】曲口長流槽,尖尾上翹,流折處有一對菌狀立柱,長卵形杯體,内側有牛
　　　　　　首半環形鋬,三條三棱錐足,腹部有三道扉棱。頸部飾三角雷紋,腹部飾
　　　　　　曲折角獸面紋。

【著　　録】三代 15.35.4,貞松 9.36.4,集成 08296,總集 3601,國史金 641.1。

【銘文字數】鋬内鑄銘文 2 字。

【銘文釋文】寑(寝)幺(玄)。

【備　　注】《銘圖》第 14 卷 444 頁 06989 寝玄爵,原無器形照片,今據網絡資料補録。

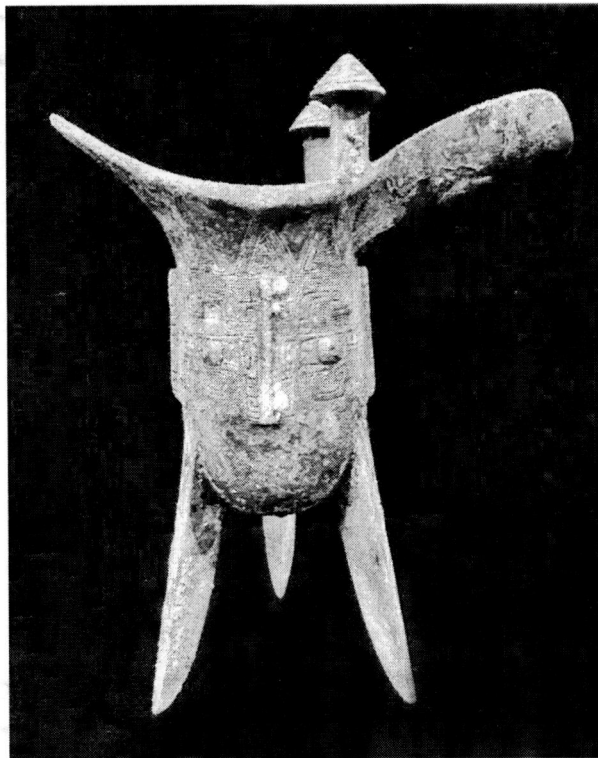

090. 父丁爵（《銘圖》編號 07196）

【時　　代】西周早期。

【收 藏 者】原藏吳大澂。

【形制紋飾】曲口，寬流槽，尖尾上翹，口沿上有一對菌狀柱，卵圓形杯體，腹內側有牛
　　　　　　首半環鋬，三棱錐足外撇。腹飾獸面紋。

【著　　錄】三代 15.21.3，愙齋 23.19.2，殷存下 6.11，小校 6.17.1，集成 07910，總
　　　　　　集 3453，鬱華閣 322.2，愙圖注 103 頁。

【銘文字數】鋬內鑄銘文 2 字。

【銘文釋文】父丁。

【備　　注】《銘圖》第 15 卷 88 頁 07196 父丁爵，原無器形圖像，今據《〈愙齋集古圖〉
　　　　　　箋注》補錄。

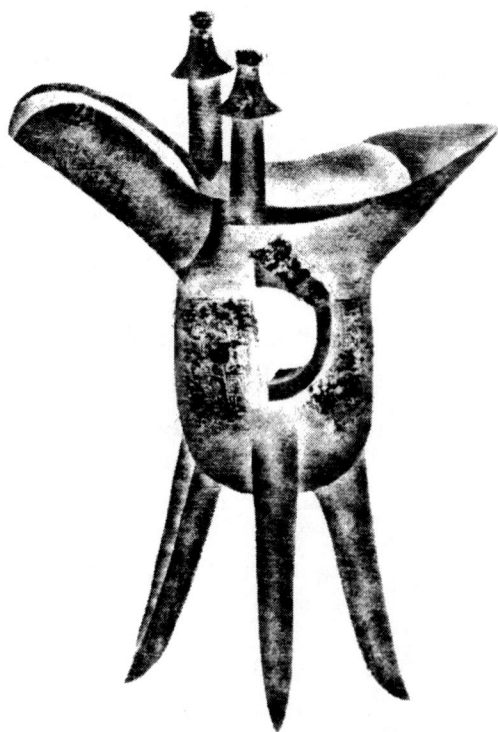

091. 冉辛爵(冉辛爵)(《銘圖》編號 07323)

【時　　代】商代晚期。

【收 藏 者】原藏潘祖蔭,後歸吴大澂。

【形制紋飾】曲口,寬流槽,尖尾上翹,口沿上有一對菌狀柱,卵圓形杯體,腹内側有牛首半環鋬,三棱錐足外撇。腹飾獸面紋。

【著　　録】三代 15.27.9,愙齋 23.4.4,殷存下 9.6,小校 6.25.5,集成 08057,總集 3525,愙圖注 104 頁。

【銘文字數】鋬内鑄銘文 2 字。

【銘文釋文】冉(冉)辛。

【備　　注】《銘圖》第 15 卷 173 頁 07323 冉辛爵,原無器形圖像,今據《〈愙齋集古圖〉箋注》補録。

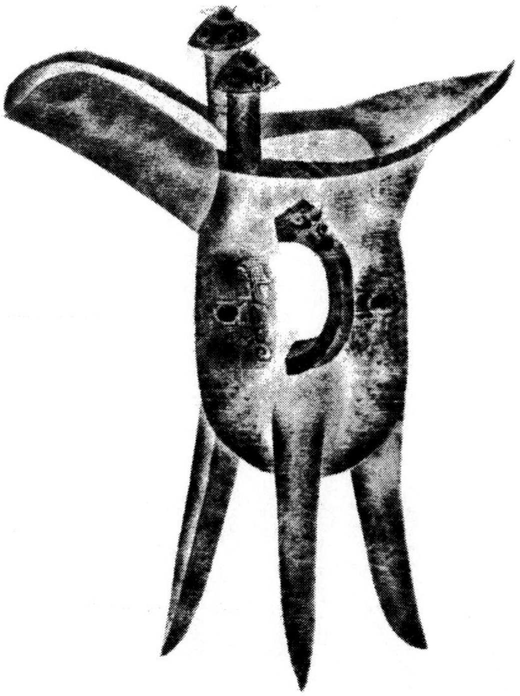

092. 癸♪爵（《銘圖》編號 07399）

【時　　代】商代晚期。

【出土時地】曾出現在佳士得拍賣會。

【收　藏　者】某收藏家。

【形制紋飾】曲口長流槽，尖尾上翹，口沿近
　　　　　　流折處有一對菌狀柱，長卵形
　　　　　　杯體，腹部有三道扉棱，三棱錐
　　　　　　足外撇。腹部飾雲雷紋組成的
　　　　　　獸面紋。

【著　　録】三代 15.28.1，貞松 9.36.1，集
　　　　　　成 08060，總集 3528，國史金
　　　　　　632.1。

【銘文字數】鋬內鑄銘文 2 字。

【銘文釋文】癸♪（企）。

【備　　注】《銘圖》第 15 卷 228 頁 07399
　　　　　　癸♪爵，原無器形照片，今據《佳士得拍賣圖錄》補錄。

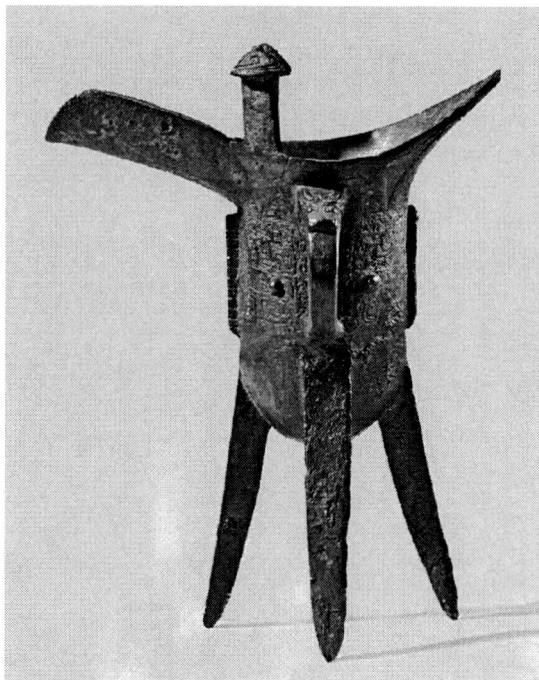

093．𝄐祖乙爵（《銘圖》編號 07710）

【時　　代】西周早期。

【收 藏 者】原藏吳大澂,現藏上海博物館。

【形制紋飾】曲口長流槽,尖尾較短,口沿上有一
　　　　　對束傘狀立柱,長卵形杯體,內側有
　　　　　牛首半環鋬,三棱錐足外撇。腹飾列
　　　　　旗脊獸面紋兩組,上一組較大,獸有
　　　　　獠牙,下一組呈帶狀,無獠牙;流槽
　　　　　下飾一對卷尾龍紋;柱帽飾三角雲
　　　　　雷紋。

【著　　錄】三代 16.1.1,愙齋 23.17.2,殷存下
　　　　　17.10,小校 6.60.6,集成 08311,總集
　　　　　3729,鬱華閣 345.2,愙圖注 011 頁。

【銘文字數】鋬內鑄銘文 3 字。

【銘文釋文】𝄐(卷)且(祖)乙。

【備　　注】《銘圖》第 15 卷 471 頁 07710 𝄐祖乙
　　　　　爵,原無器形照片,今據《〈愙齋集古圖〉箋注》《〈愙齋集古圖〉箋注》補錄。

094. 戈祖戊爵(《銘圖》編號 07720)

【時　　代】商代晚期。

【收　藏　者】上海博物館。

【形制紋飾】腹飾獸面紋。

【著　　錄】三代 16.2.3,攈古 1 之 2.17.4,綴遺 20.23.2,續殷下 22.10,集成 08329,總集 3739。

【銘文字數】鋬内鑄銘文 3 字。

【銘文釋文】戈且(祖)戊。

【備　　注】《銘圖》第 15 卷 477 頁 07720 戈祖戊爵,誤用 07719 冑祖丁爵的拓本, 現予更正。

095. 融父己爵（原稱鬲父己爵、甗父己爵）（《銘圖》編號 07877）

【時　　代】商代晚期。

【收 藏 者】原藏吳大澂。

【形制紋飾】曲口長流槽，尖尾，口沿上有一對菌狀柱，卵圓形杯體，腹內側有牛首半
　　　　　　環形鋬，三棱錐足外撇。腹飾連珠紋鑲邊的獸面紋。

【著　　錄】三代 16.16.1，積古 2.7.6，攈古 1 之 1.7.2，綴遺 19.31.1，殷存下 5.1，
　　　　　　集成 08567，總集 3884，愙圖注 024 上。

【銘文字數】鋬內鑄銘文 3 字。

【銘文釋文】融父己。

【備　　注】《銘圖》第 16 卷 82 頁 07877 融父己爵，原無器形圖像，今據《蘇富比拍
　　　　　　賣圖録》補録。《愙圖注》誤釋爲“鬲父己”，《集成》誤釋爲“甗父己”。

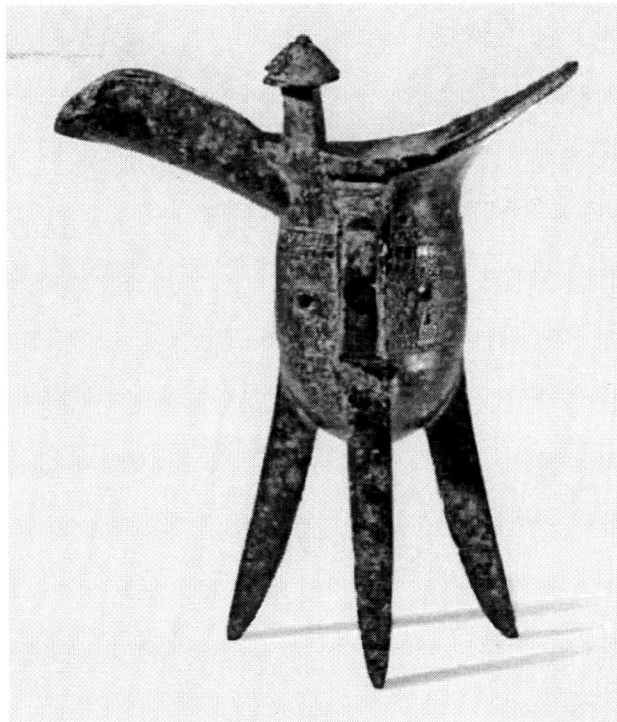

096．鼎父辛爵（《銘圖》編號 07903）

【時　　代】商代晚期。

【收　藏　者】原藏吳大澂，現藏北京故宮博物院。

【形制紋飾】曲口，寬流槽上揚，口沿上有一對束傘形立柱，尖尾上翹，卵圓形杯體，腹內側有牛首半環鋬，三棱足外撇。腹部飾獸面紋。

【著　　錄】三代 16.18.3，愙齋 23.20.1，殷存下 15.6，小校 6.52.8，集成 08638，總集 3914，愙圖注 046 頁右。

【銘文字數】鋬內鑄銘文 3 字。

【銘文釋文】鼎父辛。

【備　　注】《銘圖》第 16 卷 103 頁 07903 鼎父辛爵，原無器形圖像，今據《〈愙齋集古圖〉箋注》補錄。

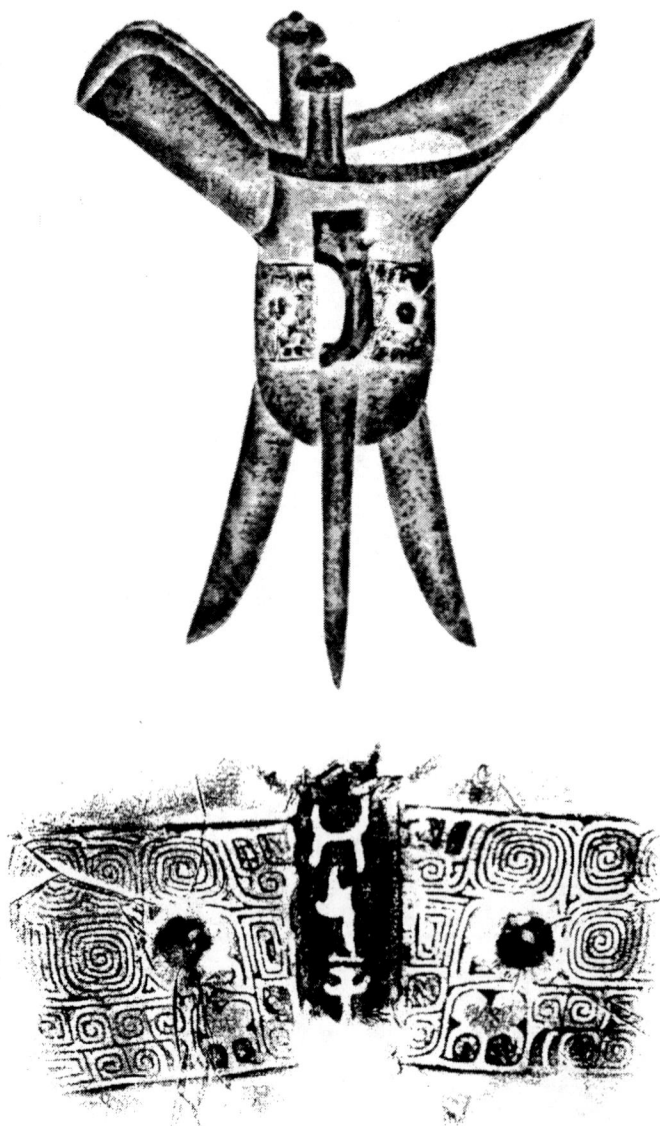

097. 興父辛爵（《銘圖》編號 07916）

【時　　代】西周早期。

【收 藏 者】原藏阮元、吳大澂，現藏上海博物館。

【形制紋飾】曲口長流槽，尖尾，口沿上有一對菌狀柱，卵圓形杯體，腹內側有牛首半環形鋬，三棱錐足外撇。腹飾下卷角獸面紋。

【著　　錄】三代 16.18.9，積古 2.9.1，擴古 1 之 2.20.2，殷存下 14.6，集成 08616，總集 3909，愙圖注 024 下。

【銘文字數】鋬內鑄銘文 3 字。

【銘文釋文】興（興）父辛。

【備　　注】《銘圖》第 109 頁 07916 興父辛爵，原無器物圖像，今據《〈愙齋集古圖〉箋注》補錄。

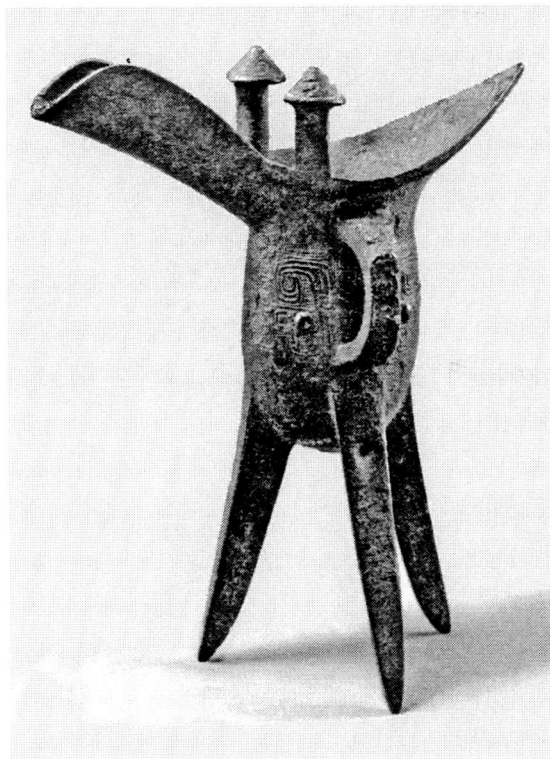

098．木父辛爵（父辛木爵）（《銘圖》編號 07922）

【時　　代】西周早期。

【收 藏 者】原藏吳大澂，現藏上海博物館。

【形制紋飾】曲口長流槽，尖尾上翹，卵圓形杯體，內側有牛首半環鋬，三棱錐足外撇。腹飾雲雷紋組成的獸面紋。

【著　　錄】三代 16.17.7，愙齋 23.20.2，綴遺 20.26.2，敬吾下 63.8，殷存下 14.10，小校 6.53.7，集成 08633，總集 3901，愙圖注 045 頁。

【銘文字數】鋬內鑄銘文 3 字。

【銘文釋文】父辛，木。

【備　　注】《銘圖》第 16 卷 113 頁 07922 木父辛爵，原無器物圖像，今據《〈愙齋集古圖〉箋注》補錄。

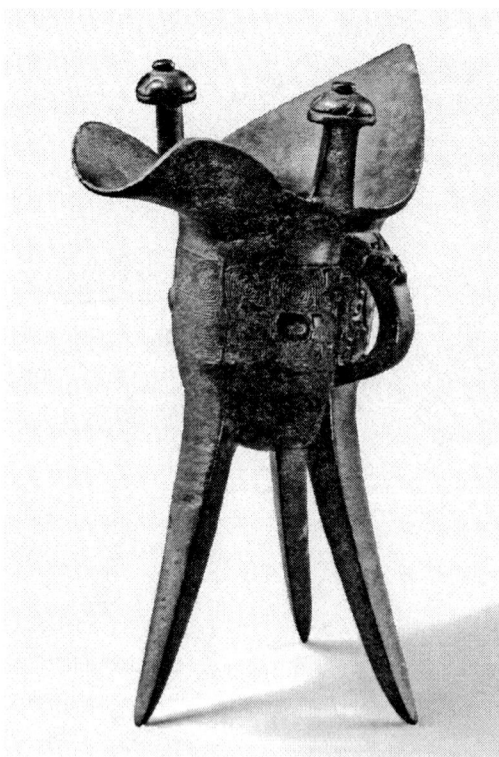

099．𝄇𝄇耒爵（《銘圖》編號 08070）

【時　　代】商代晚期。

【收 藏 者】現藏香港御雅居。

【尺　　度】通高 20、流至尾長 16.7 釐米。

【形制紋飾】曲口較淺，窄長流，口沿上有一對菌狀柱，尖尾上翹，卵圓形杯體，腹部有三道扉棱，內側有獸首半環形鋬，三棱錐足較高。腹部飾獸面紋。

【著　　錄】錄遺 465，集成 08805，總集 4015。

【銘文字數】鋬內鑄銘文 3 字。

【銘文釋文】𝄇（蚰）𝄇耒。

【備　　注】《銘圖》第 16 卷 225 頁 08070 𝄇𝄇耒爵，原無器物照片，今據御雅居《吉金御賞·商邑翼翼》增補了器形照片、尺寸等資料。

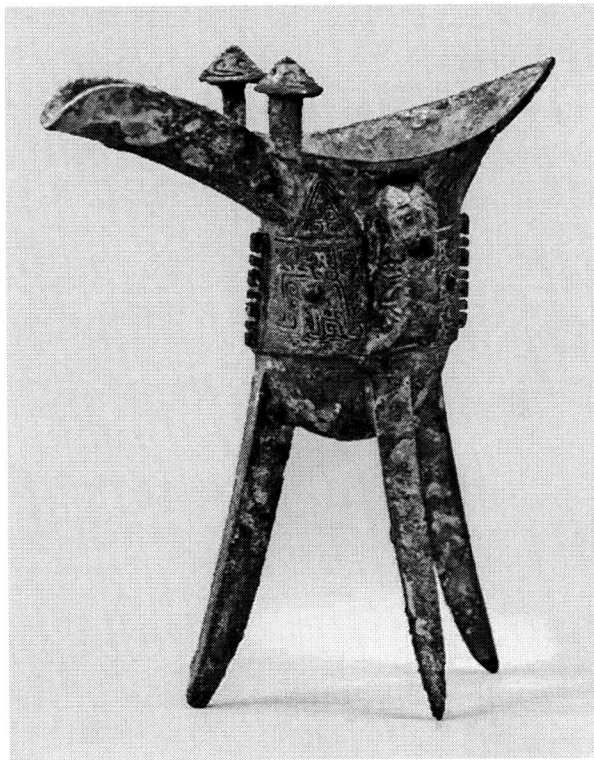

100. 唐子祖乙爵（《銘圖》編號 08284）

【時　　代】商代晚期。

【出土時地】清同治十一年（1872 年）吳大澂購得。

【收　藏　者】原藏吳大澂，現藏上海博物館。

【形制紋飾】曲口長流槽，尖尾較長，口沿上有一對菌狀立柱，卵圓形杯體，內側有牛首半環鋬，三棱錐足外撇。腹飾連珠紋鑲邊的獸面紋。

【著　　錄】三代 16.27.4，愙齋 23.19.3，綴遺 22.26.1，奇觚 7.26.2，殷存下 17.11，小校 6.60.5，集成 08835，總集 4058，攈古 1 之 2.64.3，鬱華閣 345.3，愙圖注 012 頁。

【銘文字數】鋬內鑄銘文 4 字。

【銘文釋文】唐子且（祖）乙。

【備　　注】《銘圖》第 16 卷 396 頁 08284 唐子祖乙爵，原無器物照片，今據《〈愙齋集古圖〉箋注》補錄。

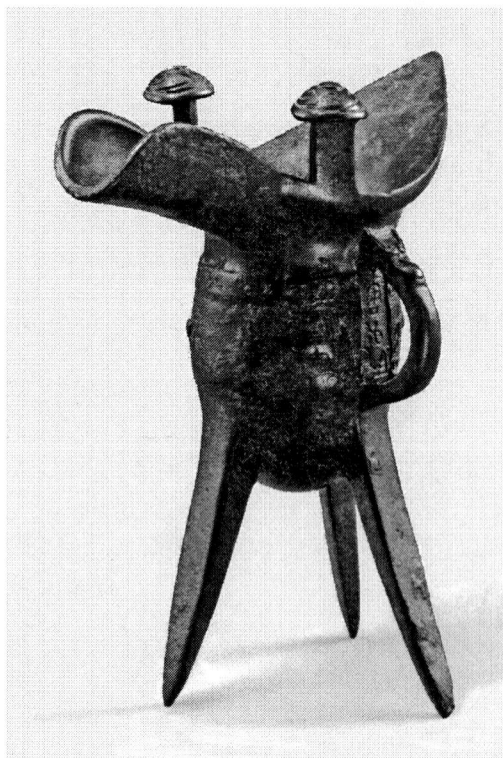

101. 〢册父辛爵（寿册父辛爵）（《銘圖》編號08408）

【時　　代】西周早期。

【收 藏 者】上海博物館。

【形制紋飾】曲口寬流槽，尖尾上翹，口沿上有一對菌狀柱，長卵形杯體，內側有牛首
半環形鋬，三條三棱刀足。腹部有一周三列雲雷紋組成的獸面紋。

【著　　錄】集成08947。

【銘文字數】頸部鑄銘文2字，左柱2字，共4字。

【銘文釋文】〢（寿）册，父辛。

【備　　注】《銘圖》缺器物圖像，今據周亞先生提供的資料增補。

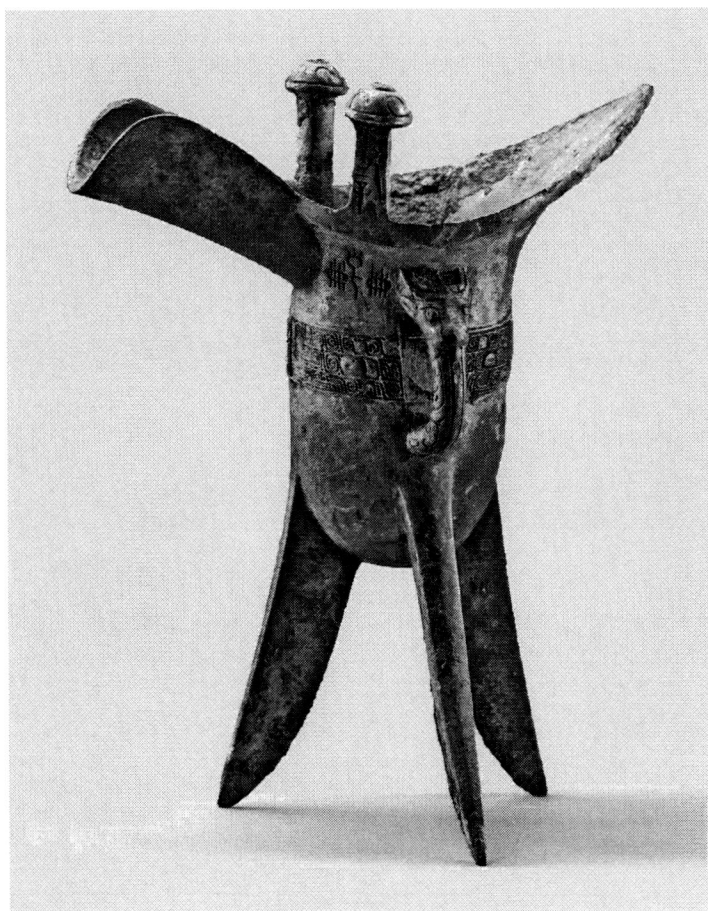

102. 𡥈册父辛爵（寿册父辛爵）（《銘圖》編號 08409）

【時　　代】西周早期。

【收 藏 者】上海博物館。

【形制紋飾】曲口寬流槽，尖尾上翹，口沿上有一對菌狀柱，長卵形杯體，內側有牛首半環形鋬，三條三棱刀足。腹部有一周三列雲雷紋組成的獸面紋。

【著　　録】集成 08948。

【銘文字數】頸部鑄銘文 2 字，左柱 2 字，共 4 字。

【銘文釋文】𡥈（寿）册，父辛。

【備　　注】《銘圖》缺器物圖像，今據周亞先生提供的資料增補。

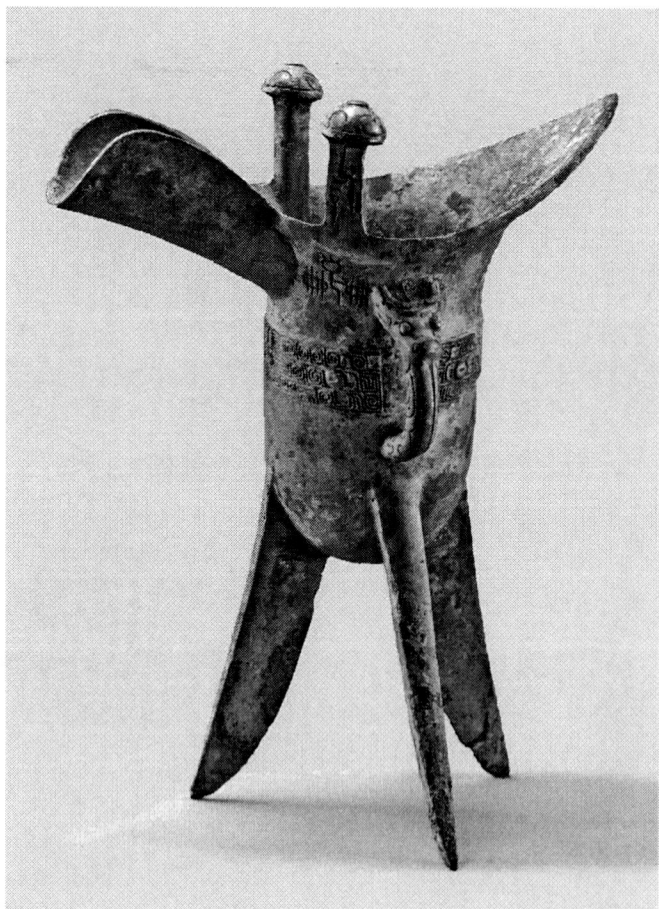

103. 竫婦爵（《銘圖》編號 08464）

【時　　代】西周早期。

【收　藏　者】原藏吳大澂。

【形制紋飾】曲口，寬流槽，尖尾，口沿上有一對菌狀柱，卵圓形杯體，腹內側有牛首半
　　　　　　環鋬，三棱刀足外撇。柱帽飾圓渦紋，腹飾圓渦紋間以蛇紋，以連珠紋
　　　　　　鑲邊。

【著　　錄】三代 16.36.6，愙齋 23.20.3，奇觚 7.29.2，周金 5.123.3，續殷下 36.4
　　　　　　（續殷下 63.9 重出，誤爲觶），綴遺 63.10，小校 6.69.8，集成 09029，總集
　　　　　　4157，鬱華閣 331.1，愙圖注 089 上。

【銘文字數】內壁鑄銘文 5 字。

【銘文釋文】竫婦辟彝，𤔲（冀）。

【備　　注】《銘圖》第 17 卷 30 頁 08464 竫婦爵，原無器物圖像，今據《〈愙齋集古圖〉
　　　　　　箋注》補録。

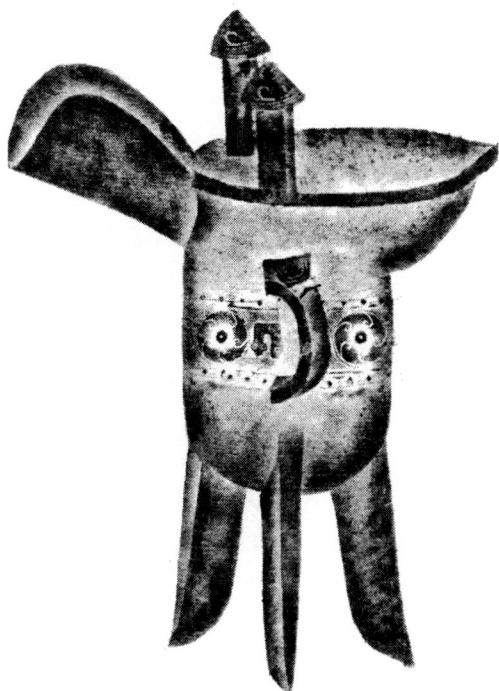

104. 竷婦爵（《銘圖》編號 08465）

【時　　代】西周早期。

【收 藏 者】原藏吳大澂。

【形制紋飾】曲口，寬流槽，尖尾，口沿上有一對菌狀柱，卵圓形杯體，腹內側有牛首半環鋬，三棱刀足外撇。柱帽飾圓渦紋，腹飾圓渦紋間以蛇紋，以連珠紋鑲邊。

【著　　錄】三代 16.36.7，愙齋 23.20.4，周金 5.123.4，續殷下 36.3（續殷下 63.8 重出，誤爲觶），小校 6.69.7，集成 09030，總集 4158，鬱華閣 330.4，愙圖注 089 頁下。

【銘文字數】內壁鑄銘文 5 字。

【銘文釋文】竷婦辟彝，𤟥（彝）。

【備　　注】《銘圖》第 17 卷 30 頁 08465 竷婦爵，誤用 08464 竷婦爵的拓本，現更換拓本，並據《〈愙齋集古圖〉箋注》補錄了器形拓本。

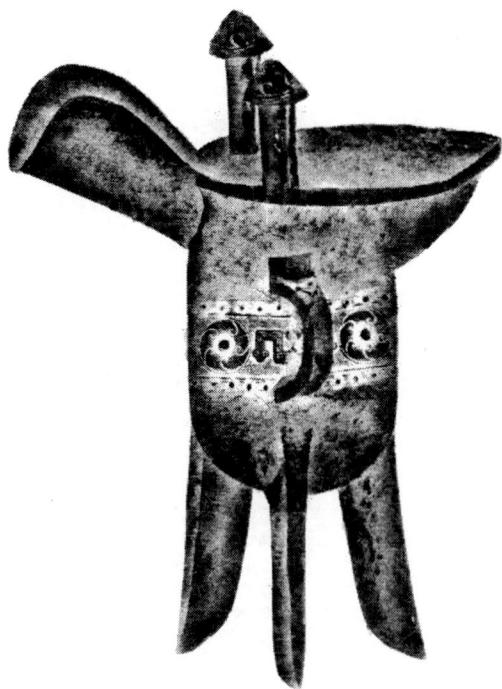

105. 剛爵（《銘圖》編號 08479）

【時　　代】西周早期。

【收 藏 者】原藏吳大澂，後歸費念慈，現藏北京故宮博物院。

【形制紋飾】曲口，寬流槽上揚，口沿上有一對束傘形立柱，尖尾上翹，卵圓形杯體，腹
內側有牛首半環鋬，三棱錐足外撇。腹部飾獸面紋。

【著　　錄】三代 16.36.4，愙齋 23.21.3，周金 5.125.4，續殷下 36.2，小校 6.69.4，
集成 09033，總集 4156，愙圖注 046 頁左。

【銘文字數】內壁鑄銘文 5 字。

【銘文釋文】剛乍（作）寶隣（尊）彝。

【備　　注】《銘圖》第 17 卷 41 頁 08479 剛爵，原無器物圖像，今據《〈愙齋集古圖〉
箋注》補錄。

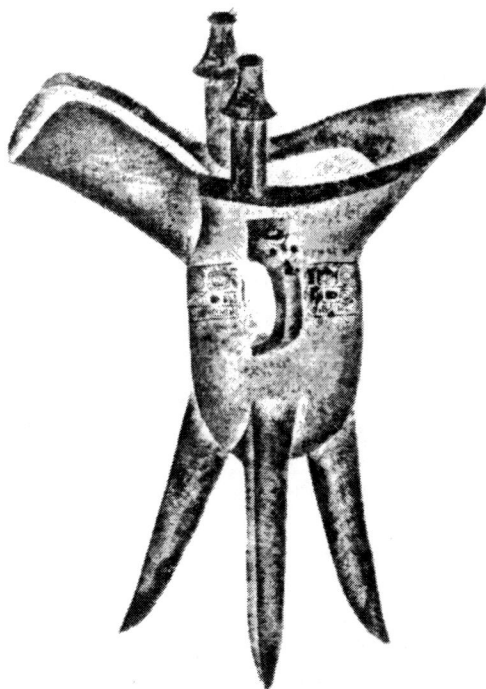

106. 臣辰𠨘父乙爵（臣辰寽父乙爵）（《銘圖》編號 08503）

【時　　代】西周早期。

【出土時地】河南洛陽馬坡村（今屬洛陽市瀍河回族区瀍河鄉）。

【收　藏　者】原藏劉體智，現藏上海博物館。

【形制紋飾】曲口，長流槽，尖尾上翹，口沿上有一對束傘狀柱，長卵形杯體，內側有牛首扁環形鋬，圜底設三條三棱刀足。通體光素。

【著　　錄】三代 16.33.6，貞續下 17.3，小校 6.67.4，集成 08995，總集 4133。

【銘文字數】鋬內鑄銘文 3 字，左柱 2 字，共 5 字。

【銘文釋文】臣辰𠨘（寽），父乙。

【備　　注】《銘圖》原無器形照片，今據周亞先生提供的資料增補。

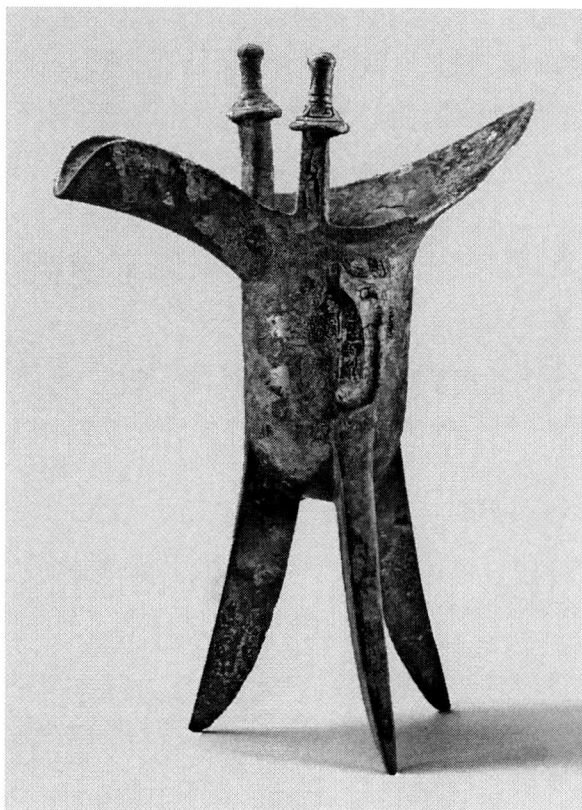

107. 臣辰𢀴父乙爵（臣辰𢆶父乙爵）（《銘圖》編號 08504）

【時　　代】西周早期。

【出土時地】河南洛陽馬坡村（今屬洛陽市瀍河回族区瀍河鄉）。

【收　藏　者】原藏劉體智，現藏上海博物館。

【形制紋飾】曲口，長流槽，尖尾上翹，口沿上有一對束傘狀柱，長卵形杯體，内側有牛首扁環形鋬，圜底設三條三棱刀足。通體光素。

【著　　錄】三代 16.33.7，貞續下 17.2，小校 6.67.3，集成 08996，總集 4134，國史金 827。

【銘文字數】鋬内鑄銘文 3 字，左柱 2 字，共 5 字。

【銘文釋文】臣辰𢀴（𢆶），父乙。

【備　　注】《銘圖》原無器形照片，今據周亞先生提供的資料增補。

108. 嬌爵（《銘圖》編號 08523）

【時　　代】西周早期。

【收　藏　者】中國國家博物館。

【尺　　度】通高 20.6 釐米。

【形制紋飾】曲口，寬流槽，尖尾上翹，口沿上有一對菌狀柱，長卵形杯體，三棱錐足外撇，腹內側有一個牛首半環形鋬。柱頂飾渦紋，腹部飾兩周弦紋。

【著　　錄】集成 09062，銅藝術 30 頁 011。

【銘文字數】尾內壁鑄銘文 6 字。

【銘文釋文】嬌乍（作）父癸隮（尊）彝。

【備　　注】《銘圖》第 17 卷 75 頁 08523 嬌爵，原無器物照片，今據《中國古代青銅器藝術》補錄了器形照片及尺寸等資料。

109. 冀角（《銘圖》編號 08707）

【時　　代】商代晚期。

【收 藏 者】原藏李山農、金蘭坡，現藏中
國國家博物館。

【尺　　度】通高 22 釐米。

【形制紋飾】曲口的兩翼上翹，卵圓形腹，
三棱形錐足外撇，腹內側有獸
首半環形鋬。兩翼下飾蕉葉
紋，頸部飾三角雲紋，腹飾四
瓣花紋。

【著　　録】三代 15.2.10（誤爲爵），綴遺
26.17.2，愙齋 23.5.3（誤爲
爵），續殷下 3.3（誤爲爵，續
殷下 48.6 重出，誤爲觶），小校
6.78.7（小校 6.13.3 重出，誤
爲爵），集成 07420，總集 3151
（誤爲爵），鬱華閣 319.2（誤爲爵），國史金 548.2（誤爲爵），山東成 578，
銅藝術 32 頁 012。

【銘文字數】鋬內鑄銘文 1 字。

【銘文釋文】冀。

【備　　注】《銘圖》第 17 卷 145 頁 08707 冀角，原無器形照片，由《銅藝術》補録了
器形照片及尺寸等資料。

110. 旅觚（《銘圖》編號 08898）

【時　　代】商代晚期。

【收　藏　者】原藏吳大澂，現藏上海博物館。

【形制紋飾】喇叭口，長頸鼓腹，高圈足，沿下折，形成一道邊圈。圈足上部有一對十
　　　　　　字鏤孔，腹部和圈足均飾獸面紋，不施地紋。

【著　　錄】三代 14.13.3，窓齋 21.2.1，奇觚 6.23.2，殷存下 26.11（誤爲觶），小校
　　　　　　5.47.5，集成 06532，總集 5841，鬱華閣 369.1（鬱華閣 369.2 重出），國
　　　　　　史金 927（國史金 1035.1 重出，誤爲觶），窓圖注 035 頁。

【銘文字數】圈足內鑄銘文 1 字。

【銘文釋文】㪅（旅）。

【備　　注】《銘圖》第 17 卷 272 頁 08898 旅觚，原無器形照片，今據《〈窓齋集古圖〉
　　　　　　箋注》補錄。

111. 旅觚（《銘圖》編號 08903）

【時　　代】商代晚期。

【出土時地】《小校》云：陝西寶雞縣（含今寶雞市金臺區、渭濱區、陳倉區）出土。

【收　藏　者】原藏夏松如、瞿穎山、葉志詵（綴遺、小校、羅表）。

【著　　錄】三代 14.13.4，從古 8.25，攈古 1 之 1.15.4，綴遺 16.1，敬吾下 62.4，
續殷下 39.9，小校 5.68.2（小校 7.3.3 重出，稱彝），集成 06533，總集
5840。

【銘文字數】圈足內鑄銘文 1 字。

【銘文釋文】㫃（旅）。

【備　　注】《銘圖》第 17 卷 277 頁 08903 旅觚，拓本誤用 08933 徯觚的拓本，現予
更正。

112. 㦰觚（又稱㦰尊）(《銘圖》編號 08933)

【時　　代】商代晚期。

【收 藏 者】原藏美國舊金山甘浦斯公司，現藏香港御雅居。

【尺　　度】通高 14、口徑 9.7 釐米。

【形制紋飾】喇叭口，長頸，腹部略粗，高圈足沿外撇，下有窄邊圈。頸的下部和圈足上部各有兩道弦紋，腹部飾連珠紋鑲邊的下卷角獸面紋。

【著　　錄】美集 R503，集成 06563，總集 5950，三代補 503。

【銘文字數】圈足內鑄銘文 1 字。

【銘文釋文】㦰。

【備　　注】《銘圖》第 17 卷 297 頁 08933 㦰觚，原無器形照片，今據香港御雅居提供的資料，補錄了器物照片、收藏者、尺度、形制紋飾等資料。

113. 囷觚（《銘圖》編號 09005）

【時　　代】商代晚期。

【出土時地】2016 年 3 月出現在保利香港春季拍賣會。

【收 藏 者】某收藏家。

【尺　　度】通高 26、口徑 16 釐米。

【形制紋飾】喇叭口，長頸，腹壁較直，高圈足外撇，沿下折形成一道邊圈，腹部和圈足各有四道扉棱。頸部飾雲雷紋和蕉葉紋，腹部和圈足均飾雲雷紋組成的獸面紋，圈足上部有兩道弦紋和一對十字孔。

【著　　錄】三代 14.15.9，彙編 988，集成 06653，總集 5878。

【銘文字數】圈足內鑄銘文 1 字。

【銘文釋文】囷。

【備　　注】《銘圖》第 17 卷 354 頁 09005 囷觚，原無器物照片，今據 2016 年 3 月出現在保利香港春季拍賣會圖錄增補了器物照片和尺寸等資料。

銘文拓本

銘文照片

114. 鳥觚(《銘圖》編號 09025)

【時　　代】商代晚期。

【收藏者】陝西師範大學博物館。

【尺　　度】通高 30.2、口徑 15.5、足徑 8.2 釐米。

【形制紋飾】體較細,喇叭口,長頸,腹部微鼓,高圈足沿下折,形成一道邊圈。腹部飾
　　　　　　兩組雲雷紋組成的獸面紋,圈足飾夔龍紋,以雲雷紋填地。

【著　　錄】錄遺 309,集成 06673,總集 5960。

【銘文字數】圈足內鑄銘文 1 字。

【銘文釋文】鳥。

【備　　注】《銘圖》第 17 卷 368 頁 09025 旅觚,原無器形照片,今據《陝西金文集成》
　　　　　　補錄了器物照片和收藏者、尺度、形制紋飾等資料。

115．羊己觚（《銘圖》編號 09247）

【時　　代】商代晚期。

【收　藏　者】原藏吳大澂。

【形制紋飾】喇叭口，長頸鼓腹，高圈足，下有窄邊
圈，腹部和圈足各有四道扉棱。頸部
飾蕉葉紋，腹部和圈足均飾雲雷紋組
成的獸面紋。

【著　　錄】三代 14.20.7，愙齋 21.4.3，殷存下
25.4，小校 5.52.3，集成 06835，總集
6022，愙圖注 043 頁。

【銘文字數】圈足內鑄銘文 2 字。

【銘文釋文】羊己。

【備　　注】《銘圖》第 18 卷 28 頁 09247 羊己觚，
原無器物圖像，今據《〈愙齋集古圖〉
箋注》補錄了器形拓本等資料。銘文
或釋爲"羠己"。

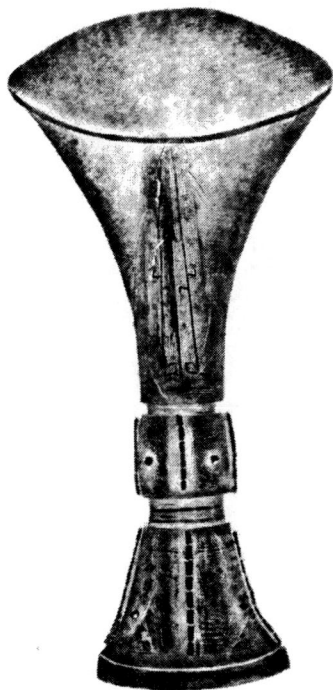

116．戶庚觚（庚戶觚）（《銘圖》編號 09255）

【時　　代】商代晚期。

【收 藏 者】原藏吳大澂（希古）。

【形制紋飾】喇叭口，長頸，腹部微鼓，高圈足沿外侈，下沿有邊圈。腹部和圈足均飾雲雷紋組成的獸面紋。

【著　　錄】三代 14.35.2（誤爲觶），貞續中 31.3（誤爲觶），希古 5.16.1，集成 06838，總集 6325（誤爲觶），鬱華閣 368.3，窓圖注 034 頁。

【銘文字數】圈足內鑄銘文 2 字。

【銘文釋文】庚戶。

【備　　注】《銘圖》第 18 卷 33 頁 09255 戶庚觚，原無器物圖像，今據《〈窓齋集古圖〉箋注》補錄了器形拓本等資料。

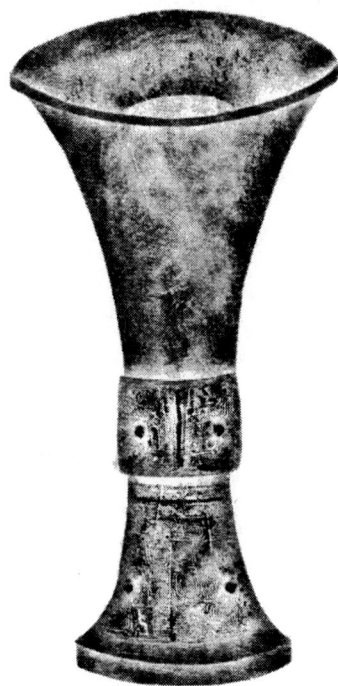

117．亞叐觚（《銘圖》編號 09405）

【時　　代】商代晚期。

【收 藏 者】北京故宮博物院。

【著　　錄】集成 06984。

【銘文字數】圈足內鑄銘文 2 字。

【銘文釋文】亞叐（閣）。

【備　　注】《銘圖》第 18 卷 154 頁 09405 亞叐觚，誤用 09536 冉𠂤觚的拓本，現予更正。

118. 🦣父乙觚（《銘圖》編號 09566）

【時　　代】商代晚期。

【出土時地】2011 年 6 月湖北隨州市曾都區淅河鎮蔣寨村葉家山西周墓地（M27.13）。

【收　藏　者】湖北省文物考古研究所。

【尺度重量】通高 26.8、口徑 14.1、腹深 19.5 釐米，重 1.15 公斤。

【形制紋飾】喇叭口，長頸鼓腹，高圈足外侈，沿下折形成一道邊圈。頸部飾一周蛇紋，
　　　　　其上爲蕉葉紋，葉内填倒置的上卷角獸面，腹部飾上卷角獸面紋，圈足飾
　　　　　曲折角獸面紋，均不施地紋。

【著　　録】文物 2011 年 11 期 51 頁圖 79.9。

【銘文字數】圈足内鑄銘文 3 字。

【銘文釋文】🦣（佚）父乙。

【備　　注】《銘圖》第 18 卷 272 頁 09566 🦣父乙觚，原無器物圖像，今據《隨州葉家
　　　　　山——西周早期曾國墓地》增補了器形照片等資料。

119. 臣辰 𣔻 父辛觚（臣辰寽父辛觚）（《銘圖》編號 09812）

【時　　代】西周早期。

【收 藏 者】上海博物館。

【形制紋飾】喇叭口，長頸鼓腹，高圈足。頸的下部有一道弦紋，圈足上部有兩道弦紋，
　　　　　　腹部飾雲雷紋組成的獸面紋。

【著　　錄】集成 07267。

【銘文字數】圈足內鑄銘文 5 字。

【銘文釋文】臣辰 𣔻（寽）父辛。

【備　　注】《銘圖》原無器物圖像，今據周亞先生提供的資料增補。

120. 臣辰𣄰父辛觚（臣辰耂父辛觚）（《銘圖》編號 09813）

【時　　代】西周早期。

【收 藏 者】上海博物館。

【形制紋飾】喇叭口，長頸鼓腹，高圈足。頸的下部有一道弦紋，圈足上部有兩道弦紋，腹部飾雲雷紋組成的獸面紋。

【著　　錄】集成 07268。

【銘文字數】圈足内鑄銘文 5 字。

【銘文釋文】臣辰𣄰（耂）父辛。

【備　　注】《銘圖》原無器物圖像，今據周亞先生提供的資料增補。

121. 戈觶(《銘圖》編號 10130)

【時　　代】西周早期。

【收　藏　者】原藏吳大澂,現藏北京故宮博物院。

【形制紋飾】侈口長頸,鼓腹圈足。頸部飾一周雲雷紋。

【著　　錄】三代 14.32.9,綴遺 23.1.2,貞續中 30.3,希古 5.16.3,續殷下 49.7,彙編 1526,集成 06059,總集 6296,鬱華閣 375.1,愙圖注 100 頁。

【銘文字數】內底鑄銘文 1 字。

【銘文釋文】戈。

【備　　注】《銘圖》第 19 卷 65 頁 10130 戈觶,原無器物圖像,今據《〈愙齋集古圖〉箋注》補錄了器形拓本等資料。

122. 𡩜父乙觶（《銘圖》編號 10314）

【時　　代】商代晚期。

【出土時地】1927 年地方軍閥党玉琨（亦作党毓坤）在陝西寶雞縣戴家灣（今屬寶雞市金臺區陳倉鄉）盜掘出土。

【收　藏　者】上海博物館。

【尺　　度】通高 14.4、口徑 11.1×9.5 釐米。

【形制紋飾】侈口束頸，鼓腹圈足。頸部和圈足均飾雷紋帶。

【著　　錄】集成 06234，寶戴 278 頁圖九 3，戴與石 046。

【銘文字數】內底鑄銘文 3 字。

【銘文釋文】𡩜（尺）父乙。

【備　　注】《銘圖》第 19 卷 201 頁 10314 𡩜父乙觶，由《寶雞戴家灣與石鼓山出土商周青銅器》知其爲戴家灣出土，並補錄了圖像、尺寸等資料。

123. 鳧父己觶（《銘圖》編號 10445）

【時　　代】西周早期。

【收 藏 者】中國國家博物館。

【尺　　度】通高 14.7、口徑 7.4、足徑 6.5 釐米。

【形制紋飾】侈口長頸，鼓腹，高圈足。頸部和圈足飾變形獸紋，以雲雷紋填地。

【著　　錄】三代 14.44.9，殷存下 28.1，集成 06288，總集 6472，國史金 1078.1，銅藝術 38 頁 015。

【銘文字數】內底鑄銘文 3 字。

【銘文釋文】鳧（鵙）父己。

【備　　注】《銘圖》第 19 卷 304 頁 10445 鳧父己觶，原無器形照片，今據《銅藝術》增補了器形照片及尺寸等資料。

124. 冉🐦父丁觶（🐦🐦父丁觶）（《銘圖》編號 10510）

【時　　代】商代晚期。

【收 藏 者】原藏李蔭軒，現藏上海博物館。

【尺　　度】通高 18.5、口徑 14.1 釐米。

【形制紋飾】橫截面呈橢圓形，侈口束頸，下腹向外傾垂，矮圈足。頸部及圈足均飾連續雲雷紋。

【著　　録】三代 14.51.4，續殷下 62.2，小校 5.90.5，集成 06394，總集 6566，國史金 1139.2，陳論集 289 頁。

【銘文字數】內底鑄銘文 4 字。

【銘文釋文】🐦（冉）🐦父丁。

【備　　注】《銘圖》第 19 卷 353 頁 10510 冉🐦父丁觶，原無器形照片，今據《陳佩芬青銅器論集》增補了器形照片及尺寸等資料。

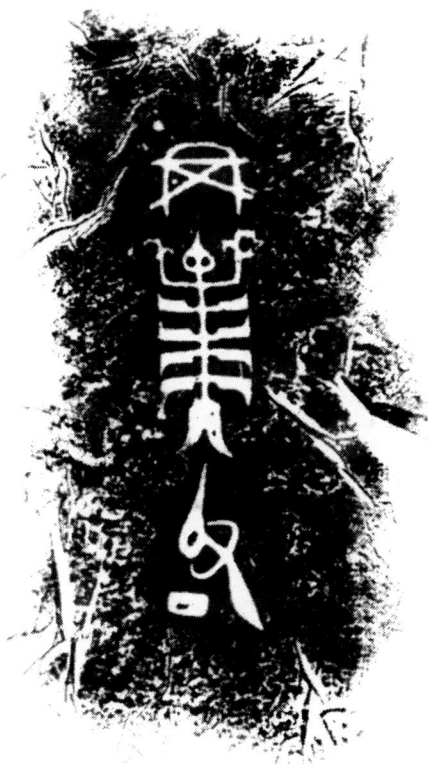

125. 龏乙斝（《銘圖》編號 10990）

【時　　代】商代晚期。

【收　藏　者】原藏陳介祺，後歸李蔭軒，現藏上海博物館。

【尺　　度】通高 30.8、口徑 17.7 釐米。重 2.65 公斤。

【形制紋飾】侈口束頸，鼓腹圓底，口沿上有一對束傘形立柱，扁條半環形鋬，三條三棱錐足。頸部飾雲雷紋填地的夔龍紋帶。

【著　　錄】三代 13.48.8，從古 14.23.2，攈古 1 之 1.45.4，愙齋 21.12.2，綴遺 24.28.1，奇觚 7.31.1，敬吾下 58.2，殷存下 30.9，簠齋二斝 2，小校 6.84.4，集成 09185，總集 4286，鬱華閣 306.3，陳論集 286 頁。

【銘文字數】鋬內鑄銘文 2 字。

【銘文釋文】龏乙。

【備　　注】《銘圖》第 20 卷 97 頁 1099 龏乙斝，今據《陳佩芬青銅器論集》增補了器形照片及尺寸等資料。

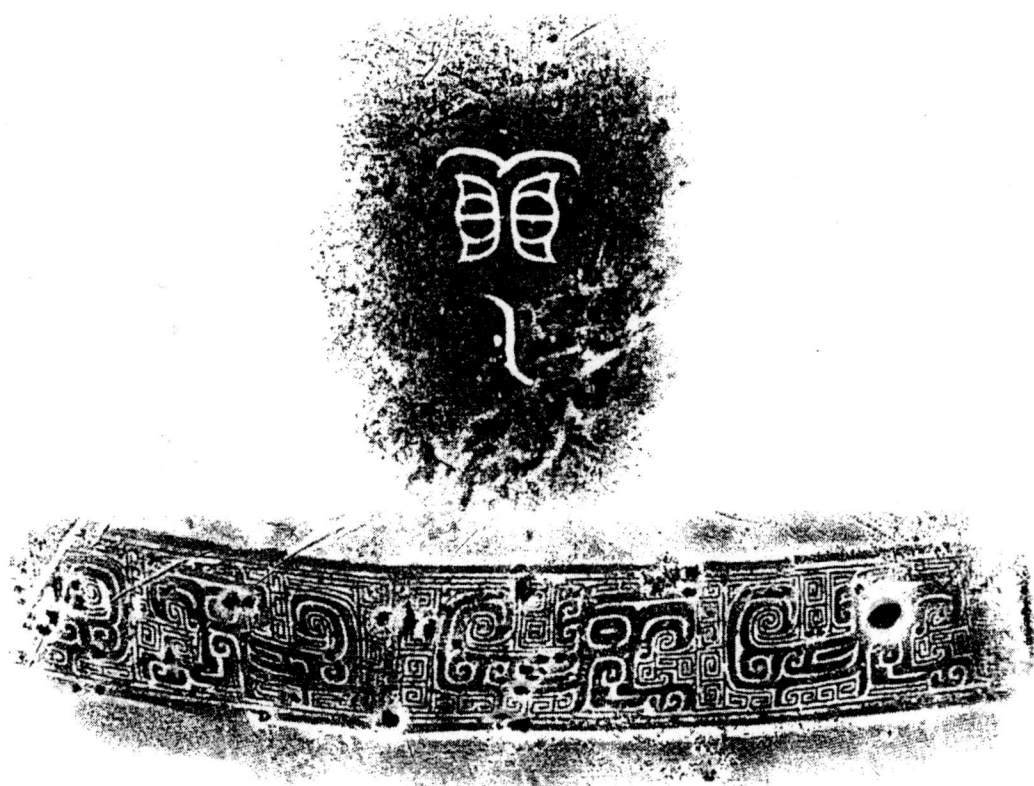

126. 旅尊（原稱旅敦、旅彝）（《銘圖》編號 11125）

【時　　代】商代晚期。

【收　藏　者】原藏吳大澂。

【形制紋飾】大口筒狀三段式，口呈喇叭形，長頸，高圈足，沿下折，形成一道邊圈，通體有四道扉棱。頸部飾一道夔龍紋，其上爲仰葉紋，葉内填倒置的獸面紋，腹部飾曲折角獸面紋，圈足飾下卷角獸面紋，均以雲雷紋填地。

【著　　錄】三代 11.1.1，殷存上 20.2（殷存下 24.8 重出），筠清 2.13.1（稱彝），攟古 1 之 1.4.2（稱彝），綴遺 6.2.1（稱敦），集成 05448，總集 4452，愙圖注 033 頁。

【銘文字數】内底鑄銘文 1 字。

【銘文釋文】斿（旅）。

【備　　注】《銘圖》第 20 卷 187 頁 11125 旅尊，原無器物圖像，今據《〈愙齋集古圖〉箋注》補録充了器形拓本等資料。

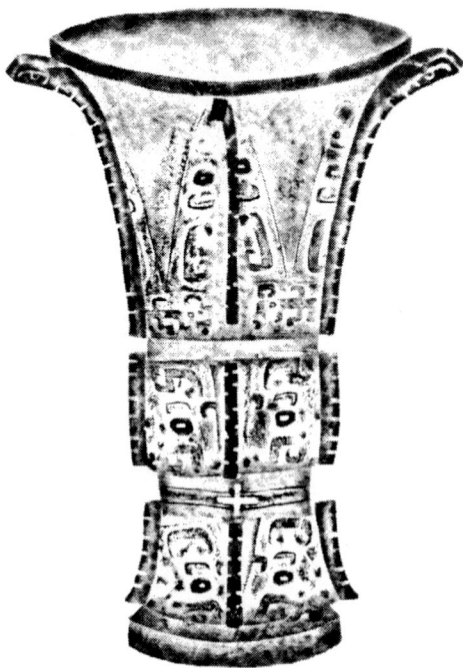

127. 己祖乙尊(《銘圖》編號 11294)

【時　　代】商代晚期。

【收 藏 者】原藏吳大澂。

【形制紋飾】大口筒狀三段式,口呈喇叭形,長頸鼓腹,高圈足,下有一道邊圈,通體有四道扉棱。頸飾夔龍紋,其上為蕉葉紋,腹飾下卷角獸面紋,圈足飾上卷角獸面紋,均以雲雷紋填地。

【著　　錄】三代 11.6.5,殷存上 21.9,集成 05596,總集 4559,窓圖注 090 頁。

【銘文字數】內底鑄銘文 3 字。

【銘文釋文】己且(祖)乙。

【備　　注】《銘圖》第 20 卷 329 頁 11294 己祖乙尊,原無器物圖像,今據《蘇富比拍賣圖錄》補録了器物圖像等資料。

128. 山父戊鼎（原稱山父戊尊）（《銘圖》編號 11318）

【時　　代】商代晚期。

【收　藏　者】原藏吳大澂。

【形制紋飾】體呈長方形，窄沿方唇，口沿上有一對立耳，直壁平底，其下設有四條柱足，四角各有一道扉棱。四壁上部飾相對的卷尾夔龍紋，以雲雷紋填地，四壁左右和下部飾三列乳釘紋，中部飾直棱紋。

【著　　錄】三代 11.9.3（誤爲尊），續殷上 53.11（誤爲尊），集成 05642（誤爲尊），總集 4591（誤爲尊），國史金 105.1（誤爲尊），窓圖注 093 頁。

【銘文字數】内底鑄銘文 3 字。

【銘文釋文】山父戊。

【備　　注】《銘圖》第 20 卷 348 頁 11318 山父戊尊，以前著録均誤爲尊，見《〈愙齋集古圖〉箋注》始知其爲方鼎，並補充了器形拓本等資料。

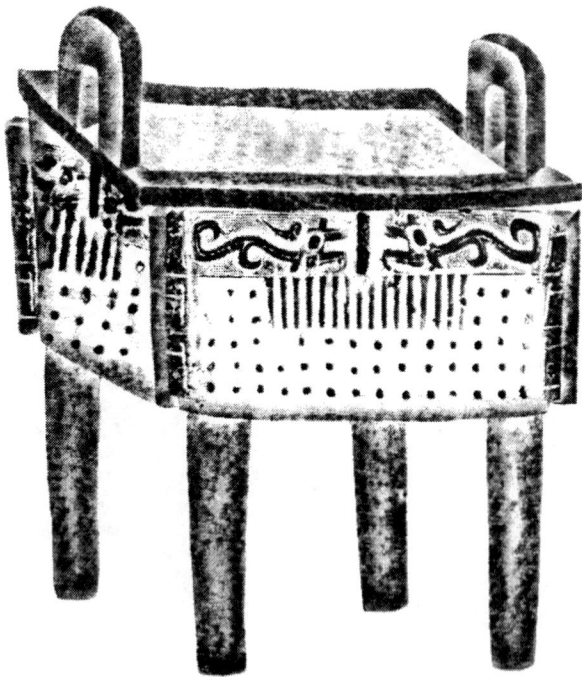

129. ☒父己尊(《銘圖》編號 11324)

【時　　代】商代中期。

【出土時地】2016 年 7 月出現在日本美
　　　　　協秋季拍賣會網。

【收 藏 者】日本某收藏家。

【尺　　度】通高 29、口徑 21 釐米。

【形制紋飾】侈口長頸，折肩斂腹，圜
　　　　　底，高圈足，上有一對寬大
　　　　　的十字鏤孔。頸部和圈足
　　　　　均飾三道弦紋，肩部飾獸
　　　　　面紋帶，腹部飾三組單線
　　　　　大獸面。

【著　　錄】三代 11.9.5，殷存上 22.5，
　　　　　集成 05643，總集 4594，國
　　　　　史金 112.1。

【銘文字數】內底鑄銘文 3 字。

【銘文釋文】☒父己。

【備　　注】《銘圖》第 20 卷 354 頁 11324☒父己尊，原無器物照片，今據《日本美協
　　　　　拍賣會圖錄》增補了器形照片及尺寸等資料。

銘文拓本

銘文照片

130. 象祖辛尊（《銘圖》編號 11358）

【時　　代】商代晚期。

【收　藏　者】中國國家博物館。

【尺　　度】通高 25.5、口徑 20.5、足徑 14.2 釐米。

【形制紋飾】三段式，喇叭口，長頸鼓腹，高圈足沿外撇。頸的下部和圈足上部各飾兩道弦紋，腹部飾上卷角獸面紋，以雲雷紋填地。

【著　　録】集成 05609，銅藝術 45 頁 018。

【銘文字數】內底鑄銘文 3 字。

【銘文釋文】象且（祖）辛。

【備　　注】《銘圖》第 20 卷 380 頁 11358 象祖辛尊，原無器形照片，今據《銅藝術》增補了器形照片及尺寸等資料。

131. 作寶彝尊(《銘圖》編號 11403)

【時　　代】西周早期。

【收　藏　者】原藏吳大澂,現藏北京故宮博物院。

【形制紋飾】大口筒狀三段式,喇叭口,長頸鼓腹,高圈足,沿外撇。腹部飾下卷角獸面紋,無地紋。

【著　　錄】三代 11.13.2,愙齋 13.7.1,周金 5.23.1,小校 5.12.6,集成 05704,總集 4626,鬱華閣 185.3,愙圖注 027 頁。

【銘文字數】內底鑄銘文 3 字。

【銘文釋文】乍(作)寶彝。

【備　　注】《銘圖》第 20 卷 422 頁 11403 作寶彝尊,原無器物圖像,今據《〈愙齋集古圖〉箋注》增補了器物圖像等資料。

132. 弓宰父癸尊(《銘圖》編號 11457)

【時　　代】商代晚期。

【出土時地】2006 年 6 月出現在中國嘉德
拍賣會,2015 年 6 月出現在北
京保利拍賣會。

【收 藏 者】原藏丁樹楨,現藏日本東京某
收藏家(彙編)。

【尺　　度】通高 30 釐米。

【形制紋飾】侈口長頸,鼓腹,高圈足沿下
折,形成一道較高的邊圈,頸
部、腹部和圈足各有四道扉
棱。頸部飾上卷角獸面紋帶,
其上飾蕉葉紋,葉內填以倒置
的獸面,腹部飾下卷角獸面
紋,圈足飾上卷角獸面紋,均
以雲雷紋填地。

【著　　録】三代 11.15.6,貞松 7.8.1,續殷上 56.11,彙編 1738(摹本),集成
05758,總集 4668,國史金 127.1。

【銘文字數】圈足內鑄銘文 4 字。

【銘文釋文】弓宰父癸。

【備　　注】《銘圖》第 20 卷 464 頁 11457 弓宰父癸尊,原無器形照片,今據 2015 年
6 月保利拍賣圖録增補了器形照片、銘文照片和尺寸等資料。

銘文拓本

銘文照片

133. 𠀠册祖辛尊（𠀠册祖辛尊、祖辛𠀠册尊）（《銘圖》編號 11469）

【時　　代】西周中期前段。

【收 藏 者】上海博物館。

【形制紋飾】喇叭口，長頸，腹部向下傾垂，矮圈足沿外撇。頸部飾分尾長鳥紋，以雲雷紋填地，前後增飾浮雕獸頭。

【著　　錄】集成 05718。

【銘文字數】內底鑄銘文 4 字。

【銘文釋文】且（祖）辛，𠀠（𠀠）册。

【備　　注】《銘圖》原無器物圖像，今據周亞先生提供的資料增補。

134. 臣辰□册父癸尊（臣辰寿册父癸尊）（《銘圖》編號 11588）

【時　　代】西周早期。

【收 藏 者】上海博物館。

【形制紋飾】大口筒狀三段式，殘破未修。喇叭口，長頸鼓腹，高圈足。頸下部和圈足上部各有兩道弦紋，腹部亦飾兩道弦紋，其間有四個高浮雕貘頭。

【著　　録】集成 05838。

【銘文字數】内底鑄銘文 6 字。

【銘文釋文】臣辰□（寿）册父癸。

【備　　注】《銘圖》原無器物圖像，今據周亞先生提供的資料增補。

135. 仲夷尊(《銘圖》編號 11608)

【時　　代】西周早期。

【出土時地】2013 年 12 月出現在北京保利秋季拍賣會。

【收　藏　者】原藏吳榮光,現藏江蘇聚德拍賣公司。

【尺　　度】通高 20、口徑 19、腹徑 13.5 釐米。

【形制紋飾】大口筒狀三段式。口呈喇叭形,長頸鼓腹,矮圈足外撇。頸的下部前後
　　　　　　裝飾浮雕貘頭,腹部飾獸面紋,以雲雷紋填地,圈足飾兩道弦紋。

【著　　錄】筠清 1.1.1,攈古 2 之 1.7.2,集成 05854。

【銘文字數】內底鑄銘文 6 字。

【銘文釋文】中(仲)夷乍(作)肈(旅)隋(尊)彝。

【備　　注】《銘圖》第 21 卷 96 頁 11608 仲夷尊,原無器形照片,筆者 2013 年 12 月
　　　　　　在北京保利秋季拍賣會展廳拍得器形和銘文照片。

銘文摹本

銘文照片

136. 榮叔尊（縈叔尊、原稱爲乙考尊）（《銘圖》編號 11768）

【時　　代】西周中期前段。

【收　藏　者】原藏 H・D・Chapin，後歸美國波士頓奧斯古氏，現藏香港御雅居。

【尺　　度】通高 19.5、口徑 19 釐米。

【形制紋飾】體較低，大口筒狀三段式，長頸鼓腹，矮圈足外侈。頸和圈足飾兩道弦紋，
　　　　　　腹飾下卷角獸面紋。

【著　　錄】美集 R381、A440，集成 05972，總集 4852。

【銘文字數】內底鑄銘文 16 字，現存 14 字。

【銘文釋文】縈（榮）弔（叔）乍（作）甘（其）爲氒（厥）考宗彝，用匄耆（壽），邁（萬）年
　　　　　　永寶。

【備　　注】《銘圖》21 卷 235 頁 11768 爲乙考尊，銘文第一行的前二字和第二行的
　　　　　　第二字爲繡所掩，故造成缺釋和誤釋。該尊現藏香港御雅居，藏主贈予
　　　　　　銘文 X 光片，知其爲"縈（榮）弔（叔）"及"氒（厥）"三字，故該尊應稱爲"榮
　　　　　　叔尊"。美國夏威夷火奴魯魯美術學院收藏有相同銘文的卣（見《銘圖》
　　　　　　24 卷 219 頁），現將御雅居器形照片、新拓本、銘文 X 光片及原陳夢家先
　　　　　　生的拓本一併公布，以便研究者使用。

新拓本

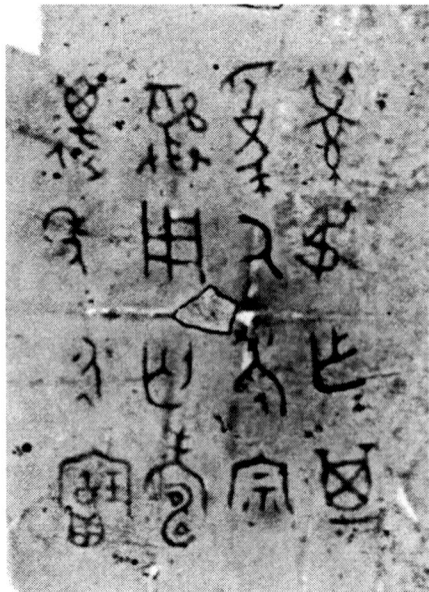

X光片

《美集》拓本

137. 宗婦鄀嬰壺（《銘圖》編號 12398）

【時　　代】春秋早期。

【出土時地】清光緒中陝西鄠縣（今戶縣）。

【收　藏　者】原藏吳大澂，現藏南京博物院。

【形制紋飾】橫截面呈橢方形，直口長頸，頸部有一對龍首半環耳，下腹向外傾垂，圈
　　　　　　足外撇；內插式蓋，上有長方形捉手。捉手和圈足均飾鱗紋，蓋壁飾竊
　　　　　　曲紋，口沿下飾環帶紋，腹部飾相背卷曲龍紋。

【著　　錄】三代 12.23.1-2，陝金 2.269，愙齋 14.18.2（蓋），愙齋 14.19.1（器），綴
　　　　　　遺 13.15，周金 5.41.1-2，小校 4.91.1（小校 4.91.2 上重出蓋），大系錄
　　　　　　154.1-2，集成 09698，總集 5770，銘文選 915 器，鬱華閣 275.1-2，愙圖
　　　　　　注 007、008 頁。

【銘文字數】蓋、器同銘，各 25 字。

【銘文釋文】王子刺（烈）公之宗婦鄀（鄀）嬰爲宗彝𦥏（肆）彝，永寶用。㠯（以）降大幅，
　　　　　　保辥（乂）鄀（鄀）國。

【備　　注】《銘圖》第 22 卷 316 頁 12398 宗婦鄀嬰壺，原無器物圖像，今據《陝西金
　　　　　　文集成》增補了器物圖像等資料。

蓋銘

器銘

138. 宗婦郜嬰壺(《銘圖》編號 12399)

【時　　代】春秋早期。

【出土時地】清光緒中陝西鄠縣(今户縣)。

【收 藏 者】原藏吳大澂,現藏南京博物院。

【形制紋飾】橫截面呈橢方形,直口長頸,頸部有一對龍首半環耳,下腹向外傾垂,圈
足外撇;内插式蓋,上有長方形捉手。捉手和圈足均飾鱗紋,蓋壁飾竊
曲紋,口沿下飾環帶紋,腹部飾相背蜷曲龍紋。

【著　　録】三代 12.23.3-4,陝金 2.270,愙齋 14.19.2(蓋),愙齋 14.20.1(器),綴
遺 13.16.1-2,周金 5.42.1-2,小校 4.91.2 下(器),大系録 154.3-4,集
成 09699,總集 5771,銘文選 915 蓋,鬱華閣 274.3-4,愙圖注 009、010 頁。

【銘文字數】蓋、器同銘,各 25 字。

【銘文釋文】王子剌(烈)公之宗婦郜(都)嬰爲宗彝鷺(肆)彝,永寶用。已(以)降大幅,
保辥(乂)郜(都)國。

【備　　注】《銘圖》第 22 卷 316 頁 12399 宗婦郜嬰壺,原無器物圖像,今據《陝西金
文集成》增補了器物圖像等資料。

蓋銘

器銘

139. 夸卣（《銘圖》編號 12597）

【時　　代】商代晚期。

【收 藏 者】英國牛津大學亞士莫蘭博物館。

【尺　　度】通高 20.5、腹橫 16、腹縱 10 釐米。

【形制紋飾】橫截面呈橢圓形，子口內斂，鼓腹，矮圈足，外罩式蓋，蓋面隆起，上有菌形鈕，沿下折作束腰形，口沿下有一對小鈕，套接牛索狀提梁。蓋面和器口沿下均飾連珠紋鑲邊的雷紋帶，口沿下前後增飾浮雕獸頭，圈足飾一道弦紋。

【著　　錄】彙編 957。

【銘文字數】正面獸頭下刻銘文 1 字。

【銘文釋文】夯（夸）。

【備　　注】《銘圖》第 23 卷 71 頁 12597 夸卣，原無器形照片、尺寸和收藏單位等資料，今從青銅藝術網得到這些資料，予以補充。

銘文拓本

銘文照片

140. 冉卣（《銘圖》編號 12617）

【時　　代】商代晚期。

【出土時地】2014 年 11 月出現在西泠印社秋季拍賣會。

【收 藏 者】原藏美國賽克勒氏，現藏某收藏家。

【尺　　度】器高 23.9 釐米。

【形制紋飾】橫截面呈橢圓形，長子口微內斂，頸部有一對小鈕，套接龍頭扁提梁，鼓腹，高圈足，足下沿有一道邊圈，外罩式蓋，頂部有花保形鈕，沿下折呈束腰形。蓋面和頸部飾連珠紋鑲邊的獸面紋帶，圈足飾兩道弦紋。

【著　　錄】三代 12.39.6，殷存上 28.3，集成 04712，總集 5021。

【銘文字數】內底鑄銘文 1 字。

【銘文釋文】冉。

【備　　注】《銘圖》第 23 卷 89 頁 12617 冉卣，原無器形照片、尺寸和收藏單位等資料，今據 2014 年 11 月西泠印社拍賣會圖錄，予以補充。

141. 冉🔯卣（🔯卣）（《銘圖》編號 12718）

【時　　代】商代晚期。

【收 藏 者】原藏李蔭軒，現藏上海博
物館。

【尺度重量】通高 24.3、口徑 8 × 11、
圈足徑 10 × 13.8 釐米，
重 1.55 公斤。

【形制紋飾】橫截面呈橢圓形，子口內
斂，下腹向外傾垂，圈足
沿下折，形成一道邊圈，
頸部有一對小鈕，套接龍
頭扁提梁，外罩式蓋，頂
部有圈狀捉手，沿下折作
束腰形。提梁飾龍紋，蓋
邊、頸部和圈足均飾長尾
鳥紋，以雲雷紋填地，頸
的前後增飾浮雕獸頭。

【著　　錄】集成 04857，陳論集 295 頁。

【銘文字數】蓋、器同銘，各 2 字。

【銘文釋文】🔯（冉）🔯。

【備　　注】《銘圖》第 23 卷 170 頁 12718 夸卣，原無器形照片、尺寸和收藏單位等
資料，今據《陳佩芬青銅器論集》，予以補充。

蓋銘

器銘

142. 冂父己卣（冂父己卣）（《銘圖》編號 12801）

【時　　代】商代晚期。

【著　　錄】貞補中 3.2，續殷上 74.5（續殷上 74.6 重出），小校 4.19.8。

【銘文字數】內底鑄銘文 3 字。

【銘文釋文】冂（冂）父己。

【備　　注】《銘圖》第 23 卷 239 頁 12801 冂父己卣，原著錄中的貞補中 3.1、集
成 04965.1 係鼎銘，二者均誤爲此卣之蓋，故蓋銘拓本當刪去。集成
04965.2 係另一鼎銘（見 00858），誤爲此卣之器銘，故器銘拓本亦錯，今
更換如下。著錄中應刪掉"奇觚 6.3.2（蓋）、集成 04965（集成 01609
重出器）、貞補中 3.1、小校 2.17.1（蓋，誤爲鼎）、小校 2.16.8（器，誤爲
鼎）、小校 4.19.6（器）"。

143. 賓婦丁父辛卣（《銘圖》編號 13023）

【時　　代】商代晚期。

【收 藏 者】原藏潘祖蔭（綴遺）、李蔭軒，現藏上海博物館。

【尺度重量】通高 31.6、圈足徑 13.9 × 17.8 釐米，重 4.675 公斤。

【形制紋飾】橫截面呈橢圓形，子口內斂，鼓腹，矮圈足，口沿下有一對小鈕，套接索狀提梁，外罩式蓋，頂部有花苞形小鈕，沿下折作束腰形。蓋邊和頸部均飾象鼻形夔龍紋，圈足飾張口卷尾夔龍紋。

【著　　録】三代 12.54.1-2，綴遺 11.3.3-4，殷存上 32.3-4，小校 4.22.2，集成 04972，總集 5162，鬱華閣 237.2-3，國史金 251（蓋），陳論集 287 頁。

【銘文字數】蓋、器同銘，各 5 字。

【銘文釋文】宷（賓）帚（婦）丁父辛。

【備　　注】《銘圖》第 23 卷 448 頁 13023 賓婦丁父辛卣，原無器物圖像，今據《陳佩芬青銅器論集》補充了器物照片及尺寸、重量等資料。

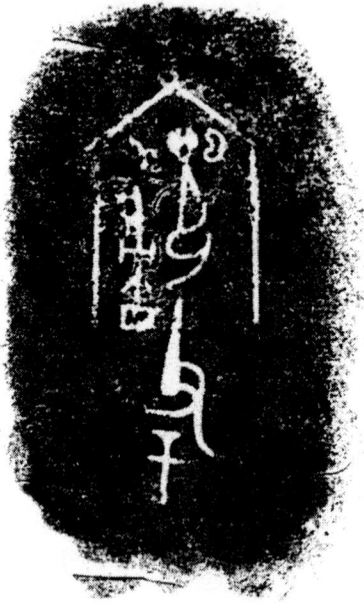

蓋銘

器銘

144. 天矞册父癸卣（《銘圖》編號 13029）

【時　　代】商代晚期。

【收 藏 者】香港御雅居。

【尺　　度】通高 35、寬 26.5 釐米。

【形制紋飾】橫截面呈橢圓形，長子口內斂，頸兩側有一對環鈕，套接索狀提梁，鼓腹圓底，圈足沿外撇，外罩式蓋，蓋面隆起，沿下折作束腰形，上有花苞狀鈕。蓋上和器口沿下均飾雷紋帶，以連珠紋鑲邊，口沿下前後增飾浮雕犧首。

【著　　錄】三代 13.12.1-2，續殷上 75.9-10，集成 05173，總集 5304，國史金 269.1（蓋）。

【銘文字數】蓋、器同銘，各 5 字。

【銘文釋文】天矞册父癸。

【備　　注】《銘圖》第 23 卷 453 頁 13029 天矞册父癸卣，原無器形照片，香港御雅居告知尺寸，並提供器形照片和最新銘文拓本。

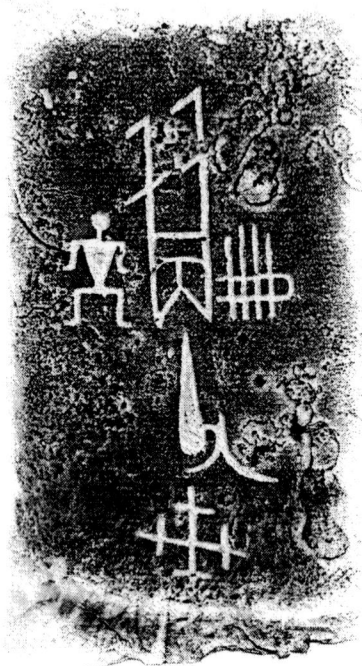

蓋銘

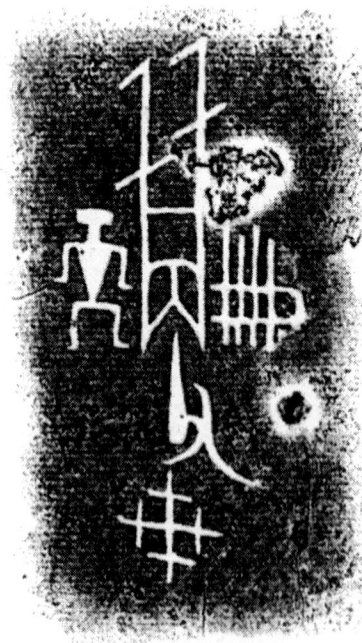

器銘

145. 小子卣(小子作母己卣)(《銘圖》編號 13033)

【時　　代】商代晚期。

【出土時地】2015 年 9 月出現在美國紐約蘇富比拍賣會。

【收　藏　者】某收藏家。

【尺　　度】通高 29.5 釐米。

【形制紋飾】體呈橢圓形,子母口,鼓腹矮圈足,足沿外侈,頸兩側有一對環鈕,套接扁提梁,外罩式蓋,蓋面隆起,上有花苞狀鈕,沿下折作束腰形。蓋沿和頸飾夔紋帶,頸的前後增飾浮雕獸頭,腹飾下卷角獸面紋,圈足飾兩道弦紋。

【著　　錄】錄遺 258.1-2,集成 05175,總集 5313。

【銘文字數】蓋、器同銘,各 5 字。

【銘文釋文】小子乍(作)母己。

【備　　注】《銘圖》第 23 卷 457 頁 13033 小子卣,原無器形照片,從 2015 年 9 月美國紐約蘇富比拍賣會圖錄得到器形照片、尺寸等資料,今予補充。

蓋銘　　　　　　　器銘

146. 考壺（原稱考卣）（《銘圖》編號 13134）

【時　　代】西周早期。

【收　藏　者】原藏吳大澂。

【形制紋飾】長頸，口微侈，下腹向外傾垂，圈足矮而外侈，頸部有一對小鈕套接獏頭提梁；內插式蓋，上有圈狀捉手。蓋沿、器頸均飾垂冠回首的夔龍紋，圈足飾目雷紋。

【著　　録】三代 13.14.8，三代 13.15.1，奇觚 6.8.2（蓋），殷存上 37.2-3，小校 4.38.2，彙編 785，集成 05216，總集 5323，鬱華閣 204.3-4，愙圖注 014 頁。

【銘文字數】蓋、器同銘，各 6 字。

【銘文釋文】考乍（作）父辛隋（尊）彝。

【備　　注】《銘圖》第 24 卷 44 頁 13134 考卣，原無器物圖像，今據《〈愙齋集古圖〉箋注》補録了器形拓本。從形制看，是內插式蓋，應當屬壺，當入壺類，今改名爲考壺。

蓋銘

器銘

147. 亞其旲卣(亞其疑卣)(《銘圖》編號 13152)

【時　　代】西周早期。

【出土時地】2015 年 8 月出現在日本關西美術秋季拍賣會。

【收 藏 者】原藏日本福羽子爵,現藏某收藏家。

【形制紋飾】橫截面呈橢圓形,子口,下腹向外傾垂,矮圈足沿外侈,口沿下有一對小
　　　　　鈕,套接扁提梁,提梁兩端有圓雕貘頭,外罩式蓋,沿下折作束腰形,頂部
　　　　　有花苞形鈕。蓋面和器口沿下均飾三列雲雷紋組成的獸面紋帶,器口下
　　　　　前後增飾高浮雕獸頭,圈足飾兩道弦紋。

【著　　錄】三代 13.16.3-4,續殷上 82.2-3,集成 05293,總集 5367,山東成 464。

【銘文字數】蓋、器同銘,各 7 字。

【銘文釋文】亞㘡(其)旲(疑)乍(作)母辛彝。

【備　　注】《銘圖》第 24 卷 61 頁 13152 亞其旲卣,原無器物圖像,今據日本關西美
　　　　　術秋季拍賣會圖錄補錄了器物照片及尺寸等資料。

蓋銘

器銘

148. 覞卣（《銘圖》編號 13219）

【時　　代】西周早期。

【出土時地】河南洛陽出土（貞松），2015 年 3 月出現在美國紐約蘇富比春季拍賣會。

【收　藏　者】某收藏家。

【尺　　度】高 24.8 釐米。

【形制紋飾】橫截面呈橢圓形，子口內斂，外罩式蓋，上有圈狀捉手，兩端有一對犄角，沿下折作束腰形，下腹向外傾垂，頸部有一對小鈕，套接獸頭提梁，圈足外侈。蓋面及口沿下飾垂冠回首鳥紋帶，以雲雷紋填地，口沿下前後增飾浮雕獸頭，圈足飾一道弦紋。

【著　　錄】三代 13.28.6-7，貞松 8.26.1，集成 05311，總集 5411，國史金 310（器）。

【銘文字數】蓋、器同銘，各 8 字。

【銘文釋文】覞乍（作）父戊寶隣（尊）彝，戠。

【備　　注】《銘圖》第 24 卷 133 頁覞卣，原無器物圖像，今據 2015 年 3 月美國紐約蘇富比拍賣會圖錄補錄了器物照片及尺寸等資料。

蓋銘

器銘 1

器銘 2

149. 婦闌罍（《銘圖》編號 13819）

【時　　代】商代晚期。

【收　藏　者】原藏吳大澂,現蓋藏廣東省博物館,器不知藏於何處。

【形制紋飾】侈口窄沿,長頸溜肩,由肩部向下逐漸收斂,圈足較矮,肩部有一對牛首銜環耳,下腹有一個牛首半環鈕;內插式蓋,蓋面呈弧形鼓起,頂部有花苞狀鈕。蓋面和肩部均飾浮雕圓渦紋,頸部飾兩道弦紋,圈足飾一道弦紋。

【著　　錄】三代5.8.7（蓋,誤為甗）,周金5.30.1-2,小校4.78.1-2（誤為壺）,殷存上9.11（蓋,誤為甗）,集成09820（蓋）,總集5575.2（蓋）,國史金384.1（蓋,誤為壺）,山東成646（蓋）,愙圖注081頁（稱尊）。

【銘文字數】蓋、器同銘,各鑄銘文10字。

【銘文釋文】婦闌乍(作)文姑日癸隩(尊)彝,𢘓(𢞢)。

【備　　注】《銘圖》第25卷108頁13819婦闌罍,原無器物圖像,今據《〈愙齋集古圖〉箋注》增補器形立體拓。《金文總集》云:"原作甗實乃罍,器在日本大阪江口治郎處,蓋藏廣東省博物館。"但據《日本蒐藏支那古銅精華》3.206,江口治郎所藏確為甗,且對照銘文拓本也非婦闌罍之器銘,知《金文總集》之說有誤。

蓋銘

器銘

150. 郂仲盬缶（郂仲盬瓶）（《銘圖》編號 14087）

【時　　代】春秋早期。

【出土時地】2006 年 4 月陝西鳳翔縣城關鎮小沙凹村窖藏。

【收　藏　者】鳳翔縣博物館。

【尺　　度】通高 30.5、口徑 17.3、腹徑 34 釐米。

【形制紋飾】直口撇沿，頸較高，折肩斂腹，平底微向內凹。肩下部有一對獸首銜環耳。肩部和腹部各飾一道寬帶狀蟠螭紋。

【著　　録】未著録。

【銘文字數】肩上鑄銘文約 27 字（其中重文 2）。

【銘文釋文】□□丁亥，郂中（仲）盬乍（作）其宗器障（尊）鑑（瓶），矕（眉）耆（壽）萬年無彊（疆），子=（子子）孫=（孫孫）永□□□。

【備　　注】《銘圖》第 25 卷 249 頁 14087 郂仲盬缶，原無器形照片，今據鳳翔縣博物館資料增補了器形照片、出土時間地點、尺度、形制紋飾及備注等資料。此器自名"鑑（瓶）"，應歸入罍類。

（原高 26 釐米）

151. 曆盤（《銘圖》編號 14370）

【時　　代】西周早期。

【收　藏　者】原藏吳大澂，現藏上海博物館。

【形制紋飾】敞口，窄沿方唇，淺腹坦底，圈足較高，沿外侈，下有一道邊圈。腹部和圈足各飾兩道弦紋。

【著　　録】三代 17.3.2，愙齋 16.3.1，綴遺 7.5.1，周金 4.18.4，小校 9.69.5，集成 10059，總集 6696，愙圖注 087 頁。

【銘文字數】內底鑄銘文 5 字。

【銘文釋文】曆（曆）乍（作）寶隙（尊）彝。

【備　　注】《銘圖》第 25 卷 384 頁 14370 曆盤，據《愙圖注》增補了器形照片等資料。

152. 伯庶父匜(《銘圖》編號 14888)

【時　　代】西周晚期。

【收 藏 者】原藏吳大澂。

【形制紋飾】口微斂,前有寬流
槽,後有獸首鋬,
圜底設有四條獸
腿形足。口下飾
一道竊曲紋,腹部
飾瓦溝紋。

【著　　録】三代 17.26.5,攗
古 2 之 1.30.1,
綴 遺 14.34.1,集
成 10200,總集 6816,鬱華閣 269.2,國史金 1278.2,愙圖注 022 頁。

【銘文字數】內底鑄銘文 8 字。

【銘文釋文】白(伯)庶父乍(作)肩(匜),永寶用。

【備　　注】《銘圖》第 26 卷 265 頁 14888 伯庶父匜,原無器物圖像,今據《〈愙齋集
古圖〉箋注》增補了器形拓本等資料。

153. 太師氏姜匜（原稱自□□匜）（《銘圖》編號 14999）

【時　　代】西周晚期。

【出土時地】2006 年山西曲沃縣史村鎮羊舌村晋侯墓地 M5。

【收　藏　者】山西省考古研究所。

【尺　　度】通高 16、通長 30 釐米。

【形制紋飾】流槽較長，且上昂，腹微鼓，後部有龍形鋬，龍口啣著器沿，底部設有四條獸蹄形扁足。口沿下飾竊曲紋（獸目交連紋），腹飾瓦溝紋。

【著　　録】晋國雄風 32 頁。

【銘文字數】內底鑄銘文 35 字（其中重文 2）。

【銘文釋文】隹（唯）王三月丁丑，大（太）自（師）氏姜乍（作）寶般（盤），其萬年無彊（疆），子₌（子子）孫₌（孫孫）永寶用，其叙（敢）又（有）奪，剚（則）卑（俾）受其百央（殃）。

【備　　注】《銘圖》第 26 卷 386 頁 14999 自□□匜，由於當時所得器形和銘文照片模糊，致使許多字不能釋出，作器者亦無法確定，今補充清晰銘文照片和器形照片，重新做了釋文，名稱改爲太師氏姜匜。同坑出土的還有一盤，通高 16、口徑 46 釐米。窄沿方唇，盤腹極淺，圈足外侈，下有三個小支足，龍形雙耳。口沿及圈足均飾竊曲紋。

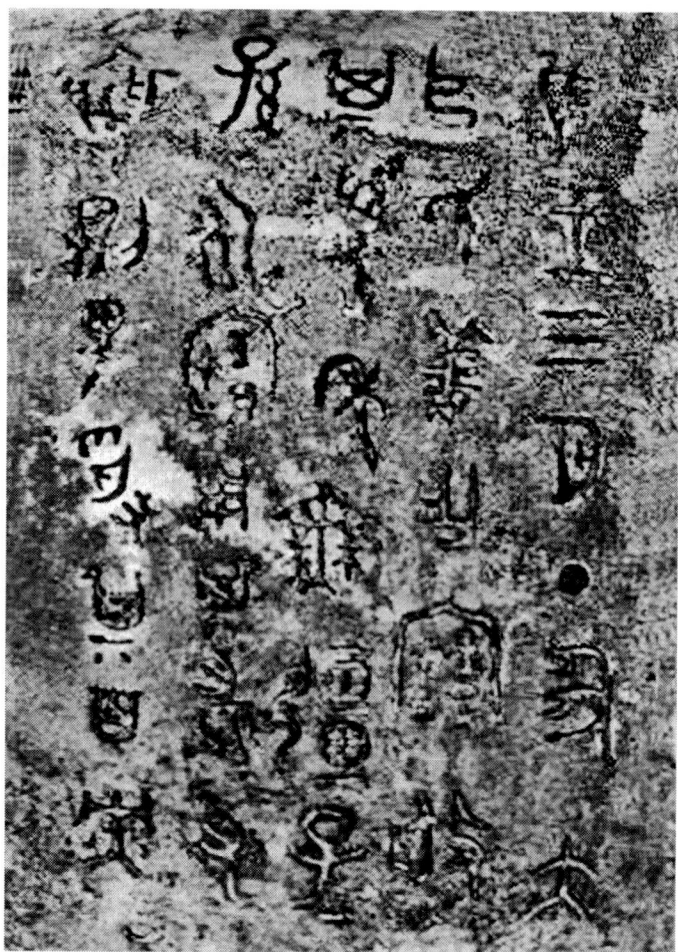

154. 晉龏鐘（原稱公龏鐘）（《銘圖》編號 15110）

【時　　代】西周晚期。

【出土時地】1993 年山西曲沃縣曲村鎮北趙村晋侯墓地（M64.98）。

【收 藏 者】山西省考古研究所。

【形制紋飾】長腔封衡，甬的斷面呈橢方形，有旋有幹，旋飾目雷紋，舞部兩面微下傾，飾寬帶卷雲紋，鉦、篆、枚之間隔以陰綫，枚爲平頂兩段式，篆間飾連續雲紋，鼓部飾兩朵大雲紋，右鼓有鷺鳥紋爲基音點標誌。

【著　　録】文物 1994 年 8 期 7 頁（鉦間），新收 897（鉦間），晉國寶藏 102 頁。

【銘文字數】鉦間鑄銘文 4 字，左鼓 4 字，共 8 字。

【銘文釋文】晉龏其子孫永寶用。

【備　　注】《銘圖》第 27 卷 14 頁 15110 公龏鐘，同墓出土一組共 8 件，前六件爲楚公逆鐘，後兩件銘文與前六件無關，此爲其一。原發掘簡報僅公布了鉦間銘文摹本且將第一字誤摹爲“公”字，此字實爲“晉”字，今補充鉦間和左鼓銘文拓本，並更名爲晉龏鐘。

左鼓銘文

鉦間銘文

155. 少虡劍（吉日壬午劍）（《銘圖》編號 18019）

【時　　代】春秋晚期·晉。

【出土時地】1923 年山西渾源縣李峪村。

【收　藏　者】原藏于省吾，現藏北京故宮博物院。

【尺度重量】通長 53.5、寬 5 釐米，重 0.88 公斤。

【形制紋飾】窄長條形，平脊微凹，圓莖，圓餅形首。劍格錯金飾竊曲紋，首飾錯金同
　　　　　　心圓紋。

【著　　錄】故銅 268，錄遺 601，集成 11696，總集 7735，辭典 794，國史金 2813。

【銘文字數】脊兩面有錯金銘文 20 字。

【銘文釋文】吉日壬午，乍（作）爲元用，幺（玄）鏐鋪（鏽）呂（鋁），朕（朕）余名之，胃（謂）
　　　　　　之少虡。

【備　　注】《銘圖》第 33 卷 388 頁 18019 少虡劍，著錄時器物照片誤用了 17878 越
　　　　　　王諸稽於睗劍（北京故宮博物院藏）的照片，現予更正。

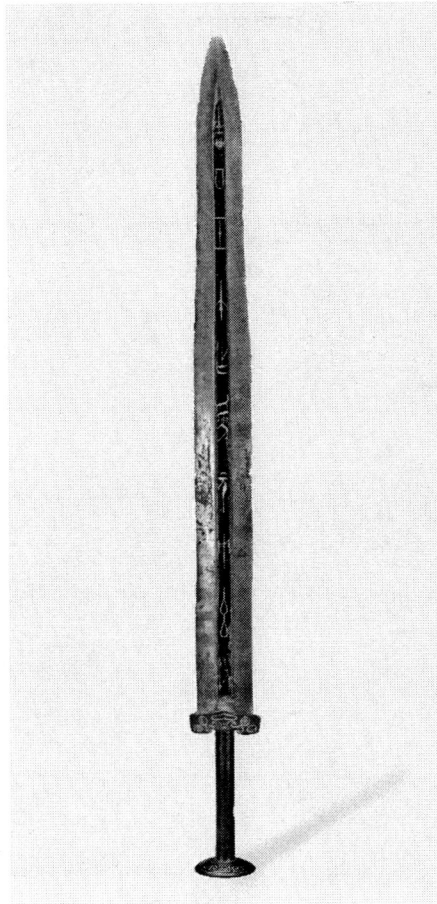

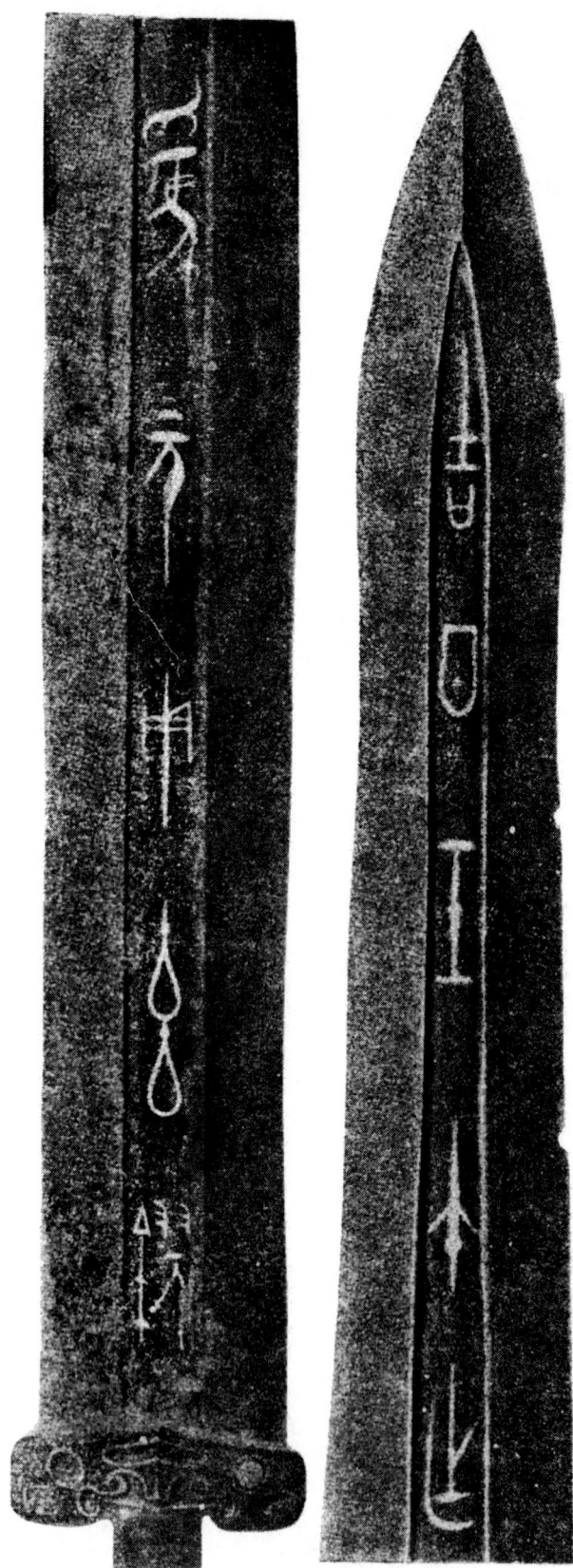

正面

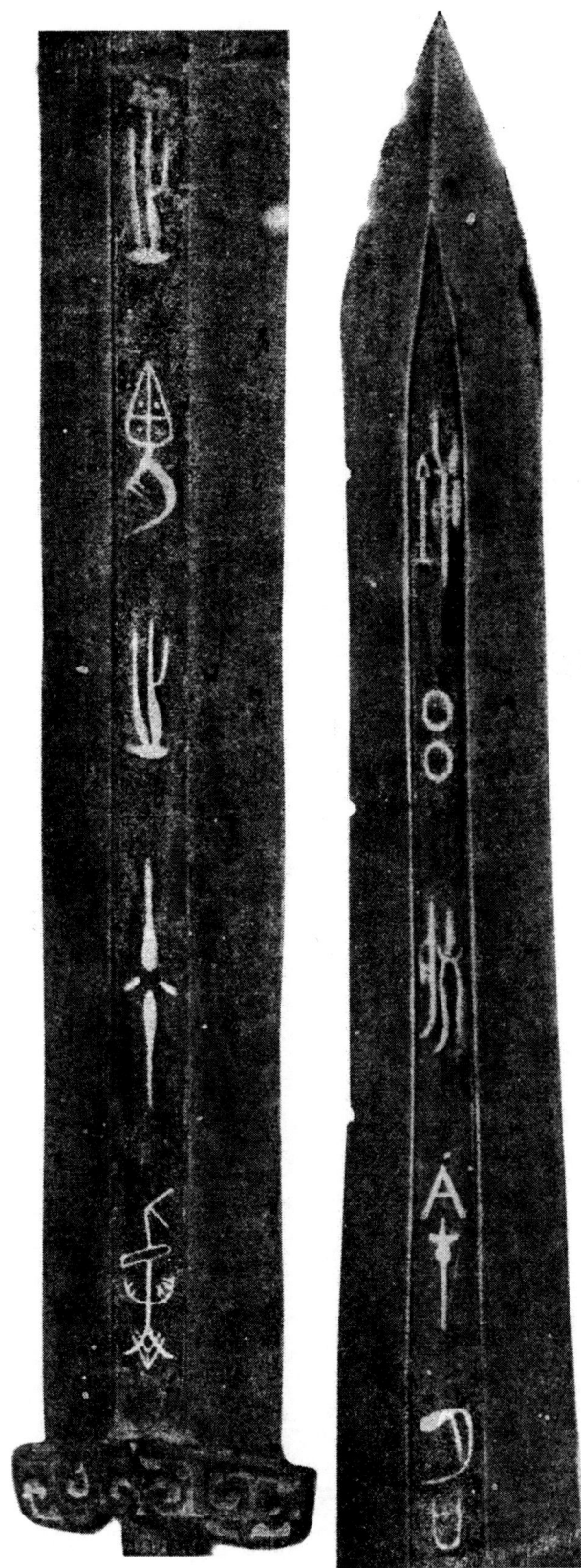

背面

156. 攻吳王姑讎雒劍（壽夢之子劍、吳王餘眜劍）（《銘圖》18077）

【時　　代】春秋晚期。

【出土時地】1997 年浙江紹興市越城區魯迅路。

【收 藏 者】紹興越國文化博物館。

【尺　　度】通長 39.5、莖殘長 3 釐米。

【形制紋飾】扁莖長條式，無格無首，中央起平脊。出土時斷成兩截。

【著　　録】文物 2005 年 2 期 68 頁圖 1，新收 1407。

【銘文字數】兩從鑄銘文 40 字。

【銘文釋文】攻致（敔、吳）王姑讎雒，嘼（壽）夢之子，赵哦鄻（邾）之義弟，初命伐郴（麻），又（有）隻（獲）。嗸（荆）伐郐（徐），余嵛（親）逆，攻之。敁（敗）三軍，隻（獲）［車］馬，攴七邦君。

【備　　注】《銘圖》第 33 卷 466 頁 18077 壽夢之子劍，名稱應該爲攻吳王姑讎雒劍，原釋文中有錯誤，銘文照片亦缺少一段（缺少 4 字），今予以補正。

1

2

3

4

157. 矢丁泡（原稱日毛泡）（《銘圖》編號 18477）

【時　　代】西周早期。

【出土時地】1972 年陝西鳳翔縣長青公
社長青大隊（今長青鎮）千
河東岸西周遺址。

【收　藏　者】原藏鳳翔縣文化館，現藏鳳
翔縣博物館。

【尺　　度】直徑 11.5 釐米。

【形制紋飾】圓形，中部隆起，有寬邊緣，
內面中部有一鼻鈕。

【著　　錄】考古與文物 1984 年 1 期 61
頁圖 16，集成 11857。

【銘文字數】內壁鑄銘文 2 字。

【銘文釋文】矢丁。

【備　　注】《銘圖》第 34 卷 64 頁 18477 日毛泡，《簡報》及《集成》均將銘文倒置，
誤釋爲"日毛"，同坑出土的三件當盧均爲"矢丁"（見 19084、19085 等），
此亦當爲"矢丁"，故改名矢丁泡，並增補了器形照片等資料。

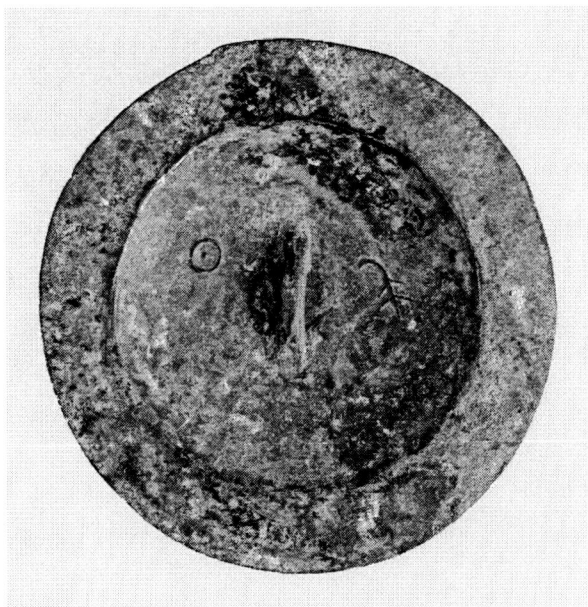

158. 矢丁當盧（《銘圖》編號 19084）

【時　　代】西周早期。

【出土時地】1972 年陝西鳳翔縣長青公社長青大隊（今長青鎮）千河東岸西周遺址。

【收　藏　者】原藏鳳翔縣文化館，現藏寶雞青銅器博物院。

【尺　　度】通長 18.4、中部直徑 7.7 釐米。

【形制紋飾】體呈甲泡形，周邊有平沿，上方有兩歧角，以寬橫梁相連，中部形成空三角，下邊垂長方形鼻梁，背面犄角上部和鼻梁下部各有一個豎小鈕。

【著　　錄】集成 12083。

【銘文字數】背面鑄陽文 2 字。

【銘文釋文】矢丁。

【備　　注】館藏號（IA6.26）《銘圖》第 34 卷 516 頁 19084 矢丁當盧，原誤爲陝西寶雞賈村鄉靈隴村出土，今更正，並增補了器形照片及尺寸等資料。

正面

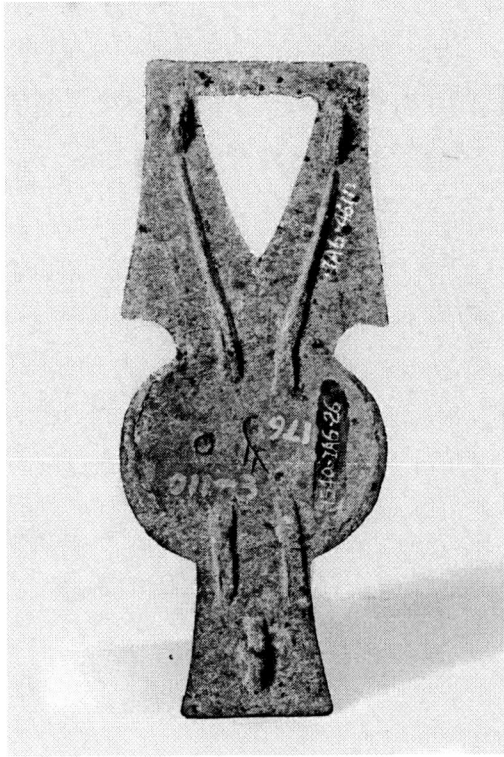

背面

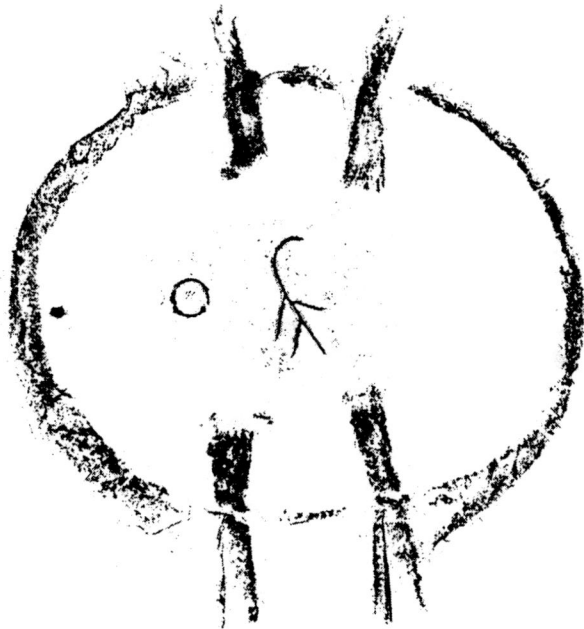

銘文拓本

159. 矢丁當盧(《銘圖》編號 19085)

【時　　代】西周早期。

【出土時地】1972 年陝西鳳翔縣長青公社長青大隊(今長青鎮)千河東岸西周遺址。

【收 藏 者】原藏鳳翔縣文化館,現藏寶雞青銅器博物院。

【尺　　度】通長 18.5、中部直徑 7.7 釐米。

【形制紋飾】體呈甲泡形,周邊有平沿,上方有兩歧角,以寬橫梁相連,中部形成空三角,下邊垂長方形鼻梁,背面犄角上部和鼻梁下部各有一個豎小鈕。

【著　　錄】集成 12084。

【銘文字數】背面鑄陽文 2 字。

【銘文釋文】矢丁。

【備　　注】館藏號:IA6.28。《銘圖》第 34 卷 516 頁 19085 矢丁當盧,原誤爲陝西寶雞賈村鄉靈隴村出土,今更正,並增補了器形照片。

正面

背面

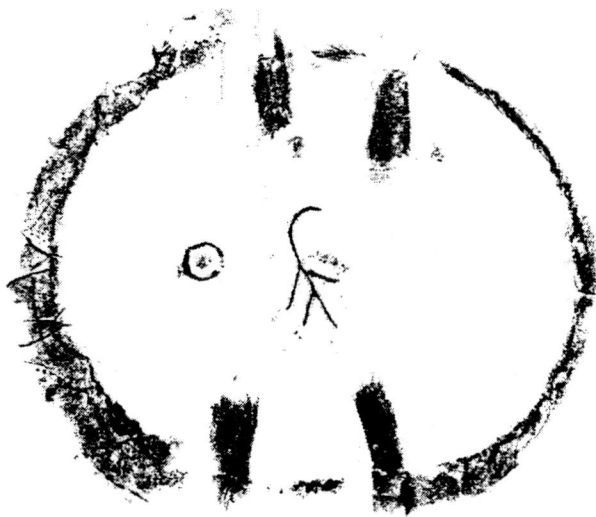

銘文拓本

160. 卅年銅人（《銘圖》編號 19342）

【時　　代】戰國晚期·魏。

【收 藏 者】香港御雅居。

【尺　　度】通高 11.5 釐米。

【形制紋飾】圓雕男性人像，站立底板之上，身材肥胖，頭戴弁帽，身着袍，褲腿緊紮，腳着履，雙手握着一圓筒，底板與之對應處也有一個同樣粗細的矮圓筒。直筒之中原來插有直杆，今已不存（直杆有可能是儀仗之柄或者燈柱）。

【著　　録】未著録。

【銘文字數】底板刻銘文 11 字。

【銘文釋文】卅年，十八釿分釿冢（重），玻（版）二釿。

【備　　注】《銘圖》第 35 卷 118 頁 19342 卅年銅人，因銘文照片不清楚，故未作釋文，近得收藏者同意重新拍照，並做了拓本和摹本。今予以補録。"玻"讀爲"版"，指銅人站立的方座。

銘文拓本

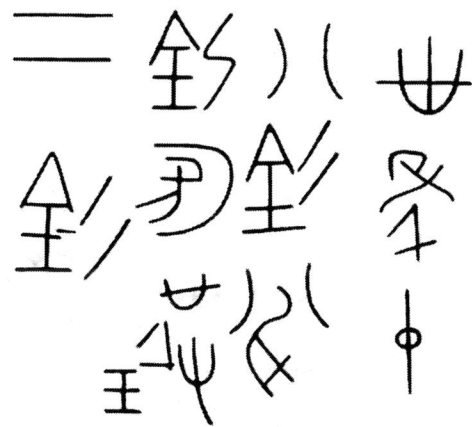

銘文摹本